Python for Data Analysis

파이썬 라이브러리를 활용한 데이터 분석 2판

| 표지 설명 |

표지 그림은 붓꼬리나무두더지(학명: *Ptilocercus lowii*)다. 붓꼬리나무두더지는 깃털나무타기쥐 속의 유일한 종이며 다른 모든 나무두더지 종은 투파이아 속에 속한다. 나무두더지의 털은 부드러운 적갈색이고, 꼬리는 길다. 깃펜의 깃털을 닮은 꼬리 덕에 별명이 황금꼬리다. 잡식성으로 곤충이나 과일, 씨앗, 소형 척추동물을 주로 먹는다.

인도네시아, 말레이시아, 태국에서 주로 서식하는 붓꼬리나무두더지는 알코올을 굉장히 많이 섭취한다고 알려져 있다. 자연 발효된 야자즙을 몇 시간 동안 들이키는 말레이시아 나무두더지를 발견했는데, 야자즙은 대략 알코올 3.8도의 와인 10~12잔 분량이었다. 그럼에도 사람보다 훨씬 에탄올 분해 능력이 뛰어난 덕에 붓꼬리나무두더지는 취하는 법이 없다. 또한 특이하게도 사람을 포함한 다른 포유류와 비교했을 때 몸집에 비해 뇌가 크다.

이름은 두더지이지만 사실 붓꼬리나무두더지는 두더지가 아니고 영장류에 더 가깝다. 이런 점 때문에 근시, 스트레스, 간염치료제 등의 동물실험에 영장류 대신 붓꼬리나무두더지를 쓰기도 한다.

표지 그림은 『Cassel's Nature History』에서 가져왔다.

파이썬 라이브러리를 활용한 데이터 분석(2판)
영화 평점, 이름 통계, 선거 데이터 등 실사례 사용

초판 1쇄 발행 2013년 10월 1일
2판 1쇄 발행 2019년 5월 20일
2판 7쇄 발행 2022년 10월 25일

지은이 웨스 맥키니 / **옮긴이** 김영근 / **펴낸이** 김태헌
펴낸곳 한빛미디어(주) / **주소** 서울시 서대문구 연희로2길 62 한빛미디어(주) IT출판2부
전화 02-325-5544 / **팩스** 02-336-7124
등록 1999년 6월 24일 제25100-2017-000058호 / **ISBN** 979-11-6224-190-7 93000

총괄 송경석 / **책임편집** 서현 / **기획** 이미연 / **교정·전산편집** 김철수 / **진행** 정지수
디자인 표지 박정화 내지 김연정
영업 김형진, 김진불, 조유미 / **마케팅** 박상용, 한종진, 이행은, 고광일, 성화정 / **제작** 박성우, 김정우

이 책에 대한 의견이나 오탈자 및 잘못된 내용에 대한 수정 정보는 한빛미디어(주)의 홈페이지나 아래 이메일로 알려주십시오. 잘못된 책은 구입하신 서점에서 교환해드립니다. 책값은 뒤표지에 표시되어 있습니다.

한빛미디어 홈페이지 www.hanbit.co.kr / **이메일** ask@hanbit.co.kr

© 2019 Hanbit Media Inc.

Authorized Korean translation of the English edition of Python for Data Analysis, 2E
ISBN 9781491957660 © 2018 William McKinney

This translation is published and sold by permission of O'Reilly Media, Inc., which owns or controls all rights to publish and sell the same.

이 책의 저작권은 오라일리와 한빛미디어(주)에 있습니다.
저작권법에 의해 보호를 받는 저작물이므로 무단전재와 복제를 금합니다.

지금 하지 않으면 할 수 없는 일이 있습니다.
책으로 펴내고 싶은 아이디어나 원고를 메일(writer@hanbit.co.kr)로 보내주세요.
한빛미디어(주)는 여러분의 소중한 경험과 지식을 기다리고 있습니다.

Python for Data Analysis

파이썬 라이브러리를 활용한
데이터 분석 [2판]

O'REILLY® 한빛미디어

지은이·옮긴이 소개

지은이 웨스 맥키니 Wes McKinney

뉴욕에서 활동하고 있는 소프트웨어 개발자이자 기업가다. 2007년 MIT 수학과 학부 과정을 마치고 코네티컷 주 그린위치에 있는 AQR 캐피탈 매니지먼트에서 금융 분석가로 근무했다. 복잡하고 느린 데이터 분석 툴에 실망하여 2008년 파이썬을 배우면서 pandas 프로젝트를 시작했다. 파이썬 데이터 커뮤니티의 활발한 일원이며 데이터 분석, 금융, 통계 계산 애플리케이션에서 파이썬 사용을 독려하고 있다.

웨스가 창업한 DataPad라는 회사가 2014년 클라우데라에 인수된 이후 빅데이터 기술에 집중하기 시작했으며 아파치 소프트웨어 재단의 프로젝트인 아파치 애로우와 아파치 파케이의 PMC Project Management Committee (프로젝트 관리 위원)로 합류했다. 2016년에는 뉴욕에 위치한 투시그마 투자회사로 옮겨 오픈소스를 통한 빠르고 쉬운 데이터 분석 환경을 만드는 데 노력을 기울이고 있다.

옮긴이 김영근 iam@younggun.kim

애플 II에서 BASIC으로 처음 프로그래밍을 시작했고, 장래 희망은 항상 프로그래머라고 말하고 다니다 정신 차리고 보니 어느덧 20년 차 중년(?) 개발자가 되었다. 리눅스 커뮤니티에서 오랫동안 활동했으며 임베디드 환경에서부터 미들웨어, 웹, 스마트폰 애플리케이션에 이르기까지 다양한 분야에서 개발했다. 아시아 최초의 파이썬 소프트웨어 재단의 이사로 활동했으며 2014년 'PyCon 한국'을 처음 시작했다. 한빛미디어에서 『리눅스 시스템 프로그래밍(개정2판)』, 『고성능 파이썬』을 번역했다.

옮긴이의 말

1판을 번역하고 옮긴이의 말을 쓴 게 2013년이었으니 올해로 벌써 6년째다. 1판은 지금까지 9쇄를 찍었고 만 오천여 부가 팔렸다고 하니 어려운 국내 IT 출판 시장을 생각해볼 때 옮긴이로서는 큰 영광이 아닐 수 없다.

첫 출간 후 오랜 세월이 지났지만 이 책이 전하고자 하는 본질은 조금도 변하지 않았다. 파이썬을 이용해서 데이터 분석 작업을 하길 원하는 독자에게 다양한 분야의 사례를 통해 단계적으로 파이썬과 데이터 분석에 익숙해지도록 안내한다.

파이썬을 처음 접하는 독자를 위해 딱 필요한 만큼의 파이썬 언어의 기본을 포함하고 있으며 파이썬 데이터 분석 라이브러리인 pandas 외에도 주피터, NumPy, matplotlib 등 파이썬으로 데이터 분석 작업을 한다면 반드시 마주치게 되는 다양한 도구도 차근차근 안내하고 있다.

1판 옮긴이의 말에서는 파이썬을 프로그래밍 언어계의 아이돌이라고 소개했는데 지금의 파이썬은 아이돌이라기엔 너무 유명해진 듯하다. 파이썬이 지금 이렇게 다양한 분야에서 쓰이고 있는 이유는 바로 건강한 생태계 때문이다.

파이썬 커뮤니티는 파이썬이라는 공통 주제 하나로 구성원들 서로가 동료의식을 가지고 있다. 이런 동료의식에서 싹트는 존중과 배려는 구성원들이 커뮤니티 내에서 소속감과 참여감을 느끼게끔 만들고 이 소속감과 참여감은 생태계에 기여하는 형태로 발현된다. 이렇게 모인 자발적인 기여는 더 다양한 라이브러리, 더 풍부한 자료로 생태계를 발전시키고 여기에 유입되는 새로운 사람들이 점점 더 늘어난다.

이 책의 저자이자 pandas를 개발한 웨스 맥키니는 학교에서 수학을 전공하고 금융권에서 분석가로 근무하던, 프로그래밍과는 전혀 관련이 없는 사람이었지만 커뮤니티의 도움으로 pandas를 개발했고 이제는 pandas를 통해 더 많은 새로운 사용자들이 파이썬 커뮤니티로 유입되고 있으니 이것도 파이썬 커뮤니티에서 흔히 볼 수 있는 일종의 선순환인 셈이다.

저자가 그렇듯 저 또한 이 책이 오랫동안 사랑받을 수 있기를 바라며 1판에서 그랬던 것처럼 2판에서도 쇄를 거듭할 때마다 최신 버전에 맞춰 코드를 계속 개선할 예정이다. 좋은 책을 번역할 수 있는 기회를 주신 한빛미디어 IT출판사업부와 특히 마음고생이 컸을 이미연 님께 깊이 감사드린다. 책이 서점에 풀릴 시점이면 웨스를 만나고 있을 텐데 그전에 번역을 마무리해서 참 다행이라고 생각한다.

김영근

2판에 새로 추가된 내용

이 책의 초판은 2012년에 출간되었다. 그 시기는 pandas와 같은 파이썬을 위한 오픈소스 데이터 분석 라이브러리가 막 개발되기 시작했고 흔하지 않았던 시점이었다. 이번에 새로운 내용을 보완한 『파이썬 라이브러리를 활용한 데이터 분석, 2판』에서는 pandas의 새로운 기능은 물론 5년간의 세월이 흐르는 동안 낡았거나 사용법이 바뀐 내용을 모두 반영하여 책 전반을 다시 다듬었다. 또한 2012년 당시에는 존재하지 않았거나 책에 싣기에는 불안했던 갓 나온 도구들을 소개하기 위해 새로운 내용을 추가했다. 마지막으로 1판에서 그랬던 것처럼 너무 새롭거나 아직 성숙하지 않은 오픈소스 프로젝트는 다루지 않으려 노력했다. 나는 2020년이나 2021년에도 독자들이 이 책에서 변함없이 유효한 내용을 찾을 수 있기 바란다.

2판의 주요 변경 사항은 다음과 같다.

- 파이썬 튜토리얼을 포함한 모든 코드를 파이썬 3.6 기반으로 수정했다.
- 파이썬 설치 과정을 아나콘다 파이썬 배포판과 몇몇 필수 파이썬 패키지 기준으로 설명했다.
- pandas 라이브러리 버전을 2017년 최신 버전으로 갱신했다.
- pandas 고급 사용법과 사용팁을 담은 새 장을 추가했다.
- statsmodels와 scikit-learn 라이브러리 사용에 대한 간략한 소개를 추가했다.

또한 새로운 독자들이 좀 더 쉽게 접근할 수 있도록 1판의 내용 중 많은 부분을 새롭게 재구성했다.

코드 예제

이 책에서 소개하는 코드 예제와 관련 데이터는 이 책의 깃허브 저장소에서 다운로드할 수 있다.

http://github.com/wesm/pydata-book

감사의 글

이 책의 내용은 전 세계 많은 사람의 수년간의 생산적인 논의, 협업 그리고 도움으로 작성되었다. 그중 일부에게 특별히 감사의 말을 전하고 싶다.

존 D. 헌터(1968-2012)를 기리며

우리의 절친한 친구이자 동료인 존 D. 헌터는 내가 이 책의 1판 최종 원고를 끝내고 얼마 지나지 않은 2012년 8월 28일 대장암으로 세상을 떠났다.

존이 파이썬 과학 계산 그리고 데이터 커뮤니티에 남긴 업적과 영향력은 말로 다할 수 없다. 2000년대 초반 그가 개발한 matplotlib은 오늘날 파이썬 생태계의 거목들이 자랄 수 있는 오픈소스 개발자 문화의 토양이 되었다.

내가 2010년 1월 pandas 0.1 버전을 릴리스하면서 오픈소스 커리어를 시작했을 때 그를 만날 수 있었던 건 큰 행운이었다. 그에게서 얻은 영감과 조언으로 인해 힘든 시기에도 pandas에 대한 비전과 최고의 데이터 분석 언어로서의 파이썬을 향해 앞으로 나아갈 수 있었다.

존은 IPython, 주피터 프로젝트를 시작했던 페르난도 페레즈, 브라이언 그레인저와 무척 가까운 사이였고 파이썬 커뮤니티 내 다른 많은 단체와도 가까이 지냈다. 우리 넷이서 함께 책을 쓰기 바랐으나 결국은 여유 시간이 가장 많았던 나 혼자 작업을 하게 되었다. 나는 존이 한 개인이자 커뮤니티로서 지난 5년간 이룩해낸 성과를 자랑스러워할 것이라 믿는다.

2판

이 책의 1판 최종 원고를 2012년 7월에 마무리했으니 거의 7년이 지났다. 그동안 많은 것이 변했다. 파이썬 커뮤니티는 엄청나게 성장했고 이를 둘러싸고 있는 오픈소스 소프트웨어 생태계 역시 크게 번창했다.

이번 2판은 지칠 줄 모르는 노력으로 pandas 프로젝트와 사용자 커뮤니티를 파이썬 데이터 과학 생태계의 주춧돌로 성장시킨 핵심 기여자들이 없었다면 결코 존재하지 않았을 것이다. 톰 옥스퍼거, 조리스 판 덴 보쉬, 크리스 발탁, 필립 클라우드, gfyoung, 앤디 헤이든, 마사키 호리코시, 스테판 호이어, 애덤 클라인, 워터 오버마이어, 제프 리백, 챙 쉬, 스키퍼 시볼드, 제프 트라트너, y-p 그리고 지면 사정상 언급하지 못하는 모든 pandas 기여자에게 감사의 말을 전한다.

2판을 집필하는 과정에서 인내를 가지고 도와준 오라일리의 마리 보로고, 벤 로리카, 콜린 토포렉에게도 감사의 인사를 전하고 싶다. 또한 큰 도움이 되어준 기술 감수자 톰 옥스퍼거, 폴 베리, 휴 브라운, 조나단 코우, 안드레아스 뮐러에게도 감사를 전한다.

이 책의 초판은 중국어, 프랑스어, 독일어, 일본어, 한국어 그리고 러시아어로 번역되었다. 책에 담긴 모든 내용을 번역하고 더 많은 독자에게 전할 수 있도록 하는 작업은 많은 노력이 필요한 일이다. 전 세계의 더 많은 사람이 프로그래밍하는 방법과 데이터 분석 도구 사용법을 배우는 데 도움을 주어서 감사하다.

나는 지난 몇 년간 클라우데라와 투시그마 인베스트먼트로부터 오픈소스 개발을 지속할 수 있도록 도움을 받았다. 사용자 규모에 비해 상대적으로 열악한 자원만으로 개발해야 하는 오픈소스 소프트웨어 프로젝트에서 이런 지원은 사업적인 측면에서도 날이 갈수록 중요해지고 있으며 올바른 방향이라고 생각한다.

1판(2012)

많은 사람의 도움이 없었다면 이 책을 쓰는 일은 무척 힘들었을 것이다.

오라일리 편집자인 메건 블란쳇과 출판 과정을 도와준 오라일리의 줄리 스틸에게 특히 감사의 말을 전한다. 마이크 로우키디스 역시 기획 단계에서 함께 일했고 이 책의 출간에 도움을 주었다.

여러 명에게 충분한 기술 검수를 받았는데, 특히 마튼 블레이스와 휴 화이트는 이 책의 예제와 정확성, 책의 시작부터 끝까지의 구성을 개선하는 데 많은 도움을 주었다. 제임스 롱, 드류 콘웨이, 페르난도 페레즈, 브라이언 그레인저, 토마스 클루이베르, 애덤 클레인, 조쉬 클레인, 챙 쉐 그리고 스테판 반 데 발트는 각각 한 장 이상 검수해줬고 다양한 관점의 피드백을 주었다.

친구들과 데이터 커뮤니티의 동료인 마이크 듀어, 제프 해머바커, 제임스 존드로우, 크리스챤 럼, 애덤 클레인, 힐러리 메이슨, 챙 쉐 그리고 애슐리 윌리엄스로부터 예제와 데이터셋에 대한 많은 훌륭한 아이디어를 얻었다.

내가 매일 사용하는 도구를 개발하고 이 책을 쓰는 동안 격려를 아끼지 않은 오픈소스 과학 기술 커뮤니티의 수많은 리더, IPython core 팀(페르난도 페레즈, 브라이언 그레인저, 민 래건-켈리, 토마스 클루이베르 그리고 다른 모든 사람), 존 헌터, 스키퍼 시볼드, 트래비스 올리펀트, 피터 웡, 에릭 존스, 로버트 컨, 조세프 퍼크롤드, 프란체스 알테드, 크리스 폰네스벡 그리고 언급하지 못한 많은 사람에게 큰 신세를 졌다. 드류 콘웨이, 션 테일러, 귀셉 팔레올로고, 재러드 랜더, 데이비드 엡스타인, 존 크로바스, 조슈아 블룸, 덴 필즈워스, 존 마일스-화이트 그리고 기억하지 못하는 다른 많은 사람이 많은 지원과 아이디어와 격려를 보내주었다.

또한 내가 성장하는 데 도움을 줬던 사람들에게도 감사의 마음을 전한다. 먼저 나의 AQR 동료로 오랫동안 pandas 개발을 응원해준 알렉스 레이프만, 마이클 옹, 팀 사르겐, 옥테이 쿠르바노프, 매튜 챤츠, 로니 이즈라엘로프, 마이클 캇츠, 크리스 우가, 프라사드 라마난, 테드 스퀘어, 김훈, 마지막으로 지도교수인 하이네스 밀러(MIT)와 마이크 웨스트(Duke)에게도 감사한다.

2014년에 pandas 라이브러리의 변화에 맞춰 잘못된 부분을 수정하기 위해 코드 예제를 갱신하면서 필립 클라우드와 조리스 판 덴 보쉬로부터 많은 도움을 받았다.

개인적으로는 책을 쓰는 내내 도와주고 너무 늦어진 일정으로 짜증내며 마지막 원고와 씨름하고 있을 때 견뎌준 캐시 딘킨에게 감사한다.

웨스 맥키니

CONTENTS

지은이·옮긴이 소개 · 4
옮긴이의 말 · 5
2판에 새로 추가된 내용 · 7
감사의 글 · 8

CHAPTER 1 시작하기 전에

1.1 이 책에서 다루는 내용 · 25
    1.1.1 어떤 데이터를 사용하나 · 25
1.2 왜 데이터 분석에 파이썬을 사용하나 · 26
    1.2.1 접착제처럼 쓰는 파이썬 · 26
    1.2.2 한 가지 언어만 사용하자 · 27
    1.2.3 파이썬을 사용하면 안 되는 경우 · 27
1.3 필수 파이썬 라이브러리 · 28
    1.3.1 NumPy · 28
    1.3.2 pandas · 29
    1.3.3 matplotlib · 30
    1.3.4 IPython과 Jupyter · 30
    1.3.5 SciPy · 31
    1.3.6 scikit-learn · 32
    1.3.7 statsmodels · 32
1.4 설치 및 설정 · 33
    1.4.1 윈도우 · 33
    1.4.2 애플(OS X, macOS) · 34
    1.4.3 GNU/리눅스 · 34
    1.4.4 파이썬 패키지 설치하고 업데이트하기 · 35

CONTENTS

  1.4.5 파이썬 2와 파이썬 3 ··· 36
  1.4.6 통합 개발 환경과 텍스트 편집기 ·· 37
1.5 커뮤니티와 컨퍼런스 ··· 37
1.6 이 책을 살펴보는 방법 ··· 38
  1.6.1 코드 예제 ··· 39
  1.6.2 예제에 사용된 데이터 ·· 39
  1.6.3 import 컨벤션 ·· 39
  1.6.4 용어 ··· 40

CHAPTER 2 파이썬 언어의 기본, IPython, 주피터 노트북

2.1 파이썬 인터프리터 ··· 42
2.2 IPython 기초 ··· 44
  2.2.1 IPython 셸 실행하기 ··· 44
  2.2.2 주피터 노트북 실행하기 ··· 45
  2.2.3 탭 자동완성 ··· 48
  2.2.4 자기관찰 ·· 50
  2.2.5 %run 명령어 ·· 52
  2.2.6 클립보드에 있는 코드 실행하기 ··· 54
  2.2.7 키보드 단축키 ··· 55
  2.2.8 매직 명령어 ··· 56
  2.2.9 matplotlib 통합 ··· 58
2.3 파이썬 기초 ··· 59
  2.3.1 시맨틱 ··· 60
  2.3.2 스칼라형 ·· 70
  2.3.3 흐름 제어 ·· 80

CHAPTER 3 내장 자료구조, 함수, 파일

- 3.1 자료구조와 순차 자료형 ········· **87**
  - 3.1.1 튜플 ········· **87**
  - 3.1.2 리스트 ········· **92**
  - 3.1.3 내장 순차 자료형 함수 ········· **98**
  - 3.1.4 사전 ········· **101**
  - 3.1.5 집합 ········· **106**
  - 3.1.6 리스트, 집합, 사전 표기법 ········· **109**
- 3.2 함수 ········· **112**
  - 3.2.1 네임스페이스, 스코프, 지역 함수 ········· **113**
  - 3.2.2 여러 값 반환하기 ········· **114**
  - 3.2.3 함수도 객체다 ········· **115**
  - 3.2.4 익명 함수 ········· **117**
  - 3.2.5 커링: 일부 인자만 취하기 ········· **118**
  - 3.2.6 제너레이터 ········· **119**
  - 3.2.7 에러와 예외 처리 ········· **122**
- 3.3 파일과 운영체제 ········· **126**
  - 3.3.1 바이트와 유니코드 ········· **130**
- 3.4 마치며 ········· **132**

CHAPTER 4 NumPy 기본: 배열과 벡터 연산

- 4.1 NumPy ndarray: 다차원 배열 객체 ········· **135**
  - 4.1.1 ndarray 생성하기 ········· **137**
  - 4.1.2 ndarray의 dtype ········· **139**

CONTENTS

　4.1.3　NumPy 배열의 산술 연산 · 142
　4.1.4　색인과 슬라이싱 기초 · 144
　4.1.5　불리언값으로 선택하기 · 150
　4.1.6　팬시 색인 · 153
　4.1.7　배열 전치와 축 바꾸기 · 155
4.2　유니버설 함수: 배열의 각 원소를 빠르게 처리하는 함수 · 158
4.3　배열을 이용한 배열지향 프로그래밍 · 161
　4.3.1　배열 연산으로 조건절 표현하기 · 163
　4.3.2　수학 메서드와 통계 메서드 · 165
　4.3.3　불리언 배열을 위한 메서드 · 167
　4.3.4　정렬 · 168
　4.3.5　집합 관련 함수 · 169
4.4　배열 데이터의 파일 입출력 · 171
4.5　선형대수 · 172
4.6　난수 생성 · 174
4.7　계단 오르내리기 예제 · 176
　4.7.1　한 번에 시뮬레이션하기 · 178
4.8　마치며 · 180

CHAPTER 5 pandas 시작하기

5.1　pandas 자료구조 소개 · 182
　5.1.1　Series · 182
　5.1.2　DataFrame · 187
　5.1.3　색인 객체 · 195
5.2　핵심 기능 · 198
　5.2.1　재색인 · 198

5.2.2	하나의 로우나 컬럼 삭제하기	201
5.2.3	색인하기, 선택하기, 거르기	203
5.2.4	정수 색인	209
5.2.5	산술 연산과 데이터 정렬	210
5.2.6	함수 적용과 매핑	217
5.2.7	정렬과 순위	220
5.2.8	중복 색인	224
5.3	기술 통계 계산과 요약	226
5.3.1	상관관계와 공분산	229
5.3.2	유일값, 값 세기, 멤버십	232
5.4	마치며	235

CHAPTER 6 데이터 로딩과 저장, 파일 형식

6.1	텍스트 파일에서 데이터를 읽고 쓰는 법	237
6.1.1	텍스트 파일 조금씩 읽어오기	244
6.1.2	데이터를 텍스트 형식으로 기록하기	246
6.1.3	구분자 형식 다루기	248
6.1.4	JSON 데이터	251
6.1.5	XML과 HTML: 웹 스크래핑	253
6.2	이진 데이터 형식	258
6.2.1	HDF5 형식 사용하기	259
6.2.2	마이크로소프트 엑셀 파일에서 데이터 읽어오기	261
6.3	웹 API와 함께 사용하기	263
6.4	데이터베이스와 함께 사용하기	264
6.5	마치며	267

CONTENTS

CHAPTER 7 데이터 정제 및 준비

7.1 누락된 데이터 처리하기 · 269
    7.1.1 누락된 데이터 골라내기 · 271
    7.1.2 결측치 채우기 · 274

7.2 데이터 변형 · 277
    7.2.1 중복 제거하기 · 277
    7.2.2 함수나 매핑을 이용해서 데이터 변형하기 · 279
    7.2.3 값 치환하기 · 281
    7.2.4 축 색인 이름 바꾸기 · 283
    7.2.5 개별화와 양자화 · 284
    7.2.6 특잇값을 찾고 제외하기 · 288
    7.2.7 치환과 임의 샘플링 · 289
    7.2.8 표시자/더미 변수 계산하기 · 291

7.3 문자열 다루기 · 296
    7.3.1 문자열 객체 메서드 · 296
    7.3.2 정규 표현식 · 298
    7.3.3 pandas의 벡터화된 문자열 함수 · 302

7.4 마치며 · 306

CHAPTER 8 데이터 준비하기: 조인, 병합, 변형

8.1 계층적 색인 · 307
    8.1.1 계층의 순서를 바꾸고 정렬하기 · 311
    8.1.2 계층별 요약 통계 · 312
    8.1.3 DataFrame의 컬럼 사용하기 · 313

8.2 데이터 합치기 · 315

		8.2.1	데이터베이스 스타일로 DataFrame 합치기	**315**
		8.2.2	색인 병합하기	**321**
		8.2.3	축 따라 이어붙이기	**326**
		8.2.4	겹치는 데이터 합치기	**332**
	8.3	재형성과 피벗		**334**
		8.3.1	계층적 색인으로 재형성하기	**334**
		8.3.2	긴 형식에서 넓은 형식으로 피벗하기	**338**
		8.3.3	넓은 형식에서 긴 형식으로 피벗하기	**342**
	8.4	마치며		**345**

CHAPTER 9 그래프와 시각화

	9.1	matplotlib API 간략하게 살펴보기		**348**
		9.1.1	figure와 서브플롯	**349**
		9.1.2	색상, 마커, 선 스타일	**354**
		9.1.3	눈금, 라벨, 범례	**357**
		9.1.4	주석과 그림 추가하기	**361**
		9.1.5	그래프를 파일로 저장하기	**364**
		9.1.6	matplotlib 설정	**365**
	9.2	pandas에서 seaborn으로 그래프 그리기		**365**
		9.2.1	선그래프	**366**
		9.2.2	막대그래프	**369**
		9.2.3	히스토그램과 밀도 그래프	**375**
		9.2.4	산포도	**377**
		9.2.5	패싯 그리드와 범주형 데이터	**380**
	9.3	다른 파이썬 시각화 도구		**382**
	9.4	마치며		**383**

CONTENTS

CHAPTER 10 데이터 집계와 그룹 연산

10.1 GroupBy 메카닉 ·· 386
    10.1.1 그룹 간 순회하기 ·· 390
    10.1.2 컬럼이나 컬럼의 일부만 선택하기 ··· 392
    10.1.3 사전과 Series에서 그룹핑하기 ··· 393
    10.1.4 함수로 그룹핑하기 ··· 395
    10.1.5 색인 단계로 그룹핑하기 ·· 395
10.2 데이터 집계 ··· 396
    10.2.1 컬럼에 여러 가지 함수 적용하기 ··· 398
    10.2.2 색인되지 않은 형태로 집계된 데이터 반환하기 ···································· 403
10.3 Apply: 일반적인 분리-적용-병합 ··· 403
    10.3.1 그룹 색인 생략하기 ·· 407
    10.3.2 변위치 분석과 버킷 분석 ··· 407
    10.3.3 예제: 그룹에 따른 값으로 결측치 채우기 ·· 409
    10.3.4 예제: 랜덤 표본과 순열 ··· 412
    10.3.5 예제: 그룹 가중 평균과 상관관계 ··· 414
    10.3.6 예제: 그룹상의 선형회귀 ··· 417
10.4 피벗테이블과 교차일람표 ·· 418
    10.4.1 교차일람표 ·· 421
10.5 마치며 ·· 422

CHAPTER 11 시계열

11.1 날짜, 시간 자료형, 도구 ·· 424
    11.1.1 문자열을 datetime으로 변환하기 ··· 425

- **11.2 시계열 기초** ·· 428
  - 11.2.1 색인, 선택, 부분 선택 ·· 430
  - 11.2.2 중복된 색인을 갖는 시계열 ·· 434
- **11.3 날짜 범위, 빈도, 이동** ·· 436
  - 11.3.1 날짜 범위 생성하기 ·· 436
  - 11.3.2 빈도와 날짜 오프셋 ·· 439
  - 11.3.3 데이터 시프트 ·· 441
- **11.4 시간대 다루기** ·· 445
  - 11.4.1 시간대 지역화와 변환 ·· 446
  - 11.4.2 시간대를 고려해서 Timestamp 객체 다루기 ·· 449
  - 11.4.3 다른 시간대 간의 연산 ·· 450
- **11.5 기간과 기간 연산** ·· 451
  - 11.5.1 Period의 빈도 변환 ·· 453
  - 11.5.2 분기 빈도 ·· 455
  - 11.5.3 타임스탬프와 기간 서로 변환하기 ·· 457
  - 11.5.4 배열로 PeriodIndex 생성하기 ·· 459
- **11.6 리샘플링과 빈도 변환** ·· 462
  - 11.6.1 다운샘플링 ·· 464
  - 11.6.2 업샘플링과 보간 ·· 467
  - 11.6.3 기간 리샘플링 ·· 469
- **11.7 이동창 함수** ·· 471
  - 11.7.1 지수 가중 함수 ·· 475
  - 11.7.2 이진 이동창 함수 ·· 476
  - 11.7.3 사용자 정의 이동창 함수 ·· 478
- **11.8 마치며** ·· 479

CONTENTS

CHAPTER 12 고급 pandas

- 12.1 Categorical 데이터 ··· 481
  - 12.1.1 개발 배경과 동기 ··· 481
  - 12.1.2 pandas의 Categorical ··· 484
  - 12.1.3 Categorical 연산 ··· 487
  - 12.1.4 Categorical 메서드 ··· 490
- 12.2 고급 GroupBy 사용 ··· 493
  - 12.2.1 그룹 변환과 GroupBy 객체 풀어내기 ··· 494
  - 12.2.2 시계열 그룹 리샘플링 ··· 498
- 12.3 메서드 연결 기법 ··· 501
  - 12.3.1 pipe 메서드 ··· 503
- 12.4 마치며 ··· 504

CHAPTER 13 파이썬 모델링 라이브러리

- 13.1 pandas와 모델 코드의 인터페이스 ··· 505
- 13.2 Patsy를 이용해서 모델 생성하기 ··· 509
  - 13.2.1 Patsy 용법으로 데이터 변환하기 ··· 512
  - 13.2.2 범주형 데이터와 Patsy ··· 514
- 13.3 statsmodels 소개 ··· 518
  - 13.3.1 선형 모델 예측하기 ··· 518
  - 13.3.2 시계열 처리 예측 ··· 522
- 13.4 scikit-learn 소개 ··· 523
- 13.5 더 공부하기 ··· 528

CHAPTER 14 데이터 분석 예제

- **14.1** Bit.ly의 1.USA.gov 데이터 ········· 529
  - 14.1.1 순수 파이썬으로 표준시간대 세어보기 ········· 531
  - 14.1.2 pandas로 표준시간대 세어보기 ········· 533
- **14.2** MovieLens의 영화 평점 데이터 ········· 542
  - 14.2.1 평점 차이 구하기 ········· 548
- **14.3** 신생아 이름 ········· 550
  - 14.3.1 이름 유행 분석 ········· 556
- **14.4** 미국농무부 영양소 정보 ········· 567
- **14.5** 2012년 연방선거관리위원회 데이터베이스 ········· 574
  - 14.5.1 직업 및 고용주에 따른 기부 통계 ········· 578
  - 14.5.2 기부금액 ········· 581
  - 14.5.3 주별 기부 통계 ········· 584
- **14.6** 마치며 ········· 585

APPENDIX A 고급 NumPy

- **A.1** ndarray 객체 구조 ········· 587
  - A.1.1 NumPy dtype 구조 ········· 588
- **A.2** 고급 배열 조작 기법 ········· 590
  - A.2.1 배열 재형성하기 ········· 590
  - A.2.2 C 순서와 포트란 순서 ········· 593
  - A.2.3 배열 이어붙이고 나누기 ········· 594
  - A.2.4 원소 반복하기: repeat와 tile ········· 597
  - A.2.5 팬시 색인: take와 put ········· 599

CONTENTS

- **A.3** 브로드캐스팅 ······ **601**
  - A.3.1 다른 축에 대해 브로드캐스팅하기 ······ **604**
  - A.3.2 브로드캐스팅을 이용해서 배열에 값 대입하기 ······ **606**
- **A.4** 고급 ufunc 사용법 ······ **607**
  - A.4.1 ufunc 인스턴스 메서드 ······ **608**
  - A.4.2 파이썬으로 사용자 정의 ufunc 작성하기 ······ **610**
- **A.5** 구조화된 배열과 레코드 배열 ······ **612**
  - A.5.1 중첩된 dtype과 다차원 필드 ······ **613**
  - A.5.2 구조화된 배열을 써야 하는 이유 ······ **614**
- **A.6** 정렬에 관하여 ······ **614**
  - A.6.1 간접 정렬: argsort와 lexsort ······ **616**
  - A.6.2 대안 정렬 알고리즘 ······ **618**
  - A.6.3 배열 일부만 정렬하기 ······ **619**
  - A.6.4 numpy.searchsorted: 정렬된 배열에서 원소 찾기 ······ **620**
- **A.7** Numba를 이용하여 빠른 NumPy 함수 작성하기 ······ **622**
  - A.7.1 Numba를 이용한 사용자 정의 numpy.ufunc 만들기 ······ **624**
- **A.8** 고급 배열 입출력 ······ **624**
  - A.8.1 메모리 맵 파일 ······ **624**
  - A.8.2 HDF5 및 기타 배열 저장 옵션 ······ **626**
- **A.9** 성능 팁 ······ **626**
  - A.9.1 인접 메모리의 중요성 ······ **627**

APPENDIX B IPython 시스템 더 알아보기

- **B.1** 명령어 히스토리 사용하기 ······ **631**
  - B.1.1 명령어 검색과 재사용 ······ **631**
  - B.1.2 입출력 변수 ······ **632**

B.2	운영체제와 함께 사용하기	**634**
	B.2.1 셸 명령어와 별칭	**634**
	B.2.2 디렉터리 북마크 시스템	**636**
B.3	소프트웨어 개발 도구	**636**
	B.3.1 대화형 디버거	**637**
	B.3.2 실행 시간 측정: %time과 %timeit	**642**
	B.3.3 기본적인 프로파일링: %prun과 %run -p	**644**
	B.3.4 함수의 각 줄마다 프로파일링하기	**647**
B.4	IPython을 이용한 생산적인 코드 개발에 관한 팁	**650**
	B.4.1 모듈 의존성 리로딩하기	**650**
	B.4.2 코드 설계 팁	**651**
B.5	IPython 고급 기능	**653**
	B.5.1 IPython 친화적인 클래스 만들기	**653**
	B.5.2 프로파일과 설정	**654**
B.6	마치며	**656**

찾아보기 **657**

CHAPTER 1
시작하기 전에

1.1 이 책에서 다루는 내용

이 책은 파이썬으로 데이터를 다루는 다양하고 기본적인 방법을 소개한다. 그러기 위해 파이썬 프로그래밍 언어의 일부와 데이터 분석 문제를 효율적으로 해결하는 데 도움이 되는 몇 가지 라이브러리를 다룬다. '데이터 분석'이 이 책의 제목이긴 하지만 데이터 분석 방법론이 아니라 파이썬 프로그래밍, 라이브러리 그리고 사용하는 도구에 집중한다. 데이터 분석을 위해 여러분에게 반드시 필요한 것은 파이썬 프로그래밍이기 때문이다.

1.1.1 어떤 데이터를 사용하나

여기서 '데이터'는 정확히 무슨 뜻일까? 주된 의미는 **구조화된 데이터**다. 일부러 구조화된 데이터라는 모호한 표현을 썼는데, 다음과 같은 여러 가지 형태의 데이터를 포함한다.

- 각 컬럼의 형식이 문자열, 숫자, 날짜 등으로 서로 다른 표 혹은 스프레드시트와 비슷한 데이터. 이는 관계형 데이터베이스 혹은 탭이나 쉼표로 구분되는 텍스트 파일 형식으로 저장되는 대부분의 데이터를 포함한다.
- 다차원 배열(행렬)
- SQL에서 기본키나 외래키 같은 키 컬럼에 의해 서로 연관되는 여러 가지 표
- 일정하거나 일정하지 않은 간격의 시계열

이 목록에 있는 형식이 전부는 아니다. 항상 명백하지는 않겠지만 대부분의 데이터는 모델링이나 분석을 위해 좀 더 쉬운 구조로 형태를 바꿀 수 있다. 또는 데이터 안에서 어떤 특성을 추출해

서 구조화된 형태로 만들 수 있다. 예를 들어 뉴스 기사 모음은 사용 단어 빈도표를 만들어 감성 분석에 사용할 수도 있다.

아마도 전 세계적으로 가장 널리 사용되고 있는 데이터 분석 툴인 마이크로소프트 엑셀 같은 스프레드시트 프로그램 사용자는 이런 종류의 데이터가 낯설지 않을 것이다.

1.2 왜 데이터 분석에 파이썬을 사용하나

파이썬은 매력적인 언어다. 1991년 처음 발표된 이래 펄, 루비 같은 인기 있는 언어가 되었다. 특히 최근 몇 년 사이에 레일즈(루비), 장고(파이썬) 같은 다양한 웹 프레임워크로 웹사이트를 만들면서 파이썬과 루비는 큰 인기를 얻었다. 이런 언어는 **스크립트** 언어라고 불리는데, 작은 프로그램이나 업무 자동화 스크립트를 빠르고 간단하게 만들 수 있다. 개인적으로 '스크립트 언어'라는 용어를 좋아하지 않는데, 이름 자체에 제대로 된 소프트웨어를 만드는 데는 사용하지 못한다는 의미를 담고 있기 때문이다. 인터프리터 언어 사이에서도 파이썬은 다양한 역사적, 문화적 이유로 인해 방대하고 활동적인 과학 계산 컴퓨팅 커뮤니티에서 사용되고 있다. 지난 10년간 파이썬은 '대안 언어' 위치에서 데이터 과학, 머신러닝 그리고 범용 소프트웨어 개발에 이르기까지 학계와 업계 모두에서 가장 중요한 프로그래밍 언어 중 하나로 성장했다.

파이썬은 데이터 분석과 대화형(인터랙티브) 컴퓨팅, 데이터 시각화에서 자주 사용하는 R, 매트랩^{MATLAB}, SAS, Stata 같은 오픈소스나 상용 언어, 도구와 비교해도 뒤지지 않는다. 최근에는 (pandas나 scikit-learn 같은) 파이썬 라이브러리 지원이 개선되어 데이터 처리 업무에 두각을 나타내고 있다. 파이썬은 범용적인 프로그래밍 언어일 뿐만 아니라 과학 계산용으로도 손색이 없기에 데이터 애플리케이션 개발을 위한 최고의 언어라고 할 수 있다.

1.2.1 접착제처럼 쓰는 파이썬

파이썬이 과학 기술 컴퓨팅계에서 성공을 하게 된 이유로 C, C++, 포트란^{FORTRAN} 코드와 통합이 쉽다는 점을 들 수 있다. 대부분의 최신 컴퓨팅 환경에서는 선형대수, 최적화, 통합, 고속 푸리에 변환 같은 알고리즘을 위해 C 라이브러리나 포트란 레거시를 공유한다. 그런 연유로 많은 회사나 국가 연구소에서 수십 년이 지난 소프트웨어를 파이썬과 함께 사용하고 있다.

프로그램은 실행 시간의 대부분을 차지하는 작은 부분의 코드와 실행 시간을 얼마 차지하지 않는 많은 양의 '글루 코드 glue code (접착제 코드, 바인딩 코드라고도 함)'로 이루어져 있다. 대부분의 경우 글루 코드는 실행 시간에 영향을 주지 않을 만큼 비중이 낮다. 연산 병목을 최적화하기 위해 해당 부분을 C언어 같은 저수준 언어로 옮겨 쓴다면 유익한 결과를 얻을 수 있다.

1.2.2 한 가지 언어만 사용하자

보통 많은 기관에서 R이나 SAS 같은 좀 더 특화된 언어로 새로운 아이디어를 검증하고 프로토타입을 만들어 연구한 후 그 아이디어를 자바, C#, C++ 같은 언어를 이용하여 상용 시스템으로 포팅한다. 파이썬은 연구를 하거나 프로토타입을 만드는 데 적합한 언어인데다 실제 시스템을 개발하는 데도 적합하기에 갈수록 더 인기를 끌고 있다. 하나의 언어로 충분한데 별도의 다른 개발 환경을 유지할 필요는 없지 않은가. 연구자와 기술자가 같은 프로그래밍 도구를 사용함으로써 얻을 수 있는 장점이 많으므로 앞으로 더 많은 기관에서 파이썬을 사용하게 될 것이라 믿는다.

1.2.3 파이썬을 사용하면 안 되는 경우

파이썬이 분석 애플리케이션이나 범용 시스템을 개발하는 데 훌륭한 환경이긴 하지만 특수한 경우에는 파이썬이 아닌 다른 언어가 해답인 경우도 있다.

파이썬은 인터프리터 언어이므로 자바나 C++ 같은 컴파일 언어보다 많이 느리다. 하지만 **개발자의 시간 비용**은 **CPU의 시간 비용**보다 비싸므로 대개는 이런 등가 교환에 만족해한다. 그러나 실시간 거래 시스템처럼 매우 짧은 응답 시간을 필요로 하는 애플리케이션에서는 가능한 한 최고의 성능을 내고자 생산성은 떨어지지만 C++ 같은 저수준 언어로 개발을 한다.

파이썬은 동시다발적인 멀티스레드를 처리하거나 CPU에 집중된 많은 스레드를 처리하는 애플리케이션에 적합한 언어가 아니다. 바로 **GIL** global interpreter lock (전역 인터프리터 잠금) 때문인데, 이 메커니즘은 인터프리터가 한 번에 하나의 파이썬 명령만 실행하도록 한다. 왜 GIL이 존재하는지에 대한 기술적인 이유는 이 책에서 다루는 내용을 벗어난다. 대체로 빅데이터 처리 애플리케이션에서는 단일 클러스터가 적절한 시간 안에 데이터를 처리해야 하기에 단일 프로세스, 멀티스레드 시스템을 선호하는 경우도 있다.

그렇다고 엄밀히 말해서 파이썬이 멀티스레드나 병렬 코드를 실행하지 못한다는 뜻은 아니다. 네이티브 수준(C 또는 C++)에서 멀티스레드를 활용하는 파이썬 C 확장을 통해 GIL에 구애받지 않고 병렬 코드를 실행할 수 있다.

1.3 필수 파이썬 라이브러리

이 책에서 사용하는 파이썬 데이터 환경과 라이브러리에 익숙하지 않은 독자를 위해 그중 일부를 간단히 소개한다.

1.3.1 NumPy

NumPy(넘파이)는 Numerical Python의 줄임말로, 파이썬 산술 계산의 주춧돌 같은 라이브러리다. 자료구조, 알고리즘 산술 데이터를 다루는 대부분의 과학 계산 애플리케이션에서 필요한 라이브러리를 제공한다. NumPy가 제공하는 기능은 다음과 같다.

- 빠르고 효율적인 다차원 배열 객체 ndarray
- 배열 원소를 다루거나 배열 간의 수학 계산을 수행하는 함수
- 디스크로부터 배열 기반의 데이터를 읽거나 쓸 수 있는 도구
- 선형대수 계산, 푸리에 변환, 난수 생성기
- 파이썬 확장과 C, C++ 코드에서 NumPy의 자료구조에 접근하고 계산 기능을 사용할 수 있도록 해주는 C API

고속 배열 처리 외에도 NumPy는 데이터 분석 알고리즘에 사용할 데이터 컨테이너의 역할을 한다. 수치 데이터라면 NumPy 배열은 파이썬 내장 자료구조보다 훨씬 효율적인 방법으로 데이터를 저장하고 다룰 수 있다. 또한 C나 포트란 같은 저수준 언어로 작성한 라이브러리는 NumPy 배열에 저장된 데이터를 복사하지 않고 바로 사용할 수도 있다. 따라서 파이썬을 위한 많은 산술 계산 도구는 NumPy 배열을 기본 자료구조로 가정하고 있거나 NumPy와 쉽게 연동할 수 있는 기능을 제공한다.

1.3.2 pandas

pandas(팬더스)는 구조화된 데이터나 표 형식의 데이터를 빠르고 쉽고 표현적으로 다루도록 설계된 고수준의 자료구조와 함수를 제공한다. 2010년 처음 개발되어 파이썬으로 생산적이고 강력한 데이터 분석 환경을 구성하는 데 도움을 주고 있다. pandas의 주된 자료구조는 표 형태의 로우와 컬럼 이름을 가지는 DataFrame(데이터프레임)과 1차원 배열 객체인 Series(시리즈)다.

pandas는 'NumPy의 고성능, 배열 연산 아이디어'에 스프레드시트와 관계형 데이터베이스(SQL 같은)의 유연한 데이터 처리 기능을 결합한 것이다. 세련된 색인 기능을 제공하여 데이터 변형, 자르기, 취합 그리고 데이터의 부분집합을 선택할 수 있도록 해준다. 데이터를 처리하고 준비하고 다듬는 과정은 데이터 분석에서 가장 중요한 부분이므로 pandas는 이 책에서 우선적으로 집중하는 라이브러리다.

pandas 라이브러리 개발 배경을 간단히 알아보자. 나는 2008년 AQR 캐피탈 매니지먼트에서 퀀트[quant]로 근무하는 동안 pandas 개발을 시작했는데, 그 당시 다음과 같은 요구 사항을 만족하는 도구를 찾을 수 없었기 때문이었다.

- 자동적으로 혹은 명시적으로 축의 이름에 따라 데이터를 정렬할 수 있는 자료구조. 이러한 자료구조는 잘못 정렬된 데이터에 의한 일반적인 오류를 예방하고 다양한 소스에서 가져온 다양한 방식으로 색인되어 있는 데이터를 다룰 수 있다.
- 통합된 시계열 기능
- 시계열 데이터와 비시계열 데이터를 함께 다룰 수 있는 통합 자료구조
- 메타데이터를 보존하는 산술 연산과 축약 연산
- 누락된 데이터를 유연하게 처리할 수 있는 기능
- 일반 데이터베이스(예를 들면 SQL)처럼 데이터를 합치고 관계 연산을 수행하는 기능

나는 이 모든 것을 하나로 처리할 수 있기 바랐으며 범용 소프트웨어 개발에도 사용할 수 있는 언어를 원했다. 파이썬은 이 목적에 부합하는 좋은 후보였으나 당시에는 이러한 기능을 모두 제공하는 통합 자료구조와 도구가 존재하지 않았다. pandas는 금융 문제와 사업 분석 문제를 해결할 목적으로 개발되었기에 사업 진행에 따라 생성된 데이터를 다룰 수 있는 시계열 기능과 도구가 핵심 특성이 되었다.

통계 계산에 R 언어를 사용하는 사용자에게 R의 data.frame 객체에서 따온 DataFrame이란 이름은 익숙할 것이다. 파이썬과는 다르게 data.frame은 R 프로그래밍 언어의 표준 라이브러리

에 포함되어 있다. 결과적으로 pandas의 많은 기능은 R 핵심 구현의 일부 또는 애드온 패키지에서 따왔다.

pandas라는 이름은 다차원으로 구조화된 데이터를 뜻하는 경제학 용어인 **패널 데이터**panel data 와 **파이썬 데이터 분석**Python data analysis에서 따온 이름이다.

1.3.3 matplotlib

matplotlib(맷플롯립)은 그래프나 2차원 데이터 시각화를 생성하는 유명한 파이썬 라이브러리다. 존 D. 헌터가 만들었고 지금은 많은 개발 팀이 유지하고 있다. 출판물에 필요한 그래프를 만드는 데 맞춰 설계되었다. 현재 파이썬에서 사용할 수 있는 다양한 시각화 라이브러리가 존재하지만 matplotlib은 생태계 내 다른 라이브러리들과 잘 연동되어 있기에 여전히 가장 많이 사용되고 있다. 기본 시각화 도구로 가장 안전한 선택이라고 생각한다.

1.3.4 IPython과 Jupyter

IPython(아이파이썬, 인터랙티브 파이썬Interactive Python)은 더 나은 대화형(인터랙티브) 파이썬 인터프리터를 만들 목적으로 2001년 페르난도 페레즈가 취미 프로젝트로 시작했다. 그 후 16년 동안 최신 파이썬 데이터 기술 스택에서 빠질 수 없는 가장 중요한 프로젝트로 성장했다. IPython 자체는 계산이나 데이터 분석 도구로서의 기능을 제공하지는 않지만 대화형 컴퓨팅과 소프트웨어 개발 양쪽 모두에서 생산성을 극대화할 수 있도록 설계되었다. IPython은 많은 프로그래밍 언어들의 특징인 전통적인 편집-컴파일-실행 방식 대신에 실행-탐색 방식을 장려하며 파일시스템과 운영체제 셸에도 쉽게 접근할 수 있다. 대부분의 데이터 분석 코드를 작성하는 일은 탐색적이며 반복적인 실행을 동반하므로 IPython을 이용하면 더 수월한 작업이 가능해진다.

2014년 페르난도와 IPython 팀은 언어에 상관없이 대화형 컴퓨팅 도구를 설계할 수 있는 주피터(Jupyter) 프로젝트를 발표했다. IPython 웹 노트북은 주피터 노트북으로 이름을 바꾸었고 현재 40개가 넘는 프로그래밍 언어를 지원한다. IPython 시스템은 이제 주피터에서 파이썬을 사용할 수 있게 해주는 **커널**(프로그래밍 언어 모드)로 역할을 변경했다.

IPython 자체는 이제 좀 더 큰 범위에 생산적인 대화형/탐색형 컴퓨팅 환경을 지원하는 주피터 오픈소스 프로젝트의 컴포넌트 중 하나가 되었다. 최초의 IPython은 파이썬 셸 기능을 확장하여 더 편리하게 파이썬 코드를 작성하고 테스트하고 디버깅할 수 있도록 설계되었다. 주피터 노트북에서도 IPython 시스템을 여전히 사용할 수 있는데, '노트북'이라고 하는 웹 기반의 대화형 코드 작성 환경은 다양한 프로그래밍 언어를 지원한다. IPython 셸과 주피터 노트북은 데이터를 탐색하고 시각화하는 데 특히 유용하다.

주피터 노트북 시스템은 노트북 내용을 마크다운이나 HTML로 저장할 수 있게 한다. 이를 통해 코드와 텍스트를 포함하는 문서를 생성할 수 있다. 다른 프로그래밍 언어도 주피터 환경을 위한 커널이 구현되어 있다면 파이썬 대신 주피터 환경에서 사용할 수 있다.

개인적으로 파이썬 코드를 실행하거나 디버깅, 테스트 작업을 할 때는 거의 항상 IPython을 사용한다.

이 책에서 사용된 모든 코드 예제는 주피터 노트북 파일로 찾을 수 있다(https://github.com/wesm/pydata-book).

1.3.5 SciPy

SciPy(사이파이)는 과학 계산 컴퓨팅 영역의 여러 기본 문제를 다루는 패키지 모음이다. 다음은 SciPy에 포함된 패키지 중 일부다.

- `scipy.integrate`
  수치적분 루틴과 미분방정식 풀이법

- `scipy.linalg`
  numpy.linalg에서 제공하는 것보다 더 확장된 선형대수 루틴과 매트릭스 분해

- `scipy.optimize`
  함수 최적화기와 방정식의 근을 구하는 알고리즘

- `scipy.signal`
  시그널 프로세싱 도구

- `scipy.sparse`
  희소 행렬과 희소 선형 시스템 풀이법

- `scipy.special`
  감마 함수처럼 흔히 사용되는 수학 함수를 구현한 포트란 라이브러리인 SPECFUN 래퍼

- `scipy.stats`
  표준 연속/이산 확률 분포(밀도 함수, 샘플러, 연속 분포 함수)와 다양한 통계 테스트 그리고 좀 더 기술적인 통계도구

NumPy와 SciPy를 함께 사용하면 전통적인 과학 계산 애플리케이션에서 제공하는 거의 모든 기능을 대체할 수 있다.

1.3.6 scikit-learn

scikit-learn(사이킷런)은 처음 개발되기 시작한 2010년부터 파이썬 개발자를 위한 범용 머신러닝 도구로 자리 잡기 시작했다. 단 7년 만에 전 세계에서 1,500명이 넘는 사람이 프로젝트에 기여하고 있다. 다음과 같은 모델의 하위모듈을 포함한다.

- **분류**: SVM, 최근접 이웃, 랜덤 포레스트, 로지스틱 회귀 등
- **회귀**: 라소, 리지 회귀 등
- **클러스터링**: k-평균, 스펙트럴 클러스터링 등
- **차원 축소**: PCA, 특징 선택, 행렬 인수분해 등
- **모델 선택**: 격자탐색, 교차검증, 행렬
- **전처리**: 특징 추출, 정규화

pandas, statsmodels 그리고 IPython과 함께 scikit-learn은 파이썬이 생산적인 데이터 과학 언어로 자리매김하는 데 일등공신 역할을 했다. 이 책에 scikit-learn의 자세한 내용을 모두 담을 수는 없지만 몇몇 모델과 이 책에서 소개한 다른 도구를 어떻게 함께 이용할 수 있는지 간략하게 소개하겠다.

1.3.7 statsmodels

statsmodels은 다양한 R 언어용 회귀분석 모델을 구현한 스탠퍼드 대학의 통계학 교수인 조나단 테일러[Jonathan Taylor]의 작업을 기반으로 만들어진 통계분석 패키지다. 스키퍼 시볼드[Skipper Seabold]와 죠세프 퍼크톨드[Josef Perktold]가 2010년에 새로운 statsmodels 프로젝트를 시작한 이후 수많은 사용자와 오픈소스 기여자에게 빼놓을 수 없는 프로젝트로 성장했다. 나다니엘 스미스[Nathaniel Smith]는 R 언어의 포뮬러 시스템에서 착안하여 statsmodels용 포뮬러 또는 모델 명세 프레임워크를 제공하는 Patsy(팻시) 프로젝트를 개발했다.

scikit-learn과 비교하여 statsmodels는 전통적인 통계(주로 빈도주의적 접근)와 계량경제학 알고리즘을 포함하고 있다. 다음과 같은 하위모듈을 포함한다.

- **회귀 모델**: 선형회귀, 일반화 선형 모델, 로버스트 선형 모델, 선형 혼합효과 모델 등
- **분산분석**(ANOVA: analysis of variance)
- **시계열분석**: AR, ARMA, ARIMA, VAR 및 기타 모델
- **비모수 기법**: 커널밀도추정, 커널회귀
- **통계 모델 결과의 시각화**

statsmodels는 통계추론에 좀 더 초점을 맞추고 있다. 인자를 위한 불확실성 예측치와 p 값을 제공한다. 반면 scikit-learn은 좀 더 예측에 초점을 맞추고 있다.

scikit-learn과 함께 statsmodels을 간략히 소개하고 어떻게 이를 NumPy 및 pandas와 함께 사용하는지 알아볼 것이다.

1.4 설치 및 설정

저마다 다른 애플리케이션에 파이썬을 사용하고 있으므로 필요한 추가 패키지나 파이썬 설정에 유일한 방법은 존재하지는 않는다. 많은 독자가 이 책을 따라 하는 데 완벽한 파이썬 개발 환경을 갖추고 있지 못할 것이므로 각각의 운영체제에 맞는 환경 설정 방법을 소개하겠다. 무료로 배포되는 아나콘다^{Anaconda} 배포판을 이용할 것을 추천한다. 이 책을 쓰는 시점에 아나콘다는 파이썬 2.7과 3.6을 모두 지원하고 있다. 이 책에서는 파이썬 3.6 버전을 사용하고 있으므로 여러분도 파이썬 3.6 또는 그 이상의 버전을 사용할 것을 추천한다.

1.4.1 윈도우

먼저 아나콘다 인스톨러를 내려받는다. 이 책을 쓴 시점과 이를 읽는 시점에 따라 다소간의 차이가 있을 수 있지만 아나콘다 다운로드 페이지에 있는 안내대로 설치를 마무리한다.

설치가 완료되면 설정이 제대로 되어 있는지 확인해보자. 명령 프롬프트(cmd.exe라고도 함)를 실행하려면 '시작' 메뉴를 오른 클릭하고 '명령' 프롬프트를 선택하면 된다. **python**이라고 입

력해서 파이썬 인터프리터를 실행하자. 방금 설치한 아나콘다 버전이 표시된 메시지를 확인할 수 있다.

```
C:\Users\wesm>python
Python 3.5.2 |Anaconda 4.1.1 (64-bit)| (default, Jul 5 2016, 11:41:13)
[MSC v.1900 64 bit (AMD64)] on win32
>>>
```

파이썬 인터프리터를 끝내려면 리눅스나 맥OS에서는 Ctrl-D를, 윈도우에서는 Ctrl-Z를 누르거나 **exit()**를 입력하고 엔터를 누르면 된다.

1.4.2 애플(OS X, macOS)

macOS용 아나콘다 인스톨러를 내려받자. Anaconda3-4.1.0-MacOSX-x86_64.pkg와 비슷한 이름의 파일이다. .pkg 파일을 더블 클릭해서 인스톨러를 실행하자. 인스톨러가 실행되면 .bash_profile 파일에 아나콘다 실행 경로가 추가된다. 이 파일은 /Users/$USER/.bash_profile에 위치한다.

잘 설치되었는지 확인하려면 터미널 애플리케이션을 실행하고 IPython을 실행해본다.

```
$ ipython
```

파이썬 인터프리터를 끝내려면 Ctrl-D나 **exit()**를 입력하고 엔터를 누르면 된다.

1.4.3 GNU/리눅스

리눅스 환경은 사용자의 취향에 따라 설치 방법이 조금씩 다를 수 있지만 여기서는 데비안, 우분투, CentOS, 페도라 같은 배포판을 기준으로 설명하겠다. 설치 방법은 macOS와 유사하지만 아나콘다가 설치되는 방법은 조금 다르다. 인스톨러는 터미널에서 실행해야 하는 셸 스크립트로 제공된다. 32비트 또는 64비트 환경에 맞게 x86(32비트) 또는 x86_64(64비트) 인스톨러를 내려받아야 한다. 인스톨러는 Anaconda3-4.1.0-Linux-x86_64.sh 같은 이름의 파일이다. 인스톨러를 실행하려면 bash(배시)를 이용해서 다음과 같이 실행한다.

```
$ bash Anaconda3-4.1.0-Linux-x86_64.sh
```

> **NOTE_** 어떤 리눅스 배포판은 이미 필요한 파이썬 패키지를 가지고 있으면 apt 같은 도구를 이용해서 설치할 수 있다. 여기서는 아나콘다를 이용한 방법을 설명하고 있는데 아나콘다를 이용하면 배포판이 달라도 쉽게 재현이 가능하며 간단하게 최신 버전으로 패키지를 업그레이드할 수 있다.

라이선스에 동의하고 나면 아나콘다 파일을 어디에 복사할 것인지 물어보는데, 기본 위치인 홈 디렉터리(예를 들면 /home/$USER/Anaconda)에 설치할 것을 추천한다.

$PATH 환경변수에 아나콘다의 실행 파일 디렉터리인 bin/을 추가할 것인지 물어볼 수 있다. 만일 설치 후 어떤 문제가 발생한다면 직접 .bashrc(zsh을 사용한다면 .zshrc) 파일에 다음 줄을 추가할 수도 있다.

```
export PATH=/home/$USER/anaconda/bin:$PATH
```

이 과정이 끝난 후 터미널을 새로 실행하거나 source ~/.bashrc 명령으로 .bashrc 파일을 다시 실행한다.

1.4.4 파이썬 패키지 설치하고 업데이트하기

이 책을 읽다가 아나콘다 배포판에 포함되어 있지 않은 추가 파이썬 패키지를 설치해야 할 경우 다음 명령을 이용해서 설치할 수 있다.

```
conda install package_name
```

만일 위 명령으로 설치할 수 없을 경우 pip 패키지 관리 도구를 이용해서 설치할 수 있다.

```
pip install package_name
```

conda update 명령을 이용해서 패키지를 업데이트할 수 있다.

```
conda update package_name
```

pip 역시 --upgrade 플래그를 이용해서 패키지를 업데이트할 수 있다.

```
pip install --upgrade package_name
```

위에서 소개한 명령들은 이 책을 읽는 동안 사용하게 될 기회가 있을 것이다.

> **CAUTION_** 패키지를 설치하기 위해 conda와 pip를 함께 사용할 수 있지만 conda 패키지를 pip 명령으로 업데이트하면 환경 설정에 문제가 발생할 수 있다. 아나콘다나 미니콘다(Miniconda)를 사용하고 있다면 conda를 이용한 업데이트를 먼저 시도하는 것이 안전하다.

1.4.5 파이썬 2와 파이썬 3

파이썬 3의 최초 버전은 2008년 말에 릴리스되었다. 파이썬 3에는 파이썬 2 코드와의 호환성을 유지할 수 없는 몇 가지 변경 사항이 포함되어 있었는데, 1991년 파이썬이 최초로 릴리스된 이후 17년이 지났고 이 호환성을 '포기하는' 릴리스는 언어를 발전시키기 위한 필수불가결한 결정으로 여겨졌다.

2012년까지만 하더라도 과학 계산과 데이터 분석 커뮤니티에서는 많은 패키지가 파이썬 3를 완벽하게 지원하지 않는다는 이유로 파이썬 2를 주로 사용하고 있었다. 이 책의 초판도 파이썬 2.7을 사용했지만 이제는 파이썬 2 혹은 파이썬 3를 선택하더라도 라이브러리 지원이 문제가 되는 경우는 없을 것이다.

파이썬 2는 2020년에 완전히 개발이 중단되고 치명적인 보안 패치조차 제공되지 않을 예정이므로 새로운 프로젝트를 파이썬 2.7로 시작하는 것은 현명한 선택이 아니다. 따라서 이 책에서도 널리 사용되고 있으며 잘 지원되며 안정적인 버전인 파이썬 3.6을 사용한다. 파이썬 2.x는 이제 레거시 파이썬이라고 부르며 파이썬 3.x를 그냥 파이썬이라고 부르기 시작했다. 독자들도 이제 파이썬 3에 동참하기 바란다.

이 책의 예제는 파이썬 3.6을 기반으로 하여 작성했다. 그러므로 더 높은 버전의 파이썬을 사용하면 예제들이 문제없이 동작할 테지만, 2.7 버전에서는 다르게 동작하거나 아예 동작하지 않을 수 있다.

1.4.6 통합 개발 환경과 텍스트 편집기

내게 기본 개발 환경에 대해서 물어오면 거의 항상 'IPython과 텍스트 편집기'라고 대답한다. 나는 보통 프로그램을 작성하고 나서 습관처럼 IPython에서 각 코드를 테스트하고 디버깅한다. 이 방법은 데이터를 쌍방향으로 다룰 수 있으며 특정한 데이터 묶음에 대한 조작이 제대로 되고 있는지 시각적으로 확인이 가능해서 상당히 유용하다. pandas와 NumPy 같은 라이브러리는 셸에서 사용하기 쉽도록 설계되었다.

하지만 어떤 사람은 소프트웨어를 개발할 때 이맥스Emacs나 빔Vim; Vi IMproved 같은 텍스트 편집기 대신 IDE를 선호하기도 한다. 몇 가지 IDE를 소개한다.

- **파이데브**(PyDev): 이클립스(Eclipse) 플랫폼 기반의 IDE. 무료
- **젯브레인스의 파이참**(PyCharm): 상용 버전은 구독 모델이고 오픈소스 개발자들은 무료
- **PTVS**: 비주얼 스튜디오의 파이썬 도구, 윈도우 사용자용
- **스파이더**(Spyder): 아나콘다와 함께 배포되는 IDE. 무료
- **코모도**(Komodo): 유료

파이썬의 인기 덕분에 아톰Atom이나 서브라임 텍스트 2 같은 대부분의 텍스트 편집기는 파이썬을 아주 잘 지원하고 있다.

1.5 커뮤니티와 컨퍼런스

인터넷 검색 외에 과학 계산과 데이터 관련 파이썬 메일링 리스트는 일반적으로 도움을 얻을 수 있는 곳이며 질문에 대한 답도 얻을 수 있다. 살펴보면 좋은 커뮤니티를 소개한다.

- **pydata**: pandas와 파이썬 데이터 분석 관련 질문을 위한 구글 그룹
- **pystatsmodels**: 통계 모델이나 pandas 관련 질문을 올리는 곳
- scikit-learn과 일반적인 파이썬 머신러닝의 **메일링 리스트**
- **numpy-discussion**: NumPy 관련 질문을 올리는 곳
- **scipy-user**: 일반적인 SciPy나 과학 계산 파이썬 관련 질문을 올리는 곳

URL은 바뀔 수 있어서 일부러 적지 않았다. 인터넷을 검색하면 쉽게 찾을 수 있다.

해마다 전 세계 파이썬 개발자들을 대상으로 많은 컨퍼런스가 열리고 있다. 다른 파이썬 개발

자들과 관심사를 공유하고 싶다면 꼭 참석하기 바란다. 대부분의 컨퍼런스는 티켓이나 여행경비를 부담할 수 없는 사람들을 위한 재정 지원 프로그램을 운영하고 있다.

- **파이콘**(PyCon)과 **유로파이썬**(EuroPython): 각각 북미 지역과 유럽에서 열리는 주요 파이썬 컨퍼런스
- **사이파이**(SciPy)와 **유로사이파이**(EuroSciPy): 과학 계산 파이썬 컨퍼런스. 각각 북미와 유럽 지역에서 열린다.
- **파이데이터**(PyData): 데이터 과학과 데이터 분석 사례에 초점을 맞춘 컨퍼런스. 전 세계 각지에서 열린다.
- **각 국가의 파이콘**. 전체 목록은 http://pycon.org에서 확인할 수 있다.

1.6 이 책을 살펴보는 방법

파이썬 프로그래밍 경험이 없다면 파이썬에서 제공하는 기능과 IPython 셸 및 주피터 노트북에 대한 요약 튜토리얼인 2장과 3장을 먼저 살펴보기 바란다. 이들 내용은 이 책을 공부하기 위해 필요한 사전지식이다. 이미 파이썬을 사용해본 경험이 있다면 가볍게 훑어보거나 건너뛰어도 좋다.

다음에는 NumPy의 핵심 기능을 간단히 소개한다(자세한 사용법은 부록 A에 따로 담았다). 또한 pandas를 소개하고 pandas와 NumPy 그리고 시각화를 위해 matplotlib을 사용하여 데이터 분석 주제를 다뤄볼 것이다. 가능한 한 점진적으로 진행되도록 책을 구성했으나 가끔 가볍게 겹치는 내용이 있을 수 있다.

독자마다 최종적으로 원하는 목표가 다를 수 있지만 크게 다음과 같은 업무를 필요로 하게 된다.

- **외부와 연동하기**
  다양한 파일 포맷과 데이터 저장소로부터 데이터를 읽고 쓰기
- **데이터 준비**
  데이터 분석을 위해 데이터를 정제, 조합, 정규화, 변형, 다듬는 작업
- **변환**
  수학이나 통계 작업을 통해 새로운 데이터셋을 도출(그룹 변수를 이용하여 큰 테이블 데이터를 집계)
- **모델링과 연산**
  통계 모델, 머신러닝 알고리즘 또는 다른 연산 도구를 데이터와 연동하기
- **프레젠테이션**
  대화형, 정적 시각화 또는 텍스트 요약 생성

1.6.1 코드 예제

책에서 사용된 대부분의 코드 예제는 IPython 셸이나 주피터 노트북에서 실행했을 때처럼 입력과 출력을 다음과 같은 형식으로 보여준다.

```
In [5]: CODE EXAMPLE
Out[5]: OUTPUT
```

이런 형식의 예제는 In 블록에 있는 코드를 입력하고 실행하라는 의미다. 실행은 엔터키를 누르거나 주피터 환경에서는 Shift-Enter를 누르면 된다. 실행 결과는 Out 블록에 보이는 것처럼 나타날 것이다.

1.6.2 예제에 사용된 데이터

각 장에서 사용된 예제 데이터셋은 깃허브 저장소[1]에서 구할 수 있다. 명령행에서 git 명령을 사용하여 직접 다운로드하거나 깃허브 웹사이트에서 zip 파일을 내려받을 수 있다. 만일 문제가 생긴다면 웹사이트에서 최신 버전의 설명과 예제를 구할 수 있을 것이다.

예제를 실행해보기 위해 필요한 모든 것을 꼼꼼하게 확인했지만 실수나 누락이 있을지도 모른다. 그런 경우에는 저자[2]에게 메일을 보내기를 바란다. 이 책에서 발견한 에러를 보고하거나 다른 사람이 보고한 에러를 보고 싶다면 오라일리 웹사이트의 에라타 페이지[3]를 방문하기 바란다.

1.6.3 import 컨벤션

파이썬 커뮤니티는 자주 사용하는 몇 가지 모듈에 대해 다음과 같은 네이밍 컨벤션을 사용하고 있다.

---

[1] http://github.com/wesm/pydata-book
[2] book@wesmckinney.com
[3] http://bit.ly/pyDataAnalysis_errata

```
import numpy as np
import matplotlib.pyplot as plt
import pandas as pd
import seaborn as sns
import statsmodels as sm
```

이렇게 하면 np.arange는 NumPy에 있는 arange 함수를 참조한다는 뜻이다. NumPy 같은 거대한 패키지에서 모든 것을 임포트하는 것(from numpy import *)은 파이썬 소프트웨어 개발에 있어 나쁜 습관이다.

1.6.4 용어

이 책에서는 프로그래밍과 데이터 과학에서 공통적으로 사용하는 용어를 사용하고 있다. 하지만 독자에게 생소할 수 있다. 아래는 그러한 용어의 간단한 설명이다.

- **의사코드(pseudocode)**
  실제 유효한 소스 코드는 아니지만 알고리즘이나 과정을 코드처럼 표현한 것

- **신택틱 슈거(syntactic sugar)**
  문법적 기능은 그대로지만 기존에 비해 좀 더 편리하거나 타이핑이 간단해지는 프로그래밍 문법

CHAPTER 2
파이썬 언어의 기본, IPython, 주피터 노트북

2011년과 2012년에 걸쳐 처음 이 책의 초판을 집필할 때 데이터 분석을 위한 파이썬을 공부할 수 있는 자료가 충분치 않았다. 이는 닭과 달걀 문제와 비슷한데, 지금은 충분히 성숙한 pandas, scikit-learn 그리고 statsmodels 같은 라이브러리가 그 당시에는 상대적으로 불완전했었다. 2017년 기준으로 데이터 과학, 데이터 분석 그리고 머신러닝에 관한 문서가 많아졌으며 계산 과학자, 물리학자를 포함하여 다른 연구 분야의 전문가들을 위한 범용 과학 계산 작업용 보충 자료도 많아졌다. 파이썬 프로그래밍 언어를 배우고 유효한 소프트웨어 엔지니어가 되기 위한 훌륭한 책도 많이 출간되었다.

이 책은 파이썬을 활용한 데이터 업무의 입문서 역할을 하려는 목적으로 집필되었기에 나는 파이썬의 내장 자료구조와 라이브러리를 데이터를 다루는 관점에서 소개하는 것이 더 의미가 있을 거라고 생각한다. 그러므로 이 장과 다음 장에서는 이 책을 계속 읽어나가는 데 필요한 최소한의 정보만 소개할 것이다.

개인적으로는 데이터 분석을 생산적으로 하기 위해 파이썬으로 훌륭한 소프트웨어를 개발할 수 있을 정도로 파이썬 고수가 되어야 할 필요는 없다고 생각한다. 코드 예제를 실행해보고 파이썬의 다양한 자료형, 함수, 메서드에 대한 문서를 찾아보는 데 IPython 셸과 주피터 노트북을 사용할 것을 적극 권장한다. 비록 책에서 소개하는 내용들을 점진적인 형태로 만들기 위해 노력을 기울이긴 했지만 여기서 소개하는 코드 예제의 일부는 완전하게 설명하지 않는 것도 있음을 기억하자.

이 책의 대부분은 대용량 데이터를 다루기 위한 테이블 기반의 분석과 데이터 준비 도구에 초점을 맞추고 있다. 이 도구들을 사용하기 위해서는 제멋대로인 데이터를 처리하기 쉽도록 깔끔하게 **구조화된** 형태로 다듬어야 한다. 다행히도 파이썬은 그런 데이터를 원하는 모양으로 쉽게 다듬을 수 있는 이상적인 언어다. 파이썬을 사용하는 데 익숙해지면 분석을 위해 데이터를 준비하는 과정이 좀 더 수월해진다.

이 책에서 소개하는 일부 도구는 IPython 또는 주피터로 살펴보는 것이 가장 효과적이다. IPython과 주피터를 어떻게 실행시키는지 배우고 난 다음에는 예제를 따라 해보고 다른 것들을 시도해보기 추천한다. 키보드를 주로 사용하게 되는 콘솔 같은 환경에서는 일반적인 명령어에 완전히 익숙해지는 것도 학습 과정에 포함된다.

> **NOTE_** 파이썬을 이용한 데이터 분석 여행에서 유용하다고 생각할 수 있는 클래스나 객체지향 프로그래밍 같은 파이썬의 기본 개념은 이 책에서 다루지 않는다.
>
> 파이썬 언어에 대한 지식을 더 알고자 하는 독자는 공식 파이썬 튜토리얼과 범용 파이썬 프로그래밍을 소개하는 훌륭한 다른 책을 더 보길 추천한다. 아래는 추천하는 도서 목록이다.
>
> - 『파이썬 쿡북 3판』(데이비드 비즐리, 브라이언 K 존스, 인피니티북스)
> - 『전문가를 위한 파이썬』(루시아누 하말류, 한빛미디어)
> - 『이펙티브 파이썬』(브렛 슬래킨, 길벗)

2.1 파이썬 인터프리터

파이썬은 **인터프리터** 언어다. 파이썬 인터프리터는 한 번에 하나의 명령어만 실행한다. 파이썬 표준 인터프리터는 명령행에서 python을 입력해서 실행한다.

```
$ python
Python 3.6.0 | packaged by conda-forge | (default, Jan 13 2017, 23:17:12)
[GCC 4.8.2 20140120 (Red Hat 4.8.2-15)] on linux
Type "help", "copyright", "credits" or "license" for more information.
>>> a = 5
>>> print(a)
5
```

>>>는 파이썬 인터프리터의 **프롬프트**인데, 여기에 코드를 입력한다. 파이썬 인터프리터를 종

료하고 명령행 프롬프트로 돌아가려면 **exit( )**를 입력하거나 Ctrl-D를 누른다.

파이썬 프로그램을 실행할 때는 첫 번째 인자로 .py 파일을 넘긴다. 예를 들어 다음 내용으로 hello_world.py 파일을 작성했다고 하자.

```
print('Hello world')
```

터미널에서 다음과 같이 실행할 수 있다(hello_world.py 파일은 반드시 현재 작업하고 있는 터미널의 디렉터리에 존재해야 한다).

```
$ python hello_world.py
Hello world
```

일부 파이썬 개발자는 이런 식으로 파이썬 코드를 실행하며, 데이터 분석이나 과학 계산 파이썬 개발자들은 향상된 대화형 파이썬 인터프리터인 IPython 또는 IPython 프로젝트에서 만든 웹 기반의 주피터 노트북을 사용한다. 여기서는 IPython과 주피터를 간단히 소개하고 부록 A에서 IPython을 더 자세히 살펴본다. %run 명령어를 사용하면 IPython은 지정된 파일의 코드를 같은 프로세스 안에서 실행하여 실행이 끝났을 때 그 결과를 인터랙티브하게 탐색할 수 있게 해준다.

```
$ ipython
Python 3.6.0 | packaged by conda-forge | (default, Jan 13 2017, 23:17:12)
Type "copyright", "credits" or "license" for more information.

IPython 5.1.0 -- An enhanced Interactive Python.
?         -> Introduction and overview of IPython's features.
%quickref -> Quick reference.
help      -> Python's own help system.
object?   -> Details about 'object', use 'object??' for extra details.

In [1]: %run hello_world.py
Hello world

In [2]:
```

표준 프롬프트는 >>>인 반면 IPython의 프롬프트는 In [2]:와 같은 형식으로 번호가 붙는다.

2.2 IPython 기초

이 절에서는 IPython 셸과 주피터 노트북을 실행하는 방법, 주요 콘셉트를 소개한다.

2.2.1 IPython 셸 실행하기

IPython은 일반 파이썬 인터프리터를 실행시키듯이 ipython 명령어를 입력해서 실행시킬 수 있다.

```
$ ipython
Python 3.6.0 | packaged by conda-forge | (default, Jan 13 2017, 23:17:12)
Type "copyright", "credits" or "license" for more information.

IPython 5.1.0 -- An enhanced Interactive Python.
?         -> Introduction and overview of IPython's features.
%quickref -> Quick reference.
help      -> Python's own help system.
object?   -> Details about 'object', use 'object??' for extra details.

In [1]: a = 5

In [2]: a
Out[2]: 5
```

파이썬 코드를 입력하고 Enter 키를 눌러서 실행시킬 수 있다. 파이썬에 그냥 변수 이름만 입력하면 그 객체의 문자열 표현을 출력한다.

```
In [5]: import numpy as np

In [6]: data = {i : np.random.randn() for i in range(7)}

In [7]: data
Out[7]:
{0: -0.20470765948471295,
 1: 0.47894333805754824,
 2: -0.5194387150567381,
 3: -0.55573030434749,
 4: 1.9657805725027142,
 5: 1.3934058329729904,
 6: 0.09290787674371767}
```

첫 두 줄은 파이썬 코드인데, 두 번째 줄에서 data라는 이름의 변수를 생성하고 새로 생성한 파이썬 사전형(딕셔너리)을 참조하도록 했다. 마지막 줄은 data 변수의 값을 출력한다.

대부분의 파이썬 객체는 print를 이용한 보통의 출력 결과와는 달리 좀 더 읽기 편하거나 **보기 좋은 형태로 출력**된다. 위 예제를 표준 파이썬 인터프리터에서 보면 다소 읽기 불편한 형태로 출력된다.

```
>>> from numpy.random import randn
>>> data = {i : randn() for i in range(7)}
>>> print(data)
{0: -1.5948255432744511, 1: 0.10569006472787983, 2: 1.972367135977295,
3: 0.15455217573074576, 4: -0.24058577449429575, 5: -1.2904897053651216,
6: 0.3308507317325902}
```

또한 IPython은 일부 코드(약간 개선된 복사/붙여넣기 기능을 통해) 아니면 전체 파이썬 스크립트를 쉽게 실행할 수 있는 기능을 제공한다. 또한 주피터 노트북을 이용해서 많은 분량의 코드를 다룰 수 있는데 나중에 더 살펴보기로 하자.

2.2.2 주피터 노트북 실행하기

주피터 프로젝트의 주요 구성요소 중 하나인 **노트북**은 코드, 텍스트, 데이터 시각화를 비롯한 다른 출력을 대화형으로 구성할 수 있는 대화형 문서 형식이다. 주피터 노트북은 어떤 프로그래밍 언어로도 작성 가능한 주피터 대화형 컴퓨팅 프로토콜의 구현체인 **커널**과 상호작용한다. 파이썬 주피터 커널은 IPython 시스템을 이용하여 동작한다.

주피터를 실행하려면 터미널에 jupyter notebook 명령을 입력하면 된다.

```
$ jupyter notebook
[I 15:20:52.739 NotebookApp] Serving notebooks from local directory:
/home/wesm/code/pydata-book
[I 15:20:52.739 NotebookApp] 0 active kernels
[I 15:20:52.739 NotebookApp] The Jupyter Notebook is running at:
http://localhost:8888/
[I 15:20:52.740 NotebookApp] Use Control-C to stop this server and shut down
all kernels (twice to skip confirmation).
Created new window in existing browser session.
```

대부분의 플랫폼에서는 `--no-browser` 옵션을 지정하지 않으면 자동으로 기본 웹 브라우저를 실행한다. 그렇지 않다면 노트북을 실행했을 때 출력되는 웹 주소(여기서는 `http://localhost:8888/`)로 접속하면 된다. 구글 크롬 브라우저에서의 실행 화면을 [그림 2-1]에서 확인할 수 있다.

> **NOTE_** 많은 사람이 주피터를 로컬 개발 환경으로 사용하고 있다. 하지만 서버에 설치해두고 원격으로 접속해서 사용하는 것도 가능하다. 이 책에서는 원격 접속 설정은 다루지 않는다. 필요하다면 인터넷에서 관련 주제를 검색해보기 추천한다.

그림 2-1 주피터 노트북 랜딩 페이지

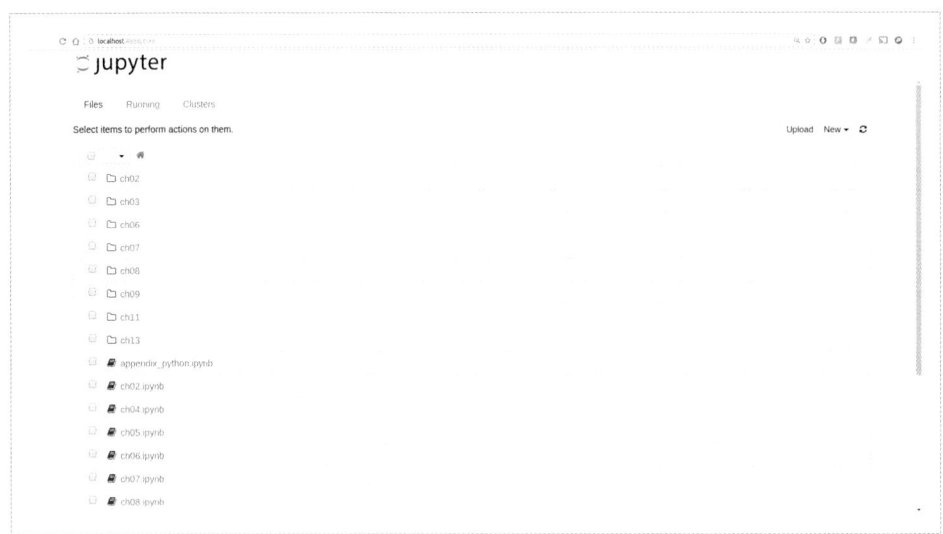

새로운 노트북을 생성하려면 New 버튼을 클릭하고 'Python 3'나 'conda[default]' 옵션을 선택한다. 그러면 [그림 2-2]와 유사한 화면을 보게 될 것이다. 처음 실행한다면 비어 있는 코드 '셀'을 클릭하고 파이썬 코드를 입력해보자. Shift-Enter를 누르면 코드를 실행할 수 있다.

그림 2-2 새 주피터 노트북 화면

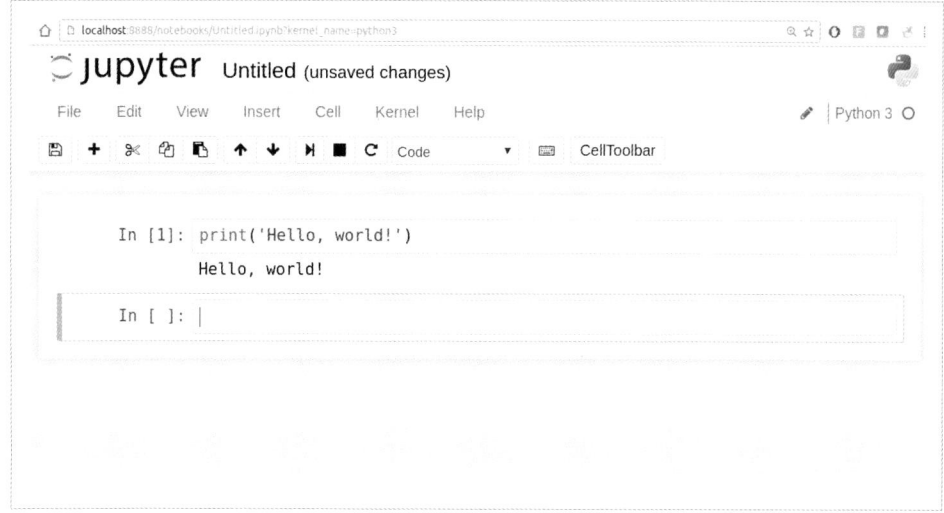

노트북 파일을 저장하면(노트북의 File 메뉴에서 Save and Checkpoint 클릭) 확장자가 .ipynb인 파일이 만들어진다. 이 파일에는 현재 노트북 화면의 모든 내용이 담겨 있다. 다른 주피터 사용자가 불러와서 편집할 수 있는 파일이다. 기존 노트북 파일을 불러오려면 주피터 노트북을 실행한 경로 혹은 그 하위 폴더에 파일을 옮겨두고 랜딩 페이지에서 해당 파일을 더블 클릭하면 된다. 깃허브 저장소 wesm/pydata-book에 올려둔 노트북 파일로 실습해보기 바란다. [그림 2-3]을 보자.

주피터 노트북은 IPython과는 완전히 다른 경험을 주기는 하지만 이 장에서 설명하는 거의 모든 명령과 도구는 양쪽 환경 모두에서 사용할 수 있다.

그림 2-3 기존 노트북 파일을 불러온 화면

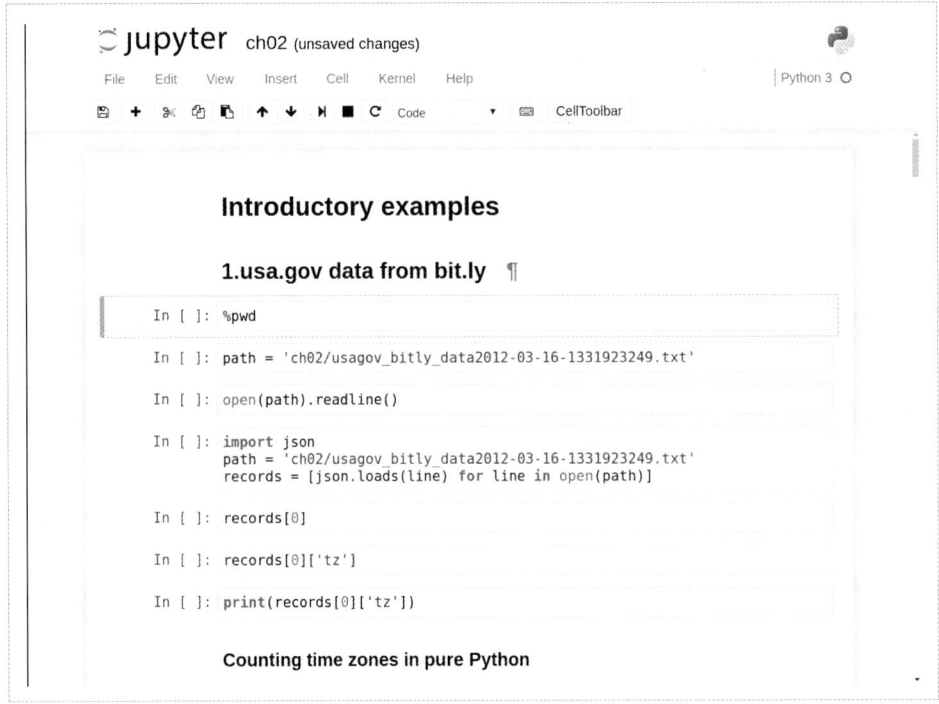

2.2.3 탭 자동완성

겉으로 보기에 IPython은 표준 파이썬 인터프리터와는 조금 다르게 생겼다. 표준 파이썬 셸에 비해 가장 두드러진 개선은 **탭을 통한 자동완성 기능**으로, 대부분의 통합 개발 환경이나 대화형 데이터 분석 환경에 구현되어 있는 기능이다. 셸에서 입력을 하는 동안 탭을 누르면 네임스페이스에서 그 시점까지 입력한 내용과 맞아떨어지는 변수(객체, 함수 등)를 자동으로 찾아준다.

```
In [1]: an_apple = 27

In [2]: an_example = 42

In [3]: an<Tab>
an_apple    and       an_example   any
```

이 예제에서 IPython은 앞서 정의한 두 변수는 물론이고 파이썬 예약어인 and와 내장 함수인 any를 함께 보여주는 것을 확인할 수 있다. 물론 어떤 객체의 메서드나 속성 뒤에 마침표를 입력한 후 자동완성 기능을 활용할 수도 있다.

```
In [3]: b = [1, 2, 3]

In [4]: b.<Tab>
b.append   b.count    b.insert   b.reverse
b.clear    b.extend   b.pop      b.sort
b.copy     b.index    b.remove
```

모듈도 똑같이 동작한다.

```
In [1]: import datetime

In [2]: datetime.<Tab>
datetime.date            datetime.MAXYEAR    datetime.timedelta
datetime.datetime        datetime.MINYEAR    datetime.timezone
datetime.datetime_CAPI   datetime.time       datetime.tzinfo
```

주피터 노트북과 IPython 5.0 이상 버전에서는 자동완성 목록이 일반 텍스트 출력이 아니라 드롭다운 형식으로 나타난다.

> **NOTE_** 탭을 눌렀을 때 화면에 출력 결과가 너무 많으면 초보자는 헷갈릴 수 있는데, IPython은 아예 _로 시작하는 내부 메서드와 속성을 제외한 결과를 보여준다. 물론 먼저 _를 입력하면 해당 메서드와 속성을 선택할 수 있다. 이런 메서드를 탭 자동완성 목록에 기본으로 넣고 싶다면 IPython 환경 설정에서 설정할 수 있다. 자세한 내용은 IPython 문서를 참고하자.

탭 자동완성은 대화형 네임스페이스 검색과 객체 및 모듈 속성의 자동완성뿐만 아니라 파일 경로를 입력(파이썬 문자열 안에서도)한 후 탭을 누르면 입력한 문자열에 맞는 파일 경로를 컴퓨터의 파일 시스템 안에서 찾아서 보여준다.

```
In [7]: datasets/movielens/<Tab>
datasets/movielens/movies.dat    datasets/movielens/README
datasets/movielens/ratings.dat   datasets/movielens/users.dat
```

```
In [7]: path = 'datasets/movielens/<Tab>
datasets/movielens/movies.dat     datasets/movielens/README
datasets/movielens/ratings.dat    datasets/movielens/users.dat
```

나중에 살펴볼 %run 명령어(2.2.5절 참조)와 조합하면 키 입력을 줄일 수 있다.

또한 자동완성 기능을 사용하면 함수에서 이름을 가진 인자(= 기호까지 포함해서)도 보여준다. [그림 2-4]를 참조하자.

그림 2-4 주피터 노트북에서 함수 키워드 자동완성

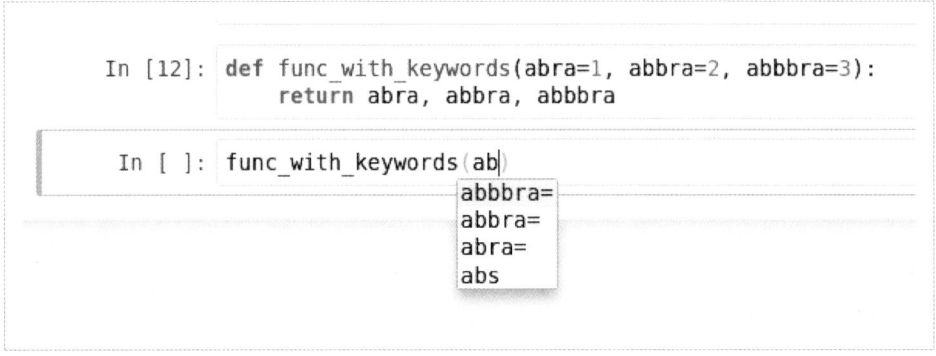

이런 함수들은 나중에 좀 더 살펴보기로 하자.

2.2.4 자기관찰

변수 이름 앞이나 뒤에 ? 기호를 붙이면 그 객체에 대한 일반 정보를 출력한다.

```
In [8]: b = [1, 2, 3]

In [9]: b?
Type:        list
String Form:[1, 2, 3]
Length:      3
Docstring:
list() -> new empty list
list(iterable) -> new list initialized from iterable's items
```

```
In [10]: print?
Docstring:
print(value, ..., sep=' ', end='\n', file=sys.stdout, flush=False)

Prints the values to a stream, or to sys.stdout by default.
Optional keyword arguments:
file:  a file-like object (stream); defaults to the current sys.stdout.
sep:   string inserted between values, default a space.
end:   string appended after the last value, default a newline.
flush: whether to forcibly flush the stream.
Type:      builtin_function_or_method
```

이 기능은 객체의 **자기관찰**(인트로스펙션^{introspection})이라고 하는데, 만약 객체가 함수이거나 인스턴스 메서드라면 정의되어 있는 문서^{docstring}를 출력해준다. IPython이나 주피터에서 사용 가능한 아래와 같은 함수를 작성했다고 하자.

```
def add_numbers(a, b):
    """
    Add two numbers together

    Returns
    -------
    the_sum : type of arguments
    """
    return a + b
```

? 기호를 사용해서 문서를 출력해보자.

```
In [11]: add_numbers?
Signature: add_numbers(a, b)
Docstring:
Add two numbers together

Returns
-------
the_sum : type of arguments
File:      <ipython-input-9-6a548a216e27>
Type:      function
```

??를 사용하면 가능한 경우 함수의 소스 코드도 보여준다.

```
In [12]: add_numbers??
Signature: add_numbers(a, b)
Source:
def add_numbers(a, b):
    """
    Add two numbers together

    Returns
    -------
    the_sum : type of arguments
    """
    return a + b
File:      <ipython-input-9-6a548a216e27>
Type:      function
```

또한 ?는 표준 유닉스나 윈도우 명령행에서와 마찬가지로 IPython의 네임스페이스를 검색하는 데 사용할 수도 있다. 와일드카드(*) 기호와 함께 사용한 문자와 일치하는 모든 이름을 보여준다. 예를 들어 NumPy의 최상단 네임스페이스 안에서 load를 포함하는 모든 함수 목록을 가져올 수 있다.

```
In [13]: np.*load*?
np.__loader__
np.load
np.loads
np.loadtxt
np.pkgload
```

2.2.5 %run 명령어

%run 명령어를 사용하면 IPython 세션 안에서 파이썬 프로그램 파일을 불러와서 실행할 수 있다. 다음과 같은 ipython_script_test.py 스크립트 파일이 있다고 하자.

```
def f(x, y, z):
    return (x + y) / z
```

```
a = 5
b = 6
c = 7.5

result = f(a, b, c)
```

이 스크립트 파일은 %run 명령을 사용해서 다음처럼 실행할 수 있다.

```
In [14]: %run ipython_script_test.py
```

스크립트 파일은 **빈 네임스페이스**(다른 변수가 선언되지 않았거나 아무것도 임포트되지 않은 상태)에서 실행되므로 명령행에서 python script.py 명령을 실행한 것과 동일하게 동작한다. 스크립트 파일에 정의된 모든 변수(임포트, 함수, 전역 변수)는 실행된 후에 IPython에서 접근이 가능하다.

```
In [15]: c
Out[15]: 7.5

In [16]: result
Out[16]: 1.4666666666666666
```

만약 파이썬 스크립트에 명령행 인자(sys.argv에 저장되는)를 넘겨야 한다면 명령행에서 실행하는 것처럼 파일 경로 다음에 필요한 인자를 넘겨주면 된다.

> **NOTE_** 실행하려는 스크립트 파일에서 대화형 IPython 네임스페이스에 미리 선언된 변수에 접근해야 한다면 %run 대신 %run -i 명령을 사용한다.

주피터 노트북에서는 스크립트 파일을 코드 셀로 불러오는 %load 매직함수를 사용할 수도 있다.

```
>>> %load ipython_script_test.py

    def f(x, y, z):
        return (x + y) / z

    a = 5
```

```
b = 6
c = 7.5

result = f(a, b, c)
```

실행 중인 코드 중지하기

%run을 통해 스크립트가 실행되고 있거나 오랜 실행 시간이 필요한 코드가 실행되고 있는 중간에 Ctrl-C를 누르면 KeyboardInterrupt 예외를 발생시킨다. 이 예외는 몇몇 특수한 경우를 제외한 거의 모든 파이썬 프로그램을 즉시 멈추도록 한다.

> **CAUTION_** 실행 중인 파이썬 코드가 컴파일된 확장 모듈에서 호출된 경우에는 Ctrl-C를 눌러도 프로그램이 즉각 멈추지 않는데, 이런 경우에는 프로그램의 제어권이 파이썬 인터프리터로 되돌아올 때까지 기다리거나 심각한 경우에는 운영체제의 작업 관리자 메뉴를 이용해 파이썬 프로세스를 강제로 종료해야 한다.

2.2.6 클립보드에 있는 코드 실행하기

주피터 노트북을 사용하고 있다면 아무 코드 셀에나 코드를 붙여넣기해서 실행할 수 있다. IPython 셸에서도 클립보드의 내용을 실행하는 것이 가능하다. 다른 애플리케이션에서 사용 중인 다음 코드가 있다고 하자.

```
x = 5
y = 7
if x > 5:
    x += 1

    y = 8
```

이 경우 %paste나 %cpaste 매직함수를 사용할 수 있다. %paste는 클립보드에 있는 텍스트를 단일 블록으로 실행한다.

```
In [17]: %paste
x = 5
```

```
    y = 7
if x > 5:
    x += 1

    y = 8
## -- End pasted text --
```

%cpaste는 %paste와 유사하지만 코드를 붙여 넣을 때 특수한 프롬프트를 제공한다.

```
In [18]: %cpaste
Pasting code; enter '--' alone on the line to stop or use Ctrl-D.
:x = 5
:y = 7
:if x > 5:
:    x += 1
:
:    y = 8
:--
```

%cpaste 블록을 사용하면 실행 전에 코드를 마음껏 붙여 넣을 수 있다. 붙여 넣은 코드를 실행하기 전에 한 번 살펴보기 위해 %cpaste 기능을 사용할 수 있다. 실수로 잘못된 코드를 붙여 넣었다면 Ctrl-C를 눌러 %cpaste 프롬프트를 빠져나올 수 있다.

2.2.7 키보드 단축키

IPython은 이맥스 편집기나 유닉스 bash shell(베시 셸) 사용자에게 친숙한 프롬프트 이동 단축키를 제공하며 이전에 입력한 셸의 명령어 히스토리를 사용할 수 있다. [표 2-1]에 주로 사용되는 단축키를 요약해두었다. [그림 2-5]는 커서 이동 같은 몇 가지 단축키의 사용법이다.

그림 2-5 IPython 키보드 단축키

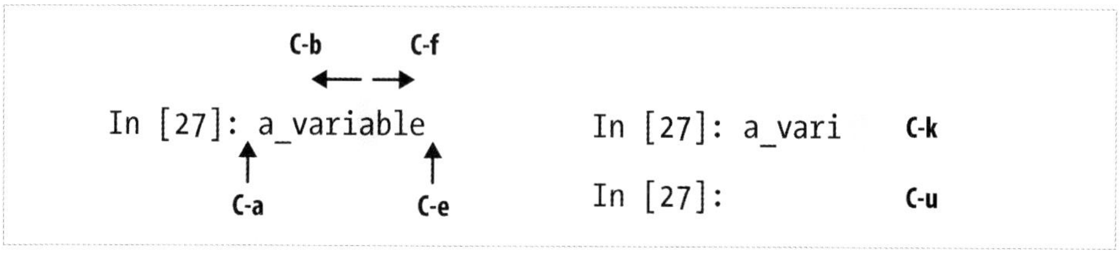

```
              C-b    C-f
              ←      →
      In [27]: a_variable          In [27]: a_vari      C-k
              ↑      ↑
              C-a    C-e            In [27]:             C-u
```

표 2-1 표준 IPython 키보드 단축키

키보드 단축키	설명
Ctrl-P 또는 위 화살표 키	명령어 히스토리를 역순으로 검색하기
Ctrl-N 또는 아래 화살표 키	명령어 히스토리에서 최근 순으로 검색하기
Ctrl-R	readline 형식의 히스토리 검색(부분 매칭)하기
Ctrl-Shift-V	클립보드에서 텍스트 붙여넣기
Ctrl-C	현재 실행 중인 코드 중단하기
Ctrl-A	커서를 줄의 처음으로 이동하기
Ctrl-E	커서를 줄의 끝으로 이동하기
Ctrl-K	커서가 놓인 곳부터 줄의 끝까지 텍스트 삭제하기
Ctrl-U	현재 입력된 모든 텍스트 지우기
Ctrl-F	커서를 앞으로 한 글자씩 이동하기
Ctrl-B	커서를 뒤로 한 글자씩 이동하기
Ctrl-L	화면 지우기

주피터 노트북은 편집과 이동에 관련된 단축키를 분리하여 제공한다. 단축키가 IPython보다 더 빠르게 진화하고 있으므로 주피터 노트북 메뉴에서 통합된 도움말을 살펴보기 권장한다.

2.2.8 매직 명령어

IPython은 파이썬 자체에는 존재하지 않는 '매직' 명령어라고 하는 여러 가지 특수한 명령어를 포함하고 있다. 이 매직 명령어는 일반적인 작업이나 IPython 시스템의 동작을 쉽게 제어할 수 있도록 설계된 특수한 명령어다. 매직 명령어는 앞에 % 기호를 붙이는 형식인데, 예를 들어 IPython에서 행렬 곱셈 같은 코드가 실행된 시간을 측정하고 싶을 때는 %timeit 매직함수를 이용해서 값을 얻어올 수 있다. %timeit은 나중에 좀 더 자세히 설명하겠다.

```
In [20]: a = np.random.randn(100, 100)

In [20]: %timeit np.dot(a, a)
10000 loops, best of 3: 20.9 µs per loop
```

매직 명령어는 IPython 시스템 안에서 실행되는 명령행 프로그램으로 볼 수 있는데, 많은 매직 명령어는 추가적인 옵션을 필요로 하며 ?를 이용해서 전체 옵션을 살펴볼 수 있다.

```
In [21]: %debug?
Docstring:
::

  %debug [--breakpoint FILE:LINE] [statement [statement ...]]

Activate the interactive debugger.

This magic command support two ways of activating debugger.
One is to activate debugger before executing code. This way, you
can set a break point, to step through the code from the point.
You can use this mode by giving statements to execute and optionally
a breakpoint.

The other one is to activate debugger in post-mortem mode. You can
activate this mode simply running %debug without any argument.
If an exception has just occurred, this lets you inspect its stack
frames interactively. Note that this will always work only on the last
traceback that occurred, so you must call this quickly after an
exception that you wish to inspect has fired, because if another one
occurs, it clobbers the previous one.

If you want IPython to automatically do this on every exception, see
the %pdb magic for more details.

positional arguments:
  statement             Code to run in debugger. You can omit this in cell
                        magic mode.

optional arguments:
  --breakpoint <FILE:LINE>, -b <FILE:LINE>
                        Set break point at LINE in FILE.
```

매직함수와 같은 이름의 변수가 선언되어 있지 않다면 기본적으로 % 기호 없이도 매직함수를 사용할 수 있다. 이를 **오토매직**automagic이라고 하는데, %automagic을 이용해서 이 기능을 켜거나 끌 수 있다.

일부 매직함수는 파이썬 함수처럼 동작하며 결과를 변수에 대입할 수도 있다.

```
In [22]: %pwd
Out[22]: '/home/wesm/code/pydata-book'
```

```
In [23]: foo = %pwd

In [24]: foo
Out[24]: '/home/wesm/code/pydata-book'
```

IPython 도움말은 시스템에서 쉽게 접근할 수 있으니 %quickref나 %magic 명령을 이용해서 사용 가능한 모든 특수 명령어를 살펴보는 것도 좋다. IPython에서 파이썬 개발을 하거나 대화형 컴퓨팅 환경을 생산적으로 활용할 수 있는 중요한 몇 가지 명령어를 [표 2-2]에 요약해두었다.

표 2-2 자주 사용하는 IPython 매직 명령어

명령어	설명
%quickref	IPython의 빠른 도움말 표시
%magic	모든 매직함수에 대한 상세 도움말 출력
%debug	최근 예외 트레이스백의 하단에서 대화형 디버거로 진입
%hist	명령어 입력(그리고 선택적 출력) 히스토리 출력
%pdb	예외가 발생하면 자동으로 디버거로 진입
%paste	클립보드에서 들여쓰기 된 채로 파이썬 코드 가져오기
%cpaste	실행할 파이썬 코드를 수동으로 붙여 넣을 수 있는 프롬프트 표시
%reset	대화형 네임스페이스에 정의된 모든 변수와 이름을 삭제
%page *OBJECT*	객체를 pager를 통해 보기 좋게 출력
%run *script.py*	IPython 내에서 파이썬 스크립트 실행
%prun *statement*	cProfile을 이용하여 *statement*를 실행하고 프로파일 결과를 출력
%time *statement*	*statement*의 단일 실행 시간을 출력
%timeit *statement*	*statement*를 여러 차례 실행한 후 평균 실행 시간을 출력. 매우 짧은 시간 안에 끝나는 코드의 시간을 측정할 때 유용
%who, %who_ls, %whos	대화형 네임스페이스 내에 정의된 변수를 다양한 방법으로 표시
%xdel *variable*	*Variable*을 삭제하고 IPython 내부적으로 해당 객체에 대한 모든 참조를 제거

2.2.9 matplotlib 통합

IPython이 분석 컴퓨팅 환경에서 널리 사용되고 있는 이유는 데이터 시각화를 위한 matplotlib이나 다른 사용자 인터페이스 라이브러리와 잘 통합되어 있기 때문이다. matplotlib은 나중에 더 설명할 테니 걱정하지 않아도 된다. %matplotlib 매직함수는 IPython 셸이나 주피터 노트

북과 matplotlib 통합을 설정한다. 이 기능을 실행하지 않으면 노트북의 경우 그래프가 화면에 나타나지 않거나 셸의 경우 세션의 제어권을 뺏기게 되므로 중요하다.

IPython 셸에서 %matplotlib을 실행하면 콘솔 세션을 방해받지 않고 여러 플롯 윈도우를 생성할 수 있게 된다.

```
In [26]: %matplotlib
Using matplotlib backend: Qt4Agg
```

주피터에서는 약간 다르다(그림 2-6).

```
In [26]: %matplotlib inline
```

그림 2-6 주피터 인라인 matplotlib 플로팅

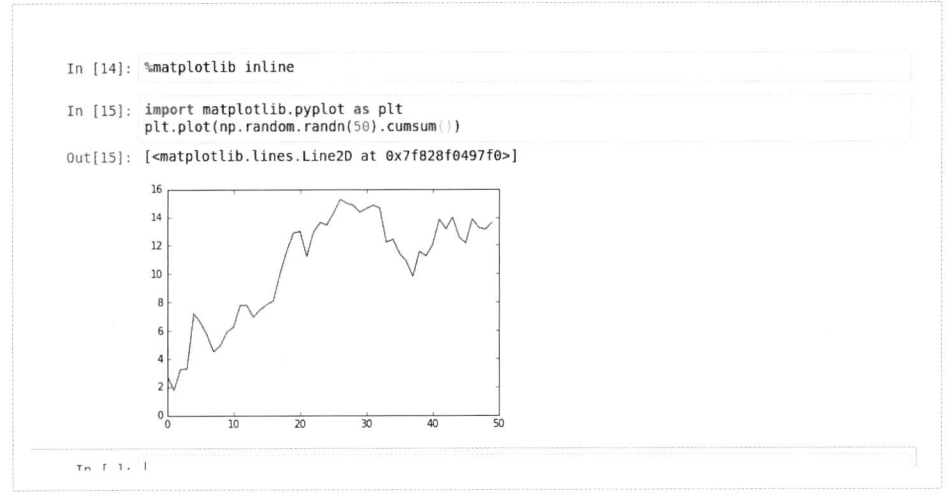

2.3 파이썬 기초

이 절에서는 파이썬 프로그래밍의 기초 개념과 원리를 살펴본다. 다음 장에서는 파이썬의 자료구조와 함수 그리고 내장 도구를 좀 더 자세히 살펴본다.

2.3.1 시맨틱

파이썬은 가독성과 명료성 그리고 명백함을 강조한다. 어떤 사람은 파이썬을 '실행 가능한 의사코드'라고 표현하기도 한다.

들여쓰기

파이썬은 R, C++, 자바, 펄 같은 다른 많은 언어와는 다르게 중괄호 대신 공백 문자(탭이나 스페이스)를 사용해서 코드를 구조화한다. 앞서 살펴봤던 정렬 알고리즘에서 for 문을 살펴보자.

```
for x in array:
    if x < pivot:
        less.append(x)
    else:
        greater.append(x)
```

콜론은 코드 블록의 시작을 위미하며 블록이 끝날 때까지 블록 안에 있는 코드는 모두 같은 크기만큼 들여 써야 한다.

좋든 싫든 공백 문자가 의미를 가진다는 사실은 파이썬 개발자에게는 일상과 같은 일이며, 개인적으로는 이 때문에 내가 사용해본 다른 언어보다 가독성을 훨씬 향상시킨다고 생각한다. 처음에는 괴이하게 생각되겠지만 차차 익숙해질 것이다.

> **NOTE_** 나는 기본 들여쓰기로 스페이스 4칸을 사용하고 텍스트 편집기는 탭 너비를 스페이스로 치환하기 강력 추천한다. 대부분의 텍스트 편집기는 탭 너비를 자동으로 스페이스로 치환하는 설정을 지원한다(이를 활용하자!). 어떤 사람은 탭이나 4칸이 아닌 다른 크기의 스페이스를 사용하기도 하는데, 2칸을 사용하는 게 지나치게 특이한 것은 아니지만 4칸은 대부분의 파이썬 개발자 사이에서 표준처럼 사용되고 있으니 꼭 다르게 써야 할 이유가 없다면 4칸을 사용하길 추천한다.

지금부터 살펴보겠지만, 파이썬 문장은 세미콜론으로 끝낼 필요가 없다. 하지만 하나의 줄에서 여러 문장을 구분하기 위해서는 세미콜론을 사용한다.

```
a = 5; b = 6; c = 7
```

한 줄에 여러 문장을 쓰는 것은 가독성을 해친다는 이유로 파이썬에서는 지양하는 습관이다.

모든 것은 객체

파이썬 언어의 중요한 특징 중 하나는 **객체 모델**의 일관성이다. 모든 숫자, 문자열, 자료구조, 함수, 클래스, 모듈 등은 파이썬 인터프리터에서 **파이썬 객체**라고 하는 어떤 '상자' 안에 저장된다. 각 객체는 연관된 **자료형**(예를 들면 **문자열**이나 **함수**)과 내부 데이터를 가지고 있다. 실제로 이 특징은 심지어는 함수마저도 하나의 객체로 간주함으로써 파이썬을 매우 유연한 언어로 만든다.

주석

뒤에 오는 문자는 모두 파이썬 인터프리터에서 무시된다. 이를 이용해서 코드에 주석을 달 수 있다. 또한 코드를 지우지 않고 **실행만 되지 않도록** 남겨두고 싶을 때도 활용한다.

```
results = []
for line in file_handle:
    # 아래 코드는 실행되지 않는다.
    # if len(line) == 0:
    #     continue
    results.append(line.replace('foo', 'bar'))
```

주석을 실행되는 코드 뒤에 두는 것을 선호하는 개발자들도 있는데 종종 유용한 경우가 있다.

```
print("Reached this line") # 여기까지 확인
```

함수와 객체 메서드 호출

함수는 괄호와 0개 이상의 인자를 전달해서 호출할 수 있다. 반환되는 값은 선택적으로 변수에 대입할 수 있다.

```
result = f(x, y, z)
g()
```

파이썬의 거의 모든 객체는 함수를 포함하고 있는데 이를 **메서드**라고 하며 객체의 내부 데이터에 접근할 수 있다. 메서드는 다음 문법으로 호출할 수 있다.

```
obj.some_method(x, y, z)
```

함수는 **순서별** 인자와 **키워드** 인자를 동시에 받을 수 있다.

```
result = f(a, b, c, d=5, e='foo')
```

자세한 내용은 나중에 알아보자.

변수와 인자 전달

파이썬에서 변수(혹은 **이름**)에 값을 대입하면 대입 연산자 오른쪽에 있는 객체에 대한 **참조**를 생성하게 된다. 정수가 담긴 리스트를 생각해보자.

```
In [8]: a = [1, 2, 3]
```

이제 a를 b라는 변수에 대입한다고 가정하자

```
In [9]: b = a
```

어떤 언어에서는 이렇게 대입하면 [1, 2, 3]이라는 데이터가 복사된다. 파이썬에서는 a와 b가 실제로는 같은 객체인 리스트 [1, 2, 3]을 가리키고 있다(그림 2-7). 이를 확인하기 위해 a에 원소를 추가한 다음 b를 확인해보자.

```
In [10]: a.append(4)

In [11]: b
Out[11]: [1, 2, 3, 4]
```

그림 2-7 한 객체에 대한 두 가지 다른 참조

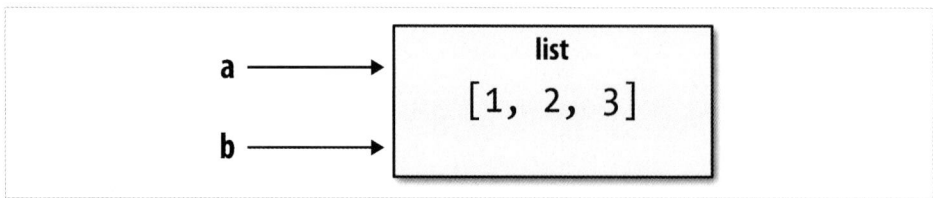

파이썬에서 참조에 대한 의미와 언제, 어떻게, 왜 데이터가 복사되는지 이해하는 것은 대규모 데이터셋을 다룰 때 특히 중요하다.

> **NOTE_** 변수에 값을 할당하는 것은 이름을 객체에 연결하는 것이므로 **바인딩**이라고 부른다. 값이 할당된 변수 이름을 때때로 바운드 변수라고 부르기도 한다.

함수에 객체를 인자로 넘기면 새로운 지역 변수가 생성되고 원래 객체를 복사하지 않고 참조만 하게 된다. 만일 함수 안에 있는 어떤 변수에 새로운 객체를 연결한다면 함수 바깥에는 영향을 끼치지 않는다. 그러므로 함수에서 인자의 내부 값을 변경하는 것이 가능하다. 다음과 같은 함수가 있다고 하자.

```python
def append_element(some_list, element):
    some_list.append(element)
```

이 함수의 실행 결과는 다음과 같다.

```
In [27]: data = [1, 2, 3]

In [28]: append_element(data, 4)

In [29]: data
Out[29]: [1, 2, 3, 4]
```

동적 참조와 강한 타입

자바나 C++ 같은 컴파일 언어와는 달리 파이썬에서는 객체 **참조**에 타입이 관여하지 않는다. 아래 코드는 전혀 문제되지 않는다.

```
In [12]: a = 5

In [13]: type(a)
Out[13]: int

In [14]: a = 'foo'
```

```
In [15]: type(a)
Out[15]: str
```

변수는 특정한 네임스페이스 안에 존재하는 객체에 대한 이름이며 자료형에 대한 정보는 객체 자체에 있다. 어떤 사람은 파이썬을 성급하게 '자료형이 없는 언어'로 단정하는데 이는 사실이 아니다. 다음 예제를 보자.

```
In [16]: '5' + 5
---------------------------------------------------------------------------
TypeError                                 Traceback (most recent call last)
<ipython-input-16-f9dbf5f0b234> in <module>()
----> 1 '5' + 5
TypeError: must be str, not int
```

비주얼베이직 같은 언어에서는 문자열 '5'가 묵시적으로 정수형으로 변환(**캐스팅**)되어서 10이라는 결과를 낸다. 자바스크립트 같은 언어에서는 정수 5가 문자열로 변환되어 '55'라는 문자열을 반환한다. 이런 측면에서 볼 때 파이썬에서 모든 객체는 특정한 자료형(또는 **클래스**)을 가지며 다음과 같은 어떤 명백한 상황에서만 묵시적인 변환을 수행하는 자료형을 구분하는 **강한 타입**의 언어라고 하는 것이 맞을 것이다.

```
In [17]: a = 4.5

In [18]: b = 2

# 문자열 포맷, 나중에 살펴본다.
In [19]: print('a is {0}, b is {1}'.format(type(a), type(b)))
a is <class 'float'>, b is <class 'int'>

In [20]: a / b
Out[20]: 2.25
```

객체의 자료형을 아는 것은 중요하며 다양한 종류의 입력을 처리할 수 있는 함수를 작성할 때 유용하다. isinstance 함수를 이용하면 어떤 객체가 무슨 자료형인지 검사할 수 있다.

```
In [21]: a = 5
```

```
In [22]: isinstance(a, int)
Out[22]: True
```

isinstance는 튜플을 넘겨서 객체의 자료형이 주어진 튜플 중 하나인지 검사할 수도 있다.

```
In [23]: a = 5; b = 4.5

In [24]: isinstance(a, (int, float))
Out[24]: True

In [25]: isinstance(b, (int, float))
Out[25]: True
```

속성과 메서드

파이썬에서 객체는 일반적으로 속성(객체 내부에 저장되는 다른 파이썬 객체)과 메서드(객체의 내부 데이터에 접근할 수 있는 함수)를 가진다. 속성과 메서드는 *obj.attribute_name* 문법으로 접근할 수 있다.

```
In [1]: a = 'foo'

In [2]: a.<Tab>
a.capitalize   a.format     a.isupper    a.rindex     a.strip
a.center       a.index      a.join       a.rjust      a.swapcase
a.count        a.isalnum    a.ljust      a.rpartition a.title
a.decode       a.isalpha    a.lower      a.rsplit     a.translate
a.encode       a.isdigit    a.lstrip     a.rstrip     a.upper
a.endswith     a.islower    a.partition  a.split      a.zfill
a.expandtabs   a.isspace    a.replace    a.splitlines
a.find         a.istitle    a.rfind      a.startswith
```

속성과 메서드는 getattr 함수를 통해 이름으로 접근하는 것도 가능하다.

```
In [27]: getattr(a, 'split')
Out[27]: <function str.split>
```

다른 언어에서는 이름으로 객체에 접근하는 것을 '리플렉션'이라고 한다. 이 책에서는 getattr 함수와 이와 관련 있는 hasattr와 setattr 함수를 그다지 사용하진 않지만 이 함수들은 범용적이고 재사용이 가능한 코드를 작성할 때 아주 유용하다.

덕 타이핑

객체의 자료형에는 관심이 없고 그 객체가 어떤 메서드나 행동을 지원하는지만 알고 싶은 경우가 있다. 이를 '덕 타이핑'이라고 부르는데, '만일 오리처럼 걷고 오리처럼 꽥꽥 운다면 그것은 오리다'라는 의미로 지어진 이름이다. 예를 들어 어떤 객체가 **이터레이터**를 구현했다면 순회가 가능한 객체인지 검증할 수 있다. 이는 대부분의 객체의 경우 __iter__라는 '매직 메서드'를 가지고 있는지 확인하면 된다. 좀 더 나은 방법은 iter 함수를 이용해서 검사하는 것이다.

```python
def isiterable(obj):
    try:
        iter(obj)
        return True
    except TypeError: # iterable 객체 아님
        return False
```

이 함수는 문자열뿐만 아니라 여러 개의 값을 저장하는 대부분의 파이썬 자료형에 대해 True를 반환한다.

```
In [29]: isiterable('a string')
Out[29]: True

In [30]: isiterable([1, 2, 3])
Out[30]: True

In [31]: isiterable(5)
Out[31]: False
```

나는 여러 개의 입력을 처리해야 하는 함수를 작성할 때면 항상 이 기능을 이용한다. 보통은 리스트나 튜플, ndarray처럼 순차적인 자료구조를 다루는 함수를 작성할 때 주로 사용하며 이터레이터를 처리할 때도 사용한다. 먼저 객체가 리스트(또는 NumPy 배열)인지 검사해서 그렇지 않을 경우 인자를 변환해줄 수 있다.

```python
if not isinstance(x, list) and isiterable(x):
    x = list(x)
```

모듈 임포트

파이썬에서 **모듈**은 간단히 파이썬 코드가 담긴 .py 파일이다. 다음과 같은 모듈이 있다고 하자.

```python
# some_module.py
PI = 3.14159

def f(x):
    return x + 2

def g(a, b):
    return a + b
```

some_module.py에 정의된 변수와 함수에 접근하려면 같은 디렉터리에 있는 다른 파일에서 다음과 같이 작성한다.

```python
import some_module
result = some_module.f(5)
pi = some_module.PI
```

또는 다음과 같이 작성한다.

```python
from some_module import f, g, PI
result = g(5, PI)
```

as 예약어를 사용하면 모듈을 다른 이름으로 임포트할 수 있다.

```python
import some_module as sm
from some_module import PI as pi, g as gf

r1 = sm.f(pi)
r2 = gf(6, pi)
```

이항 연산자와 비교문

이항 산술 연산자와 비교 연산자는 여러분이 생각한 것과 별반 다르지 않다.

```
In [32]: 5 - 7
Out[32]: -2

In [33]: 12 + 21.5
Out[33]: 33.5

In [34]: 5 <= 2
Out[34]: False
```

파이썬에서 사용 가능한 이항 연산자는 [표 2-3]을 참조하자.

두 참조 변수가 같은 객체를 가리키고 있는지 검사하려면 is 예약어를 사용한다. is not을 사용하면 두 객체가 같지 않은지 검사할 수 있다.

```
In [35]: a = [1, 2, 3]

In [36]: b = a

In [37]: c = list(a)

In [38]: a is b
Out[38]: True

In [39]: a is not c
Out[39]: True
```

list는 항상 새로운 파이썬 리스트를 생성하므로 c는 a와 구별된다는 점을 명심하자. is로 비교하는 것과 == 연산자로 비교하는 것은 같지 않다. 이 경우 == 연산자의 결과는 다음과 같다.

```
In [40]: a == c
Out[40]: True
```

is와 is not은 변수가 None인지 검사하기 위해 흔히 사용하는데, None 인스턴스는 하나만 존재하기 때문이다.

```
In [41]: a = None

In [42]: a is None
Out[42]: True
```

표 2-3 이항 연산자

연산자	설명
a + b	a와 b를 더한다.
a - b	a에서 b를 뺀다.
a * b	a와 b를 곱한다.
a / b	a를 b로 나눈다.
a // b	a를 b로 나눈 몫을 취한다(즉, 소수점 이하는 버린다).
a ** b	a의 b 승을 구한다.
a & b	a와 b 모두 True인 경우 True를 반환한다. 정수인 경우 비트 단위 AND를 구한다.
a | b	a 혹은 b가 True인 경우 True를 반환한다. 정수인 경우 비트 단위 OR를 구한다.
a ^ b	불리언의 경우 a 혹은 b 중 하나만 True인 경우 True를 반환한다. 정수인 경우 비트 단위 EXCLUSIVE-OR을 구한다.
a == b	a와 b가 같은 경우 True
a != b	a와 b가 다른 경우 True
a < b, a <= b	각각 a가 b보다 작은 경우, a가 b와 같거나 작은 경우 True
a > b, a >= b	각각 a가 b보다 큰 경우, a가 b와 같거나 큰 경우 True
a is b	a와 b가 같은 파이썬 객체를 참조할 경우 True
a is not b	a와 b가 다른 파이썬 객체를 참조할 경우 True

뮤터블, 이뮤터블 객체

파이썬에서 리스트, 사전, NumPy 배열 또는 사용자 정의 클래스 같은 대부분의 객체는 변경 가능하다(뮤터블). 이 말은 객체나 값의 내용을 바꿀 수 있다는 뜻이다.

```
In [43]: a_list = ['foo', 2, [4, 5]]

In [44]: a_list[2] = (3, 4)

In [45]: a_list
Out[45]: ['foo', 2, (3, 4)]
```

문자열이나 튜플은 변경 불가능하다(이뮤터블).

```
In [46]: a_tuple = (3, 5, (4, 5))

In [47]: a_tuple[1] = 'four'
---------------------------------------------------------------------
TypeError                                 Traceback (most recent call last)
<ipython-input-47-b7966a9ae0f1> in <module>()
----> 1 a_tuple[1] = 'four'
TypeError: 'tuple' object does not support item assignment
```

객체는 변경할 수 있으니 언제든지 변경해도 된다는 의미는 아님을 기억하자. 그런 방식의 사용은 프로그래밍에서 **부작용**을 유발한다. 어떤 함수를 작성할 때 발생할 수 있는 부작용에 대해 함수의 문서나 주석으로 명시적으로 남겨두어야 한다. 가능하면 변경 가능한 객체를 많이 사용하더라도 부작용을 피하고 **불역성**을 잘 활용하기 추천한다.

2.3.2 스칼라형

파이썬은 숫자 데이터와 문자열, 불리언값(True 또는 False) 그리고 날짜와 시간을 다룰 수 있는 몇몇 내장 자료형을 제공한다. 이런 '단일 값'을 담는 자료형을 스칼라 타입이라고 하며 이 책에서도 스칼라 타입으로 부르도록 하겠다. [표 2-4]에 주로 사용되는 스칼라형의 목록을 정리했다. 날짜와 시간을 다루는 방법은 표준 라이브러리의 datetime 모듈에서 제공하므로 따로 설명하겠다.

표 2-4 표준 파이썬 스칼라 자료형

자료형	설명
None	파이썬의 'null' 값(하나의 유일한 None 인스턴스만 존재한다.)
str	문자열 자료형. 유니코드(UTF-8 인코딩) 문자열
bytes	Raw ASCII 바이트(또는 바이트로 인코딩된 유니코드)
float	배정밀도(64비트) 부동소수점수. double형이 따로 존재하지 않는다는 점을 기억하자.
bool	참(True) 또는 거짓(False)
int	부호가 있는(음수 표현이 가능한) 정수. 값의 범위는 플랫폼에 의존적이다.

숫자 자료형

숫자를 위한 파이썬의 주요 자료형은 int와 float다. int는 임의의 숫자를 저장할 수 있다.

```
In [48]: ival = 17239871

In [49]: ival ** 6
Out[49]: 26254519291092456596965462913230729701102721
```

부동소수점수는 float형으로 나타낸다. 내부적으로 배정밀도(64비트)를 가지는 값이다. float는 과학 표기법으로 나타낼 수도 있다.

```
In [50]: fval = 7.243

In [51]: fval2 = 6.78e-5
```

정수 나눗셈은 정수를 반환하지 않고 부동소수점수를 반환한다.

```
In [52]: 3 / 2
Out[52]: 1.5
```

나눗셈의 결과가 정수가 아닐 경우 몫만을 돌려주는 C 형식의 정수 나눗셈은 // 연산자로 계산한다.

```
In [53]: 3 // 2
Out[53]: 1
```

문자열

많은 사람은 파이썬을 강력하고 유연한 문자열 처리 기능 때문에 애용한다. **문자열**은 작은따옴표(')나 큰따옴표(")로 둘러싸서 표현할 수 있다.

```
a = '문자열을 작은따옴표로 둘러싼다.'
b = "문자열을 처리하는 다른 방법"
```

개행 문자가 포함된 여러 줄에 걸친 문자열은 세 개의 작은따옴표나 큰따옴표로 둘러싼다.

```
c = """
여러 줄에 걸친 문자열은
따옴표 세 개로 둘러싼다.
"""
```

문자열 c가 실제로 4줄의 텍스트를 담고 있다는 사실에 놀랄 수도 있다. """ 뒤에 오는 개행 문자도 c에 포함된다. 개행 문자의 수는 count 메서드를 이용해서 확인할 수 있다.

```
In [55]: c.count('\n')
Out[55]: 3
```

파이썬의 문자열은 변경 불가능하다.

```
In [56]: a = 'this is a string'

In [57]: a[10] = 'f'
---------------------------------------------------------------------------
TypeError                                 Traceback (most recent call last)
<ipython-input-57-5ca625d1e504> in <module>()
----> 1 a[10] = 'f'
TypeError: 'str' object does not support item assignment

In [58]: b = a.replace('string', 'longer string')

In [59]: b
Out[59]: 'this is a longer string'
```

이 작업 이후 변수 a는 변경되지 않는다.

```
In [60]: a
Out[60]: 'this is a string'
```

많은 파이썬 객체는 str 함수를 이용해서 문자열로 변환할 수 있다.

```
In [61]: a = 5.6
```

```
In [62]: s = str(a)

In [63]: print(s)
5.6
```

문자열은 일련의 유니코드 문자이며 따라서 리스트나 튜플 같은 다른 순차적인 자료형과 같이 취급된다(다음 장에서 좀 더 자세히 살펴보자).

```
In [64]: s = 'python'

In [65]: list(s)
Out[65]: ['p', 'y', 't', 'h', 'o', 'n']

In [66]: s[:3]
Out[66]: 'pyt'
```

슬라이싱이라고 부르는 s[:3] 문법은 대부분의 파이썬 시퀀스 자료구조에 구현되어 있다. 이 문법은 앞으로 자주 사용하게 되므로 나중에 좀 더 살펴보도록 하자.

역슬래시(\)는 **이스케이프 문자**로, 개행 문자(\n)나 유니코드 문자 같은 특수한 목적의 문자를 나타내기 위해 사용한다. 역슬래시를 나타내려면 다음처럼 역슬래시 자체를 이스케이프한다.

```
In [67]: s = '12\\34'

In [68]: print(s)
12\34
```

특수 문자 없이 역슬래시(\)가 많이 포함된 문자열을 나타내려면 좀 귀찮을 수 있는데, 다행히도 문자열 앞에 r을 써서 문자열을 있는 그대로 해석하도록 할 수 있다.

```
In [69]: s = r'this\has\no\special\characters'

In [70]: s
Out[70]: 'this\\has\\no\\special\\characters'
```

여기서 r은 raw를 뜻한다.

두 문자열을 더하면 두 문자열을 이어붙인 새로운 문자열이 생성된다.

```
In [71]: a = 'this is the first half '

In [72]: b = 'and this is the second half'

In [73]: a + b
Out[73]: 'this is the first half and this is the second half'
```

문자열의 템플릿이나 형식을 지정하는 것은 중요한 주제다. 파이썬 3에서 이 방식이 많이 확장되었지만 여기서는 주요 인터페이스 하나만 간단히 설명하겠다. 문자열 객체는 포맷에 따라 문자열을 대체하여 새로운 문자열을 반환하는 format 메서드를 가지고 있다.

```
In [74]: template = '{0:.2f} {1:s} are worth US${2:d}'
```

위 문자열에서

- {0:.2f}는 첫 번째 인자를 소수점 아래 2자리까지만 표시하는 부동소수점 형태로 출력하라는 의미다.
- {1:s}는 두 번째 인자가 문자열이라는 의미다.
- {2:d}는 세 번째 인자가 정수라는 의미다.

인자를 이런 포맷 매개변수를 이용해 대치하려면 인자를 format 메서드에 전달해야 한다.

```
In [75]: template.format(4.5560, 'Argentine Pesos', 1)
Out[75]: '4.56 Argentine Pesos are worth US$1'
```

문자열 포맷은 광범위한 주제이며 결과 문자열에서 값을 어떻게 표시할 것인지에 대한 다양한 옵션과 메서드, 팁이 있다. 웹 검색을 통해 더 알아보기 추천한다.

8장에서 데이터 분석과 관련된 일반적인 문자열 처리 방법을 좀 더 자세히 설명할 것이다.

바이트와 유니코드

파이썬 3.0부터는 아스키와 비-아스키(아스키가 아닌) 텍스트를 일관되게 다루기 위해 유니코드가 최상위 문자열 타입이 되었다. 파이썬 구 버전에서 문자열은 유니코드 인코딩을 명시하지 않은 바이트였다. 문자 인코딩을 알고 있다는 가정 하에 유니코드로 변환할 수 있었다. 다음 예제를 살펴보자.

```
In [76]: val = "español"

In [77]: val
Out[77]: 'español'
```

encode 메서드를 사용해서 위 유니코드 문자열을 UTF-8 바이트 표현으로 변환할 수 있다.

```
In [78]: val_utf8 = val.encode('utf-8')

In [79]: val_utf8
Out[79]: b'espa\xc3\xb1ol'

In [80]: type(val_utf8)
Out[80]: bytes
```

bytes 객체의 유니코드 인코딩을 알고 있다면 decode 메서드를 이용해서 다시 거꾸로 되돌릴 수 있다.

```
In [81]: val_utf8.decode('utf-8')
Out[81]: 'español'
```

모든 인코딩에 UTF-8을 사용하는 것이 선호되는 추세이긴 하지만, 여러 가지 다른 인코딩을 사용하는 데이터를 만나게 될 수도 있다.

```
In [82]: val.encode('latin1')
Out[82]: b'espa\xf1ol'

In [83]: val.encode('utf-16')
Out[83]: b'\xff\xfee\x00s\x00p\x00a\x00\xf1\x00o\x00l\x00'

In [84]: val.encode('utf-16le')
Out[84]: b'e\x00s\x00p\x00a\x00\xf1\x00o\x00l\x00'
```

파일을 다룬다면 bytes 객체를 만나게 되는 일은 흔하다.

이렇게 하는 경우는 흔하지 않지만 다음과 같이 문자열 앞에 b를 붙여서 바이트 표현임을 나타낼 수도 있다.

```
In [85]: bytes_val = b'this is bytes'

In [86]: bytes_val
Out[86]: b'this is bytes'

In [87]: decoded = bytes_val.decode('utf8')

In [88]: decoded # str (유니코드) 타입
Out[88]: 'this is bytes'
```

불리언

파이썬에서 불리언값은 True와 False다. 비교와 조건식은 True 아니면 False로 해석된다. 불리언값은 and와 or 예약어로 조합할 수 있다.

```
In [89]: True and True
Out[89]: True

In [90]: False or True
Out[90]: True
```

형변환

str, bool, int, float 자료형은 형변환을 위한 함수로 쓰인다.

```
In [91]: s = '3.14159'

In [92]: fval = float(s)

In [93]: type(fval)
Out[93]: float

In [94]: int(fval)
Out[94]: 3
```

```
In [95]: bool(fval)
Out[95]: True

In [96]: bool(0)
Out[96]: False
```

None

None은 파이썬에서 사용하는 널^{null}값이다. 만약 어떤 함수에서 명시적으로 값을 반환하지 않으면 묵시적으로 None을 반환한다.

```
In [97]: a = None

In [98]: a is None
Out[98]: True

In [99]: b = 5

In [100]: b is not None
Out[100]: True
```

또한 None은 함수 인자의 기본값으로 흔히 사용되기도 한다.

```python
def add_and_maybe_multiply(a, b, c=None):
    result = a + b

    if c is not None:
        result = result * c

    return result
```

기술적인 측면에서 None은 예약어가 아니라 NoneType의 유일한 인스턴스임을 기억하자.

```
In [101]: type(None)
Out[101]: NoneType
```

날짜와 시간

파이썬 내장 datetime 모듈은 datetime, date 그리고 time형을 지원한다. datetime형은 이름에서 알 수 있듯이 date와 time 정보를 함께 저장하며 주로 사용되는 자료형이다.

```
In [102]: from datetime import datetime, date, time

In [103]: dt = datetime(2011, 10, 29, 20, 30, 21)

In [104]: dt.day
Out[104]: 29

In [105]: dt.minute
Out[105]: 30
```

datetime 인스턴스에서 date 메서드와 time 메서드를 사용해서 해당 datetime의 날짜와 시간을 추출할 수 있다.

```
In [106]: dt.date()
Out[106]: datetime.date(2011, 10, 29)

In [107]: dt.time()
Out[107]: datetime.time(20, 30, 21)
```

strftime 메서드는 datetime을 문자열로 만들어준다.

```
In [108]: dt.strftime('%m/%d/%Y %H:%M')
Out[108]: '10/29/2011 20:30'
```

strptime 함수를 이용하면 문자열을 해석하여 datetime 객체로 만들어준다.

```
In [109]: datetime.strptime('20091031', '%Y%m%d')
Out[109]: datetime.datetime(2009, 10, 31, 0, 0)
```

[표 2-5]에 모든 포맷 규칙을 정리해두었다.

다른 방식으로 그룹핑된 시계열 데이터를 집계할 때 datetime의 필드를 치환하는 것이 유용한 경우가 종종 발생한다. 예를 들어 분과 초 필드를 0으로 치환해서 새로운 객체를 생성할 수 있다.

```
In [110]: dt.replace(minute=0, second=0)
Out[110]: datetime.datetime(2011, 10, 29, 20, 0)
```

datetime.datetime은 변경 불가능하며, 이런 메서드들은 항상 새로운 객체를 반환한다.

두 datetime 객체의 차는 datetime.timedelta 객체를 반환한다.

```
In [111]: dt2 = datetime(2011, 11, 15, 22, 30)

In [112]: delta = dt2 - dt

In [113]: delta
Out[113]: datetime.timedelta(17, 7179)

In [114]: type(delta)
Out[114]: datetime.timedelta
```

timedelta(17, 7179)의 결과는 17일과 7179초만큼의 시간 차이를 나타낸다.

timedelta 객체를 datetime 객체에 더하면 그만큼 시간이 미뤄진 datetime 객체를 얻을 수 있다.

```
In [115]: dt
Out[115]: datetime.datetime(2011, 10, 29, 20, 30, 21)

In [116]: dt + delta
Out[116]: datetime.datetime(2011, 11, 15, 22, 30)
```

표 2-5 Datetime 포맷 규칙(ISO C89 호환)

포맷	설명
%Y	4자리 연도
%y	2자리 연도
%m	2자리 월 [01, 12]
%d	2자리 일 [01, 31]
%H	시간(24시간 형식) [00, 23]
%I	시간(12시간 형식) [01, 12]
%M	2자리 분 [00, 59]

포맷	설명
%S	초 [00, 61] (60, 61은 윤초)
%w	정수로 나타낸 요일 [0(일요일), 6]
%U	연중 주차 [00, 53]. 일요일을 그 주의 첫 번째 날로 간주하며, 그 해에서 첫 번째 일요일 앞에 있는 날은 0주차가 된다.
%W	연중 주차 [00, 53]. 월요일을 그 주의 첫 번째 날로 간주하며, 그 해에서 첫 번째 월요일 앞에 있는 날은 0주차가 된다.
%z	UTC 시간대 오프셋을 +HHMM 또는 -HHMM으로 표현한다. 만약 시간대를 신경 쓰지 않는다면 비워둔다.
%F	%Y-%m-%d 형식에 대한 축약(예: 2012-4-18)
%D	%m/%d/%y 형식에 대한 축약(예: 04/18/12)

2.3.3 흐름 제어

파이썬은 다른 프로그래밍 언어와 마찬가지로 조건절과 반복문 그리고 표준 **흐름 제어**를 위한 예약어를 가지고 있다.

if, elif, else

if 문은 아주 잘 알려진 흐름 제어문이다. if 문은 조건을 검사하여 그 조건이 True일 경우 if 블록 내의 코드를 수행한다.

```
if x < 0:
    print('It's negative')
```

if 문은 부가적으로 하나 이상의 elif 블록과 다른 모든 조건이 False인 경우에 수행될 else 블록을 가질 수 있다.

```
if x < 0:
    print('It's negative')
elif x == 0:
    print('Equal to zero')
elif 0 < x < 5:
    print('Positive but smaller than 5')
else:
    print('Positive and larger than or equal to 5')
```

만일 이 중 하나의 조건이라도 True면 이후의 elif나 else 블록은 검사하지 않는다. and나 or
과 함께 사용하면 이 조건을 왼쪽에서 오른쪽 순서로 검사하며 왼쪽 조건이 True인 경우 오른
쪽 조건은 검사하지 않는다.

```
In [117]: a = 5; b = 7

In [118]: c = 8; d = 4

In [119]: if a < b or c > d:
    .....:     print('Made it')
Made it
```

위 예제에서는 왼쪽 조건이 True이므로 오른쪽의 c > d 조건은 검사하지 않는다.

여러 조건을 연결해서 사용하는 것도 가능하다.

```
In [120]: 4 > 3 > 2 > 1
Out[120]: True
```

for 문

for 문은 리스트나 튜플 같은 컬렉션이나 이터레이터를 순회한다. for 문의 기본 문법은 다음
과 같다.

```
for value in collection:
    # value를 이용하는 코드 작성
```

for 문은 continue 예약어를 사용해서 남은 블록을 건너뛰고 다음 순회로 넘어갈 수 있다.
None 값은 건너뛰고 리스트에 있는 모든 정수를 더하는 다음 코드를 살펴보자.

```
sequence = [1, 2, None, 4, None, 5]
total = 0
for value in sequence:
    if value is None:
        continue
    total += value
```

for 문은 break 예약어를 사용해서 빠져나갈 수 있다. 다음 코드는 5를 만날 때까지 모든 원소를 더한다.

```python
sequence = [1, 2, 0, 4, 6, 5, 2, 1]
total_until_5 = 0
for value in sequence:
    if value == 5:
        break
    total_until_5 += value
```

break 예약어는 가장 안쪽에 있는 for 문만 빠져나간다. 바깥쪽에 있는 for 문은 계속 실행된다.

```
In [121]: for i in range(4):
   .....:     for j in range(4):
   .....:         if j > i:
   .....:             break
   .....:         print((i, j))
   .....:
(0, 0)
(1, 0)
(1, 1)
(2, 0)
(2, 1)
(2, 2)
(3, 0)
(3, 1)
(3, 2)
(3, 3)
```

더 자세히 살펴보겠지만, 컬렉션의 원소나 이터레이터가 순차적인 자료(예를 들면 튜플이나 리스트)라면 for 문 안에서 여러 개의 변수로 꺼낼 수 있다.

```python
for a, b, c in iterator:
    # 필요한 코드 작성
```

while 문

while 문은 조건을 명시하여 해당 조건이 False가 되거나 break 문을 사용해서 명시적으로 반복을 끝낼 때까지 블록 내의 코드를 수행한다.

```python
x = 256
total = 0
while x > 0:
    if total > 500:
        break
    total += x
    x = x // 2
```

pass

파이썬에서 pass는 아무 것도 하지 않음을 나타낸다. 이는 블록 내에서 어떤 작업도 실행하지 않을 때 사용한다(또는 아직 구현하지 않은 코드를 나중에 추가하기 위한 플레이스홀더 용도로 사용한다). pass를 사용하는 이유는 파이썬이 공백 문자를 블록을 구분하는 데 사용하기 때문이다.

```python
if x < 0:
    print('negative!')
elif x == 0:
    # TODO: 여기에 내용 채울 것
    pass
else:
    print('positive!')
```

range

range 함수는 연속된 정수를 넘겨주는 이터레이터를 반환한다.

```
In [122]: range(10)
Out[122]: range(0, 10)

In [123]: list(range(10))
Out[123]: [0, 1, 2, 3, 4, 5, 6, 7, 8, 9]
```

start, end, step(음수가 될 수도 있다) 값을 지정할 수 있다.

```
In [124]: list(range(0, 20, 2))
Out[124]: [0, 2, 4, 6, 8, 10, 12, 14, 16, 18]
```

```
In [125]: list(range(5, 0, -1))
Out[125]: [5, 4, 3, 2, 1]
```

위에서 알 수 있듯이 range는 마지막 값 바로 이전 정수까지의 값을 반환한다. range 함수는 일반적으로 색인으로 시퀀스를 반복하기 위해 사용한다.

```
seq = [1, 2, 3, 4]
for i in range(len(seq)):
    val = seq[i]
```

list 같은 함수를 이용해서 range 함수에서 생성되는 모든 정수를 다른 자료구조에 저장할 수도 있지만 보통은 기본적인 이터레이터의 용법으로 사용하게 될 것이다. 아래 코드 예제는 0부터 99,999까지 모든 정수 중에서 3 또는 5의 배수를 모두 더한다.

```
sum = 0
for i in range(100000):
    # %는 나머지 연산자다.
    if i % 3 == 0 or i % 5 == 0:
        sum += i
```

range 함수는 임의 크기로 값을 생성해낼 수 있지만 메모리 사용량은 매우 적다.

삼항 표현식

파이썬의 **삼항 표현식**은 if-else 블록을 한 줄로 표현할 수 있도록 한다. 문법은 아래와 같다.

```
value = true-expr if condition else false-expr
```

여기서 *true-expr*과 *false-expr*은 어떤 파이썬 표현이라도 상관없다. 삼항 표현식은 아래 코드와 동일하게 작동한다.

```
if condition:
    value = true-expr
else:
    value = false-expr
```

다음 예제를 보자.

```
In [126]: x = 5

In [127]: 'Non-negative' if x >= 0 else 'Negative'
Out[127]: 'Non-negative'
```

삼항 표현식은 if-else 블록처럼 조건이 참인 경우의 표현식만 실행된다. 따라서 삼항 표현식에서 if와 else에 비용이 많이 드는 계산이 올 수 있으며 조건이 참인 파이썬 표현만 실행된다.

코드를 줄이기 위해 항상 삼항 표현식을 쓰고 싶을 수 있겠지만 평가해야 할 조건이 복잡할 경우에는 가독성을 떨어뜨린다는 점을 기억하자.

CHAPTER 3

내장 자료구조, 함수, 파일

이 장에서는 이 책 전반에 걸쳐 사용하게 될 파이썬 언어에 내장되어 있는 기능을 알아보자. pandas나 NumPy 같은 애드온 라이브러리는 대규모 데이터 계산을 위한 진보된 기능을 제공하지만, 내장되어 있는 기능은 파이썬 내장 자료 처리 도구와 함께 사용해야 한다.

먼저 파이썬의 기본 자료구조인 튜플, 리스트, 사전 그리고 집합부터 알아보고 재사용 가능한 파이썬 함수를 작성하는 방법을 살펴본다. 마지막으로 파이썬의 file 객체의 원리를 살펴보고 하드디스크에 직접 파일을 읽고 쓰는 방식을 알아보자.

3.1 자료구조와 순차 자료형

파이썬의 자료구조는 단순하지만 강력하다. 자료구조의 사용법을 숙지하는 것이 파이썬의 고수가 되는 지름길이다.

3.1.1 튜플

튜플은 1차원의 고정된 크기를 가지는 변경 불가능한 순차 자료형이다. 튜플을 생성하는 가장 쉬운 방법은 쉼표로 구분된 값을 대입하는 것이다.

```
In [1]: tup = 4, 5, 6

In [2]: tup
Out[2]: (4, 5, 6)
```

괄호를 사용해서 값을 묶어줌으로써 중첩된 튜플을 정의할 수 있다. 아래 예제는 튜플의 튜플을 생성한다.

```
In [3]: nested_tup = (4, 5, 6), (7, 8)

In [4]: nested_tup
Out[4]: ((4, 5, 6), (7, 8))
```

모든 순차 자료형이나 이터레이터는 tuple 메서드를 호출해 튜플로 변환할 수 있다.

```
In [5]: tuple([4, 0, 2])
Out[5]: (4, 0, 2)

In [6]: tup = tuple('string')

In [7]: tup
Out[7]: ('s', 't', 'r', 'i', 'n', 'g')
```

튜플의 각 원소는 대괄호 []를 이용해서 다른 순차 자료형처럼 접근할 수 있다. C, C++, 자바 그리고 다른 많은 언어처럼 순차 자료형의 색인은 0부터 시작한다.

```
In [8]: tup[0]
Out[8]: 's'
```

튜플에 저장된 객체 자체는 변경이 가능하지만 한 번 생성되면 각 슬롯에 저장된 객체를 변경하는 것은 불가능하다. 다음 예제를 보자.

```
In [9]: tup = tuple(['foo', [1, 2], True])
In [10]: tup[2] = False
---------------------------------------------------------------------------
TypeError                                 Traceback (most recent call last)
```

```
<ipython-input-10-c7308343b841> in <module>()
----> 1 tup[2] = False
TypeError: 'tuple' object does not support item assignment
```

튜플 내에 저장된 객체는 그 위치에서 바로 변경이 가능하다.

```
In [11]: tup[1].append(3)

In [12]: tup
Out[12]: ('foo', [1, 2, 3], True)
```

+ 연산자를 이용해서 튜플을 이어붙일 수 있다.

```
In [13]: (4, None, 'foo') + (6, 0) + ('bar',)
Out[13]: (4, None, 'foo', 6, 0, 'bar')
```

튜플에 정수를 곱하면 리스트와 마찬가지로 튜플의 복사본이 반복되어 늘어난다.

```
In [14]: ('foo', 'bar') * 4
Out[14]: ('foo', 'bar', 'foo', 'bar', 'foo', 'bar', 'foo', 'bar')
```

튜플 안에 있는 객체는 복사되지 않고 그 객체에 대한 참조만 복사된다는 점을 기억하자.

튜플에서 값 분리하기

만일 튜플과 같은 표현의 변수에 튜플을 **대입**하면 파이썬은 등호(=) 오른쪽에 있는 변수에서 값을 **분리**한다.

```
In [15]: tup = (4, 5, 6)

In [16]: a, b, c = tup

In [17]: b
Out[17]: 5
```

중첩된 튜플을 포함하는 순차 자료형에서도 값을 분리해낼 수 있다.

```
In [18]: tup = 4, 5, (6, 7)

In [19]: a, b, (c, d) = tup

In [20]: d
Out[20]: 7
```

이 기능을 사용하면 변수의 이름을 바꿀 때 다른 언어에서는 아래처럼 처리하는 것을 쉽게 해결할 수 있다.

```
tmp = a
a = b
b = tmp
```

즉, 파이썬에서는 다음과 같이 하여 두 변수의 값을 쉽게 바꿀 수 있다.

```
In [21]: a, b = 1, 2

In [22]: a
Out[22]: 1

In [23]: b
Out[23]: 2

In [24]: b, a = a, b

In [25]: a
Out[25]: 2

In [26]: b
Out[26]: 1
```

튜플이나 리스트를 순회할 때도 흔히 이 기능을 활용한다.

```
In [27]: seq = [(1, 2, 3), (4, 5, 6), (7, 8, 9)]

In [28]: for a, b, c in seq:
   ....:     print('a={0}, b={1}, c={2}'.format(a, b, c))
```

```
a=1, b=2, c=3
a=4, b=5, c=6
a=7, b=8, c=9
```

이 기능은 함수에서 여러 개의 값을 반환할 때도 자주 사용하는데 이는 나중에 다시 살펴보겠다.

파이썬은 최근에 튜플의 처음 몇몇 값을 '끄집어내야' 하는 상황을 위해 튜플에서 값을 분리하는 좀 더 진보된 방법을 수용했다. 이 경우 특수한 문법인 *rest를 사용하는데 함수의 시그니처에서 길이를 알 수 없는 긴 인자를 담기 위한 방법으로도 사용된다.

```
In [29]: values = 1, 2, 3, 4, 5

In [30]: a, b, *rest = values

In [31]: a, b
Out[31]: (1, 2)

In [32]: rest
Out[32]: [3, 4, 5]
```

rest는 필요 없는 값을 무시하기 위해 사용하기도 한다. rest라는 이름 자체에는 특별한 의미가 없다. 불필요한 변수라는 것을 나타내기 위해 _를 사용하는 관습도 있다.

```
In [33]: a, b, *_ = values
```

튜플 메서드

튜플의 크기와 내용은 변경 불가능하므로 인스턴스 메서드가 많지 않다. 유용하게 사용되는 메서드 중 하나는 주어진 값과 같은 값이 몇 개 있는지 반환하는 count 메서드다(리스트에서도 사용 가능하다).

```
In [34]: a = (1, 2, 2, 2, 3, 4, 2)

In [35]: a.count(2)
Out[35]: 4
```

3.1.2 리스트

튜플과는 대조적으로 리스트는 크기나 내용의 변경이 가능하다. 리스트는 대괄호 []나 list 함수를 사용해서 생성할 수 있다.

```
In [36]: a_list = [2, 3, 7, None]

In [37]: tup = ('foo', 'bar', 'baz')

In [38]: b_list = list(tup)

In [39]: b_list
Out[39]: ['foo', 'bar', 'baz']

In [40]: b_list[1] = 'peekaboo'

In [41]: b_list
Out[41]: ['foo', 'peekaboo', 'baz']
```

리스트와 튜플은 의미적으로 비슷한(비록 튜플을 수정할 수 없지만) 객체의 1차원 순차 자료형이며 많은 함수에서 교차적으로 사용할 수 있다.

list 함수는 이터레이터나 제너레이터 표현에서 실제 값을 모두 담기 위한 용도로도 자주 사용된다.

```
In [42]: gen = range(10)

In [43]: gen
Out[43]: range(0, 10)

In [44]: list(gen)
Out[44]: [0, 1, 2, 3, 4, 5, 6, 7, 8, 9]
```

원소 추가하고 삭제하기

append 메서드를 사용해서 리스트의 끝에 새로운 값을 추가할 수 있다.

```
In [45]: b_list.append('dwarf')
```

```
In [46]: b_list
Out[46]: ['foo', 'peekaboo', 'baz', 'dwarf']
```

insert 메서드를 사용해서 리스트의 특정 위치에 값을 추가할 수 있다.

```
In [47]: b_list.insert(1, 'red')

In [48]: b_list
Out[48]: ['foo', 'red', 'peekaboo', 'baz', 'dwarf']
```

값을 추가하려는 위치는 0부터 리스트 길이까지의 값이어야 한다.

> **CAUTION_** insert는 append에 비해 연산비용이 많이 든다. insert로 값을 추가하면 추가된 위치 이후의 원소들은 새로 추가될 원소를 위해 내부적으로 모두 자리를 옮겨야 하기 때문이다. 순차 자료형의 시작과 끝 지점에 원소를 추가하고 싶다면 이런 용도로 사용할 수 있는 양방향 큐인 collections.deque를 사용하자.

insert 메서드와 반대 개념으로 pop 메서드가 있다. pop 메서드는 특정 위치의 값을 반환하고 해당 값을 리스트에서 삭제한다.

```
In [49]: b_list.pop(2)
Out[49]: 'peekaboo'

In [50]: b_list
Out[50]: ['foo', 'red', 'baz', 'dwarf']
```

remove 메서드를 이용해서 원소를 삭제할 수 있는데, 삭제는 리스트에서 제일 앞에 위치한 값부터 이루어진다.

```
In [51]: b_list.append('foo')

In [52]: b_list
Out[52]: ['foo', 'red', 'baz', 'dwarf', 'foo']

In [53]: b_list.remove('foo')

In [54]: b_list
Out[54]: ['red', 'baz', 'dwarf', 'foo']
```

성능이 큰 문제가 되지 않는다면 append와 remove 메서드를 사용해서 파이썬의 리스트를 여러 종류의 데이터를 담을 수 있는 자료구조로 사용할 수 있다.

in 예약어를 사용해서 리스트에 어떤 값이 있는지 검사할 수 있다.

```
In [55]: 'dwarf' in b_list
Out[55]: True
```

not 예약어를 사용해서 in 예약어를 반대 의미로 사용할 수도 있다.

```
In [56]: 'dwarf' not in b_list
Out[56]: False
```

리스트에 어떤 값이 있는지 검사하는 것은 리스트의 모든 값을 일일이 검사해야 하므로 해시 테이블을 사용한 파이썬의 사전이나 집합 자료구조처럼 즉각적으로 반환하지 않고 많이 느리다는 점을 기억하자.

리스트 이어붙이기

튜플과 마찬가지로 + 연산자를 이용하면 두 개의 리스트를 합칠 수 있다.

```
In [57]: [4, None, 'foo'] + [7, 8, (2, 3)]
Out[57]: [4, None, 'foo', 7, 8, (2, 3)]
```

만일 리스트를 미리 정의해두었다면 extend 메서드를 사용해서 여러 개의 값을 추가할 수 있다.

```
In [58]: x = [4, None, 'foo']

In [59]: x.extend([7, 8, (2, 3)])

In [60]: x
Out[60]: [4, None, 'foo', 7, 8, (2, 3)]
```

리스트를 이어붙이면 새로운 리스트를 생성하고 값을 복사하게 되므로 상대적으로 연산비용이 높다는 점을 기억하자. 큰 리스트일수록 extend 메서드를 사용해서 기존의 리스트에 값을 추가하는 것이 일반적으로 더 나은 선택이다.

```python
everything = []
for chunk in list_of_lists:
    everything.extend(chunk)
```

위 코드가 아래 코드보다 좀 더 빠르다.

```python
everything = []
for chunk in list_of_lists:
    everything = everything + chunk
```

정렬

sort 함수를 이용해서 새로운 리스트를 생성하지 않고 있는 그대로 리스트를 정렬할 수 있다.

```
In [61]: a = [7, 2, 5, 1, 3]

In [62]: a.sort()

In [63]: a
Out[63]: [1, 2, 3, 5, 7]
```

sort는 편의를 위해 몇 가지 옵션을 제공한다. 그중 하나는 정렬 기준으로 사용할 값을 반환하는 함수다. 예를 들어 다음과 같이 문자열이 들어 있는 리스트를 문자열의 길이 순으로 정렬할 수 있다.

```
In [64]: b = ['saw', 'small', 'He', 'foxes', 'six']

In [65]: b.sort(key=len)

In [66]: b
Out[66]: ['He', 'saw', 'six', 'small', 'foxes']
```

일반적인 순차 자료형의 정렬된 복사본을 생성하는 sorted 함수도 살펴보자.

이진 탐색과 정렬된 리스트 유지하기

내장 bisect 모듈은 이진 탐색과 정렬된 리스트에 값을 추가하는 기능을 제공한다. bisect.bisect 메서드는 값이 추가될 때 리스트가 정렬된 상태를 유지할 수 있는 위치를 반환하며 bisect.insort는 실제로 정렬된 상태를 유지한 채 값을 추가한다.

```
In [67]: import bisect

In [68]: c = [1, 2, 2, 2, 3, 4, 7]

In [69]: bisect.bisect(c, 2)
Out[69]: 4

In [70]: bisect.bisect(c, 5)
Out[70]: 6

In [71]: bisect.insort(c, 6)

In [72]: c
Out[72]: [1, 2, 2, 2, 3, 4, 6, 7]
```

CAUTION_ bisect 모듈 함수는 리스트가 정렬된 상태인지 검사하지 않으므로 연산비용이 높을 수 있다. 그리고 정렬되지 않은 리스트에 대해 모듈 함수를 수행하면 오류 없이 수행되지만 정확하지 않은 값을 반환하게 된다.

슬라이싱

리스트와 같은 자료형(배열, 튜플, ndarray)은 색인 연산자 [ ] 안에 start:stop을 지정해서 원하는 크기만큼 잘라낼 수 있다.

```
In [73]: seq = [7, 2, 3, 7, 5, 6, 0, 1]

In [74]: seq[1:5]
Out[74]: [2, 3, 7, 5]
```

슬라이스에 다른 순차 자료형을 대입하는 것도 가능하다.

```
In [75]: seq[3:4] = [6, 3]

In [76]: seq
Out[76]: [7, 2, 3, 6, 3, 5, 6, 0, 1]
```

색인의 시작(start) 위치에 있는 값은 포함되지만 끝(stop) 위치에 있는 값은 포함되지 않는다. 따라서 슬라이싱 결과의 개수는 stop - start다.

색인의 시작(start)값이나 끝(stop)값은 생략할 수 있는데, 이 경우 생략된 값은 각각 순차 자료형의 처음 혹은 마지막 값이 된다.

```
In [77]: seq[:5]
Out[77]: [7, 2, 3, 6, 3]

In [78]: seq[3:]
Out[78]: [6, 3, 5, 6, 0, 1]
```

음수 색인은 순차 자료형의 끝에서부터의 위치를 나타낸다.

```
In [79]: seq[-4:]
Out[79]: [5, 6, 0, 1]

In [80]: seq[-6:-2]
Out[80]: [6, 3, 5, 6]
```

R이나 매트랩 사용자라면 슬라이싱 문법에 익숙해지는 데 시간이 걸릴 수 있다. [그림 3-1]에 파이썬의 슬라이싱 개념을 나타냈다. 그림에서는 슬라이스의 가장자리에 색인을 표시하여 어디서 슬라이싱이 시작되고 끝나는지 양수와 음수 색인으로 확인할 수 있도록 하였다.

그림 3-1 파이썬의 슬라이싱 개념

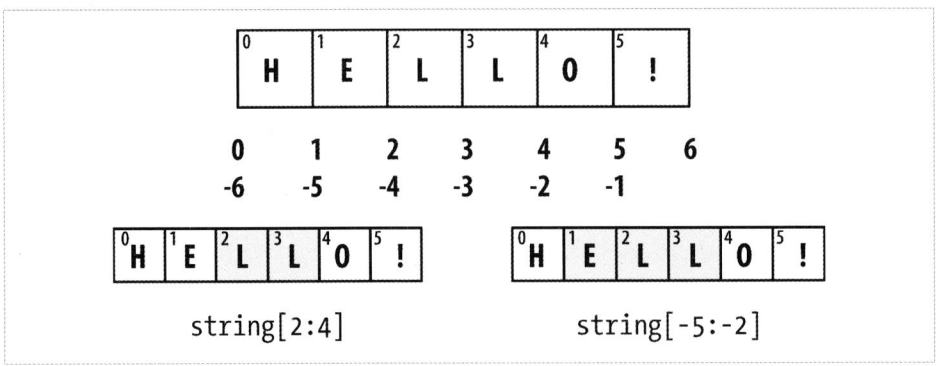

두 번째 콜론 다음에 간격(step)을 지정할 수 있는데, 하나 걸러 다음 원소를 선택하려면 다음과 같이 표현한다.

```
In [81]: seq[::2]
Out[81]: [7, 3, 3, 6, 1]
```

간격 값으로 -1을 사용하면 리스트나 튜플을 역순으로 반환한다.

```
In [82]: seq[::-1]
Out[82]: [1, 0, 6, 5, 3, 6, 3, 2, 7]
```

3.1.3 내장 순차 자료형 함수

파이썬에는 순차 자료형에 사용할 수 있는 매우 유용한 함수가 있는데 이 함수들은 꼭 익혀서 기회가 될 때마다 사용할 수 있어야 한다.

enumerate

이 함수는 순차 자료형에서 현재 아이템의 색인을 함께 처리하고자 할 때 흔히 사용한다. 다음 코드를 보자.

```
i = 0
for value in collection:
    # value를 사용하는 코드 작성
    i += 1
```

이는 매우 흔한 코드인데 파이썬에는 (i, value) 튜플을 반환하는 enumerate라는 함수가 있다. 위 코드를 enumerate를 사용해서 다시 작성하면 다음과 같다.

```
for i, value in enumerate(collection):
    # value를 사용하는 코드 작성
```

색인을 통해 데이터에 접근할 때 enumerate를 사용하는 유용한 패턴은 순차 자료형에서의 값과 그 위치를 dict에 넘겨주는 것이다.

```
In [83]: some_list = ['foo', 'bar', 'baz']

In [84]: mapping = {}

In [85]: for i, v in enumerate(some_list):
   ....:     mapping[v] = i

In [86]: mapping
Out[86]: {'bar': 1, 'baz': 2, 'foo': 0}
```

sorted

sorted 함수는 정렬된 새로운 순차 자료형을 반환한다.

```
In [87]: sorted([7, 1, 2, 6, 0, 3, 2])
Out[87]: [0, 1, 2, 2, 3, 6, 7]

In [88]: sorted('horse race')
Out[88]: [' ', 'a', 'c', 'e', 'e', 'h', 'o', 'r', 'r', 's']
```

sorted 함수는 리스트의 sort 메서드와 같은 인자를 취한다.

zip

zip 함수는 여러 개의 리스트나 튜플 또는 다른 순차 자료형을 서로 짝지어서 튜플의 리스트를 생성한다.

```
In [89]: seq1 = ['foo', 'bar', 'baz']

In [90]: seq2 = ['one', 'two', 'three']

In [91]: zipped = zip(seq1, seq2)

In [92]: list(zipped)
Out[92]: [('foo', 'one'), ('bar', 'two'), ('baz', 'three')]
```

zip 함수는 여러 개의 순차 자료형을 받을 수 있으며 반환되는 리스트의 크기는 넘겨받은 순차 자료형 중 **가장 짧은** 크기로 정해진다.

```
In [93]: seq3 = [False, True]

In [94]: list(zip(seq1, seq2, seq3))
Out[94]: [('foo', 'one', False), ('bar', 'two', True)]
```

zip 함수의 아주 흔한 사용 예는 여러 개의 순차 자료형을 동시에 순회하는 경우인데 enumerate 와 함께 사용되기도 한다.

```
In [95]: for i, (a, b) in enumerate(zip(seq1, seq2)):
   ....:     print('{0}: {1}, {2}'.format(i, a, b))
   ....:
0: foo, one
1: bar, two
2: baz, three
```

zip 함수를 사용해서 이렇게 짝지어진 순차 자료형을 다시 풀어낼 수도 있다. 이를 이용해서 리스트의 **로우**를 리스트의 **컬럼**으로 변환하는 것도 가능하다. 문법은 다음과 같이 약간 복잡하다.

```
In [96]: pitchers = [('Nolan', 'Ryan'), ('Roger', 'Clemens'),
   ....:             ('Schilling', 'Curt')]
```

```
In [97]: first_names, last_names = zip(*pitchers)

In [98]: first_names
Out[98]: ('Nolan', 'Roger', 'Schilling')

In [99]: last_names
Out[99]: ('Ryan', 'Clemens', 'Curt')
```

reversed

reversed는 순차 자료형을 역순으로 순회한다.

```
In [100]: list(reversed(range(10)))
Out[100]: [9, 8, 7, 6, 5, 4, 3, 2, 1, 0]
```

reversed는 제너레이터라는 점을 기억하자(더 자세한 내용은 나중에 다루겠다). 따라서 list( )나 for 문으로 모든 값은 다 받아오기 전에는 순차 자료형을 생성하지 않는다.

3.1.4 사전

dict(사전)는 파이썬 내장 자료구조 중에서 가장 중요하다. 일반적으로는 **해시맵** 또는 **연관 배열**이라고 널리 알려져 있다. 사전은 유연한 크기를 가지는 **키-값** 쌍으로, **키**와 **값**은 모두 파이썬 객체다. 사전을 생성하는 방법은 중괄호 {}를 사용하여 콜론으로 구분된 키와 값을 둘러싸는 것이다.

```
In [101]: empty_dict = {}

In [102]: d1 = {'a' : 'some value', 'b' : [1, 2, 3, 4]}

In [103]: d1
Out[103]: {'a': 'some value', 'b': [1, 2, 3, 4]}
```

리스트나 튜플을 사용하는 것처럼 사전의 값에 접근하거나 값을 입력할 수 있다.

```
In [104]: d1[7] = 'an integer'

In [105]: d1
Out[105]: {'a': 'some value', 'b': [1, 2, 3, 4], 7: 'an integer'}

In [106]: d1['b']
Out[106]: [1, 2, 3, 4]
```

사전에 어떤 키가 있는지 확인하는 것도 리스트나 튜플과 같은 문법으로 확인할 수 있다.

```
In [107]: 'b' in d1
Out[107]: True
```

del 예약어나 pop 메서드(값을 반환함과 동시에 해당 키를 삭제한다)를 사용해서 사전의 값을 삭제할 수 있다.

```
In [108]: d1[5] = 'some value'

In [109]: d1
Out[109]:
{'a': 'some value',
 'b': [1, 2, 3, 4],
 7: 'an integer',
 5: 'some value'}

In [110]: d1['dummy'] = 'another value'

In [111]: d1
Out[111]:
{'a': 'some value',
 'b': [1, 2, 3, 4],
 7: 'an integer',
 5: 'some value',
 'dummy': 'another value'}

In [112]: del d1[5]

In [113]: d1
Out[113]:
{'a': 'some value',
```

```
  'b': [1, 2, 3, 4],
  7: 'an integer',
  'dummy': 'another value'}

In [114]: ret = d1.pop('dummy')

In [115]: ret
Out[115]: 'another value'

In [116]: d1
Out[116]: {'a': 'some value', 'b': [1, 2, 3, 4], 7: 'an integer'}
```

keys와 values 메서드는 각각 키와 값이 담긴 이터레이터를 반환한다. 키-값 쌍은 일정한 기준으로 정렬되어 있진 않지만 keys 메서드와 values 메서드에서 반환하는 리스트는 같은 순서를 가진다.

```
In [117]: list(d1.keys())
Out[117]: ['a', 'b', 7]

In [118]: list(d1.values())
Out[118]: ['some value', [1, 2, 3, 4], 'an integer']
```

update 메서드를 사용해서 하나의 사전을 다른 사전과 합칠 수 있다.

```
In [119]: d1.update({'b' : 'foo', 'c' : 12})

In [120]: d1
Out[120]: {'a': 'some value', 'b': 'foo', 7: 'an integer', 'c': 12}
```

update 메서드는 사전 값을 그 자리에서 바꾸므로 이미 존재하는 키에 대해 update를 호출하면 이전 값은 사라진다.

순차 자료형에서 사전 생성하기

두 개의 순차 자료형의 각 원소를 짝지어서 사전으로 만드는 일은 흔히 접하게 된다. 그렇게 하기 위해 아마 다음과 같은 코드를 작성하게 될 것이다.

```
mapping = {}
for key, value in zip(key_list, value_list):
    mapping[key] = value
```

본질적으로 사전은 2개짜리 튜플로 구성되어 있으므로 dict 함수가 2개짜리 튜플의 리스트를 인자로 받아서 사전을 생성하는 일은 그다지 놀라운 일이 아니다.

```
In [121]: mapping = dict(zip(range(5), reversed(range(5))))

In [122]: mapping
Out[122]: {0: 4, 1: 3, 2: 2, 3: 1, 4: 0}
```

3.1.6절에서는 사전을 생성하는 세련된 방법인 **사전 표기법**^{dict comprehension}을 알아본다.

기본값

아래는 매우 일반적인 로직이다.

```
if key in some_dict:
    value = some_dict[key]
else:
    value = default_value
```

사전 메서드인 get과 pop은 반환할 기본값을 받아서 위 코드에서 if-else 블록을 아래처럼 간단하게 작성할 수 있다.

```
value = some_dict.get(key, default_value)
```

get 메서드는 기본적으로 해당 키가 존재하지 않을 경우 None을 반환하며, pop 메서드는 예외를 발생시킨다. 보통 사전에 값을 **대입**할 때는 리스트 같은 다른 컬렉션에 있는 값을 이용하는데, 예를 들어 여러 단어를 시작 글자에 따라 사전에 리스트로 저장하고 싶다면 다음처럼 할 수 있다.

```
In [123]: words = ['apple', 'bat', 'bar', 'atom', 'book']
```

```
In [124]: by_letter = {}

In [125]: for word in words:
     ...:     letter = word[0]
     ...:     if letter not in by_letter:
     ...:         by_letter[letter] = [word]
     ...:     else:
     ...:         by_letter[letter].append(word)
     ...:

In [126]: by_letter
Out[126]: {'a': ['apple', 'atom'], 'b': ['bat', 'bar', 'book']}
```

사전의 setdefault 메서드를 바로 이 목적으로 사용한다. 위 코드에서 if-else 블록은 다음처럼 작성할 수 있다.

```
for word in words:
    letter = word[0]
    by_letter.setdefault(letter, []).append(word)
```

내장 collections 모듈은 defaultdict라는 유용한 클래스를 담고 있는데, 이 클래스를 사용하면 위 과정을 좀 더 쉽게 할 수 있다. 자료형, 혹은 사전의 각 슬롯에 담길 기본값을 생성하는 함수를 넘겨서 사전을 생성하는 것이다.

```
from collections import defaultdict
by_letter = defaultdict(list)
for word in words:
    by_letter[word[0]].append(word)
```

유효한 사전 키

사전의 값으로 어떤 파이썬 객체라도 가능하지만 키는 스칼라형(정수, 실수, 문자열)이나 튜플(튜플에 저장된 값 역시 값이 바뀌지 않는 객체여야 한다)처럼 값이 바뀌지 않는 객체만 가능하다. 기술적으로는 **해시 가능**해야 한다는 뜻이다. 어떤 객체가 해시 가능한지(즉, 사전의 키로 사용할 수 있는지)는 hash 함수를 사용해서 검사할 수 있다.

```
In [127]: hash('string')
Out[127]: 5023931463650008331

In [128]: hash((1, 2, (2, 3)))
Out[128]: 1097636502276347782

In [129]: hash((1, 2, [2, 3]))  # 리스트는 변경이 가능한 값이므로 해시 가능하지 않음
---------------------------------------------------------------------------
TypeError                                 Traceback (most recent call last)
<ipython-input-129-800cd14ba8be> in <module>()
----> 1 hash((1, 2, [2, 3]))  # 리스트는 변경이 가능한 값이므로 해시 가능하지 않음
TypeError: unhashable type: 'list'
```

리스트를 키로 사용하기 위한 한 가지 방법은 리스트를 튜플로 변경하는 것이다.

```
In [130]: d = {}

In [131]: d[tuple([1, 2, 3])] = 5

In [132]: d
Out[132]: {(1, 2, 3): 5}
```

3.1.5 집합

집합^{set}은 유일한 원소만 담는 정렬되지 않은 자료형이다. 사전과 유사하지만 값은 없고 키만 가지고 있다고 생각하면 된다. 집합은 두 가지 방법으로 생성할 수 있는데 set 함수를 이용하거나 중괄호를 이용해서 생성할 수 있다.

```
In [133]: set([2, 2, 2, 1, 3, 3])
Out[133]: {1, 2, 3}

In [134]: {2, 2, 2, 1, 3, 3}
Out[134]: {1, 2, 3}
```

집합은 합집합, 교집합, 차집합, 대칭차집합 같은 산술 **집합 연산**을 제공한다. 다음과 같은 두 개의 집합이 있다고 하자.

```
In [135]: a = {1, 2, 3, 4, 5}

In [136]: b = {3, 4, 5, 6, 7, 8}
```

두 집합의 합집합은 두 집합의 모든 원소를 모은 집합이다. union 메서드를 사용하거나 | 이항 연산자로 구할 수 있다.

```
In [137]: a.union(b)
Out[137]: {1, 2, 3, 4, 5, 6, 7, 8}

In [138]: a | b
Out[138]: {1, 2, 3, 4, 5, 6, 7, 8}
```

교집합은 두 집합에 공통으로 존재하는 원소만 모은 집합이다. intersection 메서드를 사용하거나 & 이항 연산자로 구할 수 있다.

```
In [139]: a.intersection(b)
Out[139]: {3, 4, 5}

In [140]: a & b
Out[140]: {3, 4, 5}
```

[표 3-1]에 일반적인 집합 메서드를 정리했다.

표 3-1 파이썬 집합 연산

함수	대체 문법	설명
a.add(x)	N/A	a에 원소 x를 추가한다.
a.clear()	N/A	모든 원소를 제거하고 빈 상태로 되돌린다.
a.remove(x)	N/A	a에서 원소 x를 제거한다.
a.pop()	N/A	a에서 임의의 원소를 제거한다. 비어 있는 경우 KeyError를 발생시킨다.
a.union(b)	a | b	a와 b의 합집합
a.update(b)	a |= b	a에 a와 b의 합집합을 대입한다.
a.intersection(b)	a & b	a와 b의 교집합
a.intersection_update(b)	a &= b	a에 a와 b의 교집합을 대입한다.
a.difference(b)	a - b	a와 b의 차집합

함수	대체 문법	설명
a.difference_update(b)	a -= b	a에 a와 b의 차집합을 대입한다.
a.symmetric_difference(b)	a ^ b	a와 b의 대칭차집합
a.symmetric_difference_update(b)	a ^= b	a에 a와 b의 대칭차집합을 대입한다.
a.issubset(b)	N/A	a의 모든 원소가 b에 속할 경우 True
a.issuperset(b)	N/A	a가 b의 모든 원소를 포함할 경우 True
a.isdisjoint(b)	N/A	a와 b 모두에 속하는 원소가 없을 경우 True

모든 논리 집합 연산은 연산 결과를 좌항에 대입하는 함수도 따로 제공한다. 큰 집합을 다룰 때 유용하게 사용할 수 있다.

```
In [141]: c = a.copy()

In [142]: c |= b

In [143]: c
Out[143]: {1, 2, 3, 4, 5, 6, 7, 8}

In [144]: d = a.copy()

In [145]: d &= b

In [146]: d
Out[146]: {3, 4, 5}
```

사전처럼 집합 원소들도 일반적으로 변경이 불가능해야 한다. 리스트 같은 원소를 담으려면 튜플로 변경해야 한다.

```
In [147]: my_data = [1, 2, 3, 4]

In [148]: my_set = {tuple(my_data)}

In [149]: my_set
Out[149]: {(1, 2, 3, 4)}
```

어떤 집합이 다른 집합의 부분집합인지 확대집합인지 검사할 수도 있다.

```
In [150]: a_set = {1, 2, 3, 4, 5}

In [151]: {1, 2, 3}.issubset(a_set)
Out[151]: True

In [152]: a_set.issuperset({1, 2, 3})
Out[152]: True
```

만일 집합의 내용이 같다면 두 집합은 동일하다.

```
In [153]: {1, 2, 3} == {3, 2, 1}
Out[153]: True
```

3.1.6 리스트, 집합, 사전 표기법

리스트 표기법은 파이썬 언어에서 가장 사랑받는 기능 중 하나다. 이를 이용하면 간결한 표현으로 새로운 리스트를 만들 수 있다. 기본 형식은 다음과 같다.

```
[expr for val in collection if condition]
```

이를 반복문으로 구현하면 다음과 같다.

```
result = []
for val in collection:
    if condition:
        result.append(expr)
```

필터 조건은 생략 가능하다. 예를 들어 문자열 리스트가 있다면 아래처럼 문자열의 길이가 2 이하인 문자열은 제외하고 나머지를 대문자로 바꾸는 게 가능하다.

```
In [154]: strings = ['a', 'as', 'bat', 'car', 'dove', 'python']

In [155]: [x.upper() for x in strings if len(x) > 2]
Out[155]: ['BAT', 'CAR', 'DOVE', 'PYTHON']
```

집합과 사전에 대해서도 리스트 표기법과 같은 방식으로 적용할 수 있다. 사전 표기법은 다음과 같다.

```
dict_comp = {key-expr : value-expr for value in collection
             if condition}
```

집합 표기법은 대괄호 대신 중괄호를 쓴다는 점만 빼면 리스트 표기법과 동일하다.

```
set_comp = {expr for value in collection if condition}
```

리스트 표기법과 마찬가지로 집합과 사전 표기법 역시 문법적 관용으로, 간결한 코드 작성을 통해 코드의 가독성을 높여준다. 위에서 살펴본 문자열 리스트를 생각해보자. 리스트 내의 문자열들의 길이를 담고 있는 집합을 생성하려면 집합 표기법을 이용하여 다음과 같이 처리할 수 있다.

```
In [156]: unique_lengths = {len(x) for x in strings}

In [157]: unique_lengths
Out[157]: {1, 2, 3, 4, 6}
```

map 함수를 이용해서 함수적으로 표현할 수도 있다.

```
In [158]: set(map(len, strings))
Out[158]: {1, 2, 3, 4, 6}
```

사전 표기법의 예제로, 리스트에서 문자열의 위치를 담고 있는 사전을 생성해보자.

```
In [159]: loc_mapping = {val : index for index, val in enumerate(strings)}

In [160]: loc_mapping
Out[160]: {'a': 0, 'as': 1, 'bat': 2, 'car': 3, 'dove': 4, 'python': 5}
```

중첩된 리스트 표기법

다음과 같이 영어 이름과 스페인어 이름을 담고 있는 리스트의 리스트가 있다고 하자.

```
In [161]: all_data = [['John', 'Emily', 'Michael', 'Mary', 'Steven'],
     ...:             ['Maria', 'Juan', 'Javier', 'Natalia', 'Pilar']]
```

몇몇 파일에서 이들 이름을 읽어 와서 영어와 스페인어 이름을 따로 저장했으며 각 이름에서 알파벳 e가 2개 이상 포함된 이름의 목록을 구한다고 가정하자. 리스트는 for 문을 사용해서 다음처럼 구할 수 있다.

```
names_of_interest = []
for names in all_data:
    enough_es = [name for name in names if name.count('e') >= 2]
    names_of_interest.extend(enough_es)
```

위 코드 전체를 **중첩된 리스트 표기법**을 이용해서 다음처럼 한 번에 구현할 수 있다.

```
In [162]: result = [name for names in all_data for name in names
     ...:           if name.count('e') >= 2]

In [163]: result
Out[163]: ['Steven']
```

중첩된 리스트 표기법을 처음 접하면 머릿속에서 그려내기가 조금 어려울 수 있다. 리스트 표기법에서 for 부분은 중첩의 순서에 따라 나열되며 필터 조건은 끝에 위치한다. 숫자 튜플이 담긴 리스트를 그냥 단순한 리스트로 변환하는 다음 예제를 살펴보자.

```
In [164]: some_tuples = [(1, 2, 3), (4, 5, 6), (7, 8, 9)]

In [165]: flattened = [x for tup in some_tuples for x in tup]

In [166]: flattened
Out[166]: [1, 2, 3, 4, 5, 6, 7, 8, 9]
```

리스트 표기법 대신 for 문을 사용할 경우 for 표현식의 순서도 리스트 표기법의 순서와 동일함을 기억하자.

```
flattened = []

for tup in some_tuples:
    for x in tup:
        flattened.append(x)
```

몇 단계의 중첩이라도 가능하지만 만약 2단계 이상의 중첩이 필요하다면 자료구조 설계에 대해 다시 한 번 생각해봐야 할 것이다. 위 문법과 리스트 표기법 안에서 리스트 표기법을 사용하는 것의 차이를 구별하는 것은 중요하다.

```
In [167]: [[x for x in tup] for tup in some_tuples]
Out[167]: [[1, 2, 3], [4, 5, 6], [7, 8, 9]]
```

위 코드는 내부 리스트의 원소를 모두 끄집어낸 리스트를 생성하는 것이 아니라 리스트의 리스트를 생성한다.

3.2 함수

함수는 파이썬에서 코드를 재사용하고 조직화하기 위한 가장 중요한 수단이다. 경험적으로 같은 일을 반복하거나 비슷한 코드를 한 번 이상 실행해야 할 것이 예상되면 재사용 가능한 함수를 작성하는 것이 더 나을 것이다. 함수는 파이썬 명령들의 집합에 이름을 지어 좀 더 가독성이 좋은 코드를 작성할 수 있도록 해준다.

함수는 def 예약어로 정의하고 return 예약어를 사용해서 값을 반환한다.

```
def my_function(x, y, z=1.5):
    if z > 1:
        return z * (x + y)
    else:
        return z / (x + y)
```

return 문은 몇 개가 되든 상관없다. 함수 블록이 끝날 때까지 return 문이 없다면 None이 자동으로 반환된다.

함수는 여러 개의 **일반** 인자와 **키워드** 인자를 받을 수 있다. 키워드 인자는 흔히 기본값 또는 부수적인 인자를 지정하기 위해 사용한다. 위 함수에서 x와 y는 일반 인자이며 z는 키워드 인자다. 즉, 위 함수는 아래처럼 호출할 수 있다.

```
my_function(5, 6, z=0.7)
my_function(3.14, 7, 3.5)
my_function(10, 20)
```

함수의 키워드 인자는 항상 일반 인자 다음에 와야 한다는 규칙이 있다. 키워드 인자의 순서에는 제약이 없으므로 키워드 인자의 이름만 기억하고 있으면 된다. 키워드 인자의 순서는 기억할 필요 없다.

> **NOTE_** 일반 인자에 키워드를 사용하는 것도 가능하다. 위 예제의 경우에는 다음과 같이 호출할 수도 있다.
>
> ```
> my_function(x=5, y=6, z=7)
> my_function(y=6, x=5, z=7)
> ```
>
> 어떤 경우에는 이렇게 작성하는 편이 가독성을 높여준다.

3.2.1 네임스페이스, 스코프, 지역 함수

함수는 **전역**과 **지역**, 두 가지 스코프^{scope}(영역)에서 변수를 참조한다. 변수의 스코프를 설명하는 다른 용어로 **네임스페이스**가 있다. 함수 내에서 선언된 변수는 기본적으로 모두 지역 네임스페이스에 속한다. 지역 네임스페이스는 함수가 호출될 때 생성되며 함수의 인자를 통해 즉시 생성된다. 함수의 실행이 끝나면 지역 네임스페이스는 사라진다(예외가 있지만 이 장에서 다루는 내용을 벗어난다). 다음 함수를 살펴보자.

```python
def func():
    a = []
    for i in range(5):
        a.append(i)
```

func( ) 함수를 호출하면 비어 있는 리스트 a가 생성되고 다섯 개의 원소가 리스트에 추가된다. 그리고 함수가 끝나면 이 리스트 a는 사라진다. 하지만 리스트 a를 다음과 같이 선언했다고 하자.

```python
a = []
def func():
    for i in range(5):
        a.append(i)
```

함수의 스코프 밖에서 변수에 값을 대입하려면 그 변수를 global 예약어를 이용해서 전역 변수로 선언해야 한다.

```
In [168]: a = None

In [169]: def bind_a_variable():
     ...:     global a
     ...:     a = []
     ...: bind_a_variable()
     ...:

In [170]: print(a)
[]
```

> **CAUTION_** global 예약어는 자주 사용하지 않도록 한다. 일반적으로 전역 변수는 시스템 전체의 상태를 저장하기 위한 용도로 사용한다. 만약 전역 변수를 많이 사용하면 클래스를 사용한 객체지향 프로그래밍이 적절한 상황이라는 반증이다.

3.2.2 여러 값 반환하기

자바와 C++로 프로그래밍을 하다 처음으로 파이썬을 접했을 때 내가 가장 좋아했던 기능은 하나의 함수에서 여러 개의 값을 반환할 수 있는 기능이었다. 예제를 살펴보자.

```python
def f():
    a = 5
    b = 6
```

```
        c = 7
        return a, b, c

a, b, c = f()
```

데이터 분석과 과학 계산 애플리케이션에서는 많은 함수가 여러 개의 값을 반환하는 일이 잦다는 사실을 깨닫게 될 것이다. 앞서 살펴본 튜플을 생각해보면 이 함수는 하나의 객체, 말하자면 튜플을 반환한다고 생각할 수 있다. 즉, 위 예제에서는 튜플을 반환하며 아래 코드처럼 변수에 대입할 수 있다.

```
return_value = f()
```

여기서 return_value는 짐작한 대로 반환된 세 개의 값을 가지고 있는 튜플이 된다. 다른 매력적인 대안으로는 여러 값을 반환하는 대신 사전 형태로 반환하는 것이다.

```
def f():
    a = 5
    b = 6
    c = 7
    return {'a' : a, 'b' : b, 'c' : c}
```

경우에 따라서는 사전을 반환하는 이 대안이 좀 더 유용할 수 있다.

3.2.3 함수도 객체다

파이썬에서는 함수도 객체이므로 다른 언어에서는 힘든 객체 생성 표현을 쉽게 할 수 있다. 데이터를 정제하기 위해 다음과 같은 문자열 리스트를 변형해야 한다고 가정하자.

```
In [171]: states = ['Alabama ', 'Georgia!', 'Georgia', 'georgia', 'FlOrIda',
   .....:           'southcarolina##', 'West virginia?']
```

사용자가 입력하는 설문 조사 데이터를 다뤄본 적이 있다면 이와 같이 엉망인 데이터를 많이 보았을 것이다. 분석을 위해 이런 문자열 리스트를 정형화할 필요가 있는데, 공백 문자를 제거하고 필요 없는 문장 부호를 제거하거나 대소문자를 맞추는 등의 작업이 필요하다. 이는 내장 문자열 메서드와 정규 표현식을 위한 re 표준 라이브러리를 이용해서 쉽게 해결할 수 있다.

```python
import re

def clean_strings(strings):
    result = []
    for value in strings:
        value = value.strip()
        value = re.sub('[!#?]', '', value)
        value = value.title()
        result.append(value)
    return result
```

실행 결과는 다음과 같다.

```
In [173]: clean_strings(states)
Out[173]:
['Alabama',
 'Georgia',
 'Georgia',
 'Georgia',
 'Florida',
 'South   Carolina',
 'West Virginia']
```

다른 유용한 접근법으로는 적용할 함수를 리스트에 담아두고 각각의 문자열에 적용하는 것이다.

```python
def remove_punctuation(value):
    return re.sub('[!#?]', '', value)

clean_ops = [str.strip, remove_punctuation, str.title]

def clean_strings(strings, ops):
    result = []
    for value in strings:
        for function in ops:
            value = function(value)
        result.append(value)
    return result
```

아래처럼 같은 결과를 얻을 수 있다.

```
In [175]: clean_strings(states, clean_ops)
Out[175]:
['Alabama',
 'Georgia',
 'Georgia',
 'Georgia',
 'Florida',
 'South   Carolina',
 'West Virginia']
```

이와 같이 좀 더 **실용적인** 패턴은 문자열 변형을 상위 레벨에서 쉽게 처리할 수 있다. 이렇게 해서 clean_strings 함수는 재사용이 용이해졌다.

순차적 자료형에 대해 함수를 적용하는 내장 함수인 map 함수를 이용해서 함수를 인자로 사용할 수도 있다.

```
In [176]: for x in map(remove_punctuation, states):
   .....:     print(x)
Alabama
Georgia
Georgia
Georgia
FlOrIda
south   carolina
West virginia
```

3.2.4 익명 함수

파이썬은 **익명**anonymous 함수 혹은 **람다**lambda 함수라고 하는 값을 반환하는 단순한 한 문장으로 이루어진 함수를 지원한다. lambda 예약어로 정의하며, 이는 '익명 함수를 선언한다'라는 의미다.

```
def short_function(x):
    return x * 2

equiv_anon = lambda x: x * 2
```

이 책에서는 이를 람다 함수라고 하겠다. 람다 함수는 데이터 분석에서 특히 편리한데, 이는 앞으로 알게 되겠지만 데이터를 변형하는 함수에서 인자로 함수를 받아야 하는 경우가 매우 많기 때문이다. 즉, 람다 함수를 사용하면 실제 함수를 선언하거나 람다 함수를 지역 변수에 대입하는 것보다 코드를 적게 쓰고 더 간결해지기 때문이다. 약간 억지스럽지만 다음 예제를 보자.

```
def apply_to_list(some_list, f):
    return [f(x) for x in some_list]

ints = [4, 0, 1, 5, 6]
apply_to_list(ints, lambda x: x * 2)
```

물론 [x * 2 for x in ints]라고 해도 되지만 이렇게 하면 apply_to_list 함수에 사용자 연산을 간결하게 전달할 수 있다.

다른 예제로, 다음 문자열 리스트를 각 문자열에서 다양한 문자가 포함된 순서로 정렬한다고 가정하자.

```
In [177]: strings = ['foo', 'card', 'bar', 'aaaa', 'abab']
```

리스트의 sort 메서드에 람다 함수를 넘겨 다음과 같이 정렬할 수 있다.

```
In [178]: strings.sort(key=lambda x: len(set(list(x))))

In [179]: strings
Out[179]: ['aaaa', 'foo', 'abab', 'bar', 'card']
```

NOTE_ 람다 함수가 익명 함수라고 불리는 이유 중 하나는 이 함수 객체에는 명시적인 __name__ 속성이 없기 때문이다.

3.2.5 커링: 일부 인자만 취하기

커링은 수학자인 하스켈 커리의 이름에서 따온 컴퓨터 과학 용어로, 함수에서 **일부 인자만 취하는** 새로운 함수를 만드는 기법이다. 예를 들어 2개의 숫자를 더하는 함수가 있다고 가정하자.

```python
def add_numbers(x, y):
    return x + y
```

이 함수를 이용해서 하나의 변수만 인자로 받아 5를 더해주는 새로운 함수 add_five를 생성하자.

```python
add_five = lambda y: add_numbers(5, y)
```

add_numbers의 두 번째 인자를 커링했다. 여기서는 기존 함수를 호출하는 새로운 함수를 하나 정의했을 뿐이므로 그리 복잡하지 않다. 내장 functools 모듈의 partial 함수를 이용하면 이 과정을 단순화할 수 있다.

```python
from functools import partial
add_five = partial(add_numbers, 5)
```

3.2.6 제너레이터

파이썬은 리스트 내의 객체나 파일의 각 로우 같은 순차적인 자료를 순회하는 일관적인 방법을 제공한다. **이터레이터 프로토콜**을 이용해 순회 가능한 객체를 만들 수 있다. 예를 들어 사전을 순회하면 사전의 키가 반환된다.

```
In [180]: some_dict = {'a': 1, 'b': 2, 'c': 3}

In [181]: for key in some_dict:
   .....:     print(key)
a
b
c
```

for key in some_dict라고 작성하면 파이썬 인터프리터는 some_dict에서 이터레이터를 생성한다.

```
In [182]: dict_iterator = iter(some_dict)
```

```
In [183]: dict_iterator
Out[183]: <dict_keyiterator at 0x7fbbd5a9f908>
```

이터레이터는 for 문 같은 컨텍스트에서 사용될 경우 객체를 반환한다. 리스트나 리스트와 유사한 객체를 취하는 대부분의 메서드는 순회 가능한 객체도 허용한다. 여기에는 min, max, sum 같은 내장 메서드와 list, tuple 같은 자료구조를 생성하는 메서드도 포함된다.

```
In [184]: list(dict_iterator)
Out[184]: ['a', 'b', 'c']
```

제너레이터는 순회 가능한 객체를 생성하는 간단한 방법이다. 일반 함수는 실행되면 단일 값을 반환하는 반면 제너레이터는 순차적인 값을 매 요청 시마다 하나씩 반환한다. 제너레이터를 생성하려면 함수에서 return을 하는 대신 yield 예약어를 사용한다.

```
def squares(n=10):
    print('Generating squares from 1 to {0}'.format(n ** 2))
    for i in range(1, n + 1):
        yield i ** 2
```

제너레이터를 호출하더라도 코드가 즉각적으로 실행되지 않는다.

```
In [186]: gen = squares()

In [187]: gen
Out[187]: <generator object squares at 0x7fbbd5ab4570>
```

제너레이터로부터 값을 요청하면 그때서야 제너레이터의 코드가 실행된다.

```
In [188]: for x in gen:
     ...:         print(x, end=' ')
Generating squares from 1 to 100
1 4 9 16 25 36 49 64 81 100
```

제너레이터 표현식

제너레이터를 생성하는 더 간단한 방법은 **제너레이터 표현식**을 사용하는 것이다. 다음은 리스트, 사전, 집합 표현식과 유사한 방식으로 제너레이터를 생성한다. 리스트 표현식에서 대괄호를 사용하듯이 괄호를 사용해서 제너레이터를 생성할 수 있다.

```
In [189]: gen = (x ** 2 for x in range(100))

In [190]: gen
Out[190]: <generator object <genexpr> at 0x7fbbd5ab29e8>
```

다음은 위 코드와 동일한 코드다.

```
def _make_gen():
    for x in range(100):
        yield x ** 2
gen = _make_gen()
```

제너레이터 표현식은 리스트 표현식을 인자로 받는 어떤 파이썬 함수에서도 사용할 수 있다.

```
In [191]: sum(x ** 2 for x in range(100))
Out[191]: 328350

In [192]: dict((i, i **2) for i in range(5))
Out[192]: {0: 0, 1: 1, 2: 4, 3: 9, 4: 16}
```

itertools 모듈

표준 라이브러리인 itertools 모듈은 일반 데이터 알고리즘을 위한 많은 제너레이터를 포함하고 있다. 예를 들어 groupby는 순차 자료구조와 함수를 받아 인자로 받은 함수에서 반환하는 값에 따라 그룹을 지어준다. 다음 예제를 보자.

```
In [193]: import itertools

In [194]: first_letter = lambda x: x[0]
```

```
In [195]: names = ['Alan', 'Adam', 'Wes', 'Will', 'Albert', 'Steven']

In [196]: for letter, names in itertools.groupby(names, first_letter):
   .....:     print(letter, list(names))  # names는 제너레이터다.
A ['Alan', 'Adam']
W ['Wes', 'Will']
A ['Albert']
S ['Steven']
```

[표 3-2]에 유용하다고 생각하는 itertools 함수를 정리해두었다. 이 유용한 내장 유틸리티 모듈을 더 자세히 알아보고 싶다면 공식 파이썬 문서를 참고하라.

표 3-2 유용한 itertools 함수

함수	설명
combinations(iterable, k)	iterable에서 순서를 고려하지 않고 길이가 k인 모든 가능한 조합을 생성한다.
permutations(iterable, k)	iterable에서 순서를 고려하여 길이가 k인 모든 가능한 조합을 생성한다.
groupby(iterable[, keyfunc])	iterable에서 각각의 고유한 키에 따라 그룹을 생성한다.
product(*iterables, repeat=1)	iterable에서 카테시안 곱을 구한다. 중첩된 for 문 사용과 유사하다.

3.2.7 에러와 예외 처리

견고한 프로그램을 작성하려면 파이썬의 오류와 **예외**를 잘 처리해야 한다. 데이터 분석 애플리케이션에서는 많은 함수가 특정한 종류의 입력만 처리하도록 되어 있다. 예를 들어 파이썬의 float 함수는 문자열을 부동소수점수로 변환할 수 있지만 적절하지 않은 입력에 대해서는 ValueError와 함께 실패하게 된다.

```
In [197]: float('1.2345')
Out[197]: 1.2345

In [198]: float('something')
---------------------------------------------------------------------------
ValueError                                Traceback (most recent call last)
<ipython-input-198-439904410854> in <module>()
----> 1 float('something')
ValueError: could not convert string to float: 'something'
```

적절하지 않은 입력에 대해서는 입력을 그대로 반환하는 개선된 float 함수를 작성한다고 가정하자. 이렇게 하려면 try/except 블록을 사용해서 float 함수를 호출하면 된다.

```python
def attempt_float(x):
    try:
        return float(x)
    except:
        return x
```

except 블록에 있는 코드는 float(x)가 예외를 발생했을 때 실행된다.

```
In [200]: attempt_float('1.2345')
Out[200]: 1.2345

In [201]: attempt_float('something')
Out[201]: 'something'
```

float 함수가 ValueError가 아닌 예외를 발생시키는 경우도 있다.

```
In [202]: float((1, 2))
---------------------------------------------------------------------------
TypeError                                 Traceback (most recent call last)
<ipython-input-202-842079ebb635> in <module>()
----> 1 float((1, 2))
TypeError: float() argument must be a string or a number, not 'tuple'
```

입력이 문자열이나 숫자가 아니라는 뜻의 TypeError는 정당한 오류이므로 그대로 두고 ValueError만 무시하고 싶다면 except 뒤에 처리할 예외의 종류를 적어준다.

```python
def attempt_float(x):
    try:
        return float(x)
    except ValueError:
        return x
```

이 함수는 다음처럼 동작한다.

```
In [204]: attempt_float((1, 2))
---------------------------------------------------------------------------
TypeError                                 Traceback (most recent call last)
<ipython-input-204-9bdfd730cead> in <module>()
----> 1 attempt_float((1, 2))
<ipython-input-203-3e06b8379b6b> in attempt_float(x)
      1 def attempt_float(x):
      2     try:
----> 3         return float(x)
      4     except ValueError:
      5         return x
TypeError: float() argument must be a string or a number, not 'tuple'
```

튜플을 사용해서 여러 개의 예외를 한 번에 처리할 수도 있다(괄호로 묶어준다).

```
def attempt_float(x):
    try:
        return float(x)
    except (TypeError, ValueError):
        return x
```

예외를 무시하지 않고, try 블록의 코드가 성공적으로 수행되었는지 여부와 관계없이 실행시키고 싶은 코드는 finally 블록을 이용해서 적어준다.

```
f = open(path, 'w')

try:
    write_to_file(f)
finally:
    f.close()
```

여기서 파일 핸들 f는 **항상** 닫히게 된다. 이와 유사하게 try 블록이 성공적으로 수행되었을 때만 else 블록을 사용해서 수행할 코드를 적어준다.

```
f = open(path, 'w')

try:
    write_to_file(f)
```

```
except:
    print('Failed')
else:
    print('Succeeded')
finally:
    f.close()
```

IPython에서 예외 처리

%run을 이용해서 코드를 실행시키던 중에 예외가 발생하면 IPython은 기본적으로 전체 트레이스백을 출력하고 해당 위치 주변의 코드를 함께 보여준다.

```
In [10]: %run examples/ipython_bug.py
---------------------------------------------------------------------------
AssertionError                            Traceback (most recent call last)
/home/wesm/code/pydata-book/examples/ipython_bug.py in <module>()
     13         throws_an_exception()
     14
---> 15 calling_things()

/home/wesm/code/pydata-book/examples/ipython_bug.py in calling_things()
     11 def calling_things():
     12         works_fine()
---> 13         throws_an_exception()
     14
     15 calling_things()

/home/wesm/code/pydata-book/examples/ipython_bug.py in throws_an_exception()
      7         a = 5
      8         b = 6
----> 9         assert(a + b == 10)
     10
     11 def calling_things():

AssertionError:
```

추가 내용을 보여주지 않는 표준 파이썬 인터프리터에 비해 IPython은 추가 내용을 함께 포함해서 보여주므로 매우 편리하다. %xmode 매직 명령어를 이용하면 표준 파이썬 인터프리터와 같은 수준인 Plain에서부터 함수 인잣값 등을 포함해서 보여주는 Verbose 단계까지 직접 제어할 수 있다. 나중에 다른 장에서 살펴보겠지만 에러가 발생했을 때 대화형 디버깅을 통해 스택의 내용을 직접 살펴볼 수도 있다(%debug와 %pdb 매직 명령어를 이용해서).

3.3 파일과 운영체제

이 책에서는 대부분 pandas.read_csv 같은 고수준의 도구를 사용해서 디스크로부터 파일을 읽어와 파이썬 자료구조에 저장한다. 하지만 파이썬에서 파일을 어떻게 다루는지 이해하는 것도 중요하다. 다행히도 파이썬에서 파일을 다루는 방법은 전혀 어렵지 않다. 이는 파이썬이 텍스트와 파일 처리에 인기 있는 이유 중 하나다.

파일을 읽고 쓰기 위해 열 때는 내장 함수인 open을 이용해서 파일의 상대 경로나 절대 경로를 넘겨주어야 한다.

```
In [207]: path = 'examples/segismundo.txt'

In [208]: f = open(path)
```

기본적으로 파일은 읽기 전용 모드인 'r'로 열린다. 파일 핸들 f를 리스트로 생각할 수 있으며 파일의 매 줄을 순회할 수 있다.

```
for line in f:
    pass
```

파일에서 읽은 줄은 줄끝(end-of-line, EOL) 문자가 그대로 남아 있으므로 파일에서 읽은 줄에서 이를 제거하는 다음과 같은 코드를 종종 보게 될 것이다.

```
In [209]: lines = [x.rstrip() for x in open(path)]

In [210]: lines
Out[210]:
['Sueña el rico en su riqueza,',
 'que más cuidados le ofrece;',
 '',
```

```
     'sueña el pobre que padece',
     'su miseria y su pobreza;',
     '',
     'sueña el que a medrar empieza,',
     'sueña el que afana y pretende,',
     'sueña el que agravia y ofende,',
     '',
     'y en el mundo, en conclusión,',
     'todos sueñan lo que son,',
     'aunque ninguno lo entiende.',
     '']
```

파일 객체를 생성하기 위해 open을 사용했다면 작업이 끝났을 때 명시적으로 닫아주어야 한다. 파일을 닫으면 해당 자원을 운영체제로 되돌려준다.

```
In [211]: f.close()
```

with 문을 사용하면 파일 작업이 끝났을 때 필요한 작업을 쉽게 처리할 수 있다.

```
In [212]: with open(path) as f:
   .....:     lines = [x.rstrip() for x in f]
```

이렇게 하면 with 블록이 끝나는 시점에 파일 핸들 f를 자동으로 닫아준다.

만일 파일을 f = open(path, 'w')로 연다면 examples/segismundo.txt 파일이 **새롭게 생성**되고 파일의 내용을 새로운 내용으로 덮어쓴다. 'x' 모드는 쓰기 목적으로 파일을 새로 만들지만 이미 해당 파일이 존재하면 실패하게 된다. [표 3-3]에 파일의 읽기/쓰기 모드를 정리해두었다.

파일을 읽을 때는 read, seek, tell 메서드를 주로 사용하게 되는데 read 메서드는 해당 파일에서 특정 개수만큼의 문자를 반환한다. 여기서 '문자'는 인코딩(UTF-8 같은)으로 결정되거나 이진 모드인 경우에는 단순히 바이트로 결정된다.

```
In [213]: f = open(path)

In [214]: f.read(10)
Out[214]: 'Sueña el r'
```

```
In [215]: f2 = open(path, 'rb') # 이진 모드

In [216]: f2.read(10)
Out[216]: b'Sue\xc3\xb1a el '
```

read 메서드는 읽은 바이트만큼 파일 핸들의 위치를 옮긴다. tell 메서드는 현재 위치를 알려준다.

```
In [217]: f.tell()
Out[217]: 11

In [218]: f2.tell()
Out[218]: 10
```

파일에서 10개의 문자를 읽었어도 위치가 11인 이유는 기본 인코딩에서 10개의 문자를 디코딩하기 위해 그 만큼의 바이트가 필요했기 때문이다. 기본 인코딩은 sys 모듈에서 확인할 수 있다.

```
In [219]: import sys

In [220]: sys.getdefaultencoding()
Out[220]: 'utf-8'
```

seek 메서드는 파일 핸들의 위치를 해당 파일에서 지정한 바이트 위치로 옮긴다.

```
In [221]: f.seek(3)
Out[221]: 3

In [222]: f.read(1)
Out[222]: 'ñ'
```

마지막으로 파일을 닫는 것을 잊지 말자.

```
In [223]: f.close()

In [224]: f2.close()
```

표 3-3 파이썬 파일 모드

모드	설명
r	읽기 전용 모드
w	쓰기 전용 모드. 새로운 파일을 생성한다(같은 이름의 파일이 존재하면 덮어쓴다).
x	쓰기 전용 모드. 새로운 파일을 생성한다. 이미 존재할 경우 실패한다.
a	기존 파일에 추가한다(파일이 존재하지 않을 경우 새로 생성한다).
r+	읽기/쓰기 모드
b	이진 파일 모드. 읽기/쓰기 모드에 추가해서 'rb' 또는 'wb'처럼 사용한다.
t	텍스트 모드(자동으로 바이트를 유니코드로 디코딩한다). 모드를 지정하지 않으면 t가 기본 모드로 지정된다. 다른 모드에 추가해서 'rt' 또는 'xt'처럼 사용한다.

파일에 텍스트를 기록하려면 write나 writelines 메서드를 이용하면 된다. 예를 들어 빈 줄이 포함되지 않도록 prof_mod.py를 작성하려면 다음과 같이 하면 된다.

```
In [225]: with open('tmp.txt', 'w') as handle:
   .....:     handle.writelines(x for x in open(path) if len(x) > 1)

In [226]: with open('tmp.txt') as f:
   .....:     lines = f.readlines()

In [227]: lines
Out[227]:
['Sueña el rico en su riqueza,\n',
 'que más cuidados le ofrece;\n',
 'sueña el pobre que padece\n',
 'su miseria y su pobreza;\n',
 'sueña el que a medrar empieza,\n',
 'sueña el que afana y pretende,\n',
 'sueña el que agravia y ofende,\n',
 'y en el mundo, en conclusión,\n',
 'todos sueñan lo que son,\n',
 'aunque ninguno lo entiende.\n']
```

[표 3-4]에 자주 사용하는 파일 메서드를 정리해두었다.

표 3-4 중요 file 메서드와 속성

메서드	설명
read([size])	파일에서 데이터를 읽어서 문자열로 반환한다. size 인자를 사용해서 몇 바이트를 읽을 것인지 지정할 수 있다.
readlines([size])	파일의 매 줄을 모두 읽어 리스트로 반환한다. size 인자를 사용해서 얼마나 읽을 것인지 지정할 수 있다.
write(str)	전달받은 문자열을 파일에 기록한다.
writelines(strings)	전달받은 일련의 문자열을 파일에 기록한다.
close()	파일 핸들을 닫는다.
flush()	내부 I/O 버퍼를 디스크로 비운다.
seek(pos)	파일 내에서 지정한 위치(정수)로 이동한다.
tell()	현재 파일의 위치를 정수 형태로 반환한다.
closed	파일 핸들이 닫힌 경우 True를 반환한다.

3.3.1 바이트와 유니코드

읽기든 쓰기든 파이썬 파일은 파이썬 문자열(즉, 유니코드)을 다루기 위한 텍스트 모드를 기본으로 한다. 이는 파일 모드에 b를 추가해서 열 수 있는 **이진 모드**와는 다르다. UTF-8 인코딩을 사용하는 비-아스키 문자가 포함된 파일을 살펴보자.

```
In [230]: with open(path) as f:
   .....:     chars = f.read(10)

In [231]: chars
Out[231]: 'Sueña el r'
```

UTF-8은 가변길이 유니코드 인코딩이므로 파일에서 일부 문자를 읽어오도록 한다면 파이썬은 파일에서 필요한 만큼의 바이트(최소 10바이트에서 최대 40바이트까지 될 수 있다)를 읽은 다음 10문자로 디코딩한다. 만일 파일을 'rb' 모드로 열었다면 read는 딱 10바이트만 읽어 올 것이다.

```
In [232]: with open(path, 'rb') as f:
   .....:     data = f.read(10)

In [233]: data
Out[233]: b'Sue\xc3\xb1a el '
```

텍스트 인코딩에 따라 읽어온 바이트를 str 객체로 직접 디코딩할 수도 있다. 다만 온전한 유니코드 문자로 인코딩되어 있을 경우에만 가능하다.

```
In [234]: data.decode('utf8')
Out[234]: 'Sueña el '

In [235]: data[:4].decode('utf8')
---------------------------------------------------------------------------
UnicodeDecodeError                        Traceback (most recent call last)
<ipython-input-235-300e0af10bb7> in <module>()
----> 1 data[:4].decode('utf8')
UnicodeDecodeError: 'utf-8' codec can't decode byte 0xc3 in position 3: unexpec
ted end of data
```

open 메서드에 encoding 옵션을 지정한 텍스트 모드에서는 유니코드 인코딩을 다른 인코딩으로 쉽게 변경할 수 있는 방법을 제공한다.

```
In [236]: sink_path = 'sink.txt'

In [237]: with open(path) as source:
   .....:     with open(sink_path, 'xt', encoding='iso-8859-1') as sink:
   .....:         sink.write(source.read())

In [238]: with open(sink_path, encoding='iso-8859-1') as f:
   .....:     print(f.read(10))
Sueña el r
```

이진 모드가 아닐 경우에는 열려진 파일에 대해 seek 메서드를 호출할 때 주의해야 한다. 파일 위치를 유니코드 문자를 정의하는 바이트들 사이로 지정하면 뒤이은 읽기에서 에러가 발생한다.

```
In [240]: f = open(path)

In [241]: f.read(5)
Out[241]: 'Sueña'

In [242]: f.seek(4)
Out[242]: 4

In [243]: f.read(1)
```

```
UnicodeDecodeError                        Traceback (most recent call last)
<ipython-input-243-7841103e33f5> in <module>()
----> 1 f.read(1)
/miniconda/envs/book-env/lib/python3.6/codecs.py in decode(self, input, final)
    319            # decode input (taking the buffer into account)
    320            data = self.buffer + input
--> 321            (result, consumed) = self._buffer_decode(data, self.errors, final)
    322            # keep undecoded input until the next call
    323            self.buffer = data[consumed:]
UnicodeDecodeError: 'utf-8' codec can't decode byte 0xb1 in position 0: invalid start byte

In [244]: f.close()
```

비-아스키 텍스트 데이터가 포함된 데이터를 자주 다뤄야 한다면 파이썬의 유니코드 관련 내용을 숙지해두는 편이 좋을 것이다. 더 자세한 내용은 파이썬 공식 문서를 참고하라.

3.4 마치며

이제 기본적인 내용은 모두 습득했다. 다음 장에서는 NumPy를 알아보고 파이썬에서 배열 연산을 하는 방법을 배운다.

CHAPTER 4
NumPy 기본: 배열과 벡터 연산

NumPy는 Numerical Python의 줄임말로, 파이썬에서 산술 계산을 위한 가장 중요한 필수 패키지 중 하나다. 과학 계산을 위한 대부분의 패키지는 NumPy의 배열 객체를 데이터 교환을 위한 공통 언어처럼 사용한다.

NumPy에서 제공하는 것들은 다음과 같다.

- 효율적인 다차원 배열인 ndarray는 빠른 배열 계산과 유연한 **브로드캐스팅** 기능을 제공한다.
- 반복문을 작성할 필요 없이 전체 데이터 배열을 빠르게 계산할 수 있는 표준 수학 함수
- 배열 데이터를 디스크에 쓰거나 읽을 수 있는 도구와 메모리에 적재된 파일을 다루는 도구
- 선형대수, 난수 생성기, 푸리에 변환 기능
- C, C++, 포트란으로 작성한 코드를 연결할 수 있는 C API

NumPy의 C API는 사용하기 쉬우므로 저수준 언어로 작성된 외부 라이브러리에 데이터를 전달하거나 반대로 외부 라이브러리에서 NumPy 배열 형태로 파이썬에 데이터를 전달하기 용이하다. 이 기능은 파이썬으로 레거시 C, C++, 포트란 코드를 감싸서 동적이며 쉽게 사용할 수 있는 인터페이스를 만들 수 있도록 해준다.

NumPy 자체는 모델링이나 과학 계산을 위한 기능을 제공하지 않으므로 먼저 NumPy 배열과 배열 기반 연산에 대한 이해를 한 다음 pandas 같은 배열 기반 도구를 사용하면 훨씬 더 효율적이다. NumPy만으로도 방대한 주제이므로 브로드캐스팅 같은 NumPy의 고급 기능은 부록 A에서 따로 다루도록 하겠다.

대부분의 데이터 분석 애플리케이션에서 내가 중요하게 생각하는 기능은 다음과 같다.

- 벡터 배열 상에서 데이터 가공(데이터 먼징 또는 데이터 랭글링), 정제, 부분집합, 필터링, 변형 그리고 다른 여러 종류의 연산을 빠르게 수행
- 정렬, 유일 원소 찾기, 집합 연산 같은 일반적인 배열 처리 알고리즘
- 통계의 효과적인 표현과 데이터를 수집 요약하기
- 다양한 종류의 데이터를 병합하고 엮기 위한 데이터 정렬과 데이터 간의 관계 조작
- 내부에서 if-elif-else를 사용하는 반복문 대신 사용할 수 있는 조건절 표현을 허용하는 배열 처리
- 데이터 묶음 전체에 적용할 수 있는 수집, 변형, 함수 적용 같은 데이터 처리

NumPy는 일반적인 산술 데이터 처리를 위한 기반 라이브러리를 제공하기 때문에 많은 독자가 통계나 분석, 특히 표 형식의 데이터를 처리하기 위해 pandas를 사용하기 원할 것이다. 또한 pandas는 NumPy에는 없는 시계열 처리 같은 다양한 도메인 특화 기능을 제공한다.

> **NOTE_** 파이썬에서 배열 기반 연산을 시도했던 기록은 짐 헝구닌(Jim Hungunin)이 Numeric 라이브러리를 작성했던 1995년까지 거슬러 올라간다. 이후로 10년이 지나고 많은 과학 계산 커뮤니티는 배열 프로그래밍에 파이썬을 사용하기 시작했으나 라이브러리 생태계는 2000년대 초에 갈라지게 된다. 2005년 트라비스 올리펀트(Travis Oliphant)가 당시의 Numeric 라이브러리와 Numarray 프로젝트로부터 NumPy 프로젝트를 시작하여 커뮤니티에 단일 배열 컴퓨팅 프레임워크를 소개하게 되었다.

NumPy가 파이썬 산술 계산 영역에서 중요한 위치를 차지하는 이유 중 하나는 대용량 데이터 배열을 효율적으로 다룰 수 있도록 설계되었다는 점이다. 이에 대해 좀 더 알아보자.

- NumPy는 내부적으로 데이터를 다른 내장 파이썬 객체와 구분된 연속된 메모리 블록에 저장한다. NumPy의 각종 알고리즘은 모두 C로 작성되어 타입 검사나 다른 오버헤드 없이 메모리를 직접 조작할 수 있다. NumPy 배열은 또한 내장 파이썬의 연속된 자료형들보다 훨씬 더 적은 메모리를 사용한다.
- NumPy 연산은 파이썬 반복문을 사용하지 않고 전체 배열에 대한 복잡한 계산을 수행할 수 있다.

성능 차이를 확인하기 위해 백만 개의 정수를 저장하는 NumPy 배열과 파이썬 리스트를 비교해보자.

```
In [7]: import numpy as np

In [8]: my_arr = np.arange(1000000)

In [9]: my_list = list(range(1000000))
```

이제 각각의 배열과 리스트 원소에 2를 곱해보자.

```
In [10]: %time for _ in range(10): my_arr2 = my_arr * 2
CPU times: user 20 ms, sys: 50 ms, total: 70 ms
Wall time: 72.4 ms

In [11]: %time for _ in range(10): my_list2 = [x * 2 for x in my_list]
CPU times: user 760 ms, sys: 290 ms, total: 1.05 s
Wall time: 1.05 s
```

NumPy를 사용한 코드가 순수 파이썬으로 작성한 코드보다 열 배에서 백 배 이상 빠르고 메모리도 더 적게 사용하는 것을 확인할 수 있다.

4.1 NumPy ndarray: 다차원 배열 객체

NumPy의 핵심 기능 중 하나는 ndarray라고 하는 N차원의 배열 객체인데 파이썬에서 사용할 수 있는 대규모 데이터 집합을 담을 수 있는 빠르고 유연한 자료구조. 배열은 스칼라 원소 간의 연산에 사용하는 문법과 비슷한 방식을 사용해서 전체 데이터 블록에 수학적인 연산을 수행할 수 있도록 해준다.

파이썬 내장 객체의 스칼라값을 다루는 것과 유사한 방법으로 에서 배치 계산을 처리하는 방법을 알아보기 위해 우선 NumPy 패키지를 임포트하고 임의의 값이 들어 있는 작은 배열을 만들어보겠다.

```
In [12]: import numpy as np

# 임의의 값을 생성
In [13]: data = np.random.randn(2, 3)

In [14]: data
Out[14]:
array([[-0.2047, 0.4789, -0.5194],
       [-0.5557, 1.9658, 1.3934]])
```

그리고 그 값에 산술 연산을 해보자.

```
In [15]: data * 10
Out[15]:
array([[ -2.0471, 4.7894, -5.1944],
       [ -5.5573, 19.6578, 13.9341]])

In [16]: data + data
Out[16]:
array([[-0.4094, 0.9579, -1.0389],
       [-1.1115, 3.9316, 2.7868]])
```

첫 번째 예제는 모든 원소의 값에 10을 곱했다. 두 번째 예제는 data 배열에서 같은 위치의 값끼리 서로 더했다.

> **NOTE_** 이 장과 책 전체에서 NumPy를 임포트할 경우 import numpy as np 컨벤션을 사용한다. 그냥 from numpy import *라고 해서 np를 입력하지 않아도 되지만 이런 습관은 지양하기 바란다. numpy 네임스페이스는 방대하고 파이썬 내장 함수와 같은 이름을 사용하는 경우(min과 max처럼)도 있기 때문이다.

ndarray는 같은 종류의 데이터를 담을 수 있는 포괄적인 다차원 배열이다. ndarray의 모든 원소는 같은 자료형이어야 한다. 모든 배열은 각 차원의 크기를 알려주는 shape라는 튜플과 배열에 저장된 **자료형**을 알려주는 dtype이라는 객체를 가지고 있다.

```
In [17]: data.shape
Out[17]: (2, 3)

In [18]: data.dtype
Out[18]: dtype('float64')
```

이 장에서는 NumPy의 배열을 사용하는 기초 방법을 소개하여 앞으로 책을 읽어나가는 데 충분한 도움을 줄 것이다. 대부분의 데이터 분석 애플리케이션을 작성하는 데 NumPy의 깊은 이해가 필수 사항은 아니며, 배열 위주의 프로그래밍과 생각하는 방법에 능숙해지는 것이 파이썬을 이용한 과학 계산의 고수가 되는 지름길이다.

NOTE_ 배열, NumPy 배열, ndarray는 아주 극소수의 예외를 제외하면 모두 ndarray 객체를 이르는 말이다.

4.1.1 ndarray 생성하기

배열을 생성하는 가장 쉬운 방법은 array 함수를 이용하는 것이다. 순차적인 객체(다른 배열도 포함하여)를 넘겨받고, 넘겨받은 데이터가 들어 있는 새로운 NumPy 배열을 생성한다. 예를 들어 파이썬의 리스트는 변환하기 좋은 예다.

```
In [19]: data1 = [6, 7.5, 8, 0, 1]

In [20]: arr1 = np.array(data1)

In [21]: arr1
Out[21]: array([ 6. ,7.5, 8. , 0. , 1. ])
```

같은 길이를 가지는 리스트를 내포하고 있는 순차 데이터는 다차원 배열로 변환 가능하다.

```
In [22]: data2 = [[1, 2, 3, 4], [5, 6, 7, 8]]

In [23]: arr2 = np.array(data2)

In [24]: arr2
Out[24]:
array([[1, 2, 3, 4],
       [5, 6, 7, 8]])
```

data2는 리스트를 담고 있는 리스트이므로 NumPy 배열인 arr2는 해당 데이터로부터 형태를 추론하여 2차원 형태로 생성된다. ndim과 shape 속성을 검사해서 이를 확인할 수 있다.

```
In [25]: arr2.ndim
Out[25]: 2

In [26]: arr2.shape
Out[26]: (2, 4)
```

명시적으로 지정(자세한 내용은 잠시 후에 살펴보겠다)하지 않는 한 np.array는 생성될 때 적절한 자료형을 추론한다. 그렇게 추론된 자료형은 dtype 객체에 저장되는데 앞서 살펴본 예제에서 확인해보면 다음과 같다.

```
In [27]: arr1.dtype
Out[27]: dtype('float64')

In [28]: arr2.dtype
Out[28]: dtype('int64')
```

또한 np.array는 새로운 배열을 생성하기 위한 여러 함수를 가지고 있는데, 예를 들어 zeros와 ones는 주어진 길이나 모양에 각각 0과 1이 들어 있는 배열을 생성한다. empty 함수는 초기화되지 않은 배열을 생성한다. 이런 메서드를 사용해서 다차원 배열을 생성하려면 원하는 형태의 튜플을 넘기면 된다.

```
In [29]: np.zeros(10)
Out[29]: array([ 0., 0., 0., 0., 0., 0., 0., 0., 0., 0.])

In [30]: np.zeros((3, 6))
Out[30]:
array([[ 0., 0., 0., 0., 0., 0.],
       [ 0., 0., 0., 0., 0., 0.],
       [ 0., 0., 0., 0., 0., 0.]])

In [31]: np.zeros((2, 3, 2))
Out[31]:
array([[[ 0., 0.],
        [ 0., 0.],
        [ 0., 0.]],
       [[ 0., 0.],
        [ 0., 0.],
        [ 0., 0.]]])
```

CAUTION_ np.empty는 0으로 초기화된 배열을 반환하지 않는다. 앞서 살펴본 바와 같이 대부분의 경우 np.empty는 초기화되지 않은 '가비지' 값으로 채워진 배열을 반환한다.

arange는 파이썬의 range 함수의 배열 버전이다.

```
In [32]: np.arange(15)
Out[32]: array([ 0,  1,  2,  3,  4,  5,  6,  7,  8,  9, 10, 11, 12, 13, 14])
```

[표 4-1]은 표준 배열 생성 함수의 목록이다. NumPy는 산술 연산에 초점이 맞춰져 있기 때문에 만약 자료형을 명시하지 않으면 float64(부동소수점)가 될 것이다.

표 4-1 배열 생성 함수

함수	설명
array	입력 데이터(리스트, 튜플, 배열 또는 다른 순차형 데이터)를 ndarray로 변환하며 dtype을 명시하지 않은 경우 자료형을 추론하여 저장한다. 기본적으로 입력 데이터는 복사된다.
asarray	입력 데이터를 ndarray로 변환하지만 입력 데이터가 이미 ndarray일 경우 복사가 일어나지 않는다.
arange	내장 range 함수와 유사하지만 리스트대신 ndarray를 반환한다.
ones, ones_like	주어진 dtype과 모양을 가지는 배열을 생성하고 내용을 모두 1로 초기화한다. ones_like는 주어진 배열과 동일한 모양과 dtype을 가지는 배열을 새로 생성하여 내용을 모두 1로 초기화한다.
zeros, zeros_like	ones, ones_like와 동일하지만 내용을 0으로 채운다.
empty, empty_like	메모리를 할당하여 새로운 배열을 생성하지만 ones나 zeros처럼 값을 초기화하지 않는다.
full, full_like	인자로 받은 dtype과 배열의 모양을 가지는 배열을 생성하고 인자로 받은 값으로 배열을 채운다.
eye, identity	N x N 크기의 단위행렬을 생성한다(좌상단에서 우하단을 잇는 대각선은 1로 채워지고 나머지는 0으로 채워진다).

4.1.2 ndarray의 dtype

dtype은 ndarray가 메모리에 있는 특정 데이터를 해석하기 위해 필요한 정보(또는 **메타데이터**)를 담고 있는 특수한 객체다.

```
In [33]: arr1 = np.array([1, 2, 3], dtype=np.float64)

In [34]: arr2 = np.array([1, 2, 3], dtype=np.int32)

In [35]: arr1.dtype
Out[35]: dtype('float64')
```

```
In [36]: arr2.dtype
Out[36]: dtype('int32')
```

dtype이 있기에 NumPy가 강력하면서도 유연한 도구가 될 수 있었는데, 대부분의 경우 데이터는 디스크에서 데이터를 읽고 쓰기 편하도록 하위 레벨의 표현에 직접적으로 맞춰져 있어서 C나 포트란 같은 저수준 언어로 작성된 코드와 쉽게 연동이 가능하다. 산술 데이터의 dtype은 float나 int 같은 자료형의 이름과 하나의 원소가 차지하는 비트 수로 이루어진다. 파이썬의 float 객체에서 사용되는 표준 배정밀도 부동소수점^{double-precision floating point} 값은 8바이트 혹은 64비트로 이루어지는데 이 자료형은 NumPy에서 float64로 표현된다. [표 4-2]는 NumPy가 지원하는 모든 자료형의 목록이다.

> **NOTE_** NumPy의 모든 dtype을 외울 필요는 없다. 주로 사용하게 될 자료형의 일반적인 종류(부동소수점, 복소수, 정수, 불리언, 문자열, 일반 파이썬 객체)만 신경 쓰면 된다. 주로 대량의 데이터가 메모리나 디스크에 저장되는 방식을 제어해야 할 필요가 있을 때 알아두면 좋다.

표 4-2 NumPy 자료형

자료형	자료형 코드	설명
int8, uint8	i1, u1	부호가 있는 8비트(1바이트) 정수형과 부호가 없는 8비트 정수형
int16, uint16	i2, u2	부호가 있는 16비트 정수형과 부호가 없는 16비트 정수형
int32, uint32	i4, u4	부호가 있는 32비트 정수형과 부호가 없는 32비트 정수형
int64, uint64	i8, u8	부호가 있는 64비트 정수형과 부호가 없는 64비트 정수형
float16	f2	반정밀도 부동소수점
float32	f4 또는 f	단정밀도 부동소수점. C언어의 float형과 호환
float64	f8 또는 d	배정밀도 부동소수점. C언어의 double형과 파이썬의 float 객체와 호환
float128	f16 또는 g	확장정밀도 부동소수점
complex64, complex128, complex256	c8, c16, c32	각각 2개의 32, 64, 128비트 부동소수점형을 가지는 복소수
bool	?	True와 False 값을 저장하는 불리언형
object	O	파이썬 객체형
string_	S	고정 길이 아스키 문자열형(각 문자는 1바이트). 길이가 10인 문자열 dtype은 S10이 된다.
unicode_	U	고정 길이 유니코드형(플랫폼에 따라 문자별 바이트 수가 다르다). string_형과 같은 형식을 쓴다(예: U10).

ndarray의 astype 메서드를 사용해서 배열의 dtype을 다른 형으로 명시적으로 변환(또는 **캐스팅**) 가능하다.

```
In [37]: arr = np.array([1, 2, 3, 4, 5])

In [38]: arr.dtype
Out[38]: dtype('int64')

In [39]: float_arr = arr.astype(np.float64)

In [40]: float_arr.dtype
Out[40]: dtype('float64')
```

위 예제에서는 정수형을 부동소수점으로 변환했다. 만약 부동소수점수를 정수형 dtype으로 변환하면 소수점 아래 자리는 버려진다.

```
In [41]: arr = np.array([3.7, -1.2, -2.6, 0.5, 12.9, 10.1])

In [42]: arr
Out[42]: array([ 3.7, -1.2, -2.6, 0.5, 12.9, 10.1])

In [43]: arr.astype(np.int32)
Out[43]: array([ 3, -1, -2, 0, 12, 10], dtype=int32)
```

숫자 형식의 문자열을 담고 있는 배열이 있다면 astype을 사용하여 숫자로 변환할 수 있다.

```
In [44]: numeric_strings = np.array(['1.25', '-9.6', '42'], dtype=np.string_)

In [45]: numeric_strings.astype(float)
Out[45]: array([ 1.25, -9.6 , 42. ])
```

> **CAUTION**_ NumPy에서 문자열 데이터는 고정 크기를 가지며 별다른 경고를 출력하지 않고 입력을 임의로 잘라낼 수 있으므로 numpy.string_형을 이용할 때는 주의하는 것이 좋다. pandas는 숫자 형식이 아닌 경우에 좀 더 직관적인 사용성을 제공한다.

만일 어떤 이유(문자열이 float64형으로 변환되지 않는 경우와 같은)로 형변환이 실패하면 ValueError 예외가 발생한다. 위 예에서 나는 귀찮아서 np.float64 대신 그냥 float라고 입력했는데 똑똑한 NumPy는 파이썬 자료형을 알맞은 dtype으로 맞춰준다.

다른 배열의 dtype 속성을 이용하는 것도 가능하다.

```
In [46]: int_array = np.arange(10)

In [47]: calibers = np.array([.22, .270, .357, .380, .44, .50], dtype=np.float64)

In [48]: int_array.astype(calibers.dtype)
Out[48]: array([ 0., 1., 2., 3., 4., 5., 6., 7., 8., 9.])
```

dtype으로 사용할 수 있는 축약 코드도 있다.

```
In [49]: empty_uint32 = np.empty(8, dtype='u4')

In [50]: empty_uint32
Out[50]:
array([         0, 1075314688,          0, 1075707904,          0,
       1075838976,          0, 1072693248], dtype=uint32)
```

> **NOTE_** astype을 호출하면 새로운 dtype이 이전 dtype과 동일해도 항상 새로운 배열을 생성(데이터를 복사)한다.

4.1.3 NumPy 배열의 산술 연산

배열의 중요한 특징은 for 문을 작성하지 않고 데이터를 일괄 처리할 수 있다는 것이다. 이를 **벡터화**라고 하는데, 같은 크기의 배열 간의 산술 연산은 배열의 각 원소 단위로 적용된다.

```
In [51]: arr = np.array([[1., 2., 3.], [4., 5., 6.]])

In [52]: arr
Out[52]:
array([[ 1., 2., 3.],
       [ 4., 5., 6.]])
```

```
In [53]: arr * arr
Out[53]:
array([[  1.,   4.,   9.],
       [ 16.,  25.,  36.]])

In [54]: arr - arr
Out[54]:
array([[ 0.,  0.,  0.],
       [ 0.,  0.,  0.]])
```

스칼라 인자가 포함된 산술 연산의 경우 배열 내의 모든 원소에 스칼라 인자가 적용된다.

```
In [55]: 1 / arr
Out[55]:
array([[ 1.    ,  0.5   ,  0.3333],
       [ 0.25  ,  0.2   ,  0.1667]])

In [56]: arr ** 0.5
Out[56]:
array([[ 1.    ,  1.4142,  1.7321],
       [ 2.    ,  2.2361,  2.4495]])
```

같은 크기를 가지는 배열 간의 비교 연산은 불리언 배열을 반환한다.

```
In [57]: arr2 = np.array([[0., 4., 1.], [7., 2., 12.]])

In [58]: arr2
Out[58]:
array([[  0.,   4.,   1.],
       [  7.,   2.,  12.]])

In [59]: arr2 > arr
Out[59]:
array([[False,  True, False],
       [ True, False,  True]], dtype=bool)
```

크기가 다른 배열 간의 연산은 **브로드캐스팅**broadcasting이라고 하는데 12장에서 자세히 다루도록 하겠다. 이 책을 이해하기 위해 브로드캐스팅을 깊이 알고 있을 필요는 없다.

4.1.4 색인과 슬라이싱 기초

NumPy 배열 색인에 대해서는 다룰 주제가 많다. 데이터의 부분집합이나 개별 요소를 선택하기 위한 수많은 방법이 존재한다. 1차원 배열은 단순한데, 표면적으로는 파이썬의 리스트와 유사하게 동작한다.

```
In [60]: arr = np.arange(10)

In [61]: arr
Out[61]: array([0, 1, 2, 3, 4, 5, 6, 7, 8, 9])

In [62]: arr[5]
Out[62]: 5

In [63]: arr[5:8]
Out[63]: array([5, 6, 7])

In [64]: arr[5:8] = 12

In [65]: arr
Out[65]: array([ 0,  1,  2,  3,  4, 12, 12, 12,  8,  9])
```

위에서 볼 수 있듯이 arr[5:8] = 12처럼 배열 조각에 스칼라값을 대입하면 12가 선택 영역 전체로 전파(또는 **브로드캐스팅**)된다. 리스트와의 중요한 차이점은 배열 조각은 원본 배열의 **뷰**라는 점이다. 즉, 데이터는 복사되지 않고 뷰에 대한 변경은 그대로 원본 배열에 반영된다.

이에 대한 예제로 먼저 arr 배열의 슬라이스를 생성해보자.

```
In [66]: arr_slice = arr[5:8]

In [67]: arr_slice
Out[67]: array([12, 12, 12])
```

그리고 arr_slice의 값을 변경하면 원래 배열인 arr의 값도 바뀌어 있음을 확인할 수 있다.

```
In [68]: arr_slice[1] = 12345

In [69]: arr
Out[69]: array([    0,     1,     2,     3,     4,    12, 12345,    12,     8,
           9])
```

단순히 [:]로 슬라이스를 하면 배열의 모든 값을 할당한다.

```
In [70]: arr_slice[:] = 64

In [71]: arr
Out[71]: array([ 0,  1,  2,  3,  4, 64, 64, 64,  8,  9])
```

NumPy를 처음 접한다면, 특히 데이터 복사가 자주 일어나는 다른 배열 프로그래밍 언어를 사용해본 적이 있다면 데이터가 복사되지 않는다는 점은 놀랄 만한 사실이다. NumPy는 대용량의 데이터 처리를 염두에 두고 설계되었기 때문에 만약 NumPy가 데이터 복사를 남발한다면 성능과 메모리 문제에 마주치게 될 것이다.

> **CAUTION_** 만약에 뷰 대신 ndarray 슬라이스의 복사본을 얻고 싶다면 arr[5:8].copy( )를 사용해서 명시적으로 배열을 복사해야 한다.

다차원 배열을 다룰 때는 좀 더 많은 옵션이 있다. 2차원 배열에서 각 색인에 해당하는 요소는 스칼라값이 아니라 1차원 배열이다.

```
In [72]: arr2d = np.array([[1, 2, 3], [4, 5, 6], [7, 8, 9]])

In [73]: arr2d[2]
Out[73]: array([7, 8, 9])
```

따라서 개별 요소는 재귀적으로 접근해야 한다. 하지만 그렇게 하기는 귀찮기 때문에 콤마로 구분된 색인 리스트를 넘기면 된다. 그러므로 다음 두 표현은 동일하다.

```
In [74]: arr2d[0][2]
Out[74]: 3

In [75]: arr2d[0, 2]
Out[75]: 3
```

[그림 4-1]에 2차원 배열에 대한 색인을 나타냈다. 0번 축을 '로우'로 생각하고 1번 축을 '컬럼'으로 생각하면 이해하기 쉽다.

그림 4-1 NumPy 배열에서 원소 색인하기

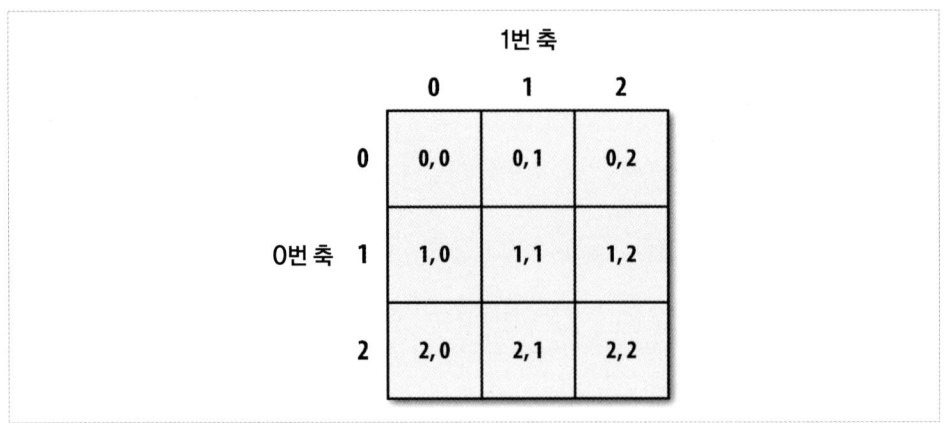

다차원 배열에서 마지막 색인을 생략하면 반환되는 객체는 상위 차원의 데이터를 포함하고 있는 한 차원 낮은 ndarray가 된다. 2×2×3 크기의 배열 arr3d가 있다면

```
In [76]: arr3d = np.array([[[1, 2, 3], [4, 5, 6]], [[7, 8, 9], [10, 11, 12]]])

In [77]: arr3d
Out[77]:
array([[[ 1,  2,  3],
        [ 4,  5,  6]],
       [[ 7,  8,  9],
        [10, 11, 12]]])
```

arr3d[0]은 2×3 크기의 배열이다.

```
In [78]: arr3d[0]
Out[78]:
array([[1, 2, 3],
       [4, 5, 6]])
```

arr3d[0]에는 스칼라값과 배열 모두 대입할 수 있다.

```
In [79]: old_values = arr3d[0].copy()

In [80]: arr3d[0] = 42
```

```
In [81]: arr3d
Out[81]:
array([[[42, 42, 42],
        [42, 42, 42]],
       [[ 7,  8,  9],
        [10, 11, 12]]])

In [82]: arr3d[0] = old_values

In [83]: arr3d
Out[83]:
array([[[ 1,  2,  3],
        [ 4,  5,  6]],
       [[ 7,  8,  9],
        [10, 11, 12]]])
```

이런 식으로 arr3d[1, 0]은 (1, 0)으로 색인되는 1차원 배열과 그 값을 반환한다.

```
In [84]: arr3d[1, 0]
Out[84]: array([7, 8, 9])
```

이 표현은 다음처럼 두 번에 걸쳐 인덱싱한 결과와 동일하다.

```
In [85]: x = arr3d[1]

In [86]: x
Out[86]:
array([[ 7,  8,  9],
       [10, 11, 12]])

In [87]: x[0]
Out[87]:
array([7, 8, 9])
```

여기서 살펴본 선택된 배열의 부분집합은 모두 배열의 뷰를 반환한다는 점을 기억하자.

슬라이스로 선택하기

파이썬의 리스트 같은 1차원 객체처럼 ndarray는 익숙한 문법으로 슬라이싱할 수 있다.

4장 NumPy 기본: 배열과 벡터 연산 | **147**

```
In [88]: arr
Out[88]: array([ 0,  1,  2,  3,  4, 64, 64, 64,  8,  9])

In [89]: arr[1:6]
Out[89]: array([ 1,  2,  3,  4, 64])
```

위에서 살펴본 arr2d를 생각해보자. 이 배열을 슬라이싱하는 방법은 조금 다르다.

```
In [90]: arr2d
Out[90]:
array([[1, 2, 3],
       [4, 5, 6],
       [7, 8, 9]])

In [91]: arr2d[:2]
Out[91]:
array([[1, 2, 3],
       [4, 5, 6]])
```

확인한 것처럼 첫 번째 축인 0번 축을 기준으로 슬라이싱되었다. 따라서 슬라이스는 축을 따라 선택 영역 내의 요소를 선택한다. arr2d[:2]는 'arr2d의 시작부터 두 번째 로우까지의 선택'이라고 이해하면 쉽다.

색인을 여러 개 넘겨서 다차원을 슬라이싱하는 것도 가능하다.

```
In [92]: arr2d[:2, 1:]
Out[92]:
array([[2, 3],
       [5, 6]])
```

이렇게 슬라이싱하면 항상 같은 차원의 배열에 대한 뷰를 얻게 된다. 정수 색인과 슬라이스를 함께 사용해서 한 차원 낮은 슬라이스를 얻을 수 있다.

예를 들어 두 번째 로우에서 처음 두 컬럼만 선택하고 싶다면 아래처럼 하면 된다.

```
In [93]: arr2d[1, :2]
Out[93]: array([4, 5])
```

이와 유사하게 처음 두 로우에서 세 번째 컬럼만 선택하고 싶다면 아래처럼 하면 된다.

```
In [94]: arr2d[:2, 2]
Out[94]: array([3, 6])
```

[그림 4-2]를 보자. 그냥 콜론만 쓰면 전체 축을 선택한다는 의미이므로 이렇게 하면 하면 원래 차원의 슬라이스를 얻게 된다.

```
In [95]: arr2d[:, :1]
Out[95]:
array([[1],
       [4],
       [7]])
```

그림 4-2 2차원 배열 슬라이싱

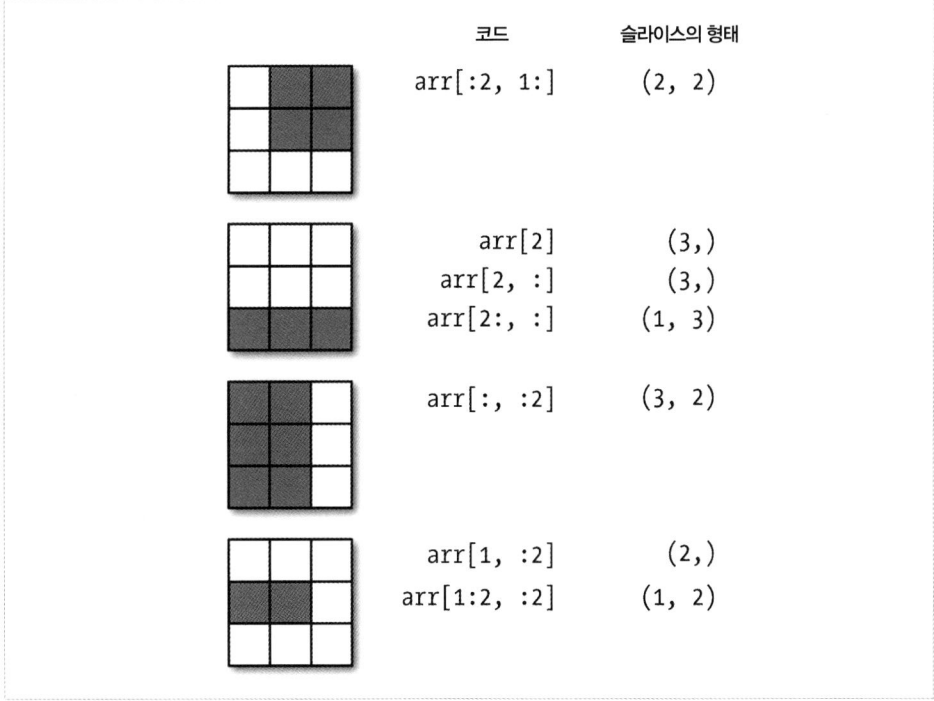

물론 슬라이싱 구문에 값을 대입하면 선택 영역 전체에 값이 대입된다.

4장 NumPy 기본: 배열과 벡터 연산 **149**

```
In [96]: arr2d[:2, 1:] = 0

In [97]: arr2d
Out[97]:
array([[1, 0, 0],
       [4, 0, 0],
       [7, 8, 9]])
```

4.1.5 불리언값으로 선택하기

중복된 이름이 포함된 배열이 있다고 하자. 그리고 numpy.random 모듈에 있는 randn 함수를 사용해서 임의의 표준 정규 분포 데이터를 생성하자.

```
In [98]: names = np.array(['Bob', 'Joe', 'Will', 'Bob', 'Will', 'Joe', 'Joe'])

In [99]: data = np.random.randn(7, 4)

In [100]: names
Out[100]:
array(['Bob', 'Joe', 'Will', 'Bob', 'Will', 'Joe', 'Joe'],
      dtype='<U4')

In [101]: data
Out[101]:
array([[ 0.0929,  0.2817,  0.769 ,  1.2464],
       [ 1.0072, -1.2962,  0.275 ,  0.2289],
       [ 1.3529,  0.8864, -2.0016, -0.3718],
       [ 1.669 , -0.4386, -0.5397,  0.477 ],
       [ 3.2489, -1.0212, -0.5771,  0.1241],
       [ 0.3026,  0.5238,  0.0009,  1.3438],
       [-0.7135, -0.8312, -2.3702, -1.8608]])
```

각각의 이름은 data 배열의 각 로우에 대응한다고 가정하자. 만약에 전체 로우에서 'Bob'과 같은 이름을 선택하려면 산술 연산과 마찬가지로 배열에 대한 비교 연산(== 같은)도 벡터화되므로 names를 'Bob' 문자열과 비교하면 불리언 배열을 반환한다.

```
In [102]: names == 'Bob'
Out[102]: array([ True, False, False,  True, False, False, False], dtype=bool)
```

이 불리언 배열은 배열의 색인으로 사용할 수 있다.

```
In [103]: data[names == 'Bob']
Out[103]:
array([[ 0.0929,  0.2817,  0.769 ,  1.2464],
       [ 1.669 , -0.4386, -0.5397,  0.477 ]])
```

불리언 배열은 반드시 색인하려는 축의 길이와 동일한 길이를 가져야 한다. 불리언 배열 색인도 슬라이스나 요소를 선택하는 데 짜 맞출 수 있다.

CAUTION_ 불리언값으로 배열을 선택할 때는 불리언 배열의 크기가 다르더라도 실패하지 않는다. 따라서 이 기능을 사용할 때는 항상 주의하자.

다음 예제에서는 names == 'Bob'인 로우에서 2: 컬럼을 선택했다.

```
In [104]: data[names == 'Bob', 2:]
Out[104]:
array([[ 0.769 ,  1.2464],
       [-0.5397,  0.477 ]])

In [105]: data[names == 'Bob', 3]
Out[105]: array([ 1.2464,  0.477 ])
```

'Bob'이 아닌 요소들을 선택하려면 != 연산자를 사용하거나 ~를 사용해서 조건절을 부인하면 된다.

```
In [106]: names != 'Bob'
Out[106]: array([False,  True,  True, False,  True,  True,  True], dtype=bool)

In [107]: data[~(names == 'Bob')]
Out[107]:
array([[ 1.0072, -1.2962,  0.275 ,  0.2289],
       [ 1.3529,  0.8864, -2.0016, -0.3718],
       [ 3.2489, -1.0212, -0.5771,  0.1241],
       [ 0.3026,  0.5238,  0.0009,  1.3438],
       [-0.7135, -0.8312, -2.3702, -1.8608]])
```

~ 연산자는 일반적인 조건을 반대로 쓰고 싶을 때 유용하다.

```
In [108]: cond = names == 'Bob'

In [109]: data[~cond]
Out[109]:
array([[ 1.0072, -1.2962,  0.275 ,  0.2289],
       [ 1.3529,  0.8864, -2.0016, -0.3718],
       [ 3.2489, -1.0212, -0.5771,  0.1241],
       [ 0.3026,  0.5238,  0.0009,  1.3438],
       [-0.7135, -0.8312, -2.3702, -1.8608]])
```

세 가지 이름 중에서 두 가지 이름을 선택하려면 &(and)나 |(or) 같은 논리 연산자를 사용한 여러 개의 불리언 조건을 사용하면 된다.

```
In [110]: mask = (names == 'Bob') | (names == 'Will')

In [111]: mask
Out[111]: array([ True, False,  True,  True,  True, False, False], dtype=bool)

In [112]: data[mask]
Out[112]:
array([[ 0.0929,  0.2817,  0.769 ,  1.2464],
       [ 1.3529,  0.8864, -2.0016, -0.3718],
       [ 1.669 , -0.4386, -0.5397,  0.477 ],
       [ 3.2489, -1.0212, -0.5771,  0.1241]])
```

배열에 불리언 색인을 이용해서 데이터를 선택하면 반환되는 배열의 내용이 바뀌지 않더라도 항상 데이터 복사가 발생한다.

> **CAUTION_** 파이썬 예약어인 and와 or은 불리언 배열에서는 사용할 수 없다. 대신 &(and)와 |(or)을 사용한다.

불리언 배열에 값을 대입하는 것은 상식적으로 이루어진다. data에 저장된 모든 음수를 0으로 대입하려면 다음과 같이 하면 된다.

```
In [113]: data[data < 0] = 0

In [114]: data
Out[114]:
array([[ 0.0929,  0.2817,  0.769 ,  1.2464],
       [ 1.0072,  0.    ,  0.275 ,  0.2289],
       [ 1.3529,  0.8864,  0.    ,  0.    ],
       [ 1.669 ,  0.    ,  0.    ,  0.477 ],
       [ 3.2489,  0.    ,  0.    ,  0.1241],
       [ 0.3026,  0.5238,  0.0009,  1.3438],
       [ 0.    ,  0.    ,  0.    ,  0.    ]])
```

1차원 불리언 배열을 사용해서 전체 로우나 컬럼을 선택하는 것은 쉽게 할 수 있다.

```
In [115]: data[names != 'Joe'] = 7

In [116]: data
Out[116]:
array([[ 7.    ,  7.    ,  7.    ,  7.    ],
       [ 1.0072,  0.    ,  0.275 ,  0.2289],
       [ 7.    ,  7.    ,  7.    ,  7.    ],
       [ 7.    ,  7.    ,  7.    ,  7.    ],
       [ 7.    ,  7.    ,  7.    ,  7.    ],
       [ 0.3026,  0.5238,  0.0009,  1.3438],
       [ 0.    ,  0.    ,  0.    ,  0.    ]])
```

나중에 살펴보겠지만 2차원 데이터에 대한 이런 유형의 연산은 pandas를 이용해서 처리하는 것이 편리하다.

4.1.6 팬시 색인

팬시 색인fancy indexing은 정수 배열을 사용한 색인을 설명하기 위해 NumPy에서 차용한 단어다. 8×4 크기의 배열이 있다고 하자.

```
In [117]: arr = np.empty((8, 4))

In [118]: for i in range(8):
   .....:     arr[i] = i
```

```
In [119]: arr
Out[119]:
array([[ 0.,  0.,  0.,  0.],
       [ 1.,  1.,  1.,  1.],
       [ 2.,  2.,  2.,  2.],
       [ 3.,  3.,  3.,  3.],
       [ 4.,  4.,  4.,  4.],
       [ 5.,  5.,  5.,  5.],
       [ 6.,  6.,  6.,  6.],
       [ 7.,  7.,  7.,  7.]])
```

특정한 순서로 로우를 선택하고 싶다면 그냥 원하는 순서가 명시된 정수가 담긴 ndarray나 리스트를 넘기면 된다.

```
In [120]: arr[[4, 3, 0, 6]]
Out[120]:
array([[ 4.,  4.,  4.,  4.],
       [ 3.,  3.,  3.,  3.],
       [ 0.,  0.,  0.,  0.],
       [ 6.,  6.,  6.,  6.]])
```

다음 코드가 독자의 예상대로 실행되기 바란다! 색인으로 음수를 사용하면 끝에서부터 로우를 선택한다.

```
In [121]: arr[[-3, -5, -7]]
Out[121]:
array([[ 5.,  5.,  5.,  5.],
       [ 3.,  3.,  3.,  3.],
       [ 1.,  1.,  1.,  1.]])
```

다차원 색인 배열을 넘기는 것은 조금 다르게 동작하는데, 각각의 색인 튜플에 대응하는 1차원 배열이 선택된다.

```
In [122]: arr = np.arange(32).reshape((8, 4))

In [123]: arr
Out[123]:
array([[ 0,  1,  2,  3],
```

```
           [ 4,  5,  6,  7],
           [ 8,  9, 10, 11],
           [12, 13, 14, 15],
           [16, 17, 18, 19],
           [20, 21, 22, 23],
           [24, 25, 26, 27],
           [28, 29, 30, 31]])

In [124]: arr[[1, 5, 7, 2], [0, 3, 1, 2]]
Out[124]: array([ 4, 23, 29, 10])
```

reshape 메서드는 부록 A에서 더 자세히 살펴본다.

여기서 결과를 보면 (1, 0), (5, 3), (7, 1), (2, 2)에 대응하는 원소들이 선택되었다. 배열이 몇 차원이든지(여기서는 2차원) 팬시 색인의 결과는 항상 1차원이다.

이 예제에서 팬시 색인은 나를 포함한 사용자들이 기대하는 것과는 조금 다르게 동작했다. 행렬의 행(로우)과 열(컬럼)에 대응하는 사각형 모양의 값이 선택되기를 기대했는데 그렇게 하려면 아래처럼 하면 된다.

```
In [125]: arr[[1, 5, 7, 2]][:, [0, 3, 1, 2]]
Out[125]:
array([[ 4,  7,  5,  6],
       [20, 23, 21, 22],
       [28, 31, 29, 30],
       [ 8, 11,  9, 10]])
```

팬시 색인은 슬라이싱과는 달리 선택된 데이터를 새로운 배열로 복사한다.

4.1.7 배열 전치와 축 바꾸기

배열 전치는 데이터를 복사하지 않고 데이터의 모양이 바뀐 뷰를 반환하는 특별한 기능이다. ndarray는 transpose 메서드와 T라는 이름의 특수한 속성을 가지고 있다.

```
In [126]: arr = np.arange(15).reshape((3, 5))

In [127]: arr
```

```
Out[127]:
array([[ 0,  1,  2,  3,  4],
       [ 5,  6,  7,  8,  9],
       [10, 11, 12, 13, 14]])

In [128]: arr.T
Out[128]:
array([[ 0,  5, 10],
       [ 1,  6, 11],
       [ 2,  7, 12],
       [ 3,  8, 13],
       [ 4,  9, 14]])
```

행렬 계산을 할 때 자주 사용하게 될 텐데, 예를 들어 행렬의 내적은 np.dot을 이용해서 구할 수 있다.

```
In [129]: arr = np.random.randn(6, 3)

In [130]: arr
Out[130]:
array([[-0.8608,  0.5601, -1.2659],
       [ 0.1198, -1.0635,  0.3329],
       [-2.3594, -0.1995, -1.542 ],
       [-0.9707, -1.307 ,  0.2863],
       [ 0.378 , -0.7539,  0.3313],
       [ 1.3497,  0.0699,  0.2467]])

In [131]: np.dot(arr.T, arr)
Out[131]:
array([[ 9.2291,  0.9394,  4.948 ],
       [ 0.9394,  3.7662, -1.3622],
       [ 4.948 , -1.3622,  4.3437]])
```

다차원 배열의 경우 transpose 메서드는 튜플로 축 번호를 받아서 치환한다.

```
In [132]: arr = np.arange(16).reshape((2, 2, 4))

In [133]: arr
```

```
Out[133]:
array([[[ 0,  1,  2,  3],
        [ 4,  5,  6,  7]],
       [[ 8,  9, 10, 11],
        [12, 13, 14, 15]]])

In [134]: arr.transpose((1, 0, 2))
Out[134]:
array([[[ 0,  1,  2,  3],
        [ 8,  9, 10, 11]],
       [[ 4,  5,  6,  7],
        [12, 13, 14, 15]]])
```

이 예제에서 첫 번째와 두 번째의 축 순서가 뒤바뀌었고 마지막 축은 그대로 남았다.

T 속성을 이용하는 간단한 전치는 축을 뒤바꾸는 특별한 경우다. ndarray에는 swapaxes라는 메서드가 있는데 두 개의 축 번호를 받아서 배열을 뒤바꾼다.

```
In [135]: arr
Out[135]:
array([[[ 0,  1,  2,  3],
        [ 4,  5,  6,  7]],
       [[ 8,  9, 10, 11],
        [12, 13, 14, 15]]])

In [136]: arr.swapaxes(1, 2)
Out[136]:
array([[[ 0,  4],
        [ 1,  5],
        [ 2,  6],
        [ 3,  7]],
       [[ 8, 12],
        [ 9, 13],
        [10, 14],
        [11, 15]]])
```

swapaxes도 마찬가지로 데이터를 복사하지 않고 원래 데이터에 대한 뷰를 반환한다.

4.2 유니버설 함수: 배열의 각 원소를 빠르게 처리하는 함수

ufunc라고 불리기도 하는 유니버설 함수는 ndarray 안에 있는 데이터 원소별로 연산을 수행하는 함수다. 유니버설 함수는 하나 이상의 스칼라값을 받아서 하나 이상의 스칼라 결괏값을 반환하는 간단한 함수를 고속으로 수행할 수 있는 벡터화된 래퍼 함수라고 생각하면 된다.

많은 ufunc는 sqrt나 exp 같은 간단한 변형을 전체 원소에 적용할 수 있다.

```
In [137]: arr = np.arange(10)

In [138]: arr
Out[138]: array([0, 1, 2, 3, 4, 5, 6, 7, 8, 9])

In [139]: np.sqrt(arr)
Out[139]:
array([ 0.    ,  1.    ,  1.4142,  1.7321,  2.    ,  2.2361,  2.4495,
        2.6458,  2.8284,  3.    ])

In [140]: np.exp(arr)
Out[140]:
array([    1.    ,     2.7183,     7.3891,    20.0855,    54.5982,
         148.4132,   403.4288,  1096.6332,  2980.958 ,  8103.0839])
```

위 함수들은 **단항** 유니버설 함수라고 한다. add나 maximum처럼 2개의 인자를 취해서 단일 배열을 반환하는 함수는 **이항** 유니버설 함수라고 한다.

```
In [141]: x = np.random.randn(8)

In [142]: y = np.random.randn(8)

In [143]: x
Out[143]:
array([-0.0119,  1.0048,  1.3272, -0.9193, -1.5491,  0.0222,  0.7584,
       -0.6605])

In [144]: y
Out[144]:
array([ 0.8626, -0.01  ,  0.05  ,  0.6702,  0.853 , -0.9559, -0.0235,
       -2.3042])
```

```
In [145]: np.maximum(x, y)
Out[145]:
array([ 0.8626,  1.0048,  1.3272,  0.6702,  0.853 ,  0.0222,  0.7584,
       -0.6605])
```

여기서 numpy.maximum은 x와 y의 원소별로 가장 큰 값을 계산한다.

흔하지는 않지만 여러 개의 배열을 반환하는 유니버설 함수도 있다. modf는 파이썬 내장 함수인 divmod의 벡터화 버전인데, 분수를 받아서 몫과 나머지를 함께 반환한다.

```
In [146]: arr = np.random.randn(7) * 5

In [147]: arr
Out[147]: array([-3.2623, -6.0915, -6.663 ,  5.3731,  3.6182,  3.45  ,  5.0077])

In [148]: remainder, whole_part = np.modf(arr)

In [149]: remainder
Out[149]: array([-0.2623, -0.0915, -0.663 ,  0.3731,  0.6182,  0.45  ,  0.0077])

In [150]: whole_part
Out[150]: array([-3., -6., -6.,  5.,  3.,  3.,  5.])
```

유니버설 함수는 선택적으로 out 인자를 취해 계산 결과를 따로 저장할 수도 있다.

```
In [151]: arr
Out[151]: array([-3.2623, -6.0915, -6.663 ,  5.3731,  3.6182,  3.45  ,  5.0077])

In [152]: np.sqrt(arr)
Out[152]: array([   nan,    nan,    nan,  2.318,  1.9022,  1.8574,  2.2378])

In [153]: np.sqrt(arr, arr)
Out[153]: array([   nan,    nan,    nan,  2.318,  1.9022,  1.8574,  2.2378])

In [154]: arr
Out[154]: array([   nan,    nan,    nan,  2.318,  1.9022,  1.8574,  2.2378])
```

[표 4-3]과 [표 4-4]에 사용 가능한 유니버설 함수를 나열해두었다.

표 4-3 단항 유니버설 함수

함수	설명
abs, fabs	각 원소(정수, 부동소수점수, 복소수)의 절댓값을 구한다. 복소수가 아닌 경우에는 빠른 연산을 위해서 fabs를 사용한다.
sqrt	각 원소의 제곱근을 계산한다. arr ** 0.5와 동일하다.
square	각 원소의 제곱을 계산한다. arr ** 2와 동일하다.
exp	각 원소에서 지수 e^x을 계산한다.
log, log10, log2, log1p	각각 자연로그, 로그 10, 로그 2, 로그 (1+x)
sign	각 원소의 부호를 계산한다. 1(양수), 0(영), -1(음수)
ceil	각 원소의 소수자리를 올린다. 각 원소의 값보다 같거나 큰 정수 중 가장 작은 정수를 반환한다.
floor	각 원소의 소수자리를 내린다. 각 원소의 값보다 작거나 같은 정수 중 가장 작은 수를 반환한다.
rint	각 원소의 소수자리를 반올림한다. dtype은 유지된다.
modf	각 원소의 몫과 나머지를 각각의 배열로 반환한다.
isnan	각 원소가 숫자가 아닌지(NaN, Not a Number)를 나타내는 불리언 배열을 반환한다.
isfinite, isinf	각각 배열의 각 원소가 유한한지(non-inf, non-NaN) 무한한지 나타내는 불리언 배열을 반환한다.
cos, cosh, sin, sinh, tan, tanh	일반 삼각함수와 쌍곡삼각함수
arccos, arccosh, arcsin, arcsinh, arctan, arctanh	역삼각함수
logical_not	각 원소의 논리 부정(not) 값을 계산한다. ~arr과 동일하다.

표 4-4 이항 유니버설 함수

함수	설명
add	두 배열에서 같은 위치의 원소끼리 더한다.
subtract	첫 번째 배열의 원소에서 두 번째 배열의 원소를 뺀다.
multiply	배열의 원소끼리 곱한다.
divide, floor_divide	첫 번째 배열의 원소를 두 번째 배열의 원소로 나눈다. floor_divide는 몫만 취한다.
power	첫 번째 배열의 원소를 두 번째 배열의 원소만큼 제곱한다.
maximum, fmax	각 배열의 두 원소 중 큰 값을 반환한다. fmax는 NaN을 무시한다.
minimum, fmin	각 배열의 두 원소 중 작은 값을 반환한다. fmin은 NaN을 무시한다.

함수	설명
mod	첫 번째 배열의 원소를 두 번째 배열의 원소로 나눈 나머지를 구한다.
copysign	첫 번째 배열의 원소의 기호를 두 번째 배열의 원소의 기호로 바꾼다.
greater, greater_equal, less, less_equal, equal, not_equal	각각 두 원소 간의 >, >=, <, <=, ==, != 비교 연산 결과를 불리언 배열로 반환한다.
logical_and, logical_or, logical_xor	각각 두 원소 간의 &, |, ^ 논리 연산 결과를 반환한다.

4.3 배열을 이용한 배열지향 프로그래밍

NumPy 배열을 사용하면 반복문을 작성하지 않고 간결한 배열 연산을 사용해 많은 종류의 데이터 처리 작업을 할 수 있다. 배열 연산을 사용해서 반복문을 명시적으로 제거하는 기법을 흔히 벡터화라고 부르는데, 일반적으로 벡터화된 배열에 대한 산술 연산은 순수 파이썬 연산에 비해 2~3배에서 많게는 수십, 수백 배까지 빠르다. 부록 A에서 다룰 **브로드캐스팅**은 아주 강력한 벡터 연산 방법이다.

간단한 예로 값이 놓여 있는 그리드에서 sqrt(x^2 + y^2)을 계산하는 한다고 하자. np.meshgrid 함수는 두 개의 1차원 배열을 받아서 가능한 모든 (x, y) 짝을 만들 수 있는 2차원 배열 두 개를 반환한다.

```
In [155]: points = np.arange(-5, 5, 0.01) # -5부터 4.99까지 0.01씩 증가하는 값들의 배열

In [156]: xs, ys = np.meshgrid(points, points)

In [157]: ys
Out[157]:
array([[-5.  , -5.  , -5.  , ..., -5.  , -5.  , -5.  ],
       [-4.99, -4.99, -4.99, ..., -4.99, -4.99, -4.99],
       [-4.98, -4.98, -4.98, ..., -4.98, -4.98, -4.98],
       ...,
       [ 4.97,  4.97,  4.97, ...,  4.97,  4.97,  4.97],
       [ 4.98,  4.98,  4.98, ...,  4.98,  4.98,  4.98],
       [ 4.99,  4.99,  4.99, ...,  4.99,  4.99,  4.99]])
```

이제 그리드 상의 두 포인트로 간단하게 계산을 적용할 수 있다.

```
In [158]: z = np.sqrt(xs ** 2 + ys ** 2)

In [159]: z
Out[159]:
array([[ 7.0711,  7.064 ,  7.0569, ...,  7.0499,  7.0569,  7.064 ],
       [ 7.064 ,  7.0569,  7.0499, ...,  7.0428,  7.0499,  7.0569],
       [ 7.0569,  7.0499,  7.0428, ...,  7.0357,  7.0428,  7.0499],
       ...,
       [ 7.0499,  7.0428,  7.0357, ...,  7.0286,  7.0357,  7.0428],
       [ 7.0569,  7.0499,  7.0428, ...,  7.0357,  7.0428,  7.0499],
       [ 7.064 ,  7.0569,  7.0499, ...,  7.0428,  7.0499,  7.0569]])
```

9장에서 살펴보겠지만 여기서 matplotlib을 이용해서 이 2차원 배열을 시각화할 수 있다.

```
In [160]: import matplotlib.pyplot as plt

In [161]: plt.imshow(z, cmap=plt.cm.gray); plt.colorbar()
Out[161]: <matplotlib.colorbar.Colorbar at 0x7f715e3fa630>

In [162]: plt.title("Image plot of $\sqrt{x^2 + y^2}$ for a grid of values")
Out[162]: <matplotlib.text.Text at 0x7f715d2de748>
```

[그림 4-3]을 보자. 계산된 값이 들어 있는 2차원 배열로부터 그래프 이미지를 생성하기 위해 matplotlib의 imshow 함수를 사용했다.

그림 4-3 그리드에 적용한 함수의 그래프

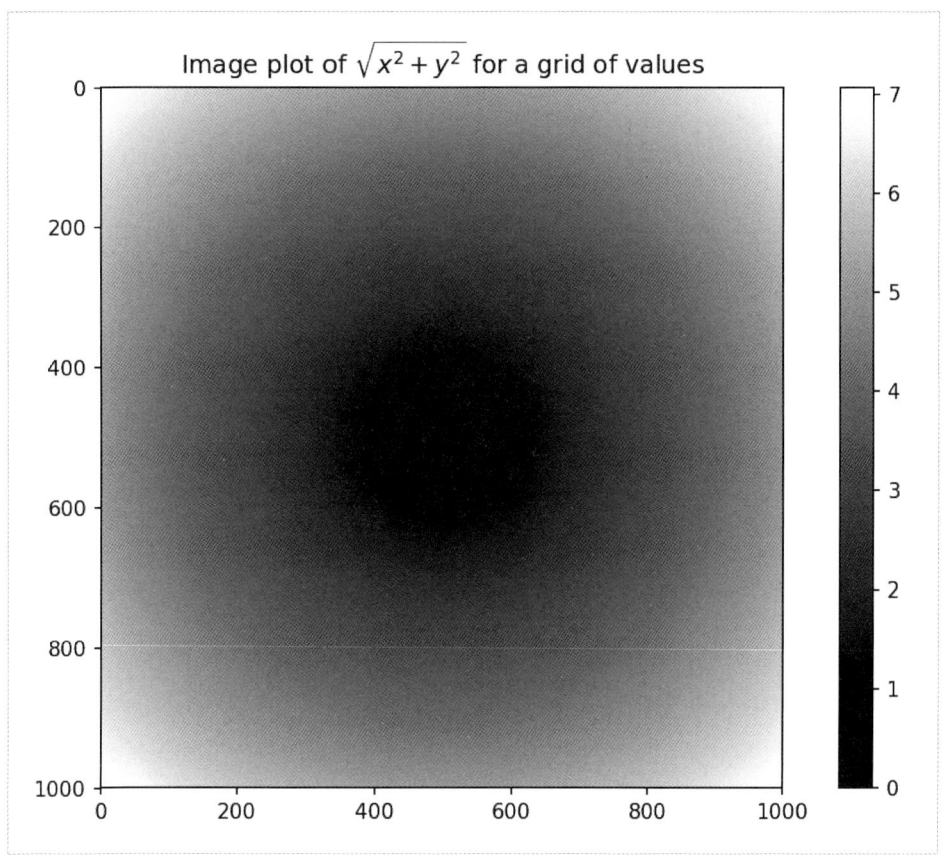

4.3.1 배열 연산으로 조건절 표현하기

numpy.where 함수는 x if 조건 else y 같은 삼항식의 벡터화된 버전이다. 다음과 같은 불리언 배열 하나와 값이 들어 있는 두 개의 배열이 있다고 하자.

```
In [165]: xarr = np.array([1.1, 1.2, 1.3, 1.4, 1.5])

In [166]: yarr = np.array([2.1, 2.2, 2.3, 2.4, 2.5])

In [167]: cond = np.array([True, False, True, True, False])
```

cond의 값이 True일 때는 xarr의 값을 취하고 아니면 yarr의 값을 취하고 싶다면 리스트 표기법^{list comprehension}을 이용해서 다음처럼 작성할 수 있다.

```
In [168]: result = [(x if c else y)
   .....:           for x, y, c in zip(xarr, yarr, cond)]

In [169]: result
Out[169]: [1.1000000000000001, 2.2000000000000002, 1.3, 1.3999999999999999, 2.5]
```

이 방법에는 몇 가지 문제가 있는데, 순수 파이썬으로 수행되기 때문에 큰 배열을 빠르게 처리하지 못한다. 또한 다차원 배열에서는 사용할 수 없는 문제가 있다. np.where를 사용하면 아주 간결하게 작성할 수 있다.

```
In [170]: result = np.where(cond, xarr, yarr)

In [171]: result
Out[171]: array([ 1.1,  2.2,  1.3,  1.4,  2.5])
```

np.where의 두 번째와 세 번째 인자는 배열이 아니어도 상관없다. 둘 중 하나 혹은 둘 다 스칼라값이어도 동작한다. 데이터 분석에서 일반적인 where의 사용은 다른 배열에 기반한 새로운 배열을 생성한다. 임의로 생성된 데이터가 들어 있는 행렬이 있고 양수는 모두 2로, 음수는 모두 -2로 바꾸려면 np.where를 사용해서 쉽게 처리할 수 있다.

```
In [172]: arr = np.random.randn(4, 4)

In [173]: arr
Out[173]:
array([[-0.5031, -0.6223, -0.9212, -0.7262],
       [ 0.2229,  0.0513, -1.1577,  0.8167],
       [ 0.4336,  1.0107,  1.8249, -0.9975],
       [ 0.8506, -0.1316,  0.9124,  0.1882]])

In [174]: arr > 0
Out[174]:
array([[False, False, False, False],
       [ True,  True, False,  True],
       [ True,  True,  True, False],
       [ True, False,  True,  True]], dtype=bool)
```

```
In [175]: np.where(arr > 0, 2, -2)
Out[175]:
array([[-2, -2, -2, -2],
       [ 2,  2, -2,  2],
       [ 2,  2,  2, -2],
       [ 2, -2,  2,  2]])
```

np.where를 사용할 때 스칼라값과 배열을 조합할 수 있다. 예를 들어 arr의 모든 양수를 2로 바꿀 수 있다.

```
In [176]: np.where(arr > 0, 2, arr) # 양수인 경우에만 2를 대입한다.
Out[176]:
array([[-0.5031, -0.6223, -0.9212, -0.7262],
       [ 2.    ,  2.    , -1.1577,  2.    ],
       [ 2.    ,  2.    ,  2.    , -0.9975],
       [ 2.    , -0.1316,  2.    ,  2.    ]])
```

np.where로 넘기는 배열은 그냥 크기만 같은 배열이거나 스칼라값이 될 수 있다.

4.3.2 수학 메서드와 통계 메서드

배열 전체 혹은 배열에서 한 축을 따르는 자료에 대한 통계를 계산하는 수학 함수는 배열 메서드로 사용할 수 있다. 전체의 합(sum)이나 평균(mean), 표준편차(std)는 NumPy의 최상위 함수를 이용하거나 배열의 인스턴스 메서드를 사용해서 구할 수 있다.

임의의 정규 분포 데이터를 생성하고 집계해보자.

```
In [177]: arr = np.random.randn(5, 4)

In [178]: arr
Out[178]:
array([[ 2.1695, -0.1149,  2.0037,  0.0296],
       [ 0.7953,  0.1181, -0.7485,  0.585 ],
       [ 0.1527, -1.5657, -0.5625, -0.0327],
       [-0.929 , -0.4826, -0.0363,  1.0954],
       [ 0.9809, -0.5895,  1.5817, -0.5287]])
```

```
In [179]: arr.mean()
Out[179]: 0.19607051119998253

In [180]: np.mean(arr)
Out[180]: 0.19607051119998253

In [181]: arr.sum()
Out[181]: 3.9214102239996507
```

mean이나 sum 같은 함수는 선택적으로 axis 인자를 받아서 해당 axis에 대한 통계를 계산하고 한 차수 낮은 배열을 반환한다.

```
In [182]: arr.mean(axis=1)
Out[182]: array([ 1.022 , 0.1875, -0.502 , -0.0881, 0.3611])

In [183]: arr.sum(axis=0)
Out[183]: array([ 3.1693, -2.6345, 2.2381, 1.1486])
```

여기서 arr.sum(0)은 로우의 합을 구하라는 의미이며, arr.mean(1)은 모든 컬럼에서 평균을 구하라는 의미이다.

cumsum과 cumprod 메서드는 중간 계산값을 담고 있는 배열을 반환한다.

```
In [184]: arr = np.array([0, 1, 2, 3, 4, 5, 6, 7])

In [185]: arr.cumsum()
Out[185]: array([ 0,  1,  3,  6, 10, 15, 21, 28])
```

다차원 배열에서 cumsum 같은 누산 함수는 같은 크기의 배열을 반환한다. 하지만 축을 지정하여 부분적으로 계산하면 낮은 차수의 슬라이스를 반환한다.

```
In [186]: arr = np.array([[0, 1, 2], [3, 4, 5], [6, 7, 8]])

In [187]: arr
Out[187]:
array([[0, 1, 2],
       [3, 4, 5],
       [6, 7, 8]])
```

```
In [188]: arr.cumsum(axis=0)
Out[188]:
array([[ 0,  1,  2],
       [ 3,  5,  7],
       [ 9, 12, 15]])

In [189]: arr.cumprod(axis=1)
Out[189]:
array([[  0,   0,   0],
       [  3,  12,  60],
       [  6,  42, 336]])
```

[표 4-5]에서 지원하는 모든 함수를 확인할 수 있다. 이들 메서드에 대한 다양한 예제는 다음 장에서 살펴볼 것이다.

표 4-5 기본 배열 통계 메서드

메서드	설명
sum	배열 전체 혹은 특정 축에 대한 모든 원소의 합을 계산한다. 크기가 0인 배열에 대한 sum 결과는 0이다.
mean	산술 평균을 구한다. 크기가 0인 배열에 대한 mean 결과는 NaN이다.
std, var	각각 표준편차(std)와 분산(var)을 구한다. 선택적으로 자유도를 줄 수 있으며 분모의 기본값은 n이다.
min, max	최솟값과 최댓값
argmin, argmax	최소 원소의 색인값과 최대 원소의 색인값
cumsum	각 원소의 누적합
cumprod	각 원소의 누적곱

4.3.3 불리언 배열을 위한 메서드

이전 메서드의 불리언값을 1(True) 또는 0(False)으로 강제할 수 있다. 따라서 sum 메서드를 실행하면 불리언 배열에서 True인 원소의 개수를 셀 수 있다.

```
In [190]: arr = np.random.randn(100)

In [191]: (arr > 0).sum()  # 양수인 원소의 개수
Out[191]: 42
```

any와 all 메서드는 불리언 배열에 특히 유용하다. any 메서드는 하나 이상의 값이 True인지 검사하고, all 메서드는 모든 원소가 True인지 검사한다.

```
In [192]: bools = np.array([False, False, True, False])

In [193]: bools.any()
Out[193]: True

In [194]: bools.all()
Out[194]: False
```

이들 메서드는 불리언 배열이 아니어도 동작하는데, 0이 아닌 원소는 모두 True로 간주한다.

4.3.4 정렬

파이썬의 내장 리스트형처럼 NumPy 배열 역시 sort 메서드를 이용해서 정렬할 수 있다.

```
In [195]: arr = np.random.randn(6)

In [196]: arr
Out[196]: array([ 0.6095, -0.4938,  1.24  , -0.1357,  1.43  , -0.8469])

In [197]: arr.sort()

In [198]: arr
Out[198]: array([-0.8469, -0.4938, -0.1357,  0.6095,  1.24  ,  1.43  ])
```

다차원 배열의 정렬은 sort 메서드에 넘긴 축의 값에 따라 1차원 부분을 정렬한다.

```
In [199]: arr = np.random.randn(5, 3)

In [200]: arr
Out[200]:
array([[ 0.6033,  1.2636, -0.2555],
       [-0.4457,  0.4684, -0.9616],
       [-1.8245,  0.6254,  1.0229],
       [ 1.1074,  0.0909, -0.3501],
       [ 0.218 , -0.8948, -1.7415]])
```

```
In [201]: arr.sort(1)

In [202]: arr
Out[202]:
array([[-0.2555,  0.6033,  1.2636],
       [-0.9616, -0.4457,  0.4684],
       [-1.8245,  0.6254,  1.0229],
       [-0.3501,  0.0909,  1.1074],
       [-1.7415, -0.8948,  0.218 ]])
```

np.sort 메서드는 배열을 직접 변경하지 않고 정렬된 결과를 가지고 있는 복사본을 반환한다. 배열의 분위수를 구하는 쉽고 빠른 방법은 우선 배열을 정렬한 후 특정 분위의 값을 선택하는 것이다.

```
In [203]: large_arr = np.random.randn(1000)

In [204]: large_arr.sort()

In [205]: large_arr[int(0.05 * len(large_arr))] # 5% 분위수
Out[205]: -1.5311513550102103
```

NumPy의 정렬 메서드에 관한 자세한 내용과 간접 정렬 같은 고급 기법은 부록 A를 참조하자. 정렬과 관련된 다른 여러 가지 데이터 처리(표 형식의 데이터를 하나 이상의 열로 정렬하기 같은) 내용은 pandas에서 다룬다.

4.3.5 집합 관련 함수

NumPy는 1차원 ndarray를 위한 몇 가지 기본적인 집합 연산을 제공한다. 아마도 가장 자주 사용하는 함수는 배열 내에서 중복된 원소를 제거하고 남은 원소를 정렬된 형태로 반환하는 np.unique일 것이다.

```
In [206]: names = np.array(['Bob', 'Joe', 'Will', 'Bob', 'Will', 'Joe', 'Joe'])

In [207]: np.unique(names)
Out[207]:
```

```
array(['Bob', 'Joe', 'Will'],
      dtype='<U4')

In [208]: ints = np.array([3, 3, 3, 2, 2, 1, 1, 4, 4])

In [209]: np.unique(ints)
Out[209]: array([1, 2, 3, 4])
```

np.unique를 순수 파이썬만으로 구현하면 다음과 같다.

```
In [210]: sorted(set(names))
Out[210]: ['Bob', 'Joe', 'Will']
```

np.in1d 함수는 두 개의 배열을 인자로 받아서 첫 번째 배열의 원소가 두 번째 배열의 원소를 포함하는지 나타내는 불리언 배열을 반환한다.

```
In [211]: values = np.array([6, 0, 0, 3, 2, 5, 6])

In [212]: np.in1d(values, [2, 3, 6])
Out[212]: array([ True, False, False,  True,  True, False,  True], dtype=bool)
```

[표 4-6]에 NumPy에서 제공하는 집합 함수를 나열해두었다.

표 4-6 배열 집합 연산

메서드	설명
unique(x)	배열 x에서 중복된 원소를 제거한 뒤 정렬하여 반환한다.
intersect1d(x, y)	배열 x와 y에 공통적으로 존재하는 원소를 정렬하여 반환한다.
union1d(x, y)	두 배열의 합집합을 반환한다.
in1d(x, y)	x의 원소가 y의 원소에 포함되는지 나타내는 불리언 배열을 반환한다.
setdiff1d(x, y)	x와 y의 차집합을 반환한다.
setxor1d(x, y)	한 배열에는 포함되지만 두 배열 모두에는 포함되지 않는 원소들의 집합인 대칭차집합을 반환한다.

4.4 배열 데이터의 파일 입출력

NumPy는 디스크에서 텍스트나 바이너리 형식의 데이터를 불러오거나 저장할 수 있다. 여기서는 NumPy의 내장 이진 형식만 살펴본다. 많은 사람이 텍스트나 표 형식의 데이터는 pandas나 다른 도구를 사용해서 처리하는 것을 선호하므로 6장에서 더 살펴보도록 하자.

np.save와 np.load는 배열 데이터를 효과적으로 디스크에 저장하고 불러오기 위한 함수다. 배열은 기본적으로 압축되지 않은 원시(가공되지 않은) 바이너리 형식의 .npy 파일로 저장된다.

```
In [213]: arr = np.arange(10)

In [214]: np.save('some_array', arr)
```

저장되는 파일 경로가 .npy로 끝나지 않으면 자동적으로 확장자가 추가된다. 이렇게 저장된 배열은 np.load를 이용해서 불러올 수 있다.

```
In [215]: np.load('some_array.npy')
Out[215]: array([0, 1, 2, 3, 4, 5, 6, 7, 8, 9])
```

np.savez 함수를 이용하면 여러 개의 배열을 압축된 형식으로 저장할 수 있는데, 저장하려는 배열을 키워드 인자 형태로 전달한다.

```
In [216]: np.savez('array_archive.npz', a=arr, b=arr)
```

npz 파일을 불러올 때는 각각의 배열을 필요할 때 불러올 수 있도록 사전 형식의 객체에 저장한다.

```
In [217]: arch = np.load('array_archive.npz')

In [218]: arch['b']
Out[218]: array([0, 1, 2, 3, 4, 5, 6, 7, 8, 9])
```

압축이 잘되는 형식의 데이터라면 대신 numpy.savez_compressed를 사용하자.

```
In [219]: np.savez_compressed('arrays_compressed.npz', a=arr, b=arr)
```

4.5 선형대수

행렬의 곱셈, 분할, 행렬식 그리고 정사각 행렬 수학 같은 선형대수는 배열을 다루는 라이브러리에서 중요한 부분이다. 매트랩 같은 언어와 다르게 두 개의 2차원 배열을 * 연산자로 곱하면 행렬 곱셈이 아니라 대응하는 각각의 원소의 곱을 계산한다. 행렬 곱셈은 배열 메서드이자 numpy 네임스페이스 안에 있는 dot 함수를 이용해서 계산한다.

```
In [223]: x = np.array([[1., 2., 3.], [4., 5., 6.]])

In [224]: y = np.array([[6., 23.], [-1, 7], [8, 9]])

In [225]: x
Out[225]:
array([[ 1.,  2.,  3.],
       [ 4.,  5.,  6.]])

In [226]: y
Out[226]:
array([[  6.,  23.],
       [ -1.,   7.],
       [  8.,   9.]])

In [227]: x.dot(y)
Out[227]:
array([[  28.,   64.],
       [  67.,  181.]])
```

x.dot(y)는 np.dot(x, y)와 동일하다.

```
In [228]: np.dot(x, y)
Out[228]:
array([[  28.,   64.],
       [  67.,  181.]])
```

2차원 배열과 곱셈이 가능한 크기의 1차원 배열 간의 행렬 곱셈의 결과는 1차원 배열이다.

```
In [229]: np.dot(x, np.ones(3))
Out[229]: array([  6.,  15.])
```

파이썬 3.5부터 사용할 수 있는 @ 기호는 행렬 곱셈을 수행하는 연산자다.

```
In [230]: x @ np.ones(3)
Out[230]: array([ 6., 15.])
```

numpy.linalg는 행렬의 분할과 역행렬, 행렬식과 같은 것들을 포함하고 있다. 이는 매트랩, R 같은 언어에서 사용하는 표준 포트란 라이브러리인 BLAS, LAPACK 또는 Intel MKL[Math Kernel Library](NumPy 빌드에 따라 다르다)을 사용해서 구현되었다.

```
In [231]: from numpy.linalg import inv, qr

In [232]: X = np.random.randn(5, 5)

In [233]: mat = X.T.dot(X)

In [234]: inv(mat)
Out[234]:
array([[  933.1189,   871.8258, -1417.6902, -1460.4005,  1782.1391],
       [  871.8258,   815.3929, -1325.9965, -1365.9242,  1666.9347],
       [-1417.6902, -1325.9965,  2158.4424,  2222.0191, -2711.6822],
       [-1460.4005, -1365.9242,  2222.0191,  2289.0575, -2793.422 ],
       [ 1782.1391,  1666.9347, -2711.6822, -2793.422 ,  3409.5128]])

In [235]: mat.dot(inv(mat))
Out[235]:
array([[ 1.,  0., -0., -0., -0.],
       [-0.,  1.,  0.,  0.,  0.],
       [ 0.,  0.,  1.,  0.,  0.],
       [-0.,  0.,  0.,  1., -0.],
       [-0.,  0.,  0.,  0.,  1.]])

In [236]: q, r = qr(mat)

In [237]: r
Out[237]:
array([[-1.6914,  4.38  ,  0.1757,  0.4075, -0.7838],
       [ 0.    , -2.6436,  0.1939, -3.072 , -1.0702],
       [ 0.    ,  0.    , -0.8138,  1.5414,  0.6155],
       [ 0.    ,  0.    ,  0.    , -2.6445, -2.1669],
       [ 0.    ,  0.    ,  0.    ,  0.    ,  0.0002]])
```

X.T.dot(X)는 X.T.의 전치행렬과 X의 곱을 계산한다.

[표 4-7]에 자주 사용하는 선형대수 함수를 나열해두었다.

표 4-7 자주 사용하는 numpy.linalg 함수

함수	설명
diag	정사각 행렬의 대각/비대각 원소를 1차원 배열로 반환하거나, 1차원 배열을 대각선 원소로 하고 나머지는 0으로 채운 단위행렬을 반환한다.
dot	행렬 곱셈
trace	행렬의 대각선 원소의 합을 계산한다.
det	행렬식을 계산한다.
eig	정사각 행렬의 고윳값과 고유벡터를 계산한다.
inv	정사각 행렬의 역행렬을 계산한다.
pinv	정사각 행렬의 무어-펜로즈 유사역원 역행렬을 구한다.
qr	QR 분해를 계산한다.
svd	특잇값 분해(SVD)를 계산한다.
solve	A가 정사각 행렬일 때 Ax = b를 만족하는 x를 구한다.
lstsq	Ax = b를 만족하는 최소제곱해를 구한다.

4.6 난수 생성

numpy.random 모듈은 파이썬 내장 random 함수를 보강하여 다양한 종류의 확률분포로부터 효과적으로 표본값을 생성하는 데 주로 사용된다. 예를 들어 normal을 사용하여 표준정규분포로부터 4×4 크기의 표본을 생성할 수 있다.

```
In [238]: samples = np.random.normal(size=(4, 4))

In [239]: samples
Out[239]:
array([[ 0.5732,  0.1933,  0.4429,  1.2796],
       [ 0.575 ,  0.4339, -0.7658, -1.237 ],
       [-0.5367,  1.8545, -0.92  , -0.1082],
       [ 0.1525,  0.9435, -1.0953, -0.144 ]])
```

이에 비해 파이썬 내장 random 모듈은 한 번에 하나의 값만 생성할 수 있다. 다음 성능 비교에서 알 수 있듯이 numpy.random은 매우 큰 표본을 생성하는데 파이썬 내장 모듈보다 수십 배 이상 빠르다.

```
In [240]: from random import normalvariate

In [241]: N = 1000000

In [242]: %timeit samples = [normalvariate(0, 1) for _ in range(N)]
1.77 s +- 126 ms per loop (mean +- std. dev. of 7 runs, 1 loop each)

In [243]: %timeit np.random.normal(size=N)
61.7 ms +- 1.32 ms per loop (mean +- std. dev. of 7 runs, 10 loops each)
```

이를 엄밀하게는 **유사 난수**라고 부르는데, 난수 생성기의 **시드값**에 따라 정해진 난수를 알고리즘으로 생성하기 때문이다. NumPy 난수 생성기의 시드값은 np.random.seed를 이용해서 변경할 수 있다.

```
In [244]: np.random.seed(1234)
```

numpy.random에서 제공하는 데이터를 생성할 수 있는 함수들은 전역 난수 시드값을 이용한다. numpy.random.RandomState를 이용해서 다른 난수 생성기로부터 격리된 난수 생성기를 만들 수 있다.

```
In [245]: rng = np.random.RandomState(1234)

In [246]: rng.randn(10)
Out[246]:
array([ 0.4714, -1.191 ,  1.4327, -0.3127, -0.7206,  0.8872,  0.8596,
       -0.6365,  0.0157, -2.2427])
```

[표 4-8]은 numpy.random에 포함된 일부 함수다. 다음 절에서 큰 표본을 생성하기 위해 이 함수들의 기능을 이용하는 예를 살펴보겠다.

표 4-8 일부 numpy.random 함수

함수	설명
seed	난수 생성기의 시드를 지정한다.
permutation	순서를 임의로 바꾸거나 임의의 순열을 반환한다.
shuffle	리스트나 배열의 순서를 뒤섞는다.
rand	균등분포에서 표본을 추출한다.

함수	설명
randint	주어진 최소/최대 범위 안에서 임의의 난수를 추출한다.
randn	표준편차가 1이고 평균값이 0인 정규분포(매트랩과 같은 방식)에서 표본을 추출한다.
binomial	이항분포에서 표본을 추출한다.
normal	정규분포(가우시안)에서 표본을 추출한다.
beta	베타분포에서 표본을 추출한다.
chisquare	카이제곱분포에서 표본을 추출한다.
gamma	감마분포에서 표본을 추출한다.
uniform	균등 [0, 1) 분포에서 표본을 추출한다.

4.7 계단 오르내리기 예제

계단 오르내리기 예제는 배열 연산의 활용을 보여줄 수 있는 간단한 애플리케이션이다. 계단 중간에서 같은 확률로 한 계단 올라가거나 내려간다고 가정하자.

순수 파이썬으로 내장 random 모듈을 사용하여 계단 오르내리기를 1,000번 수행하는 코드는 다음처럼 작성할 수 있다.

```
In [247]: import random
   .....: position = 0
   .....: walk = [position]
   .....: steps = 1000
   .....: for i in range(steps):
   .....:     step = 1 if random.randint(0, 1) else -1
   .....:     position += step
   .....:     walk.append(position)
   .....:
```

[그림 4-4]는 처음 100회의 계단 오르내리기를 그래프로 나타낸 것이다.

```
In [249]: plt.plot(walk[:100])
```

그림 4-4 계단 오르내리기

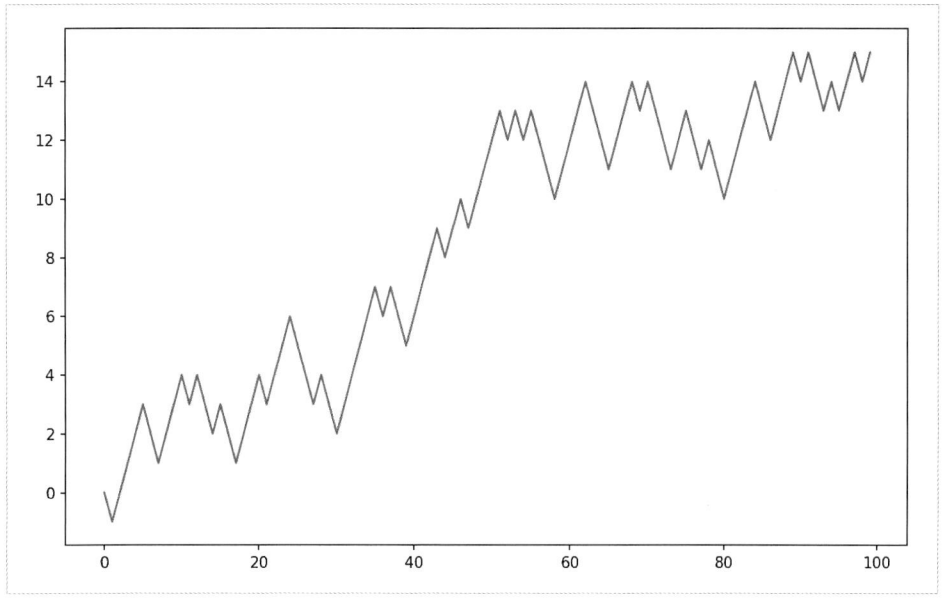

walk는 계단을 오르거나(+1) 내려간(-1) 값의 누적합이라는 사실을 알 수 있으며 배열식으로 나타낼 수 있다. 그래서 np.random 모듈을 사용해서 1,000번 수행한 결과(1, -1)를 한 번에 저장하고 누적합을 계산한다.

```
In [251]: nsteps = 1000

In [252]: draws = np.random.randint(0, 2, size=nsteps)

In [253]: steps = np.where(draws > 0, 1, -1)

In [254]: walk = steps.cumsum()
```

이것으로 계단을 오르내린 위치의 최솟값과 최댓값 같은 간단한 통계를 구할 수 있다.

```
In [255]: walk.min()
Out[255]: -3

In [256]: walk.max()
Out[256]: 31
```

계단에서 특정 위치에 도달하기까지의 시간 같은 좀 더 복잡한 통계를 구할 수 있는데, 계단의 처음 위치에서 최초로 10칸 떨어지기까지 얼마나 걸렸는지 확인해보자. np.abs(walk) >= 10 으로 처음 위치에서 10칸 이상 떨어진 시점을 알려주는 불리언 배열을 얻을 수 있다. 우리는 **최초의** 10 혹은 -10인 시점을 구해야 하므로 불리언 배열에서 최댓값의 처음 색인을 반환하는 argmax를 사용하자(True가 최댓값이다).

```
In [257]: (np.abs(walk) >= 10).argmax()
Out[257]: 37
```

여기서 argmax를 사용했지만 argmax는 배열 전체를 모두 확인하기 때문에 효과적인 방법은 아니다. 또한 이 예제에서는 True가 최댓값임을 이미 알고 있었다.

4.7.1 한 번에 시뮬레이션하기

계단 오르내리기를 많은 횟수(대략 5,000회 정도) 시뮬레이션하더라도 위 코드를 조금만 수정해서 해결할 수 있다. numpy.random 함수에 크기가 2인 튜플을 넘기면 2차원 배열이 생성되고 각 컬럼에서 누적합을 구해서 5,000회의 시뮬레이션을 한 방에 처리할 수 있다.

```
In [258]: nwalks = 5000

In [259]: nsteps = 1000

In [260]: draws = np.random.randint(0, 2, size=(nwalks, nsteps)) # 0 또는 1

In [261]: steps = np.where(draws > 0, 1, -1)

In [262]: walks = steps.cumsum(1)

In [263]: walks
Out[263]:
array([[  1,   0,   1, ...,   8,   7,   8],
       [  1,   0,  -1, ...,  34,  33,  32],
       [  1,   0,  -1, ...,   4,   5,   4],
       ...,
       [  1,   2,   1, ...,  24,  25,  26],
       [  1,   2,   3, ...,  14,  13,  14],
       [ -1,  -2,  -3, ..., -24, -23, -22]])
```

이제 모든 시뮬레이션에 대해 최댓값과 최솟값을 구해보자.

```
In [264]: walks.max()
Out[264]: 138

In [265]: walks.min()
Out[265]: -133
```

이 데이터에서 누적합이 30 혹은 -30이 되는 최소 시점을 계산해보자. 5,000회의 시뮬레이션 중 모든 경우가 30에 도달하지 않기 때문에 약간 까다로운데, any 메서드를 이용해서 해결할 수 있다.

```
In [266]: hits30 = (np.abs(walks) >= 30).any(1)

In [267]: hits30
Out[267]: array([False, True, False, ..., False, True, False], dtype=bool)

In [268]: hits30.sum() # 누적합이 30 또는 -30이 되는 경우의 수
```

이 불리언 배열을 사용해서 walks에서 컬럼을 선택하고 절댓값이 30을 넘는 경우에 대해 축 1의 argmax 값을 구하면 처음 위치에서 30칸 이상 멀어지는 최소 횟수를 구할 수 있다.

```
In [269]: crossing_times = (np.abs(walks[hits30]) >= 30).argmax(1)

In [270]: crossing_times.mean()
Out[270]: 498.88973607038122
```

다른 분포를 사용해서 여러 가지 시도를 해보자. normal 함수에 표준편차와 평균값을 넣어서 정규분포에서 표본을 추출하는 것처럼 그냥 다른 난수 발생 함수를 사용하기만 하면 된다.

```
In [271]: steps = np.random.normal(loc=0, scale=0.25,
   .....:                          size=(nwalks, nsteps))
```

4.8 마치며

이 책에서는 데이터를 다루기 위해 주로 pandas를 사용하지만 배열 기반 방식도 쭉 살펴볼 것이다. 부록 A에서는 배열 계산 실력을 향상시킬 수 있는 NumPy의 자세한 기능을 더 살펴본다.

CHAPTER 5

pandas 시작하기

pandas는 앞으로 가장 자주 살펴볼 라이브러리다. 고수준의 자료구조와 파이썬에서 빠르고 쉽게 사용할 수 있는 데이터 분석 도구를 포함하고 있다. pandas는 다른 산술 계산 도구인 NumPy와 SciPy, 분석 라이브러리인 statsmodels와 scikit-learn, 시각화 도구인 matplotlib과 함께 사용하는 경우가 흔하다. pandas는 for 문을 사용하지 않고 데이터를 처리한다거나 배열 기반의 함수를 제공하는 등 NumPy의 배열 기반 계산 스타일을 많이 차용했다.

pandas가 NumPy의 스타일을 많이 차용했지만 가장 큰 차이점은 pandas는 표 형식의 데이터나 다양한 형태의 데이터를 다루는 데 초점을 맞춰 설계했다는 것이다. NumPy는 단일 산술 배열 데이터를 다루는 데 특화되어 있다.

2010년에 오픈소스로 공개한 이후 pandas는 다양한 현실의 요구 사항을 모두 수용할 수 있는 매우 큰 라이브러리가 되었다. 800명이 넘는 기여자가 자신이 매일 풀고 있는 데이터 문제를 더 편리하게 처리하기 위해 직접 pandas 프로젝트에 참여하고 있다.

이 책에서는 앞으로 pandas의 import 컨벤션을 다음과 같이 사용하겠다.

```
In [1]: import pandas as pd
```

앞으로 코드에서 pd.를 보면 pandas를 지칭하는 것으로 이해하자. Series와 DataFrame은 로컬 네임스페이스로 임포트하는 것이 훨씬 편하므로 그렇게 사용하도록 하겠다.

```
In [2]: from pandas import Series, DataFrame
```

5.1 pandas 자료구조 소개

pandas에 대해 알아보려면 Series와 DataFrame, 이 두 가지 자료구조에 익숙해질 필요가 있다. 이 두 가지 자료구조로 모든 문제를 해결할 순 없지만 대부분의 애플리케이션에서 사용하기 쉬우며 탄탄한 기반을 제공한다.

5.1.1 Series

Series는 일련의 객체를 담을 수 있는 1차원 배열 같은 자료구조다(어떤 NumPy 자료형이라도 담을 수 있다). 그리고 **색인**^{index}이라고 하는 배열의 데이터와 연관된 이름을 가지고 있다. 가장 간단한 Series 객체는 배열 데이터로부터 생성할 수 있다.

```
In [11]: obj = pd.Series([4, 7, -5, 3])

In [12]: obj
Out[12]:
0    4
1    7
2   -5
3    3
dtype: int64
```

Series 객체의 문자열 표현은 왼쪽에 색인을 보여주고 오른쪽에 해당 색인의 값을 보여준다. 위 예제에서는 데이터의 색인을 지정하지 않았으니 기본 색인인 정수 0에서 N - 1(N은 데이터의 길이)까지의 숫자가 표시된다. Series의 배열과 색인 객체는 각각 values와 index 속성을 통해 얻을 수 있다.

```
In [13]: obj.values
Out[13]: array([ 4,  7, -5,  3])

In [14]: obj.index  # range(4)와 같다.
Out[14]: RangeIndex(start=0, stop=4, step=1)
```

각각의 데이터를 지칭하는 색인을 지정하여 Series 객체를 생성해야 할 때는 다음처럼 한다.

```
In [15]: obj2 = pd.Series([4, 7, -5, 3], index=['d', 'b', 'a', 'c'])

In [16]: obj2
Out[16]:
d    4
b    7
a   -5
c    3
dtype: int64

In [17]: obj2.index
Out[17]: Index(['d', 'b', 'a', 'c'], dtype='object')
```

NumPy 배열과 비교하자면, 단일 값을 선택하거나 여러 값을 선택할 때 색인으로 라벨을 사용할 수 있다.

```
In [18]: obj2['a']
Out[18]: -5

In [19]: obj2['d'] = 6

In [20]: obj2[['c', 'a', 'd']]
Out[20]:
c    3
a   -5
d    6
dtype: int64
```

여기서 ['c', 'a', 'd']는 (정수가 아니라 문자열이 포함되어 있지만) 색인의 배열로 해석된다.

불리언 배열을 사용해서 값을 걸러 내거나 산술 곱셈을 수행하거나 또는 수학 함수를 적용하는 등 NumPy 배열 연산을 수행해도 색인-값 연결이 유지된다.

```
In [21]: obj2[obj2 > 0]
Out[21]:
d    6
b    7
c    3
dtype: int64
```

5장 pandas 시작하기 **183**

```
In [22]: obj2 * 2
Out[22]:
d    12
b    14
a   -10
c     6
dtype: int64

In [23]: np.exp(obj2)
Out[23]:
d     403.428793
b    1096.633158
a       0.006738
c      20.085537
dtype: float64
```

Series를 이해하는 다른 방법은 고정 길이의 정렬된 사전형이라고 생각하는 것이다. Series는 색인값에 데이터값을 매핑하고 있으므로 파이썬의 사전형과 비슷하다. Series 객체는 파이썬의 사전형을 인자로 받아야 하는 많은 함수에서 사전형을 대체하여 사용할 수 있다.

```
In [24]: 'b' in obj2
Out[24]: True

In [25]: 'e' in obj2
Out[25]: False
```

파이썬 사전형에 데이터를 저장해야 한다면 파이썬 사전 객체로부터 Series 객체를 생성할 수도 있다.

```
In [26]: sdata = {'Ohio': 35000, 'Texas': 71000, 'Oregon': 16000, 'Utah': 5000}

In [27]: obj3 = pd.Series(sdata)

In [28]: obj3
Out[28]:
Ohio      35000
Oregon    16000
Texas     71000
Utah       5000
dtype: int64
```

사전 객체만 가지고 Series 객체를 생성하면 생성된 Series 객체의 색인에는 사전의 키값이 순서대로 들어간다. 색인을 직접 지정하고 싶다면 원하는 순서대로 색인을 직접 넘겨줄 수도 있다.

```
In [29]: states = ['California', 'Ohio', 'Oregon', 'Texas']

In [30]: obj4 = pd.Series(sdata, index=states)

In [31]: obj4
Out[31]:
California        NaN
Ohio          35000.0
Oregon        16000.0
Texas         71000.0
dtype: float64
```

이 예제를 보면 sdata에 있는 값 중 3개만 확인할 수 있는데, 'California'에 대한 값은 찾을 수 없기 때문이다. 이 값은 NaN[not a number]으로 표시되고 pandas에서는 누락된 값, 혹은 NA 값으로 취급된다. 'Utah'는 states에 포함되어 있지 않으므로 실행 결과에서 빠지게 된다.

나는 앞으로 '누락된' 또는 'NA'를 누락된 데이터를 지칭하는 데 사용하도록 하겠다. pandas의 isnull과 notnull 함수는 누락된 데이터를 찾을 때 사용된다.

```
In [32]: pd.isnull(obj4)
Out[32]:
California     True
Ohio          False
Oregon        False
Texas         False
dtype: bool

In [33]: pd.notnull(obj4)
Out[33]:
California    False
Ohio           True
Oregon         True
Texas          True
dtype: bool
```

이 메서드는 Series의 인스턴스 메서드로도 존재한다.

```
In [34]: obj4.isnull()
Out[34]:
California     True
Ohio          False
Oregon        False
Texas         False
dtype: bool
```

누락된 데이터를 처리하는 방법은 7장에서 좀 더 자세히 살펴보기로 하자.

Series의 유용한 기능은 산술 연산에서 색인과 라벨로 자동 정렬하는 것이다.

```
In [35]: obj3
Out[35]:
Ohio      35000
Oregon    16000
Texas     71000
Utah       5000
dtype: int64

In [36]: obj4
Out[36]:
California       NaN
Ohio         35000.0
Oregon       16000.0
Texas        71000.0
dtype: float64

In [37]: obj3 + obj4
Out[37]:
California        NaN
Ohio          70000.0
Oregon        32000.0
Texas        142000.0
Utah              NaN
dtype: float64
```

데이터 정렬에 대한 내용은 나중에 좀 더 살펴보자. 데이터베이스를 사용해본 경험이 있다면 join 연산과 비슷하다고 여겨질 것이다.

Series 객체와 Series의 색인은 모두 name 속성이 있는데 이 속성은 pandas의 핵심 기능과 밀접한 관련이 있다.

```
In [38]: obj4.name = 'population'

In [39]: obj4.index.name = 'state'

In [40]: obj4
Out[40]:
state
California        NaN
Ohio          35000.0
Oregon        16000.0
Texas         71000.0
Name: population, dtype: float64
```

Series의 색인은 대입하여 변경할 수 있다.

```
In [41]: obj
Out[41]:
0    4
1    7
2   -5
3    3
dtype: int64

In [42]: obj.index = ['Bob', 'Steve', 'Jeff', 'Ryan']

In [43]: obj
Out[43]:
Bob      4
Steve    7
Jeff    -5
Ryan     3
dtype: int64
```

5.1.2 DataFrame

DataFrame은 표 같은 스프레드시트 형식의 자료구조이고 여러 개의 컬럼이 있는데 각 컬럼은 서로 다른 종류의 값(숫자, 문자열, 불리언 등)을 담을 수 있다. DataFrame은 로우와 컬럼에 대한 색인을 가지고 있는데, 색인의 모양이 같은 Series 객체를 담고 있는 파이썬 사전으로 생각하면 편하다. 내부적으로 데이터는 리스트나 사전 또는 1차원 배열을 담고 있는 다른 컬렉션이 아니라 하나 이상의 2차원 배열에 저장된다. 구체적인 DataFrame의 내부 구조는 이 책에서 다루는 내용에서 한참 벗어나므로 생략하겠다.

> **NOTE_** 물리적으로 DataFrame은 2차원이지만 계층적 색인을 이용해서 좀 더 고차원의 데이터를 표현할 수 있으며 이를 포함하여 pandas에서 데이터를 다루는 고급 기법은 8장에서 더 설명하겠다.

DataFrame 객체는 다양한 방법으로 생성할 수 있지만 가장 흔하게 사용되는 방법은 같은 길이의 리스트에 담긴 사전을 이용하거나 NumPy 배열을 이용하는 것이다.

```
data = {'state': ['Ohio', 'Ohio', 'Ohio', 'Nevada', 'Nevada', 'Nevada'],
        'year': [2000, 2001, 2002, 2001, 2002, 2003],
        'pop': [1.5, 1.7, 3.6, 2.4, 2.9, 3.2]}
frame = pd.DataFrame(data)
```

만들어진 DataFrame의 색인은 Series와 같은 방식으로 자동으로 대입되며 컬럼은 정렬되어 저장된다.

```
In [45]: frame
Out[45]:
   pop   state  year
0  1.5    Ohio  2000
1  1.7    Ohio  2001
2  3.6    Ohio  2002
3  2.4  Nevada  2001
4  2.9  Nevada  2002
5  3.2  Nevada  2003
```

주피터 노트북을 사용한다면 DataFrame 객체는 브라우저에서 좀 더 보기 편하도록 HTML 표 형식으로 출력될 것이다.

큰 DataFrame을 다룰 때는 head 메서드를 이용해서 처음 5개의 로우만 출력할 수도 있다.

```
In [46]: frame.head()
Out[46]:
   pop   state  year
0  1.5    Ohio  2000
1  1.7    Ohio  2001
2  3.6    Ohio  2002
3  2.4  Nevada  2001
4  2.9  Nevada  2002
```

원하는 순서대로 columns를 지정하면 원하는 순서를 가진 DataFrame 객체가 생성된다.

```
In [47]: pd.DataFrame(data, columns=['year', 'state', 'pop'])
Out[47]:
   year   state  pop
0  2000    Ohio  1.5
1  2001    Ohio  1.7
2  2002    Ohio  3.6
3  2001  Nevada  2.4
4  2002  Nevada  2.9
5  2003  Nevada  3.2
```

Series와 마찬가지로 사전에 없는 값을 넘기면 결측치로 저장된다.

```
In [48]: frame2 = pd.DataFrame(data, columns=['year', 'state', 'pop', 'debt'],
   ....:                       index=['one', 'two', 'three', 'four',
   ....:                              'five', 'six'])

In [49]: frame2
Out[49]:
       year   state  pop debt
one    2000    Ohio  1.5  NaN
two    2001    Ohio  1.7  NaN
three  2002    Ohio  3.6  NaN
four   2001  Nevada  2.4  NaN
five   2002  Nevada  2.9  NaN
six    2003  Nevada  3.2  NaN

In [50]: frame2.columns
Out[50]: Index(['year', 'state', 'pop', 'debt'], dtype='object')
```

DataFrame의 컬럼은 Series처럼 사전 형식의 표기법으로 접근하거나 속성 형식으로 접근할 수 있다.

```
In [51]: frame2['state']
Out[51]:
one        Ohio
two        Ohio
three      Ohio
four       Nevada
five       Nevada
six        Nevada
Name: state, dtype: object

In [52]: frame2.year
Out[52]:
one        2000
two        2001
three      2002
four       2001
five       2002
six        2003
Name: year, dtype: int64
```

> **NOTE_** 편의를 위해 IPython에서는 frame2.year처럼 속성에 접근하듯 사용하거나 탭을 이용한 자동완성 기능을 제공한다.
> frame2[column] 형태로 사용하는 것은 어떤 컬럼이든 가능하지만 frame2.column 형태로 사용하는 것은 파이썬에서 사용 가능한 변수 이름 형식일 때 작동한다.

반환된 Series 객체가 DataFrame과 같은 색인을 가지면 알맞은 값으로 name 속성이 채워진다.

로우는 위치나 loc 속성을 이용해서 이름을 통해 접근할 수 있다.

```
In [53]: frame2.loc['three']
Out[53]:
year     2002
state    Ohio
pop      3.6
debt     NaN
Name: three, dtype: object
```

컬럼은 대입이 가능하다. 예를 들어 현재 비어 있는 'debt' 컬럼에 스칼라값이나 배열의 값을 대입할 수 있다.

```
In [54]: frame2['debt'] = 16.5

In [55]: frame2
Out[55]:
       year   state  pop  debt
one    2000    Ohio  1.5  16.5
two    2001    Ohio  1.7  16.5
three  2002    Ohio  3.6  16.5
four   2001  Nevada  2.4  16.5
five   2002  Nevada  2.9  16.5
six    2003  Nevada  3.2  16.5

In [56]: frame2['debt'] = np.arange(6.)

In [57]: frame2
Out[57]:
       year   state  pop  debt
one    2000    Ohio  1.5   0.0
two    2001    Ohio  1.7   1.0
three  2002    Ohio  3.6   2.0
four   2001  Nevada  2.4   3.0
five   2002  Nevada  2.9   4.0
six    2003  Nevada  3.2   5.0
```

리스트나 배열을 컬럼에 대입할 때는 대입하려는 값의 길이가 DataFrame의 크기와 동일해야 한다. Series를 대입하면 DataFrame의 색인에 따라 값이 대입되며 존재하지 않는 색인에는 결측치가 대입된다.

```
In [58]: val = pd.Series([-1.2, -1.5, -1.7], index=['two', 'four', 'five'])

In [59]: frame2['debt'] = val

In [60]: frame2
Out[60]:
       year   state  pop  debt
one    2000    Ohio  1.5   NaN
two    2001    Ohio  1.7  -1.2
three  2002    Ohio  3.6   NaN
```

```
four    2001  Nevada  2.4  -1.5
five    2002  Nevada  2.9  -1.7
six     2003  Nevada  3.2   NaN
```

존재하지 않는 컬럼을 대입하면 새로운 컬럼을 생성한다. 파이썬 사전형에서처럼 del 예약어를 사용해서 컬럼을 삭제할 수 있다.

del 예약어에 대한 예제로, state 컬럼의 값이 'Ohio'인지 아닌지에 대한 불리언값을 담고 있는 새로운 컬럼을 생성해보자.

```
In [61]: frame2['eastern'] = frame2.state == 'Ohio'

In [62]: frame2
Out[62]:
       year   state  pop  debt  eastern
one    2000    Ohio  1.5   NaN     True
two    2001    Ohio  1.7  -1.2     True
three  2002    Ohio  3.6   NaN     True
four   2001  Nevada  2.4  -1.5    False
five   2002  Nevada  2.9  -1.7    False
six    2003  Nevada  3.2   NaN    False
```

CAUTION_ 이 새로운 컬럼은 frame2.eastern 형태의 문법으로는 생성되지 않는다.

del 예약어를 이용해서 이 컬럼을 삭제할 수 있다.

```
In [63]: del frame2['eastern']

In [64]: frame2.columns
Out[64]: Index(['year', 'state', 'pop', 'debt'], dtype='object')
```

CAUTION_ DataFrame의 색인을 이용해서 얻은 컬럼은 내부 데이터에 대한 **뷰**(view)이며 복사가 이루어지지 않는다. 따라서 이렇게 얻은 Series 객체에 대한 변경은 실제 DataFrame에 반영된다. 복사본이 필요할 때는 Series의 copy 메서드를 이용하자.

중첩된 사전을 이용해서 데이터를 생성할 수 있다. 다음과 같은 중첩된 사전이 있다고 하자.

```
In [65]: pop = {'Nevada': {2001: 2.4, 2002: 2.9},
   ....:        'Ohio': {2000: 1.5, 2001: 1.7, 2002: 3.6}}
```

이 중첩된 사전을 DataFrame에 넘기면 바깥에 있는 사전의 키는 컬럼이 되고 안에 있는 키는 로우가 된다.

```
In [66]: frame3 = pd.DataFrame(pop)

In [67]: frame3
Out[67]:
      Nevada  Ohio
2000     NaN   1.5
2001     2.4   1.7
2002     2.9   3.6
```

NumPy 배열과 유사한 문법으로 데이터를 전치(컬럼과 로우를 뒤집음)할 수 있다.

```
In [68]: frame3.T
Out[68]:
         2000  2001  2002
Nevada    NaN   2.4   2.9
Ohio      1.5   1.7   3.6
```

중첩된 사전을 이용해서 DataFrame을 생성할 때 안쪽에 있는 사전값은 키값별로 조합되어 결과의 색인이 되지만 색인을 직접 지정하면 지정된 색인으로 DataFrame을 생성한다.

```
In [69]: pd.DataFrame(pop, index=[2001, 2002, 2003])
Out[69]:
      Nevada  Ohio
2001     2.4   1.7
2002     2.9   3.6
2003     NaN   NaN
```

Series 객체를 담고 있는 사전 데이터도 같은 방식으로 취급된다.

```
In [70]: pdata = {'Ohio': frame3['Ohio'][:-1],
   ....:          'Nevada': frame3['Nevada'][:2]}

In [71]: pd.DataFrame(pdata)
Out[71]:
      Nevada  Ohio
2000     NaN   1.5
2001     2.4   1.7
```

DataFrame 생성자에 넘길 수 있는 자료형의 목록은 [표 5-1]을 참조하자.

만일 데이터프레임의 색인(index)과 컬럼(columns)에 name 속성을 지정했다면 이 역시 함께 출력된다.

```
In [72]: frame3.index.name = 'year'; frame3.columns.name = 'state'

In [73]: frame3
Out[73]:
state  Nevada  Ohio
year
2000      NaN   1.5
2001      2.4   1.7
2002      2.9   3.6
```

Series와 유사하게 values 속성은 DataFrame에 저장된 데이터를 2차원 배열로 반환한다.

```
In [74]: frame3.values
Out[74]:
array([[ nan,  1.5],
       [ 2.4,  1.7],
       [ 2.9,  3.6]])
```

DataFrame의 컬럼이 서로 다른 dtype을 가지고 있다면 모든 컬럼을 수용하기 위해 그 컬럼의 배열의 dtype이 선택된다.

```
In [75]: frame2.values
Out[75]:
array([[2000, 'Ohio', 1.5, nan],
       [2001, 'Ohio', 1.7, -1.2],
```

```
       [2002, 'Ohio', 3.6, nan],
       [2001, 'Nevada', 2.4, -1.5],
       [2002, 'Nevada', 2.9, -1.7],
       [2003, 'Nevada', 3.2, nan]], dtype=object)
```

표 5-1 DataFrame 생성을 위한 입력 데이터의 종류

형	설명
2차원 ndarray	데이터를 담고 있는 행렬. 선택적으로 행(로우)과 열(컬럼)의 이름을 전달할 수 있다.
배열, 리스트, 튜플의 사전	사전의 모든 항목은 같은 길이를 가져야 하며, 각 항목의 내용이 DataFrame의 컬럼이 된다.
NumPy의 구조화 배열	배열의 사전과 같은 방식으로 취급된다.
Series의 사전	Series의 각 값이 컬럼이 된다. 명시적으로 색인을 넘겨주지 않으면 각 Series의 색인이 하나로 합쳐져서 로우의 색인이 된다.
사전의 사전	내부에 있는 사전이 컬럼이 된다. 키값은 'Series의 사전'과 마찬가지로 합쳐져서 로우의 색인이 된다.
사전이나 Series의 리스트	리스트의 각 항목이 DataFrame의 로우가 된다. 합쳐진 사전의 키값이나 Series의 색인이 DataFrame의 컬럼 이름이 된다.
리스트나 튜플의 리스트	'2차원 ndarray'의 경우와 같은 방식으로 취급된다.
다른 DataFrame	색인을 따로 지정하지 않으면 DataFrame의 색인이 그대로 사용된다.
NumPy MaskedArray	'2차원 ndarray'의 경우와 같은 방식으로 취급되지만 마스크값은 반환되는 DataFrame에서 NA 값이 된다.

5.1.3 색인 객체

pandas의 색인 객체는 표 형식의 데이터에서 각 로우와 컬럼에 대한 이름과 다른 메타데이터(축의 이름 등)를 저장하는 객체다. Series나 DataFrame 객체를 생성할 때 사용되는 배열이나 다른 순차적인 이름은 내부적으로 색인으로 변환된다.

```
In [76]: obj = pd.Series(range(3), index=['a', 'b', 'c'])

In [77]: index = obj.index

In [78]: index
Out[78]: Index(['a', 'b', 'c'], dtype='object')

In [79]: index[1:]
Out[79]: Index(['b', 'c'], dtype='object')
```

색인 객체는 변경이 불가능하다.

```
index[1] = 'd'  # TypeError 발생
```

그러므로 자료구조 사이에서 안전하게 공유될 수 있다.

```
In [80]: labels = pd.Index(np.arange(3))

In [81]: labels
Out[81]: Int64Index([0, 1, 2], dtype='int64')

In [82]: obj2 = pd.Series([1.5, -2.5, 0], index=labels)

In [83]: obj2
Out[83]:
0    1.5
1   -2.5
2    0.0
dtype: float64

In [84]: obj2.index is labels
Out[84]: True
```

CAUTION_ 몇몇 독자는 색인이 제공하는 기능을 유용하게 사용할 일이 별로 없을 수 있지만 일부 연산의 경우 색인을 반환하기도 하므로 어떻게 동작하는지 이해하는 것은 매우 중요하다.

또한 배열과 유사하게 Index 객체도 고정 크기로 동작한다.

```
In [85]: frame3
Out[85]:
state  Nevada  Ohio
year
2000      NaN   1.5
2001      2.4   1.7
2002      2.9   3.6

In [86]: frame3.columns
Out[86]: Index(['Nevada', 'Ohio'], dtype='object', name='state')
```

```
In [87]: 'Ohio' in frame3.columns
Out[87]: True

In [88]: 2003 in frame3.index
Out[88]: False
```

파이썬의 집합과는 달리 pandas의 인덱스는 중복되는 값을 허용한다.

```
In [89]: dup_labels = pd.Index(['foo', 'foo', 'bar', 'bar'])

In [90]: dup_labels
Out[90]: Index(['foo', 'foo', 'bar', 'bar'], dtype='object')
```

중복되는 값으로 선택을 하면 해당 값을 가진 모든 항목이 선택된다.

각각의 색인은 자신이 담고 있는 데이터에 대한 정보를 취급하기 위한 여러 가지 메서드와 속성을 가지고 있는데 [표 5-2]를 참조하자.

표 5-2 색인 메서드와 속성

메서드	설명
append	추가적인 색인 객체를 덧붙여 새로운 색인을 반환한다.
difference	색인의 차집합을 반환한다.
intersection	색인의 교집합을 반환한다.
union	색인의 합집합을 반환한다.
isin	색인이 넘겨받은 색인에 존재하는지 알려주는 불리언 배열을 반환한다.
delete	i 위치의 색인이 삭제된 새로운 색인을 반환한다.
drop	넘겨받은 값이 삭제된 새로운 색인을 반환한다.
insert	i 위치에 색인이 추가된 새로운 색인을 반환한다.
is_monotonic	색인이 단조성을 가진다면 True를 반환한다.
is_unique	중복되는 색인이 없다면 True를 반환한다.
unique	색인에서 중복되는 요소를 제거하고 유일한 값만 반환한다.

5.2 핵심 기능

이 절에서는 Series나 DataFrame에 저장된 데이터를 다루는 기본적인 방법을 설명하겠다. 다음 몇몇 장에서는 pandas를 이용한 데이터 분석과 조작을 더 자세히 살펴볼 것이다. 이 책은 pandas 라이브러리의 완전한 설명을 포함하지 않고 중요한 기능에만 초점을 맞추고 있다. 잘 쓰이지 않는 내용에 대한 학습은 독자의 몫으로 남겨둔다.

5.2.1 재색인

pandas 객체의 중요한 기능 중 하나는 reindex인데, 새로운 색인에 **맞도록** 객체를 새로 생성한다. 아래 간단한 예제를 살펴보자.

```
In [91]: obj = pd.Series([4.5, 7.2, -5.3, 3.6], index=['d', 'b', 'a', 'c'])

In [92]: obj
Out[92]:
d    4.5
b    7.2
a   -5.3
c    3.6
dtype: float64
```

이 Series 객체에 대해 reindex를 호출하면 데이터를 새로운 색인에 맞게 재배열하고, 존재하지 않는 색인값이 있다면 NaN을 추가한다.

```
In [93]: obj2 = obj.reindex(['a', 'b', 'c', 'd', 'e'])

In [94]: obj2
Out[94]:
a   -5.3
b    7.2
c    3.6
d    4.5
e    NaN
dtype: float64
```

시계열 같은 순차적인 데이터를 재색인할 때 값을 보간하거나 채워 넣어야 할 경우가 있다. method 옵션을 이용해서 이를 해결할 수 있으며, ffill 같은 메서드를 이용해서 누락된 값을 직전의 값으로 채워 넣을 수 있다.

```
In [95]: obj3 = pd.Series(['blue', 'purple', 'yellow'], index=[0, 2, 4])

In [96]: obj3
Out[96]:
0      blue
2    purple
4    yellow
dtype: object

In [97]: obj3.reindex(range(6), method='ffill')
Out[97]:
0      blue
1      blue
2    purple
3    purple
4    yellow
5    yellow
dtype: object
```

DataFrame에 대한 reindex는 로우(색인), 컬럼 또는 둘 다 변경 가능하다. 그냥 순서만 전달하면 로우가 재색인된다.

```
In [98]: frame = pd.DataFrame(np.arange(9).reshape((3, 3)),
   ....:                      index=['a', 'c', 'd'],
   ....:                      columns=['Ohio', 'Texas', 'California'])

In [99]: frame
Out[99]:
   Ohio  Texas  California
a     0      1           2
c     3      4           5
d     6      7           8

In [100]: frame2 = frame.reindex(['a', 'b', 'c', 'd'])

In [101]: frame2
```

```
Out[101]:
   Ohio  Texas  California
a  0.0    1.0         2.0
b  NaN    NaN         NaN
c  3.0    4.0         5.0
d  6.0    7.0         8.0
```

컬럼은 columns 예약어를 사용해서 재색인할 수 있다.

```
In [102]: states = ['Texas', 'Utah', 'California']

In [103]: frame.reindex(columns=states)
Out[103]:
   Texas  Utah  California
a      1   NaN           2
c      4   NaN           5
d      7   NaN           8
```

reindex의 인자는 [표 5-3]을 참조하자.

곧 다루겠지만 재색인은 loc를 이용해서 라벨로 색인하면 좀 더 간결하게 할 수 있으며 대부분의 사용자는 명시적으로 이 방식을 사용하는 것을 선호한다.

```
In [104]: frame.loc[['a', 'b', 'c', 'd'], states]
Out[104]:
   Texas  Utah  California
a   1.0    NaN         2.0
b   NaN    NaN         NaN
c   4.0    NaN         5.0
d   7.0    NaN         8.0
```

표 5-3 재색인 함수 인자

인자	설명
index	색인으로 사용할 새로운 순서. Index 인스턴스나 다른 순차적인 자료구조가 사용 가능하다. Index는 복사가 이루어지지 않고 그대로 사용된다.
method	채움 메서드. ffill은 직전 값을 채워 넣고 bfill은 다음 값을 채워 넣는다.
fill_value	재색인 과정 중에 새롭게 나타나는 비어 있는 데이터를 채우기 위한 값
limit	전/후 보간 시에 사용할 최대 갭 크기(채워넣을 원소의 수)

인자	설명
tolerance	전/후 보간 시에 사용할 최대 갭 크기(값의 차이)
level	MultiIndex의 단계(level)에 단순 색인을 맞춘다. 그렇지 않으면 MultiIndex의 하위집합에 맞춘다.
copy	True인 경우 새로운 색인이 이전 색인과 동일하더라도 데이터를 복사한다. False인 경우 새로운 색인이 이전 색인과 동일할 경우 복사하지 않는다.

5.2.2 하나의 로우나 컬럼 삭제하기

색인 배열, 또는 삭제하려는 로우나 컬럼이 제외된 리스트를 이미 가지고 있다면 로우나 컬럼을 쉽게 삭제할 수 있는데 이 방법은 데이터의 모양을 변경하는 작업이 필요하다. drop 메서드를 사용하면 선택한 값들이 삭제된 새로운 객체를 얻을 수 있다.

```
In [105]: obj = pd.Series(np.arange(5.), index=['a', 'b', 'c', 'd', 'e'])

In [106]: obj
Out[106]:
a    0.0
b    1.0
c    2.0
d    3.0
e    4.0
dtype: float64

In [107]: new_obj = obj.drop('c')

In [108]: new_obj
Out[108]:
a    0.0
b    1.0
d    3.0
e    4.0
dtype: float64

In [109]: obj.drop(['d', 'c'])
Out[109]:
a    0.0
b    1.0
e    4.0
dtype: float64
```

DataFrame에서는 로우와 컬럼 모두에서 값을 삭제할 수 있다. 다음 예제를 살펴보자.

```
In [110]: data = pd.DataFrame(np.arange(16).reshape((4, 4)),
   .....:                     index=['Ohio', 'Colorado', 'Utah', 'New York'],
   .....:                     columns=['one', 'two', 'three', 'four'])

In [111]: data
Out[111]:
          one  two  three  four
Ohio        0    1      2     3
Colorado    4    5      6     7
Utah        8    9     10    11
New York   12   13     14    15
```

drop 함수에 인자로 로우 이름을 넘기면 해당 로우(axis 0)의 값을 모두 삭제한다.

```
In [112]: data.drop(['Colorado', 'Ohio'])
Out[112]:
          one  two  three  four
Utah        8    9     10    11
New York   12   13     14    15
```

컬럼의 값을 삭제할 때는 axis=1 또는 axis='columns'를 인자로 넘겨주면 된다.

```
In [113]: data.drop('two', axis=1)
Out[113]:
          one  three  four
Ohio        0      2     3
Colorado    4      6     7
Utah        8     10    11
New York   12     14    15

In [114]: data.drop(['two', 'four'], axis='columns')
Out[114]:
          one  three
Ohio        0      2
Colorado    4      6
Utah        8     10
New York   12     14
```

drop 함수처럼 Series나 DataFrame의 크기 또는 형태를 변경하는 함수는 새로운 객체를 반환하는 대신 원본 객체를 변경한다.

```
In [115]: obj.drop('c', inplace=True)

In [116]: obj
Out[116]:
a    0.0
b    1.0
d    3.0
e    4.0
dtype: float64
```

inplace 옵션을 사용하는 경우 버려지는 값을 모두 삭제하므로 주의해서 사용하자.

5.2.3 색인하기, 선택하기, 거르기

Series의 색인(obj[...])은 NumPy 배열의 색인과 유사하게 동작하지만 정수가 아니어도 된다는 점이 다르다. 몇 가지 예제를 살펴보자.

```
In [117]: obj = pd.Series(np.arange(4.), index=['a', 'b', 'c', 'd'])

In [118]: obj
Out[118]:
a    0.0
b    1.0
c    2.0
d    3.0
dtype: float64

In [119]: obj['b']
Out[119]: 1.0

In [120]: obj[1]
Out[120]: 1.0

In [121]: obj[2:4]
Out[121]:
```

```
c    2.0
d    3.0
dtype: float64

In [122]: obj[['b', 'a', 'd']]
Out[122]:
b    1.0
a    0.0
d    3.0
dtype: float64

In [123]: obj[[1, 3]]
Out[123]:
b    1.0
d    3.0
dtype: float64

In [124]: obj[obj < 2]
Out[124]:
a    0.0
b    1.0
dtype: float64
```

라벨 이름으로 슬라이싱하면 시작점과 끝점을 포함한다는 것이 일반 파이썬에서의 슬라이싱과 다른 점이다.

```
In [125]: obj['b':'c']
Out[125]:
b    1.0
c    2.0
dtype: float64
```

슬라이싱 문법으로 선택된 영역에 값을 대입하는 것은 생각하는 대로 동작한다.

```
In [126]: obj['b':'c'] = 5

In [127]: obj
Out[127]:
a    0.0
b    5.0
```

```
c    5.0
d    3.0
dtype: float64
```

색인으로 DataFrame에서 하나 이상의 컬럼 값을 가져올 수 있다.

```
In [128]: data = pd.DataFrame(np.arange(16).reshape((4, 4)),
   .....:                     index=['Ohio', 'Colorado', 'Utah', 'New York'],
   .....:                     columns=['one', 'two', 'three', 'four'])

In [129]: data
Out[129]:
          one  two  three  four
Ohio        0    1      2     3
Colorado    4    5      6     7
Utah        8    9     10    11
New York   12   13     14    15

In [130]: data['two']
Out[130]:
Ohio         1
Colorado     5
Utah         9
New York    13
Name: two, dtype: int64

In [131]: data[['three', 'one']]
Out[131]:
          three  one
Ohio          2    0
Colorado      6    4
Utah         10    8
New York 14 12
```

슬라이싱으로 로우를 선택하거나 불리언 배열로 로우를 선택할 수 있다.

```
In [132]: data[:2]
Out[132]:
          one  two  three  four
Ohio        0    1      2     3
Colorado    4    5      6     7
```

```
In [133]: data[data['three'] > 5]
Out[133]:
          one  two  three  four
Colorado    4    5      6     7
Utah        8    9     10    11
New York   12   13     14    15
```

data[:2] 형식의 문법으로 편리하게 로우를 선택할 수 있다. [ ] 연산자에 단일 값을 넘기거나 리스트를 넘겨서 여러 컬럼을 선택할 수 있다.

또 다른 방법으로는 스칼라 비교를 이용해 생성된 불리언 DataFrame을 사용해서 값을 선택하는 것이다.

```
In [134]: data < 5
Out[134]:
            one    two  three   four
Ohio       True   True   True   True
Colorado   True  False  False  False
Utah      False  False  False  False
New York  False  False  False  False

In [135]: data[data < 5] = 0

In [136]: data
Out[136]:
          one  two  three  four
Ohio        0    0      0     0
Colorado    0    5      6     7
Utah        8    9     10    11
New York   12   13     14    15
```

위 예제는 DataFrame을 2차원 ndarray와 문법적으로 비슷하게 보이도록 의도한 것이다.

loc과 iloc으로 선택하기

DataFrame의 로우에 대해 라벨로 색인하는 방법으로 특수한 색인 필드인 loc과 iloc을 소개한다. 이 방법을 이용하면 NumPy와 비슷한 방식에 추가적으로 축의 라벨을 사용하여 DataFrame의 로우와 컬럼을 선택할 수 있다. 축 이름을 선택할 때는 loc을, 정수 색인으로 선택할 때는 iloc을 사용한다.

앞선 예제에서 축의 라벨로 하나의 로우와 여러 컬럼을 선택해보자.

```
In [137]: data.loc['Colorado', ['two', 'three']]
Out[137]:
two      5
three    6
Name: Colorado, dtype: int64
```

iloc을 이용하면 정수 색인으로도 위와 비슷하게 선택할 수 있다.

```
In [138]: data.iloc[2, [3, 0, 1]]
Out[138]:
four    11
one      8
two      9
Name: Utah, dtype: int64

In [139]: data.iloc[2]
Out[139]:
one       8
two       9
three    10
four     11
Name: Utah, dtype: int64

In [140]: data.iloc[[1, 2], [3, 0, 1]]
Out[140]:
          four  one  two
Colorado     7    0    5
Utah        11    8    9
```

이 두 함수는 슬라이스도 지원할 뿐더러 단일 라벨이나 라벨 리스트도 지원한다.

```
In [141]: data.loc[:'Utah', 'two']
Out[141]:
Ohio        0
Colorado    5
Utah        9
Name: two, dtype: int64
```

```
In [142]: data.iloc[:, :3][data.three > 5]
Out[142]:
          one  two  three
Colorado   0    5     6
Utah       8    9    10
New York  12   13    14
```

지금까지 살펴봤듯이 pandas 객체에서 데이터를 선택하고 재배열하는 방법은 여러 가지가 있다. [표 5-4]에 다양한 방법을 요약해두었다. 나중에 살펴볼 계층적 색인을 이용하면 좀 더 다양한 방법을 사용할 수 있다.

> **NOTE_** pandas를 설계할 때 나는 컬럼을 선택하는 작업은 매우 빈번하게 일어나지만 컬럼을 선택하기 위해 매번 frame[:, col]이라고 입력해야 하는 것은 너무 과하다고 생각했다(입력할 내용이 많으면 에러가 발생할 확률도 높아진다). 그래서 라벨과 정수 색인을 이용해서 값을 선택할 수 있는 기능을 모두 ix 연산자에 밀어 넣기로 결정했다. 하지만 실사용성 측면에서 정수축 라벨을 사용할 경우 모호한 상황이 발생하는 빈도가 높아졌고 결국 pandas 개발팀은 라벨과 정수 색인을 명시적으로 구분해서 사용하게끔 loc와 iloc를 추가하기로 결정했다.
> ix 색인 연산자는 아직 사용 가능하긴 하지만 곧 사라질 예정이니 더는 사용하지 않기를 추천한다.

표 5-4 DataFrame의 값 선택하기

방식	설명
df[val]	DataFrame에서 하나의 컬럼 또는 여러 컬럼을 선택한다. 편의를 위해 불리언 배열, 슬라이스, 불리언 DataFrame(어떤 기준에 근거해서 값을 대입해야 할 때)을 사용할 수 있다.
df.loc[val]	DataFrame에서 라벨값으로 로우의 부분집합을 선택한다.
df.loc[:, val]	DataFrame에서 라벨값으로 컬럼의 부분집합을 선택한다.
df.loc[val1, val2]	DataFrame에서 라벨값으로 로우와 컬럼의 부분집합을 선택한다.
df.iloc[where]	DataFrame에서 정수 색인으로 로우의 부분집합을 선택한다.
df.iloc[:, where]	DataFrame에서 정수 색인으로 컬럼의 부분집합을 선택한다.
df.iloc[where_i, wher_j]	DataFrame에서 정수 색인으로 로우와 컬럼의 부분집합을 선택한다.
df.at[label_i, label_j]	로우와 컬럼의 라벨로 단일 값을 선택한다.
df.iat[i, j]	로우와 컬럼의 정수 색인으로 단일 값을 선택한다.
reindex 메서드	하나 이상의 축을 새로운 색인으로 맞춘다.
get_value, set_value 메서드	로우와 컬럼 이름으로 DataFrame의 값을 선택한다.

5.2.4 정수 색인

정수 색인으로 pandas 객체를 다루다보면 리스트나 튜플 같은 파이썬 내장 자료구조에서 색인을 다루는 방법과의 차이점 때문에 실수하게 되는 경우가 있다. 예를 들어 다음 코드가 에러를 발생할 것이라고 생각하지 않을 것이다.

```
ser = pd.Series(np.arange(3.))
ser
ser[-1]
```

이 경우 pandas는 라벨 색인을 찾는 데 실패하므로 정수 색인으로 값을 찾는다. 하지만 이를 어떤 경우에도 버그 없이 잘 작동하도록 구현하기란 쉽지 않다. 라벨 색인이 0, 1, 2를 포함하는 경우 사용자가 라벨 색인으로 선택하려는 것인지 정수 색인으로 선택하려는 것인지 추측하기 쉽지 않다.

```
In [144]: ser
Out[144]:
0    0.0
1    1.0
2    2.0
dtype: float64
```

반면 정수 기반의 색인을 사용하지 않는 경우 이런 모호함은 사라진다.

```
In [145]: ser2 = pd.Series(np.arange(3.), index=['a', 'b', 'c'])

In [146]: ser2[-1]
Out[146]: 2.0
```

일관성을 유지하기 위해 정숫값을 담고 있는 축 색인이 있다면 우선적으로 라벨을 먼저 찾아보도록 구현되어 있다. 좀 더 세밀하게 사용하고 싶다면 라벨에 대해서는 loc을 사용하고 정수 색인에 대해서는 iloc을 사용하자.

```
In [147]: ser[:1]
Out[147]:
0    0.0
```

```
dtype: float64

In [148]: ser.loc[:1]
Out[148]:
0    0.0
1    1.0
dtype: float64

In [149]: ser.iloc[:1]
Out[149]:
0    0.0
dtype: float64
```

5.2.5 산술 연산과 데이터 정렬

pandas에서 가장 중요한 기능 중 하나는 다른 색인을 가지고 있는 객체 간의 산술 연산이다. 객체를 더할 때 짝이 맞지 않는 색인이 있다면 결과에 두 색인이 통합된다. 데이터베이스를 사용해본 경험이 있다면 색인 라벨에 대한 외부 조인과 유사하게 동작한다고 생각할 수 있다. 예제를 보자.

```
In [150]: s1 = pd.Series([7.3, -2.5, 3.4, 1.5], index=['a', 'c', 'd', 'e'])

In [151]: s2 = pd.Series([-2.1, 3.6, -1.5, 4, 3.1],
   .....:                index=['a', 'c', 'e', 'f', 'g'])

In [152]: s1
Out[152]:
a    7.3
c   -2.5
d    3.4
e    1.5
dtype: float64

In [153]: s2
Out[153]:
a   -2.1
c    3.6
e   -1.5
f    4.0
```

```
g    3.1
dtype: float64
```

이 두 객체를 더하면 다음과 같은 결과를 얻는다.

```
In [154]: s1 + s2
Out[154]:
a    5.2
c    1.1
d    NaN
e    0.0
f    NaN
g    NaN
dtype: float64
```

서로 겹치는 색인이 없는 경우 데이터는 NA 값이 된다. 산술 연산 시 누락된 값은 전파된다.

DataFrame의 경우 정렬은 로우와 컬럼 모두에 적용된다.

```
In [155]: df1 = pd.DataFrame(np.arange(9.).reshape((3, 3)), columns=list('bcd'),
   .....:                    index=['Ohio', 'Texas', 'Colorado'])

In [156]: df2 = pd.DataFrame(np.arange(12.).reshape((4, 3)), columns=list('bde'),
   .....:                    index=['Utah', 'Ohio', 'Texas', 'Oregon'])

In [157]: df1
Out[157]:
            b    c    d
Ohio      0.0  1.0  2.0
Texas     3.0  4.0  5.0
Colorado  6.0  7.0  8.0

In [158]: df2
Out[158]:
          b     d     e
Utah    0.0   1.0   2.0
Ohio    3.0   4.0   5.0
Texas   6.0   7.0   8.0
Oregon  9.0  10.0  11.0
```

이 두 DataFrame을 더하면 각 DataFrame에 있는 색인과 컬럼이 하나로 합쳐진다.

```
In [159]: df1 + df2
Out[159]:
            b    c     d    e
Colorado  NaN  NaN   NaN  NaN
Ohio      3.0  NaN   6.0  NaN
Oregon    NaN  NaN   NaN  NaN
Texas     9.0  NaN  12.0  NaN
Utah      NaN  NaN   NaN  NaN
```

'c'와 'e' 컬럼이 양쪽 DataFrame 객체에 존재하지 않으므로 결과에서는 모두 없는 값으로 나타난다. 로우 역시 마찬가지로 양쪽에 다 존재하지 않는 라벨에 대해서는 없는 값으로 나타난다.

공통되는 컬럼 라벨이나 로우 라벨이 없는 DataFrame을 더하면 결과에 아무것도 나타나지 않을 것이다.

```
In [160]: df1 = pd.DataFrame({'A': [1, 2]})

In [161]: df2 = pd.DataFrame({'B': [3, 4]})

In [162]: df1
Out[162]:
   A
0  1
1  2

In [163]: df2
Out[163]:
   B
0  3
1  4

In [164]: df1 - df2
Out[164]:
    A   B
0 NaN NaN
1 NaN NaN
```

산술 연산 메서드에 채워 넣을 값 지정하기

서로 다른 색인을 가지는 객체 간의 산술 연산에서 존재하지 않는 축의 값을 특수한 값(0 같은)으로 지정하고 싶을 때는 다음과 같이 할 수 있다.

```
In [165]: df1 = pd.DataFrame(np.arange(12.).reshape((3, 4)),
   .....:                    columns=list('abcd'))

In [166]: df2 = pd.DataFrame(np.arange(20.).reshape((4, 5)),
   .....:                    columns=list('abcde'))

In [167]: df2.loc[1, 'b'] = np.nan

In [168]: df1
Out[168]:
     a    b     c     d
0  0.0  1.0   2.0   3.0
1  4.0  5.0   6.0   7.0
2  8.0  9.0  10.0  11.0

In [169]: df2
Out[169]:
      a     b     c     d     e
0   0.0   1.0   2.0   3.0   4.0
1   5.0   NaN   7.0   8.0   9.0
2  10.0  11.0  12.0  13.0  14.0
3  15.0  16.0  17.0  18.0  19.0
```

위 둘을 더하면 겹치지 않는 부분은 NA 값이 된다.

```
In [170]: df1 + df2
Out[170]:
      a     b     c     d   e
0   0.0   2.0   4.0   6.0 NaN
1   9.0   NaN  13.0  15.0 NaN
2  18.0  20.0  22.0  24.0 NaN
3   NaN   NaN   NaN   NaN NaN
```

df1에 add 메서드를 사용하고, df2와 `fill_value` 값을 인자로 전달한다.

```
In [171]: df1.add(df2, fill_value=0)
Out[171]:
      a     b     c     d     e
0   0.0   2.0   4.0   6.0   4.0
1   9.0   5.0  13.0  15.0   9.0
2  18.0  20.0  22.0  24.0  14.0
3  15.0  16.0  17.0  18.0  19.0
```

[표 5-5]에 Series와 DataFrame의 산술 연산 메서드를 정리했다. 각각의 산술 연산 메서드는 r로 시작하는 계산 인자를 뒤집어 계산하는 짝꿍 메서드를 가진다.

```
In [172]: 1 / df1
Out[172]:
          a         b         c         d
0       inf  1.000000  0.500000  0.333333
1  0.250000  0.200000  0.166667  0.142857
2  0.125000  0.111111  0.100000  0.090909

In [173]: df1.rdiv(1)
Out[173]:
          a         b         c         d
0       inf  1.000000  0.500000  0.333333
1  0.250000  0.200000  0.166667  0.142857
2  0.125000  0.111111  0.100000  0.090909
```

Series나 DataFrame을 재색인할 때도 fill_value를 지정할 수 있다.

```
In [174]: df1.reindex(columns=df2.columns, fill_value=0)
Out[174]:
     a    b     c     d  e
0  0.0  1.0   2.0   3.0  0
1  4.0  5.0   6.0   7.0  0
2  8.0  9.0  10.0  11.0  0
```

표 5-5 산술 연산 메서드

메서드	설명
add, radd	덧셈(+)을 위한 메서드
sub, rsub	뺄셈(-)을 위한 메서드

메서드	설명
div, rdiv	나눗셈(/)을 위한 메서드
floordiv, rfloordiv	소수점 내림(//) 연산을 위한 메서드
mul, rmul	곱셈(*)을 위한 메서드
pow, rpow	멱승(**)을 위한 메서드

DataFrame과 Series 간의 연산

다른 차원의 NumPy 배열과의 연산처럼 DataFrame과 Series 간의 연산도 잘 정의되어 있다. 먼저 2차원 배열과 그 배열의 한 로우의 차이에 대해 생각할 수 있는 예제를 살펴보자.

```
In [175]: arr = np.arange(12.).reshape((3, 4))

In [176]: arr
Out[176]:
array([[  0.,   1.,   2.,   3.],
       [  4.,   5.,   6.,   7.],
       [  8.,   9.,  10.,  11.]])

In [177]: arr[0]
Out[177]: array([ 0.,  1.,  2.,  3.])

In [178]: arr - arr[0]
Out[178]:
array([[ 0.,  0.,  0.,  0.],
       [ 4.,  4.,  4.,  4.],
       [ 8.,  8.,  8.,  8.]])
```

arr에서 arr[0]을 빼면 계산은 각 로우에 대해 한 번씩만 수행된다. 이를 **브로드캐스팅**이라고 하는데 더 자세한 내용은 부록 A에서 살펴볼 것이다. DataFrame과 Series 간의 연산은 이와 유사하다.

```
In [179]: frame = pd.DataFrame(np.arange(12.).reshape((4, 3)),
   .....:                      columns=list('bde'),
   .....:                      index=['Utah', 'Ohio', 'Texas', 'Oregon'])

In [180]: series = frame.iloc[0]
```

```
In [181]: frame
Out[181]:
            b     d     e
Utah      0.0   1.0   2.0
Ohio      3.0   4.0   5.0
Texas     6.0   7.0   8.0
Oregon    9.0  10.0  11.0

In [182]: series
Out[182]:
b    0.0
d    1.0
e    2.0
Name: Utah, dtype: float64
```

기본적으로 DataFrame과 Series 간의 산술 연산은 Series의 색인을 DataFrame의 컬럼에 맞추고 아래 로우로 전파한다.

```
In [183]: frame - series
Out[183]:
            b    d    e
Utah      0.0  0.0  0.0
Ohio      3.0  3.0  3.0
Texas     6.0  6.0  6.0
Oregon    9.0  9.0  9.0
```

만약 색인값을 DataFrame의 컬럼이나 Series의 색인에서 찾을 수 없다면 그 객체는 형식을 맞추기 위해 재색인된다.

```
In [184]: series2 = pd.Series(rnge(3), index=['b', 'e', 'f'])

In [185]: frame + series2
Out[185]:
            b    d     e    f
Utah      0.0  NaN   3.0  NaN
Ohio      3.0  NaN   6.0  NaN
Texas     6.0  NaN   9.0  NaN
Oregon    9.0  NaN  12.0  NaN
```

만약 각 로우에 대해 연산을 수행하고 싶다면 산술 연산 메서드를 사용하면 된다. 예를 들어보자.

```
In [186]: series3 = frame['d']

In [187]: frame
Out[187]:
          b     d     e
Utah    0.0   1.0   2.0
Ohio    3.0   4.0   5.0
Texas   6.0   7.0   8.0
Oregon  9.0  10.0  11.0

In [188]: series3
Out[188]:
Utah      1.0
Ohio      4.0
Texas     7.0
Oregon   10.0
Name: d, dtype: float64

In [189]: frame.sub(series3, axis='index')
Out[189]:
          b    d    e
Utah   -1.0  0.0  1.0
Ohio   -1.0  0.0  1.0
Texas  -1.0  0.0  1.0
Oregon -1.0  0.0  1.0
```

인자로 넘기는 axis 값은 **연산을 적용할 축 번호**다. axis='index'나 axis=0은 DataFrame의 로우를 따라 연산을 수행하라는 의미다.

5.2.6 함수 적용과 매핑

pandas 객체에도 NumPy의 유니버설 함수(배열의 각 원소에 적용되는 메서드)를 적용할 수 있다.

```
In [190]: frame = pd.DataFrame(np.random.randn(4, 3), columns=list('bde'),
   .....:                      index=['Utah', 'Ohio', 'Texas', 'Oregon'])

In [191]: frame
```

```
Out[191]:
              b         d         e
Utah   -0.204708  0.478943 -0.519439
Ohio   -0.555730  1.965781  1.393406
Texas   0.092908  0.281746  0.769023
Oregon  1.246435  1.007189 -1.296221

In [192]: np.abs(frame)
Out[192]:
              b         d         e
Utah    0.204708  0.478943  0.519439
Ohio    0.555730  1.965781  1.393406
Texas   0.092908  0.281746  0.769023
Oregon  1.246435  1.007189  1.296221
```

자주 사용되는 또 다른 연산은 각 컬럼이나 로우의 1차원 배열에 함수를 적용하는 것이다. DataFrame의 apply 메서드를 이용해 수행할 수 있다.

```
In [193]: f = lambda x: x.max() - x.min()

In [194]: frame.apply(f)
Out[194]:
b    1.802165
d    1.684034
e    2.689627
dtype: float64
```

여기서 함수 f는 Series의 최댓값과 최솟값의 차이를 계산하는 함수다. frame의 각 컬럼에 대해 한 번만 수행되며 결괏값은 계산을 적용한 컬럼을 색인으로 하는 Series를 반환한다.

apply 함수에 axis='columns' 인자를 넘기면 각 로우에 대해 한 번씩만 수행된다.

```
In [195]: frame.apply(f, axis='columns')
Out[195]:
Utah      0.998382
Ohio      2.521511
Texas     0.676115
Oregon    2.542656
dtype: float64
```

배열에 대한 일반적인 통계(sum이나 mean 같은)는 DataFrame의 메서드로 존재하므로 apply 메서드를 사용할 필요 없다.

apply 메서드에 전달된 함수는 스칼라값을 반환할 필요가 없다. 여러 값을 가진 Series를 반환해도 된다.

```
In [196]: def f(x):
   .....:     return pd.Series([x.min(), x.max()], index=['min', 'max'])

In [197]: frame.apply(f)
Out[197]:
            b         d         e
min -0.555730  0.281746 -1.296221
max  1.246435  1.965781  1.393406
```

배열의 각 원소에 적용되는 파이썬의 함수를 사용할 수도 있다. frame 객체에서 실숫값을 문자열 포맷으로 변환하고 싶다면 applymap을 이용해서 다음과 같이 할 수 있다.

```
In [198]: format = lambda x: '%.2f' % x

In [199]: frame.applymap(format)
Out[199]:
            b      d      e
Utah    -0.20   0.48  -0.52
Ohio    -0.56   1.97   1.39
Texas    0.09   0.28   0.77
Oregon   1.25   1.01  -1.30
```

이 메서드의 이름이 applymap인 이유는 Series는 각 원소에 적용할 함수를 지정하기 위한 map 메서드를 가지고 있기 때문이다.

```
In [200]: frame['e'].map(format)
Out[200]:
Utah     -0.52
Ohio      1.39
Texas     0.77
Oregon   -1.30
Name: e, dtype: object
```

5.2.7 정렬과 순위

어떤 기준에 근거해서 데이터를 정렬하는 것 역시 중요한 명령이다. 로우나 컬럼의 색인을 알파벳순으로 정렬하려면 정렬된 새로운 객체를 반환하는 sort_index 메서드를 사용하면 된다.

```
In [201]: obj = pd.Series(range(4), index=['d', 'a', 'b', 'c'])

In [202]: obj.sort_index()
Out[202]:
a    1
b    2
c    3
d    0
dtype: int64
```

DataFrame은 로우나 컬럼 중 하나의 축을 기준으로 정렬할 수 있다.

```
In [203]: frame = pd.DataFrame(np.arange(8).reshape((2, 4)),
   .....:                      index=['three', 'one'],
   .....:                      columns=['d', 'a', 'b', 'c'])

In [204]: frame.sort_index()
Out[204]:
       d  a  b  c
one    4  5  6  7
three  0  1  2  3

In [205]: frame.sort_index(axis=1)
Out[205]:
       a  b  c  d
three  1  2  3  0
one    5  6  7  4
```

데이터는 기본적으로 오름차순으로 정렬되고 내림차순으로 정렬할 수도 있다.

```
In [206]: frame.sort_index(axis=1, ascending=False)
Out[206]:
       d  c  b  a
three  0  3  2  1
one    4  7  6  5
```

Series 객체를 값에 따라 정렬하고 싶다면 sort_values 메서드를 사용하면 된다.

```
In [207]: obj = pd.Series([4, 7, -3, 2])

In [208]: obj.sort_values()
Out[208]:
2   -3
3    2
0    4
1    7
dtype: int64
```

정렬할 때 비어 있는 값은 기본적으로 Series 객체에서 가장 마지막에 위치한다.

```
In [209]: obj = pd.Series([4, np.nan, 7, np.nan, -3, 2])

In [210]: obj.sort_values()
Out[210]:
4   -3.0
5    2.0
0    4.0
2    7.0
1    NaN
3    NaN
dtype: float64
```

DataFrame에서 하나 이상의 컬럼에 있는 값으로 정렬을 하는 경우 sort_values 함수의 by 옵션에 하나 이상의 컬럼 이름을 넘기면 된다.

```
In [211]: frame = pd.DataFrame({'b': [4, 7, -3, 2], 'a': [0, 1, 0, 1]})

In [212]: frame
Out[212]:
   a  b
0  0  4
1  1  7
2  0 -3
3  1  2

In [213]: frame.sort_values(by='b')
```

5장 pandas 시작하기 **221**

```
Out[213]:
   a  b
2  0 -3
3  1  2
0  0  4
1  1  7
```

여러 개의 컬럼을 정렬하려면 컬럼 이름이 담긴 리스트를 전달하면 된다.

```
In [214]: frame.sort_values(by=['a', 'b'])
Out[214]:
   a  b
2  0 -3
0  0  4
3  1  2
1  1  7
```

순위는 정렬과 거의 흡사한데, 1부터 배열의 유효한 데이터 개수까지 순서를 매긴다. 기본적으로 Series와 DataFrame의 rank 메서드는 동점인 항목에 대해서는 평균 순위를 매긴다.

```
In [215]: obj = pd.Series([7, -5, 7, 4, 2, 0, 4])

In [216]: obj.rank()
Out[216]:
0    6.5
1    1.0
2    6.5
3    4.5
4    3.0
5    2.0
6    4.5
dtype: float64
```

데이터 상에서 나타나는 순서에 따라 순위를 매길 수도 있다.

```
In [217]: obj.rank(method='first')
Out[217]:
0    6.0
```

```
1    1.0
2    7.0
3    4.0
4    3.0
5    2.0
6    5.0
dtype: float64
```

여기서 0번째와 2번째 항목에 대해 평균 순위인 6.5를 적용하는 대신 먼저 출현한 순서대로 6과 7을 적용했다.

내림차순으로 순위를 매길 수도 있다.

```
# 동률인 경우 그룹 내에서 높은 순위를 적용한다.
In [218]: obj.rank(ascending=False, method='max')
Out[218]:
0    2.0
1    7.0
2    2.0
3    4.0
4    5.0
5    6.0
6    4.0
dtype: float64
```

[표 5-6]에 사용 가능한 동률 처리 메서드를 나열해두었다.

DataFrame에서는 로우나 컬럼에 대해 순위를 정할 수 있다.

```
In [219]: frame = pd.DataFrame({'b': [4.3, 7, -3, 2], 'a': [0, 1, 0, 1],
   .....:                       'c': [-2, 5, 8, -2.5]})

In [220]: frame
Out[220]:
   a    b    c
0  0  4.3 -2.0
1  1  7.0  5.0
2  0 -3.0  8.0
3  1  2.0 -2.5
```

```
In [221]: frame.rank(axis='columns')
Out[221]:
     a    b    c
0  2.0  3.0  1.0
1  1.0  3.0  2.0
2  2.0  1.0  3.0
3  2.0  3.0  1.0
```

표 5-6 순위의 동률을 처리하는 메서드

메서드	설명
'average'	기본값. 같은 값을 가지는 항목들의 평균값을 순위로 삼는다.
'min'	같은 값을 가지는 그룹을 낮은 순위로 매긴다.
'max'	같은 값을 가지는 그룹을 높은 순위로 매긴다.
'first'	데이터 내의 위치에 따라 순위를 매긴다.
'dense'	method='min'과 같지만 같은 그룹 내에서 모두 같은 순위를 적용하지 않고 1씩 증가시킨다.

5.2.8 중복 색인

지금까지 살펴본 모든 예제는 축 이름(색인값)이 유일한 경우밖에 없었다. pandas의 많은 함수(reindex 같은)에서 색인값은 유일해야 하지만 의무적이지는 않다. 중복된 색인값을 가지는 Series 객체를 살펴보자.

```
In [222]: obj = pd.Series(range(5), index=['a', 'a', 'b', 'b', 'c'])

In [223]: obj
Out[223]:
a    0
a    1
b    2
b    3
c    4
dtype: int64
```

색인의 is_unique 속성은 해당 값이 유일한지 아닌지 알려준다.

```
In [224]: obj.index.is_unique
Out[224]: False
```

중복되는 색인값이 있다면 색인을 이용해서 데이터에 접근했을 때 다르게 동작한다. 중복되는 색인값이 없을 때는 색인을 이용해서 데이터에 접근하면 스칼라값을 반환하지만 중복되는 색인값이 있을 때는 하나의 Series 객체를 반환한다.

```
In [225]: obj['a']
Out[225]:
a    0
a    1
dtype: int64

In [226]: obj['c']
Out[226]: 4
```

이는 라벨이 반복되는지 여부에 따라 색인을 이용해서 선택한 결과가 다를 수 있기 때문에 코드를 좀 더 복잡하게 만들 수 있다.

DataFrame에서 로우를 선택하는 것도 동일하다.

```
In [227]: df = pd.DataFrame(np.random.randn(4, 3), index=['a', 'a', 'b', 'b'])

In [228]: df
Out[228]:
          0         1         2
a  0.274992  0.228913  1.352917
a  0.886429 -2.001637 -0.371843
b  1.669025 -0.438570 -0.539741
b  0.476985  3.248944 -1.021228

In [229]: df.loc['b']
Out[229]:
          0         1         2
b  1.669025 -0.438570 -0.539741
b  0.476985  3.248944 -1.021228
```

5.3 기술 통계 계산과 요약

pandas 객체는 일반적인 수학 메서드와 통계 메서드를 가지고 있다. 이 메서드의 대부분은 하나의 Series나 DataFrame의 로우나 컬럼에서 단일 값(합이나 평균 같은)을 구하는 **축소**reductions 혹은 **요약 통계**summary statistics 범주에 속한다. 순수 NumPy 배열에서 제공하는 동일한 메서드와 비교하여 pandas의 메서드는 처음부터 누락된 데이터를 제외하도록 설계되었다. 다음과 같은 DataFrame을 생각해보자.

```
In [230]: df = pd.DataFrame([[1.4, np.nan], [7.1, -4.5],
   .....:                    [np.nan, np.nan], [0.75, -1.3]],
   .....:                   index=['a', 'b', 'c', 'd'],
   .....:                   columns=['one', 'two'])

In [231]: df
Out[231]:
    one   two
a  1.40   NaN
b  7.10  -4.5
c   NaN   NaN
d  0.75  -1.3
```

DataFrame의 sum 메서드를 호출하면 각 컬럼의 합을 담은 Series를 반환한다.

```
In [232]: df.sum()
Out[232]:
one    9.25
two   -5.80
dtype: float64
```

axis='columns' 또는 axis=1 옵션을 넘기면 각 컬럼의 합을 반환한다.

```
In [233]: df.sum(axis='columns')
Out[233]:
a    1.40
b    2.60
c     NaN
d   -0.55
dtype: float64
```

전체 로우나 컬럼의 값이 NA가 아니라면 NA 값은 제외되고 계산된다. 이는 skipna 옵션으로 조정할 수 있다.

```
In [234]: df.mean(axis='columns', skipna=False)
Out[234]:
a      NaN
b    1.300
c      NaN
d   -0.275
dtype: float64
```

[표 5-7]에서 공통적으로 사용되는 축소 메서드의 옵션을 확인할 수 있다.

표 5-7 축소 메서드의 옵션

옵션	설명
axis	연산을 수행할 축. DataFrame에서 0은 로우고 1은 컬럼이다.
skipna	누락된 값을 제외할 것인지 정하는 옵션. 기본값은 True
level	계산하려는 축이 계층적 색인(다중 색인)이라면 레벨에 따라 묶어서 계산한다.

idxmin이나 idxmax 같은 메서드는 최솟값 혹은 최댓값을 가지고 있는 색인값과 같은 간접 통계를 반환한다.

```
In [235]: df.idxmax()
Out[235]:
one    b
two    d
dtype: object
```

또 다른 메서드로 **누산**accumulation이 있다.

```
In [236]: df.cumsum()
Out[236]:
    one   two
a  1.40   NaN
b  8.50  -4.5
c   NaN   NaN
d  9.25  -5.8
```

축소나 누산이 아닌 다른 종류의 메서드로 describe가 있는데, 이 메서드는 한 번에 여러 개의 통계 결과를 만들어낸다.

```
In [237]: df.describe()
Out[237]:
            one        two
count   3.000000   2.000000
mean    3.083333  -2.900000
std     3.493685   2.262742
min     0.750000  -4.500000
25%     1.075000  -3.700000
50%     1.400000  -2.900000
75%     4.250000  -2.100000
max     7.100000  -1.300000
```

수치 데이터가 아닐 경우 describe는 다른 요약 통계를 생성한다.

```
In [238]: obj = pd.Series(['a', 'a', 'b', 'c'] * 4)

In [239]: obj.describe()
Out[239]:
count     16
unique     3
top        a
freq       8
dtype: object
```

[표 5-8]에 요약 통계 관련 메서드의 전체 목록을 나열했다.

표 5-8 요약 통계 관련 메서드

메서드	설명
count	NA 값을 제외한 값의 수를 반환한다.
describe	Series나 DataFrame의 각 컬럼에 대한 요약 통계를 계산한다.
min, max	최솟값과 최댓값을 계산한다.
argmin, argmax	각각 최솟값과 최댓값을 담고 있는 색인의 위치(정수)를 반환한다.
idxmin, idxmax	각각 최솟값과 최댓값을 담고 있는 색인의 값을 반환한다.
quantile	0부터 1까지의 분위수를 계산한다.
sum	합을 계산한다.

메서드	설명
mean	평균을 계산한다.
median	중간값(50% 분위)을 반환한다.
mad	평균값에서 평균절대편차를 계산한다.
prod	모든 값의 곱
var	표본분산의 값을 계산한다.
std	표본표준편차의 값을 계산한다.
skew	표본비대칭도(3차 적률)의 값을 계산한다.
kurt	표본첨도(4차 적률)의 값을 계산한다.
cumsum	누적합을 계산한다.
cummin, cummax	각각 누적 최솟값과 누적 최댓값을 계산한다.
cumprod	누적곱을 계산한다.
diff	1차 산술차를 계산한다(시계열 데이터 처리 시 유용하다).
pct_change	퍼센트 변화율을 계산한다.

5.3.1 상관관계와 공분산

상관관계나 공분산 같은 요약 통계 계산은 두 쌍의 인자를 필요로 한다. pandas-datareader 패키지를 이용해서 야후! 금융 사이트에서 구한 주식가격과 시가총액을 담고 있는 다음 DataFrame을 생각해보자. 아직 설치하지 않았다면 conda나 pip를 통해 설치할 수 있다.

```
conda install pandas-datareader
```

pandas_datareader 모듈을 이용해서 주가 정보를 다운로드하자.

```
import pandas_datareader.data as web
all_data = {ticker: web.get_data_yahoo(ticker)
            for ticker in ['AAPL', 'IBM', 'MSFT', 'GOOG']}
price = pd.DataFrame({ticker: data['Adj Close']
                      for ticker, data in all_data.items()})
volume = pd.DataFrame({ticker: data['Volume']
                       for ticker, data in all_data.items()})
```

> **CAUTION**_ 2017년에 버라이즌이 야후!를 인수했기 때문에 이 책을 읽고 있는 시점에 야후! 금융 서비스가 더 이상 작동하지 않을 가능성도 있다. 최신 기능은 온라인에서 pandas-datareader 문서로 확인할 수 있다.

이제 각 주식의 퍼센트 변화율을 계산해보자. 시계열을 다루는 법은 11장에서 자세히 설명하겠다.

```
In [242]: returns = price.pct_change()

In [243]: returns.tail()
Out[243]:
                AAPL      GOOG      IBM       MSFT
Date
2016-10-17 -0.000680  0.001837  0.002072 -0.003483
2016-10-18 -0.000681  0.019616 -0.026168  0.007690
2016-10-19 -0.002979  0.007846  0.003583 -0.002255
2016-10-20 -0.000512 -0.005652  0.001719 -0.004867
2016-10-21 -0.003930  0.003011 -0.012474  0.042096
```

corr 메서드는 NA가 아니며 정렬된 색인에서 연속하는 두 Series에 대해 상관관계를 계산하고 cov 메서드는 공분산을 계산한다.

```
In [244]: returns['MSFT'].corr(returns['IBM'])
Out[244]: 0.49976361144151144

In [245]: returns['MSFT'].cov(returns['IBM'])
Out[245]: 8.8706554797035462e-05
```

MSFT는 파이썬 속성 이름 규칙에 어긋나지 않으므로 좀 더 편리한 문법으로 해당 컬럼을 선택할 수 있다.

```
In [246]: returns.MSFT.corr(returns.IBM)
Out[246]: 0.49976361144151144
```

반면에 DataFrame에서 corr과 cov 메서드는 DataFrame 행렬에서 상관관계와 공분산을 계산한다.

```
In [247]: returns.corr()
Out[247]:
          AAPL      GOOG       IBM      MSFT
AAPL  1.000000  0.407919  0.386817  0.389695
GOOG  0.407919  1.000000  0.405099  0.465919
IBM   0.386817  0.405099  1.000000  0.499764
MSFT  0.389695  0.465919  0.499764  1.000000

In [248]: returns.cov()
Out[248]:
          AAPL      GOOG       IBM      MSFT
AAPL  0.000277  0.000107  0.000078  0.000095
GOOG  0.000107  0.000251  0.000078  0.000108
IBM   0.000078  0.000078  0.000146  0.000089
MSFT  0.000095  0.000108  0.000089  0.000215
```

DataFrame의 corrwith 메서드를 사용하면 다른 Series나 DataFrame과의 상관관계를 계산한다. Series를 넘기면 각 컬럼에 대해 계산한 상관관계를 담고 있는 Series를 반환한다.

```
In [249]: returns.corrwith(returns.IBM)
Out[249]:
AAPL    0.386817
GOOG    0.405099
IBM     1.000000
MSFT    0.499764
dtype: float64
```

DataFrame을 넘기면 맞아떨어지는 컬럼 이름에 대한 상관관계를 계산한다. 여기서 나는 시가총액의 퍼센트 변화율에 대한 상관관계를 계산해보았다.

```
In [250]: returns.corrwith(volume)
Out[250]:
AAPL   -0.075565
GOOG   -0.007067
IBM    -0.204849
MSFT   -0.092950
dtype: float64
```

axis='columns' 옵션을 넘기면 각 컬럼에 대한 상관관계와 공분산을 계산한다. 모든 경우 데이터는 상관관계를 계산하기 전에 색인의 이름순으로 정렬된다.

5.3.2 유일값, 값 세기, 멤버십

또 다른 종류의 메서드로는 1차원 Series에 담긴 값의 정보를 추출하는 메서드가 있다. 이를 설명하기 위해 다음과 같은 예제가 있다고 하자.

```
In [251]: obj = pd.Series(['c', 'a', 'd', 'a', 'a', 'b', 'b', 'c', 'c'])
```

unique 메서드는 중복되는 값을 제거하고 유일값만 담고 있는 Series를 반환한다.

```
In [252]: uniques = obj.unique()

In [253]: uniques
Out[253]: array(['c', 'a', 'd', 'b'], dtype=object)
```

유일값은 정렬된 순서대로 반환되지 않지만 필요하다면 uniques.sort()를 이용해서 나중에 정렬할 수 있다. 그리고 value_counts 메서드는 Series에서 도수^{frequency}를 계산하여 반환한다.

```
In [254]: obj.value_counts()
Out[254]:
c    3
a    3
b    2
d    1
dtype: int64
```

value_counts에서 반환하는 Series는 담고 있는 값을 내림차순으로 정렬한다. value_counts 메서드는 pandas의 최상위 메서드로, 어떤 배열이나 순차 자료구조에서도 사용할 수 있다.

```
In [255]: pd.value_counts(obj.values, sort=False)
Out[255]:
a    3
b    2
c    3
d    1
dtype: int64
```

isin 메서드는 어떤 값이 Series에 존재하는지 나타내는 불리언 벡터를 반환하는데, Series나 DataFrame의 컬럼에서 값을 골라내고 싶을 때 유용하게 사용할 수 있다.

```
In [256]: obj
Out[256]:
0    c
1    a
2    d
3    a
4    a
5    b
6    b
7    c
8    c
dtype: object

In [257]: mask = obj.isin(['b', 'c'])

In [258]: mask
Out[258]:
0     True
1    False
2    False
3    False
4    False
5     True
6     True
7     True
8     True
dtype: bool

In [259]: obj[mask]
Out[259]:
0    c
5    b
6    b
7    c
8    c
dtype: object
```

isin과 관련이 있는 Index.get_indexer 메서드는 여러 값이 들어 있는 배열에서 유일한 값의 색인 배열을 구할 수 있다.

```
In [260]: to_match = pd.Series(['c', 'a', 'b', 'b', 'c', 'a'])

In [261]: unique_vals = pd.Series(['c', 'b', 'a'])

In [262]: pd.Index(unique_vals).get_indexer(to_match)
Out[262]: array([0, 2, 1, 1, 0, 2])
```

[표 5-9]에서 지금까지 살펴본 메서드를 참조하자.

표 5-9 유일값, 값 세기, 멤버십 메서드

메서드	설명
isin	Series의 각 원소가 넘겨받은 연속된 값에 속하는지 나타내는 불리언 배열을 반환한다.
match	각 값에 대해 유일한 값을 담고 있는 배열에서의 정수 색인을 계산한다. 데이터 정렬이나 조인 형태의 연산을 하는 경우에 유용하다.
unique	Series에서 중복되는 값을 제거하고 유일값만 포함하는 배열을 반환한다. 결과는 Series에서 발견된 순서대로 반환된다.
value_counts	Series에서 유일값에 대한 색인과 도수를 계산한다. 도수는 내림차순으로 정렬된다.

DataFrame의 여러 컬럼에 대해 히스토그램을 구해야 하는 경우가 있다. 다음 예제를 보자.

```
In [263]: data = pd.DataFrame({'Qu1': [1, 3, 4, 3, 4],
   .....:                      'Qu2': [2, 3, 1, 2, 3],
   .....:                      'Qu3': [1, 5, 2, 4, 4]})

In [264]: data
Out[264]:
   Qu1  Qu2  Qu3
0   1    2    1
1   3    3    5
2   4    1    2
3   3    2    4
4   4    3    4
```

위 DataFrame의 apply 함수에 pandas.value_counts를 넘기면 다음과 같은 결과를 얻을 수 있다.

```
In [265]: result = data.apply(pd.value_counts).fillna(0)

In [266]: result
Out[266]:
   Qu1  Qu2  Qu3
1  1.0  1.0  1.0
2  0.0  2.0  1.0
3  2.0  2.0  0.0
4  2.0  0.0  2.0
5  0.0  0.0  1.0
```

여기서 결괏값의 로우 라벨은 전체 컬럼의 유일한 값들을 담고 있다. 각 값은 각 컬럼에서 해당 값이 몇 번 출현했는지 나타낸다.

5.4 마치며

다음 장에서는 pandas를 이용해서 데이터셋을 읽고(또는 로딩) 쓰는 도구를 다루도록 하겠다. 그다음에는 데이터를 정제하고 분석하고 시각화하는 도구를 더 깊이 살펴본다.

CHAPTER 6

데이터 로딩과 저장, 파일 형식

이 책에서 다루는 대부분의 도구를 사용하는 첫 관문은 데이터에 접근하는 것이다. 다양한 형식의 데이터를 읽고 쓸 수 있는 많은 라이브러리가 있지만 이 책에서는 pandas에 초점을 맞춰 설명한다.

일반적으로 입출력은 몇 가지 작은 범주로 나뉘는데, 텍스트 파일을 이용하는 방법, 데이터베이스를 이용하는 방법, 웹 API를 이용해서 네트워크를 통해 불러오는 방법이 있다.

6.1 텍스트 파일에서 데이터를 읽고 쓰는 법

pandas에는 표 형식의 자료를 DataFrame 객체로 읽어오는 몇 가지 기능을 제공하고 있다. 아마 read_csv와 read_table을 주로 사용하게 될 테지만 [표 6-1]에 다른 함수도 정리해두었다.

표 6-1 pandas 파일 파싱 함수

함수	설명
read_csv	파일, URL 또는 파일과 유사한 객체로부터 구분된 데이터를 읽어온다. 데이터 구분자는 쉼표(,)를 기본으로 한다.
read_table	파일, URL 또는 파일과 유사한 객체로부터 구분된 데이터를 읽어온다. 데이터 구분자는 탭('\t')을 기본으로 한다.
read_fwf	고정폭 컬럼 형식에서 데이터를 읽어온다(구분자가 없는 데이터).
read_clipboard	클립보드에 있는 데이터를 읽어오는 read_table 함수. 웹페이지에서 표를 읽어올 때 유용하다.

함수	설명
read_excel	엑셀 파일(XLS, XLSX)에서 표 형식의 데이터를 읽어온다.
read_hdf	pandas에서 저장한 HDFS 파일에서 데이터를 읽어온다.
read_html	HTML 문서 내의 모든 테이블의 데이터를 읽어온다.
read_json	JSON 문자열에서 데이터를 읽어온다.
read_msgpack	메시지팩 바이너리 포맷으로 인코딩된 pandas 데이터를 읽어온다.
read_pickle	파이썬 피클 포맷으로 저장된 객체를 읽어온다.
read_sas	SAS 시스템의 사용자 정의 저장 포맷으로 저장된 데이터를 읽어온다.
read_sql	SQL 쿼리 결과를 pandas의 DataFrame 형식으로 읽어온다.
read_stata	Stata 파일에서 데이터를 읽어온다.
read_feather	Feather 바이너리 파일 포맷으로부터 데이터를 읽어온다.

위 함수들은 텍스트 데이터를 DataFrame으로 읽어오기 위한 함수인데, 아래와 같은 몇 가지 옵션을 취한다.

- **색인**
  반환하는 DataFrame에서 하나 이상의 컬럼을 색인으로 지정할 수 있다. 파일이나 사용자로부터 컬럼 이름을 받거나 아무것도 받지 않을 수 있다.

- **자료형 추론과 데이터 변환**
  사용자 정의 값 변환과 비어 있는 값을 위한 사용자 리스트를 포함한다.

- **날짜 분석**
  여러 컬럼에 걸쳐 있는 날짜와 시간 정보를 하나의 컬럼에 조합해서 결과에 반영한다.

- **반복**
  여러 개의 파일에 걸쳐 있는 자료를 반복적으로 읽어올 수 있다.

- **정제되지 않은 데이터 처리**
  로우나 꼬리말, 주석 건너뛰기 또는 천 단위마다 쉼표로 구분된 숫자 같은 사소한 것들의 처리를 해준다.

실제 데이터는 엉망진창인 상태이므로 데이터를 불러오는 함수(특히 read_csv 같은)는 개발이 계속됨에 따라 복잡도가 급속도로 증가한다. 넘쳐나는 함수 인자들(read_csv의 함수 인자는 현재 50개가 넘는다)을 보고 있으면 두통이 오는 것만 같다. pandas 온라인 문서에는 각 인자들이 어떻게 동작하는지 다양한 예제와 함께 설명하고 있으므로 특정 파일을 읽는 데 어려움을 느낀다면 필요한 인자와 그에 맞는 예제가 도움이 될 것이다.

이런 함수들 중 일부, 예를 들어 pandas.read_csv 같은 함수들은 데이터 형식에 자료형이 포함되어 있지 않은 관계로 **타입 추론**을 수행한다. HDF5나 Feather, msgpack의 경우에는 데이터 형식에 자료형이 포함되어 있다.

날짜나 다른 몇 가지 사용자 정의 자료형을 처리하려면 수고가 조금 필요하다. 쉼표로 구분된 작은 CSV 파일을 한 번 살펴보자.

```
In [8]: !cat examples/ex1.csv
a,b,c,d,message
1,2,3,4,hello
5,6,7,8,world
9,10,11,12,foo
```

> **NOTE_** 여기서는 유닉스의 cat 명령어를 사용해서 파일의 내용을 확인했다. 윈도우 사용자라면 cat 대신 type 명령어를 사용해서 내용을 확인할 수 있다.

이 파일은 쉼표로 구분되어 있기 때문에 read_csv를 사용해서 DataFrame으로 읽어올 수 있다.

```
In [9]: df = pd.read_csv('examples/ex1.csv')

In [10]: df
Out[10]:
   a   b   c   d message
0  1   2   3   4   hello
1  5   6   7   8   world
2  9  10  11  12     foo
```

read_table에 구분자를 쉼표로 지정해서 읽어올 수도 있다.

```
In [11]: pd.read_table('examples/ex1.csv', sep=',')
Out[11]:
   a   b   c   d message
0  1   2   3   4   hello
1  5   6   7   8   world
2  9  10  11  12     foo
```

모든 파일에 컬럼 이름이 있는 건 아니다. 다음 파일을 보자.

```
In [12]: !cat examples/ex2.csv
1,2,3,4,hello
5,6,7,8,world
9,10,11,12,foo
```

이 파일을 읽어오는 몇 가지 옵션이 있는데, pandas가 자동으로 컬럼 이름을 생성하도록 하거나 우리가 직접 컬럼 이름을 지정한다.

```
In [13]: pd.read_csv('examples/ex2.csv', header=None)
Out[13]:
   0   1   2   3      4
0  1   2   3   4  hello
1  5   6   7   8  world
2  9  10  11  12    foo

In [14]: pd.read_csv('examples/ex2.csv', names=['a', 'b', 'c', 'd', 'message'])
Out[14]:
   a   b   c   d message
0  1   2   3   4   hello
1  5   6   7   8   world
2  9  10  11  12    foo
```

message 컬럼을 색인으로 하는 DataFrame을 반환하려면 index_col 인자에 4번째 컬럼 또는 'message' 이름을 가진 컬럼을 지정해서 색인으로 만들 수 있다.

```
In [15]: names = ['a', 'b', 'c', 'd', 'message']

In [16]: pd.read_csv('examples/ex2.csv', names=names, index_col='message')
Out[16]:
         a   b   c   d
message
hello    1   2   3   4
world    5   6   7   8
foo      9  10  11  12
```

계층적 색인을 지정하고 싶다면 컬럼 번호나 이름의 리스트를 넘기면 된다.

```
In [17]: !cat examples/csv_mindex.csv
key1,key2,value1,value2
```

```
one,a,1,2
one,b,3,4
one,c,5,6
one,d,7,8
two,a,9,10
two,b,11,12
two,c,13,14
two,d,15,16

In [18]: parsed = pd.read_csv('examples/csv_mindex.csv',
   ....:                      index_col=['key1', 'key2'])

In [19]: parsed
Out[19]:
           value1  value2
key1 key2
one  a          1       2
     b          3       4
     c          5       6
     d          7       8
two  a          9      10
     b         11      12
     c         13      14
     d         15      16
```

가끔 고정된 구분자 없이 공백이나 다른 패턴으로 필드를 구분해놓은 경우가 있다. 다음과 같은 파일이 있다고 하자.

```
In [20]: list(open('examples/ex3.txt'))
Out[20]:
['            A         B         C\n',
 'aaa -0.264438 -1.026059 -0.619500\n',
 'bbb  0.927272  0.302904 -0.032399\n',
 'ccc -0.264273 -0.386314 -0.217601\n',
 'ddd -0.871858 -0.348382  1.100491\n']
```

직접 파일을 고쳐도 되지만, 이 파일은 필드가 여러 개의 공백 문자로 구분되어 있으므로 이를 표현할 수 있는 정규 표현식 \s+를 사용해서 처리할 수도 있다.

```
In [21]: result = pd.read_table('examples/ex3.txt', sep='\s+')
```

```
In [22]: result
Out[22]:
            A          B          C
aaa -0.264438 -1.026059 -0.619500
bbb  0.927272  0.302904 -0.032399
ccc -0.264273 -0.386314 -0.217601
ddd -0.871858 -0.348382  1.100491
```

이 경우 첫 번째 로우는 다른 로우보다 컬럼이 하나 적기 때문에 read_table은 첫 번째 컬럼이 DataFrame의 색인이 되어야 한다고 추론한다.

파서 함수는 파일 형식에서 발생할 수 있는 매우 다양한 예외(표 6-2)를 잘 처리할 수 있도록 많은 추가 인자를 가지고 있는데, 예를 들면 skiprows를 이용해서 첫 번째, 세 번째, 네 번째 로우를 건너뛸 수 있다.

```
In [23]: !cat examples/ex4.csv
# hey!
a,b,c,d,message
# just wanted to make things more difficult for you
# who reads CSV files with computers, anyway?
1,2,3,4,hello
5,6,7,8,world
9,10,11,12,foo

In [24]: pd.read_csv('examples/ex4.csv', skiprows=[0, 2, 3])
Out[24]:
   a  b   c   d message
0  1  2   3   4   hello
1  5  6   7   8   world
2  9 10  11  12     foo
```

누락된 값을 잘 처리하는 것은 파일을 읽는 과정에서 자주 발생하는 일이고 중요한 문제다. 보통 텍스트 파일에서 누락된 값은 표기되지 않거나(비어 있는 문자열) 구분하기 쉬운 특수한 문자로 표기된다. 기본적으로 pandas는 NA나 NULL처럼 흔히 통용되는 문자를 비어 있는 값으로 사용한다.

```
In [25]: !cat examples/ex5.csv
something,a,b,c,d,message
one,1,2,3,4,NA
```

```
two,5,6,,8,world
three,9,10,11,12,foo

In [26]: result = pd.read_csv('examples/ex5.csv')

In [27]: result
Out[27]:
  something    a   b     c   d message
0       one    1   2   3.0   4      NaN
1       two    5   6   NaN   8    world
2     three    9  10  11.0  12      foo

In [28]: pd.isnull(result)
Out[28]:
  something      a      b      c      d message
0     False  False  False  False  False    True
1     False  False  False   True  False   False
2     False  False  False  False  False   False
```

na_values 옵션은 리스트나 문자열 집합을 받아서 누락된 값을 처리한다.

```
In [29]: result = pd.read_csv('examples/ex5.csv', na_values=['NULL'])

In [30]: result
Out[30]:
  something    a   b     c   d message
0       one    1   2   3.0   4      NaN
1       two    5   6   NaN   8    world
2     three    9  10  11.0  12      foo
```

컬럼마다 다른 NA 문자를 사전값으로 넘겨서 처리할 수도 있다.

```
In [31]: sentinels = {'message': ['foo', 'NA'], 'something': ['two']}

In [32]: pd.read_csv('examples/ex5.csv', na_values=sentinels)
Out[32]:
  something    a   b     c   d message
0       one    1   2   3.0   4      NaN
1       NaN    5   6   NaN   8    world
2     three    9  10  11.0  12      NaN
```

[표 6-2]에 pandas_read_csv와 pandas_read_table에서 자주 사용하는 인자들을 모아두었다.

표 6-2 read_csv와 read_table 함수 인자

인자	설명
path	파일시스템에서의 위치, URL, 파일 객체를 나타내는 문자열
sep 또는 delimiter	필드를 구분하기 위해 사용할 연속된 문자나 정규 표현식
header	컬럼 이름으로 사용할 로우 번호. 기본값은 0(첫 번째 로우)이며 헤더가 없을 경우에는 None으로 지정할 수 있다.
index_col	색인으로 사용할 컬럼 번호나 이름. 계층적 색인을 지정할 경우 리스트를 넘길 수 있다.
names	컬럼 이름으로 사용할 리스트. header=None과 함께 사용한다.
skiprows	파일의 시작부터 무시할 행 수 또는 무시할 로우 번호가 담긴 리스트
na_values	NA 값으로 처리할 값들의 목록
comment	주석으로 분류되어 파싱하지 않을 문자 혹은 문자열
parse_dates	날짜를 datetime으로 변환할지 여부. 기본값은 False이며, True일 경우 모든 컬럼에 적용된다. 컬럼의 번호나 이름을 포함한 리스트를 넘겨서 변환할 컬럼을 지정할 수 있는데, [1, 2, 3]을 넘기면 각각의 컬럼을 datetime으로 변환하며, [[1,3]]을 넘기면 1, 3번 컬럼을 조합해서 하나의 datetime으로 변환한다.
keep_date_col	여러 컬럼을 datetime으로 변환했을 경우 원래 컬럼을 남겨둘지 여부. 기본값은 True
converters	변환 시 컬럼에 적용할 함수를 지정한다. 예를 들어 {'foo': f}는 'foo' 컬럼에 f 함수를 적용시킨다. 전달하는 사전의 키값은 컬럼 이름이나 번호가 될 수 있다.
dayfirst	모호한 날짜 형식일 경우 국제 형식으로 간주한다(7/6/2012는 2012년 6월 7일로 간주한다). 기본값은 False
date_parser	날짜 변환 시 사용할 함수
nrows	파일의 첫 일부만 읽어올 때 처음 몇 줄을 읽을 것인지 지정
iterator	파일을 조금씩 읽을 때 사용하도록 TextParser 객체를 반환하도록 한다. 기본값은 False
chunksize	TextParser 객체에서 사용할 한 번에 읽을 파일의 크기
skip_footer	파일의 끝에서 무시할 라인 수
verbose	파싱 결과에 대한 정보를 출력한다. 숫자가 아닌 값이 들어 있는 컬럼에 누락된 값이 있다면 줄 번호를 출력해준다. 기본값은 False
encoding	유니코드 인코딩 종류를 지정한다. UTF-8로 인코딩된 텍스트일 경우 'utf-8'로 지정한다.
squeeze	만일 컬럼이 하나뿐이라면 Series 객체를 반환한다. 기본값은 False
thousands	숫자를 천 단위로 끊을 때 사용할 ',' 나 '.' 같은 구분자

6.1.1 텍스트 파일 조금씩 읽어오기

매우 큰 파일을 처리할 때 인자를 제대로 주었는지 알아보기 위해 파일의 일부분만 읽어보거나 여러 파일 중에서 몇 개의 파일만 읽어서 확인해보고 싶을 것이다.

큰 파일을 다루기 전에 pandas의 출력 설정을 조금 손보자.

```
In [33]: pd.options.display.max_rows = 10
```

이제 최대 10개의 데이터만 출력한다.

```
In [34]: result = pd.read_csv('examples/ex6.csv')

In [35]: result
Out[35]:
            one       two     three      four key
0      0.467976 -0.038649 -0.295344 -1.824726   L
1     -0.358893  1.404453  0.704965 -0.200638   B
2     -0.501840  0.659254 -0.421691 -0.057688   G
3      0.204886  1.074134  1.388361 -0.982404   R
4      0.354628 -0.133116  0.283763 -0.837063   Q
...         ...       ...       ...       ... ..
9995   2.311896 -0.417070 -1.409599 -0.515821   L
9996  -0.479893 -0.650419  0.745152 -0.646038   E
9997   0.523331  0.787112  0.486066  1.093156   K
9998  -0.362559  0.598894 -1.843201  0.887292   G
9999  -0.096376 -1.012999 -0.657431 -0.573315   0
[10000 rows x 5 columns]
```

파일 전체를 읽는 대신 처음 몇 줄만 읽어보고 싶다면 nrows 옵션을 주면 된다.

```
In [36]: pd.read_csv('examples/ex6.csv', nrows=5)
Out[36]:
        one       two     three      four key
0  0.467976 -0.038649 -0.295344 -1.824726   L
1 -0.358893  1.404453  0.704965 -0.200638   B
2 -0.501840  0.659254 -0.421691 -0.057688   G
3  0.204886  1.074134  1.388361 -0.982404   R
4  0.354628 -0.133116  0.283763 -0.837063   Q
```

파일을 여러 조각으로 나누어서 읽고 싶다면 chunksize 옵션으로 로우의 개수를 주면 된다.

```
In [37]: chunker = pd.read_csv('examples/ex6.csv', chunksize=1000)
```

```
In [38]: chunker
Out[38]: <pandas.io.parsers.TextFileReader at 0x7f6b1e2672e8>
```

read_csv에서 반환된 TextParser 객체를 이용해서 chunksize에 따라 분리된 파일들을 순회할 수 있다. 예를 들어 ex6.csv 파일을 순회하면서 'key' 로우에 있는 값을 세어보려면 다음처럼 하면 된다.

```
chunker = pd.read_csv('examples/ex6.csv', chunksize=1000)

tot = pd.Series([])
for piece in chunker:
    tot = tot.add(piece['key'].value_counts(), fill_value=0)

tot = tot.sort_values(ascending=False)
```

그러면 다음과 같은 결과를 얻을 수 있다.

```
In [40]: tot[:10]
Out[40]:
E    368.0
X    364.0
L    346.0
O    343.0
Q    340.0
M    338.0
J    337.0
F    335.0
K    334.0
H    330.0
dtype: float64
```

TextParser는 임의 크기의 조각을 읽을 수 있는 get_chunk 메서드도 포함하고 있다.

6.1.2 데이터를 텍스트 형식으로 기록하기

읽어오기와 마찬가지로 데이터를 구분자로 구분한 형식으로 내보내는 것도 가능하다. 위에서 읽었던 CSV 파일 중 하나를 다시 보자.

```
In [41]: data = pd.read_csv('examples/ex5.csv')

In [42]: data
Out[42]:
  something  a   b     c   d message
0       one  1   2   3.0   4     NaN
1       two  5   6   NaN   8   world
2     three  9  10  11.0  12     foo
```

DataFrame의 to_csv 메서드를 이용하면 데이터를 쉼표로 구분된 형식으로 파일에 쓸 수 있다.

```
In [43]: data.to_csv('examples/out.csv')

In [44]: !cat examples/out.csv
,something,a,b,c,d,message
0,one,1,2,3.0,4,
1,two,5,6,,8,world
2,three,9,10,11.0,12,foo
```

물론 다른 구분자도 사용 가능하다(콘솔에서 확인할 수 있도록 실제 파일로 기록하지 않고 sys.stdout에 결과를 기록하도록 했다).

```
In [45]: import sys

In [46]: data.to_csv(sys.stdout, sep='|')
|something|a|b|c|d|message
0|one|1|2|3.0|4|
1|two|5|6||8|world
2|three|9|10|11.0|12|foo
```

결과에서 누락된 값은 비어 있는 문자열로 나타나는데, 이것 역시 원하는 값으로 지정 가능하다.

```
In [47]: data.to_csv(sys.stdout, na_rep='NULL')
,something,a,b,c,d,message
0,one,1,2,3.0,4,NULL
1,two,5,6,NULL,8,world
2,three,9,10,11.0,12,foo
```

다른 옵션을 명시하지 않으면 로우와 컬럼 이름이 기록된다. 로우와 컬럼 이름을 포함하지 않으려면 다음과 같이 한다.

```
In [48]: data.to_csv(sys.stdout, index=False, header=False)
one,1,2,3.0,4,
two,5,6,,8,world
three,9,10,11.0,12,foo
```

컬럼의 일부분만 기록할 수도 있으며, 순서를 직접 지정할 수도 있다.

```
In [49]: data.to_csv(sys.stdout, index=False, columns=['a', 'b', 'c'])
a,b,c
1,2,3.0
5,6,
9,10,11.0
```

Series에도 to_csv 메서드가 존재한다.

```
In [50]: dates = pd.date_range('1/1/2000', periods=7)

In [51]: ts = pd.Series(np.arange(7), index=dates)

In [52]: ts.to_csv('examples/tseries.csv')

In [53]: !cat examples/tseries.csv
2000-01-01,0
2000-01-02,1
2000-01-03,2
2000-01-04,3
2000-01-05,4
2000-01-06,5
2000-01-07,6
```

6.1.3 구분자 형식 다루기

pandas_read_table 함수를 이용해서 디스크에 표 형태로 저장된 대부분의 파일 형식을 불러올 수 있다. 하지만 수동으로 처리해야 하는 경우도 있다. read_table 함수가 데이터를 불러오는

데 실패하게끔 만드는 잘못된 라인이 포함되어 있는 데이터를 전달받는 경우도 종종 있다. 우선은 작은 CSV 파일을 불러오는 과정으로 기본적인 도구 사용법을 익혀보자.

```
In [54]: !cat examples/ex7.csv
"a","b","c"
"1","2","3"
"1","2","3"
```

구분자가 한 글자인 파일은 파이썬 내장 csv 모듈을 이용해서 처리할 수 있는데, 열려진 파일 객체를 csv.reader 함수에 넘기기만 하면 된다.

```
import csv
f = open('examples/ex7.csv')

reader = csv.reader(f)
```

파일을 읽듯이 reader를 순회하면 둘러싸고 있던 큰따옴표가 제거된 튜플을 얻을 수 있다.

```
In [56]: for line in reader:
   ....:     print(line)
['a', 'b', 'c']
['1', '2', '3']
['1', '2', '3']
```

이제 원하는 형태로 데이터를 넣을 수 있게 차근차근 따라 해보자. 먼저 파일을 읽어 줄 단위 리스트로 저장한다.

```
In [57]: with open('examples/ex7.csv') as f:
   ....:     lines = list(csv.reader(f))
```

그리고 헤더와 데이터를 구분한다.

```
In [58]: header, values = lines[0], lines[1:]
```

사전 표기법과 로우를 컬럼으로 전치해주는 zip(*values)를 이용해서 데이터 컬럼 사전을 만들어보자.

```
In [59]: data_dict = {h: v for h, v in zip(header, zip(*values))}

In [60]: data_dict
Out[60]: {'a': ('1', '1'), 'b': ('2', '2'), 'c': ('3', '3')}
```

CSV 파일은 다양한 형태로 존재할 수 있다. 다양한 구분자, 문자열을 둘러싸는 방법, 개행 문자 같은 것들은 csv.Dialect를 상속받아 새로운 클래스를 정의해서 해결할 수 있다.

```
class my_dialect(csv.Dialect):
    lineterminator = '\n'
    delimiter = ';'
    quotechar = '"'
    quoting = csv.QUOTE_MINIMAL

reader = csv.reader(f, dialect=my_dialect)
```

서브클래스를 정의하지 않고 csv.reader에 키워드 인자로 각각의 CSV 파일의 특징을 지정해서 전달해도 된다.

```
reader = csv.reader(f, delimiter='|')
```

사용 가능한 옵션(csv.Diaalect의 속성)과 어떤 역할을 하는지에 대해서는 [표 6-3]을 살펴보자.

표 6-3 CSV 관련 옵션

인자	설명
delimiter	필드를 구분하기 위한 한 문자로 된 구분자. 기본값은 ','
lineterminator	파일을 저장할 때 사용할 개행 문자. 기본값은 '\r\n'. 파일을 읽을 때는 이 값을 무시하며, 자동으로 플랫폼별 개행 문자를 인식한다.
quotechar	각 필드에서 값을 둘러싸고 있는 문자. 기본값은 ' " '
quoting	값을 읽거나 쓸 때 둘러쌀 문자 컨벤션. csv.QUOTE_ALL(모든 필드에 적용), csv.QUOTE_MINIMAL(구분자 같은 특별한 문자가 포함된 필드만 적용), csv.QUOTE_NONE(값을 둘러싸지 않음) 옵션이 있다. 자세한 내용은 파이썬 문서를 참고하자. 기본값은 QUOTE_MINIMAL

인자	설명
skipinitialspace	구분자 뒤에 있는 공백 문자를 무시할지 여부. 기본값은 False
doublequote	값을 둘러싸는 문자가 필드 내에 존재할 경우 처리 여부. True일 경우 그 문자까지 모두 둘러싼다. 자세한 내용은 온라인 문서를 참고하자. http://docs.python.org/2/library/csv.html
escapechar	quoting이 csv.QUOTE_NONE일 때 값에 구분자와 같은 문자가 있을 경우 구별할 수 있도록 해주는 이스케이프 문자('\' 같은). 기본값은 None

NOTE_ 더 복잡하거나 구분자가 한 글자를 초과하는 고정 길이를 가진다면 csv 모듈을 사용할 수 없다. 이 경우 줄을 나누고 문자열의 split 메서드나 정규 표현식 메서드인 re.split 등을 이용해서 가공하는 작업이 필요하다.

CSV처럼 구분자로 구분된 파일을 **기록**하려면 csv.writer를 이용하면 된다. csv.writer는 이미 열린, 쓰기가 가능한 파일 객체를 받아서 csv.reader와 동일한 옵션으로 파일을 기록한다.

```python
with open('mydata.csv', 'w') as f:
    writer = csv.writer(f, dialect=my_dialect)
    writer.writerow(('one', 'two', 'three'))
    writer.writerow(('1', '2', '3'))
    writer.writerow(('4', '5', '6'))
    writer.writerow(('7', '8', '9'))
```

6.1.4 JSON 데이터

JSON^(JavaScript Object Notation) 은 웹브라우저와 다른 애플리케이션이 HTTP 요청으로 데이터를 보낼 때 널리 사용하는 표준 파일 형식 중 하나다. JSON은 CSV 같은 표 형식의 텍스트보다 좀 더 유연한 데이터 형식이다. 아래는 JSON 데이터의 예다.

```
obj = """
{"name": "Wes",
 "places_lived": ["United States", "Spain", "Germany"],
 "pet": null,
 "siblings": [{"name": "Scott", "age": 30, "pets": ["Zeus", "Zuko"]},
              {"name": "Katie", "age": 38,
               "pets": ["Sixes", "Stache", "Cisco"]}]
}
"""
```

JSON은 널값 null과 다른 몇 가지 미묘한 차이(리스트의 마지막에 쉼표가 있으면 안 되는 등)를 제외하면 파이썬 코드와 거의 유사하다. 기본 자료형은 객체(사전), 배열(리스트), 문자열, 숫자, 불리언, 그리고 널이다. 객체의 키는 반드시 문자열이어야 한다. JSON 데이터를 읽고 쓸 수 있는 파이썬 라이브러리가 몇 가지 있는데 여기서는 파이썬 표준 라이브러리인 json을 사용하겠다. JSON 문자열을 파이썬 형태로 변환하기 위해서는 json.loads를 사용한다.

```
In [62]: import json

In [63]: result = json.loads(obj)

In [64]: result
Out[64]:
{'name': 'Wes',
 'pet': None,
 'places_lived': ['United States', 'Spain', 'Germany'],
 'siblings': [{'age': 30, 'name': 'Scott', 'pets': ['Zeus', 'Zuko']},
  {'age': 38, 'name': 'Katie', 'pets': ['Sixes', 'Stache', 'Cisco']}]}
```

json.dumps는 파이썬 객체를 JSON 형태로 변환한다.

```
In [65]: asjson = json.dumps(result)
```

JSON 객체나 객체의 리스트를 DataFrame이나 다른 자료구조로 어떻게 변환해서 분석할 것인지는 독자의 몫이다. 편리하게도 JSON 객체의 리스트를 사전을 담고 있는 리스트로 변환하여 DataFrame 생성자로 넘기고 데이터 필드를 선택할 수 있다.

```
In [66]: siblings = pd.DataFrame(result['siblings'], columns=['name', 'age'])

In [67]: siblings
Out[67]:
    name  age
0  Scott   30
1  Katie   38
```

pandas.read_json은 자동으로 JSON 데이터셋을 Series나 DataFrame으로 변환할 수 있다.

```
In [68]: !cat examples/example.json
[{"a": 1, "b": 2, "c": 3},
 {"a": 4, "b": 5, "c": 6},
 {"a": 7, "b": 8, "c": 9}]
```

별다른 옵션이 주어지지 않았을 경우 pandas.read_json은 JSON 배열에 담긴 각 객체를 테이블의 로우로 간주한다.

```
In [69]: data = pd.read_json('examples/example.json')

In [70]: data
Out[70]:
   a  b  c
0  1  2  3
1  4  5  6
2  7  8  9
```

좀 더 심화된 JSON 데이터를 읽고 다루는(중첩된 레코드를 포함해서) 예제는 14.4절 '미국농무부 영양소 정보'의 예제를 참조하자.

pandas의 데이터를 JSON으로 저장하는 한 가지 방법은 Series나 DataFrame의 to_json 함수를 이용하는 것이다.

```
In [71]: print(data.to_json())
{"a":{"0":1,"1":4,"2":7},"b":{"0":2,"1":5,"2":8},"c":{"0":3,"1":6,"2":9}}

In [72]: print(data.to_json(orient='records'))
[{"a":1,"b":2,"c":3},{"a":4,"b":5,"c":6},{"a":7,"b":8,"c":9}]
```

6.1.5 XML과 HTML: 웹 스크래핑

파이썬에는 lxml, Beautiful Soup(뷰티풀 수프), 그리고 html5lib 같은 HTML과 XML 형식의 데이터를 읽고 쓸 수 있는 라이브러리가 무척 많다. 그중에서도 lxml은 가장 빠르게 동작하고 깨진 HTML과 XML 파일도 잘 처리해준다.

pandas에는 read_html이라는 내장 함수가 있다. 이는 lxml이나 Beautiful Soup 같은 라이브러리를 사용해서 자동으로 HTML 파일을 파싱하여 DataFrame으로 변환해준다. 사용법을 알아보기 위해 미연방예금보험공사[FDIC]에서 부도은행을 보여주는 HTML을 다운로드하자.[1] 우선 read_html을 사용하기 위해서는 아래 라이브러리들을 설치해야 한다.

```
conda install lxml
pip install beautifulsoup4 html5lib
```

conda를 사용하지 않는다면 `pip install lxml`을 입력해도 설치가 가능하다.

`pandas.read_html` 함수에는 다양한 옵션이 있는데 기본적으로 <table> 태그 안에 있는 모든 표 형식의 데이터 파싱을 시도한다. 결과는 DataFrame 객체의 리스트에 저장된다.

```
In [73]: tables = pd.read_html('examples/fdic_failed_bank_list.html')

In [74]: len(tables)
Out[74]: 1

In [75]: failures = tables[0]

In [76]: failures.head()
Out[76]:
                        Bank Name             City  ST   CERT  \
0                      Allied Bank         Mulberry  AR     91
1       The Woodbury Banking Company       Woodbury  GA  11297
2            First CornerStone Bank  King of Prussia PA  35312
3               Trust Company Bank          Memphis  TN   9956
4         North Milwaukee State Bank       Milwaukee  WI  20364
                 Acquiring Institution        Closing Date       Updated Date
0                          Today's Bank  September 23, 2016  November 17, 2016
1                          United Bank     August 19, 2016  November 17, 2016
2      First-Citizens Bank & Trust Company      May 6, 2016  September 6, 2016
3            The Bank of Fayette County     April 29, 2016  September 6, 2016
4      First-Citizens Bank & Trust Company   March 11, 2016     June 16, 2016
```

failures에는 컬럼이 많으므로 pandas는 \ 문자로 줄을 구분해서 보여준다.

---

[1] https://www.fdic.gov/bank/individual/failed/banklist.html

나중에 더 살펴보겠지만 지금부터 데이터 정제와 연도별 부도은행 수 계산 등의 분석을 시작할 수 있다.

```
In [77]: close_timestamps = pd.to_datetime(failures['Closing Date'])

In [78]: close_timestamps.dt.year.value_counts()
Out[78]:
2010    157
2009    140
2011     92
2012     51
2008     25
       ...
2004      4
2001      4
2007      3
2003      3
2000      2
Name: Closing Date, Length: 15, dtype: int64
```

lxml.objectify를 이용해서 XML 파싱하기

XML eXtensible Markup Language 은 계층적 구조와 메타데이터를 포함하는 중첩된 데이터 구조를 지원하는 또 다른 유명한 데이터 형식이다.

앞에서는 HTML에서 데이터를 파싱하기 위해 내부적으로 lxml 또는 Beautiful Soup을 사용하는 pandas.read_html 함수를 살펴봤다. XML과 HTML은 구조적으로 유사하지만 XML이 좀 더 범용적이다. 여기서는 lxml을 이용해서 XML 형식에서 데이터를 파싱하는 방법을 살펴보겠다.

뉴욕 MTA Metropolitan Transportation Authority 는 버스와 전철 운영에 관한 여러 가지 데이터를 공개하고 있다. 그중에서 우리가 살펴볼 것은 여러 XML 파일로 제공되는 실적 자료다. 전철과 버스 운영은 매월 다음과 비슷한 내용의 각기 다른 파일(Metro-North Railroad의 경우 Performance_MNR.xml)로 제공된다.

```
<INDICATOR>
  <INDICATOR_SEQ>373889</INDICATOR_SEQ>
  <PARENT_SEQ></PARENT_SEQ>
  <AGENCY_NAME>Metro-North Railroad</AGENCY_NAME>
  <INDICATOR_NAME>Escalator Availability</INDICATOR_NAME>
  <DESCRIPTION>Percent of the time that escalators are operational
  systemwide. The availability rate is based on physical observations performed
  the morning of regular business days only. This is a new indicator the agency
  began reporting in 2009.</DESCRIPTION>
  <PERIOD_YEAR>2011</PERIOD_YEAR>
  <PERIOD_MONTH>12</PERIOD_MONTH>
  <CATEGORY>Service Indicators</CATEGORY>
  <FREQUENCY>M</FREQUENCY>
  <DESIRED_CHANGE>U</DESIRED_CHANGE>
  <INDICATOR_UNIT>%</INDICATOR_UNIT>
  <DECIMAL_PLACES>1</DECIMAL_PLACES>
  <YTD_TARGET>97.00</YTD_TARGET>
  <YTD_ACTUAL></YTD_ACTUAL>
  <MONTHLY_TARGET>97.00</MONTHLY_TARGET>
  <MONTHLY_ACTUAL></MONTHLY_ACTUAL>
</INDICATOR>
```

lxml.objectify를 이용해서 파일을 파싱한 후 getroot 함수를 이용해서 XML 파일의 루트 노드에 대한 참조를 얻어오자.

```
from lxml import objectify

path = 'datasets/mta_perf/Performance_MNR.xml'
parsed = objectify.parse(open(path))
root = parsed.getroot()
```

root.INDICATOR를 이용해서 모든 <INDICATOR> XML 엘리먼트를 끄집어낼 수 있다. 각각의 항목에 대해 몇몇 태그는 제외하고 태그 이름(YTD_ACTUAL 같은)을 키값으로 하는 사전을 만들어낼 수 있다.

```
data = []

skip_fields = ['PARENT_SEQ', 'INDICATOR_SEQ',
               'DESIRED_CHANGE', 'DECIMAL_PLACES']
```

```
for elt in root.INDICATOR:
    el_data = {}
    for child in elt.getchildren():
        if child.tag in skip_fields:
            continue
        el_data[child.tag] = child.pyval
    data.append(el_data)
```

이 사전 리스트를 DataFrame으로 변환하자.

```
In [81]: perf = pd.DataFrame(data)

In [82]: perf.head()
Out[82]:
Empty DataFrame
Columns: []
Index: []
```

XML 데이터를 얻으려면 지금 본 예제보다 훨씬 더 복잡한 과정을 거쳐야 한다. 각각의 태그 또한 메타데이터를 가지고 있을 수 있다. 유효한 XML 형식인 HTML의 <a> 태그를 생각하면 된다.

```
from io import StringIO
tag = '<a href="http://www.google.com">Google</a>'
root = objectify.parse(StringIO(tag)).getroot()
```

이제 태그나 링크 이름에서 어떤 필드(href 같은)라도 접근이 가능하다.

```
In [84]: root
Out[84]: <Element a at 0x7f6b15817748>

In [85]: root.get('href')
Out[85]: 'http://www.google.com'

In [86]: root.text
Out[86]: 'Google'
```

6.2 이진 데이터 형식

데이터를 효율적으로 저장하는 가장 손쉬운 방법은 파이썬에 기본으로 내장되어 있는 pickle **직렬화**를 사용해 데이터를 이진 형식으로 저장하는 것이다. 편리하게도 pandas 객체는 모두 pickle을 이용해서 데이터를 저장하는 to_pickle 메서드를 가지고 있다.

```
In [87]: frame = pd.read_csv('examples/ex1.csv')

In [88]: frame
Out[88]:
   a   b   c   d message
0  1   2   3   4   hello
1  5   6   7   8   world
2  9  10  11  12     foo

In [89]: frame.to_pickle('examples/frame_pickle')
```

pickle로 직렬화된 객체는 내장 함수인 pickle로 직접 불러오거나 아니면 좀 더 편리한 pickle 함수인 pandas.read_pickle 메서드를 이용하여 불러올 수 있다.

```
In [90]: pd.read_pickle('examples/frame_pickle')
Out[90]:
   a   b   c   d message
0  1   2   3   4   hello
1  5   6   7   8   world
2  9  10  11  12     foo
```

> **CAUTION_** pickle은 오래 보관할 필요가 없는 데이터일 경우에만 추천한다. 오랜 시간이 지나도 안정적으로 데이터를 저장할 거라고 보장하기 힘든 문제가 있기 때문이다. 최근에 pickle을 이용해서 저장한 데이터는 나중에 라이브러리 버전이 올라갔을 때 다시 읽어오지 못할 가능성이 있기 때문이다. 많은 노력을 기울여 이 문제를 검증해보았는데 pandas에서는 문제가 되지 않았다. 하지만 앞으로 언젠가 pickle로 저장된 데이터를 하나씩 까봐야 하는 일이 생길 수도 있다.

pandas는 HDF5와 Message-Pack, 두 가지 바이너리 포맷을 지원한다. 다음 절에서 HDF5 예제를 살펴보겠지만 다양한 파일 형식이 실제 독자들의 분석 작업에 얼마나 더 적절한지 직접 살펴보기 권장한다. 다음과 같은 pandas 또는 NumPy 데이터를 위한 다른 저장 형식도 존재한다.

- **Bcolz**
  Blocs 압축 알고리즘에 기반한 압축이 가능한 컬럼지향 바이너리 포맷이다.

- **Feather**
  R 커뮤니티의 해들리 위컴과 내가 함께 설계한 컬럼지향 파일 형식이다. Feather는 아파치 에로우의 메모리 포맷을 사용한다.

6.2.1 HDF5 형식 사용하기

HDF5는 대량의 과학 계산용 배열 데이터를 저장하기 위해 고안된 훌륭한 파일 포맷이다. C 라이브러리로도 존재하며 자바, 줄리아, 매트랩, 그리고 파이썬 같은 다양한 다른 언어에서도 사용할 수 있는 인터페이스를 제공한다. HDF는 Hierarchical Data Format의 약자로 계층적 데이터 형식이라는 뜻이다. 각각의 HDF5 파일은 여러 개의 데이터셋을 저장하고 부가 정보를 기록할 수 있다. 보다 단순한 형식과 비교하면 HDF5는 다양한 압축 기술을 사용해서 온더플라이^{on-the-fly}(실시간) 압축을 지원하며 반복되는 패턴을 가진 데이터를 좀 더 효과적으로 저장할 수 있다. 메모리에 모두 적재할 수 없는 엄청나게 큰 데이터를 아주 큰 배열에서 필요한 작은 부분들만 효과적으로 읽고 쓸 수 있는 훌륭한 선택이다.

PyTables나 h5py 라이브러리를 이용해서 직접 HDF5 파일에 접근하는 것도 가능하지만 pandas는 Series나 DataFrame 객체로 간단히 저장할 수 있는 고수준의 인터페이스를 제공한다. HDFStore 클래스는 사전처럼 작동하며 세밀한 요구 사항도 잘 처리해준다.

```
In [92]: frame = pd.DataFrame({'a': np.random.randn(100)})

In [93]: store = pd.HDFStore('mydata.h5')

In [94]: store['obj1'] = frame

In [95]: store['obj1_col'] = frame['a']

In [96]: store
Out[96]:
<class 'pandas.io.pytables.HDFStore'>
File path: mydata.h5
/obj1                  frame        (shape->[100,1])

/obj1_col              series       (shape->[100])
```

```
/obj2                  frame_table  (typ->appendable,nrows->100,ncols->1,indexers->
[index])
/obj3                  frame_table  (typ->appendable,nrows->100,ncols->1,indexers->
[index])
```

HDF5 파일에 포함된 객체는 파이썬 사전과 유사한 형식으로 사용 가능하다.

```
In [97]: store['obj1']
Out[97]:
          a
0  -0.204708
1   0.478943
2  -0.519439
3  -0.555730
4   1.965781
..       ...
95  0.795253
96  0.118110
97 -0.748532
98  0.584970
99  0.152677
[100 rows x 1 columns]
```

HDFStore는 'fixed'와 'table' 두 가지 저장 스키마를 지원한다. 'table' 스키마가 일반적으로 더 느리지만 아래와 같은 특별한 문법을 이용해 쿼리 연산을 지원한다.

```
In [98]: store.put('obj2', frame, format='table')

In [99]: store.select('obj2', where=['index >= 10 and index <= 15'])
Out[99]:
          a
10  1.007189
11 -1.296221
12  0.274992
13  0.228913
14  1.352917
15  0.886429

In [100]: store.close()
```

put은 명시적인 store['obj2'] = frame 메서드지만 저장 스키마를 지정하는 등의 다른 옵션을 제공한다.

pandas.read_hdf 함수는 이런 기능들을 축약해서 사용할 수 있다.

```
In [101]: frame.to_hdf('mydata.h5', 'obj3', format='table')

In [102]: pd.read_hdf('mydata.h5', 'obj3', where=['index < 5'])
Out[102]:
          a
0 -0.204708
1  0.478943
2 -0.519439
3 -0.555730
4  1.965781
```

NOTE_ 만일 아마존 S3나 HDFS 같은 원격 서버에 저장된 데이터를 처리해야 한다면 아파치 파케이(Parquet) 같은 분산 저장소를 고려하여 설계된 다른 바이너리 형식을 사용하는 편이 좀 더 올바른 선택일 수 있다. 아직 파케이나 다른 저장 형식은 파이썬을 지원하기 위한 개발이 진행 중이므로 이 책에서는 따로 설명하지 않겠다.

만약 로컬 스토리지에서 엄청난 양의 데이터를 다뤄야 한다면 PyTables와 h5py를 살펴보고 목적에 맞는지 알아보기 권장한다. 실제로 대부분의 데이터 분석 문제는 CPU보다는 IO 성능에 의존적이므로 HDF5 같은 도구를 사용하면 애플리케이션의 성능을 어마어마하게 향상시킬 수 있다.

CAUTION_ HDF5는 데이터베이스가 아니다. HDF5는 한 번만 기록하고 자주 여러 번 읽어야 하는 데이터에 최적화되어 있다. 데이터는 아무 때나 파일에 추가할 수 있지만 만약 여러 곳에서 동시에 파일에 추가한다면 파일이 깨지는 문제가 발생할 수 있다.

6.2.2 마이크로소프트 엑셀 파일에서 데이터 읽어오기

pandas는 ExcelFile 클래스나 pandas.read_excel 함수를 사용해서 마이크로소프트 엑셀 2003 이후 버전의 데이터를 읽어올 수 있다. 내부적으로 이들 도구는 XLS 파일과 XLSX 파일을 읽기 위해 각각 xlrd와 openpyxl 패키지를 이용하므로 사용하기 전에 pip이나 conda 명령을 이용해서 두 패키지를 설치해야 한다.

ExcelFile 클래스를 사용하려면 xls나 xlsx 파일의 경로를 지정하여 객체를 생성해야 한다.

```
In [104]: xlsx = pd.ExcelFile('examples/ex1.xlsx')
```

시트에 있는 데이터는 parse 함수를 이용해서 DataFrame으로 읽어올 수 있다.

```
In [105]: pd.read_excel(xlsx, 'Sheet1')
Out[105]:
   a   b   c   d message
0  1   2   3   4   hello
1  5   6   7   8   world
2  9  10  11  12     foo
```

한 파일에서 여러 시트를 읽어오려면 ExcelFile을 생성하면 빠르지만 간단하게는 pandas.read_excel에 파일 이름만 넘겨도 된다.

```
In [106]: frame = pd.read_excel('examples/ex1.xlsx', 'Sheet1')

In [107]: frame
Out[107]:
   a   b   c   d message
0  1   2   3   4   hello
1  5   6   7   8   world
2  9  10  11  12     foo
```

pandas 데이터를 엑셀 파일로 저장하고 싶다면 ExcelWrite를 생성해서 데이터를 기록하고 pandas 객체의 to_excel 메서드로 넘기면 된다.

```
In [108]: writer = pd.ExcelWriter('examples/ex2.xlsx')

In [109]: frame.to_excel(writer, 'Sheet1')

In [110]: writer.save()
```

ExcelWriter를 사용하지 않고 to_excel 메서드에 파일 경로만 넘겨도 된다.

```
In [111]: frame.to_excel('examples/ex2.xlsx')
```

6.3 웹 API와 함께 사용하기

데이터 피드를 JSON이나 여타 다른 형식으로 얻을 수 있는 공개 API를 제공하는 웹사이트가 많다. 파이썬으로 이 API를 사용하는 방법은 다양한데, 내가 추천하는 가장 손쉬운 방법은 requests 패키지[2]를 이용하는 것이다.

pandas 깃허브에서 최근 30개의 이슈를 가져오려면 requests 라이브러리를 이용해서 다음과 같은 GET HTTP 요청을 생성하면 된다.

```
In [113]: import requests

In [114]: url = 'https://api.github.com/repos/pandas-dev/pandas/issues'

In [115]: resp = requests.get(url)

In [116]: resp
Out[116]: <Response [200]>
```

응답 객체의 json 메서드는 JSON의 내용을 파이썬 사전 형태로 변환한 객체를 반환한다.

```
In [117]: data = resp.json()

In [118]: data[0]['title']
Out[118]: 'Period does not round down for frequencies less that 1 hour'
```

data의 각 항목은 깃허브 이슈 페이지(댓글 제외)에서 찾을 수 있는 모든 데이터를 담고 있다. 이 data를 바로 DataFrame으로 생성하고 관심이 있는 필드만 따로 추출할 수 있다.

---

[2] http://docs.python-requests.org

```
In [119]: issues = pd.DataFrame(data, columns=['number', 'title',
   .....:                                      'labels', 'state'])

In [120]: issues
Out[120]:
    number                                              title  \
0    17666  Period does not round down for frequencies les...
1    17665             DOC: improve docstring of function where
2    17664              COMPAT: skip 32-bit test on int repr
3    17662                         implement Delegator class
4    17654  BUG: Fix series rename called with str alterin...
..     ...                                                ...
25   17603  BUG: Correctly localize naive datetime strings...
26   17599                    core.dtypes.generic --> cython
27   17596        Merge cdate_range functionality into bdate_range
28   17587  Time Grouper bug fix when applied for list gro...
29   17583  BUG: fix tz-aware DatetimeIndex + TimedeltaInd...
                                               labels state
0                                                  []  open
1   [{'id': 134699, 'url': 'https://api.github.com...  open
2   [{'id': 563047854, 'url': 'https://api.github....  open
3                                                  []  open
4   [{'id': 76811, 'url': 'https://api.github.com/...  open
..                                                ...   ...
25  [{'id': 76811, 'url': 'https://api.github.com/...  open
26  [{'id': 49094459, 'url': 'https://api.github.c...  open
27  [{'id': 35818298, 'url': 'https://api.github.c...  open
28  [{'id': 233160, 'url': 'https://api.github.com...  open
29  [{'id': 76811, 'url': 'https://api.github.com/...  open
[30 rows x 4 columns]
```

조금만 더 수고하면 평범한 웹 API를 위한 고수준의 인터페이스를 만들어서 DataFrame에 저장하고 쉽게 분석 작업을 수행할 수 있다.

6.4 데이터베이스와 함께 사용하기

비즈니스 관점에서 대부분의 데이터는 텍스트 파일이나 엑셀 파일로 저장하지 않고 SQL 기반의 관계형 데이터베이스(SQL 서버, PostgreSQL, MySQL)를 많이 사용하는데, 다른 종류의 대안 데이터베이스들도 꽤 인기를 끌고 있다. 데이터베이스는 보통 애플리케이션에서 필요한 성능이나 데이터 무결성 그리고 확장성에 맞춰서 선택하는 것이 일반적이다.

SQL에서 데이터를 읽어 와서 DataFrame에 저장하는 것은 꽤 직관적이며 pandas에는 이 과정을 간결하게 해주는 몇 가지 함수가 있다. 한 예로 파이썬의 내장 sqlite3 드라이버를 사용해서 SQLite 데이터베이스를 이용할 수 있다.

```
In [121]: import sqlite3

In [122]: query = """
   .....: CREATE TABLE test
   .....: (a VARCHAR(20), b VARCHAR(20),
   .....:  c REAL,        d INTEGER
   .....: );"""

In [123]: con = sqlite3.connect('mydata.sqlite')

In [124]: con.execute(query)
Out[124]: <sqlite3.Cursor at 0x7f6b12a50f10>

In [125]: con.commit()
```

이제 데이터를 몇 개 입력한다.

```
In [126]: data = [('Atlanta', 'Georgia', 1.25, 6),
   .....:         ('Tallahassee', 'Florida', 2.6, 3),
   .....:         ('Sacramento', 'California', 1.7, 5)]

In [127]: stmt = "INSERT INTO test VALUES(?, ?, ?, ?)"

In [128]: con.executemany(stmt, data)
Out[128]: <sqlite3.Cursor at 0x7f6b15c66ce0>

In [129]: con.commit()
```

대부분의 파이썬 SQL 드라이버(PyODBC, psycopg2, MySQLdb, pymssql 등)는 테이블에 대해 select 쿼리를 수행하면 튜플 리스트를 반환한다.

```
In [130]: cursor = con.execute('select * from test')

In [131]: rows = cursor.fetchall()

In [132]: rows
Out[132]:
[('Atlanta', 'Georgia', 1.25, 6),
 ('Tallahassee', 'Florida', 2.6, 3),
 ('Sacramento', 'California', 1.7, 5)]
```

반환된 튜플 리스트를 DataFrame 생성자에 바로 전달해도 되지만, 컬럼 이름을 지정해주면 더 편하다. cursor의 description 속성을 활용하자.

```
In [133]: cursor.description
Out[133]:
(('a', None, None, None, None, None, None),
 ('b', None, None, None, None, None, None),
 ('c', None, None, None, None, None, None),
 ('d', None, None, None, None, None, None))

In [134]: pd.DataFrame(rows, columns=[x[0] for x in cursor.description])
Out[134]:
            a           b     c  d
0     Atlanta     Georgia  1.25  6
1 Tallahassee     Florida  2.60  3
2  Sacramento  California  1.70  5
```

데이터베이스에 쿼리를 보내기 위해 매번 이렇게 하는 건 너무 귀찮은 일이다. 유명한 파이썬 SQL 툴킷인 SQLAlchemy(SQL알케미) 프로젝트는 SQL 데이터베이스 간의 일반적인 차이점을 추상화하여 제공한다. pandas는 read_sql 함수를 제공하여 SQLAlchemy의 일반적인 연결을 이용해 쉽게 데이터를 읽을 수 있게 한다. 다음은 SQLAlchemy를 사용하여 같은 SQLite 데이터베이스에 접속하고 앞서 만든 테이블에서 데이터를 읽어오는 예다.

```
In [135]: import sqlalchemy as sqla

In [136]: db = sqla.create_engine('sqlite:///mydata.sqlite')

In [137]: pd.read_sql('select * from test', db)
```

```
Out[137]:
            a           b     c  d
0     Atlanta     Georgia  1.25  6
1  Tallahassee    Florida  2.60  3
2   Sacramento  California  1.70  5
```

6.5 마치며

데이터에 접근하는 것은 데이터 분석 과정의 첫 번째 관문이다. 이 장에서는 이 관문을 통과하는 데 도움이 될 만한 여러 가지 도구를 살펴봤다. 다음 장에서는 데이터 정제, 시각화, 시계열 분석 및 다른 주제를 좀 더 깊이 살펴보겠다.

CHAPTER 7

데이터 정제 및 준비

데이터 분석과 모델링 작업에서는 데이터를 불러오고, 정제하고, 변형하고, 재정렬하는 데이터 준비 과정에 많은 시간을 들이게 된다. 이런 작업들은 분석 시간의 80%를 잡아먹기도 한다. 가끔은 파일이나 데이터베이스에 저장된 데이터가 애플리케이션에서 사용하기 쉽지 않은 방식으로 저장되어 있기도 하다. 대부분의 사람은 파일이나 데이터베이스에 저장된 데이터를 다른 형태로 바꾸기 위해 파이썬이나 Perl, R, Java 혹은 awk나 sed 같은 유닉스의 텍스트 처리 유틸리티를 사용하기도 하는데, 파이썬 표준 라이브러리를 pandas와 함께 사용하면 큰 수고 없이 데이터를 원하는 형태로 가공할 수 있다. pandas는 이런 작업을 위한 유연하고 빠른 고수준의 알고리즘과 처리 기능을 제공한다.

혹시 이 책이나 pandas 라이브러리에서 찾을 수 없는 새로운 형태의 데이터 처리 방식을 발견하게 된다면 파이썬 메일링 리스트나 pandas 깃허브에 올려놓기 바란다. 실제로 pandas는 대부분의 설계와 구현에 실제 애플리케이션 개발 과정 중에 발생한 요구 사항을 고려했다.

이 장에서는 결측치, 중복 데이터, 문자열 처리 그리고 다른 분석적 데이터 변환에 대한 도구들을 다룬다. 다음 장에서는 데이터를 합치고 재배열하는 다양한 방법을 알아보겠다.

7.1 누락된 데이터 처리하기

누락된 데이터를 처리하는 일은 데이터 분석 애플리케이션에서 흔히 발생하는 일이다. pandas

의 설계 목표 중 하나는 누락 데이터를 가능한 한 쉽게 처리할 수 있도록 하는 것이다. 예를 들어 pandas 객체의 모든 기술 통계는 누락된 데이터를 배제하고 처리한다.

pandas 객체에서 누락된 값을 표현하는 방식은 완벽하다고 할 수 없다. 산술 데이터에 한해 pandas는 누락된 데이터를 실숫값인 NaN으로 취급한다. 이는 누락된 값을 쉽게 찾을 수 있도록 하는 파수병 역할을 한다.

```
In [10]: string_data = pd.Series(['aardvark', 'artichoke', np.nan, 'avocado'])

In [11]: string_data
Out[11]:
0      aardvark
1     artichoke
2           NaN
3       avocado
dtype: object

In [12]: string_data.isnull()
Out[12]:
0    False
1    False
2     True
3    False
dtype: bool
```

pandas에서는 R 프로그래밍 언어에서 결측치를 NA[Not Available]로 취급하는 개념을 차용했다. 분석 애플리케이션에서 NA 데이터는 데이터가 존재하지 않거나, 존재하더라도 데이터를 수집하는 과정 등에서 검출되지 않았음을 의미한다. 분석을 위해 데이터를 정제하는 과정에서 결측치 자체를 데이터 수집 과정에서의 실수나 결측치로 인한 잠재적인 편향을 찾아내는 수단으로 인식하는 것은 중요하다.

파이썬의 내장 None 값 또한 NA 값으로 취급된다.

```
In [13]: string_data[0] = None

In [14]: string_data.isnull()
Out[14]:
0     True
```

```
1    False
2     True
3    False
dtype: bool
```

pandas 프로젝트에서는 결측치를 처리하는 방법을 개선하는 작업이 진행 중이지만 pandas. isnull 같은 사용자 API 함수에서는 성가신 부분을 추상화로 제거했다. [표 7-1]에 결측치 처리와 관련된 함수를 정리해두었다.

표 7-1 NA 처리 메서드

인자	설명
dropna	누락된 데이터가 있는 축(로우, 컬럼)을 제외시킨다. 어느 정도의 누락 데이터까지 용인할 것인지 지정할 수 있다.
fillna	누락된 데이터를 대신할 값을 채우거나 'ffill'이나 'bfill' 같은 보간 메서드를 적용한다.
isnull	누락되거나 NA인 값을 알려주는 불리언값이 저장된 같은 형의 객체를 반환한다.
notnull	isnull과 반대되는 메서드

7.1.1 누락된 데이터 골라내기

누락된 데이터를 골라내는 몇 가지 방법이 있는데, pandas.isnull이나 불리언 색인을 사용해 직접 손으로 제거하는 것도 한 가지 방법이지만, dropna를 매우 유용하게 사용할 수 있다. Series에 dropna 메서드를 적용하면 널이 아닌 non-null 데이터와 색인값만 들어 있는 Series를 반환한다.

```
In [15]: from numpy import nan as NA

In [16]: data = pd.Series([1, NA, 3.5, NA, 7])

In [17]: data.dropna()
Out[17]:
0    1.0
2    3.5
4    7.0
dtype: float64
```

위 코드는 다음과 동일하다.

```
In [18]: data[data.notnull()]
Out[18]:
0    1.0
2    3.5
4    7.0
dtype: float64
```

DataFrame 객체의 경우에는 조금 복잡한데, 모두 NA 값인 로우나 컬럼을 제외시키거나 NA 값을 하나라도 포함하고 있는 로우나 컬럼을 제외시킬 수 있다. dropna는 기본적으로 NA 값을 하나라도 포함하고 있는 로우를 제외시킨다.

```
In [19]: data = pd.DataFrame([[1., 6.5, 3.], [1., NA, NA],
   ....:                      [NA, NA, NA], [NA, 6.5, 3.]])

In [20]: cleaned = data.dropna()

In [21]: data
Out[21]:
     0    1    2
0  1.0  6.5  3.0
1  1.0  NaN  NaN
2  NaN  NaN  NaN
3  NaN  6.5  3.0

In [22]: cleaned
Out[22]:
     0    1    2
0  1.0  6.5  3.0
```

how='all' 옵션을 넘기면 모두 NA 값인 로우만 제외시킨다.

```
In [23]: data.dropna(how='all')
Out[23]:
     0    1    2
0  1.0  6.5  3.0
1  1.0  NaN  NaN
3  NaN  6.5  3.0
```

컬럼을 제외시키는 방법도 동일하게 동작한다. 옵션으로 axis=1을 넘겨주면 된다.

```
In [24]: data[4] = NA

In [25]: data
Out[25]:
     0    1    2    4
0  1.0  6.5  3.0  NaN
1  1.0  NaN  NaN  NaN
2  NaN  NaN  NaN  NaN
3  NaN  6.5  3.0  NaN

In [26]: data.dropna(axis=1, how='all')
Out[26]:
     0    1    2
0  1.0  6.5  3.0
1  1.0  NaN  NaN
2  NaN  NaN  NaN
3  NaN  6.5  3.0
```

DataFrame의 로우를 제외시키는 방법은 시계열 데이터에 주로 사용되는 경향이 있다. 몇 개 이상의 값이 들어 있는 로우만 살펴보고 싶다면 thresh 인자에 원하는 값을 넘기면 된다.

```
In [27]: df = pd.DataFrame(np.random.randn(7, 3))

In [28]: df.iloc[:4, 1] = NA

In [29]: df.iloc[:2, 2] = NA

In [30]: df
Out[30]:
          0         1         2
0 -0.204708       NaN       NaN
1 -0.555730       NaN       NaN
2  0.092908       NaN  0.769023
3  1.246435       NaN -1.296221
4  0.274992  0.228913  1.352917
5  0.886429 -2.001637 -0.371843
6  1.669025 -0.438570 -0.539741

In [31]: df.dropna()
Out[31]:
          0         1         2
4  0.274992  0.228913  1.352917
```

```
5  0.886429 -2.001637 -0.371843
6  1.669025 -0.438570 -0.539741

In [32]: df.dropna(thresh=2)
Out[32]:
          0         1         2
2  0.092908       NaN  0.769023
3  1.246435       NaN -1.296221
4  0.274992  0.228913  1.352917
5  0.886429 -2.001637 -0.371843
6  1.669025 -0.438570 -0.539741
```

7.1.2 결측치 채우기

누락된 값을 제외시키지 않고(잠재적으로 다른 데이터도 함께 버려질 가능성이 있다) 데이터 상의 '구멍'을 어떻게든 메우고 싶은 경우가 있다. 이 경우 fillna 메서드를 활용하면 되는데, fillna 메서드에 채워 넣고 싶은 값을 넘겨주면 된다.

```
In [33]: df.fillna(0)
Out[33]:
          0         1         2
0 -0.204708  0.000000  0.000000
1 -0.555730  0.000000  0.000000
2  0.092908  0.000000  0.769023
3  1.246435  0.000000 -1.296221
4  0.274992  0.228913  1.352917
5  0.886429 -2.001637 -0.371843
6  1.669025 -0.438570 -0.539741
```

fillna에 사전값을 넘겨서 각 컬럼마다 다른 값을 채울 수도 있다.

```
In [34]: df.fillna({1: 0.5, 2: 0})
Out[34]:
          0         1         2
0 -0.204708  0.500000  0.000000
1 -0.555730  0.500000  0.000000
2  0.092908  0.500000  0.769023
3  1.246435  0.500000 -1.296221
```

```
4  0.274992  0.228913  1.352917
5  0.886429 -2.001637 -0.371843
6  1.669025 -0.438570 -0.539741
```

fillna는 새로운 객체를 반환하지만 다음처럼 기존 객체를 변경할 수도 있다.

```
In [35]: _ = df.fillna(0, inplace=True)

In [36]: df
Out[36]:
          0         1         2
0 -0.204708  0.000000  0.000000
1 -0.555730  0.000000  0.000000
2  0.092908  0.000000  0.769023
3  1.246435  0.000000 -1.296221
4  0.274992  0.228913  1.352917
5  0.886429 -2.001637 -0.371843
6  1.669025 -0.438570 -0.539741
```

재색인에서 사용 가능한 보간 메서드는 fillna 메서드에서도 사용 가능하다.

```
In [37]: df = pd.DataFrame(np.random.randn(6, 3))

In [38]: df.iloc[2:, 1] = NA

In [39]: df.iloc[4:, 2] = NA

In [40]: df
Out[40]:
          0         1         2
0  0.476985  3.248944 -1.021228
1 -0.577087  0.124121  0.302614
2  0.523772       NaN  1.343810
3 -0.713544       NaN -2.370232
4 -1.860761       NaN       NaN
5 -1.265934       NaN       NaN

In [41]: df.fillna(method='ffill')
Out[41]:
          0         1         2
0  0.476985  3.248944 -1.021228
```

```
1  -0.577087   0.124121   0.302614
2   0.523772   0.124121   1.343810
3  -0.713544   0.124121  -2.370232
4  -1.860761   0.124121  -2.370232
5  -1.265934   0.124121  -2.370232

In [42]: df.fillna(method='ffill', limit=2)
Out[42]:
          0          1          2
0   0.476985   3.248944  -1.021228
1  -0.577087   0.124121   0.302614
2   0.523772   0.124121   1.343810
3  -0.713544   0.124121  -2.370232
4  -1.860761        NaN  -2.370232
5  -1.265934        NaN  -2.370232
```

조금만 창의적으로 생각하면 fillna를 이용해서 매우 다양한 일을 할 수 있는데 예를 들어 Series의 평균값이나 중간값을 전달할 수도 있다.

```
In [43]: data = pd.Series([1., NA, 3.5, NA, 7])

In [44]: data.fillna(data.mean())
Out[44]:
0    1.000000
1    3.833333
2    3.500000
3    3.833333
4    7.000000
dtype: float64
```

fillna에 대한 설명은 [표 7-2]를 참조하자.

표 7-2 fillna 함수 인자

인자	설명
value	비어 있는 값을 채울 스칼라값이나 사전 형식의 객체
method	보간 방식. 기본적으로 'ffill'을 사용한다.
axis	값을 채워 넣을 축. 기본값은 axis=0이다.
inplace	복사본을 생성하지 않고 호출한 객체를 변경한다. 기본값은 False다.
limit	값을 앞 혹은 뒤에서부터 몇 개까지 채울지 지정한다.

7.2 데이터 변형

지금까지 데이터를 재배치하는 방법을 알아봤다. 필터링, 정제 및 다른 변형 역시 중요한 연산이다.

7.2.1 중복 제거하기

여러 가지 이유로 DataFrame에서 중복된 로우를 발견할 수 있다. 예제를 보자.

```
In [45]: data = pd.DataFrame({'k1': ['one', 'two'] * 3 + ['two'],
   ....:                      'k2': [1, 1, 2, 3, 3, 4, 4]})

In [46]: data
Out[46]:
    k1  k2
0  one   1
1  two   1
2  one   2
3  two   3
4  one   3
5  two   4
6  two   4
```

DataFrame의 duplicated 메서드는 각 로우가 중복인지 아닌지 알려주는 불리언 Series를 반환한다.

```
In [47]: data.duplicated()
Out[47]:
0    False
1    False
2    False
3    False
4    False
5    False
6     True
dtype: bool
```

drop_duplicates는 duplicated 배열이 False인 DataFrame을 반환한다.

```
In [48]: data.drop_duplicates()
Out[48]:
    k1  k2
0  one   1
1  two   1
2  one   2
3  two   3
4  one   3
5  two   4
```

이 두 메서드는 기본적으로 모든 컬럼에 적용되며 중복을 찾아내기 위한 부분합을 따로 지정해 줄 수도 있다. 새로운 컬럼을 하나 추가하고 'k1' 컬럼에 기반해서 중복을 걸러내려면 다음과 같이 한다.

```
In [49]: data['v1'] = range(7)

In [50]: data.drop_duplicates(['k1'])
Out[50]:
    k1  k2  v1
0  one   1   0
1  two   1   1
```

duplicated와 drop_duplicates는 기본적으로 처음 발견된 값을 유지한다. keep='last' 옵션을 넘기면 마지막으로 발견된 값을 반환한다.

```
In [51]: data.drop_duplicates(['k1', 'k2'], keep='last')
Out[51]:
    k1  k2  v1
0  one   1   0
1  two   1   1
2  one   2   2
3  two   3   3
4  one   3   4
6  two   4   6
```

7.2.2 함수나 매핑을 이용해서 데이터 변형하기

데이터를 다루다 보면 DataFrame의 컬럼이나 Series, 배열 내의 값을 기반으로 데이터의 형태를 변환하고 싶은 경우가 있다. 가상으로 수집한 육류에 대한 다음 정보를 한번 살펴보자.

```
In [52]: data = pd.DataFrame({'food': ['bacon', 'pulled pork', 'bacon',
   ....:                                'Pastrami', 'corned beef', 'Bacon',
   ....:                                'pastrami', 'honey ham', 'nova lox'],
   ....:                      'ounces': [4, 3, 12, 6, 7.5, 8, 3, 5, 6]})

In [53]: data
Out[53]:
          food  ounces
0        bacon     4.0
1  pulled pork     3.0
2        bacon    12.0
3     Pastrami     6.0
4  corned beef     7.5
5        Bacon     8.0
6     pastrami     3.0
7    honey ham     5.0
8     nova lox     6.0
```

그리고 해당 육류가 어떤 동물의 고기인지 알려줄 수 있는 컬럼을 하나 추가한다고 가정하고 육류별 동물을 담고 있는 사전 데이터를 아래처럼 작성하자.

```
meat_to_animal = {
  'bacon': 'pig',
  'pulled pork': 'pig',
  'pastrami': 'cow',
  'corned beef': 'cow',
  'honey ham': 'pig',
  'nova lox': 'salmon'
}
```

Series의 map 메서드는 사전류의 객체나 어떤 함수를 받을 수 있는데, 위 데이터에는 육류 이름에 대소문자가 섞여 있는 사소한 문제가 있으므로 str.lower 메서드를 사용해서 모두 소문자로 변경한다.

```
In [55]: lowercased = data['food'].str.lower()
```

```
In [56]: lowercased
Out[56]:
0          bacon
1    pulled pork
2          bacon
3       pastrami
4    corned beef
5          bacon
6       pastrami
7      honey ham
8       nova lox
Name: food, dtype: object

In [57]: data['animal'] = lowercased.map(meat_to_animal)

In [58]: data
Out[58]:
          food  ounces  animal
0        bacon     4.0     pig
1  pulled pork     3.0     pig
2        bacon    12.0     pig
3     Pastrami     6.0     cow
4  corned beef     7.5     cow
5       Bacon     8.0     pig
6     pastrami     3.0     cow
7    honey ham     5.0     pig
8     nova lox     6.0  salmon
```

물론 함수를 넘겨서 같은 일을 수행할 수도 있다.

```
In [59]: data['food'].map(lambda x: meat_to_animal[x.lower()])
Out[59]:
0       pig
1       pig
2       pig
3       cow
4       cow
5       pig
6       cow
7       pig
8    salmon
Name: food, dtype: object
```

map 메서드를 사용하면 데이터의 요소별 변환 및 데이터를 다듬는 작업을 편리하게 수행할 수 있다.

7.2.3 값 치환하기

fillna 메서드를 사용해서 누락된 값을 채우는 일은 일반적인 값 치환 작업이라고 볼 수 있다. 위에서 살펴봤듯이 map 메서드를 한 객체 안에서 값의 부분집합을 변경하는 데 사용했다면 replace 메서드는 같은 작업에 대해 좀 더 간단하고 유연한 방법을 제공한다. 다음 Series 객체를 살펴보자.

```
In [60]: data = pd.Series([1., -999., 2., -999., -1000., 3.])

In [61]: data
Out[61]:
0       1.0
1    -999.0
2       2.0
3    -999.0
4   -1000.0
5       3.0
dtype: float64
```

-999는 누락된 데이터를 나타내기 위한 값이다. replace 메서드를 이용하면 이 값을 pandas에서 인식할 수 있는 NA 값으로 치환한 새로운 Series를 생성할 수 있다(인자로 inplace=True를 넘기지 않았다면).

```
In [62]: data.replace(-999, np.nan)
Out[62]:
0       1.0
1       NaN
2       2.0
3       NaN
4   -1000.0
5       3.0
dtype: float64
```

여러 개의 값을 한 번에 치환하려면 하나의 값 대신 치환하려는 값의 리스트를 넘기면 된다.

```
In [63]: data.replace([-999, -1000], np.nan)
Out[63]:
0    1.0
1    NaN
2    2.0
3    NaN
4    NaN
5    3.0
dtype: float64
```

치환하려는 값마다 다른 값으로 치환하려면 누락된 값 대신 새로 지정할 값의 리스트를 사용하면 된다.

```
In [64]: data.replace([-999, -1000], [np.nan, 0])
Out[64]:
0    1.0
1    NaN
2    2.0
3    NaN
4    0.0
5    3.0
dtype: float64
```

두 개의 리스트 대신 사전을 이용하는 것도 가능하다.

```
In [65]: data.replace({-999: np.nan, -1000: 0})
Out[65]:
0    1.0
1    NaN
2    2.0
3    NaN
4    0.0
5    3.0
dtype: float64
```

NOTE_ data.replace 메서드는 문자열 치환을 항목 단위로 수행하는 data.str.replace와 구별되는데 자세한 내용은 나중에 Series의 문자열 메서드와 함께 알아보겠다.

7.2.4 축 색인 이름 바꾸기

Series의 값들처럼 축 이름 역시 유사한 방식으로 함수나 새롭게 바꿀 값을 이용해서 변환할 수 있다. 새로운 자료구조를 만들지 않고 그 자리에서 바로 축 이름을 변경하는 것이 가능하다. 다음 예제를 살펴보자.

```
In [66]: data = pd.DataFrame(np.arange(12).reshape((3, 4)),
   ....:                     index=['Ohio', 'Colorado', 'New York'],
   ....:                     columns=['one', 'two', 'three', 'four'])
```

Series와 마찬가지로 축 색인에도 map 메서드가 있다.

```
In [67]: transform = lambda x: x[:4].upper()

In [68]: data.index.map(transform)
Out[68]: Index(['OHIO', 'COLO', 'NEW '], dtype='object')
```

대문자로 변경된 축 이름을 DataFrame의 index에 바로 대입할 수 있다.

```
In [69]: data.index = data.index.map(transform)

In [70]: data
Out[70]:
      one  two  three  four
OHIO    0    1      2     3
COLO    4    5      6     7
NEW     8    9     10    11
```

원래 객체를 변경하지 않고 새로운 객체를 생성하려면 rename 메서드를 사용한다.

```
In [71]: data.rename(index=str.title, columns=str.upper)
Out[71]:
      ONE  TWO  THREE  FOUR
Ohio    0    1      2     3
Colo    4    5      6     7
New     8    9     10    11
```

특히 rename 메서드는 사전 형식의 객체를 이용해서 축 이름 중 일부만 변경하는 것도 가능하다.

```
In [72]: data.rename(index={'OHIO': 'INDIANA'},
   ....:             columns={'three': 'peekaboo'})
Out[72]:
         one  two  peekaboo  four
INDIANA   0    1       2       3
COLO      4    5       6       7
NEW       8    9      10      11
```

rename 메서드를 사용하면 DataFrame을 직접 복사해서 index와 columns 속성을 갱신할 필요 없이 바로 변경할 수 있다. 원본 데이터를 바로 변경하려면 inplace=True 옵션을 넘겨주면 된다.

```
In [73]: data.rename(index={'OHIO': 'INDIANA'}, inplace=True)

In [74]: data
Out[74]:
         one  two  three  four
INDIANA   0    1     2      3
COLO      4    5     6      7
NEW       8    9    10     11
```

7.2.5 개별화와 양자화

연속성 데이터는 종종 개별로 분할하거나 아니면 분석을 위해 그룹별로 나누기도 하는데, 수업에 참여하는 학생 그룹 데이터가 있고, 나이대에 따라 분류한다고 가정하자.

```
In [75]: ages = [20, 22, 25, 27, 21, 23, 37, 31, 61, 45, 41, 32]
```

이 데이터를 pandas의 cut 함수를 이용해서 18-25, 26-35, 35-60, 60 이상 그룹으로 나누어보자.

```
In [76]: bins = [18, 25, 35, 60, 100]
```

```
In [77]: cats = pd.cut(ages, bins)

In [78]: cats
Out[78]:
[(18, 25], (18, 25], (18, 25], (25, 35], (18, 25], ..., (25, 35], (60, 100], (35,
 60], (35, 60], (25, 35]]
Length: 12
Categories (4, interval[int64]): [(18, 25] < (25, 35] < (35, 60] < (60, 100]]
```

pandas에서 반환하는 객체는 Categorical이라는 특수한 객체다. 결과에서 보이는 그룹은 pandas.cut으로 계산된 것이다. 이 객체는 그룹 이름이 담긴 배열이라고 생각하면 된다. 이 Categorical 객체는 codes 속성에 있는 ages 데이터에 대한 카테고리 이름을 categories라는 배열에 내부적으로 담고 있다.

```
In [79]: cats.codes
Out[79]: array([0, 0, 0, 1, 0, 0, 2, 1, 3, 2, 2, 1], dtype=int8)

In [80]: cats.categories
Out[80]:
IntervalIndex([(18, 25], (25, 35], (35, 60], (60, 100]]
              closed='right',
              dtype='interval[int64]')

In [81]: pd.value_counts(cats)
Out[81]:
(18, 25]     5
(35, 60]     3
(25, 35]     3
(60, 100]    1
dtype: int64
```

pd.value_counts(cats)는 pandas.cut 결과에 대한 그룹 수다.

간격을 나타내는 표기법은 중괄호로 시작해서 대괄호로 끝나는데 **중괄호 쪽의 값은 포함하지 않고 대괄호 쪽의 값은 포함**하는 간격을 나타낸다. right=False를 넘겨서 중괄호 대신 대괄호 쪽이 포함되지 않도록 바꿀 수 있다.

```
In [82]: pd.cut(ages, [18, 26, 36, 61, 100], right=False)
```

```
Out[82]:
[[18, 26), [18, 26), [18, 26), [26, 36), [18, 26), ..., [26, 36), [61, 100), [36,
 61), [36, 61), [26, 36)]
Length: 12
Categories (4, interval[int64]): [[18, 26) < [26, 36) < [36, 61) < [61, 100)]
```

labels 옵션으로 그룹의 이름을 직접 넘겨줄 수도 있다.

```
In [83]: group_names = ['Youth', 'YoungAdult', 'MiddleAged', 'Senior']

In [84]: pd.cut(ages, bins, labels=group_names)
Out[84]:
[Youth, Youth, Youth, YoungAdult, Youth, ..., YoungAdult, Senior, MiddleAged, Mid
dleAged, YoungAdult]
Length: 12
Categories (4, object): [Youth < YoungAdult < MiddleAged < Senior]
```

만약 cut 함수에 명시적으로 그룹의 경곗값을 넘기지 않고 그룹의 개수를 넘겨주면 데이터에서 최솟값과 최댓값을 기준으로 균등한 길이의 그룹을 자동으로 계산한다. 어떤 균등분포 내에서 4개의 그룹으로 나누는 경우를 생각해보자.

```
In [85]: data = np.random.rand(20)

In [86]: pd.cut(data, 4, precision=2)
Out[86]:
[(0.34, 0.55], (0.34, 0.55], (0.76, 0.97], (0.76, 0.97], (0.34, 0.55], ..., (0.34
, 0.55], (0.34, 0.55], (0.55, 0.76], (0.34, 0.55], (0.12, 0.34]]
Length: 20
Categories (4, interval[float64]): [(0.12, 0.34] < (0.34, 0.55] < (0.55, 0.76] <
(0.76, 0.97]]
```

precision=2 옵션은 소수점 아래 2자리까지로 제한한다.

이를 위한 가장 적합한 함수로 qcut이 있는데 표본 변위치를 기반으로 데이터를 나눠준다. cut 함수를 사용하면 데이터의 분산에 따라 각각의 그룹마다 데이터 수가 다르게 나뉘는 경우가 많다. qcut은 표준 변위치를 사용하기 때문에 적당히 같은 크기의 그룹으로 나눌 수 있다.

```
In [87]: data = np.random.randn(1000) # 정규 분포

In [88]: cats = pd.qcut(data, 4) # 4분위로 분류

In [89]: cats
Out[89]:
[(-0.0265, 0.62], (0.62, 3.928], (-0.68, -0.0265], (0.62, 3.928], (-0.0265, 0.62]
, ..., (-0.68, -0.0265], (-0.68, -0.0265], (-2.95, -0.68], (0.62, 3.928], (-0.68,
 -0.0265]]
Length: 1000
Categories (4, interval[float64]): [(-2.95, -0.68] < (-0.68, -0.0265] < (-0.0265,
 0.62] <
                                                     (0.62, 3.928]]

In [90]: pd.value_counts(cats)
Out[90]:
(0.62, 3.928]        250
(-0.0265, 0.62]      250
(-0.68, -0.0265]     250
(-2.95, -0.68]       250
dtype: int64
```

cut 함수와 유사하게 변위치를 직접 지정해줄 수 있다(변위치는 0부터 1까지다).

```
In [91]: pd.qcut(data, [0, 0.1, 0.5, 0.9, 1.])
Out[91]:
[(-0.0265, 1.286], (-0.0265, 1.286], (-1.187, -0.0265], (-0.0265, 1.286], (-0.026
5, 1.286], ..., (-1.187, -0.0265], (-1.187, -0.0265], (-2.95, -1.187], (-0.0265,
1.286], (-1.187, -0.0265]]
Length: 1000
Categories (4, interval[float64]): [(-2.95, -1.187] < (-1.187, -0.0265] < (-0.026
5, 1.286] <
                                                     (1.286, 3.928]]
```

그룹 분석과 변위치를 다룰 때는 cut과 qcut 함수 같은 이산함수가 특히 더 유용한데 이 내용은 수집과 그룹 연산을 다루는 10장에서 다시 한 번 살펴보도록 하겠다.

7.2.6 특잇값을 찾고 제외하기

배열 연산을 수행할 때는 특잇값outlier을 제외하거나 적당한 값으로 대체하는 것이 중요하다. 적절히 분산된 값이 담겨 있는 다음 DataFrame을 살펴보자.

```
In [92]: data = pd.DataFrame(np.random.randn(1000, 4))

In [93]: data.describe()
Out[93]:
                 0            1            2            3
count  1000.000000  1000.000000  1000.000000  1000.000000
mean      0.049091     0.026112    -0.002544    -0.051827
std       0.996947     1.007458     0.995232     0.998311
min      -3.645860    -3.184377    -3.745356    -3.428254
25%      -0.599807    -0.612162    -0.687373    -0.747478
50%       0.047101    -0.013609    -0.022158    -0.088274
75%       0.756646     0.695298     0.699046     0.623331
max       2.653656     3.525865     2.735527     3.366626
```

이 DataFrame의 한 컬럼에서 절댓값이 3을 초과하는 값을 찾아내자.

```
In [94]: col = data[2]

In [95]: col[np.abs(col) > 3]
Out[95]:
41    -3.399312
136   -3.745356
Name: 2, dtype: float64
```

절댓값이 3을 초과하는 값이 들어 있는 모든 로우를 선택하려면 불리언 DataFrame에서 any 메서드를 사용하면 된다.

```
In [96]: data[(np.abs(data) > 3).any(1)]
Out[96]:
            0         1         2         3
41   0.457246 -0.025907 -3.399312 -0.974657
60   1.951312  3.260383  0.963301  1.201206
136  0.508391 -0.196713 -3.745356 -1.520113
235 -0.242459 -3.056990  1.918403 -0.578828
258  0.682841  0.326045  0.425384 -3.428254
```

```
322  1.179227 -3.184377  1.369891 -1.074833
544 -3.548824  1.553205 -2.186301  1.277104
635 -0.578093  0.193299  1.397822  3.366626
782 -0.207434  3.525865  0.283070  0.544635
803 -3.645860  0.255475 -0.549574 -1.907459
```

이 기준대로 쉽게 값을 선택할 수 있으며, 아래 코드로 −3이나 3을 초과하는 값을 −3 또는 3으로 지정할 수 있다.

```
In [97]: data[np.abs(data) > 3] = np.sign(data) * 3

In [98]: data.describe()
Out[98]:
                 0            1            2            3
count  1000.000000  1000.000000  1000.000000  1000.000000
mean      0.050286     0.025567    -0.001399    -0.051765
std       0.992920     1.004214     0.991414     0.995761
min      -3.000000    -3.000000    -3.000000    -3.000000
25%      -0.599807    -0.612162    -0.687373    -0.747478
50%       0.047101    -0.013609    -0.022158    -0.088274
75%       0.756646     0.695298     0.699046     0.623331
max       2.653656     3.000000     2.735527     3.000000
```

np.sign(data)는 data 값이 양수인지 음수인지에 따라 1이나 −1이 담긴 배열을 반환한다.

```
In [99]: np.sign(data).head()
Out[99]:
     0    1    2    3
0 -1.0  1.0 -1.0  1.0
1  1.0 -1.0  1.0 -1.0
2  1.0  1.0  1.0 -1.0
3 -1.0 -1.0  1.0 -1.0
4 -1.0  1.0 -1.0 -1.0
```

7.2.7 치환과 임의 샘플링

numpy.random.permutation 함수를 이용하면 Series나 DataFrame의 로우를 쉽게 임의 순서

로 재배치할 수 있다. 순서를 바꾸고 싶은 만큼의 길이를 permutation 함수로 넘기면 바뀐 순서가 담긴 정수 배열이 생성된다.

```
In [100]: df = pd.DataFrame(np.arange(5 * 4).reshape((5, 4)))

In [101]: sampler = np.random.permutation(5)

In [102]: sampler
Out[102]: array([3, 1, 4, 2, 0])
```

이 배열은 iloc 기반의 색인이나 take 함수에서 사용 가능하다.

```
In [103]: df
Out[103]:
    0   1   2   3
0   0   1   2   3
1   4   5   6   7
2   8   9  10  11
3  12  13  14  15
4  16  17  18  19

In [104]: df.take(sampler)
Out[104]:
    0   1   2   3
3  12  13  14  15
1   4   5   6   7
4  16  17  18  19
2   8   9  10  11
0   0   1   2   3
```

치환 없이 일부만 임의로 선택하려면 Series나 DataFrame의 sample 메서드를 사용하면 된다.

```
In [105]: df.sample(n=3)
Out[105]:
    0   1   2   3
3  12  13  14  15
4  16  17  18  19
2   8   9  10  11
```

(반복 선택을 허용하며) 표본을 치환을 통해 생성해내려면 sample에 replace=True 옵션을 넘긴다.

```
In [106]: choices = pd.Series([5, 7, -1, 6, 4])

In [107]: draws = choices.sample(n=10, replace=True)

In [108]: draws
Out[108]:
4    4
1    7
4    4
2   -1
0    5
3    6
1    7
4    4
0    5
4    4
dtype: int64
```

7.2.8 표시자/더미 변수 계산하기

통계 모델이나 머신러닝 애플리케이션을 위한 또 다른 데이터 변환은 분류값을 '더미'나 '표시자' 행렬로 전환하는 것이다. 만약 어떤 DataFrame의 한 컬럼에 k가지의 값이 있다면 k개의 컬럼이 있는 DataFrame이나 행렬을 만들고 값으로는 1과 0을 채워 넣을 것이다. pandas의 get_dummies가 이를 위한 함수인데 독자 스스로 새로운 방법을 고안해내는 것도 어렵지 않을 것이다. 앞서 살펴본 DataFrame을 다시 살펴보자.

```
In [109]: df = pd.DataFrame({'key': ['b', 'b', 'a', 'c', 'a', 'b'],
   .....:                    'data1': range(6)})

In [110]: pd.get_dummies(df['key'])
Out[110]:
   a  b  c
0  0  1  0
1  0  1  0
```

```
2  1  0  0
3  0  0  1
4  1  0  0
5  0  1  0
```

표시자 DataFrame 안에 있는 컬럼에 접두어^{prefix}를 추가한 후 다른 데이터와 병합하고 싶을 경우가 있다. get_dummies 함수의 prefix 인자를 사용하면 이를 수행할 수 있다.

```
In [111]: dummies = pd.get_dummies(df['key'], prefix='key')

In [112]: df_with_dummy = df[['data1']].join(dummies)

In [113]: df_with_dummy
Out[113]:
   data1  key_a  key_b  key_c
0      0      0      1      0
1      1      0      1      0
2      2      1      0      0
3      3      0      0      1
4      4      1      0      0
5      5      0      1      0
```

DataFrame의 한 로우가 여러 카테고리에 속한다면 조금 복잡해지는데, 자세한 내용은 14.2절 'MovieLens의 영화 평점 데이터'에서 살펴보자.

```
In [114]: mnames = ['movie_id', 'title', 'genres']

In [115]: movies = pd.read_table('datasets/movielens/movies.dat', sep='::',
   .....:                        header=None, names=mnames)

In [116]: movies[:10]
Out[116]:
   movie_id                               title                        genres
0         1                    Toy Story (1995)   Animation|Children's|Comedy
1         2                      Jumanji (1995)  Adventure|Children's|Fantasy
2         3             Grumpier Old Men (1995)                Comedy|Romance
3         4            Waiting to Exhale (1995)                  Comedy|Drama
4         5  Father of the Bride Part II (1995)                        Comedy
5         6                         Heat (1995)         Action|Crime|Thriller
```

```
    6         7                     Sabrina (1995)              Comedy|Romance
    7         8                Tom and Huck (1995)          Adventure|Children's
    8         9                Sudden Death (1995)                        Action
    9        10                   GoldenEye (1995)       Action|Adventure|Thriller
```

각 장르마다 표시자 값을 추가하려면 약간의 수고를 해야 하는데 먼저 데이터 묶음에서 유일한 장르 목록을 추출해야 한다.

```
In [117]: all_genres = []

In [118]: for x in movies.genres:
   .....:     all_genres.extend(x.split('|'))

In [119]: genres = pd.unique(all_genres)
```

이제 장르는 아래와 같은 모양이 된다.

```
In [120]: genres
Out[120]:
array(['Animation', "Children's", 'Comedy', 'Adventure', 'Fantasy',
       'Romance', 'Drama', 'Action', 'Crime', 'Thriller', 'Horror',
       'Sci-Fi', 'Documentary', 'War', 'Musical', 'Mystery', 'Film-Noir',
       'Western'], dtype=object)
```

이제 표시자 DataFrame을 생성하기 위해 0으로 초기화된 DataFrame을 생성하자.

```
In [121]: zero_matrix = np.zeros((len(movies), len(genres)))

In [122]: dummies = pd.DataFrame(zero_matrix, columns=genres)
```

각 영화를 순회하면서 dummies의 각 로우의 항목을 1로 설정한다. 각 장르의 컬럼 색인을 계산하기 위해 dummies.columns를 사용하자.

```
In [123]: gen = movies.genres[0]

In [124]: gen.split('|')
Out[124]: ['Animation', "Children's", 'Comedy']
```

```
In [125]: dummies.columns.get_indexer(gen.split('|'))
Out[125]: array([0, 1, 2])
```

그리고 .iloc를 이용해서 색인에 맞게 값을 대입하자.

```
In [126]: for i, gen in enumerate(movies.genres):
   .....:     indices = dummies.columns.get_indexer(gen.split('|'))
   .....:     dummies.iloc[i, indices] = 1
   .....:
```

그리고 앞에서 한 것처럼 movies와 조합하면 된다.

```
In [127]: movies_windic = movies.join(dummies.add_prefix('Genre_'))

In [128]: movies_windic.iloc[0]
Out[128]:
movie_id                                     1
title                          Toy Story (1995)
genres              Animation|Children's|Comedy
Genre_Animation                              1
Genre_Children's                             1
Genre_Comedy                                 1
Genre_Adventure                              0
Genre_Fantasy                                0
Genre_Romance                                0
Genre_Drama                                  0
                              ...
Genre_Crime                                  0
Genre_Thriller                               0
Genre_Horror                                 0
Genre_Sci-Fi                                 0
Genre_Documentary                            0
Genre_War                                    0
Genre_Musical                                0
Genre_Mystery                                0
Genre_Film-Noir                              0
Genre_Western                                0
Name: 0, Length: 21, dtype: object
```

NOTE_ 이보다 더 큰 데이터라면 이 방법으로 다중 멤버십을 갖는 표시자 변수를 생성하는 것은 그다지 빠른 방법은 아니다. 속도를 높이려면 직접 NumPy 배열에 접근하는 저수준의 함수를 작성해서 DataFrame에 결과를 저장하도록 해야 한다.

get_dummies와 cut 같은 이산함수를 잘 조합하면 통계 애플리케이션에서 유용하게 사용할 수 있다.

```
In [129]: np.random.seed(12345)

In [130]: values = np.random.rand(10)

In [131]: values
Out[131]:
array([ 0.9296, 0.3164, 0.1839, 0.2046, 0.5677, 0.5955, 0.9645,
        0.6532, 0.7489, 0.6536])

In [132]: bins = [0, 0.2, 0.4, 0.6, 0.8, 1]

In [133]: pd.get_dummies(pd.cut(values, bins))
Out[133]:
   (0.0, 0.2]  (0.2, 0.4]  (0.4, 0.6]  (0.6, 0.8]  (0.8, 1.0]
0           0           0           0           0           1
1           0           1           0           0           0
2           1           0           0           0           0
3           0           1           0           0           0
4           0           0           1           0           0
5           0           0           1           0           0
6           0           0           0           0           1
7           0           0           0           1           0
8           0           0           0           1           0
9           0           0           0           1           0
```

여기서는 예제 값이 불변하도록 numpy.random.see 함수를 이용해서 난수 시드값을 지정했다. pandas.get_dummies 함수는 나중에 다시 살펴볼 것이다.

7.3 문자열 다루기

파이썬은 문자열이나 텍스트 처리의 용이함 덕분에 원시 데이터를 처리하는 인기 있는 언어가 되었다. 대부분의 텍스트 연산은 문자열 객체의 내장 메서드로 간단하게 처리할 수 있다. 좀 더 복잡한 패턴 매칭이나 텍스트 조작은 정규 표현식을 필요로 한다. pandas는 배열 데이터 전체에 쉽게 정규 표현식을 적용하고, 누락된 데이터를 편리하게 처리할 수 있는 기능을 포함하고 있다.

7.3.1 문자열 객체 메서드

문자열을 다뤄야 하는 대부분의 애플리케이션은 내장 문자열 메서드만으로도 충분하다. 예를 들어 쉼표로 구분된 문자열은 split 메서드를 이용해서 분리할 수 있다.

```
In [134]: val = 'a,b,  guido'

In [135]: val.split(',')
Out[135]: ['a', 'b', '  guido']
```

split 메서드는 종종 공백 문자(줄바꿈 문자 포함)를 제거하는 strip 메서드와 조합해서 사용하기도 한다.

```
In [136]: pieces = [x.strip() for x in val.split(',')]

In [137]: pieces
Out[137]: ['a', 'b', 'guido']
```

이렇게 분리된 문자열은 더하기 연산을 사용해서 :: 문자열과 합칠 수도 있다.

```
In [138]: first, second, third = pieces

In [139]: first + '::' + second + '::' + third
Out[139]: 'a::b::guido'
```

하지만 이 방법은 실용적이면서 범용적인 메서드는 아니다. 빠르고 좀 더 파이썬스러운 방법은 리스트나 튜플을 :: 문자열의 join 메서드로 전달하는 것이다

```
In [140]: '::'.join(pieces)
Out[140]: 'a::b::guido'
```

일치하는 부분문자열의 위치를 찾는 방법도 있다. index나 find를 사용하는 것도 가능하지만 파이썬의 in 예약어를 사용하면 일치하는 부분문자열을 쉽게 찾을 수 있다.

```
In [141]: 'guido' in val
Out[141]: True

In [142]: val.index(',')
Out[142]: 1

In [143]: val.find(':')
Out[143]: -1
```

find와 index의 차이점은 index의 경우 문자열을 찾지 못하면 예외를 발생시킨다는 것이다. find의 경우에는 -1을 반환한다.

```
In [144]: val.index(':')
---------------------------------------------------------------------------
ValueError                                Traceback (most recent call last)
<ipython-input-144-280f8b2856ce> in <module>()
----> 1 val.index(':')
ValueError: substring not found
```

count는 특정 부분문자열이 몇 건 발견되었는지 반환한다.

```
In [145]: val.count(',')
Out[145]: 2
```

replace는 찾아낸 패턴을 다른 문자열로 치환한다. 이 메서드는 대체할 문자열로 비어 있는 문자열을 넘겨서 패턴을 삭제하기 위한 방법으로 자주 사용되기도 한다.

```
In [146]: val.replace(',', '::')
Out[146]: 'a::b:: guido'
```

```
In [147]: val.replace(',', '')
Out[147]: 'ab guido'
```

[표 7-3]에 파이썬의 문자열 함수를 모아두었다.

표 7-3 파이썬 내장 문자열 함수

인자	설명
count	문자열에서 겹치지 않는 부분문자열의 개수를 반환한다.
endswith	문자열이 주어진 접미사로 끝날 경우 True를 반환한다.
startswith	문자열이 주어진 접두사로 시작할 경우 True를 반환한다.
join	문자열을 구분자로 하여 다른 문자열을 순서대로 이어붙인다.
index	부분문자열의 첫 번째 글자의 위치를 반환한다. 부분문자열이 없을 경우 ValueError 예외가 발생한다.
find	**첫 번째** 부분문자열의 첫 번째 글자의 위치를 반환한다. index와 유사하지만 부분문자열이 없을 경우 -1을 반환한다.
rfind	**마지막** 부분문자열의 첫 번째 글자의 위치를 반환한다. 부분문자열이 없을 경우 -1을 반환한다.
replace	문자열을 다른 문자열로 치환한다.
strip, rstrip, lstrip	개행 문자를 포함한 공백 문자를 제거한다. lstrip은 문자열의 시작 부분에 있는 공백 문자만 제거하며, rstrip은 문자열의 마지막 부분에 있는 공백 문자만 제거한다.
split	문자열을 구분자를 기준으로 부분문자열의 리스트로 분리한다.
lower	알파벳 문자를 소문자로 변환한다.
upper	알파벳 문자를 대문자로 변환한다.
casefold	문자를 소문자로 변환한다. 지역 문자들은 그에 상응하는 대체 문자로 교체된다.
ljust, rjust	문자열을 오른쪽 또는 왼쪽으로 정렬하고 주어진 길이에서 문자열의 길이를 제외한 나머지 부분은 공백 문자를 채워 넣는다.

정규 표현식을 이런 다양한 용도로 사용할 수 있다.

7.3.2 정규 표현식

정규 표현식은 텍스트에서 문자열 패턴을 찾는 유연한 방법을 제공한다. 흔히 regex라 불리는 단일 표현식은 정규 표현 언어로 구성된 문자열이다. 파이썬에는 re 모듈이 내장되어 있어서 문자열에 대한 정규 표현식을 처리한다. 몇 가지 예제로 알아보자.

> **NOTE_** 정규 표현식을 작성하는 방법은 그 자체로 하나의 독립된 장으로 구성할 수 있고 따라서 이 책에서 다루는 범위를 벗어난다. 정규 표현식에 관한 많은 튜토리얼과 레퍼런스가 존재한다.

re 모듈 함수는 패턴 매칭, 치환, 분리 세 가지로 나눌 수 있다. 물론 이 세 가지는 모두 서로 연관되어 있는데, 정규 표현식은 텍스트 내에 존재하는 패턴을 표현하고 이를 여러 가지 다양한 목적으로 사용할 수 있도록 되어 있다. 간단한 예제를 하나 살펴보자. 여러 가지 공백 문자(탭, 스페이스, 개행 문자)가 포함된 문자열을 나누고 싶다면 하나 이상의 공백 문자를 의미하는 \s+를 사용해서 문자열을 분리한다.

```
In [148]: import re

In [149]: text = "foo   bar\t baz  \tqux"

In [150]: re.split('\s+', text)
Out[150]: ['foo', 'bar', 'baz', 'qux']
```

re.split('\s+', text)를 사용하면 먼저 정규 표현식이 **컴파일**되고 그다음에 split 메서드가 실행된다. re.compile로 직접 정규 표현식을 컴파일하고 그렇게 얻은 정규 표현식 객체를 재사용하는 것도 가능하다.

```
In [151]: regex = re.compile('\s+')

In [152]: regex.split(text)
Out[152]: ['foo', 'bar', 'baz', 'qux']
```

정규 표현식에 매칭되는 모든 패턴의 목록을 얻고 싶다면 findall 메서드를 사용한다.

```
In [153]: regex.findall(text)
Out[153]: ['   ', '\t ', '  \t']
```

> **NOTE_** 정규 표현식에서 \ 문자가 이스케이프되는 문제를 피하려면 raw 문자열 표기법을 사용한다. 그러면 \를 이스케이프 문자로 처리하지 않고 일반 문자로 처리하기 때문에 \를 간단하게 표현할 수 있다. 즉, 'C:\\x' 대신 r'C:\x'를 사용한다.

같은 정규 표현식을 다른 문자열에도 적용해야 한다면 re.compile을 이용해서 정규 표현식 객체를 만들어 쓰는 방법을 추천한다. 이렇게 하면 CPU 사용량을 아낄 수 있다.

match와 search는 findall 메서드와 관련이 있다. findall은 문자열에서 일치하는 모든 부분문자열을 찾아주지만 search 메서드는 패턴과 일치하는 첫 번째 존재를 반환한다. match 메서드는 이보다 더 엄격해서 문자열의 시작부분에서 일치하는 것만 찾아준다. 약간 복잡한 예제로 이메일 주소를 검사하는 정규 표현식을 한 번 살펴보자.

```
text = """Dave dave@google.com
Steve steve@gmail.com
Rob rob@gmail.com
Ryan ryan@yahoo.com
"""
pattern = r'[A-Z0-9._%+-]+@[A-Z0-9.-]+\.[A-Z]{2,4}'

# re.IGNORECASE는 정규 표현식이 대소문자를 가리지 않도록 한다.
regex = re.compile(pattern, flags=re.IGNORECASE)
```

findall 메서드를 사용해서 이메일 주소의 리스트를 생성하자.

```
In [155]: regex.findall(text)
Out[155]:
['dave@google.com',
 'steve@gmail.com',
 'rob@gmail.com',
 'ryan@yahoo.com']
```

search는 텍스트에서 첫 번째 이메일 주소만을 찾아준다. 위 정규 표현식에 대한 match 객체는 그 정규 표현 패턴이 문자열 내에서 위치하는 시작점과 끝점만을 알려준다.

```
In [156]: m = regex.search(text)

In [157]: m
Out[157]: <_sre.SRE_Match object; span=(5, 20), match='dave@google.com'>

In [158]: text[m.start():m.end()]
Out[158]: 'dave@google.com'
```

regex.match는 None을 반환하다. 왜냐하면 그 정규 표현 패턴이 문자열의 시작점에서부터 일치하는지 검사하기 때문이다.

```
In [159]: print(regex.match(text))
None
```

sub 메서드는 찾은 패턴을 주어진 문자열로 치환하여 새로운 문자열을 반환한다.

```
In [160]: print(regex.sub('REDACTED', text))
Dave REDACTED
Steve REDACTED
Rob REDACTED
Ryan REDACTED
```

이메일 주소를 찾아서 동시에 각 이메일 주소를 사용자 이름, 도메인 이름, 도메인 접미사 세 가지 컴포넌트로 나눠야 한다면 각 패턴을 괄호로 묶어준다.

```
In [161]: pattern = r'([A-Z0-9._%+-]+)@([A-Z0-9.-]+)\.([A-Z]{2,4})'

In [162]: regex = re.compile(pattern, flags=re.IGNORECASE)
```

이렇게 만든 match 객체를 이용하면 groups 메서드로 각 패턴 컴포넌트의 튜플을 얻을 수 있다.

```
In [163]: m = regex.match('wesm@bright.net')

In [164]: m.groups()
Out[164]: ('wesm', 'bright', 'net')
```

패턴에 그룹이 존재한다면 findall 메서드는 튜플의 목록을 반환한다.

```
In [165]: regex.findall(text)
Out[165]:
[('dave', 'google', 'com'),
 ('steve', 'gmail', 'com'),
 ('rob', 'gmail', 'com'),
 ('ryan', 'yahoo', 'com')]
```

sub 역시 마찬가지로 \1, \2 같은 특수한 기호를 사용해서 각 패턴 그룹에 접근할 수 있다. \1은 첫 번째로 찾은 그룹을 의미하고, \2는 두 번째로 찾은 그룹을 의미한다.

```
In [166]: print(regex.sub(r'Username: \1, Domain: \2, Suffix: \3', text))
Dave Username: dave, Domain: google, Suffix: com
Steve Username: steve, Domain: gmail, Suffix: com
Rob Username: rob, Domain: gmail, Suffix: com
Ryan Username: ryan, Domain: yahoo, Suffix: com
```

이 밖에도 파이썬에서 할 수 있는 정규 표현식은 많이 있지만 대부분 이 책의 범위를 벗어난다. [표 7-4]에 몇 가지 메서드를 소개했다.

표 7-4 정규 표현식 메서드

인자	설명
findall	문자열에서 겹치지 않는 모든 발견된 패턴을 리스트로 반환한다.
finditer	findall과 같지만 발견된 패턴을 이터레이터를 통해 하나씩 반환한다.
match	문자열의 시작점부터 패턴을 찾고 선택적으로 패턴 컴포넌트를 그룹으로 나눈다. 일치하는 패턴이 있다면 match 객체를 반환하고 그렇지 않으면 None을 반환한다.
search	문자열에서 패턴과 일치하는 내용을 검색하고 match 객체를 반환한다. match 메서드와 다르게 시작부터 일치하는 내용만 찾지 않고 문자열 어디든 일치하는 내용이 있다면 반환한다.
split	문자열에서 패턴과 일치하는 부분을 분리한다.
sub, subn	문자열에서 일치하는 모든 패턴(sub) 혹은 처음 n개의 패턴(subn)을 대체 표현으로 치환한다. 대체 표현 문자열은 \1, \2, ...와 같은 기호를 사용해서 매치 그룹의 요소를 참조한다.

7.3.3 pandas의 벡터화된 문자열 함수

뒤죽박죽인 데이터를 분석을 위해 정리하는 일은 문자열을 다듬고 정규화하는 작업을 필요로 한다. 문자열을 담고 있는 컬럼에 누락된 값이 있다면 일을 더 복잡하게 만든다.

```
In [167]: data = {'Dave': 'dave@google.com', 'Steve': 'steve@gmail.com',
   .....:         'Rob': 'rob@gmail.com', 'Wes': np.nan}

In [168]: data = pd.Series(data)

In [169]: data
```

```
Out[169]:
Dave     dave@google.com
Rob      rob@gmail.com
Steve    steve@gmail.com
Wes                  NaN
dtype: object

In [170]: data.isnull()
Out[170]:
Dave     False
Rob      False
Steve    False
Wes       True
dtype: bool
```

문자열과 정규 표현식 메서드는 data.map을 사용해서 각 값에 적용(lambda 혹은 다른 함수를 넘겨서)할 수 있지만 NA 값을 만나면 실패하게 된다. 이런 문제에 대처하기 위해 Series에는 NA 값을 건너뛰도록 하는 간결한 문자열 처리 메서드가 있다. 이는 Series의 str 속성을 이용하는데, 예를 들어 각 이메일 주소가 'gmail'을 포함하고 있는지 str.contains를 이용해서 검사할 수 있다.

```
In [171]: data.str.contains('gmail')
Out[171]:
Dave     False
Rob       True
Steve     True
Wes        NaN
dtype: object
```

정규 표현식을 IGNORECASE 같은 re 옵션과 함께 사용하는 것도 가능하다.

```
In [172]: pattern
Out[172]: '([A-Z0-9._%+-]+)@([A-Z0-9.-]+)\\.([A-Z]{2,4})'

In [173]: data.str.findall(pattern, flags=re.IGNORECASE)
Out[173]:
Dave     [(dave, google, com)]
Rob      [(rob, gmail, com)]
```

```
Steve     [(steve, gmail, com)]
Wes NaN
dtype: object
```

벡터화된 요소를 꺼내오는 몇 가지 방법이 있는데 str.get을 이용하거나 str 속성의 색인을 이용한다.

```
In [174]: matches = data.str.match(pattern, flags=re.IGNORECASE)

In [175]: matches
Out[175]:
Dave      True
Rob       True
Steve     True
Wes        NaN
dtype: object
```

내재된 리스트의 원소에 접근하기 위해서는 색인을 넘기면 된다.

```
In [176]: matches.str.get(1)
Out[176]:
Dave     NaN
Rob      NaN
Steve    NaN
Wes      NaN
dtype: float64

In [177]: matches.str[0]
Out[177]:
Dave     NaN
Rob      NaN
Steve    NaN
Wes      NaN
dtype: float64
```

아래 문법으로 문자열을 잘라낼 수 있다.

```
In [178]: data.str[:5]
```

```
Out[178]:
Dave     dave@
Rob      rob@g
Steve    steve
Wes      NaN
dtype: object
```

[표 7-5]에 pandas의 문자열 메서드를 정리해두었다.

표 7-5 벡터화된 문자열 메서드

메서드	설명
cat	선택적인 구분자와 함께 요소별로 문자열을 이어붙인다.
contains	문자열이 패턴이나 정규 표현식을 포함하는지 나타내는 불리언 배열을 반환한다.
count	일치하는 패턴 수를 반환한다.
extract	문자열이 담긴 Series에서 하나 이상의 문자열을 추출하기 위해 정규 표현식을 이용한다. 결과는 각 그룹이 하나의 컬럼이 되는 DataFrame이다.
endswith	각 요소에 대해 x.endswith(pattern)과 동일한 동작을 한다.
startswith	각 요소에 대해 x.startswith(pattern)과 동일한 동작을 한다.
findall	각 문자열에 대해 일치하는 패턴/정규 표현식의 전체 목록을 구한다.
get	i번째 요소를 반환한다.
isalnum	내장 함수 str.isalnum과 동일
isalpha	내장 함수 str.isalpha와 동일
isdecimal	내장 함수 str.isdecimal과 동일
isdigit	내장 함수 str.isdigit와 동일
islower	내장 함수 str.islower와 동일
isnumeric	내장 함수 str.isnumeric과 동일
isupper	내장 함수 str.isupper와 동일
join	Series의 각 요소를 주어진 구분자로 연결한다.
len	각 문자열의 길이를 구한다.
lower, upper	대소문자로 변환한다. 각 요소에 대한 x.lower(), x.upper()와 같다.
match	주어진 정규 표현식으로 각 요소에 대한 re.match를 수행하여 일치하는 그룹을 리스트로 반환한다.
pad	문자열의 좌, 우 혹은 양쪽에 공백을 추가한다.
center	pad(side='both')와 동일
repeat	값을 복사한다. 예를 들어 s.str.repeat(3)은 각 문자열에 대한 x * 3과 동일하다.
replace	패턴/정규 표현식과 일치하는 내용을 다른 문자열로 치환한다.
slice	Series 안에 있는 각 문자열을 자른다.

메서드	설명
split	정규 표현식 혹은 구분자로 문자열을 나눈다.
strip	개행 문자를 포함하여 왼쪽과 오른쪽의 공백 문자를 제거한다.
rstrip	오른쪽의 공백 문자를 제거한다.
lstrip	왼쪽의 공백 문자를 제거한다.

7.4 마치며

효율적인 데이터 준비 과정은 분석 준비를 하는 데 드는 시간을 줄이고 실제 분석에 좀 더 많은 시간을 쓸 수 있도록 하여 결과적으로는 생산성을 향상시킨다. 이 장에서 많은 도구를 살펴봤지만 여기서 살펴본 것들이 전부는 아니다. 다음 장에서는 pandas의 데이터 병합과 그룹 기능을 살펴보겠다.

CHAPTER 8

데이터 준비하기: 조인, 병합, 변형

대부분의 경우 데이터는 여러 파일이나 데이터베이스 혹은 분석하기 쉽지 않은 형태로 기록되어 있다. 이 장에서는 데이터를 합치고, 재배열할 수 있는 도구들을 살펴보자.

먼저 데이터를 병합하거나 변환하는 과정에서 사용되는 pandas의 계층적 색인의 개념을 알아보고 이를 활용하여 데이터를 다듬는 과정을 심도 있게 살펴볼 것이다. 14장에서도 이런 도구를 사용하는 다양한 예시를 볼 수 있다.

8.1 계층적 색인

계층적 색인은 pandas의 중요한 기능인데 축에 대해 다중(둘 이상) 색인 **단계**를 지정할 수 있도록 해준다. 약간 추상적으로 말하면, 높은 차원의 데이터를 낮은 차원의 형식으로 다룰 수 있게 해주는 기능이다. 간단한 예제를 하나 살펴보자. 우선 리스트의 리스트(또는 배열)를 색인으로 하는 Series를 하나 생성하자.

```
In [9]: data = pd.Series(np.random.randn(9),
   ...:                  index=[['a', 'a', 'a', 'b', 'b', 'c', 'c', 'd', 'd'],
   ...:                         [1, 2, 3, 1, 3, 1, 2, 2, 3]])

In [10]: data
Out[10]:
```

```
a  1   -0.204708
   2    0.478943
   3   -0.519439
b  1   -0.555730
   3    1.965781
c  1    1.393406
   2    0.092908
d  2    0.281746
   3    0.769023
dtype: float64
```

지금 생성한 객체가 MultiIndex를 색인으로 하는 Series인데, 색인의 계층을 보여주고 있다. 바로 위 단계의 색인을 이용해서 하위 계층을 직접 접근할 수 있다.

```
In [11]: data.index
Out[11]:
MultiIndex(levels=[['a', 'b', 'c', 'd'], [1, 2, 3]],
           labels=[[0, 0, 0, 1, 1, 2, 2, 3, 3], [0, 1, 2, 0, 2, 0, 1, 1, 2]])
```

계층적으로 색인된 객체는 데이터의 부분집합을 **부분적 색인으로 접근**partial indexing 하는 것이 가능하다.

```
In [12]: data['b']
Out[12]:
1   -0.555730
3    1.965781
dtype: float64

In [13]: data['b':'c']
Out[13]:
b  1   -0.555730
   3    1.965781
c  1    1.393406
   2    0.092908
dtype: float64

In [14]: data.loc[['b', 'd']]
Out[14]:
b  1   -0.555730
   3    1.965781
```

```
d  2    0.281746
   3    0.769023
dtype: float64
```

하위 계층의 객체를 선택하는 것도 가능하다.

```
In [15]: data.loc[:, 2]
Out[15]:
a    0.478943
c    0.092908
d    0.281746
dtype: float64
```

계층적인 색인은 데이터를 재형성하고 피벗테이블 생성 같은 그룹 기반의 작업을 할 때 중요하게 사용된다. 예를 들어 위에서 만든 DataFrame 객체에 unstack 메서드를 사용해서 데이터를 새롭게 배열할 수도 있다.

```
In [16]: data.unstack()
Out[16]:
          1         2         3
a  -0.204708  0.478943 -0.519439
b  -0.555730       NaN  1.965781
c   1.393406  0.092908       NaN
d        NaN  0.281746  0.769023
```

unstack의 반대 작업은 stack 메서드로 수행한다.

```
In [17]: data.unstack().stack()
Out[17]:
a  1   -0.204708
   2    0.478943
   3   -0.519439
b  1   -0.555730
   3    1.965781
c  1    1.393406
   2    0.092908
d  2    0.281746
   3    0.769023
dtype: float64
```

stack과 unstack 메서드는 이 장 후반부에서 더 자세히 알아보기로 하자.

DataFrame에서는 두 축 모두 계층적 색인을 가질 수 있다.

```
In [18]: frame = pd.DataFrame(np.arange(12).reshape((4, 3)),
   ....:                      index=[['a', 'a', 'b', 'b'], [1, 2, 1, 2]],
   ....:                      columns=[['Ohio', 'Ohio', 'Colorado'],
   ....:                               ['Green', 'Red', 'Green']])

In [19]: frame
Out[19]:
     Ohio     Colorado
    Green Red    Green
a 1     0   1        2
  2     3   4        5
b 1     6   7        8
  2     9  10       11
```

계층적 색인의 각 단계는 이름(문자열이나 어떤 파이썬 객체라도 가능하다)을 가질 수 있고, 만약 이름을 가지고 있다면 콘솔 출력 시 함께 나타난다.

```
In [20]: frame.index.names = ['key1', 'key2']

In [21]: frame.columns.names = ['state', 'color']

In [22]: frame
Out[22]:
state       Ohio     Colorado
color      Green Red    Green
key1 key2
a    1         0   1        2
     2         3   4        5
b    1         6   7        8
     2         9  10       11
```

> **CAUTION**_ 색인 이름인 'state'와 'color'를 로우 라벨과 혼동하지 말자.

컬럼의 부분집합을 부분적인 색인으로 접근하는 것도 컬럼에 대한 부분적 색인과 비슷하게 사용하면 된다.

```
In [23]: frame['Ohio']
Out[23]:
color      Green  Red
key1 key2
a    1         0    1
     2         3    4
b    1         6    7
     2         9   10
```

MultiIndex는 따로 생성한 다음에 재사용 가능하다. 위에서 살펴본 DataFrame의 컬럼 계층 이름은 다음처럼 생성할 수 있다.

```
MultiIndex.from_arrays([['Ohio', 'Ohio', 'Colorado'], ['Green', 'Red', 'Green']],
                       names=['state', 'color'])
```

8.1.1 계층의 순서를 바꾸고 정렬하기

계층적 색인에서 계층의 순서를 바꾸거나 지정된 계층에 따라 데이터를 정렬해야 하는 경우가 있을 수 있다. swaplevel은 넘겨받은 두 개의 계층 번호나 이름이 뒤바뀐 새로운 객체를 반환한다(하지만 데이터는 변경되지 않는다).

```
In [24]: frame.swaplevel('key1', 'key2')
Out[24]:
state      Ohio       Colorado
color      Green Red  Green
key2 key1
1    a         0    1      2
2    a         3    4      5
1    b         6    7      8
2    b         9   10     11
```

반면 sort_index 메서드는 단일 계층에 속한 데이터를 정렬한다. swaplevel을 이용해서 계층을 바꿀 때 sort_index를 사용해서 결과가 사전적으로 정렬되도록 만드는 것도 드물지 않은 일이다.

```
In [25]: frame.sort_index(level=1)
Out[25]:
state      Ohio    Colorado
color      Green Red   Green
key1 key2
a    1       0   1       2
b    1       6   7       8
a    2       3   4       5
b    2       9  10      11

In [26]: frame.swaplevel(0, 1).sort_index(level=0)
Out[26]:
state      Ohio    Colorado
color      Green Red   Green
key2 key1
1    a       0   1       2
     b       6   7       8
2    a       3   4       5
     b       9  10      11
```

> **NOTE_** 객체가 계층적 색인으로 상위 계층부터 사전식으로 정렬되어 있다면(sort_index(level=0)이나 sort_index()의 결과처럼) 데이터를 선택하는 성능이 훨씬 좋아진다.

8.1.2 계층별 요약 통계

DataFrame과 Series의 많은 기술 통계와 요약 통계는 level 옵션을 가지고 있는데, 어떤 한 축에 대해 합을 구하고 싶은 단계를 지정할 수 있는 옵션이다. 앞에서 살펴본 DataFrame에서 로우나 컬럼을 아래처럼 계층별로 합할 수 있다.

```
In [27]: frame.sum(level='key2')
Out[27]:
state    Ohio       Colorado
color    Green Red    Green
key2
1           6   8      10
2          12  14      16
```

```
In [28]: frame.sum(level='color', axis=1)
Out[28]:
color      Green  Red
key1 key2
a    1         2    1
     2         8    4
b    1        14    7
     2        20   10
```

이는 내부적으로는 pandas의 groupby 기능을 이용해서 구현되었는데, 자세한 내용은 앞으로 더 살펴보겠다.

8.1.3 DataFrame의 컬럼 사용하기

DataFrame에서 로우를 선택하기 위한 색인으로 하나 이상의 컬럼을 사용하는 것은 드물지 않은 일이다. 아니면 로우의 색인을 DataFrame의 컬럼으로 옮기고 싶을 것이다. 다음은 예제 DataFrame이다.

```
In [29]: frame = pd.DataFrame({'a': range(7), 'b': range(7, 0, -1),
   ....:                       'c': ['one', 'one', 'one', 'two', 'two',
   ....:                             'two', 'two'],
   ....:                       'd': [0, 1, 2, 0, 1, 2, 3]})

In [30]: frame
Out[30]:
   a  b    c  d
0  0  7  one  0
1  1  6  one  1
2  2  5  one  2
3  3  4  two  0
4  4  3  two  1
5  5  2  two  2
6  6  1  two  3
```

DataFrame의 `set_index` 함수는 하나 이상의 컬럼을 색인으로 하는 새로운 DataFrame을 생성한다.

```
In [31]: frame2 = frame.set_index(['c', 'd'])

In [32]: frame2
Out[32]:
       a  b
c   d
one 0  0  7
    1  1  6
    2  2  5
two 0  3  4
    1  4  3
    2  5  2
    3  6  1
```

다음처럼 컬럼을 명시적으로 남겨두지 않으면 DataFrame에서 삭제된다.

```
In [33]: frame.set_index(['c', 'd'], drop=False)
Out[33]:
       a  b  c    d
c   d
one 0  0  7  one  0
    1  1  6  one  1
    2  2  5  one  2
two 0  3  4  two  0
    1  4  3  two  1
    2  5  2  two  2
    3  6  1  two  3
```

반면 reset_index 함수는 set_index와 반대되는 개념인데 계층적 색인 단계가 컬럼으로 이동한다.

```
In [34]: frame2.reset_index()
Out[34]:
     c    d  a  b
0  one  0  0  7
1  one  1  1  6
2  one  2  2  5
3  two  0  3  4
4  two  1  4  3
5  two  2  5  2
6  two  3  6  1
```

8.2 데이터 합치기

pandas 객체에 저장된 데이터는 여러 가지 방법으로 합칠 수 있다.

- pandas.merge는 하나 이상의 키를 기준으로 DataFrame의 로우를 합친다. SQL이나 다른 관계형 데이터베이스의 join 연산과 유사하다.
- pandas.concat은 하나의 축을 따라 객체를 이어붙인다.
- combine_first 인스턴스 메서드는 두 객체를 포개서 한 객체에서 누락된 데이터를 다른 객체에 있는 값으로 채울 수 있도록 한다.

각각의 데이터를 합치는 방법에 대해 다양한 예제와 함께 살펴보게 될 것이다. 이 기법은 책 전체에서 계속 활용된다.

8.2.1 데이터베이스 스타일로 DataFrame 합치기

병합(머지merge)이나 **조인**join 연산은 관계형 데이터베이스의 핵심적인 연산인데, 하나 이상의 **키**를 사용해서 데이터 집합의 로우를 합친다. pandas의 merge 함수를 이용해서 이런 알고리즘을 데이터에 적용할 수 있다.

예제를 살펴보자.

```
In [35]: df1 = pd.DataFrame({'key': ['b', 'b', 'a', 'c', 'a', 'a', 'b'],
   ....:                     'data1': range(7)})

In [36]: df2 = pd.DataFrame({'key': ['a', 'b', 'd'],
   ....:                     'data2': range(3)})

In [37]: df1
Out[37]:
   data1 key
0      0   b
1      1   b
2      2   a
3      3   c
4      4   a
5      5   a
6      6   b
```

```
In [38]: df2
Out[38]:
   data2 key
0      0   a
1      1   b
2      2   d
```

위 예제는 **다대일**의 경우다. df1의 데이터는 key 컬럼에 여러 개의 a, b 로우를 가지고 있고 df2의 데이터는 key 컬럼에 유일한 로우를 가지고 있다. 이 객체에 대해 merge 함수를 호출하면 다음과 같은 결과를 얻는다.

```
In [39]: pd.merge(df1, df2)
Out[39]:
   data1 key  data2
0      0   b      1
1      1   b      1
2      6   b      1
3      2   a      0
4      4   a      0
5      5   a      0
```

위에서 나는 어떤 컬럼을 병합할 것인지 명시하지 않았는데, merge 함수는 중복된 컬럼 이름을 키로 사용한다(위 예에서는 key 컬럼). 하지만 명시적으로 지정해주는 습관을 들이는 게 좋다.

```
In [40]: pd.merge(df1, df2, on='key')
Out[40]:
   data1 key  data2
0      0   b      1
1      1   b      1
2      6   b      1
3      2   a      0
4      4   a      0
5      5   a      0
```

만약 두 객체에 중복된 컬럼 이름이 하나도 없다면 따로 지정해주면 된다.

```
In [41]: df3 = pd.DataFrame({'lkey': ['b', 'b', 'a', 'c', 'a', 'a', 'b'],
   ....:                     'data1': range(7)})
```

```
In [42]: df4 = pd.DataFrame({'rkey': ['a', 'b', 'd'],
   ....:                     'data2': range(3)})

In [43]: pd.merge(df3, df4, left_on='lkey', right_on='rkey')
Out[43]:
   data1 lkey  data2 rkey
0      0    b      1    b
1      1    b      1    b
2      6    b      1    b
3      2    a      0    a
4      4    a      0    a
5      5    a      0    a
```

결과를 잘 살펴보면 'c'와 'd'에 해당하는 값이 빠진 것을 알 수 있다. merge 함수는 기본적으로 내부 조인inner join을 수행하여 교집합인 결과를 반환한다. how 인자로 'left', 'right', 'outer'를 넘겨서 각각 왼쪽 조인, 오른쪽 조인, 외부 조인을 수행할 수도 있다. 외부 조인은 합집합인 결과를 반환하고 왼쪽 조인과 오른쪽 조인은 각각 왼쪽 또는 오른쪽의 모든 로우를 포함하는 결과를 반환한다.

```
In [44]: pd.merge(df1, df2, how='outer')
Out[44]:
   data1 key  data2
0    0.0   b    1.0
1    1.0   b    1.0
2    6.0   b    1.0
3    2.0   a    0.0
4    4.0   a    0.0
5    5.0   a    0.0
6    3.0   c    NaN
7    NaN   d    2.0
```

[표 8-1]에 how 옵션에 따라 조인 연산이 어떻게 동작하는지 요약해두었다.

표 8-1 how 옵션에 따른 다양한 조인 연산

옵션	동작
'inner'	양쪽 테이블 모두에 존재하는 키 조합을 사용한다.
'left'	왼쪽 테이블에 존재하는 모든 키 조합을 사용한다.
'right'	오른쪽 테이블에 존재하는 모든 키 조합을 사용한다.
'outer'	양쪽 테이블에 존재하는 모든 키 조합을 사용한다.

다대다 병합은 잘 정의되어 있긴 하지만 직관적이지는 않다.

```
In [45]: df1 = pd.DataFrame({'key': ['b', 'b', 'a', 'c', 'a', 'b'],
   ....:                     'data1': range(6)})

In [46]: df2 = pd.DataFrame({'key': ['a', 'b', 'a', 'b', 'd'],
   ....:                     'data2': range(5)})

In [47]: df1
Out[47]:
   data1 key
0      0   b
1      1   b
2      2   a
3      3   c
4      4   a
5      5   b

In [48]: df2
Out[48]:
   data2 key
0      0   a
1      1   b
2      2   a
3      3   b
4      4   d

In [49]: pd.merge(df1, df2, on='key', how='left')
Out[49]:
    data1 key  data2
0       0   b    1.0
1       0   b    3.0
2       1   b    1.0
3       1   b    3.0
4       2   a    0.0
5       2   a    2.0
6       3   c    NaN
7       4   a    0.0
8       4   a    2.0
9       5   b    1.0
10      5   b    3.0
```

다대다 조인은 두 로우의 데카르트곱을 반환한다. 왼쪽 DataFrame에는 3개의 'b' 로우가 있고 오른쪽에는 2개의 'b' 로우가 있으며, 결과는 6개의 'b' 로우가 된다. 조인 메서드는 결과에 나타나는 구별되는 키에 대해서만 적용된다.

```
In [50]: pd.merge(df1, df2, how='inner')
Out[50]:
   data1 key  data2
0      0   b      1
1      0   b      3
2      1   b      1
3      1   b      3
4      5   b      1
5      5   b      3
6      2   a      0
7      2   a      2
8      4   a      0
9      4   a      2
```

여러 개의 키를 병합하려면 컬럼 이름이 담긴 리스트를 넘기면 된다.

```
In [51]: left = pd.DataFrame({'key1': ['foo', 'foo', 'bar'],
   ....:                      'key2': ['one', 'two', 'one'],
   ....:                      'lval': [1, 2, 3]})

In [52]: right = pd.DataFrame({'key1': ['foo', 'foo', 'bar', 'bar'],
   ....:                       'key2': ['one', 'one', 'one', 'two'],
   ....:                       'rval': [4, 5, 6, 7]})

In [53]: pd.merge(left, right, on=['key1', 'key2'], how='outer')
Out[53]:
  key1 key2  lval  rval
0  foo  one   1.0   4.0
1  foo  one   1.0   5.0
2  foo  two   2.0   NaN
3  bar  one   3.0   6.0
4  bar  two   NaN   7.0
```

merge 메서드의 종류에 따라 어떤 키 조합이 결과로 반환되는지 알려면 실제 구현과는 조금 다르지만 여러 개의 키가 들어 있는 튜플의 배열이 단일 조인키로 사용된다고 생각하면 된다.

> **CAUTION_** 컬럼과 컬럼을 조인할 때 전달한 DataFrame 객체의 색인은 무시된다.

병합 연산에서 고려해야 할 마지막 사항은 겹치는 컬럼 이름에 대한 처리다. 다음에 살펴보겠지만 축 이름을 변경해서 수동으로 컬럼 이름이 겹치게 할 수도 있고, merge 함수에 있는 suffixes 인자로 두 DataFrame 객체에서 겹치는 컬럼 이름 뒤에 붙일 문자열을 지정해줄 수도 있다.

```
In [54]: pd.merge(left, right, on='key1')
Out[54]:
  key1 key2_x  lval key2_y  rval
0  foo    one     1    one     4
1  foo    one     1    one     5
2  foo    two     2    one     4
3  foo    two     2    one     5
4  bar    one     3    one     6
5  bar    one     3    two     7

In [55]: pd.merge(left, right, on='key1', suffixes=('_left', '_right'))
Out[55]:
  key1 key2_left  lval key2_right  rval
0  foo       one     1        one     4
1  foo       one     1        one     5
2  foo       two     2        one     4
3  foo       two     2        one     5
4  bar       one     3        one     6
5  bar       one     3        two     7
```

[표 8-2]에 merge 함수의 인자를 나타냈다. 다음 절에서는 DataFrame의 로우 색인에 대한 조인을 알아본다.

표 8-2 merge 함수 인자 목록

인자	설명
left	병합하려는 DataFrame 중 왼쪽에 위치한 DataFrame
right	병합하려는 DataFrame 중 오른쪽에 위치한 DataFrame
how	조인 방법. 'inner', 'outer', 'left', 'right'. 기본값은 'inner'
on	조인하려는 컬럼 이름. 반드시 두 DataFrame 객체 모두에 존재하는 이름이어야 한다. 만약 명시되지 않고 다른 조인키도 주어지지 않으면 left와 right에서 공통되는 컬럼을 조인키로 사용한다.

인자	설명
left_on	조인키로 사용할 left DataFrame의 컬럼
right_on	조인키로 사용할 right DataFrame의 컬럼
left_index	조인키로 사용할 left DataFrame의 색인 로우(다중 색인일 경우 키)
right_index	조인키로 사용할 right DataFrame의 색인 로우(다중 색인일 경우 키)
sort	조인키에 따라 병합된 데이터를 사전순으로 정렬. 기본값은 True. 대용량 데이터의 경우 False로 하면 성능상의 이득을 얻을 수 있다.
suffixes	컬럼 이름이 겹칠 경우 각 컬럼 이름 뒤에 붙일 문자열의 튜플. 기본값은 ('_x', '_y'). 만약 'data'라는 컬럼 이름이 양쪽 DataFrame에 같이 존재하면 결과에서는 'data_x', 'data_y'로 보여진다.
copy	False일 경우, 예외적인 경우에 데이터가 결과로 복사되지 않도록 한다. 기본값은 항상 복사가 이루어진다.
indicator	merge라는 이름의 특별한 컬럼을 추가하여 각 로우의 소스가 어디인지 나타낸다. 'left_only', 'right_only', 'both' 값을 가진다.

8.2.2 색인 병합하기

병합하려는 키가 DataFrame의 색인일 경우가 있다. 이런 경우에는 left_index=True 혹은 right_index=True 옵션(또는 둘 다)을 지정해서 해당 색인을 병합키로 사용할 수 있다.

```
In [56]: left1 = pd.DataFrame({'key': ['a', 'b', 'a', 'a', 'b', 'c'],
   ....:                       'value': range(6)})

In [57]: right1 = pd.DataFrame({'group_val': [3.5, 7]}, index=['a', 'b'])

In [58]: left1
Out[58]:
  key  value
0  a      0
1  b      1
2  a      2
3  a      3
4  b      4
5  c      5

In [59]: right1
Out[59]:
   group_val
a        3.5
b        7.0
```

```
In [60]: pd.merge(left1, right1, left_on='key', right_index=True)
Out[60]:
  key  value  group_val
0  a      0        3.5
2  a      2        3.5
3  a      3        3.5
1  b      1        7.0
4  b      4        7.0
```

병합은 기본적으로 교집합을 구하지만 외부 조인을 실행해서 합집합을 구할 수도 있다.

```
In [61]: pd.merge(left1, right1, left_on='key', right_index=True, how='outer')
Out[61]:
  key  value  group_val
0  a      0        3.5
2  a      2        3.5
3  a      3        3.5
1  b      1        7.0
4  b      4        7.0
5  c      5        NaN
```

계층 색인된 데이터는 암묵적으로 여러 키를 병합하는 것이라 약간 복잡하다.

```
In [62]: lefth = pd.DataFrame({'key1': ['Ohio', 'Ohio', 'Ohio',
   ....:                                 'Nevada', 'Nevada'],
   ....:                        'key2': [2000, 2001, 2002, 2001, 2002],
   ....:                        'data': np.arange(5.)})

In [63]: righth = pd.DataFrame(np.arange(12).reshape((6, 2)),
   ....:                        index=[['Nevada', 'Nevada', 'Ohio', 'Ohio',
   ....:                                'Ohio', 'Ohio'],
   ....:                               [2001, 2000, 2000, 2000, 2001, 2002]],
   ....:                        columns=['event1', 'event2'])

In [64]: lefth
Out[64]:
   data    key1  key2
0   0.0    Ohio  2000
1   1.0    Ohio  2001
2   2.0    Ohio  2002
3   3.0  Nevada  2001
4   4.0  Nevada  2002
```

```
In [65]: righth
Out[65]:
            event1  event2
Nevada 2001      0       1
       2000      2       3
Ohio   2000      4       5
       2000      6       7
       2001      8       9
       2002     10      11
```

이 경우에는 리스트로 여러 개의 컬럼을 지정해서 병합해야 한다(중복되는 색인값을 다룰 때는 how='outer' 옵션을 사용해야 한다).

```
In [66]: pd.merge(lefth, righth, left_on=['key1', 'key2'], right_index=True)
Out[66]:
   data   key1   key2  event1  event2
0   0.0    Ohio  2000       4       5
0   0.0    Ohio  2000       6       7
1   1.0    Ohio  2001       8       9
2   2.0    Ohio  2002      10      11
3   3.0  Nevada  2001       0       1

In [67]: pd.merge(lefth, righth, left_on=['key1', 'key2'],
   ....:          right_index=True, how='outer')
Out[67]:
   data   key1   key2  event1  event2
0   0.0    Ohio  2000     4.0     5.0
0   0.0    Ohio  2000     6.0     7.0
1   1.0    Ohio  2001     8.0     9.0
2   2.0    Ohio  2002    10.0    11.0
3   3.0  Nevada  2001     0.0     1.0
4   4.0  Nevada  2002     NaN     NaN
4   NaN  Nevada  2000     2.0     3.0
```

양쪽에 공통적으로 존재하는 여러 개의 색인을 병합하는 것도 가능하다.

```
In [68]: left2 = pd.DataFrame([[1., 2.], [3., 4.], [5., 6.]],
   ....:                      index=['a', 'c', 'e'],
   ....:                      columns=['Ohio', 'Nevada'])
```

```
In [69]: right2 = pd.DataFrame([[7., 8.], [9., 10.], [11., 12.], [13, 14]],
   ....:                       index=['b', 'c', 'd', 'e'],
   ....:                       columns=['Missouri', 'Alabama'])

In [70]: left2
Out[70]:
   Ohio  Nevada
a  1.0   2.0
c  3.0   4.0
e  5.0   6.0

In [71]: right2
Out[71]:
   Missouri  Alabama
b  7.0       8.0
c  9.0      10.0
d  11.0     12.0
e  13.0     14.0

In [72]: pd.merge(left2, right2, how='outer', left_index=True, right_index=True)
Out[72]:
   Ohio  Nevada  Missouri  Alabama
a  1.0   2.0     NaN       NaN
b  NaN   NaN     7.0       8.0
c  3.0   4.0     9.0      10.0
d  NaN   NaN    11.0      12.0
e  5.0   6.0    13.0      14.0
```

색인으로 병합할 때 DataFrame의 join 메서드를 사용하면 편리하다. join 메서드는 컬럼이 겹치지 않으며 완전히 같거나 유사한 색인 구조를 가진 여러 개의 DataFrame 객체를 병합할 때 사용할 수 있다. 위에서 본 예제는 다음처럼 작성할 수 있다.

```
In [73]: left2.join(right2, how='outer')
Out[73]:
   Ohio  Nevada  Missouri  Alabama
a  1.0   2.0     NaN       NaN
b  NaN   NaN     7.0       8.0
c  3.0   4.0     9.0      10.0
d  NaN   NaN    11.0      12.0
e  5.0   6.0    13.0      14.0
```

과거에 작성된 pandas의 일부 코드 제약으로 인해 DataFrame의 join 메서드는 왼쪽 조인을 수행한다. join 메서드를 호출한 DataFrame의 컬럼 중 하나에 대해 조인을 수행하는 것도 가능하다.

```
In [74]: left1.join(right1, on='key')
Out[74]:
  key  value  group_val
0   a      0        3.5
1   b      1        7.0
2   a      2        3.5
3   a      3        3.5
4   b      4        7.0
5   c      5        NaN
```

마지막으로 색인 대 색인으로 두 DataFrame을 병합하려면 그냥 간단하게 병합하려는 DataFrame의 리스트를 join 메서드로 넘기면 된다. 하지만 보통 이런 병합은 아래에서 살펴볼 concat 메서드를 사용한다.

```
In [75]: another = pd.DataFrame([[7., 8.], [9., 10.], [11., 12.], [16., 17.]],
   ....:                         index=['a', 'c', 'e', 'f'],
   ....:                         columns=['New York', 'Oregon'])

In [76]: another
Out[76]:
   New York  Oregon
a       7.0     8.0
c       9.0    10.0
e      11.0    12.0
f      16.0    17.0

In [77]: left2.join([right2, another])
Out[77]:
   Ohio  Nevada  Missouri  Alabama  New York  Oregon
a   1.0     2.0       NaN      NaN       7.0     8.0
c   3.0     4.0       9.0     10.0       9.0    10.0
e   5.0     6.0      13.0     14.0      11.0    12.0

In [78]: left2.join([right2, another], how='outer')
Out[78]:
```

8장 데이터 준비하기: 조인, 병합, 변형

```
     Ohio  Nevada  Missouri  Alabama  New York  Oregon
a    1.0     2.0       NaN      NaN       7.0     8.0
b    NaN     NaN       7.0      8.0       NaN     NaN
c    3.0     4.0       9.0     10.0       9.0    10.0
d    NaN     NaN      11.0     12.0       NaN     NaN
e    5.0     6.0      13.0     14.0      11.0    12.0
f    NaN     NaN       NaN      NaN      16.0    17.0
```

8.2.3 축 따라 이어붙이기

데이터를 합치는 또 다른 방법으로 이어붙이기^{concatenation} (연결^{binding}, 적층^{stacking} 이라고도 한다)가 있다. NumPy는 ndarray를 이어붙이는 concatenate 함수를 제공한다.

```
In [79]: arr = np.arange(12).reshape((3, 4))

In [80]: arr
Out[80]:
array([[ 0,  1,  2,  3],
       [ 4,  5,  6,  7],
       [ 8,  9, 10, 11]])

In [81]: np.concatenate([arr, arr], axis=1)
Out[81]:
array([[ 0,  1,  2,  3,  0,  1,  2,  3],
       [ 4,  5,  6,  7,  4,  5,  6,  7],
       [ 8,  9, 10, 11,  8,  9, 10, 11]])
```

Series나 DataFrame 같은 pandas 객체의 컨텍스트 내부에는 축마다 이름이 있어서 배열을 쉽게 이어붙일 수 있도록 되어 있다. 이때 다음 사항을 고려해야 한다.

- 만약 연결하려는 두 객체의 색인이 서로 다르면 결과는 그 색인의 교집합이어야 하는가 아니면 합집합이어야 하는가?
- 합쳐진 결과에서 합쳐지기 전 객체의 데이터를 구분할 수 있어야 하는가?
- 어떤 축으로 연결할 것인지 고려해야 하는가? 많은 경우 DataFrame의 기본 정수 라벨이 가장 먼저 무시된다.

pandas의 concat 함수는 위 사항에 대한 답을 제공한다. concat 함수가 어떻게 동작하는지 다양한 예제로 알아보자. 색인이 겹치지 않는 3개의 Series 객체가 있다고 하자.

```
In [82]: s1 = pd.Series([0, 1], index=['a', 'b'])

In [83]: s2 = pd.Series([2, 3, 4], index=['c', 'd', 'e'])

In [84]: s3 = pd.Series([5, 6], index=['f', 'g'])
```

이 세 객체를 리스트로 묶어서 concat 함수에 전달하면 값과 색인을 연결해준다.

```
In [85]: pd.concat([s1, s2, s3])
Out[85]:
a    0
b    1
c    2
d    3
e    4
f    5
g    6
dtype: int64
```

concat 함수는 axis=0을 기본값으로 하여 새로운 Series 객체를 생성한다. 만약 axis=1을 넘긴다면 결과는 Series가 아니라 DataFrame이 될 것이다(axis=1은 컬럼을 의미한다).

```
In [86]: pd.concat([s1, s2, s3], axis=1)
Out[86]:
     0    1    2
a  0.0  NaN  NaN
b  1.0  NaN  NaN
c  NaN  2.0  NaN
d  NaN  3.0  NaN
e  NaN  4.0  NaN
f  NaN  NaN  5.0
g  NaN  NaN  6.0
```

겹치는 축이 없기 때문에 외부 조인으로 정렬된 합집합을 얻었지만 join='inner'를 넘겨서 교집합을 구할 수도 있다.

```
In [87]: s4 = pd.concat([s1, s3])
```

```
In [88]: s4
Out[88]:
a    0
b    1
f    5
g    6
dtype: int64

In [89]: pd.concat([s1, s4], axis=1)
Out[89]:
     0    1
a  0.0    0
b  1.0    1
f  NaN    5
g  NaN    6

In [90]: pd.concat([s1, s4], axis=1, join='inner')
Out[90]:
   0  1
a  0  0
b  1  1
```

마지막 예제에서 'f'와 'g' 라벨은 join='inner' 옵션으로 인해 사라지게 된다.

join_axes 인자로 병합하려는 축을 직접 지정해줄 수도 있다.

```
In [91]: pd.concat([s1, s4], axis=1, join_axes=[['a', 'c', 'b', 'e']])
Out[91]:
     0    1
a  0.0  0.0
c  NaN  NaN
b  1.0  1.0
e  NaN  NaN
```

Series를 이어붙이기 전의 개별 Series를 구분할 수 없는 문제가 생기는데, 이어붙인 축에 대해 계층적 색인을 생성하여 식별이 가능하도록 할 수 있다. 계층적 색인을 생성하려면 keys 인자를 사용하면 된다.

```
In [92]: result = pd.concat([s1, s1, s3], keys=['one', 'two', 'three'])
```

```
In [93]: result
Out[93]:
one    a    0
       b    1
two    a    0
       b    1
three  f    5
       g    6
dtype: int64

In [94]: result.unstack()
Out[94]:
         a    b    f    g
one    0.0  1.0  NaN  NaN
two    0.0  1.0  NaN  NaN
three  NaN  NaN  5.0  6.0
```

Series를 axis=1로 병합할 경우 keys는 DataFrame의 컬럼 제목이 된다.

```
In [95]: pd.concat([s1, s2, s3], axis=1, keys=['one', 'two', 'three'])
Out[95]:
   one  two  three
a  0.0  NaN  NaN
b  1.0  NaN  NaN
c  NaN  2.0  NaN
d  NaN  3.0  NaN
e  NaN  4.0  NaN
f  NaN  NaN  5.0
g  NaN  NaN  6.0
```

DataFrame 객체에 대해서도 지금까지와 같은 방식으로 적용할 수 있다.

```
In [96]: df1 = pd.DataFrame(np.arange(6).reshape(3, 2), index=['a', 'b', 'c'],
   ....:                    columns=['one', 'two'])

In [97]: df2 = pd.DataFrame(5 + np.arange(4).reshape(2, 2), index=['a', 'c'],
   ....:                    columns=['three', 'four'])

In [98]: df1
Out[98]:
```

```
     one  two
a     0    1
b     2    3
c     4    5

In [99]: df2
Out[99]:
     three  four
a      5     6
c      7     8

In [100]: pd.concat([df1, df2], axis=1, keys=['level1', 'level2'])
Out[100]:
   level1     level2
   one  two   three  four
a   0    1    5.0    6.0
b   2    3    NaN    NaN
c   4    5    7.0    8.0
```

리스트 대신 객체의 사전을 넘기면 사전의 키가 keys 옵션으로 사용된다.

```
In [101]: pd.concat({'level1': df1, 'level2': df2}, axis=1)
Out[101]:
   level1     level2
   one  two   three  four
a   0    1    5.0    6.0
b   2    3    NaN    NaN
c   4    5    7.0    8.0
```

계층적 색인을 생성할 때 사용할 수 있는 몇 가지 추가적인 옵션은 [표 8-3]을 참조하자. 예를 들어 새로 생성된 계층의 이름은 names 인자로 지정할 수 있다.

```
In [102]: pd.concat([df1, df2], axis=1, keys=['level1', 'level2'],
    .....:           names=['upper', 'lower'])
Out[102]:
upper  level1     level2
lower  one  two   three  four
a       0    1    5.0    6.0
b       2    3    NaN    NaN
c       4    5    7.0    8.0
```

마지막으로 DataFrame의 로우 색인이 분석에 필요한 데이터를 포함하고 있지 않은 경우 어떻게 할 것인가?

```
In [103]: df1 = pd.DataFrame(np.random.randn(3, 4), columns=['a', 'b', 'c', 'd'])

In [104]: df2 = pd.DataFrame(np.random.randn(2, 3), columns=['b', 'd', 'a'])

In [105]: df1
Out[105]:
          a         b         c         d
0  1.246435  1.007189 -1.296221  0.274992
1  0.228913  1.352917  0.886429 -2.001637
2 -0.371843  1.669025 -0.438570 -0.539741

In [106]: df2
Out[106]:
          b         d         a
0  0.476985  3.248944 -1.021228
1 -0.577087  0.124121  0.302614
```

이 경우 ignore_index=True 옵션을 주면 된다.

```
In [107]: pd.concat([df1, df2], ignore_index=True)
Out[107]:
          a         b         c         d
0  1.246435  1.007189 -1.296221  0.274992
1  0.228913  1.352917  0.886429 -2.001637
2 -0.371843  1.669025 -0.438570 -0.539741
3 -1.021228  0.476985       NaN  3.248944
4  0.302614 -0.577087       NaN  0.124121
```

표 8-3 concat 함수 인자

인자	설명
objs	이어붙일 pandas 객체의 사전이나 리스트. 필수 인자
axis	이어붙일 축 방향. 기본값은 0
join	조인 방식. 'inner'(내부 조인, 교집합)과 'outer'(외부 조인, 합집합)가 있으며 기본값은 'outer'
join_axes	합집합/교집합을 수행하는 대신 다른 $n-1$ 축으로 사용할 색인을 지정한다.

인자	설명
keys	이어붙일 객체나 이어붙인 축에 대한 계층 색인을 생성하는 데 연관된 값이다. 리스트나 임의의 값이 들어 있는 배열, 튜플의 배열 또는 배열의 리스트(levels 옵션에 다차원 배열이 넘어온 경우)가 될 수 있다.
levels	계층 색인 레벨로 사용할 색인을 지정한다. keys가 넘어온 경우 여러 개의 색인을 지정한다.
names	keys나 levels 혹은 둘 다 있을 경우 생성된 계층 레벨을 위한 이름
verify_integrity	이어붙인 객체에 중복되는 축이 있는지 검사하고 있다면 예외를 발생시킨다. 기본값은 False로, 중복을 허용한다.
ignore_index	이어붙인 축의 색인을 유지하지 않고 range(total_length)로 새로운 색인을 생성한다.

8.2.4 겹치는 데이터 합치기

데이터를 합칠 때 병합이나 이어붙이기로는 불가능한 상황이 있는데, 두 데이터셋의 색인이 일부 겹치거나 전체가 겹치는 경우가 그렇다. 벡터화된 if-else 구문을 표현하는 NumPy의 where 함수로 자세히 알아보자.

```
In [108]: a = pd.Series([np.nan, 2.5, np.nan, 3.5, 4.5, np.nan],
   .....:               index=['f', 'e', 'd', 'c', 'b', 'a'])

In [109]: b = pd.Series(np.arange(len(a), dtype=np.float64),
   .....:               index=['f', 'e', 'd', 'c', 'b', 'a'])

In [110]: b[-1] = np.nan

In [111]: a
Out[111]:
f    NaN
e    2.5
d    NaN
c    3.5
b    4.5
a    NaN
dtype: float64

In [112]: b
Out[112]:
f    0.0
```

```
e    1.0
d    2.0
c    3.0
b    4.0
a    NaN
dtype: float64

In [113]: np.where(pd.isnull(a), b, a)
Out[113]: array([ 0. ,  2.5,  2. ,  3.5,  4.5,  nan])
```

Series 객체의 combine_first 메서드는 위와 동일한 연산을 제공하며 데이터 정렬 기능까지 제공한다.

```
In [114]: b[:-2].combine_first(a[2:])
Out[114]:
a    NaN
b    4.5
c    3.0
d    2.0
e    1.0
f    0.0
dtype: float64
```

DataFrame에서 combine_first 메서드는 컬럼에 대해 같은 동작을 한다. 그러므로 호출하는 객체에서 누락된 데이터를 인자로 넘긴 객체에 있는 값으로 채워 넣을 수 있다.

```
In [115]: df1 = pd.DataFrame({'a': [1., np.nan, 5., np.nan],
   .....:                     'b': [np.nan, 2., np.nan, 6.],
   .....:                     'c': range(2, 18, 4)})

In [116]: df2 = pd.DataFrame({'a': [5., 4., np.nan, 3., 7.],
   .....:                     'b': [np.nan, 3., 4., 6., 8.]})

In [117]: df1
Out[117]:
     a    b   c
0  1.0  NaN   2
1  NaN  2.0   6
2  5.0  NaN  10
3  NaN  6.0  14
```

```
In [118]: df2
Out[118]:
     a    b
0  5.0  NaN
1  4.0  3.0
2  NaN  4.0
3  3.0  6.0
4  7.0  8.0

In [119]: df1.combine_first(df2)
Out[119]:
     a    b     c
0  1.0  NaN   2.0
1  4.0  2.0   6.0
2  5.0  4.0  10.0
3  3.0  6.0  14.0
4  7.0  8.0   NaN
```

8.3 재형성과 피벗

표 형식의 데이터를 재배치하는 다양한 기본 연산이 존재한다. 이런 연산을 **재형성** 또는 **피벗** 연산이라고 한다.

8.3.1 계층적 색인으로 재형성하기

계층적 색인은 DataFrame의 데이터를 재배치하는 다음과 같은 방식을 제공한다.

- **stack**
  데이터의 컬럼을 로우로 피벗(또는 회전)시킨다.
- **unstack**
  로우를 컬럼으로 피벗시킨다.

몇 가지 예제를 통해 위 연산을 좀 더 알아보자. 문자열이 담긴 배열을 로우와 컬럼의 색인으로 하는 작은 DataFrame이 있다.

```
In [120]: data = pd.DataFrame(np.arange(6).reshape((2, 3)),
   .....:                     index=pd.Index(['Ohio', 'Colorado'], name='state'),
   .....:                     columns=pd.Index(['one', 'two', 'three'],
   .....:                     name='number'))

In [121]: data
Out[121]:
number    one  two  three
state
Ohio       0    1     2
Colorado   3    4     5
```

stack 메서드를 사용하면 컬럼이 로우로 피벗되어서 다음과 같은 Series 객체를 반환한다.

```
In [122]: result = data.stack()

In [123]: result
Out[123]:
state     number
Ohio      one       0
          two       1
          three     2
Colorado  one       3
          two       4
          three     5
dtype: int64
```

unstack 메서드를 사용하면 위 계층적 색인을 가진 Series로부터 다시 DataFrame을 얻을 수 있다.

```
In [124]: result.unstack()
Out[124]:
number    one  two  three
state
Ohio       0    1     2
Colorado   3    4     5
```

기본적으로 가장 안쪽에 있는 레벨부터 끄집어내는데(stack도 마찬가지다), 레벨 숫자나 이름을 전달해서 끄집어낼 단계를 지정할 수 있다.

```
In [125]: result.unstack(0)
Out[125]:
state   Ohio  Colorado
number
one        0         3
two        1         4
three      2         5

In [126]: result.unstack('state')
Out[126]:
state   Ohio  Colorado
number
one        0         3
two        1         4
three      2         5
```

해당 레벨에 있는 모든 값이 하위그룹에 속하지 않을 경우 unstack을 하게 되면 누락된 데이터가 생길 수 있다.

```
In [127]: s1 = pd.Series([0, 1, 2, 3], index=['a', 'b', 'c', 'd'])

In [128]: s2 = pd.Series([4, 5, 6], index=['c', 'd', 'e'])

In [129]: data2 = pd.concat([s1, s2], keys=['one', 'two'])

In [130]: data2
Out[130]:
one  a    0
     b    1
     c    2
     d    3
two  c    4
     d    5
     e    6
dtype: int64

In [131]: data2.unstack()
Out[131]:
       a    b    c    d    e
one  0.0  1.0  2.0  3.0  NaN
two  NaN  NaN  4.0  5.0  6.0
```

stack 메서드는 누락된 데이터를 자동으로 걸러내기 때문에 연산을 쉽게 원상 복구할 수 있다.

```
In [132]: data2.unstack()
Out[132]:
       a    b    c    d    e
one  0.0  1.0  2.0  3.0  NaN
two  NaN  NaN  4.0  5.0  6.0

In [133]: data2.unstack().stack()
Out[133]:
one  a    0.0
     b    1.0
     c    2.0
     d    3.0
two  c    4.0
     d    5.0
     e    6.0
dtype: float64

In [134]: data2.unstack().stack(dropna=False)
Out[134]:
one  a    0.0
     b    1.0
     c    2.0
     d    3.0
     e    NaN
two  a    NaN
     b    NaN
     c    4.0
     d    5.0
     e    6.0
dtype: float64
```

DataFrame을 unstack( )할 때 unstack 레벨은 결과에서 가장 낮은 단계가 된다.

```
In [135]: df = pd.DataFrame({'left': result, 'right': result + 5},
   .....:                    columns=pd.Index(['left', 'right'], name='side'))

In [136]: df
Out[136]:
side           left  right
state number
Ohio  one         0      5
```

```
              two     1     6
              three   2     7
    Colorado  one     3     8
              two     4     9
              three   5    10

In [137]: df.unstack('state')
Out[137]:
side    left          right
state   Ohio Colorado  Ohio Colorado
number
one      0     3        5     8
two      1     4        6     9
three    2     5        7    10
```

stack을 호출할 때 쌓을 축의 이름을 지정할 수 있다.

```
In [138]: df.unstack('state').stack('side')
Out[138]:
state          Colorado  Ohio
number side
one    left        3      0
       right       8      5
two    left        4      1
       right       9      6
three  left        5      2
       right      10      7
```

8.3.2 긴 형식에서 넓은 형식으로 피벗하기

데이터베이스나 CSV 파일에 여러 개의 시계열 데이터를 저장하는 일반적인 방법은 시간 순서대로 나열하는 것이다. 예제 데이터를 읽어서 시계열 데이터를 다뤄보자.

```
In [139]: data = pd.read_csv('examples/macrodata.csv')

In [140]: data.head()
Out[140]:
```

```
        year  quarter   realgdp  realcons  realinv  realgovt  realdpi    cpi  \
0     1959.0      1.0  2710.349    1707.4  286.898   470.045   1886.9  28.98
1     1959.0      2.0  2778.801    1733.7  310.859   481.301   1919.7  29.15
2     1959.0      3.0  2775.488    1751.8  289.226   491.260   1916.4  29.35
3     1959.0      4.0  2785.204    1753.7  299.356   484.052   1931.3  29.37
4     1960.0      1.0  2847.699    1770.5  331.722   462.199   1955.5  29.54
      m1  tbilrate  unemp      pop  infl  realint
0  139.7      2.82    5.8  177.146  0.00     0.00
1  141.7      3.08    5.1  177.830  2.34     0.74
2  140.5      3.82    5.3  178.657  2.74     1.09
3  140.0      4.33    5.6  179.386  0.27     4.06
4  139.6      3.50    5.2  180.007  2.31     1.19

In [141]: periods = pd.PeriodIndex(year=data.year, quarter=data.quarter,
   .....:                          name='date')

In [142]: columns = pd.Index(['realgdp', 'infl', 'unemp'], name='item')

In [143]: data = data.reindex(columns=columns)

In [144]: data.index = periods.to_timestamp('D', 'end')

In [145]: ldata = data.stack().reset_index().rename(columns={0: 'value'})
```

PeriodIndex는 11장에서 제대로 알아보겠지만 간단히 설명하면 시간 간격을 나타내기 위한 자료형으로, 연도(year)와 분기(quarter) 컬럼을 합친다.

ldata는 이제 다음과 같다.

```
In [146]: ldata[:10]
Out[146]:
        date     item     value
0 1959-03-31  realgdp  2710.349
1 1959-03-31     infl     0.000
2 1959-03-31    unemp     5.800
3 1959-06-30  realgdp  2778.801
4 1959-06-30     infl     2.340
5 1959-06-30    unemp     5.100
6 1959-09-30  realgdp  2775.488
7 1959-09-30     infl     2.740
8 1959-09-30    unemp     5.300
9 1959-12-31  realgdp  2785.204
```

이를 긴 형식이라고 부르며, 여러 시계열이나 둘 이상의 키(예제에서는 date와 item)를 가지고 있는 다른 관측 데이터에서 사용한다. 각 로우는 단일 관측치를 나타낸다.

MySQL 같은 관계형 데이터베이스는 테이블에 데이터가 추가되거나 삭제되면 item 컬럼에 별개의 값을 넣거나 빼는 방식으로 고정된 스키마(컬럼 이름과 데이터형)에 데이터를 저장한다. 위 예에서 date와 item은 관계형 데이터베이스 관점에서 얘기하자면 기본키$^{primary\ key}$가 되어 관계 무결성을 제공하며 쉬운 조인 연산과 프로그램에 의한 질의를 가능하게 해준다. 물론 단점도 있는데, 길이가 긴 형식으로는 작업이 용이하지 않을 수 있어서 하나의 DataFrame에 date 컬럼의 시간값으로 색인된 개별 item을 컬럼으로 포함시키는 것을 선호할지도 모른다. DataFrame의 pivot 메서드가 바로 이런 변형을 지원한다.

```
In [147]: pivoted = ldata.pivot('date', 'item', 'value')

In [148]: pivoted
Out[148]:
item         infl    realgdp    unemp
date
1959-03-31   0.00    2710.349   5.8
1959-06-30   2.34    2778.801   5.1
1959-09-30   2.74    2775.488   5.3
1959-12-31   0.27    2785.204   5.6
1960-03-31   2.31    2847.699   5.2
1960-06-30   0.14    2834.390   5.2
1960-09-30   2.70    2839.022   5.6
1960-12-31   1.21    2802.616   6.3
1961-03-31  -0.40    2819.264   6.8
1961-06-30   1.47    2872.005   7.0
...           ...        ...    ...
2007-06-30   2.75   13203.977   4.5
2007-09-30   3.45   13321.109   4.7
2007-12-31   6.38   13391.249   4.8
2008-03-31   2.82   13366.865   4.9
2008-06-30   8.53   13415.266   5.4
2008-09-30  -3.16   13324.600   6.0
2008-12-31  -8.79   13141.920   6.9
2009-03-31   0.94   12925.410   8.1
2009-06-30   3.37   12901.504   9.2
2009-09-30   3.56   12990.341   9.6
[203 rows x 3 columns]
```

pivot 메서드의 처음 두 인자는 로우와 컬럼 색인으로 사용될 컬럼 이름이고 마지막 두 인자는 DataFrame에 채워 넣을 값을 담고 있는 컬럼 이름이다. 한 번에 두 개의 컬럼을 동시에 변형한다고 하자.

```
In [149]: ldata['value2'] = np.random.randn(len(ldata))

In [150]: ldata[:10]
Out[150]:
        date    item     value    value2
0 1959-03-31  realgdp  2710.349  0.523772
1 1959-03-31     infl     0.000  0.000940
2 1959-03-31    unemp     5.800  1.343810
3 1959-06-30  realgdp  2778.801 -0.713544
4 1959-06-30     infl     2.340 -0.831154
5 1959-06-30    unemp     5.100 -2.370232
6 1959-09-30  realgdp  2775.488 -1.860761
7 1959-09-30     infl     2.740 -0.860757
8 1959-09-30    unemp     5.300  0.560145
9 1959-12-31  realgdp  2785.204 -1.265934
```

마지막 인자를 생략해서 계층적 컬럼을 가지는 DataFrame을 얻을 수 있다.

```
In [151]: pivoted = ldata.pivot('date', 'item')

In [152]: pivoted[:5]
Out[152]:
            value                    value2
item         infl  realgdp  unemp      infl   realgdp     unemp
date
1959-03-31   0.00  2710.349    5.8  0.000940  0.523772  1.343810
1959-06-30   2.34  2778.801    5.1 -0.831154 -0.713544 -2.370232
1959-09-30   2.74  2775.488    5.3 -0.860757 -1.860761  0.560145
1959-12-31   0.27  2785.204    5.6  0.119827 -1.265934 -1.063512
1960-03-31   2.31  2847.699    5.2 -2.359419  0.332883 -0.199543

In [153]: pivoted['value'][:5]
Out[153]:
item         infl  realgdp  unemp
date
1959-03-31   0.00  2710.349    5.8
1959-06-30   2.34  2778.801    5.1
1959-09-30   2.74  2775.488    5.3
```

```
1959-12-31   0.27   2785.204   5.6
1960-03-31   2.31   2847.699   5.2
```

pivot은 단지 set_index를 사용해서 계층적 색인을 만들고 unstack 메서드를 이용해서 형태를 변경하는 단축키 같은 메서드다.

```
In [154]: unstacked = ldata.set_index(['date', 'item']).unstack('item')

In [155]: unstacked[:7]
Out[155]:
            value                    value2
item         infl  realgdp  unemp      infl   realgdp     unemp
date
1959-03-31   0.00  2710.349    5.8  0.000940  0.523772  1.343810
1959-06-30   2.34  2778.801    5.1 -0.831154 -0.713544 -2.370232
1959-09-30   2.74  2775.488    5.3 -0.860757 -1.860761  0.560145
1959-12-31   0.27  2785.204    5.6  0.119827 -1.265934 -1.063512
1960-03-31   2.31  2847.699    5.2 -2.359419  0.332883 -0.199543
1960-06-30   0.14  2834.390    5.2 -0.970736 -1.541996 -1.307030
1960-09-30   2.70  2839.022    5.6  0.377984  0.286350 -0.753887
```

8.3.3 넓은 형식에서 긴 형식으로 피벗하기

pivot과 반대되는 연산은 pandas.melt다. 하나의 컬럼을 여러 개의 새로운 DataFrame으로 생성하기보다는 여러 컬럼을 하나로 병합하고 DataFrame을 입력보다 긴 형태로 만들어낸다. 예제를 살펴보자.

```
In [157]: df = pd.DataFrame({'key': ['foo', 'bar', 'baz'],
   .....:                    'A': [1, 2, 3],
   .....:                    'B': [4, 5, 6],
   .....:                    'C': [7, 8, 9]})

In [158]: df
Out[158]:
   A  B  C  key
0  1  4  7  foo
1  2  5  8  bar
2  3  6  9  baz
```

'key' 컬럼을 그룹 구분자로 사용할 수 있고 다른 컬럼을 데이터값으로 사용할 수 있다. pandas.melt를 사용할 때는 반드시 어떤 컬럼을 그룹 구분자로 사용할 것인지 지정해야 한다. 여기서는 'key'를 그룹 구분자로 지정하자.

```
In [159]: melted = pd.melt(df, ['key'])

In [160]: melted
Out[160]:
   key variable  value
0  foo        A      1
1  bar        A      2
2  baz        A      3
3  foo        B      4
4  bar        B      5
5  baz        B      6
6  foo        C      7
7  bar        C      8
8  baz        C      9
```

pivot을 사용해서 원래 모양으로 되돌릴 수 있다.

```
In [161]: reshaped = melted.pivot('key', 'variable', 'value')

In [162]: reshaped
Out[162]:
variable  A  B  C
key
bar       2  5  8
baz       3  6  9
foo       1  4  7
```

pivot의 결과는 로우 라벨로 사용하던 컬럼에서 색인을 생성하므로 reset_index를 이용해서 데이터를 다시 컬럼으로 돌려놓자.

```
In [163]: reshaped.reset_index()
Out[163]:
variable  key  A  B  C
0         bar  2  5  8
1         baz  3  6  9
2         foo  1  4  7
```

데이터값으로 사용할 컬럼들의 집합을 지정할 수도 있다.

```
In [164]: pd.melt(df, id_vars=['key'], value_vars=['A', 'B'])
Out[164]:
   key variable  value
0  foo        A      1
1  bar        A      2
2  baz        A      3
3  foo        B      4
4  bar        B      5
5  baz        B      6
```

pandas.melt는 그룹 구분자 없이도 사용할 수 있다.

```
In [165]: pd.melt(df, value_vars=['A', 'B', 'C'])
Out[165]:
  variable  value
0        A      1
1        A      2
2        A      3
3        B      4
4        B      5
5        B      6
6        C      7
7        C      8
8        C      9

In [166]: pd.melt(df, value_vars=['key', 'A', 'B'])
Out[166]:
  variable value
0      key   foo
1      key   bar
2      key   baz
3        A     1
4        A     2
5        A     3
6        B     4
7        B     5
8        B     6
```

8.4 마치며

지금까지 pandas에서 데이터를 불러오고, 정제하고, 재배열하는 방식을 익혔다. 이제 matplotlib을 이용한 데이터 시각화 단계로 넘어갈 준비가 되었다. 9장을 마친 다음에는 다시 pandas로 돌아와 고급 기법을 다루도록 하겠다.

CHAPTER 9

그래프와 시각화

정보 시각화는 데이터 분석에서 무척 중요한 일 중 하나다. 시각화는 특잇값을 찾아내거나, 데이터 변형이 필요한지 알아보거나, 모델에 대한 아이디어를 찾기 위한 과정의 일부이기도 하다. 혹자에게는 웹상에서 구현되는 시각화가 최종 목표일 수도 있다. 파이썬은 다양한 시각화 도구를 구비하고 있지만, 이 책에서는 matplotlib과 matplotlib 기반의 도구들을 우선적으로 살펴보겠다.

matplotlib은 주로 2D 그래프를 위한 데스크톱 패키지로, 출판물 수준의 그래프를 만들어내도록 설계되었다. matplotlib 프로젝트는 파이썬에서 매트랩과 유사한 인터페이스를 지원하기 위해 2002년 존 헌터$^{John\ Hunter}$가 시작했다. 그 후 IPython과 matplotlib 커뮤니티의 협력을 통해 IPython 셸(지금은 주피터 노트북)에서 대화형 시각화를 구현해냈다. matplotlib은 모든 운영체제의 다양한 GUI 백엔드를 지원하고 있으며 PDF, SVG, JPG, PNG, BMP, GIF 등 일반적으로 널리 사용되는 벡터 포맷과 래스터 포맷으로 그래프를 저장할 수 있다. 이 책에 수록된 대부분의 그래프는 matplotlib을 이용해서 만들었다.

시간이 흐름에 따라 내부적으로 matplotlib을 사용하는 새로운 데이터 시각화 도구들이 생겨났는데 그중 하나가 이 장 후반부에서 살펴볼 seaborn 라이브러리다.

이 장에 포함된 코드 예제를 실행시키는 가장 손쉬운 방법은 주피터 노트북의 대화형 시각화 기능을 사용하는 것이다. 이 기능을 활성화하려면 주피터 노트북을 실행시킨 후 다음 명령을 입력한다.

```
%matplotlib notebook
```

9.1 matplotlib API 간략하게 살펴보기

이 책에서는 matplotlib을 아래와 같은 네이밍 컨벤션으로 임포트하겠다.

```
In [11]: import matplotlib.pyplot as plt
```

주피터 노트북 환경에서 %matplotlib notebook을 실행한 다음(IPython인 경우 그냥 %matplotlib) 간단한 그래프를 그려보자. 모든 것이 제대로 설정되었다면 [그림 9-1]과 같은 선그래프가 그려진다.

```
In [12]: import numpy as np

In [13]: data = np.arange(10)

In [14]: data
Out[14]: array([0, 1, 2, 3, 4, 5, 6, 7, 8, 9])

In [15]: plt.plot(data)
```

그림 9-1 간단한 선그래프

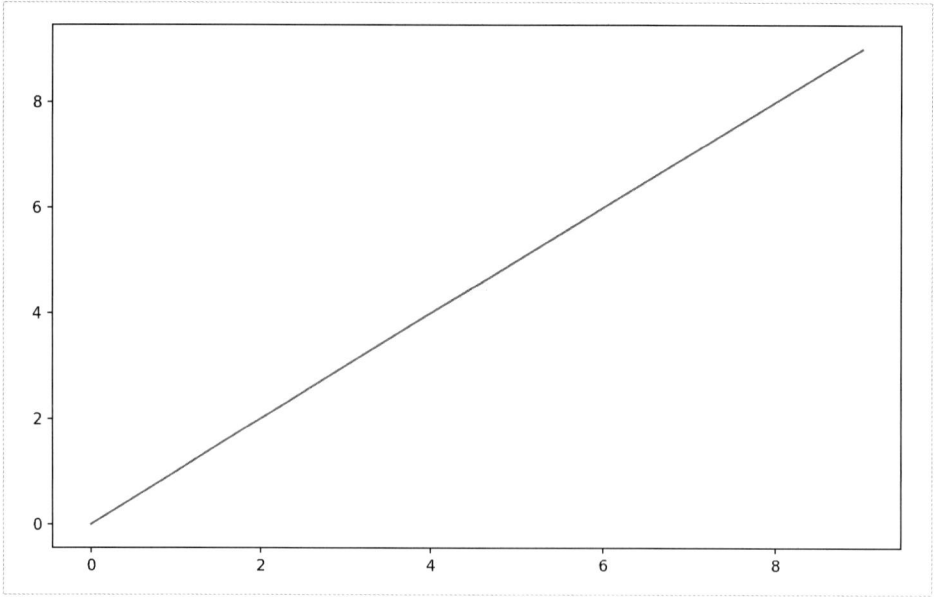

나중에 seaborn 라이브러리나 pandas로 그래프를 그리는 방법과 그래프가 만들어지는 세부 사항에 관한 재미없는 내용을 다루게 되는데, 함수에서 제공하는 옵션만 사용하는 데 그치지 않고 그 이상의 최적화를 하고 싶다면 matplotlib API도 어느 정도 알고 있어야 한다.

> **NOTE_** 이 책에서 matplotlib에서 제공하는 기능에 대한 폭넓고 심도 있는 내용이나 포괄적인 내용을 다루기에는 무리가 있다. 예제와 함께 matplotlib의 간단한 사용법만 알려줄 것이다. matplotlib 갤러리와 문서에 있는 내용을 참고하면 고급 기능을 사용하고 그래프를 작성하는 데 고수가 될 수 있는 길잡이 역할을 해줄 것이다.

9.1.1 figure와 서브플롯

matplotlib에서 그래프는 `Figure` 객체 내에 존재한다. 그래프를 위한 새로운 figure(피겨)는 `plt.figure`를 사용해서 생성할 수 있다.

```
In [16]: fig = plt.figure()
```

IPython에서 실행했다면 빈 윈도우가 나타날 것이다. 반면 주피터에서는 몇 가지 명령을 더 입력하기 전에는 아무것도 나타나지 않을 것이다. `plt.figure`에는 다양한 옵션이 있는데 그중 `figsize`는 파일에 저장할 경우를 위해 만들려는 figure의 크기와 비율을 지정할 수 있다.

빈 figure로는 그래프를 그릴 수 없다. `add_subplot`을 사용해서 최소 하나 이상의 `subplots`를 생성해야 한다.

```
In [17]: ax1 = fig.add_subplot(2, 2, 1)
```

위 코드는 figure가 2×2 크기이고 4개의 서브플롯 중에서 첫 번째를 선택하겠다는 의미다(서브플롯은 1부터 숫자가 매겨진다). 다음처럼 2개의 서브플롯을 더 추가하면 [그림 9-2]와 같은 모양이 된다.

```
In [18]: ax2 = fig.add_subplot(2, 2, 2)

In [19]: ax3 = fig.add_subplot(2, 2, 3)
```

그림 9-2 3개의 서브플롯을 가지는 빈 matplotlib figure

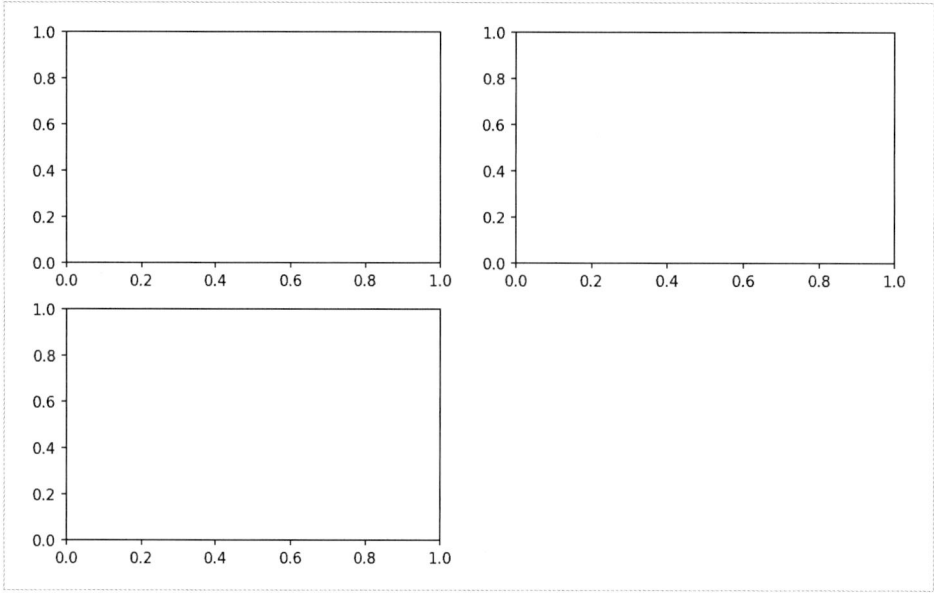

> **TIP** 주피터 노트북을 사용할 때는 실행되는 셀마다 그래프가 리셋된다. 따라서 복잡한 그래프를 그릴 때는 단일 노트북 셀에 그래프를 그리는 코드를 전부 입력해야 한다.

여기서는 아래 코드를 모두 같은 셀에서 실행했다.

```
fig = plt.figure()
ax1 = fig.add_subplot(2, 2, 1)
ax2 = fig.add_subplot(2, 2, 2)
ax3 = fig.add_subplot(2, 2, 3)
```

plt.plot([1.5, 3.5, -2, 1.6]) 명령으로 그래프를 띄우면 matplotlib은 가장 최근의 figure와 그 서브플롯을 그린다. 서브플롯이 없다면 서브플롯 하나를 생성한다. 이렇게 해서 figure와 서브플롯이 생성되는 과정을 숨겨준다. 따라서 다음 명령을 실행하면 [그림 9-3]과 같은 그래프를 얻을 수 있다.

```
In [20]: plt.plot(np.random.randn(50).cumsum(), 'k--')
```

그림 9-3 하나의 그래프를 가지는 figure

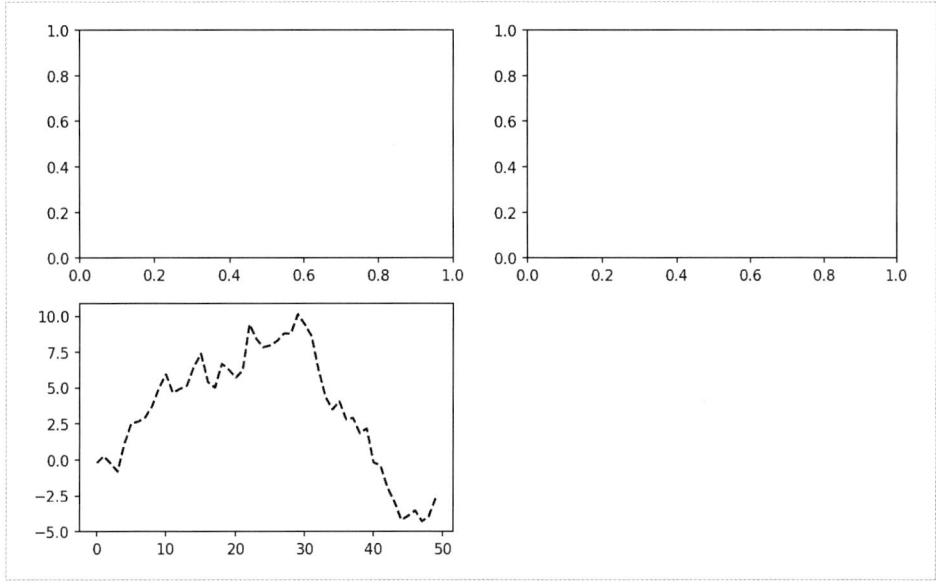

'k--' 옵션은 검은 점선을 그리기 위한 **스타일** 옵션이다. fig.add_subplot에서 반환되는 객체는 AxesSubplot인데, 각각의 인스턴스 메서드를 호출해서 다른 빈 서브플롯에 직접 그래프를 그릴 수 있다. [그림 9-4]를 참조하자.

```
In [21]: _ = ax1.hist(np.random.randn(100), bins=20, color='k', alpha=0.3)

In [22]: ax2.scatter(np.arange(30), np.arange(30) + 3 * np.random.randn(30))
```

그림 9-4 여러 그래프를 추가한 figure

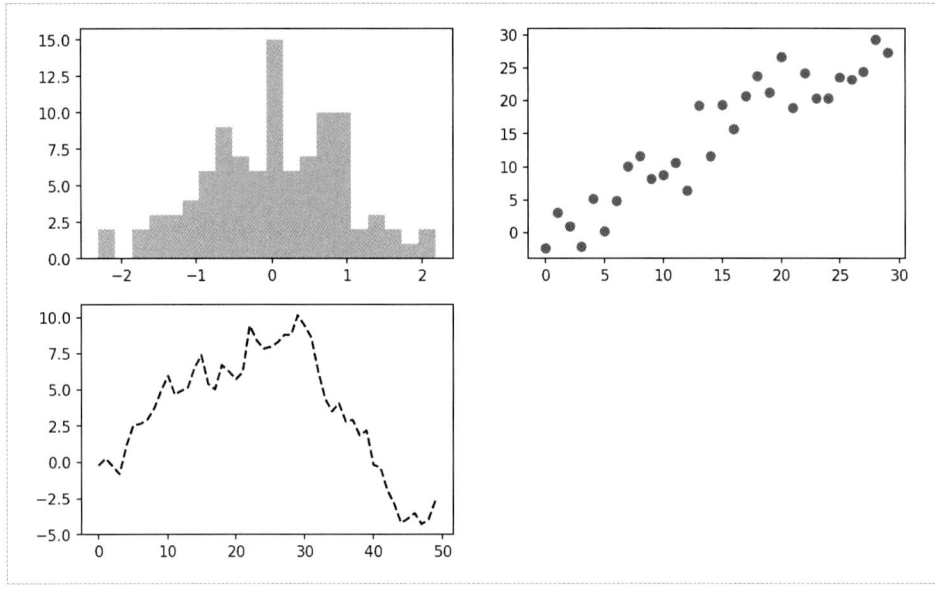

matplotlib 문서에서 여러 가지 그래프 종류를 확인할 수 있다.

특정한 배치에 맞추어 여러 개의 서브플롯을 포함하는 figure를 생성하는 일은 흔히 접하게 되는 업무인데 이를 위한 `plt.subplots`라는 편리한 메서드가 있다. 이 메서드는 NumPy 배열과 서브플롯 객체를 새로 생성하여 반환한다.

```
In [24]: fig, axes = plt.subplots(2, 3)

In [25]: axes
Out[25]:
array([[<matplotlib.axes._subplots.AxesSubplot object at 0x7fb626374048>,
        <matplotlib.axes._subplots.AxesSubplot object at 0x7fb62625db00>,
        <matplotlib.axes._subplots.AxesSubplot object at 0x7fb6262f6c88>],
       [<matplotlib.axes._subplots.AxesSubplot object at 0x7fb6261a36a0>,
        <matplotlib.axes._subplots.AxesSubplot object at 0x7fb626181860>,
        <matplotlib.axes._subplots.AxesSubplot object at 0x7fb6260fd4e0>]], dtype
=object)
```

axes 배열은 axes[0, 1]처럼 2차원 배열로 쉽게 색인될 수 있어서 편리하게 사용할 수 있다. 서브플롯이 같은 x축 혹은 y축을 가져야 한다면 각각 sharex와 sharey를 사용해서 지정할 수 있다. 같은 범위 내에서 데이터를 비교해야 할 경우 특히 유용하다. 그렇지 않으면 matplotlib은 각 그래프의 범위를 독립적으로 조정한다. 이 메서드에 대한 자세한 내용은 [표 9-1]을 참조하자.

표 9-1 pyplot.subplots 옵션

인자	설명
nrows	서브플롯의 로우 수
ncols	서브플롯의 컬럼 수
sharex	모든 서브플롯이 같은 x축 눈금을 사용하도록 한다(xlim 값을 조절하면 모든 서브플롯에 적용된다).
sharey	모든 서브플롯이 같은 y축 눈금을 사용하도록 한다(ylim 값을 조절하면 모든 서브플롯에 적용된다).
subplot_kw	add_subplot을 사용해서 각 서브플롯을 생성할 때 사용할 키워드를 담고 있는 사전
**fig_kw	figure를 생성할 때 사용할 추가적인 키워드 인자. 예를 들면 plt.subplots(2, 2, figsize=(8, 6))

서브플롯 간의 간격 조절하기

matplotlib은 서브플롯 간에 적당한 간격spacing과 여백padding을 추가해준다. 이 간격은 전체 그래프의 높이와 너비에 따라 상대적으로 결정된다. 그러므로 프로그램을 이용하든 아니면 직접 GUI 윈도우의 크기를 조정하든 그래프의 크기가 자동으로 조절된다. 서브플롯 간의 간격은 Figure 객체의 subplots_adjust 메서드를 사용해서 쉽게 바꿀 수 있다. subplots_adjust 메서드는 최상위 함수로도 존재한다.

```
subplots_adjust(left=None, bottom=None, right=None, top=None,
                wspace=None, hspace=None)
```

wspace와 hspace는 서브플롯 간의 간격을 위해 각각 figure의 너비와 높이에 대한 비율을 조절한다. 다음 코드는 서브플롯 간의 간격을 주지 않은 그래프를 생성하는 코드다(그림 9-5).

```
fig, axes = plt.subplots(2, 2, sharex=True, sharey=True)
for i in range(2):
    for j in range(2):
        axes[i, j].hist(np.random.randn(500), bins=50, color='k', alpha=0.5)
plt.subplots_adjust(wspace=0, hspace=0)
```

그림 9-5 서브플롯 간의 간격을 주지 않은 그래프

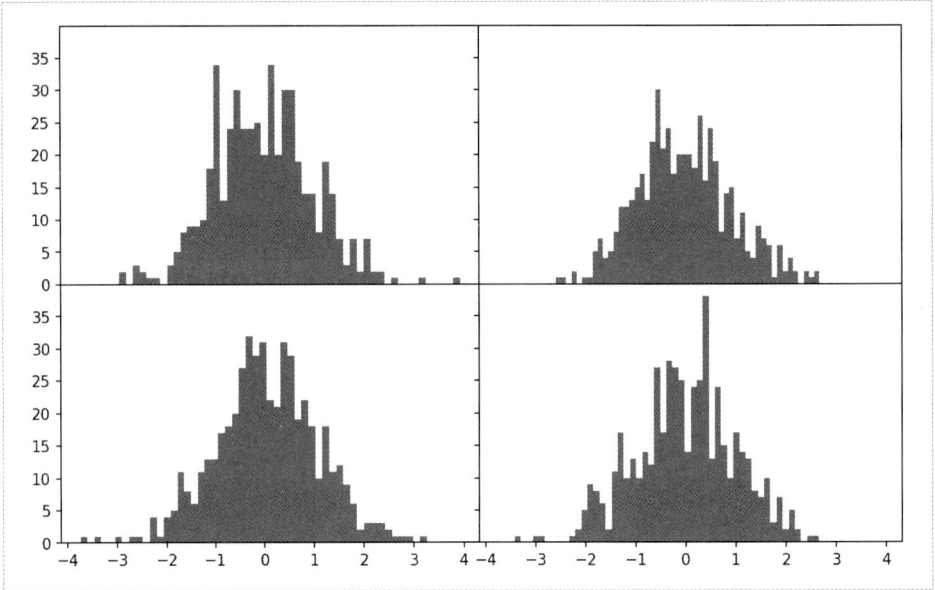

그래프를 그렸을 때 축 이름이 겹치는 경우가 있다. matplotlib은 그래프에서 이름이 겹치는지 검사하지 않기 때문에 이와 같은 경우에는 눈금 위치와 눈금 이름을 명시적으로 직접 지정해야 한다. 다음 절에서 알아보자.

9.1.2 색상, 마커, 선 스타일

matplotlib에서 가장 중요한 plot 함수는 x와 y 좌푯값이 담긴 배열과 추가적으로 색상과 선 스타일을 나타내는 축약 문자열을 인자로 받는다. 예를 들어 녹색 점선으로 그려진 x 대 y 그래프는 아래처럼 나타낼 수 있다.

```
ax.plot(x, y, 'g--')
```

이와 같이 문자열로 색상과 선 스타일을 지정하는 방법은 편의를 위해 제공되고 있는데, 실무에서 프로그램으로 그래프를 생성할 때는 그래프를 원하는 형식으로 생성하기 위해 문자열을 지저분하게 섞어 쓰고 싶지 않을 것이다. 위에서 만든 그래프는 아래처럼 좀 더 명시적인 방법으로 표현 가능하다.

```
ax.plot(x, y, linestyle='--', color='g')
```

흔히 사용되는 색상을 위해 몇 가지 색상 문자열이 존재하지만 RGB 값(예: #CECECE)을 직접 지정해서 색상표에 있는 어떤 색상이라도 지정할 수 있다. 선 스타일에 대한 전체 목록은 plot 메서드의 도움말을 참고하자(IPython이나 주피터에서 plot?을 입력한다).

선그래프는 특정 지점의 실제 데이터를 돋보이게 하기 위해 **마커**를 추가하기도 한다. matplotlib 은 점들을 잇는 연속된 선그래프를 생성하기 때문에 어떤 지점에 마커를 설정해야 하는지 확실 치 않은 경우가 종종 있다. 마커도 스타일 문자열에 포함시킬 수 있는데 색상 다음에 마커 스타 일이 오고 그 뒤에 선 스타일을 지정한다(그림 9-6).

```
In [30]: from numpy.random import randn

In [31]: plt.plot(randn(30).cumsum(), 'ko--')
```

그림 9-6 마커가 포함된 선그래프

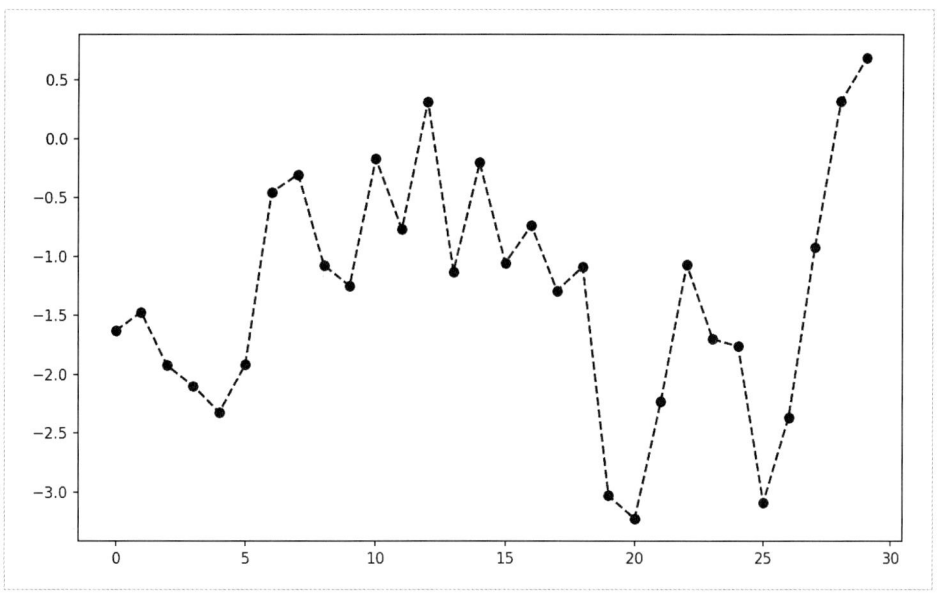

이 역시 좀 더 명시적인 방법으로 표현할 수 있다.

```
plot(randn(30).cumsum(), color='k', linestyle='dashed', marker='o')
```

선그래프를 보면 일정한 간격으로 연속된 지점이 연결되어 있다. 이 역시 drawstyle 옵션을 이용해서 바꿀 수 있다(그림 9-7).

```
In [33]: data = np.random.randn(30).cumsum()

In [34]: plt.plot(data, 'k--', label='Default')
Out[34]: [<matplotlib.lines.Line2D at 0x7fb624d86160>]

In [35]: plt.plot(data, 'k-', drawstyle='steps-post', label='steps-post')
Out[35]: [<matplotlib.lines.Line2D at 0x7fb624d869e8>]

In [36]: plt.legend(loc='best')
```

그림 9-7 다양한 스타일이 적용된 선그래프

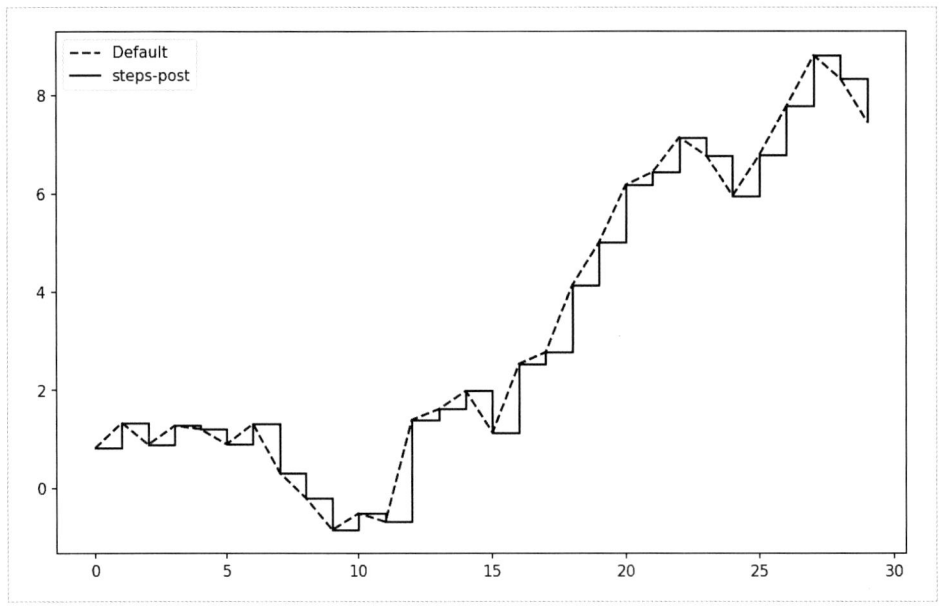

이 코드를 실행해보면 <matplotlib.lines.Line2D at ...>과 같은 결과를 확인할 수 있다. matplotlib은 방금 추가된 그래프의 하위 컴포넌트에 대한 레퍼런스 객체를 리턴한다. 이 결과는 무시해도 된다. 여기서는 label 인자로 plot을 전달했기 때문에 plt.legend를 이용해서 각 선그래프의 범례를 추가할 수 있다.

> **NOTE_** 범례를 생성하려면 그래프를 그릴 때 label 옵션 지정 여부와 상관없이 반드시 plt.legend를 호출해야 한다(축에 대한 범례를 추가하려면 ax.legend를 호출하자).

9.1.3 눈금, 라벨, 범례

그래프를 꾸미는 방법은 크게 2가지가 있다. pyplot 인터페이스를 사용해서 순차적으로 꾸미든가(즉, matplotlib.pyplot) 아니면 matplotlib이 제공하는 API를 사용해서 좀 더 객체지향적인 방법으로 꾸미는 것이다.

pyplot 인터페이스는 대화형 사용에 맞추어 설계되었으며 xlim, xticks, xticklabels 같은 메서드로 이루어져 있다. 이런 메서드로 표의 범위를 지정하거나 눈금 위치, 눈금 이름을 조절할 수 있다.

- 아무런 인자 없이 호출하면 현재 설정되어 있는 매개변수의 값을 반환한다. plt.xlim 메서드는 현재 x축의 범위를 반환한다.
- 인자를 전달하면 매개변수의 값을 설정한다. 예를 들어 plt.xlim([0, 10])을 호출하면 x축의 범위가 0부터 10까지로 설정된다.

이 모든 메서드는 현재 활성화된 혹은 가장 최근에 생성된 AxesSubplot 객체에 대해 동작한다. 위에서 소개한 모든 메서드는 서브플롯 객체의 set/get 메서드로도 존재하는데, xlim이라면 ax.get_xlim과 ax.set_xlim 메서드가 존재한다. 나는 개인적으로 명시적인 것을 선호하기 때문에(그리고 특히 여러 개의 서브플롯을 다룰 때는) 서브플롯 인스턴스 메서드를 사용한다. 하지만 독자들은 각자에게 편리한 메서드를 사용해도 상관없다.

제목, 축 이름, 눈금, 눈금 이름 설정하기

축을 꾸미는 방법을 설명하기 위해 무작위 값으로 간단한 그래프를 하나 생성해보겠다(그림 9-8).

```
In [37]: fig = plt.figure()

In [38]: ax = fig.add_subplot(1, 1, 1)

In [39]: ax.plot(np.random.randn(1000).cumsum())
```

그림 9-8 x축 눈금이 포함된 간단한 그래프

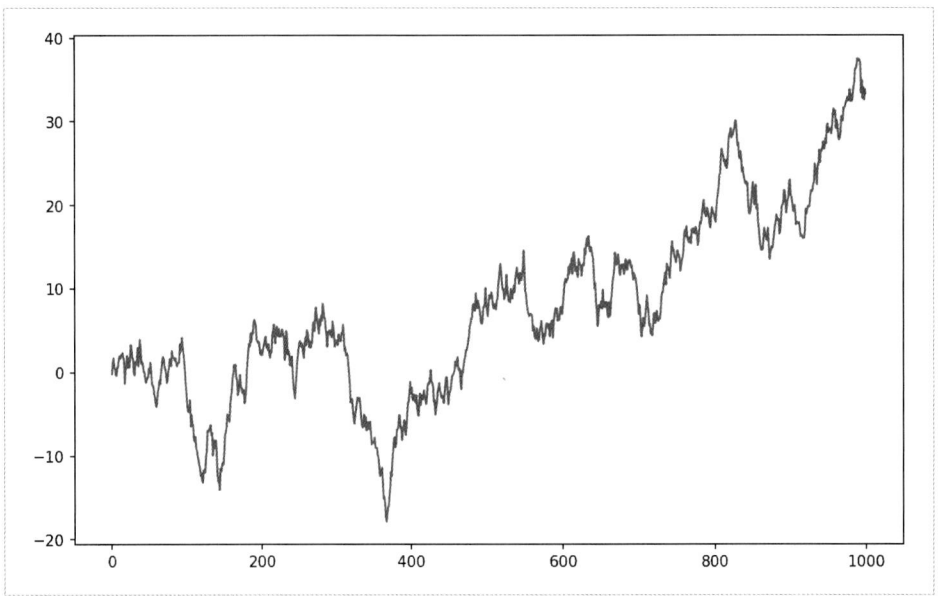

x축의 눈금을 변경하기 위한 가장 쉬운 방법은 set_xticks와 set_xticklabels 메서드를 사용하는 것이다. set_xticks 메서드는 전체 데이터 범위를 따라 눈금을 어디에 배치할지 지정한다. 기본적으로 이 위치에 눈금 이름이 들어간다. 하지만 다른 눈금 이름을 지정하고 싶다면 set_xticklabels를 사용하면 된다.

```
In [40]: ticks = ax.set_xticks([0, 250, 500, 750, 1000])

In [41]: labels = ax.set_xticklabels(['one', 'two', 'three', 'four', 'five'],
   ....:                             rotation=30, fontsize='small')
```

마지막으로 set_xlabel 메서드는 x축에 대한 이름을 지정하고 set_title 메서드는 서브플롯의 제목을 지정한다. [그림 9-9]를 보면 위 코드의 결과를 확인할 수 있다.

```
In [42]: ax.set_title('My first matplotlib plot')
Out[42]: <matplotlib.text.Text at 0x7fb624d055f8>

In [43]: ax.set_xlabel('Stages')
```

그림 9-9 x축을 꾸민 간단한 그래프

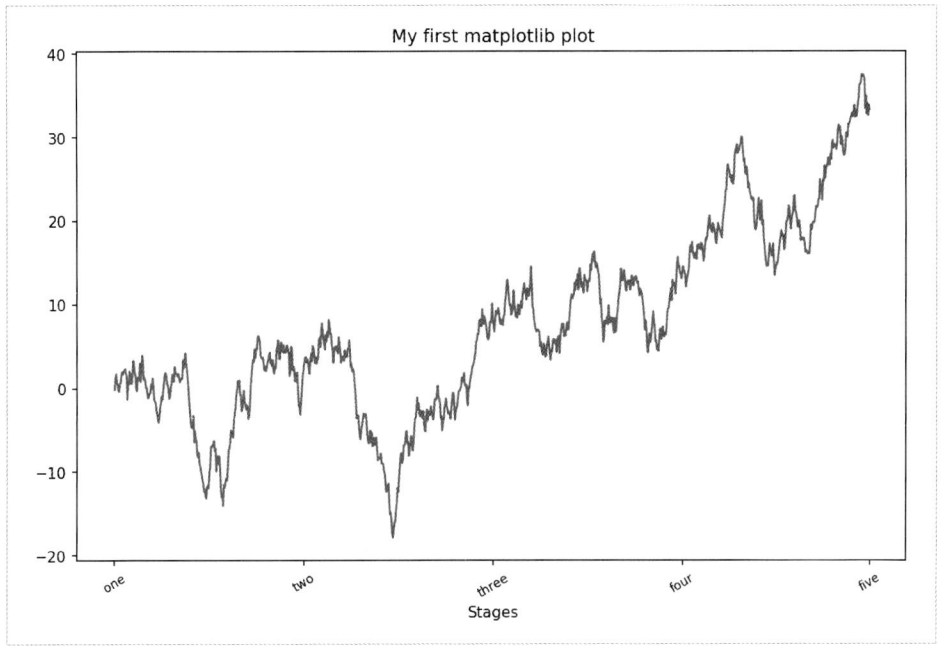

x대신 y를 써서 같은 과정을 y축에 대해 진행할 수 있다. axes 클래스는 플롯의 속성을 설정할 수 있도록 set 메서드를 제공한다. 위 예제는 아래와 같이 작성할 수도 있다.

```
props = {
    'title': 'My first matplotlib plot',
    'xlabel': 'Stages'
}
ax.set(**props)
```

범례 추가하기

범례는 그래프 요소를 확인하기 위해 중요한 요소다. 범례를 추가하는 몇 가지 방법이 있는데 가장 쉬운 방법은 각 그래프에 label 인자를 넘기는 것이다.

```
In [44]: from numpy.random import randn

In [45]: fig = plt.figure(); ax = fig.add_subplot(1, 1, 1)

In [46]: ax.plot(randn(1000).cumsum(), 'k', label='one')
Out[46]: [<matplotlib.lines.Line2D at 0x7fb624bdf860>]

In [47]: ax.plot(randn(1000).cumsum(), 'k--', label='two')
Out[47]: [<matplotlib.lines.Line2D at 0x7fb624be90f0>]

In [48]: ax.plot(randn(1000).cumsum(), 'k.', label='three')
Out[48]: [<matplotlib.lines.Line2D at 0x7fb624be9160>]
```

이렇게 하면 ax.legend()나 plt.legend()를 실행했을 때 [그림 9-10]처럼 자동으로 범례가 생성된다.

```
In [49]: ax.legend(loc='best')
```

그림 9-10 3개의 선과 범례로 구성된 그래프

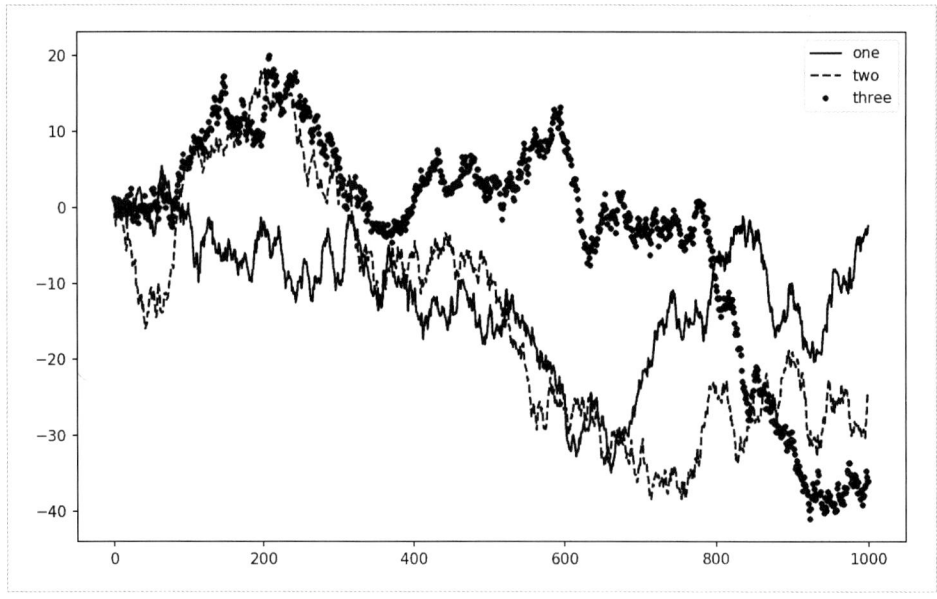

legend 메서드에는 범례 위치를 지정하기 위한 loc 인자를 제공한다. legend 메서드의 문서에서 더 자세한 정보를 확인할 수 있다(ax.legend? 명령으로 확인해보자).

loc은 범례를 그래프에서 어디에 위치시킬지 지정해주는 인자다. 까다로운 사람이 아니라면 최대한 방해가 되지 않는 곳에 두는 'best' 옵션만으로 충분할 것이다. 범례에서 제외하고 싶은 요소가 있다면 label 인자를 넘기지 않거나 label='_nolegend_' 옵션을 사용하면 된다.

9.1.4 주석과 그림 추가하기

일반적인 그래프에 추가적으로 글자나 화살표 혹은 다른 도형으로 자기만의 주석을 그리고 싶은 경우가 있다. 주석과 글자는 text, arrow, annotate 함수를 이용해서 추가할 수 있다. text 함수는 그래프 내의 주어진 좌표 (x, y)에 부가적인 스타일로 글자를 그려준다.

```python
ax.text(x, y, 'Hello world!',
        family='monospace', fontsize=10)
```

주석은 글자와 화살표를 함께 써서 그릴 수 있는데, 예를 들어 야후! 파이낸스에서 얻은 2007년부터의 S&P 500 지수 데이터로 그래프를 생성하고 2008-2009년 사이에 있었던 재정위기 중 중요한 날짜를 주석으로 추가해보자. 주피터 노트북의 단일 셀 안에서 코드 예제를 실행하면 쉽게 그래프를 그릴 수 있다. 결과는 [그림 9-11]에서 확인할 수 있다.

```python
from datetime import datetime

fig = plt.figure()
ax = fig.add_subplot(1, 1, 1)

data = pd.read_csv('examples/spx.csv', index_col=0, parse_dates=True)
spx = data['SPX']

spx.plot(ax=ax, style='k-')

crisis_data = [
    (datetime(2007, 10, 11), 'Peak of bull market'),
    (datetime(2008, 3, 12), 'Bear Stearns Fails'),
    (datetime(2008, 9, 15), 'Lehman Bankruptcy')
]
```

```
for date, label in crisis_data:
    ax.annotate(label, xy=(date, spx.asof(date) + 75),
                xytext=(date, spx.asof(date) + 225),
                arrowprops=dict(facecolor='black', headwidth=4, width=2,
                                headlength=4),
                horizontalalignment='left', verticalalignment='top')

# 2007-2010 구간으로 확대
ax.set_xlim(['1/1/2007', '1/1/2011'])
ax.set_ylim([600, 1800])

ax.set_title('Important dates in the 2008-2009 financial crisis')
```

그림 9-11 2008-2009 금융 위기 날짜를 나타낸 그래프

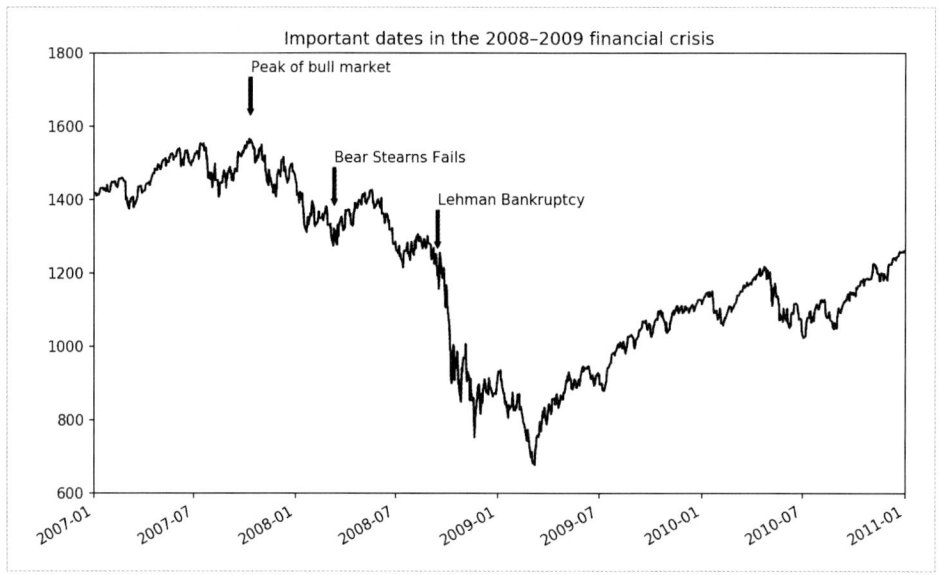

이 그래프에서는 알고 넘어가야 할 몇몇 중요한 내용이 있는데, ax.annotate 메서드를 이용해서 x, y 좌표로 지정한 위치에 라벨을 추가했으며 set_xlim과 set_ylim 메서드를 이용해서 그래프의 시작과 끝 경계를 직접 지정했다. 마지막으로 ax.set_title 메서드로 그래프의 제목을 지정했다.

온라인에서 matplotlib 갤러리를 둘러보면 배울 만한 여러 가지 다양한 주석 예제를 확인할 수 있다.

도형을 그리려면 좀 더 신경을 써야 한다. matplotlib은 일반적인 도형을 표현하기 위한 patches라는 객체를 제공한다. 그중 Rectangle과 Circle 같은 것은 matplotlib.pyplot에서도 찾을 수 있지만 전체 모음은 matplotlib.patches에 있다.

그래프에 도형을 추가하려면 patches 객체인 shp를 만들고 서브플롯에 ax.add_patch(shp)를 호출한다(그림 9-12).

```
fig = plt.figure()
ax = fig.add_subplot(1, 1, 1)

rect = plt.Rectangle((0.2, 0.75), 0.4, 0.15, color='k', alpha=0.3)
circ = plt.Circle((0.7, 0.2), 0.15, color='b', alpha=0.3)
pgon = plt.Polygon([[0.15, 0.15], [0.35, 0.4], [0.2, 0.6]],
                   color='g', alpha=0.5)

ax.add_patch(rect)
ax.add_patch(circ)
ax.add_patch(pgon)
```

그림 9-12 세 가지 도형을 추가한 데이터 시각화

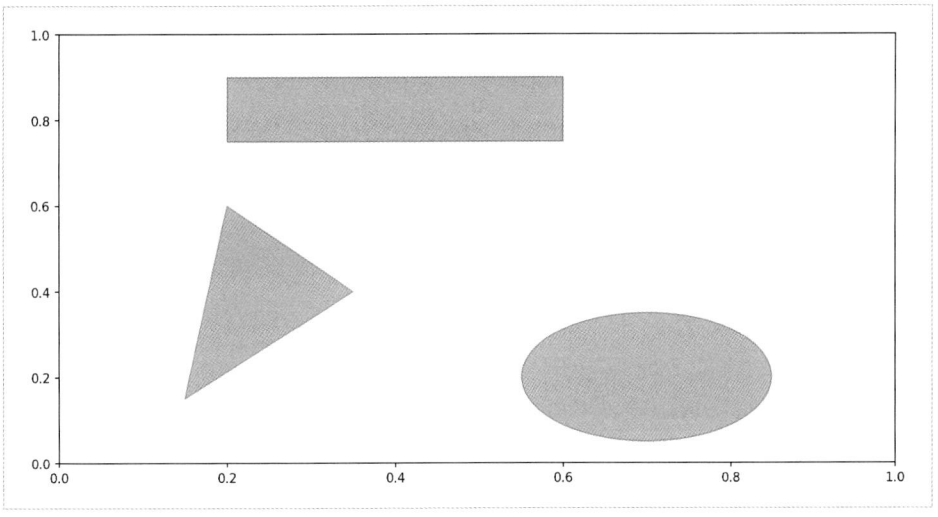

보기 좋은 여러 가지 그래프를 잘 살펴보면 다양한 patches를 잘 조합했다는 사실을 확인할 수 있을 것이다.

9.1.5 그래프를 파일로 저장하기

활성화된 figure는 `plt.savefig` 메서드를 이용해서 파일로 저장할 수 있다. 이 메서드는 figure 객체의 인스턴스 메서드인 savefig와 동일하다. figure를 SVG 포맷으로 저장하려면 다음처럼 하면 된다.

```
plt.savefig('figpath.svg')
```

파일 종류는 확장자로 결정된다. 그러므로 .svg 대신에 .pdf를 입력하면 PDF 파일을 얻게 된다. 출판용 그래픽 파일을 생성할 때 내가 자주 사용하는 몇 가지 중요한 옵션이 있는데 바로 dpi와 bbox_inches다. dpi는 인치당 도트 해상도를 조절하고 bbox_inches는 실제 figure 둘레의 공백을 잘라낸다. 그래프 간 최소 공백을 가지는 400DPI짜리 PNG 파일을 만들려면 아래와 같이 입력한다.

```
plt.savefig('figpath.png', dpi=400, bbox_inches='tight')
```

savefig 메서드는 파일에 저장할 뿐만 아니라 BytesIO처럼 파일과 유사한 객체에 저장하는 것도 가능하다.

```
from io import BytesIO
buffer = BytesIO()
plt.savefig(buffer)
plot_data = buffer.getvalue()
```

[표 9-2]에서 savefig의 다른 옵션을 확인할 수 있다.

표 9-2 Figure.savefig 옵션

인자	설명
fname	파일 경로나 파이썬의 파일과 유사한 객체를 나타내는 문자열. 저장되는 포맷은 파일 확장자를 통해 결정된다. 예를 들어 .pdf는 PDF 포맷, .png는 PNG포맷
dpi	figure의 인치당 도트 해상도. 기본값은 100이며, 설정 가능하다.
facecolor, edgecolor	서브플롯 바깥 배경 색상. 기본값은 'w'(흰색)다.
format	명시적인 파일 포맷('png', 'pdf', 'svg', 'ps', 'eps', …)
bbox_inches	figure에서 저장할 부분. 만약 'tight'를 지정하면 figure 둘레의 비어 있는 공간을 모두 제거한다.

9.1.6 matplotlib 설정

matplotlib은 출판물용 그래프를 만드는 데 손색이 없는 기본 설정과 색상 스키마를 함께 제공한다. 다행스럽게도 거의 모든 기본 동작은 많은 전역 인자를 통해 설정 가능한데, 그래프 크기, 서브플롯 간격, 색상, 글자 크기, 격자 스타일과 같은 것들을 설정 가능하다. matplotlib의 환경 설정 시스템은 두 가지 방법으로 다룰 수 있는데, 첫 번째는 rc 메서드를 사용해서 프로그래밍적으로 설정하는 방법이다. 예를 들어 figure의 크기를 10×10으로 전역 설정해두고 싶다면 다음 코드를 실행한다.

```
plt.rc('figure', figsize=(10, 10))
```

rc 메서드의 첫 번째 인자는 설정하고자 하는 'figure', 'axes', 'xtick', 'ytick', 'grid', 'legend' 및 다른 컴포넌트의 이름이다. 그다음으로 설정할 값에 대한 키워드 인자를 넘기게 된다. 이 옵션을 쉽게 작성하려면 파이썬의 사전 타입을 사용한다.

```
font_options = {'family' : 'monospace',
                'weight' : 'bold',
                'size' : 'small'}
plt.rc('font', **font_options)
```

더 많은 설정과 옵션의 종류는 matplotlib/mpl-data 디렉터리에 matplotlibrc라는 파일에 저장되어 있다. 만약 이 파일을 적절히 수정해서 사용자 홈 디렉터리에 .matplotlibrc라는 이름으로 저장해두면 matplotlib을 사용할 때마다 불러오게 된다.

다음 절에서 살펴보겠지만 seaborn 패키지는 내부적으로 matplotlib 설정을 사용하는 내장 테마 혹은 스타일을 제공한다.

9.2 pandas에서 seaborn으로 그래프 그리기

matplotlib은 사실 꽤 저수준의 라이브러리다. 데이터를 어떻게 보여줄 것인지부터(선그래프, 막대그래프, 산포도 등) 범례와 제목, 눈금 라벨, 주석 같은 기본 컴포넌트로 그래프를 작성해야 한다.

pandas를 사용하다 보면 로우와 컬럼 라벨을 가진 다양한 컬럼의 데이터를 다루게 된다. pandas는 Series와 DataFrame 객체를 간단하게 시각화할 수 있는 내장 메서드를 제공한다. 다른 라이브러리로는 마이클 와스콤(Michael Waskom)이 만든 통계 그래픽 라이브러리인 seaborn이 있다. seaborn은 흔히 사용하는 다양한 시각화 패턴을 쉽게 구현할 수 있도록 도와준다.

> **TIP** seaborn 라이브러리를 임포트하면 더 나은 가독성과 미려함을 위해 matplotlib의 기본 컬러 스킴과 플롯 스타일을 변경한다. 일부 독자는 seaborn API를 사용하지 않더라도 일반적인 matplotlib 그래프의 스타일을 개선하기 위한 간편한 방법으로 seaborn 라이브러리를 임포트하는 것을 선호할지도 모르겠다.

9.2.1 선그래프

Series와 DataFrame은 둘 다 plot 메서드를 이용해 다양한 형태의 그래프를 생성할 수 있다. 기본적으로 plot 메서드는 선그래프를 생성한다(그림 9-13).

```
In [60]: s = pd.Series(np.random.randn(10).cumsum(), index=np.arange(0, 100, 10))

In [61]: s.plot()
```

그림 9-13 간단한 Series 그래프

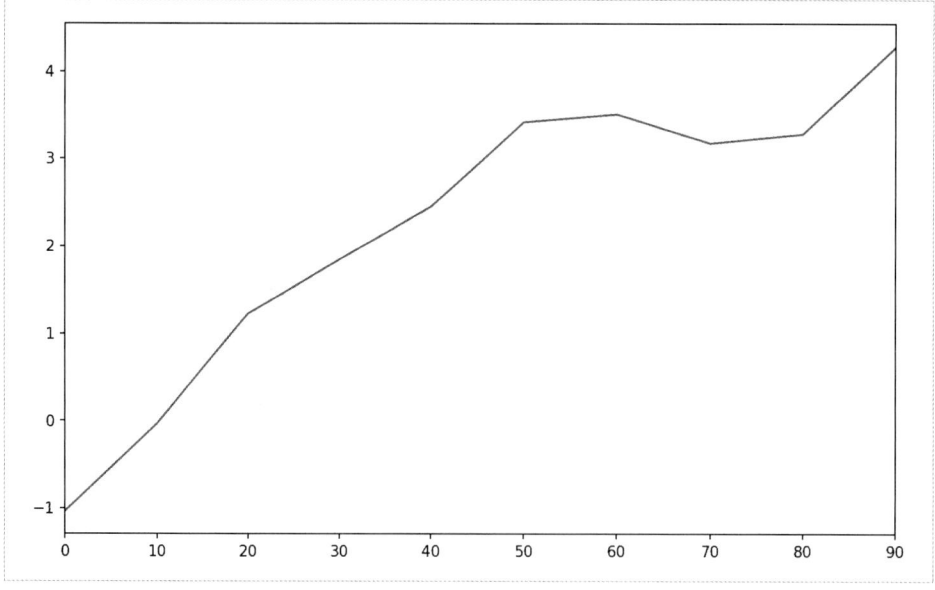

Series 객체의 색인은 matplotlib에서 그래프를 생성할 때 x축으로 해석되며 use_index=False 옵션을 넘겨서 색인을 그래프의 축으로 사용하는 것을 막을 수 있다. x축의 눈금과 한계는 xticks와 xlim 옵션으로 조절할 수 있으며 y축 역시 yticks와 ylim 옵션으로 조절할 수 있다. [표 9-3]에서 사용 가능한 plot 메서드의 옵션을 확인할 수 있다. 그중 몇 가지는 설명을 하겠지만 나머지는 독자의 몫으로 남겨두겠다.

대부분의 pandas 그래프 메서드는 부수적으로 ax 인자를 받는데, 이 인자는 matplotlib의 서브플롯 객체가 될 수 있다. 이를 이용해 그리드 배열 상에서 서브플롯의 위치를 좀 더 유연하게 가져갈 수 있다.

DataFrame의 plot 메서드는 하나의 서브플롯 안에 각 컬럼별로 선그래프를 그리고 자동적으로 범례를 생성한다(그림 9-14).

```
In [62]: df = pd.DataFrame(np.random.randn(10, 4).cumsum(0),
   ....:                   columns=['A', 'B', 'C', 'D'],
   ....:                   index=np.arange(0, 100, 10))

In [63]: df.plot()
```

그림 9-14 간단한 DataFrame 그래프

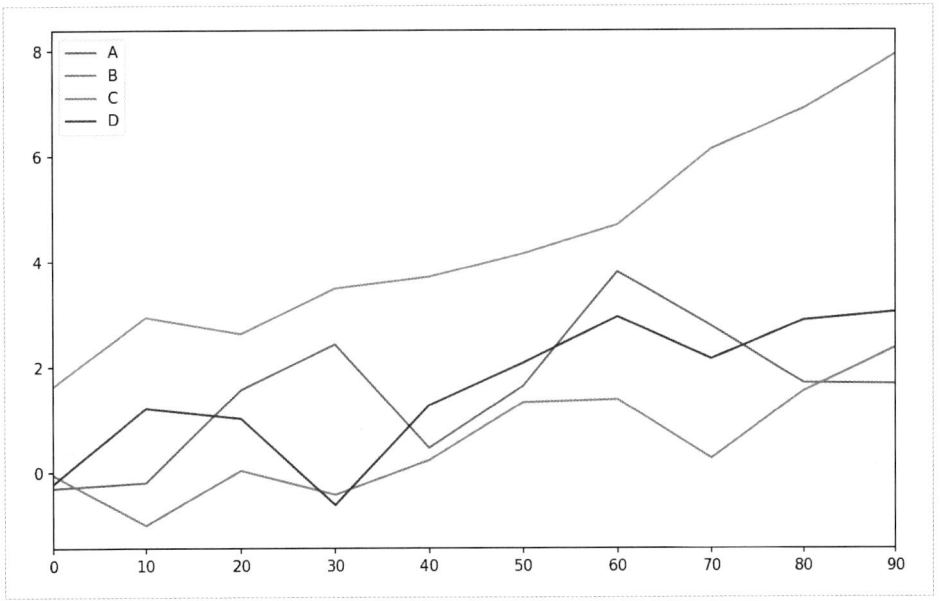

plot 속성에는 다양한 종류의 그래프 패밀리가 존재한다. 예를 들어 df.plot()은 df.plot.line()과 동일하다. 이런 메서드에 대해서는 잠시 뒤에 알아보자.

> **NOTE_** plot 메서드에 전달할 수 있는 부수적인 키워드 인자들은 그대로 matplotlib의 함수로 전달된다. 따라서 matplotlib API를 자세히 공부하면 더 다양한 방식으로 그래프를 꾸밀 수 있다.

표 9-3 Series.plot 메서드 인자

인자	설명
label	그래프의 범례 이름
ax	그래프를 그릴 matplotlib의 서브플롯 객체. 만약 아무것도 넘어오지 않으면 현재 활성화되어 있는 matplotlib의 서브플롯을 사용한다.
style	matplotlib에 전달할 'ko--' 같은 스타일 문자열
alpha	그래프 투명도(0부터 1까지)
kind	그래프 종류. 'area', 'bar', 'barh', 'density', 'hist', 'kde', 'line', 'pie'
logy	y축에 대한 로그 스케일링
use_index	객체의 색인을 눈금 이름으로 사용할지 여부
rot	눈금 이름을 로테이션(0부터 360까지)
xticks	x축으로 사용할 값
yticks	y축으로 사용할 값
xlim	x축 한계(예: [0, 10])
ylim	y축 한계
grid	축의 그리드를 표시할지 여부(기본값은 켜기)

DataFrame에는 컬럼을 쉽게 다루기 위한 몇 가지 옵션이 있는데, 예를 들어 모든 컬럼을 같은 서브플롯에 그릴 것인지 아니면 각각의 서브플롯을 따로 만들 것인지 지정할 수 있다. [표 9-4]에서 이런 옵션을 확인하자.

표 9-4 DataFrame의 plot 메서드 인자

인자	설명
subplots	각 DataFrame의 컬럼을 독립된 서브플롯에 그린다.
sharex	subplots=True인 경우 같은 x축을 공유하고 눈금과 한계를 연결한다.
sharey	subplots=True인 경우 같은 y축을 공유한다.
figsize	생성될 그래프의 크기를 튜플로 지정한다.
title	그래프의 제목을 문자열로 지정한다.
legend	서브플롯의 범례를 추가한다(기본값은 True).
sort_columns	컬럼을 알파벳 순서로 그린다. 기본값은 존재하는 컬럼 순서

9.2.2 막대그래프

plot.bar()와 plot.barh()는 각각 수직막대그래프와 수평막대그래프를 그린다. 이 경우 Series 또는 DataFrame의 색인은 수직막대그래프(bar)인 경우 x 눈금, 수평막대그래프 (barh)인 경우 y 눈금으로 사용된다(그림 9-15).

```
In [64]: fig, axes = plt.subplots(2, 1)

In [65]: data = pd.Series(np.random.rand(16), index=list('abcdefghijklmnop'))

In [66]: data.plot.bar(ax=axes[0], color='k', alpha=0.7)
Out[66]: <matplotlib.axes._subplots.AxesSubplot at 0x7fb62493d470>

In [67]: data.plot.barh(ax=axes[1], color='k', alpha=0.7)
```

그림 9-15 수평과 수직막대그래프

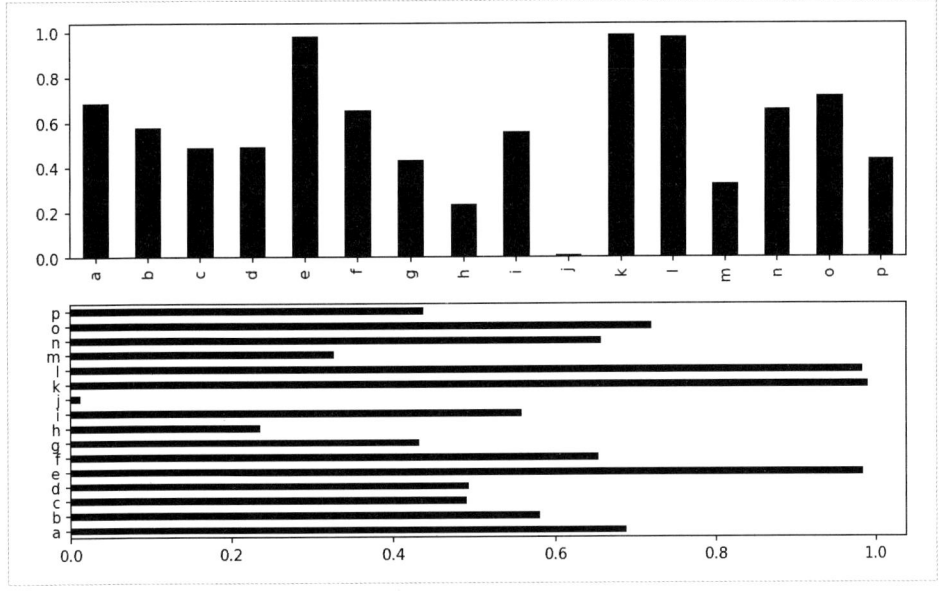

color='k' 옵션과 alpha=0.7 옵션은 그래프를 검은색으로 그리고 투명도를 지정한 것이다.

> **NOTE_** 막대그래프를 그릴 때 유용한 방법은 Series의 value_counts 메서드(s.value_counts(). plot.bar())를 이용해서 값의 빈도를 그리는 것이다.

DataFrame에서 막대그래프는 각 로우의 값을 함께 묶어서 하나의 그룹마다 각각의 막대를 보여준다(그림 9-16).

```
In [69]: df = pd.DataFrame(np.random.rand(6, 4),
   ....:                   index=['one', 'two', 'three', 'four', 'five', 'six'],
   ....:                   columns=pd.Index(['A', 'B', 'C', 'D'], name='Genus'))

In [70]: df
Out[70]:
Genus         A         B         C         D
one    0.370670  0.602792  0.229159  0.486744
two    0.420082  0.571653  0.049024  0.880592
three  0.814568  0.277160  0.880316  0.431326
four   0.374020  0.899420  0.460304  0.100843
five   0.433270  0.125107  0.494675  0.961825
six    0.601648  0.478576  0.205690  0.560547

In [71]: df.plot.bar()
```

그림 9-16 DataFrame 막대그래프

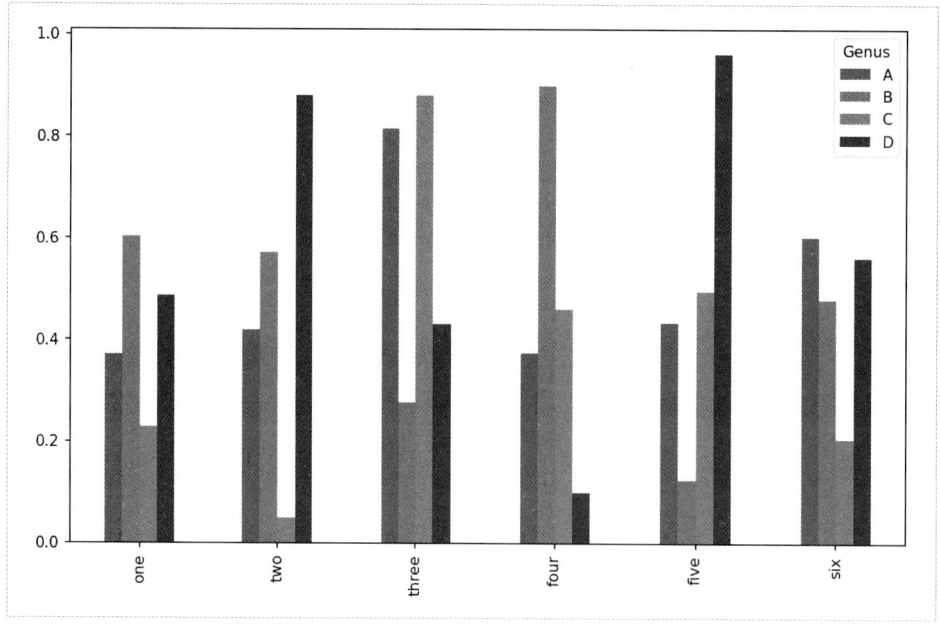

DataFrame의 컬럼인 'Genus'가 범례의 제목으로 사용되었음을 확인하자.

누적막대그래프는 stacked=True 옵션을 사용해서 생성할 수 있는데, 각 로우의 값들이 하나의 막대에 누적되어 출력된다(그림 9-17).

```
In [73]: df.plot.barh(stacked=True, alpha=0.5)
```

그림 9-17 DataFrame 누적막대그래프

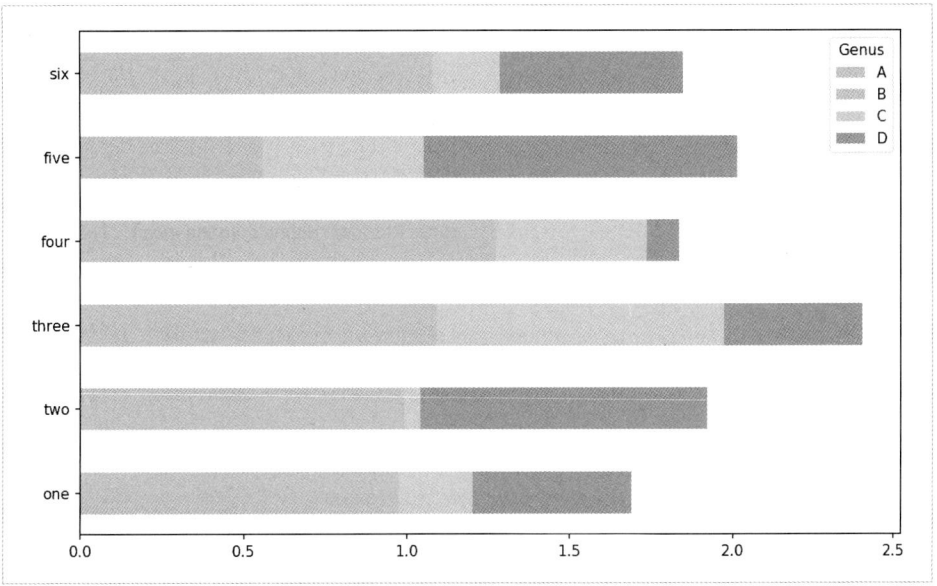

책의 앞에서 살펴봤던 팁 데이터를 다시 살펴보자. 이 데이터에서 요일별 파티 숫자를 뽑고 파티 숫자 대비 팁 비율을 보여주는 막대그래프를 그려보자. read_csv 메서드를 사용해서 데이터를 불러오고 요일과 파티 숫자에 따라 교차 테이블을 생성했다.

```
In [75]: tips = pd.read_csv('examples/tips.csv')

In [76]: party_counts = pd.crosstab(tips['day'], tips['size'])

In [77]: party_counts
Out[77]:
size  1   2   3   4  5  6
day
Fri   1   16  1   1  0  0
Sat   2   53  18  13 1  0
Sun   0   39  15  18 3  1
```

```
Thur   1   48   4   5   1   3

# 1인과 6인 파티는 제외
In [78]: party_counts = party_counts.loc[:, 2:5]
```

그리고 각 로우의 합이 1이 되도록 정규화하고 그래프를 그려보자(그림 9-18).

```
# 합이 1이 되도록 정규화
In [79]: party_pcts = party_counts.div(party_counts.sum(1), axis=0)

In [80]: party_pcts
Out[80]:
size         2         3         4         5
day
Fri   0.888889  0.055556  0.055556  0.000000
Sat   0.623529  0.211765  0.152941  0.011765
Sun   0.520000  0.200000  0.240000  0.040000
Thur  0.827586  0.068966  0.086207  0.017241

In [81]: party_pcts.plot.bar()
```

그림 9-18 요일별 파티 규모

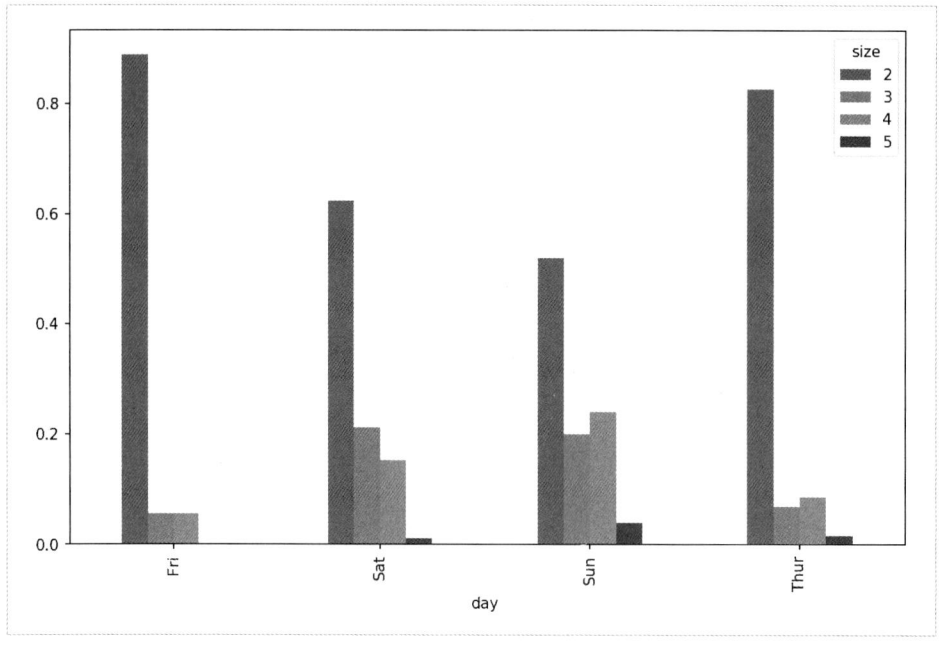

이 데이터에서 파티의 규모는 주말에 커지는 경향이 있음을 알 수 있다.

그래프를 그리기 전에 요약을 해야 하는 데이터는 seaborn 패키지를 이용하면 훨씬 간단하게 처리할 수 있다. 이번에는 seaborn 패키지로 팁 데이터를 다시 그려보자(그림 9-19).

```
In [83]: import seaborn as sns

In [84]: tips['tip_pct'] = tips['tip'] / (tips['total_bill'] - tips['tip'])

In [85]: tips.head()
Out[85]:
   total_bill   tip  smoker  day   time    size  tip_pct
0       16.99  1.01      No  Sun  Dinner     2  0.063204
1       10.34  1.66      No  Sun  Dinner     3  0.191244
2       21.01  3.50      No  Sun  Dinner     3  0.199886
3       23.68  3.31      No  Sun  Dinner     2  0.162494
4       24.59  3.61      No  Sun  Dinner     4  0.172069

In [86]: sns.barplot(x='tip_pct', y='day', data=tips, orient='h')
```

그림 9-19 에러 막대를 포함한 요일별 팁 비율 그래프

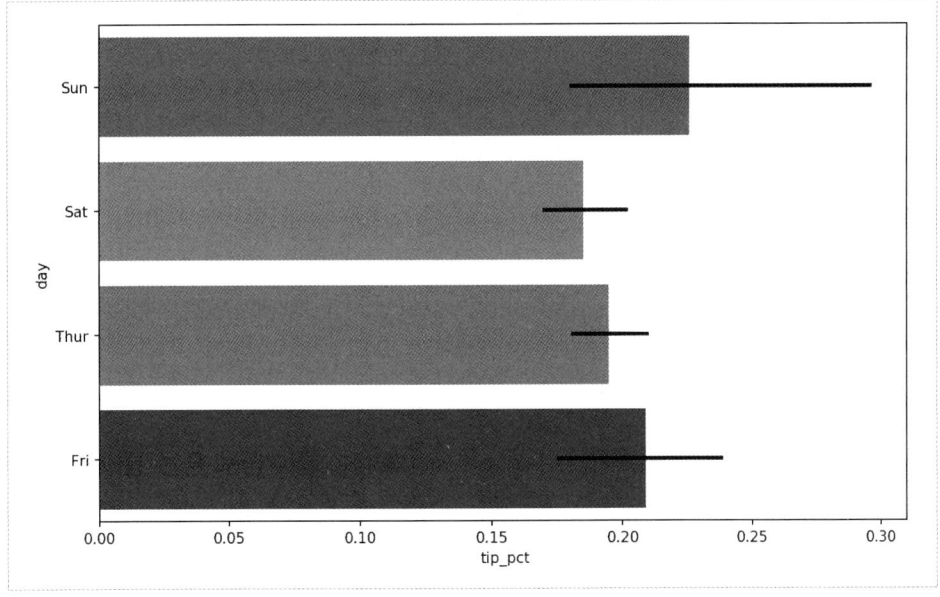

seaborn 플로팅 함수의 data 인자는 pandas의 DataFrame을 받는다. 다른 인자들은 컬럼 이름을 참조한다. day 컬럼의 각 값에 대한 데이터는 여럿 존재하므로 tip_pct의 평균값으로 막대그래프를 그린다. 막대그래프 위에 덧그려진 검은 선은 95%의 신뢰구간을 나타낸다(이 값은 옵션으로 설정 가능하다).

seaborn.barplot 메서드의 hue 옵션을 이용하면 추가 분류에 따라 나눠 그릴 수 있다(그림 9-20).

```
In [88]: sns.barplot(x='tip_pct', y='day', hue='time', data=tips, orient='h')
```

그림 9-20 요일과 시간별 팁 비율

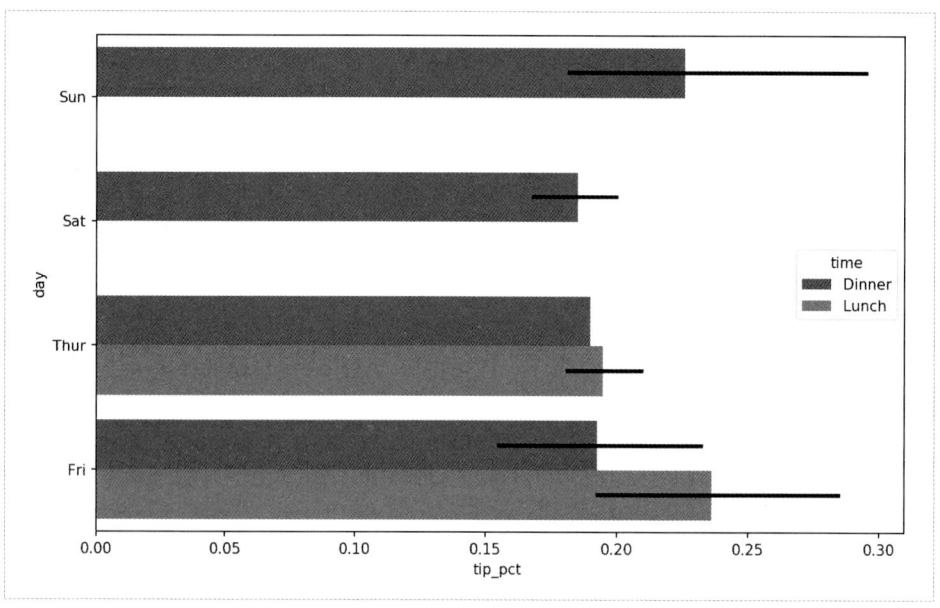

seaborn 라이브러리는 자동으로 기본 색상 팔레트, 그래프 배경, 그리드 선 색상 같은 꾸밈새를 변경한다. seaborn.set 메서드를 이용해서 이런 꾸밈새를 변경할 수 있다.

```
In [90]: sns.set(style="whitegrid")
```

9.2.3 히스토그램과 밀도 그래프

히스토그램은 막대그래프의 한 종류로, 값들의 빈도를 분리해서 보여준다. 데이터 포인트는 분리되어 고른 간격의 막대로 표현되며 데이터의 숫자가 막대의 높이로 표현된다. 앞에서 살펴본 팁 데이터를 사용해서 전체 결제금액 대비 팁 비율을 Series의 plot.hist 메서드를 사용해서 만들어보자(그림 9-21).

```
In [92]: tips['tip_pct'].plot.hist(bins=50)
```

그림 9-21 팁 비율 히스토그램

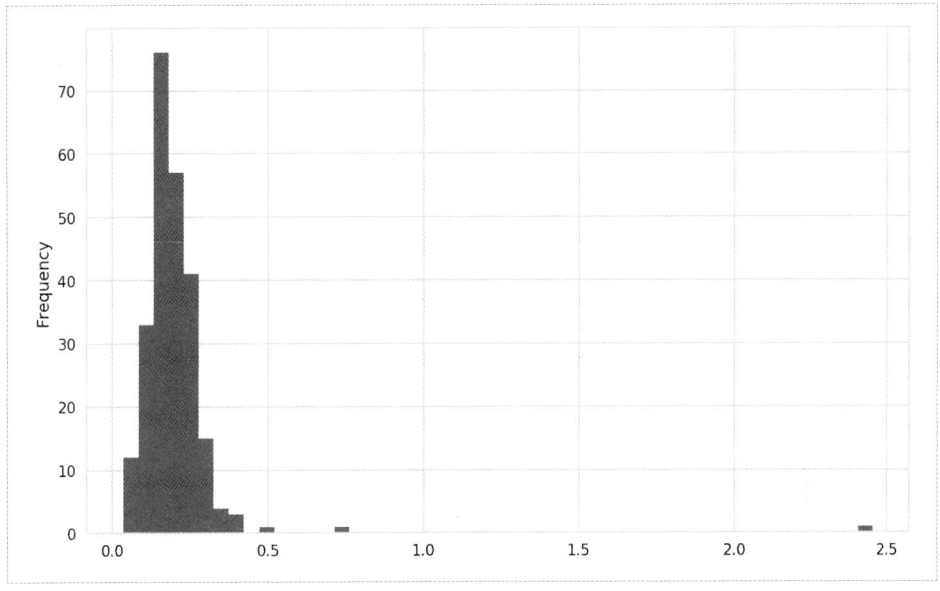

이와 관련 있는 다른 그래프로 밀도 그래프가 있는데 밀도 그래프는 관찰값을 사용해서 추정되는 연속된 확률 분포를 그린다. 일반적인 과정은 kernel 메서드를 잘 섞어서 이 분포를 근사하는 방법인데 이보다 단순한 정규 분포다. 그래서 밀도 그래프는 KDE$^{\text{Kernel Density Estimate}}$(커널 밀도 추정) 그래프라고도 알려져 있다. plot.kde를 이용해서 밀도 그래프를 표준 KDE 형식으로 생성한다(그림 9-22).

```
In [94]: tips['tip_pct'].plot.density()
```

그림 9-22 팁 비율에 대한 밀도 그래프

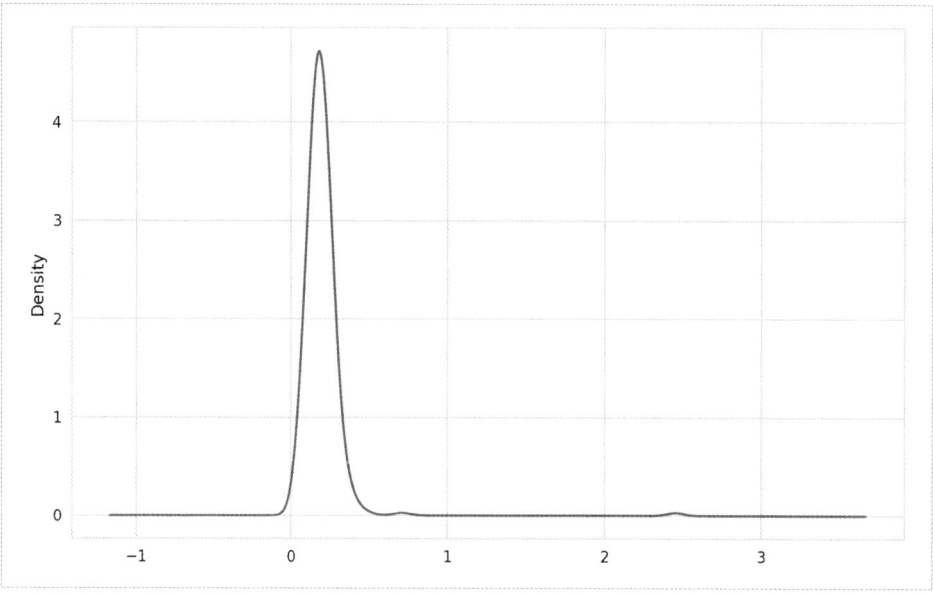

seaborn 라이브러리의 distplot 메서드를 이용해서 히스토그램과 밀도 그래프를 한 번에 손쉽게 그릴 수 있다. 예를 들어 두 개의 다른 표준정규분포로 이루어진 양봉분포 bimodal distribution 를 생각해보자(그림 9-23).

```
In [96]: comp1 = np.random.normal(0, 1, size=200)

In [97]: comp2 = np.random.normal(10, 2, size=200)

In [98]: values = pd.Series(np.concatenate([comp1, comp2]))

In [99]: sns.distplot(values, bins=100, color='k')
```

그림 9-23 정규 혼합 히스토그램과 밀도 추정

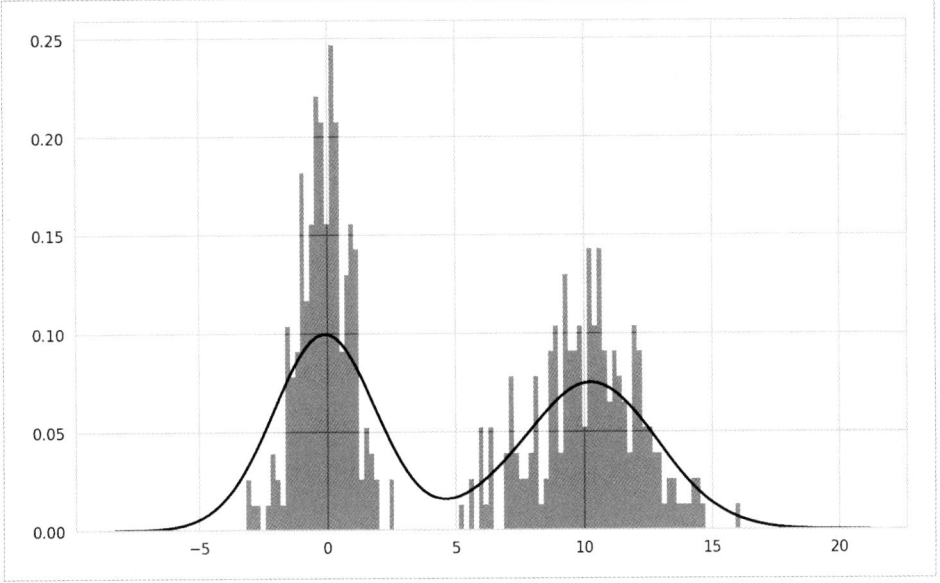

9.2.4 산포도

산포도^{scatter plot, point plot}는 두 개의 1차원 데이터 묶음 간의 관계를 나타내고자 할 때 유용한 그래프다. statsmodels 프로젝트에서 macrodata 데이터 묶음을 불러온 다음 몇 가지 변수를 선택하고 로그차를 구해보자

```
In [100]: macro = pd.read_csv('examples/macrodata.csv')

In [101]: data = macro[['cpi', 'm1', 'tbilrate', 'unemp']]

In [102]: trans_data = np.log(data).diff().dropna()

In [103]: trans_data[-5:]
Out[103]:
          cpi        m1  tbilrate     unemp
198 -0.007904  0.045361 -0.396881  0.105361
199 -0.021979  0.066753 -2.277267  0.139762
200  0.002340  0.010286  0.606136  0.160343
201  0.008419  0.037461 -0.200671  0.127339
202  0.008894  0.012202 -0.405465  0.042560
```

seaborn 라이브러리의 regplot 메서드를 이용해서 산포도와 선형회귀곡선을 함께 그릴 수 있다(그림 9-24).

```
In [105]: sns.regplot('m1', 'unemp', data=trans_data)
Out[105]: <matplotlib.axes._subplots.AxesSubplot at 0x7fb613720be0>

In [106]: plt.title('Changes in log %s versus log %s' % ('m1', 'unemp'))
```

그림 9-24 seaborn 라이브러리의 선형회귀곡선과 산포도

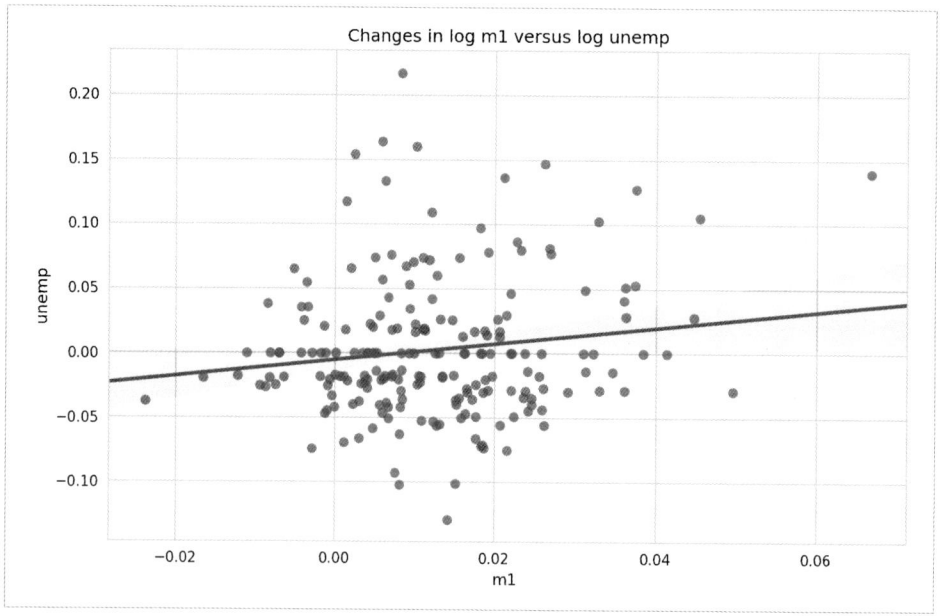

탐색 데이터 분석에서는 변수 그룹 간의 모든 산포도를 살펴보는 일이 매우 유용한데, 이를 **짝지은** 그래프 또는 **산포도 행렬**이라고 부른다. 이런 그래프를 직접 그리는 과정은 다소 복잡하기 때문에 seaborn에서는 pairplot 함수를 제공하여 대각선을 따라 각 변수에 대한 히스토그램이나 밀도 그래프도 생성할 수 있다(그림 9-25).

```
In [107]: sns.pairplot(trans_data, diag_kind='kde', plot_kws={'alpha': 0.2})
```

그림 9-25 statsmodels 거시경제 데이터의 산포도 행렬

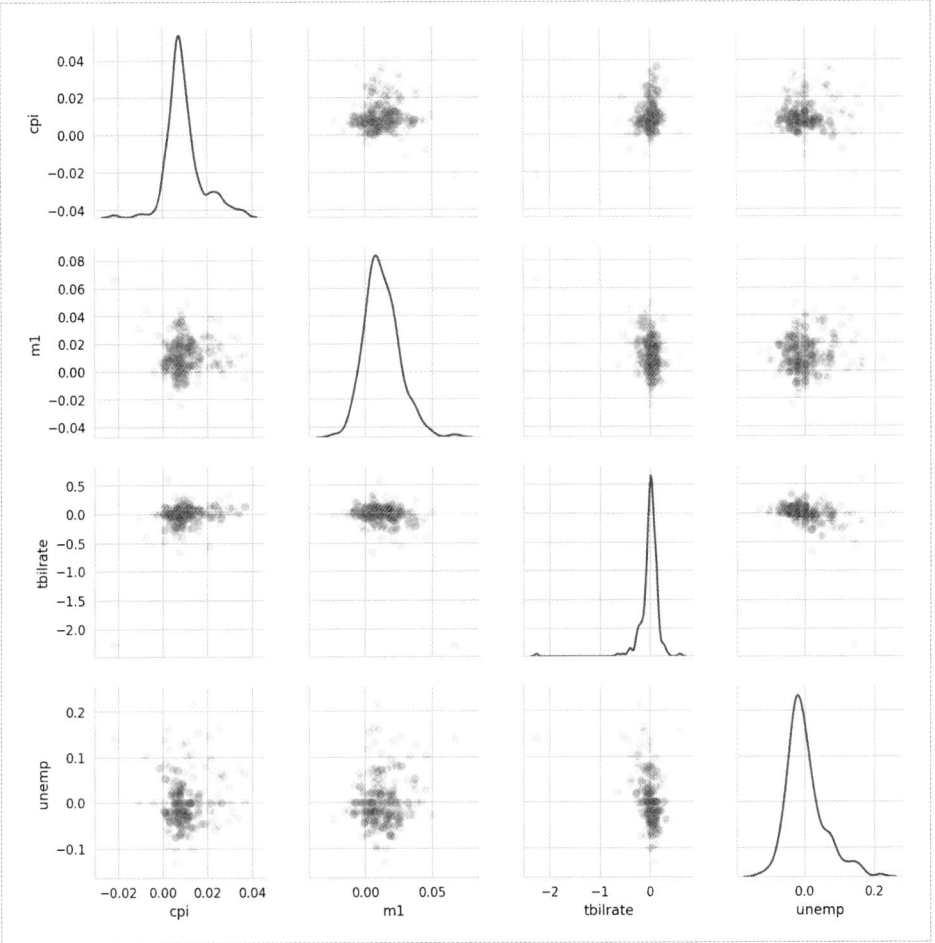

plot_kws 인자는 각각의 그래프에 전달할 개별 설정값을 지정한다. 설정 옵션에 관한 자세한 내용은 seaborn.pairplot 문서를 참고하자.

9.2.5 패싯 그리드와 범주형 데이터

추가적인 그룹 차원을 가지는 데이터는 어떻게 시각화해야 할까? 다양한 범주형 값을 가지는 데이터를 시각화하는 한 가지 방법은 **패싯 그리드**를 이용하는 것이다. seaborn은 factorplot 이라는 유용한 내장 함수를 제공하여 다양한 면을 나타내는 그래프를 쉽게 그릴 수 있게 도와준다(그림 9-26).

```
In [108]: sns.factorplot(x='day', y='tip_pct', hue='time', col='smoker',
   .....:                kind='bar', data=tips[tips.tip_pct < 1])
```

그림 9-26 요일/시간/흡연 여부에 따른 팁 비율

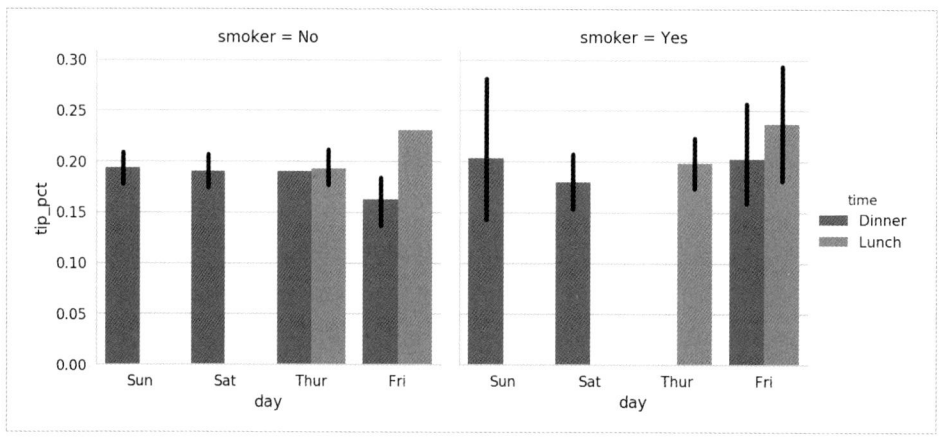

'time'으로 그룹을 만드는 대신 패싯 안에서 막대그래프의 색상을 달리해서 보여줄 수 있다. 또한 패싯 그리드에 time 값에 따른 그래프를 추가할 수도 있다(그림 9-27).

```
In [109]: sns.factorplot(x='day', y='tip_pct', row='time',
   .....:                col='smoker',
   .....:                kind='bar', data=tips[tips.tip_pct < 1])
```

그림 9-27 요일별 tip_pct. 시간과 흡연 여부도 함께 나타냄

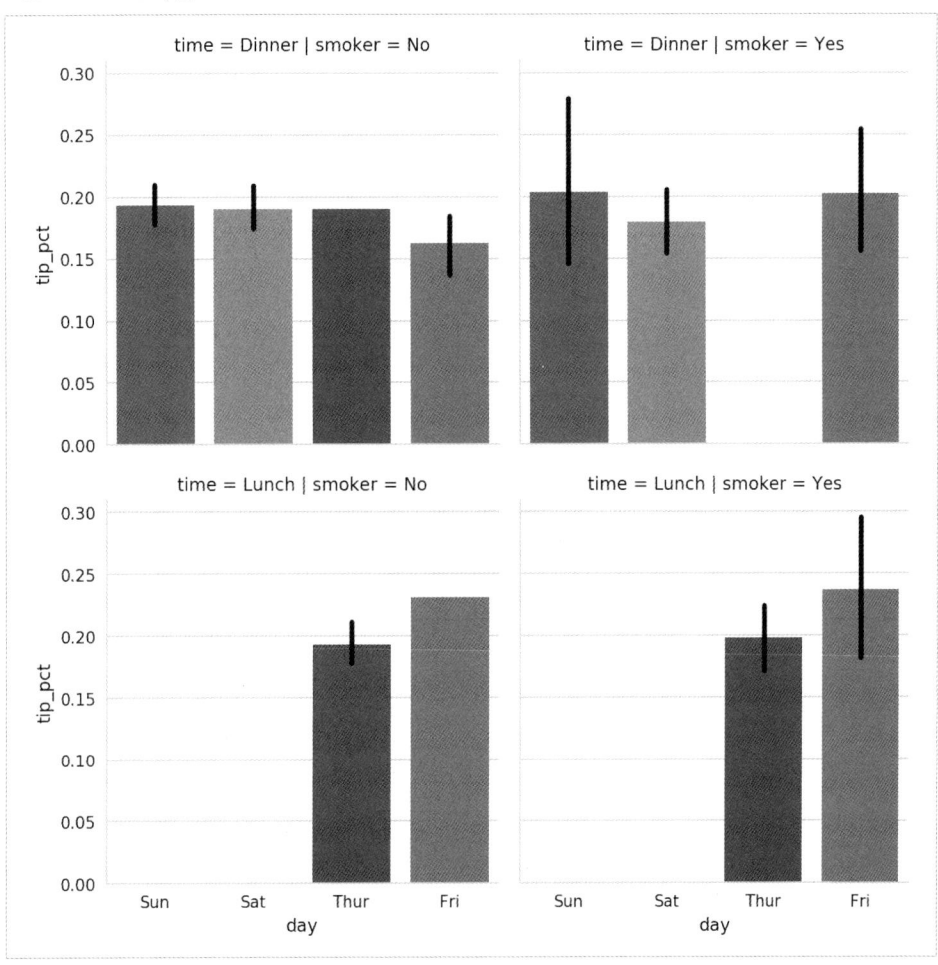

factorplot은 보여주고자 하는 목적에 어울리는 다른 종류의 그래프도 함께 지원한다. 예를 들어 중간값과 사분위 그리고 특잇값을 보여주는 상자그림 box plot이 효과적인 시각화 방법일 수도 있다(그림 9-28).

```
In [110]: sns.factorplot(x='tip_pct', y='day', kind='box',
   .....:                data=tips[tips.tip_pct < 0.5])
```

그림 9-28 요일별 tip_pct에 대한 상자그림

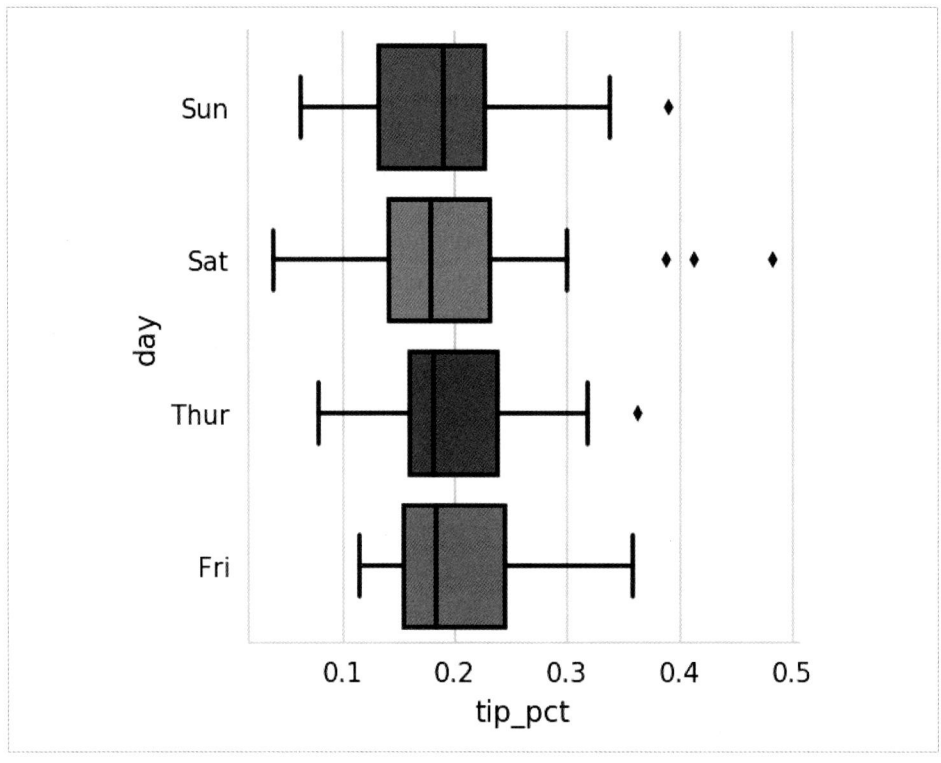

일반적인 용도의 seaborn.FacetGrid 클래스를 이용해서 나만의 패싯 그리드를 만들고 원하는 그래프를 그릴 수도 있다. 자세한 내용은 seaborn 문서를 참고하라.

> **NOTE_** 시계열 그래프는 11장을 참조하라.

9.3 다른 파이썬 시각화 도구

여타 오픈소스와 마찬가지로 파이썬에서 그래프를 그릴 수 있는 라이브러리는 일일이 나열하기 힘들 정도로 많이 존재한다. 2010년부터 웹을 위한 대화형 그래픽 도구 개발이 본격적으로 진행되었는데, Bokeh(보케)나 Plotly(플로틀리) 같은 도구를 이용하면 웹 브라우저 상에서 파이썬으로 동적 대화형 그래프를 그릴 수 있다.

웹이나 출판을 위한 정적 그래프를 생성한다면 matplotlib과 pandas, seaborn을 기본으로 사용하길 추천한다. 기타 다른 데이터 시각화 요구 사항을 위해서라면 계속 생태계가 발전하고 있으므로 다양한 시각화 도구를 직접 살펴보기 추천한다.

9.4 마치며

이 장의 목적은 pandas, matplotlib 그리고 seaborn을 이용한 기본적인 데이터 시각화에 발을 담그도록 하는 것이었다. 데이터 분석 결과를 시각적으로 공유해야 하는 것이 중요한 업무라면 효과적인 데이터 시각화에 대한 자료를 더 많이 찾아보기 권한다. 현재 많은 연구가 진행 중이므로 인터넷이나 책에서 훌륭한 사례를 많이 접할 수 있을 것이다.

다음 장에서는 pandas를 이용한 데이터 집계와 그룹 연산을 알아본다.

CHAPTER 10

데이터 집계와 그룹 연산

데이터셋을 분류하고 각 그룹에 집계나 변형 같은 함수를 적용하는 건 데이터 분석 과정에서 무척 중요한 일이다. 데이터를 불러오고 취합해서 하나의 데이터 집합을 준비하고 나면 그룹 통계를 구하거나 가능하다면 **피벗테이블**을 구해서 보고서를 만들거나 시각화하게 된다. pandas는 데이터 집합을 자연스럽게 나누고 요약할 수 있는 groupby라는 유연한 방법을 제공한다.

관계형 데이터베이스와 SQL$^{\text{Structured Query Language}}$이 인기 있는 이유 중 하나는 데이터를 쉽게 합치고 걸러내고 변형하고 집계할 수 있기 때문이다. 하지만 SQL 같은 쿼리문은 그룹 연산에 제약이 있다. 앞으로 살펴보겠지만 파이썬과 pandas의 강력한 표현력을 잘 이용하면 아주 복잡한 그룹 연산도 pandas 객체나 NumPy 배열을 받는 함수의 조합으로 해결할 수 있다. 이 장에서는 다음 내용을 배우게 된다.

- 하나 이상의 키(함수, 배열, DataFrame의 컬럼 이름)를 이용해서 pandas 객체를 여러 조각으로 나누는 방법
- 합계, 평균, 표준편차, 사용자 정의 함수 같은 그룹 요약 통계를 계산하는 방법
- 정규화, 선형회귀, 등급 또는 부분집합 선택 같은 집단 내 변형이나 다른 조작을 적용하는 방법
- 피벗테이블과 교차일람표를 구하는 방법
- 변위치 분석과 다른 통계 집단 분석을 수행하는 방법

> **NOTE_** 시계열 데이터의 집계 같은 특수한 groupby 사용 방법을 **리샘플링**이라고 하는데, 이 내용은 11장에서 따로 다룬다.

10.1 GroupBy 메카닉

다수의 인기 있는 R 프로그래밍 패키지의 저자인 해들리 위캠$^{\text{Hadley Wickham}}$은 **분리-적용-결합**$^{\text{split-apply-combine}}$이라는 그룹 연산에 대한 새로운 용어를 만들었는데, 나는 이 말이 그룹 연산에 대한 훌륭한 설명이라고 생각한다. 그룹 연산의 첫 번째 단계에서는 Series, DataFrame 같은 pandas 객체나 아니면 다른 객체에 들어 있는 데이터를 하나 이상의 **키**를 기준으로 **분리**한다. 객체는 하나의 축을 기준으로 분리하는데, 예를 들어 DataFrame은 로우(axis=0)로 분리하거나 컬럼(axis=1)으로 분리할 수 있다. 분리하고 나서는 함수를 각 그룹에 **적용**시켜 새로운 값을 얻어낸다. 마지막으로 함수를 적용한 결과를 하나의 객체로 **결합**한다. 결과를 담는 객체는 보통 데이터에 어떤 연산을 했는지에 따라 결정된다. 간단한 그룹 연산의 예시를 살펴보자(그림 10-1).

그림 10-1 그룹 연산 예시

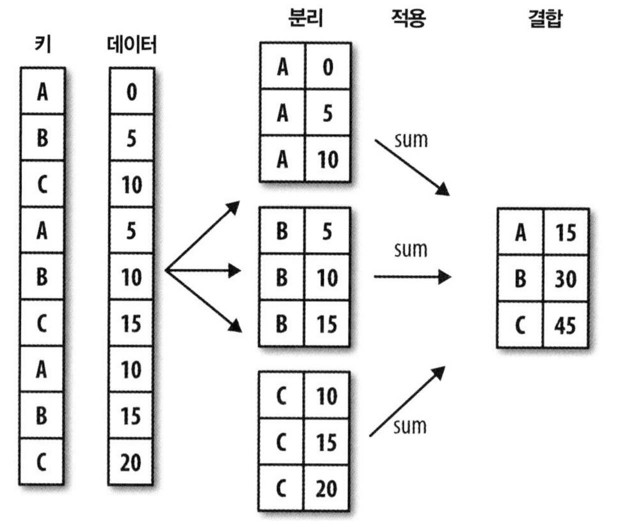

각 그룹의 색인은 다음과 같이 다양한 형태가 될 수 있으며, 모두 같은 타입일 필요도 없다.

- 그룹으로 묶을 축과 동일한 길이의 리스트나 배열
- DataFrame의 컬럼 이름을 지칭하는 값
- 그룹으로 묶을 값과 그룹 이름에 대응하는 사전이나 Series 객체
- 축 색인 혹은 색인 내의 개별 이름에 대해 실행되는 함수

앞 목록에서 마지막 세 방법은 객체를 나눌 때 사용할 배열을 생성하기 위한 방법이라는 것을 기억하자. 아직까지 확실한 개념이 잡히지 않는다고 너무 걱정하지 말자. 앞으로 차차 이 방법들을 사용하는 다양한 예제를 살펴보게 될 것이다. 먼저 다음과 같이 DataFrame으로 표현되는 간단한 표 형식의 데이터가 있다고 하자.

```
In [10]: df = pd.DataFrame({'key1' : ['a', 'a', 'b', 'b', 'a'],
   ....:                    'key2' : ['one', 'two', 'one', 'two', 'one'],
   ....:                    'data1' : np.random.randn(5),
   ....:                    'data2' : np.random.randn(5)})

In [11]: df
Out[11]:
      data1     data2 key1 key2
0 -0.204708  1.393406    a  one
1  0.478943  0.092908    a  two
2 -0.519439  0.281746    b  one
3 -0.555730  0.769023    b  two
4  1.965781  1.246435    a  one
```

이 데이터를 key1으로 묶고 각 그룹에서 data1의 평균을 구해보자. 여러 가지 방법이 있지만 그중 하나는 data1에 대해 groupby 메서드를 호출하고 key1 컬럼을 넘기는 것이다.

```
In [12]: grouped = df['data1'].groupby(df['key1'])

In [13]: grouped
Out[13]: <pandas.core.groupby.SeriesGroupBy object at 0x7faa31537390>
```

이 grouped 변수는 GroupBy 객체다. df['key1']로 참조되는 중간값에 대한 것 외에는 아무것도 계산되지 않은 객체다. 이 객체는 그룹 연산을 위해 필요한 모든 정보를 가지고 있어서 각 그룹에 어떤 연산을 적용할 수 있게 해준다. 예를 들어 그룹별 평균을 구하려면 GroupBy 객체의 mean 메서드를 사용하면 된다.

```
In [14]: grouped.mean()
Out[14]:
key1
a     0.746672
b    -0.537585
Name: data1, dtype: float64
```

.mean() 메서드를 호출했을 때의 자세한 내용은 나중에 설명하기로 하고, 이 예제에서 중요한 점은 데이터(Series 객체)가 그룹 색인에 따라 수집되고 key1 컬럼에 있는 유일한 값으로 색인되는 새로운 Series 객체가 생성된다는 것이다. 새롭게 생성된 Series 객체의 색인은 'key1'인데, 그 이유는 DataFrame 컬럼인 df['key1'] 때문이다.

만약 여러 개의 배열을 리스트로 넘겼다면 조금 다른 결과를 얻었을 것이다.

```
In [15]: means = df['data1'].groupby([df['key1'], df['key2']]).mean()

In [16]: means
Out[16]:
key1  key2
a     one     0.880536
      two     0.478943
b     one    -0.519439
      two    -0.555730
Name: data1, dtype: float64
```

여기서는 데이터를 두 개의 색인으로 묶었고, 그 결과 계층적 색인을 가지는 Series를 얻을 수 있었다.

```
In [17]: means.unstack()
Out[17]:
key2       one       two
key1
a     0.880536  0.478943
b    -0.519439 -0.555730
```

이 예제에서는 그룹의 색인 모두 Series 객체인데, 길이만 같다면 어떤 배열이라도 상관없다.

```
In [18]: states = np.array(['Ohio', 'California', 'California', 'Ohio', 'Ohio'])

In [19]: years = np.array([2005, 2005, 2006, 2005, 2006])

In [20]: df['data1'].groupby([states, years]).mean()
Out[20]:
California  2005    0.478943
            2006   -0.519439
Ohio        2005   -0.380219
```

```
              2006    1.965781
Name: data1, dtype: float64
```

한 그룹으로 묶을 정보는 주로 같은 DataFrame 안에서 찾게 되는데, 이 경우 컬럼 이름(문자열, 숫자 혹은 다른 파이썬 객체)을 넘겨서 그룹의 색인으로 사용할 수 있다.

```
In [21]: df.groupby('key1').mean()
Out[21]:
          data1     data2
key1
a       0.746672  0.910916
b      -0.537585  0.525384

In [22]: df.groupby(['key1', 'key2']).mean()
Out[22]:
              data1     data2
key1 key2
a    one    0.880536  1.319920
     two    0.478943  0.092908
b    one   -0.519439  0.281746
     two   -0.555730  0.769023
```

위에서 df.groupby('key1').mean() 코드를 보면 key2 컬럼이 결과에서 빠져 있는 것을 확인할 수 있다. 그 이유는 df['key2']는 숫자 데이터가 아니기 때문인데, 이런 컬럼은 **성가신 컬럼**^{nuisance column}이라고 부르며 결과에서 제외시킨다. 기본적으로 모든 숫자 컬럼이 수집되지만 곧 살펴보듯이 원하는 부분만 따로 걸러내는 것도 가능하다.

groupby를 쓰는 목적과 별개로, 일반적으로 유용한 GroupBy 메서드는 그룹의 크기를 담고 있는 Series를 반환하는 size 메서드다.

```
In [23]: df.groupby(['key1', 'key2']).size()
Out[23]:
key1  key2
a     one    2
      two    1
b     one    1
      two    1
dtype: int64
```

그룹 색인에서 누락된 값은 결과에서 제외된다는 것을 기억하자.

10.1.1 그룹 간 순회하기

GroupBy 객체는 이터레이션을 지원하는데, 그룹 이름과 그에 따른 데이터 묶음을 튜플로 반환한다. 다음 예제를 살펴보자.

```
In [24]: for name, group in df.groupby('key1'):
   ....:     print(name)
   ....:     print(group)
   ....:
a
      data1     data2 key1 key2
0 -0.204708  1.393406    a  one
1  0.478943  0.092908    a  two
4  1.965781  1.246435    a  one
b
      data1     data2 key1 key2
2 -0.519439  0.281746    b  one
3 -0.555730  0.769023    b  two
```

이처럼 색인이 여럿 존재하는 경우 튜플의 첫 번째 원소가 색인값이 된다.

```
In [25]: for (k1, k2), group in df.groupby(['key1', 'key2']):
   ....:     print((k1, k2))
   ....:     print(group)
   ....:
('a', 'one')
      data1     data2 key1 key2
0 -0.204708  1.393406    a  one
4  1.965781  1.246435    a  one
('a', 'two')
      data1     data2 key1 key2
1  0.478943  0.092908    a  two
('b', 'one')
      data1     data2 key1 key2
2 -0.519439  0.281746    b  one
('b', 'two')
      data1     data2 key1 key2
3 -0.55573  0.769023    b  two
```

당연히 이 안에서 원하는 데이터만 골라낼 수 있다. 한 줄이면 그룹별 데이터를 사전형으로 쉽게 바꿔서 유용하게 사용할 수 있다.

```
In [26]: pieces = dict(list(df.groupby('key1')))

In [27]: pieces['b']
Out[27]:
      data1     data2 key1 key2
2 -0.519439  0.281746    b  one
3 -0.555730  0.769023    b  two
```

groupby 메서드는 기본적으로 axis=0에 대해 그룹을 만드는데, 다른 축으로 그룹을 만드는 것도 가능하다. 예를 들어 예제로 살펴본 df의 컬럼을 dtype에 따라 그룹으로 묶을 수도 있다.

```
In [28]: df.dtypes
Out[28]:
data1    float64
data2    float64
key1      object
key2      object
dtype: object

In [29]: grouped = df.groupby(df.dtypes, axis=1)
```

그룹을 아래처럼 출력해볼 수 있다.

```
In [30]: for dtype, group in grouped:
   ....:     print(dtype)
   ....:     print(group)
   ....:
float64
      data1     data2
0 -0.204708  1.393406
1  0.478943  0.092908
2 -0.519439  0.281746
3 -0.555730  0.769023
4  1.965781  1.246435
object
  key1 key2
```

```
0  a  one
1  a  two
2  b  one
3  b  two
4  a  one
```

10.1.2 컬럼이나 컬럼의 일부만 선택하기

DataFrame에서 만든 GroupBy 객체를 컬럼 이름이나 컬럼 이름이 담긴 배열로 색인하면 수집을 위해 해당 컬럼을 선택하게 된다.

```
df.groupby('key1')['data1']
df.groupby('key1')[['data2']]
```

위 코드는 아래 코드에 대한 신택틱 슈거로 같은 결과를 반환한다.

```
df['data1'].groupby(df['key1'])
df[['data2']].groupby(df['key1'])
```

특히 대용량 데이터를 다룰 경우 소수의 컬럼만 집계하고 싶을 때가 종종 있는데, 예를 들어 위 데이터에서 data2 컬럼에 대해서만 평균을 구하고 결과를 DataFrame으로 받고 싶다면 아래와 같이 작성한다.

```
In [31]: df.groupby(['key1', 'key2'])[['data2']].mean()
Out[31]:
              data2
key1 key2
a    one   1.319920
     two   0.092908
b    one   0.281746
     two   0.769023
```

색인으로 얻은 객체는 groupby 메서드에 리스트나 배열을 넘겼을 경우 DataFrameGroupBy 객체가 되고, 단일 값으로 하나의 컬럼 이름만 넘겼을 경우 SeriesGroupBy 객체가 된다.

```
In [32]: s_grouped = df.groupby(['key1', 'key2'])['data2']

In [33]: s_grouped
Out[33]: <pandas.core.groupby.SeriesGroupBy object at 0x7faa30c78da0>

In [34]: s_grouped.mean()
Out[34]:
key1  key2
a     one     1.319920
      two     0.092908
b     one     0.281746
      two     0.769023
Name: data2, dtype: float64
```

10.1.3 사전과 Series에서 그룹핑하기

그룹 정보는 배열이 아닌 형태로 존재하기도 한다. 다른 DataFrame 예제를 살펴보자.

```
In [35]: people = pd.DataFrame(np.random.randn(5, 5),
   ....:                       columns=['a', 'b', 'c', 'd', 'e'],
   ....:                       index=['Joe', 'Steve', 'Wes', 'Jim', 'Travis'])

In [36]: people.iloc[2:3, [1, 2]] = np.nan # nan 값을 추가하자.

In [37]: people
Out[37]:
               a         b         c         d         e
Joe     1.007189 -1.296221  0.274992  0.228913  1.352917
Steve   0.886429 -2.001637 -0.371843  1.669025 -0.438570
Wes    -0.539741       NaN       NaN -1.021228 -0.577087
Jim     0.124121  0.302614  0.523772  0.000940  1.343810
Travis -0.713544 -0.831154 -2.370232 -1.860761 -0.860757
```

이제 각 컬럼을 나타낼 그룹 목록이 있고, 그룹별로 컬럼의 값을 모두 더한다고 해보자.

```
In [38]: mapping = {'a': 'red', 'b': 'red', 'c': 'blue',
   ....:            'd': 'blue', 'e': 'red', 'f' : 'orange'}
```

이 사전에서 groupby 메서드로 넘길 배열을 뽑아낼 수 있지만 그냥 이 사전을 groupby 메서드로 넘기자(사용하지 않는 그룹 키도 문제없다는 것을 보이기 위해 'f'도 포함시켰다).

```
In [39]: by_column = people.groupby(mapping, axis=1)

In [40]: by_column.sum()
Out[40]:
            blue       red
Joe      0.503905  1.063885
Steve    1.297183 -1.553778
Wes     -1.021228 -1.116829
Jim      0.524712  1.770545
Travis  -4.230992 -2.405455
```

Series에 대해서도 같은 기능을 수행할 수 있는데, 고정된 크기의 맵이라고 보면 된다.

```
In [41]: map_series = pd.Series(mapping)

In [42]: map_series
Out[42]:
a       red
b       red
c       blue
d       blue
e       red
f       orange
dtype: object

In [43]: people.groupby(map_series, axis=1).count()
Out[43]:
        blue  red
Joe      2    3
Steve    2    3
Wes      1    2
Jim      2    3
Travis   2    3
```

10.1.4 함수로 그룹핑하기

파이썬 함수를 사용하는 것은 사전이나 Series를 사용해서 그룹을 매핑하는 것보다 좀 더 일반적인 방법이다. 그룹 색인으로 넘긴 함수는 색인값 하나마다 한 번씩 호출되며, 반환값은 그 그룹의 이름으로 사용된다. 좀 더 구체적으로 말하자면 좀 전에 살펴본 예제에서 people DataFrame은 사람의 이름을 색인값으로 사용했다. 만약 이름의 길이별로 그룹을 묶고 싶다면 이름의 길이가 담긴 배열을 만들어 넘기는 대신 len 함수를 넘기면 된다.

```
In [44]: people.groupby(len).sum()
Out[44]:
          a         b         c         d         e
3  0.591569 -0.993608  0.798764 -0.791374  2.119639
5  0.886429 -2.001637 -0.371843  1.669025 -0.438570
6 -0.713544 -0.831154 -2.370232 -1.860761 -0.860757
```

내부적으로는 모두 배열로 변환되므로 함수를 배열, 사전 또는 Series와 섞어 쓰더라도 전혀 문제가 되지 않는다.

```
In [45]: key_list = ['one', 'one', 'one', 'two', 'two']

In [46]: people.groupby([len, key_list]).min()
Out[46]:
            a         b         c         d         e
3 one -0.539741 -1.296221  0.274992 -1.021228 -0.577087
  two  0.124121  0.302614  0.523772  0.000940  1.343810
5 one  0.886429 -2.001637 -0.371843  1.669025 -0.438570
6 two -0.713544 -0.831154 -2.370232 -1.860761 -0.860757
```

10.1.5 색인 단계로 그룹핑하기

계층적으로 색인된 데이터는 축 색인의 단계 중 하나를 사용해서 편리하게 집계할 수 있는 기능을 제공한다. 다음 예제를 보자.

```
In [47]: columns = pd.MultiIndex.from_arrays([['US', 'US', 'US', 'JP', 'JP'],
   ....:                                      [1, 3, 5, 1, 3]],
   ....:                                     names=['cty', 'tenor'])
```

```
In [48]: hier_df = pd.DataFrame(np.random.randn(4, 5), columns=columns)

In [49]: hier_df
Out[49]:
cty            US                          JP
tenor           1         3         5        1         3
0        0.560145 -1.265934  0.119827 -1.063512  0.332883
1       -2.359419 -0.199543 -1.541996 -0.970736 -1.307030
2        0.286350  0.377984 -0.753887  0.331286  1.349742
3        0.069877  0.246674 -0.011862  1.004812  1.327195
```

이 기능을 사용하려면 level 예약어를 사용해서 레벨 번호나 이름을 넘기면 된다.

```
In [50]: hier_df.groupby(level='cty', axis=1).count()
Out[50]:
cty  JP  US
0     2   3
1     2   3
2     2   3
3     2   3
```

10.2 데이터 집계

데이터 집계는 배열로부터 스칼라값을 만들어내는 모든 데이터 변환 작업을 말한다. 위 예제에서 나는 mean, count, min, sum을 이용해서 스칼라값을 구했다. GroupBy 객체에 대해 mean( )을 수행하면 어떤 일이 생기는지 궁금할 것이다. [표 10-1]에 있는 것과 같은 많은 일반적인 데이터 집계는 데이터 묶음에 대한 준비된 통계를 계산해내는 최적화된 구현을 가지고 있다. 하지만 이 메서드만 사용해야 하는 건 아니다.

표 10-1 최적화된 groupby 메서드

함수	설명
count	그룹에서 NA가 아닌 값의 수를 반환한다.
sum	NA가 아닌 값들의 합을 구한다.
mean	NA가 아닌 값들의 평균을 구한다.

함수	설명
median	NA가 아닌 값들의 산술 중간값을 구한다.
std, var	편향되지 않은(n – 1을 분모로 하는) 표준편차와 분산
min, max	NA가 아닌 값들 중 최솟값과 최댓값
prod	NA가 아닌 값들의 곱
first, last	NA가 아닌 값들 중 첫째 값과 마지막 값

직접 고안한 집계함수를 사용하고 추가적으로 그룹 객체에 이미 정의된 메서드를 연결해서 사용하는 것도 가능하다. 예를 들어 quantile 메서드가 Series나 DataFrame의 컬럼의 변위치를 계산한다는 점을 생각해보자.

quantile 메서드는 GroupBy만을 위해 구현되지 않았지만 Series 메서드이기 때문에 여기서 사용할 수 있다. 내부적으로 GroupBy는 Series를 효과적으로 잘게 자르고 각 조각에 대해 piece.quantile(0.9)를 호출한다. 그리고 이 결과들을 모두 하나의 객체로 합쳐서 반환한다.

```
In [51]: df
Out[51]:
      data1     data2 key1 key2
0 -0.204708  1.393406    a  one
1  0.478943  0.092908    a  two
2 -0.519439  0.281746    b  one
3 -0.555730  0.769023    b  two
4  1.965781  1.246435    a  one

In [52]: grouped = df.groupby('key1')

In [53]: grouped['data1'].quantile(0.9)
Out[53]:
key1
a    1.668413
b   -0.523068
Name: data1, dtype: float64
```

자신만의 데이터 집계함수를 사용하려면 배열의 aggregate나 agg 메서드에 해당 함수를 넘기면 된다.

```
In [54]: def peak_to_peak(arr):
   ....:     return arr.max() - arr.min()
```

```
In [55]: grouped.agg(peak_to_peak)
Out[55]:
         data1     data2
key1
a     2.170488  1.300498
b     0.036292  0.487276
```

describe 같은 메서드는 데이터를 집계하지 않는데도 잘 작동함을 확인할 수 있다.

```
In [56]: grouped.describe()
Out[56]:
      data1                                                              \
      count      mean       std       min       25%       50%       75%
key1
a       3.0  0.746672  1.109736 -0.204708  0.137118  0.478943  1.222362
b       2.0 -0.537585  0.025662 -0.555730 -0.546657 -0.537585 -0.528512
                 data2                                                  \
        max  count      mean       std       min       25%       50%
key1
a   1.965781    3.0  0.910916  0.712217  0.092908  0.669671  1.246435
b  -0.519439    2.0  0.525384  0.344556  0.281746  0.403565  0.525384

           75%       max
key1
a     1.319920  1.393406
b     0.647203  0.769023
```

이에 대한 내용은 10.3절에서 좀 더 자세히 다루도록 하겠다.

> **NOTE_** 사용자 정의 집계함수는 일반적으로 [표 10-1]에 있는 함수에 비해 무척 느리게 동작하는데, 그 이유는 중간 데이터를 생성하는 과정에서 함수 호출이나 데이터 정렬 같은 오버헤드가 발생하기 때문이다.

10.2.1 컬럼에 여러 가지 함수 적용하기

앞서 살펴본 팁 데이터로 다시 돌아가자. 여기서는 read_csv 함수로 데이터를 불러온 다음 팁의 비율을 담기 위한 컬럼인 tip_pct를 추가했다.

```
In [57]: tips = pd.read_csv('examples/tips.csv')

# total_bill 에서 팁의 비율을 추가하자.
In [58]: tips['tip_pct'] = tips['tip'] / tips['total_bill']

In [59]: tips[:6]
Out[59]:
   total_bill   tip  smoker  day   time   size   tip_pct
0       16.99  1.01      No  Sun  Dinner    2  0.059447
1       10.34  1.66      No  Sun  Dinner    3  0.160542
2       21.01  3.50      No  Sun  Dinner    3  0.166587
3       23.68  3.31      No  Sun  Dinner    2  0.139780
4       24.59  3.61      No  Sun  Dinner    4  0.146808
5       25.29  4.71      No  Sun  Dinner    4  0.186240
```

이미 살펴봤듯이 Series나 DataFrame의 모든 컬럼을 집계하는 것은 mean이나 std 같은 메서드를 호출하거나 원하는 함수에 aggregate를 사용하는 것이다. 하지만 컬럼에 따라 다른 함수를 사용해서 집계를 수행하거나 여러 개의 함수를 한 번에 적용하기 원한다면 이를 쉽고 간단하게 수행할 수 있다. 앞으로 몇몇 예제를 통해 이를 자세히 알아볼 텐데, 먼저 tips를 day와 smoker별로 묶어보자.

```
In [60]: grouped = tips.groupby(['day', 'smoker'])
```

[표 10-1]의 내용과 같은 기술 통계에서는 함수 이름을 문자열로 넘기면 된다.

```
In [61]: grouped_pct = grouped['tip_pct']

In [62]: grouped_pct.agg('mean')
Out[62]:
day   smoker
Fri   No       0.151650
      Yes      0.174783
Sat   No       0.158048
      Yes      0.147906
Sun   No       0.160113
      Yes      0.187250
Thur  No       0.160298
      Yes      0.163863
Name: tip_pct, dtype: float64
```

만일 함수 목록이나 함수 이름을 넘기면 함수 이름을 컬럼 이름으로 하는 DataFrame을 얻게 된다.

```
In [63]: grouped_pct.agg(['mean', 'std', peak_to_peak])
Out[63]:
                 mean       std   peak_to_peak
day  smoker
Fri  No       0.151650  0.028123     0.067349
     Yes      0.174783  0.051293     0.159925
Sat  No       0.158048  0.039767     0.235193
     Yes      0.147906  0.061375     0.290095
Sun  No       0.160113  0.042347     0.193226
     Yes      0.187250  0.154134     0.644685
Thur No       0.160298  0.038774     0.193350
     Yes      0.163863  0.039389     0.151240
```

여기서는 데이터 그룹에 대해 독립적으로 적용하기 위해 agg에 집계함수들의 리스트를 넘겼다.

GroupBy 객체에서 자동으로 지정하는 컬럼 이름을 그대로 쓰지 않아도 된다. lambda 함수는 이름(함수 이름은 __name__ 속성으로 확인 가능하다)이 '<lambda>'인데, 이를 그대로 쓸 경우 알아보기 힘들어진다. 이때 이름과 함수가 담긴 (name, function) 튜플의 리스트를 넘기면 각 튜플에서 첫 번째 원소가 DataFrame에서 컬럼 이름으로 사용된다(2개의 튜플을 가지는 리스트가 순서대로 매핑된다).

```
In [64]: grouped_pct.agg([('foo', 'mean'), ('bar', np.std)])
Out[64]:
                 foo        bar
day  smoker
Fri  No       0.151650  0.028123
     Yes      0.174783  0.051293
Sat  No       0.158048  0.039767
     Yes      0.147906  0.061375
Sun  No       0.160113  0.042347
     Yes      0.187250  0.154134
Thur No       0.160298  0.038774
     Yes      0.163863  0.039389
```

DataFrame은 컬럼마다 다른 함수를 적용하거나 여러 개의 함수를 모든 컬럼에 적용할 수 있다. tip_pct와 total_bill 컬럼에 대해 동일한 세 가지 통계를 계산한다고 가정하자.

```
In [65]: functions = ['count', 'mean', 'max']

In [66]: result = grouped['tip_pct', 'total_bill'].agg(functions)

In [67]: result
Out[67]:
                tip_pct                        total_bill
                count   mean      max          count   mean        max
day  smoker
Fri  No         4       0.151650  0.187735     4       18.420000   22.75
     Yes        15      0.174783  0.263480     15      16.813333   40.17
Sat  No         45      0.158048  0.291990     45      19.661778   48.33
     Yes        42      0.147906  0.325733     42      21.276667   50.81
Sun  No         57      0.160113  0.252672     57      20.506667   48.17
     Yes        19      0.187250  0.710345     19      24.120000   45.35
Thur No         45      0.160298  0.266312     45      17.113111   41.19
     Yes        17      0.163863  0.241255     17      19.190588   43.11
```

위에서 확인할 수 있듯이 반환된 DataFrame은 계층적인 컬럼을 가지고 있으며 이는 각 컬럼을 따로 계산한 다음 concat 메서드를 이용해서 keys 인자로 컬럼 이름을 넘겨서 이어붙인 것과 동일하다.

```
In [68]: result['tip_pct']
Out[68]:
                count   mean      max
day  smoker
Fri  No         4       0.151650  0.187735
     Yes        15      0.174783  0.263480
Sat  No         45      0.158048  0.291990
     Yes        42      0.147906  0.325733
Sun  No         57      0.160113  0.252672
     Yes        19      0.187250  0.710345
Thur No         45      0.160298  0.266312
     Yes        17      0.163863  0.241255
```

위에서처럼 컬럼 이름과 메서드가 담긴 튜플의 리스트를 넘기는 것도 가능하다.[1]

---

[1] 옮긴이_ Durchschnitt은 평균, Abweichung은 편차라는 의미의 독일어다.

```
In [69]: ftuples = [('Durchschnitt', 'mean'), ('Abweichung', np.var)]

In [70]: grouped['tip_pct', 'total_bill'].agg(ftuples)
Out[70]:
                    tip_pct                  total_bill
            Durchschnitt  Abweichung  Durchschnitt  Abweichung
day  smoker
Fri  No         0.151650    0.000791     18.420000    25.596333
     Yes        0.174783    0.002631     16.813333    82.562438
Sat  No         0.158048    0.001581     19.661778    79.908965
     Yes        0.147906    0.003767     21.276667   101.387535
Sun  No         0.160113    0.001793     20.506667    66.099980
     Yes        0.187250    0.023757     24.120000   109.046044
Thur No         0.160298    0.001503     17.113111    59.625081
     Yes        0.163863    0.001551     19.190588    69.808518
```

컬럼마다 다른 함수를 적용하고 싶다면 agg 메서드에 컬럼 이름에 대응하는 함수가 들어 있는 사전을 넘기면 된다.

```
In [71]: grouped.agg({'tip' : np.max, 'size' : 'sum'})
Out[71]:
              tip   size
day  smoker
Fri  No      3.50     9
     Yes     4.73    31
Sat  No      9.00   115
     Yes    10.00   104
Sun  No      6.00   167
     Yes     6.50    49
Thur No      6.70   112
     Yes     5.00    40

In [72]: grouped.agg({'tip_pct' : ['min', 'max', 'mean', 'std'],
   ....:              'size' : 'sum'})
Out[72]:
                    tip_pct                              size
                min       max      mean       std        sum
day  smoker
Fri  No      0.120385  0.187735  0.151650  0.028123       9
     Yes     0.103555  0.263480  0.174783  0.051293      31
Sat  No      0.056797  0.291990  0.158048  0.039767     115
     Yes     0.035638  0.325733  0.147906  0.061375     104
```

```
Sun   No    0.059447  0.252672  0.160113  0.042347  167
      Yes   0.065660  0.710345  0.187250  0.154134   49
Thur  No    0.072961  0.266312  0.160298  0.038774  112
      Yes   0.090014  0.241255  0.163863  0.039389   40
```

단 하나의 컬럼에라도 여러 개의 함수가 적용되었다면 DataFrame은 계층적인 컬럼을 가지게 된다.

10.2.2 색인되지 않은 형태로 집계된 데이터 반환하기

지금까지 살펴본 모든 예제에서 집계된 데이터는 유일한 그룹키 조합으로 색인(어떤 경우에는 계층적 색인)되어 반환되었다. 하지만 항상 이런 동작을 기대하는 것은 아니므로 groupby 메서드에 as_index=False를 넘겨서 색인되지 않도록 할 수 있다.

```
In [73]: tips.groupby(['day', 'smoker'], as_index=False).mean()
Out[73]:
   day smoker  total_bill       tip      size   tip_pct
0  Fri     No   18.420000  2.812500  2.250000  0.151650
1  Fri    Yes   16.813333  2.714000  2.066667  0.174783
2  Sat     No   19.661778  3.102889  2.555556  0.158048
3  Sat    Yes   21.276667  2.875476  2.476190  0.147906
4  Sun     No   20.506667  3.167895  2.929825  0.160113
5  Sun    Yes   24.120000  3.516842  2.578947  0.187250
6  Thur    No   17.113111  2.673778  2.488889  0.160298
7  Thur   Yes   19.190588  3.030000  2.352941  0.163863
```

물론 이렇게 하지 않고 색인된 결과에 대해 reset_index 메서드를 호출해서 같은 결과를 얻을 수 있다. as_index=False 옵션을 사용하면 불필요한 계산을 피할 수 있다.

10.3 Apply: 일반적인 분리-적용-병합

가장 일반적인 GroupBy 메서드의 목적은 apply인데 지금부터 다루게 될 주제다. [그림 10-2]에서 볼 수 있듯이 apply 메서드는 객체를 여러 조각으로 나누고, 전달된 함수를 각 조각에 일괄 적용한 후 이를 다시 합친다.

그림 10-2 그룹 집계 예시

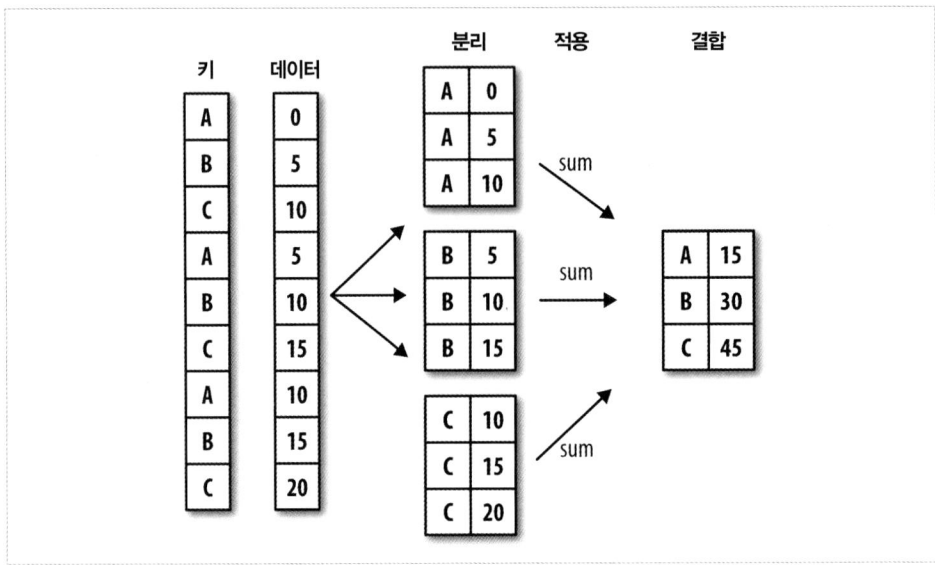

앞서 살펴보았던 팁 데이터에서 그룹별 상위 5개의 tip_pct 값을 골라보자. 우선 특정 컬럼에서 가장 큰 값을 가지는 로우를 선택하는 함수를 바로 작성해보자.

```
In [74]: def top(df, n=5, column='tip_pct'):
   ....:     return df.sort_values(by=column)[-n:]

In [75]: top(tips, n=6)
Out[75]:
     total_bill   tip smoker  day    time  size   tip_pct
109       14.31  4.00    Yes  Sat  Dinner     2  0.279525
183       23.17  6.50    Yes  Sun  Dinner     4  0.280535
232       11.61  3.39     No  Sat  Dinner     2  0.291990
67         3.07  1.00    Yes  Sat  Dinner     1  0.325733
178        9.60  4.00    Yes  Sun  Dinner     2  0.416667
172        7.25  5.15    Yes  Sun  Dinner     2  0.710345
```

이제 흡연자(smoker) 그룹에 대해 이 함수(top)를 apply하면 다음과 같은 결과를 얻을 수 있다.

```
In [76]: tips.groupby('smoker').apply(top)
Out[76]:
```

```
               total_bill   tip  smoker  day    time    size   tip_pct
smoker
No      88          24.71  5.85      No  Thur   Lunch      2  0.236746
        185         20.69  5.00      No  Sun    Dinner     5  0.241663
        51          10.29  2.60      No  Sun    Dinner     2  0.252672
        149          7.51  2.00      No  Thur   Lunch      2  0.266312
        232         11.61  3.39      No  Sat    Dinner     2  0.291990
Yes     109         14.31  4.00     Yes  Sat    Dinner     2  0.279525
        183         23.17  6.50     Yes  Sun    Dinner     4  0.280535
        67           3.07  1.00     Yes  Sat    Dinner     1  0.325733
        178          9.60  4.00     Yes  Sun    Dinner     2  0.416667
        172          7.25  5.15     Yes  Sun    Dinner     2  0.710345
```

위 결과를 보면 top 함수가 나뉘어진 DataFrame의 각 부분에 모두 적용이 되었고, pandas. concat을 이용해서 하나로 합쳐진 다음 그룹 이름표가 붙었다. 그리하여 결과는 계층적 색인을 가지게 되고 내부 색인은 원본 DataFrame의 색인값을 가지게 된다.

만일 apply 메서드로 넘길 함수가 추가적인 인자를 받는다면 함수 이름 뒤에 붙여서 넘겨주면 된다.

```
In [77]: tips.groupby(['smoker', 'day']).apply(top, n=1, column='total_bill')
Out[77]:
              total_bill   tip  smoker  day    time    size   tip_pct
smoker day
No     Fri  94     22.75  3.25      No  Fri    Dinner     2  0.142857
       Sat  212    48.33  9.00      No  Sat    Dinner     4  0.186220
       Sun  156    48.17  5.00      No  Sun    Dinner     6  0.103799
       Thur 142    41.19  5.00      No  Thur   Lunch      5  0.121389
Yes    Fri  95     40.17  4.73     Yes  Fri    Dinner     4  0.117750
       Sat  170    50.81 10.00     Yes  Sat    Dinner     3  0.196812
       Sun  182    45.35  3.50     Yes  Sun    Dinner     3  0.077178
       Thur 197    43.11  5.00     Yes  Thur   Lunch      4  0.115982
```

NOTE_ 여기서 소개하는 기본적인 사용 방법 외에도 apply 메서드를 창의적인 방법으로 다양하게 사용할 수 있다. 넘기는 함수 안에서 하는 일은 전적으로 당신에게 달려 있다. 단지 pandas 객체나 스칼라값을 반환하는 함수면 된다. 이 장의 남은 부분에서는 주로 groupby를 사용해서 다양한 문제를 해결하는 방법을 보여주는 예제를 다룰 것이다.

이 책 앞부분에서 GroupBy 객체에 describe 메서드를 호출했던 적이 있다.

```
In [78]: result = tips.groupby('smoker')['tip_pct'].describe()

In [79]: result
Out[79]:
        count      mean       std       min       25%       50%       75%  \
smoker
No      151.0  0.159328  0.039910  0.056797  0.136906  0.155625  0.185014
Yes      93.0  0.163196  0.085119  0.035638  0.106771  0.153846  0.195059

             max
smoker
No      0.291990
Yes     0.710345

In [80]: result.unstack('smoker')
Out[80]:
             smoker
count   No      151.000000
        Yes      93.000000
mean    No        0.159328
        Yes       0.163196
std     No        0.039910
        Yes       0.085119
min     No        0.056797
        Yes       0.035638
25%     No        0.136906
        Yes       0.106771
50%     No        0.155625
        Yes       0.153846
75%     No        0.185014
        Yes       0.195059
max     No        0.291990
        Yes       0.710345
dtype: float64
```

describe 같은 메서드를 호출하면 GroupBy 내부적으로 다음과 같은 단계를 수행한다.

```
f = lambda x: x.describe()
grouped.apply(f)
```

10.3.1 그룹 색인 생략하기

앞서 살펴본 예제들에서 반환된 객체는 원본 객체의 각 조각에 대한 색인과 그룹 키가 계층적 색인으로 사용됨을 볼 수 있었다. 이런 결과는 groupby 메서드에 group_keys=False를 넘겨서 막을 수 있다.

```
In [81]: tips.groupby('smoker', group_keys=False).apply(top)
Out[81]:
     total_bill   tip  smoker  day   time    size  tip_pct
88        24.71  5.85     No  Thur  Lunch      2  0.236746
185       20.69  5.00     No   Sun  Dinner     5  0.241663
51        10.29  2.60     No   Sun  Dinner     2  0.252672
149        7.51  2.00     No  Thur  Lunch      2  0.266312
232       11.61  3.39     No   Sat  Dinner     2  0.291990
109       14.31  4.00    Yes   Sat  Dinner     2  0.279525
183       23.17  6.50    Yes   Sun  Dinner     4  0.280535
67         3.07  1.00    Yes   Sat  Dinner     1  0.325733
178        9.60  4.00    Yes   Sun  Dinner     2  0.416667
172        7.25  5.15    Yes   Sun  Dinner     2  0.710345
```

10.3.2 변위치 분석과 버킷 분석

8장에서 본 내용을 떠올려보면 pandas의 cut과 qcut 메서드를 사용해서 선택한 크기만큼 혹은 표본 변위치에 따라 데이터를 나눌 수 있었다. 이 함수들을 groupby와 조합하면 데이터 묶음에 대해 변위치 분석이나 버킷 분석을 매우 쉽게 수행할 수 있다. 임의의 데이터 묶음을 cut을 이용해서 등간격 구간으로 나누어보자.

```
In [82]: frame = pd.DataFrame({'data1': np.random.randn(1000),
   ....:                       'data2': np.random.randn(1000)})

In [83]: quartiles = pd.cut(frame.data1, 4)

In [84]: quartiles[:10]
Out[84]:
0     (-1.23, 0.489]
1    (-2.956, -1.23]
2     (-1.23, 0.489]
```

```
3     (0.489, 2.208]
4     (-1.23, 0.489]
5     (0.489, 2.208]
6     (-1.23, 0.489]
7     (-1.23, 0.489]
8     (0.489, 2.208]
9     (0.489, 2.208]
Name: data1, dtype: category
Categories (4, interval[float64]): [(-2.956, -1.23] < (-1.23, 0.489] < (0.489, 2.
208] < (2.208, 3.928]]
```

cut에서 반환된 Categorical 객체는 바로 groupby로 넘길 수 있다. 그러므로 data2 컬럼에 대한 몇 가지 통계를 다음과 같이 계산할 수 있다.

```
In [85]: def get_stats(group):
   ....:     return {'min': group.min(), 'max': group.max(),
   ....:             'count': group.count(), 'mean': group.mean()}

In [86]: grouped = frame.data2.groupby(quartiles)

In [87]: grouped.apply(get_stats).unstack()
Out[87]:
                 count       max      mean       min
data1
(-2.956, -1.23]   95.0  1.670835 -0.039521 -3.399312
(-1.23, 0.489]   598.0  3.260383 -0.002051 -2.989741
(0.489, 2.208]   297.0  2.954439  0.081822 -3.745356
(2.208, 3.928]    10.0  1.765640  0.024750 -1.929776
```

이는 등간격 버킷이었고, 표본 변위치에 기반하여 크기가 같은 버킷을 계산하려면 qcut을 사용한다. 나는 labels=False를 넘겨서 변위치 숫자를 구했다.

```
# 변위치 숫자를 반환
In [88]: grouping = pd.qcut(frame.data1, 10, labels=False)

In [89]: grouped = frame.data2.groupby(grouping)

In [90]: grouped.apply(get_stats).unstack()
Out[90]:
```

```
         count      max       mean       min
data1
0        100.0  1.670835  -0.049902  -3.399312
1        100.0  2.628441   0.030989  -1.950098
2        100.0  2.527939  -0.067179  -2.925113
3        100.0  3.260383   0.065713  -2.315555
4        100.0  2.074345  -0.111653  -2.047939
5        100.0  2.184810   0.052130  -2.989741
6        100.0  2.458842  -0.021489  -2.223506
7        100.0  2.954439  -0.026459  -3.056990
8        100.0  2.735527   0.103406  -3.745356
9        100.0  2.377020   0.220122  -2.064111
```

pandas의 Categorical 자료형은 12장에서 자세히 살펴볼 것이다.

10.3.3 예제: 그룹에 따른 값으로 결측치 채우기

누락된 데이터를 정리할 때면 어떤 경우에는 dropna를 사용해서 데이터를 살펴보고 걸러내기도 한다. 하지만 어떤 경우에는 누락된 값을 고정된 값이나 혹은 데이터로부터 도출된 어떤 값으로 채우고 싶을 때도 있다. 이런 경우 fillna 메서드를 사용하는데, 누락된 값을 평균값으로 대체하는 예제를 살펴보자.

```
In [91]: s = pd.Series(np.random.randn(6))

In [92]: s[::2] = np.nan

In [93]: s
Out[93]:
0         NaN
1   -0.125921
2         NaN
3   -0.884475
4         NaN
5    0.227290
dtype: float64

In [94]: s.fillna(s.mean())
Out[94]:
```

```
0   -0.261035
1   -0.125921
2   -0.261035
3   -0.884475
4   -0.261035
5    0.227290
dtype: float64
```

그룹별로 채워 넣고 싶은 값이 다르다고 가정해보자. 아마도 추측했듯이 데이터를 그룹으로 나누고 apply 함수를 사용해서 각 그룹에 대해 fillna를 적용하면 된다. 여기서 사용된 데이터는 동부와 서부로 나눈 미국의 지역에 대한 데이터다.

```
In [95]: states = ['Ohio', 'New York', 'Vermont', 'Florida',
   ....:           'Oregon', 'Nevada', 'California', 'Idaho']

In [96]: group_key = ['East'] * 4 + ['West'] * 4

In [97]: data = pd.Series(np.random.randn(8), index=states)

In [98]: data
Out[98]:
Ohio          0.922264
New York     -2.153545
Vermont      -0.365757
Florida      -0.375842
Oregon        0.329939
Nevada        0.981994
California    1.105913
Idaho        -1.613716
dtype: float64
```

['East'] * 4는 ['East'] 리스트 안에 있는 네 벌의 원소를 이어붙인다. 리스트를 더하면 각 리스트를 이어붙일 수 있다.

데이터에서 몇몇 값을 결측치로 만들어보자.

```
In [99]: data[['Vermont', 'Nevada', 'Idaho']] = np.nan

In [100]: data
```

```
Out[100]:
Ohio          0.922264
New York     -2.153545
Vermont           NaN
Florida      -0.375842
Oregon        0.329939
Nevada            NaN
California    1.105913
Idaho             NaN
dtype: float64

In [101]: data.groupby(group_key).mean()
Out[101]:
East   -0.535707
West    0.717926
dtype: float64
```

다음과 같이 누락된 값을 그룹의 평균값으로 채울 수 있다.

```
In [102]: fill_mean = lambda g: g.fillna(g.mean())

In [103]: data.groupby(group_key).apply(fill_mean)
Out[103]:
Ohio          0.922264
New York     -2.153545
Vermont      -0.535707
Florida      -0.375842
Oregon        0.329939
Nevada        0.717926
California    1.105913
Idaho         0.717926
dtype: float64
```

아니면 그룹에 따라 미리 정의된 다른 값을 채워 넣어야 할 경우도 있다. 각 그룹은 내부적으로 name이라는 속성을 가지고 있으므로 이를 이용하자.

```
In [104]: fill_values = {'East': 0.5, 'West': -1}

In [105]: fill_func = lambda g: g.fillna(fill_values[g.name])

In [106]: data.groupby(group_key).apply(fill_func)
```

```
Out[106]:
Ohio          0.922264
New York     -2.153545
Vermont       0.500000
Florida      -0.375842
Oregon        0.329939
Nevada       -1.000000
California    1.105913
Idaho        -1.000000
dtype: float64
```

10.3.4 예제: 랜덤 표본과 순열

대용량의 데이터를 몬테카를로 시뮬레이션이나 다른 애플리케이션에서 사용하기 위해 랜덤 표본을 뽑아낸다고 해보자. 뽑아내는 방법은 여러 가지가 있는데, 여기서는 Series의 `sample` 메서드를 사용하자.

예시를 위해 트럼프 카드 덱을 한번 만들어보자.

```python
# 하트, 스페이드, 클럽, 다이아몬드
suits = ['H', 'S', 'C', 'D']
card_val = (list(range(1, 11)) + [10] * 3) * 4
base_names = ['A'] + list(range(2, 11)) + ['J', 'K', 'Q']
cards = []
for suit in ['H', 'S', 'C', 'D']:
    cards.extend(str(num) + suit for num in base_names)

deck = pd.Series(card_val, index=cards)
```

이렇게 해서 블랙잭 같은 게임에서 사용하는 카드 이름과 값을 색인으로 하는 52장의 카드가 Series 객체로 준비되었다(단순히 하기 위해 에이스 'A'를 1로 취급했다).

```
In [108]: deck[:13]
Out[108]:
AH    1
2H    2
3H    3
4H    4
```

```
5H      5
6H      6
7H      7
8H      8
9H      9
10H    10
JH     10
KH     10
QH     10
dtype: int64
```

이제 앞에서 얘기한 것처럼 5장의 카드를 뽑기 위해 다음 코드를 작성한다.

```
In [109]: def draw(deck, n=5):
     ...:     return deck.sample(n)

In [110]: draw(deck)
Out[110]:
AD     1
8C     8
5H     5
KC    10
2C     2
dtype: int64
```

각 세트(하트, 스페이드, 클럽, 다이아몬드)별로 2장의 카드를 무작위로 뽑고 싶다고 가정하자. 세트는 각 카드 이름의 마지막 글자이므로 이를 이용해서 그룹을 나누고 apply를 사용하자.

```
In [111]: get_suit = lambda card: card[-1]  # 마지막 글자가 세트

In [112]: deck.groupby(get_suit).apply(draw, n=2)
Out[112]:
C  2C     2
   3C     3
D  KD    10
   8D     8
H  KH    10
   3H     3
S  2S     2
   4S     4
dtype: int64
```

아래와 같은 방법으로 각 세트별 2장의 카드를 무작위로 뽑을 수도 있다.

```
In [113]: deck.groupby(get_suit, group_keys=False).apply(draw, n=2)
Out[113]:
KC    10
JC    10
AD     1
5D     5
5H     5
6H     6
7S     7
KS    10
dtype: int64
```

10.3.5 예제: 그룹 가중 평균과 상관관계

groupby의 나누고 적용하고 합치는 패러다임에서 (그룹 가중 평균과 같은) DataFrame의 컬럼 간 연산이나 두 Series 간의 연산은 일상적인 일이다. 예를 들어 그룹 키와 값 그리고 어떤 가중치를 갖는 다음 데이터 묶음을 살펴보자.

```
In [114]: df = pd.DataFrame({'category': ['a', 'a', 'a', 'a',
   .....:                                  'b', 'b', 'b', 'b'],
   .....:                    'data': np.random.randn(8),
   .....:                    'weights': np.random.rand(8)})

In [115]: df
Out[115]:
  category      data   weights
0        a  1.561587  0.957515
1        a  1.219984  0.347267
2        a -0.482239  0.581362
3        a  0.315667  0.217091
4        b -0.047852  0.894406
5        b -0.454145  0.918564
6        b -0.556774  0.277825
7        b  0.253321  0.955905
```

category별 그룹 가중 평균을 보면 다음과 같다.

```
In [116]: grouped = df.groupby('category')

In [117]: get_wavg = lambda g: np.average(g['data'], weights=g['weights'])

In [118]: grouped.apply(get_wavg)
Out[118]:
category
a    0.811643
b   -0.122262
dtype: float64
```

좀 더 복잡한 예제로 야후! 파이낸스에서 가져온 몇몇 주식과 S&P 500 지수(종목 코드 SPX)의 종가 데이터를 살펴보자.

```
In [119]: close_px = pd.read_csv('examples/stock_px_2.csv', parse_dates=True,
   .....:                        index_col=0)

In [120]: close_px.info()
<class 'pandas.core.frame.DataFrame'>
DatetimeIndex: 2214 entries, 2003-01-02 to 2011-10-14
Data columns (total 4 columns):
AAPL    2214 non-null float64
MSFT    2214 non-null float64
XOM     2214 non-null float64
SPX     2214 non-null float64
dtypes: float64(4)
memory usage: 86.5 KB

In [121]: close_px[-4:]
Out[121]:
              AAPL   MSFT    XOM      SPX
2011-10-11  400.29  27.00  76.27  1195.54
2011-10-12  402.19  26.96  77.16  1207.25
2011-10-13  408.43  27.18  76.37  1203.66
2011-10-14  422.00  27.27  78.11  1224.58
```

퍼센트 변화율로 일일 수익률을 계산하여 연간 SPX 지수와의 상관관계를 살펴보는 일은 흥미로울 수 있는데, 다음과 같이 구할 수 있다. 우선 'SPX' 컬럼과 다른 컬럼의 상관관계를 계산하는 함수를 만든다.

```
In [122]: spx_corr = lambda x: x.corrwith(x['SPX'])
```

그리고 pct_change 함수를 이용해서 close_px의 퍼센트 변화율을 계산한다.

```
In [123]: rets = close_px.pct_change().dropna()
```

마지막으로 각 datetime에서 연도 속성만 반환하는 한줄 짜리 함수를 이용해서 연도별 퍼센트 변화율을 구한다.

```
In [124]: get_year = lambda x: x.year

In [125]: by_year = rets.groupby(get_year)

In [126]: by_year.apply(spx_corr)
Out[126]:
          AAPL       MSFT       XOM  SPX
2003   0.541124   0.745174   0.661265  1.0
2004   0.374283   0.588531   0.557742  1.0
2005   0.467540   0.562374   0.631010  1.0
2006   0.428267   0.406126   0.518514  1.0
2007   0.508118   0.658770   0.786264  1.0
2008   0.681434   0.804626   0.828303  1.0
2009   0.707103   0.654902   0.797921  1.0
2010   0.710105   0.730118   0.839057  1.0
2011   0.691931   0.800996   0.859975  1.0
```

물론 두 컬럼 간의 상관관계를 계산하는 것도 가능하다. 다음은 애플과 마이크로소프트 주가의 연간 상관관계다.

```
In [127]: by_year.apply(lambda g: g['AAPL'].corr(g['MSFT']))
Out[127]:
2003   0.480868
2004   0.259024
2005   0.300093
2006   0.161735
2007   0.417738
2008   0.611901
2009   0.432738
```

```
2010    0.571946
2011    0.581987
dtype: float64
```

10.3.6 예제: 그룹상의 선형회귀

이전 예제와 같은 맥락으로, pandas 객체나 스칼라값을 반환하기만 한다면 groupby를 좀 더 복잡한 그룹상의 통계 분석을 위해 사용할 수 있다. 예를 들어 계량경제 라이브러리^{econometrics library}인 statsmodels를 사용해서 regress라는 함수를 작성하고 각 데이터 묶음마다 최소제곱^{Ordinary Least Squares, OLS}으로 회귀를 수행할 수 있다.

```python
import statsmodels.api as sm
def regress(data, yvar, xvars):
    Y = data[yvar]
    X = data[xvars]
    X['intercept'] = 1.
    result = sm.OLS(Y, X).fit()
    return result.params
```

이제 SPX 수익률에 대한 애플(AAPL) 주식의 연간 선형회귀는 다음과 같이 수행할 수 있다.

```
In [129]: by_year.apply(regress, 'AAPL', ['SPX'])
Out[129]:
          SPX       intercept
2003   1.195406    0.000710
2004   1.363463    0.004201
2005   1.766415    0.003246
2006   1.645496    0.000080
2007   1.198761    0.003438
2008   0.968016   -0.001110
2009   0.879103    0.002954
2010   1.052608    0.001261
2011   0.806605    0.001514
```

10.4 피벗테이블과 교차일람표

피벗테이블은 스프레드시트 프로그램과 그 외 다른 데이터 분석 소프트웨어에서 흔히 볼 수 있는 데이터 요약화 도구다. 피벗테이블은 데이터를 하나 이상의 키로 수집해서 어떤 키는 로우에, 어떤 키는 컬럼에 나열해서 데이터를 정렬한다. pandas에서 피벗테이블은 이 장에서 설명했던 groupby 기능을 사용해서 계층적 색인을 활용한 재형성 연산을 가능하게 해준다. DataFrame에는 pivot_table 메서드가 있는데 이는 pandas 모듈의 최상위 함수로도 존재한다(pandas. pivot_table). groupby를 위한 편리한 인터페이스를 제공하기 위해 pivot_table은 **마진**이라고 하는 부분합을 추가할 수 있는 기능을 제공한다.

팁 데이터로 돌아가서 요일(day)과 흡연자(smoker) 집단에서 평균(pivot_table의 기본 연산)을 구해보자.

```
In [130]: tips.pivot_table(index=['day', 'smoker'])
Out[130]:
                size       tip    tip_pct  total_bill
day  smoker
Fri  No      2.250000  2.812500  0.151650   18.420000
     Yes     2.066667  2.714000  0.174783   16.813333
Sat  No      2.555556  3.102889  0.158048   19.661778
     Yes     2.476190  2.875476  0.147906   21.276667
Sun  No      2.929825  3.167895  0.160113   20.506667
     Yes     2.578947  3.516842  0.187250   24.120000
Thur No      2.488889  2.673778  0.160298   17.113111
     Yes     2.352941  3.030000  0.163863   19.190588
```

이는 groupby를 사용해서 쉽게 구할 수 있는데, 이제 tip_pct와 size에 대해서만 집계를 하고 날짜(time)별로 그룹지어보자. 이를 위해 day 로우와 smoker 컬럼을 추가했다.

```
In [131]: tips.pivot_table(['tip_pct', 'size'], index=['time', 'day'],
   .....:                  columns='smoker')
Out[131]:
                  size              tip_pct
smoker             No       Yes       No        Yes
time   day
Dinner Fri      2.000000  2.222222  0.139622  0.165347
       Sat      2.555556  2.476190  0.158048  0.147906
```

```
              Sun   2.929825   2.578947   0.160113   0.187250
              Thur  2.000000        NaN   0.159744        NaN
       Lunch  Fri   3.000000   1.833333   0.187735   0.188937
              Thur  2.500000   2.352941   0.160311   0.163863
```

이 테이블은 margins=True를 넘겨서 부분합을 포함하도록 확장할 수 있는데, 그렇게 하면 All 컬럼과 All 로우가 추가되어 단일 줄 안에서 그룹 통계를 얻을 수 있다.

```
In [132]: tips.pivot_table(['tip_pct', 'size'], index=['time', 'day'],
   .....:                   columns='smoker', margins=True)
Out[132]:
                    size                            tip_pct
       smoker        No        Yes       All        No        Yes       All
time   day
Dinner Fri    2.000000   2.222222   2.166667   0.139622   0.165347   0.158916
       Sat    2.555556   2.476190   2.517241   0.158048   0.147906   0.153152
       Sun    2.929825   2.578947   2.842105   0.160113   0.187250   0.166897
       Thur   2.000000        NaN   2.000000   0.159744        NaN   0.159744
Lunch  Fri    3.000000   1.833333   2.000000   0.187735   0.188937   0.188765
       Thur   2.500000   2.352941   2.459016   0.160311   0.163863   0.161301
All           2.668874   2.408602   2.569672   0.159328   0.163196   0.160803
```

여기서 All 값은 흡연자와 비흡연자를 구분하지 않은 평균값(All 컬럼)이거나 로우에서 두 단계를 묶은 그룹의 평균값(All 로우)이다.

다른 집계함수를 사용하려면 그냥 aggfunc로 넘기면 되는데, 예를 들어 'count'나 len 함수는 그룹 크기의 교차일람표(총 개수나 빈도)를 반환한다.

```
In [133]: tips.pivot_table('tip_pct', index=['time', 'smoker'], columns='day',
   .....:                   aggfunc=len, margins=True)
Out[133]:
day             Fri     Sat     Sun    Thur     All
time   smoker
Dinner No       3.0    45.0    57.0     1.0   106.0
       Yes      9.0    42.0    19.0     NaN    70.0
Lunch  No       1.0     NaN     NaN    44.0    45.0
       Yes      6.0     NaN     NaN    17.0    23.0
All            19.0    87.0    76.0    62.0   244.0
```

만약 어떤 조합이 비어 있다면(혹은 NA 값) fill_value를 넘길 수도 있다.

```
In [134]: tips.pivot_table('tip_pct', index=['time', 'size', 'smoker'],
   .....:                  columns='day', aggfunc='mean', fill_value=0)
Out[134]:
day                      Fri       Sat       Sun      Thur
time   size smoker
Dinner 1    No      0.000000  0.137931  0.000000  0.000000
            Yes     0.000000  0.325733  0.000000  0.000000
       2    No      0.139622  0.162705  0.168859  0.159744
            Yes     0.171297  0.148668  0.207893  0.000000
       3    No      0.000000  0.154661  0.152663  0.000000
            Yes     0.000000  0.144995  0.152660  0.000000
       4    No      0.000000  0.150096  0.148143  0.000000
            Yes     0.117750  0.124515  0.193370  0.000000
       5    No      0.000000  0.000000  0.206928  0.000000
            Yes     0.000000  0.106572  0.065660  0.000000
...                      ...       ...       ...       ...
Lunch  1    No      0.000000  0.000000  0.000000  0.181728
            Yes     0.223776  0.000000  0.000000  0.000000
       2    No      0.000000  0.000000  0.000000  0.166005
            Yes     0.181969  0.000000  0.000000  0.158843
       3    No      0.187735  0.000000  0.000000  0.084246
            Yes     0.000000  0.000000  0.000000  0.204952
       4    No      0.000000  0.000000  0.000000  0.138919
            Yes     0.000000  0.000000  0.000000  0.155410
       5    No      0.000000  0.000000  0.000000  0.121389
       6    No      0.000000  0.000000  0.000000  0.173706
[21 rows x 4 columns]
```

[표 10-2]에 pivot_table 메서드를 요약해두었다.

표 10-2 pivot_table 옵션

함수	설명
values	집계하려는 컬럼 이름 혹은 이름의 리스트. 기본적으로 모든 숫자 컬럼을 집계한다.
index	만들어지는 피벗테이블의 로우를 그룹으로 묶을 컬럼 이름이나 그룹 키
columns	만들어지는 피벗테이블의 컬럼을 그룹으로 묶을 컬럼 이름이나 그룹 키
aggfunc	집계함수나 함수 리스트. 기본값으로 'mean'이 사용된다. groupby 컨텍스트 안에서 유효한 어떤 함수라도 가능하다.
fill_value	결과 테이블에서 누락된 값을 대체하기 위한 값
dropna	True인 경우 모든 항목이 NA인 컬럼은 포함하지 않는다.
margins	부분합이나 총계를 담기 위한 로우/컬럼을 추가할지 여부. 기본값은 False

10.4.1 교차일람표

교차일람표(또는 **교차표**)는 그룹 빈도를 계산하기 위한 피벗테이블의 특수한 경우다. 다음은 위키피디아의 교차일람표 페이지에서 가져온 기본 예제다.

```
In [138]: data
Out[138]:
   Sample Nationality   Handedness
0       1         USA  Right-handed
1       2       Japan   Left-handed
2       3         USA  Right-handed
3       4       Japan  Right-handed
4       5       Japan   Left-handed
5       6       Japan  Right-handed
6       7         USA  Right-handed
7       8         USA   Left-handed
8       9       Japan  Right-handed
9      10         USA  Right-handed
```

설문 분석의 일부로서 이 데이터를 국적^{nationality}과 잘 쓰는 손^{handedness}에 따라 요약해보자. 이를 위해 pivot_table 메서드를 사용할 수 있지만 pandas.crosstab 함수가 훨씬 더 편리하다.

```
In [139]: pd.crosstab(data.Nationality, data.Handedness, margins=True)
Out[139]:
Handedness   Left-handed  Right-handed  All
Nationality
Japan                  2             3    5
USA                    1             4    5
All                    3             7   10
```

crosstab 함수의 처음 두 인자는 배열이나 Series 혹은 배열의 리스트가 될 수 있다. 팁 데이터에 대해 교차표를 구해보자.

```
In [140]: pd.crosstab([tips.time, tips.day], tips.smoker, margins=True)
Out[140]:
smoker        No  Yes  All
time   day
Dinner Fri     3    9   12
       Sat    45   42   87
```

```
               Sun     57    19   76
               Thur     1     0    1
       Lunch   Fri      1     6    7
               Thur    44    17   61
       All            151    93  244
```

10.5 마치며

pandas의 데이터 그룹핑 도구를 마스터한다면 데이터 정제뿐만 아니라 모델링이나 통계 분석 작업에도 도움이 될 것이다. 14장에 실제 데이터에 대한 groupby 적용 사례를 몇 가지 더 실어두었다.

다음 장에서는 시계열 데이터를 알아본다.

CHAPTER 11

시계열

시계열 데이터는 금융, 경제, 생태학, 신경과학, 물리학 등 여러 다양한 분야에서 사용되는 매우 중요한 구조화된 데이터다. 시간상의 여러 지점을 관측하거나 측정할 수 있는 모든 것이 시계열이다. 대부분의 시계열은 **고정 빈도**fixed frequency로 표현되는데 데이터가 존재하는 지점이 15초마다, 5분마다, 한 달에 한 번 같은 특정 규칙에 따라 고정 간격을 가지게 된다. 시계열은 또한 고정된 단위나 시간 혹은 단위들 간의 간격으로 존재하지 않고 **불규칙적인** 모습으로 표현될 수도 있다. 어떻게 시계열 데이터를 표시하고 참조할지는 애플리케이션에 의존적이며 다음 중 한 유형일 수 있다.

- 시간 내에서 특정 순간의 **타임스탬프**
- 2007년 1월이나 2010년 전체 같은 고정된 **기간**
- 시작과 끝 타임스탬프로 표시되는 시간 **간격**. 기간은 시간 간격의 특수한 경우로 생각할 수 있다.
- 실험 혹은 경과 시간. 각 타임스탬프는 특정 시작 시간에 상대적인 시간의 측정값이다(예: 쿠키를 오븐에 넣은 시점부터 매 초가 지날 때마다 쿠키 반죽의 지름).

실험의 시작 시점부터의 경과 시간이 정수나 부동소수점으로 표현되는 경우 실험 시계열에도 해당 기술들을 적용할 수 있지만 이 장에서는 위에서 소개한 시계열 데이터의 처음 3가지 종류에 대해 주로 알아볼 것이다. 가장 단순하고 널리 사용되는 시계열의 종류는 타임스탬프로 색인된 데이터다.

> **TIP** pandas는 시간차에 기반한 색인을 지원하며, 이는 경과 시간을 나타낼 때 유용하다. 이 책에서는 시간차 색인을 알아보지 않겠지만 pandas 공식 문서에서 자세한 내용을 찾아볼 수 있다.

pandas는 표준 시계열 도구와 데이터 알고리즘을 제공한다. 이를 통해 대량의 시계열 데이터를 효과적으로 다룰 수 있으며 쉽게 나누고, 집계하고, 불규칙적이며 고정된 빈도를 갖는 시계열을 리샘플링할 수 있다. 눈치 챘겠지만 대부분의 도구는 금융이나 경제 관련 애플리케이션에서 특히 유용하다. 하지만 서버 로그 데이터를 분석하는 데도 사용할 수 있다.

11.1 날짜, 시간 자료형, 도구

파이썬 표준 라이브러리는 날짜와 시간을 위한 자료형과 달력 관련 기능을 제공하는 자료형이 존재한다. datetime, time 그리고 calendar 모듈은 처음 공부하기에 좋은 주제다. datetime.datetime형이나 단순한 datetime이 널리 사용되고 있다.

```
In [10]: from datetime import datetime

In [11]: now = datetime.now()

In [12]: now
Out[12]: datetime.datetime(2017, 9, 25, 14, 5, 52, 72973)

In [13]: now.year, now.month, now.day
Out[13]: (2017, 9, 25)
```

datetime은 날짜와 시간을 모두 저장하며 마이크로초까지 지원한다. datetime.timedelta는 두 datetime 객체 간의 시간적인 차이를 표현할 수 있다.

```
In [14]: delta = datetime(2011, 1, 7) - datetime(2008, 6, 24, 8, 15)

In [15]: delta
Out[15]: datetime.timedelta(926, 56700)

In [16]: delta.days
Out[16]: 926

In [17]: delta.seconds
Out[17]: 56700
```

timedelta를 더하거나 빼면 그만큼의 시간이 datetime 객체에 적용되어 새로운 객체를 만들 수 있다.

```
In [18]: from datetime import timedelta

In [19]: start = datetime(2011, 1, 7)

In [20]: start + timedelta(12)
Out[20]: datetime.datetime(2011, 1, 19, 0, 0)

In [21]: start - 2 * timedelta(12)
Out[21]: datetime.datetime(2010, 12, 14, 0, 0)
```

[표 11-1]에 datetime 모듈의 자료형을 정리해두었다. 이 장에서 주로 다루는 내용은 pandas의 자료형과 고수준의 시계열을 다루는 방법이며, 실제 파이썬을 사용하면서 다양한 곳에서 datetime 기반의 자료형을 마주치게 되리라는 점은 의심할 여지가 없다.

표 11-1 datetime 모듈의 자료형

자료형	설명
date	그레고리안 달력을 사용해서 날짜(연, 월, 일)를 저장한다.
time	하루의 시간을 시, 분, 초, 마이크로초 단위로 저장한다.
datetime	날짜와 시간을 저장한다.
timedelta	두 datetime 값 간의 차이(일, 초, 마이크로초)를 표현한다.
tzinfo	지역시간대를 저장하기 위한 기본 자료형

11.1.1 문자열을 datetime으로 변환하기

datetime 객체와 나중에 소개할 pandas의 Timestamp 객체는 str 메서드나 strftime 메서드에 포맷 규칙을 넘겨서 문자열로 나타낼 수 있다.

```
In [22]: stamp = datetime(2011, 1, 3)

In [23]: str(stamp)
Out[23]: '2011-01-03 00:00:00'

In [24]: stamp.strftime('%Y-%m-%d')
Out[24]: '2011-01-03'
```

[표 11-2]에 포맷 코드를 모두 정리해두었다(2장에서 소개했던 내용이다).

표 11-2 Datetime 포맷 규칙(ISO C89 호환)

포맷	설명
%Y	4자리 연도
%y	2자리 연도
%m	2자리 월 [01, 12]
%d	2자리 일 [01, 31]
%H	시간(24시간 형식) [00, 23]
%I	시간(12시간 형식) [01, 12]
%M	2자리 분 [00, 59]
%S	초 [00, 61] (60, 61은 윤초)
%w	정수로 나타낸 요일 [0(일요일), 6]
%U	연중 주차 [00, 53]. 일요일을 그 주의 첫 번째 날로 간주하며, 그 해에서 첫 번째 일요일 앞에 있는 날은 0주차가 된다.
%W	연중 주차 [00, 53]. 월요일을 그 주의 첫 번째 날로 간주하며, 그 해에서 첫 번째 월요일 앞에 있는 날은 0주차가 된다.
%z	UTC 시간대 오프셋을 +HHMM 또는 -HHMM으로 표현한다. 만약 시간대를 신경 쓰지 않는다면 비워둔다.
%F	%Y-%m-%d 형식에 대한 축약(예: 2012-4-18)
%D	%m/%d/%y 형식에 대한 축약(예: 04/18/12)

이 포맷 코드는 datetime.strptime을 사용해서 문자열을 날짜로 변환할 때 사용할 수 있다.

```
In [25]: value = '2011-01-03'

In [26]: datetime.strptime(value, '%Y-%m-%d')
Out[26]: datetime.datetime(2011, 1, 3, 0, 0)

In [27]: datestrs = ['7/6/2011', '8/6/2011']

In [28]: [datetime.strptime(x, '%m/%d/%Y') for x in datestrs]
Out[28]:
[datetime.datetime(2011, 7, 6, 0, 0),
 datetime.datetime(2011, 8, 6, 0, 0)]
```

datetime.strptime은 알려진 형식의 날짜를 파싱하는 최적의 방법이다. 하지만 매번 포맷 규칙을 써야 하는 건 귀찮은 일이다. 특히 흔히 쓰는 날짜 형식에 대해서는 더 그렇다. 이 경우에는 서드파티 패키지인 dateutil에 포함된 parser.parse 메서드를 사용하면 된다(pandas를 설치할 때 자동으로 함께 설치된다).

```
In [29]: from dateutil.parser import parse

In [30]: parse('2011-01-03')
Out[30]: datetime.datetime(2011, 1, 3, 0, 0)
```

dateutil은 거의 대부분의 사람이 인지하는 날짜 표현 방식을 파싱할 수 있다.

```
In [31]: parse('Jan 31, 1997 10:45 PM')
Out[31]: datetime.datetime(1997, 1, 31, 22, 45)
```

국제 로케일의 경우 날짜가 월 앞에 오는 경우가 매우 흔하다. 이런 경우에는 dayfirst=True를 넘겨주면 된다.

```
In [32]: parse('6/12/2011', dayfirst=True)
Out[32]: datetime.datetime(2011, 12, 6, 0, 0)
```

pandas는 일반적으로 DataFrame의 컬럼이나 축 색인으로 날짜가 담긴 배열을 사용한다. to_datetime 메서드는 많은 종류의 날짜 표현을 처리한다. ISO 8601 같은 표준 날짜 형식은 매우 빠르게 처리할 수 있다.

```
In [33]: datestrs = ['2011-07-06 12:00:00', '2011-08-06 00:00:00']

In [34]: pd.to_datetime(datestrs)
Out[34]: DatetimeIndex(['2011-07-06 12:00:00', '2011-08-06 00:00:00'], dtype='dat
etime64[ns]', freq=None)
```

또한 누락된 값(None, 빈 문자열 등)으로 간주되어야 할 값도 처리해준다.

```
In [35]: idx = pd.to_datetime(datestrs + [None])

In [36]: idx
Out[36]: DatetimeIndex(['2011-07-06 12:00:00', '2011-08-06 00:00:00', 'NaT'], dty
pe='datetime64[ns]', freq=None)

In [37]: idx[2]
Out[37]: NaT
```

```
In [38]: pd.isnull(idx)
Out[38]: array([False, False, True], dtype=bool)
```

NaT$^{\text{Not a Time}}$는 pandas에서 누락된 타임스탬프 데이터를 나타낸다.

> **CAUTION_** dateutil.parser는 매우 유용하지만 완벽한 도구는 아니다. 날짜로 인식하지 않길 바라는 문자열을 날짜로 인식하기도 하는데, '42'를 2042년으로 해석하기도 한다.

datetime 객체는 여러 나라 혹은 언어에서 사용하는 로케일에 맞는 다양한 포맷 옵션을 제공한다. 예를 들어 독일과 프랑스에서는 각 월의 단축명이 영문 시스템과 다르다. [표 11-3]에서 로케일별 날짜 포맷을 확인하자.

표 11-3 로케일별 날짜 포맷

포맷	설명
%a	축약된 요일 이름
%A	요일 이름
%b	축약된 월 이름
%B	월 이름
%c	전체 날짜와 시간(예: 'Tue 01 May 2012 04:20:57 PM')
%p	해당 로케일에서 AM, PM에 대응되는 이름(AM은 오전, PM은 오후)
%x	로케일에 맞는 날짜 형식(예: 미국이라면 2012년 5월 1일은 '05/01/2012')
%X	로케일에 맞는 시간 형식(예: '04:24:12 PM')

11.2 시계열 기초

pandas에서 찾아볼 수 있는 가장 기본적인 시계열 객체의 종류는 파이썬 문자열이나 datetime 객체로 표현되는 타임스탬프로 색인된 Series다.

```
In [39]: from datetime import datetime

In [40]: dates = [datetime(2011, 1, 2), datetime(2011, 1, 5),
   ....:          datetime(2011, 1, 7), datetime(2011, 1, 8),
   ....:          datetime(2011, 1, 10), datetime(2011, 1, 12)]
```

```
In [41]: ts = pd.Series(np.random.randn(6), index=dates)

In [42]: ts
Out[42]:
2011-01-02   -0.204708
2011-01-05    0.478943
2011-01-07   -0.519439
2011-01-08   -0.555730
2011-01-10    1.965781
2011-01-12    1.393406
dtype: float64
```

내부적으로 보면 이들 datetime 객체는 DatetimeIndex에 들어 있으며 ts 변수의 타입은 TimeSeries다.

```
In [43]: ts.index
Out[43]:
DatetimeIndex(['2011-01-02', '2011-01-05', '2011-01-07', '2011-01-08',
               '2011-01-10', '2011-01-12'],
              dtype='datetime64[ns]', freq=None)
```

다른 Series와 마찬가지로 서로 다르게 색인된 시계열 객체 간의 산술 연산은 자동으로 날짜에 맞춰진다.

```
In [44]: ts + ts[::2]
Out[44]:
2011-01-02   -0.409415
2011-01-05         NaN
2011-01-07   -1.038877
2011-01-08         NaN
2011-01-10    3.931561
2011-01-12         NaN
dtype: float64
```

ts[::2]는 ts에서 매 두 번째 항목을 선택한다.

pandas는 NumPy의 datetime64 자료형을 사용해서 나노초의 정밀도를 가지는 타임스탬프를 저장한다.

```
In [45]: ts.index.dtype
Out[45]: dtype('<M8[ns]')
```

DatetimeIndex의 스칼라값은 pandas의 Timestamp 객체다.

```
In [46]: stamp = ts.index[0]

In [47]: stamp
Out[47]: Timestamp('2011-01-02 00:00:00')
```

Timestamp는 datetime 객체를 사용하는 어떤 곳에도 대체 사용이 가능하다. 게다가 가능하다면 빈도에 관한 정보도 저장하며 시간대 변환을 하는 방법과 다른 종류의 조작을 하는 방법도 포함하고 있다. 자세한 내용은 차후에 다루도록 하겠다.

11.2.1 색인, 선택, 부분 선택

시계열은 라벨에 기반해서 데이터를 선택하고 인덱싱할 때 pandas.Series와 동일하게 동작한다.

```
In [48]: stamp = ts.index[2]

In [49]: ts[stamp]
Out[49]: -0.51943871505673811
```

해석할 수 있는 날짜를 문자열로 넘겨서 편리하게 사용할 수 있다.

```
In [50]: ts['1/10/2011']
Out[50]: 1.9657805725027142

In [51]: ts['20110110']
Out[51]: 1.9657805725027142
```

긴 시계열에서는 연을 넘기거나 연, 월만 넘겨서 데이터의 일부 구간만 선택할 수도 있다.

```
In [52]: longer_ts = pd.Series(np.random.randn(1000),
   ....:                       index=pd.date_range('1/1/2000', periods=1000))

In [53]: longer_ts
Out[53]:
2000-01-01    0.092908
2000-01-02    0.281746
2000-01-03    0.769023
2000-01-04    1.246435
2000-01-05    1.007189
2000-01-06   -1.296221
2000-01-07    0.274992
2000-01-08    0.228913
2000-01-09    1.352917
2000-01-10    0.886429
                ...
2002-09-17   -0.139298
2002-09-18   -1.159926
2002-09-19    0.618965
2002-09-20    1.373890
2002-09-21   -0.983505
2002-09-22    0.930944
2002-09-23   -0.811676
2002-09-24   -1.830156
2002-09-25   -0.138730
2002-09-26    0.334088
Freq: D, Length: 1000, dtype: float64

In [54]: longer_ts['2001']
Out[54]:
2001-01-01    1.599534
2001-01-02    0.474071
2001-01-03    0.151326
2001-01-04   -0.542173
2001-01-05   -0.475496
2001-01-06    0.106403
2001-01-07   -1.308228
2001-01-08    2.173185
2001-01-09    0.564561
2001-01-10   -0.190481
                ...
2001-12-22    0.000369
2001-12-23    0.900885
```

```
2001-12-24   -0.454869
2001-12-25   -0.864547
2001-12-26    1.129120
2001-12-27    0.057874
2001-12-28   -0.433739
2001-12-29    0.092698
2001-12-30   -1.397820
2001-12-31    1.457823
Freq: D, Length: 365, dtype: float64
```

여기서 문자열 '2001'은 연도로 해석되어 해당 기간의 데이터를 선택한다. 월에 대해서도 마찬가지로 선택할 수 있다.

```
In [55]: longer_ts['2001-05']
Out[55]:
2001-05-01   -0.622547
2001-05-02    0.936289
2001-05-03    0.750018
2001-05-04   -0.056715
2001-05-05    2.300675
2001-05-06    0.569497
2001-05-07    1.489410
2001-05-08    1.264250
2001-05-09   -0.761837
2001-05-10   -0.331617
                ...
2001-05-22    0.503699
2001-05-23   -1.387874
2001-05-24    0.204851
2001-05-25    0.603705
2001-05-26    0.545680
2001-05-27    0.235477
2001-05-28    0.111835
2001-05-29   -1.251504
2001-05-30   -2.949343
2001-05-31    0.634634
Freq: D, Length: 31, dtype: float64
```

datetime 객체로 데이터를 잘라내는 작업은 일반적인 Series와 동일한 방식으로 할 수 있다.

```
In [56]: ts[datetime(2011, 1, 7):]
Out[56]:
2011-01-07   -0.519439
2011-01-08   -0.555730
2011-01-10    1.965781
2011-01-12    1.393406
dtype: float64
```

대부분의 시계열 데이터는 연대순으로 정렬되기 때문에 범위를 지정하기 위해 시계열에 포함하지 않고 타임스탬프를 이용해서 Series를 나눌 수 있다.

```
In [57]: ts
Out[57]:
2011-01-02   -0.204708
2011-01-05    0.478943
2011-01-07   -0.519439
2011-01-08   -0.555730
2011-01-10    1.965781
2011-01-12    1.393406
dtype: float64

In [58]: ts['1/6/2011':'1/11/2011']
Out[58]:
2011-01-07   -0.519439
2011-01-08   -0.555730
2011-01-10    1.965781
dtype: float64
```

앞서와 같이 날짜 문자열이나 datetime 혹은 타임스탬프를 넘길 수 있다. 이런 방식으로 데이터를 나누면 NumPy 배열을 나누는 것처럼 원본 시계열에 대한 뷰를 생성한다는 사실을 기억하자. 즉, 데이터 복사가 발생하지 않고 슬라이스에 대한 변경이 원본 데이터에도 반영된다.

이와 동일한 인스턴스 메서드로 truncate가 있는데, 이 메서드는 TimeSeries를 두 개의 날짜로 나눈다.

```
In [59]: ts.truncate(after='1/9/2011')
Out[59]:
2011-01-02   -0.204708
2011-01-05    0.478943
```

```
2011-01-07   -0.519439
2011-01-08   -0.555730
dtype: float64
```

위 방식은 DataFrame에서도 동일하게 적용되며 로우에 인덱싱된다.

```
In [60]: dates = pd.date_range('1/1/2000', periods=100, freq='W-WED')

In [61]: long_df = pd.DataFrame(np.random.randn(100, 4),
   ....:                        index=dates,
   ....:                        columns=['Colorado', 'Texas',
   ....:                                 'New York', 'Ohio'])

In [62]: long_df.loc['5-2001']
Out[62]:
            Colorado     Texas  New York      Ohio
2001-05-02 -0.006045  0.490094 -0.277186 -0.707213
2001-05-09 -0.560107  2.735527  0.927335  1.513906
2001-05-16  0.538600  1.273768  0.667876 -0.969206
2001-05-23  1.676091 -0.817649  0.050188  1.951312
2001-05-30  3.260383  0.963301  1.201206 -1.852001
```

11.2.2 중복된 색인을 갖는 시계열

어떤 애플리케이션에서는 여러 데이터가 특정 타임스탬프에 몰려 있는 것을 발견할 수 있다.

```
In [63]: dates = pd.DatetimeIndex(['1/1/2000', '1/2/2000', '1/2/2000',
   ....:                           '1/2/2000', '1/3/2000'])

In [64]: dup_ts = pd.Series(np.arange(5), index=dates)

In [65]: dup_ts
Out[65]:
2000-01-01    0
2000-01-02    1
2000-01-02    2
2000-01-02    3
2000-01-03    4
dtype: int64
```

is_unique 속성을 통해 확인해보면 색인이 유일하지 않음을 알 수 있다.

```
In [66]: dup_ts.index.is_unique
Out[66]: False
```

이 시계열 데이터를 인덱싱하면 타임스탬프의 중복 여부에 따라 스칼라값이나 슬라이스가 생성된다.

```
In [67]: dup_ts['1/3/2000']  # 중복 없음
Out[67]: 4

In [68]: dup_ts['1/2/2000']  # 중복 있음
Out[68]:
2000-01-02    1
2000-01-02    2
2000-01-02    3
dtype: int64
```

유일하지 않은 타임스탬프를 가지는 데이터를 집계한다고 해보자. 한 가지 방법은 groupby에 level=0(단일 단계 인덱싱)을 넘기는 것이다.

```
In [69]: grouped = dup_ts.groupby(level=0)

In [70]: grouped.mean()
Out[70]:
2000-01-01    0
2000-01-02    2
2000-01-03    4
dtype: int64

In [71]: grouped.count()
Out[71]:
2000-01-01    1
2000-01-02    3
2000-01-03    1
dtype: int64
```

11.3 날짜 범위, 빈도, 이동

pandas에서 일반적인 시계열은 불규칙적인 것으로 간주된다. 즉, 고정된 빈도를 갖지 않는다. 대부분의 애플리케이션에서 이는 충분하다. 하지만 시계열 안에서 누락된 값이 발생할지라도 일별, 월별 혹은 매 15분 같은 상대적인 고정 빈도에서의 작업이 요구되는 경우가 종종 있다. 다행스럽게도 pandas에는 리샘플링, 표준 시계열 빈도 모음, 빈도 추론 그리고 고정된 빈도의 날짜 범위를 위한 도구가 있다. 예를 들어 아래 예제 시계열을 고정된 일 빈도로 변환하려면 resample 메서드를 사용하면 된다.

```
In [72]: ts
Out[72]:
2011-01-02   -0.204708
2011-01-05    0.478943
2011-01-07   -0.519439
2011-01-08   -0.555730
2011-01-10    1.965781
2011-01-12    1.393406
dtype: float64

In [73]: resampler = ts.resample('D')
```

문자열 'D'는 일 빈도로 해석된다.

빈도 간 변환이나 **리샘플링**은 큰 주제이므로 다음에 따로 다루도록 하겠다(11.6절 '리샘플링과 빈도 변환'). 여기에서는 기본 빈도와 다중 빈도를 어떻게 사용하는지 살펴보도록 하자.

11.3.1 날짜 범위 생성하기

앞에서는 설명 없이 그냥 사용했지만 pandas.date_range를 사용하면 특정 빈도에 따라 지정한 길이만큼의 DatetimeIndex를 생성한다는 사실을 눈치 챘을 것이다.

```
In [74]: index = pd.date_range('2012-04-01', '2012-06-01')

In [75]: index
Out[75]:
```

```
DatetimeIndex(['2012-04-01', '2012-04-02', '2012-04-03', '2012-04-04',
               '2012-04-05', '2012-04-06', '2012-04-07', '2012-04-08',
               '2012-04-09', '2012-04-10', '2012-04-11', '2012-04-12',
               '2012-04-13', '2012-04-14', '2012-04-15', '2012-04-16',
               '2012-04-17', '2012-04-18', '2012-04-19', '2012-04-20',
               '2012-04-21', '2012-04-22', '2012-04-23', '2012-04-24',
               '2012-04-25', '2012-04-26', '2012-04-27', '2012-04-28',
               '2012-04-29', '2012-04-30', '2012-05-01', '2012-05-02',
               '2012-05-03', '2012-05-04', '2012-05-05', '2012-05-06',
               '2012-05-07', '2012-05-08', '2012-05-09', '2012-05-10',
               '2012-05-11', '2012-05-12', '2012-05-13', '2012-05-14',
               '2012-05-15', '2012-05-16', '2012-05-17', '2012-05-18',
               '2012-05-19', '2012-05-20', '2012-05-21', '2012-05-22',
               '2012-05-23', '2012-05-24', '2012-05-25', '2012-05-26',
               '2012-05-27', '2012-05-28', '2012-05-29', '2012-05-30',
               '2012-05-31', '2012-06-01'],
              dtype='datetime64[ns]', freq='D')
```

기본적으로 date_range는 일별 타임스탬프를 생성한다. 만약 시작 날짜나 종료 날짜만 넘긴다면 생성할 기간의 숫자를 함께 전달해야 한다.

```
In [76]: pd.date_range(start='2012-04-01', periods=20)
Out[76]:
DatetimeIndex(['2012-04-01', '2012-04-02', '2012-04-03', '2012-04-04',
               '2012-04-05', '2012-04-06', '2012-04-07', '2012-04-08',
               '2012-04-09', '2012-04-10', '2012-04-11', '2012-04-12',
               '2012-04-13', '2012-04-14', '2012-04-15', '2012-04-16',
               '2012-04-17', '2012-04-18', '2012-04-19', '2012-04-20'],
              dtype='datetime64[ns]', freq='D')

In [77]: pd.date_range(end='2012-06-01', periods=20)
Out[77]:
DatetimeIndex(['2012-05-13', '2012-05-14', '2012-05-15', '2012-05-16',
               '2012-05-17', '2012-05-18', '2012-05-19', '2012-05-20',
               '2012-05-21', '2012-05-22', '2012-05-23', '2012-05-24',
               '2012-05-25', '2012-05-26', '2012-05-27', '2012-05-28',
               '2012-05-29', '2012-05-30', '2012-05-31', '2012-06-01'],
              dtype='datetime64[ns]', freq='D')
```

시작과 종료 날짜는 생성된 날짜 색인에 대해 엄격한 경계를 정의한다. 예를 들어 날짜 색인이 각 월의 마지막 영업일을 포함하도록 하고 싶다면 빈도값으로 'BM'(월 영업마감일, [표 11-4]를 참조하자)을 전달할 것이다. 그러면 이 기간 안에 들어오는 날짜들만 포함된다.

```
In [78]: pd.date_range('2000-01-01', '2000-12-01', freq='BM')
Out[78]:
DatetimeIndex(['2000-01-31', '2000-02-29', '2000-03-31', '2000-04-28',
               '2000-05-31', '2000-06-30', '2000-07-31', '2000-08-31',
               '2000-09-29', '2000-10-31', '2000-11-30'],
              dtype='datetime64[ns]', freq='BM')
```

표 11-4 기본 시계열 빈도

축약	오프셋 종류	설명
D	Day	달력상의 일
B	BusinessDay	매 영업일
H	Hour	매시
T 또는 min	Minute	매분
S	Second	매초
L 또는 ms	Milli	밀리초(1/1000초)
U	Micro	마이크로초(1/1,000,000초)
M	MonthEnd	월 마지막 일
BM	BusinessMonthEnd	월 영업마감일
MS	MonthBegin	월 시작일
BMS	BusinessMonthBegin	월 영업시작일
W-MON, W-TUE, ...	Week	요일. MON, TUE, WED, THU, FRI, SAT, SUN
WOM-1MON, WOM-2MON, ...	WeekOfMonth	월별 주차와 요일. 예를 들어 WOM-3FRI는 매월 3째 주 금요일이다.
Q-JAN, Q-FEB, ...	QuarterEnd	지정된 월을 해당년도의 마감으로 하며 지정된 월의 마지막 날짜를 가리키는 분기 주기(JAN, FEB, MAR, APR, MAY, JUN, JUL, AUG, SEP, OCT, NOV, DEC)
BQ-JAN, BQ-FEB, ...	BusinessQuarterEnd	지정된 월을 해당년도의 마감으로 하며 지정된 월의 마지막 영업일을 가리키는 분기 주기
QS-JAN, QS-FEB, ...	QuarterBegin	지정된 월을 해당년도의 마감으로 하며 지정된 월의 첫째 날을 가리키는 분기 주기
BQS-JAN, BQS-FEB, ...	BusinessQuarterBegin	지정된 월을 해당년도의 마감으로 하며 지정된 월의 첫 번째 영업일을 가리키는 분기 주기
A-JAN, A-FEB, ...	YearEnd	주어진 월의 마지막 일을 가리키는 연간 주기(JAN, FEB, MAR, APR, MAY, JUN, JUL, AUG, SEP, OCT, NOV, DEC)

축약	오프셋 종류	설명
BA-JAN, BA-FEB, ...	BusinessYearEnd	주어진 월의 영업 마감일을 가리키는 연간 주기
AS-JAN, AS-FEB, ...	YearBegin	주어진 월의 시작일을 가리키는 연간 주기
BAS-JAN, BAS-FEB, ...	BusinessYearBegin	주어진 월의 영업 시작일을 가리키는 연간 주기

date_range는 기본적으로 시작 시간이나 종료 시간의 타임스탬프(존재한다면)를 보존한다.

```
In [79]: pd.date_range('2012-05-02 12:56:31', periods=5)
Out[79]:
DatetimeIndex(['2012-05-02 12:56:31', '2012-05-03 12:56:31',
               '2012-05-04 12:56:31', '2012-05-05 12:56:31',
               '2012-05-06 12:56:31'],
              dtype='datetime64[ns]', freq='D')
```

가끔은 시간 정보를 포함하여 시작 날짜와 종료 날짜를 갖고 있으나 관례에 따라 자정에 맞추어 타임스탬프를 **정규화**하고 싶을 때가 있다. 이렇게 하려면 normalize 옵션을 사용한다.

```
In [80]: pd.date_range('2012-05-02 12:56:31', periods=5, normalize=True)
Out[80]:
DatetimeIndex(['2012-05-02', '2012-05-03', '2012-05-04', '2012-05-05',
               '2012-05-06'],
              dtype='datetime64[ns]', freq='D')
```

11.3.2 빈도와 날짜 오프셋

pandas에서 빈도는 **기본 빈도**base frequency와 배수의 조합으로 이루어진다. 기본 빈도는 보통 'M'(월별), 'H'(시간별)처럼 짧은 문자열로 참조된다. 각 기본 빈도에는 일반적으로 **날짜 오프셋**date offset이라고 불리는 객체를 사용할 수 있다. 예를 들어 시간별 빈도는 Hour 클래스를 사용해서 표현할 수 있다.

```
In [81]: from pandas.tseries.offsets import Hour, Minute

In [82]: hour = Hour()

In [83]: hour
Out[83]: <Hour>
```

이 오프셋의 곱은 정수를 넘겨서 구할 수 있다.

```
In [84]: four_hours = Hour(4)

In [85]: four_hours
Out[85]: <4 * Hours>
```

대부분의 애플리케이션에서는 이런 객체들을 직접 만들어야 할 경우는 절대 없겠지만 대신 'H' 또는 '4H'처럼 문자열로 표현하게 될 것이다. 기본 빈도 앞에 정수를 두면 해당 빈도의 곱을 생성한다.

```
In [86]: pd.date_range('2000-01-01', '2000-01-03 23:59', freq='4h')
Out[86]:
DatetimeIndex(['2000-01-01 00:00:00', '2000-01-01 04:00:00',
               '2000-01-01 08:00:00', '2000-01-01 12:00:00',
               '2000-01-01 16:00:00', '2000-01-01 20:00:00',
               '2000-01-02 00:00:00', '2000-01-02 04:00:00',
               '2000-01-02 08:00:00', '2000-01-02 12:00:00',
               '2000-01-02 16:00:00', '2000-01-02 20:00:00',
               '2000-01-03 00:00:00', '2000-01-03 04:00:00',
               '2000-01-03 08:00:00', '2000-01-03 12:00:00',
               '2000-01-03 16:00:00', '2000-01-03 20:00:00'],
              dtype='datetime64[ns]', freq='4H')
```

여러 오프셋을 덧셈으로 합칠 수 있다.

```
In [87]: Hour(2) + Minute(30)
Out[87]: <150 * Minutes>
```

유사하게 빈도 문자열로 '1h30min'을 넘겨도 같은 표현으로 잘 해석된다.

```
In [88]: pd.date_range('2000-01-01', periods=10, freq='1h30min')
Out[88]:
DatetimeIndex(['2000-01-01 00:00:00', '2000-01-01 01:30:00',
               '2000-01-01 03:00:00', '2000-01-01 04:30:00',
               '2000-01-01 06:00:00', '2000-01-01 07:30:00',
               '2000-01-01 09:00:00', '2000-01-01 10:30:00',
               '2000-01-01 12:00:00', '2000-01-01 13:30:00'],
              dtype='datetime64[ns]', freq='90T')
```

어떤 빈도는 시간상에서 균일하게 자리 잡고 있지 않은 경우도 있다. 예를 들어 'M'(월 마지막 일)은 월중 일수에 의존적이며 'BM'(월 영업마감일)은 월말이 주말인지 아닌지에 따라 다르다. 이를 표현할 수 있는 적당한 용어가 없어서 나는 이를 **앵커드**anchored 오프셋이라고 부른다.

[표 11-4]에 pandas에서 사용 가능한 빈도 코드와 날짜 오프셋 클래스를 정리해두었다.

> **NOTE_** pandas에 없는 날짜 연산을 제공하기 위해 사용자가 직접 사용자 빈도 클래스를 정의할 수 있지만, 그 내용은 이 책에서 다룰 만한 내용이 아니므로 제외했다.

월별 주차

한 가지 유용한 빈도 클래스는 WOM으로 시작하는 '월별 주차'다. 월별 주차를 사용하면 매월 3째 주 금요일 같은 날짜를 얻을 수 있다.

```
In [89]: rng = pd.date_range('2012-01-01', '2012-09-01', freq='WOM-3FRI')

In [90]: list(rng)
Out[90]:
[Timestamp('2012-01-20 00:00:00', freq='WOM-3FRI'),
 Timestamp('2012-02-17 00:00:00', freq='WOM-3FRI'),
 Timestamp('2012-03-16 00:00:00', freq='WOM-3FRI'),
 Timestamp('2012-04-20 00:00:00', freq='WOM-3FRI'),
 Timestamp('2012-05-18 00:00:00', freq='WOM-3FRI'),
 Timestamp('2012-06-15 00:00:00', freq='WOM-3FRI'),
 Timestamp('2012-07-20 00:00:00', freq='WOM-3FRI'),
 Timestamp('2012-08-17 00:00:00', freq='WOM-3FRI')]
```

11.3.3 데이터 시프트

시프트는 데이터를 시간 축에서 앞이나 뒤로 이동하는 것을 의미한다. Series와 DataFrame은 색인은 변경하지 않고 데이터를 앞이나 뒤로 느슨한 시프트를 수행하는 shift 메서드를 가지고 있다.

```
In [91]: ts = pd.Series(np.random.randn(4),
   ....:                index=pd.date_range('1/1/2000', periods=4, freq='M'))

In [92]: ts
Out[92]:
2000-01-31   -0.066748
2000-02-29    0.838639
2000-03-31   -0.117388
2000-04-30   -0.517795
Freq: M, dtype: float64

In [93]: ts.shift(2)
Out[93]:
2000-01-31         NaN
2000-02-29         NaN
2000-03-31   -0.066748
2000-04-30    0.838639
Freq: M, dtype: float64

In [94]: ts.shift(-2)
Out[94]:
2000-01-31   -0.117388
2000-02-29   -0.517795
2000-03-31         NaN
2000-04-30         NaN
Freq: M, dtype: float64
```

이렇게 시프트를 하게 되면 시계열의 시작이나 끝에 결측치가 발생하게 된다.

shift는 일반적으로 한 시계열 내에서, 혹은 DataFrame의 컬럼으로 표현할 수 있는 여러 시계열에서의 퍼센트 변화를 계산할 때 흔히 사용하며, 코드로는 다음과 같이 표현한다.

```
ts / ts.shift(1) - 1
```

느슨한 시프트는 색인을 바꾸지 않기 때문에 어떤 데이터는 버려지기도 한다. 그래서 만약 빈도를 알고 있다면 shift에 빈도를 넘겨서 타임스탬프가 확장되도록 할 수 있다.

```
In [95]: ts.shift(2, freq='M')
Out[95]:
2000-03-31   -0.066748
```

```
2000-04-30     0.838639
2000-05-31    -0.117388
2000-06-30    -0.517795
Freq: M, dtype: float64
```

다른 빈도를 넘겨도 되는데, 이를 통해 아주 유연하게 데이터를 밀거나 당기는 작업을 할 수 있다.

```
In [96]: ts.shift(3, freq='D')
Out[96]:
2000-02-03    -0.066748
2000-03-03     0.838639
2000-04-03    -0.117388
2000-05-03    -0.517795
dtype: float64

In [97]: ts.shift(1, freq='90T')
Out[97]:
2000-01-31 01:30:00    -0.066748
2000-02-29 01:30:00     0.838639
2000-03-31 01:30:00    -0.117388
2000-04-30 01:30:00    -0.517795
Freq: M, dtype: float64
```

여기서 T는 분을 나타낸다.

오프셋만큼 날짜 시프트하기

pandas의 날짜 오프셋은 datetime이나 Timestamp 객체에서도 사용할 수 있다.

```
In [98]: from pandas.tseries.offsets import Day, MonthEnd

In [99]: now = datetime(2011, 11, 17)

In [100]: now + 3 * Day()
Out[100]: Timestamp('2011-11-20 00:00:00')
```

만일 MonthEnd 같은 앵커드 오프셋을 추가한다면 빈도 규칙의 다음 날짜로 롤 포워드[roll forward] 된다.

```
In [101]: now + MonthEnd()
Out[101]: Timestamp('2011-11-30 00:00:00')

In [102]: now + MonthEnd(2)
Out[102]: Timestamp('2011-12-31 00:00:00')
```

앵커드 오프셋은 rollforward와 rollback 메서드를 사용해서 명시적으로 각각 날짜를 앞으로 밀거나 뒤로 당길 수 있다.

```
In [103]: offset = MonthEnd()

In [104]: offset.rollforward(now)
Out[104]: Timestamp('2011-11-30 00:00:00')

In [105]: offset.rollback(now)
Out[105]: Timestamp('2011-10-31 00:00:00')
```

이 메서드를 groupby와 함께 사용하면 날짜 오프셋을 영리하게 사용할 수 있다.

```
In [106]: ts = pd.Series(np.random.randn(20),
   .....:                index=pd.date_range('1/15/2000', periods=20, freq='4d'))

In [107]: ts
Out[107]:
2000-01-15   -0.116696
2000-01-19    2.389645
2000-01-23   -0.932454
2000-01-27   -0.229331
2000-01-31   -1.140330
2000-02-04    0.439920
2000-02-08   -0.823758
2000-02-12   -0.520930
2000-02-16    0.350282
2000-02-20    0.204395
2000-02-24    0.133445
2000-02-28    0.327905
2000-03-03    0.072153
2000-03-07    0.131678
2000-03-11   -1.297459
2000-03-15    0.997747
```

```
2000-03-19    0.870955
2000-03-23   -0.991253
2000-03-27    0.151699
2000-03-31    1.266151
Freq: 4D, dtype: float64

In [108]: ts.groupby(offset.rollforward).mean()
Out[108]:
2000-01-31   -0.005833
2000-02-29    0.015894
2000-03-31    0.150209
dtype: float64
```

물론 가장 쉽고 빠른 방법은 resample을 사용하는 것이다(자세한 내용은 11.6절 '리샘플링과 빈도 변환'에서 다루도록 하겠다).

```
In [109]: ts.resample('M').mean()
Out[109]:
2000-01-31   -0.005833
2000-02-29    0.015894
2000-03-31    0.150209
Freq: M, dtype: float64
```

11.4 시간대 다루기

시간대를 처리하는 일은 시계열을 다루는 작업 중에서 가장 유쾌하지 않은 부분 중 하나다. 특히 일광절약시간(DST, 서머타임)은 문제를 일으키는 흔한 요인 중 하나다. 시계열을 다루는 많은 사용자는 현재 국제표준이며 그리니치 표준시를 계승하는 **국제표준시**coordinated universal time, UTC를 선택한다. 시간대는 UTC로부터 떨어진 오프셋으로 표현되는데 예를 들면 뉴욕은 일광절약시간daylight saving time, DST일 때 UTC보다 4시간 늦으며 아닐 때는 5시간 늦다.

파이썬에서 시간대 정보는 전 세계의 시간대 정보를 모아둔 **올슨 데이터베이스**를 담고 있는 서드파티 라이브러리인 pytz에서 얻어온다. 이는 특히 역사적인 데이터를 다룰 때 중요한데 DST 날짜(그리고 심지어는 UTC 오프셋마저)는 지역 정부의 변덕에 따라 여러 차례 변경되었기 때문이다. 미국에서는 1900년부터 DST 시간이 수차례 변경되었다!

pytz 라이브러리에 대한 자세한 내용은 라이브러리의 문서를 살펴보기 바란다. pandas는 pytz의 기능을 사용하고 있으므로 시간대 이름 외에 API의 다른 부분은 무시해도 상관없다. 시간대 이름은 문서와 파이썬 셸에서 직접 확인할 수 있다.

```
In [110]: import pytz

In [111]: pytz.common_timezones[-5:]
Out[111]: ['US/Eastern', 'US/Hawaii', 'US/Mountain', 'US/Pacific', 'UTC']
```

pytz에서 시간대 객체를 얻으려면 pytz.timezone을 사용하면 된다.

```
In [112]: tz = pytz.timezone('America/New_York')

In [113]: tz
Out[113]: <DstTzInfo 'America/New_York' LMT-1 day, 19:04:00 STD>
```

pandas의 메서드에서는 시간대 이름이나 객체를 모두 사용할 수 있지만 시간대 이름을 사용하기 권장한다.

11.4.1 시간대 지역화와 변환

기본적으로 pandas에서 시계열은 **시간대를 엄격히 다루지 않는다.** 다음 시계열을 살펴보자.

```
In [114]: rng = pd.date_range('3/9/2012 9:30', periods=6, freq='D')

In [115]: ts = pd.Series(np.random.randn(len(rng)), index=rng)

In [116]: ts
Out[116]:
2012-03-09 09:30:00   -0.202469
2012-03-10 09:30:00    0.050718
2012-03-11 09:30:00    0.639869
2012-03-12 09:30:00    0.597594
2012-03-13 09:30:00   -0.797246
2012-03-14 09:30:00    0.472879
Freq: D, dtype: float64
```

색인의 tz 필드는 None이다.

```
In [117]: print(ts.index.tz)
None
```

시간대를 지정해서 날짜 범위를 생성할 수 있다.

```
In [118]: pd.date_range('3/9/2012 9:30', periods=10, freq='D', tz='UTC')
Out[118]:
DatetimeIndex(['2012-03-09 09:30:00+00:00', '2012-03-10 09:30:00+00:00',
               '2012-03-11 09:30:00+00:00', '2012-03-12 09:30:00+00:00',
               '2012-03-13 09:30:00+00:00', '2012-03-14 09:30:00+00:00',
               '2012-03-15 09:30:00+00:00', '2012-03-16 09:30:00+00:00',
               '2012-03-17 09:30:00+00:00', '2012-03-18 09:30:00+00:00'],
              dtype='datetime64[ns, UTC]', freq='D')
```

지역화 시간으로의 변환은 tz_localize 메서드로 처리할 수 있다.

```
In [119]: ts
Out[119]:
2012-03-09 09:30:00   -0.202469
2012-03-10 09:30:00    0.050718
2012-03-11 09:30:00    0.639869
2012-03-12 09:30:00    0.597594
2012-03-13 09:30:00   -0.797246
2012-03-14 09:30:00    0.472879
Freq: D, dtype: float64

In [120]: ts_utc = ts.tz_localize('UTC')

In [121]: ts_utc
Out[121]:
2012-03-09 09:30:00+00:00   -0.202469
2012-03-10 09:30:00+00:00    0.050718
2012-03-11 09:30:00+00:00    0.639869
2012-03-12 09:30:00+00:00    0.597594
2012-03-13 09:30:00+00:00   -0.797246
2012-03-14 09:30:00+00:00    0.472879
Freq: D, dtype: float64
```

```
In [122]: ts_utc.index
Out[122]:
DatetimeIndex(['2012-03-09 09:30:00+00:00', '2012-03-10 09:30:00+00:00',
               '2012-03-11 09:30:00+00:00', '2012-03-12 09:30:00+00:00',
               '2012-03-13 09:30:00+00:00', '2012-03-14 09:30:00+00:00'],
              dtype='datetime64[ns, UTC]', freq='D')
```

시계열이 특정 시간대로 지역화되고 나면 tz_convert를 이용해서 다른 시간대로 변환 가능하다.

```
In [123]: ts_utc.tz_convert('America/New_York')
Out[123]:
2012-03-09 04:30:00-05:00   -0.202469
2012-03-10 04:30:00-05:00    0.050718
2012-03-11 05:30:00-04:00    0.639869
2012-03-12 05:30:00-04:00    0.597594
2012-03-13 05:30:00-04:00   -0.797246
2012-03-14 05:30:00-04:00    0.472879
Freq: D, dtype: float64
```

위 시계열의 경우에는 America/New_York 시간대에서 일광절약시간을 사용하고 있는데, 동부 표준시(EST)로 맞춘 다음 UTC 혹은 베를린 시간으로 변환할 수 있다.

```
In [124]: ts_eastern = ts.tz_localize('America/New_York')

In [125]: ts_eastern.tz_convert('UTC')
Out[125]:
2012-03-09 14:30:00+00:00   -0.202469
2012-03-10 14:30:00+00:00    0.050718
2012-03-11 13:30:00+00:00    0.639869
2012-03-12 13:30:00+00:00    0.597594
2012-03-13 13:30:00+00:00   -0.797246
2012-03-14 13:30:00+00:00    0.472879
Freq: D, dtype: float64

In [126]: ts_eastern.tz_convert('Europe/Berlin')
Out[126]:
2012-03-09 15:30:00+01:00   -0.202469
2012-03-10 15:30:00+01:00    0.050718
2012-03-11 14:30:00+01:00    0.639869
2012-03-12 14:30:00+01:00    0.597594
```

```
2012-03-13 14:30:00+01:00   -0.797246
2012-03-14 14:30:00+01:00    0.472879
Freq: D, dtype: float64
```

tz_localize와 tz_convert는 모두 DatetimeIndex의 인스턴스 메서드다.

```
In [127]: ts.index.tz_localize('Asia/Shanghai')
Out[127]:
DatetimeIndex(['2012-03-09 09:30:00+08:00', '2012-03-10 09:30:00+08:00',
               '2012-03-11 09:30:00+08:00', '2012-03-12 09:30:00+08:00',
               '2012-03-13 09:30:00+08:00', '2012-03-14 09:30:00+08:00'],
              dtype='datetime64[ns, Asia/Shanghai]', freq='D')
```

> **CAUTION**_ 타임스탬프를 특정 시간대로 지역화하면 일광절약시간에 의한 모호하거나 존재하지 않는 시간을 체크한다.

11.4.2 시간대를 고려해서 Timestamp 객체 다루기

시계열이나 날짜 범위와 비슷하게 개별 Timestamp 객체도 시간대를 고려한 형태로 변환이 가능하다.

```
In [128]: stamp = pd.Timestamp('2011-03-12 04:00')

In [129]: stamp_utc = stamp.tz_localize('utc')

In [130]: stamp_utc.tz_convert('America/New_York')
Out[130]: Timestamp('2011-03-11 23:00:00-0500', tz='America/New_York')
```

Timestamp 객체를 생성할 때 시간대를 직접 넘겨주는 것도 가능하다.

```
In [131]: stamp_moscow = pd.Timestamp('2011-03-12 04:00', tz='Europe/Moscow')

In [132]: stamp_moscow
Out[132]: Timestamp('2011-03-12 04:00:00+0300', tz='Europe/Moscow')
```

시간대를 고려한 Timestamp 객체는 내부적으로 UTC 타임스탬프 값을 유닉스 에포크[Unix epoch](1970년 1월 1일)부터 현재까지의 나노초로 저장하고 있다. 이 UTC 값은 시간대 변환 과정에서 변하지 않고 유지된다.

```
In [133]: stamp_utc.value
Out[133]: 1299902400000000000

In [134]: stamp_utc.tz_convert('America/New_York').value
Out[134]: 1299902400000000000
```

pandas의 DateOffset 객체를 이용해서 시간 연산을 수행할 때는 가능하다면 일광절약시간을 고려한다. DST로 전환되기 직전의 타임스탬프에 대한 예제를 살펴보자. 먼저 DST 시행 30분 전의 Timestamp를 생성하자.

```
In [135]: from pandas.tseries.offsets import Hour

In [136]: stamp = pd.Timestamp('2012-03-12 01:30', tz='US/Eastern')

In [137]: stamp
Out[137]: Timestamp('2012-03-12 01:30:00-0400', tz='US/Eastern')

In [138]: stamp + Hour()
Out[138]: Timestamp('2012-03-12 02:30:00-0400', tz='US/Eastern')
```

그리고 DST 시행 90분 전의 Timestamp를 생성하자.

```
In [139]: stamp = pd.Timestamp('2012-11-04 00:30', tz='US/Eastern')

In [140]: stamp
Out[140]: Timestamp('2012-11-04 00:30:00-0400', tz='US/Eastern')

In [141]: stamp + 2 * Hour()
Out[141]: Timestamp('2012-11-04 01:30:00-0500', tz='US/Eastern')
```

11.4.3 다른 시간대 간의 연산

서로 다른 시간대를 갖는 두 시계열이 하나로 합쳐지면 결과는 UTC가 된다. 타임스탬프는 내부적으로 UTC로 저장되므로 추가적인 변환이 불필요한 명료한 연산이다.

```
In [142]: rng = pd.date_range('3/7/2012 9:30', periods=10, freq='B')

In [143]: ts = pd.Series(np.random.randn(len(rng)), index=rng)

In [144]: ts
Out[144]:
2012-03-07 09:30:00     0.522356
2012-03-08 09:30:00    -0.546348
2012-03-09 09:30:00    -0.733537
2012-03-12 09:30:00     1.302736
2012-03-13 09:30:00     0.022199
2012-03-14 09:30:00     0.364287
2012-03-15 09:30:00    -0.922839
2012-03-16 09:30:00     0.312656
2012-03-19 09:30:00    -1.128497
2012-03-20 09:30:00    -0.333488
Freq: B, dtype: float64

In [145]: ts1 = ts[:7].tz_localize('Europe/London')

In [146]: ts2 = ts1[2:].tz_convert('Europe/Moscow')

In [147]: result = ts1 + ts2

In [148]: result.index
Out[148]:
DatetimeIndex(['2012-03-07 09:30:00+00:00', '2012-03-08 09:30:00+00:00',
               '2012-03-09 09:30:00+00:00', '2012-03-12 09:30:00+00:00',
               '2012-03-13 09:30:00+00:00', '2012-03-14 09:30:00+00:00',
               '2012-03-15 09:30:00+00:00'],
              dtype='datetime64[ns, UTC]', freq='B')
```

11.5 기간과 기간 연산

며칠, 몇 개월, 몇 분기, 몇 해 같은 기간은 Period 클래스로 표현할 수 있으며 문자열이나 정수 그리고 [표 11-4]에서 봤던 빈도를 가지고 생성한다.

```
In [149]: p = pd.Period(2007, freq='A-DEC')

In [150]: p
Out[150]: Period('2007', 'A-DEC')
```

여기서 Period 객체는 2007년 1월 1일부터 같은 해 12월 31일까지의 기간을 표현한다. 이 기간에 정수를 더하거나 빼서 편리하게 정해진 빈도에 따라 기간을 이동시킬 수 있다.

```
In [151]: p + 5
Out[151]: Period('2012', 'A-DEC')

In [152]: p - 2
Out[152]: Period('2005', 'A-DEC')
```

만약 두 기간이 같은 빈도를 가진다면 두 기간의 차는 둘 사이의 간격이 된다.

```
In [153]: pd.Period('2014', freq='A-DEC') - p
Out[153]: 7
```

일반적인 기간 범위는 period_range 함수로 생성할 수 있다.

```
In [154]: rng = pd.period_range('2000-01-01', '2000-06-30', freq='M')

In [155]: rng
Out[155]: PeriodIndex(['2000-01', '2000-02', '2000-03', '2000-04', '2000-05', '20
00-06'], dtype='period[M]', freq='M')
```

PeriodIndex 클래스는 순차적인 기간을 저장하며 다른 pandas 자료구조에서 축 색인과 마찬가지로 사용된다.

```
In [156]: pd.Series(np.random.randn(6), index=rng)
Out[156]:
2000-01    -0.514551
2000-02    -0.559782
2000-03    -0.783408
2000-04    -1.797685
2000-05    -0.172670
```

```
2000-06    0.680215
Freq: M, dtype: float64
```

다음과 같은 문자열 배열을 이용해서 PeriodIndex 클래스를 생성하는 것도 가능하다.

```
In [157]: values = ['2001Q3', '2002Q2', '2003Q1']

In [158]: index = pd.PeriodIndex(values, freq='Q-DEC')

In [159]: index
Out[159]: PeriodIndex(['2001Q3', '2002Q2', '2003Q1'], dtype='period[Q-DEC]', freq
='Q-DEC')
```

11.5.1 Period의 빈도 변환

Period와 PeriodIndex 객체는 asfreq 메서드를 통해 다른 빈도로 변환할 수 있다. 예를 들어 새해 첫날부터 시작하는 연간 빈도를 월간 빈도로 변환해보자. 꽤 간단하게 변환할 수 있다.

```
In [160]: p = pd.Period('2007', freq='A-DEC')

In [161]: p
Out[161]: Period('2007', 'A-DEC')

In [162]: p.asfreq('M', how='start')
Out[162]: Period('2007-01', 'M')

In [163]: p.asfreq('M', how='end')
Out[163]: Period('2007-12', 'M')
```

Period('2007', 'A-DEC')는 전체 기간에 대한 커서로 생각할 수 있고 월간으로 다시 나눌 수 있다. 이 내용은 [그림 11-1]을 참조하자. **회계연도** 마감이 12월이 아닌 경우에는 월간 빈도가 달라진다.

```
In [164]: p = pd.Period('2007', freq='A-JUN')

In [165]: p
```

```
Out[165]: Period('2007', 'A-JUN')

In [166]: p.asfreq('M', 'start')
Out[166]: Period('2006-07', 'M')

In [167]: p.asfreq('M', 'end')
Out[167]: Period('2007-06', 'M')
```

그림 11-1 Period의 빈도 변환

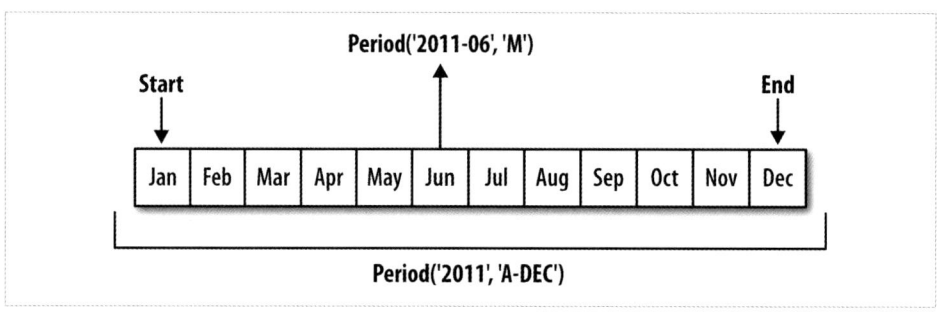

빈도가 상위 단계에서 하위 단계로 변환되는 경우 상위 기간은 하위 기간이 어디에 속했는지에 따라 결정된다. 예를 들어 A-JUN 빈도일 경우 2007년 8월은 실제로 2008년 기간에 속하게 된다.

```
In [168]: p = pd.Period('Aug-2007', 'M')

In [169]: p.asfreq('A-JUN')
Out[169]: Period('2008', 'A-JUN')
```

모든 PeriodIndex 객체나 시계열은 지금까지 살펴본 내용과 같은 방식으로 변환할 수 있다.

```
In [170]: rng = pd.period_range('2006', '2009', freq='A-DEC')

In [171]: ts = pd.Series(np.random.randn(len(rng)), index=rng)

In [172]: ts
Out[172]:
2006     1.607578
2007     0.200381
2008    -0.834068
```

```
2009    -0.302988
Freq: A-DEC, dtype: float64

In [173]: ts.asfreq('M', how='start')
Out[173]:
2006-01    1.607578
2007-01    0.200381
2008-01   -0.834068
2009-01   -0.302988
Freq: M, dtype: float64
```

위 예제에서 연 빈도는 해당 빈도의 시작 월부터 시작하는 월 빈도로 치환된다. 만일 매 해의 마지막 영업일을 대신 사용하고 싶다면 'B' 빈도를 사용하고 해당 기간의 종료 지점을 지정해서 변환할 수 있다.

```
In [174]: ts.asfreq('B', how='end')
Out[174]:
2006-12-29    1.607578
2007-12-31    0.200381
2008-12-31   -0.834068
2009-12-31   -0.302988
Freq: B, dtype: float64
```

11.5.2 분기 빈도

분기 데이터는 재정, 금융 및 다른 분야에서 표준으로 사용된다. 많은 분기 데이터는 일반적으로 **회계연도의 끝**인 12월의 마지막 날이나 마지막 업무일을 기준으로 보고하는데, 2012Q4는 회계연도의 끝이 어딘가에 따라 의미가 달라진다. pandas는 12가지 모든 경우의 수를 지원하며 분기 빈도는 Q-JAN부터 Q-DEC까지다.

```
In [175]: p = pd.Period('2012Q4', freq='Q-JAN')

In [176]: p
Out[176]: Period('2012Q4', 'Q-JAN')
```

회계연도 마감이 1월인 경우라면 2012Q4는 11월부터 1월까지가 되고 일간 빈도로 검사할 수 있다. [그림 11-2]를 살펴보라.

그림 11-2 다양한 분기 빈도 변환

	Year 2012											
M	JAN	FEB	MAR	APR	MAY	JUN	JUL	AUG	SEP	OCT	NOV	DEC
Q-DEC	2012Q1			2012Q2			2012Q3			2012Q4			
Q-SEP	2012Q2			2012Q3			2012Q4			2013Q1			
Q-FEB	2012Q4				2013Q1			2013Q2			2013Q3			Q4

```
In [177]: p.asfreq('D', 'start')
Out[177]: Period('2011-11-01', 'D')

In [178]: p.asfreq('D', 'end')
Out[178]: Period('2012-01-31', 'D')
```

이렇게 하여 기간 연산을 매우 쉽게 할 수 있는데, 그 예로 분기 영업마감일의 오후 4시를 가리키는 타임스탬프는 다음과 같이 구할 수 있다.

```
In [179]: p4pm = (p.asfreq('B', 'e') - 1).asfreq('T', 's') + 16 * 60

In [180]: p4pm
Out[180]: Period('2012-01-30 16:00', 'T')

In [181]: p4pm.to_timestamp()
Out[181]: Timestamp('2012-01-30 16:00:00')
```

period_range를 사용해서 분기 범위를 생성할 수 있다. 연산 역시 동일한 방법으로 수행할 수 있다.

```
In [182]: rng = pd.period_range('2011Q3', '2012Q4', freq='Q-JAN')

In [183]: ts = pd.Series(np.arange(len(rng)), index=rng)
```

```
In [184]: ts
Out[184]:
2011Q3    0
2011Q4    1
2012Q1    2
2012Q2    3
2012Q3    4
2012Q4    5
Freq: Q-JAN, dtype: int64

In [185]: new_rng = (rng.asfreq('B', 'e') - 1).asfreq('T', 's') + 16 * 60

In [186]: ts.index = new_rng.to_timestamp()

In [187]: ts
Out[187]:
2010-10-28 16:00:00    0
2011-01-28 16:00:00    1
2011-04-28 16:00:00    2
2011-07-28 16:00:00    3
2011-10-28 16:00:00    4
2012-01-30 16:00:00    5
dtype: int64
```

11.5.3 타임스탬프와 기간 서로 변환하기

타임스탬프로 색인된 Series와 DataFrame 객체는 to_period 메서드를 사용해서 기간[period] 으로 변환 가능하다.

```
In [188]: rng = pd.date_range('2000-01-01', periods=3, freq='M')

In [189]: ts = pd.Series(np.random.randn(3), index=rng)

In [190]: ts
Out[190]:
2000-01-31    1.663261
2000-02-29   -0.996206
2000-03-31    1.521760
Freq: M, dtype: float64
```

```
In [191]: pts = ts.to_period()

In [192]: pts
Out[192]:
2000-01    1.663261
2000-02   -0.996206
2000-03    1.521760
Freq: M, dtype: float64
```

여기서 말하는 기간은 겹치지 않는 시간상의 간격을 뜻하므로 주어진 빈도에서 타임스탬프는 하나의 기간에만 속한다. 새로운 PeriodIndex의 빈도는 기본적으로 타임스탬프 값을 통해 추론되지만 원하는 빈도를 직접 지정할 수도 있다. 결과에 중복되는 기간이 나오더라도 문제가 되지 않는다.

```
In [193]: rng = pd.date_range('1/29/2000', periods=6, freq='D')

In [194]: ts2 = pd.Series(np.random.randn(6), index=rng)

In [195]: ts2
Out[195]:
2000-01-29    0.244175
2000-01-30    0.423331
2000-01-31   -0.654040
2000-02-01    2.089154
2000-02-02   -0.060220
2000-02-03   -0.167933
Freq: D, dtype: float64

In [196]: ts2.to_period('M')
Out[196]:
2000-01    0.244175
2000-01    0.423331
2000-01   -0.654040
2000-02    2.089154
2000-02   -0.060220
2000-02   -0.167933
Freq: M, dtype: float64
```

기간을 타임스탬프로 변환하려면 to_timestamp 메서드를 이용하면 된다.

```
In [197]: pts = ts2.to_period()

In [198]: pts
Out[198]:
2000-01-29     0.244175
2000-01-30     0.423331
2000-01-31    -0.654040
2000-02-01     2.089154
2000-02-02    -0.060220
2000-02-03    -0.167933
Freq: D, dtype: float64

In [199]: pts.to_timestamp(how='end')
Out[199]:
2000-01-29     0.244175
2000-01-30     0.423331
2000-01-31    -0.654040
2000-02-01     2.089154
2000-02-02    -0.060220
2000-02-03    -0.167933
Freq: D, dtype: float64
```

11.5.4 배열로 PeriodIndex 생성하기

고정된 빈도를 갖는 데이터는 종종 여러 컬럼에 걸쳐 기간에 대한 정보를 함께 저장하기도 한다. 예를 들어 다음 거시경제학(매크로경제학macroeconomic) 데이터셋에는 연도와 분기가 구분된 컬럼에 존재한다.

```
In [200]: data = pd.read_csv('examples/macrodata.csv')

In [201]: data.head(5)
Out[201]:
     year  quarter    realgdp  realcons  realinv  realgovt  realdpi    cpi  \
0  1959.0      1.0   2710.349    1707.4  286.898   470.045   1886.9  28.98
1  1959.0      2.0   2778.801    1733.7  310.859   481.301   1919.7  29.15
2  1959.0      3.0   2775.488    1751.8  289.226   491.260   1916.4  29.35
3  1959.0      4.0   2785.204    1753.7  299.356   484.052   1931.3  29.37
4  1960.0      1.0   2847.699    1770.5  331.722   462.199   1955.5  29.54
```

```
          m1  tbilrate  unemp      pop  infl  realint
0      139.7      2.82    5.8  177.146  0.00     0.00
1      141.7      3.08    5.1  177.830  2.34     0.74
2      140.5      3.82    5.3  178.657  2.74     1.09
3      140.0      4.33    5.6  179.386  0.27     4.06
4      139.6      3.50    5.2  180.007  2.31     1.19
```

```
In [202]: data.year
Out[202]:
0        1959.0
1        1959.0
2        1959.0
3        1959.0
4        1960.0
5        1960.0
6        1960.0
7        1960.0
8        1961.0
9        1961.0
          ...
193      2007.0
194      2007.0
195      2007.0
196      2008.0
197      2008.0
198      2008.0
199      2008.0
200      2009.0
201      2009.0
202      2009.0
Name: year, Length: 203, dtype: float64
```

```
In [203]: data.quarter
Out[203]:
0      1.0
1      2.0
2      3.0
3      4.0
4      1.0
5      2.0
6      3.0
7      4.0
8      1.0
```

```
9        2.0
        ...
193      2.0
194      3.0
195      4.0
196      1.0
197      2.0
198      3.0
199      4.0
200      1.0
201      2.0
202      3.0
Name: quarter, Length: 203, dtype: float64
```

이 배열을 PeriodIndex에 빈도값과 함께 전달하면 이를 조합해서 DataFrame에서 사용할 수 있는 색인을 만들어낸다.

```
In [204]: index = pd.PeriodIndex(year=data.year, quarter=data.quarter,
   .....:                        freq='Q-DEC')

In [205]: index
Out[205]:
PeriodIndex(['1959Q1', '1959Q2', '1959Q3', '1959Q4', '1960Q1', '1960Q2',
             '1960Q3', '1960Q4', '1961Q1', '1961Q2',
             ...
             '2007Q2', '2007Q3', '2007Q4', '2008Q1', '2008Q2', '2008Q3',
             '2008Q4', '2009Q1', '2009Q2', '2009Q3'],
            dtype='period[Q-DEC]', length=203, freq='Q-DEC')

In [206]: data.index = index

In [207]: data.infl
Out[207]:
1959Q1    0.00
1959Q2    2.34
1959Q3    2.74
1959Q4    0.27
1960Q1    2.31
1960Q2    0.14
1960Q3    2.70
1960Q4    1.21
```

```
1961Q1   -0.40
1961Q2    1.47
           ...
2007Q2    2.75
2007Q3    3.45
2007Q4    6.38
2008Q1    2.82
2008Q2    8.53
2008Q3   -3.16
2008Q4   -8.79
2009Q1    0.94
2009Q2    3.37
2009Q3    3.56
Freq: Q-DEC, Name: infl, Length: 203, dtype: float64
```

11.6 리샘플링과 빈도 변환

리샘플링은 시계열의 빈도를 변환하는 과정을 일컫는다. 상위 빈도의 데이터를 하위 빈도로 집계하는 것을 **다운샘플링**이라고 하며 반대 과정을 **업샘플링**이라고 한다. 모든 리샘플링이 이 두 가지 범주에 들어가지는 않는다. 예를 들어 W-WED(수요일을 기준으로 한 주간)를 W-FRI로 변경하는 것은 업샘플링도 다운샘플링도 아니다.

pandas 객체는 resample 메서드를 가지고 있는데, 빈도 변환과 관련된 모든 작업에서 유용하게 사용되는 메서드다. resample은 groupby와 비슷한 API를 가지고 있는데 resample을 호출해서 데이터를 그룹 짓고 요약함수를 적용하는 식이다.

```
In [208]: rng = pd.date_range('2000-01-01', periods=100, freq='D')

In [209]: ts = pd.Series(np.random.randn(len(rng)), index=rng)

In [210]: ts
Out[210]:
2000-01-01    0.631634
2000-01-02   -1.594313
2000-01-03   -1.519937
```

```
2000-01-04    1.108752
2000-01-05    1.255853
2000-01-06   -0.024330
2000-01-07   -2.047939
2000-01-08   -0.272657
2000-01-09   -1.692615
2000-01-10    1.423830
                ...
2000-03-31   -0.007852
2000-04-01   -1.638806
2000-04-02    1.401227
2000-04-03    1.758539
2000-04-04    0.628932
2000-04-05   -0.423776
2000-04-06    0.789740
2000-04-07    0.937568
2000-04-08   -2.253294
2000-04-09   -1.772919
Freq: D, Length: 100, dtype: float64

In [211]: ts.resample('M').mean()
Out[211]:
2000-01-31   -0.165893
2000-02-29    0.078606
2000-03-31    0.223811
2000-04-30   -0.063643
Freq: M, dtype: float64

In [212]: ts.resample('M', kind='period').mean()
Out[212]:
2000-01   -0.165893
2000-02    0.078606
2000-03    0.223811
2000-04   -0.063643
Freq: M, dtype: float64
```

resample은 유연한 고수준의 메서드로, 매우 큰 시계열 데이터를 처리할 수 있다. 다음 절부터 몇 가지 예제를 통해 자세한 내용을 살펴보자. [표 11-5]에 resample 메서드의 인자 일부를 설명했다.

표 11-5 resample 메서드 인자

인자	설명
freq	원하는 리샘플링 빈도를 가리키는 문자열이나 DateOffset(예: 'M', '5min', Second(15))
axis	리샘플링을 수행할 축. 기본값은 axis=0이다.
fill_method	업샘플링 시 사용할 보간 방법. 'ffill'과 'bfill'이 있다. 기본값은 None이다(보간을 수행하지 않음).
closed	다운샘플링 시 각 간격의 어느 쪽을 포함할지 가리킨다. 'right'와 'left'가 있고 기본값은 'right'다.
label	다운샘플링 시 집계된 결과의 라벨을 결정한다. 'right'와 'left'가 있다. 예를 들어 9:30에서 9:35까지 5분 간격이 있을 때 라벨은 9:30 혹은 9:35가 될 수 있다. 기본값은 'right'다 (이 경우에는 9:35가 된다).
loffset	나뉜 그룹의 라벨에 맞추기 위한 오프셋. '-1s'/Second(-1)은 집계된 라벨을 1초 앞당긴다.
limit	보간법을 사용할 때 보간을 적용할 최대 기간
kind	기간('period')별 혹은 타임스탬프('timestamp')별로 집계할 것인지 구분. 기본값은 시계열 색인의 종류와 같다.
convention	기간을 리샘플링할 때 하위 빈도 기간에서 상위 빈도로 변환 시의 방식('start' 혹은 'end'). 기본값은 'end'다.

11.6.1 다운샘플링

시계열 데이터를 규칙적인 하위 빈도로 집계하는 일은 특별한 일이 아니다. 집계할 데이터는 고정 빈도를 가질 필요가 없으며 잘라낸 시계열 조각의 크기를 원하는 빈도로 정의한다. 예를 들어 'M'이나 'BM' 같은 월간 빈도로 변환하려면 데이터를 월 간격으로 나눠야 한다. 각 간격은 한쪽이 열려 있게 되는데, 이 말은 하나의 간격에서 양끝 중 한쪽만 포함된다는 뜻이다. 그러면 각 간격의 모음이 전체 시계열이 된다. resample을 사용해서 데이터를 다운샘플링할 때 고려해야 할 사항이 몇 가지 있다.

- 각 간격의 양끝 중에서 어느 쪽을 닫아둘 것인가
- 집계하려는 구간의 라벨을 간격의 시작으로 할지 끝으로 할지 여부

분 단위 데이터를 통해 좀 더 알아보자.

```
In [213]: rng = pd.date_range('2000-01-01', periods=12, freq='T')

In [214]: ts = pd.Series(np.arange(12), index=rng)
```

```
In [215]: ts
Out[215]:
2000-01-01 00:00:00     0
2000-01-01 00:01:00     1
2000-01-01 00:02:00     2
2000-01-01 00:03:00     3
2000-01-01 00:04:00     4
2000-01-01 00:05:00     5
2000-01-01 00:06:00     6
2000-01-01 00:07:00     7
2000-01-01 00:08:00     8
2000-01-01 00:09:00     9
2000-01-01 00:10:00    10
2000-01-01 00:11:00    11
Freq: T, dtype: int64
```

이 데이터를 5분 단위로 묶어서 각 그룹의 합을 집계해보자.

```
In [216]: ts.resample('5min', closed='right').sum()
Out[216]:
1999-12-31 23:55:00     0
2000-01-01 00:00:00    15
2000-01-01 00:05:00    40
2000-01-01 00:10:00    11
Freq: 5T, dtype: int64
```

인자로 넘긴 빈도는 5분 단위로 증가하는 그룹의 경계를 정의한다. 기본적으로 시작값을 그룹의 **왼쪽**에 포함시키므로 00:00의 값은 첫 번째 그룹의 00:00부터 00:05까지의 값을 집계한다.[1] closed='right'를 넘기면 시작값을 그룹의 오른쪽에 포함시킨다.

```
In [217]: ts.resample('5min', closed='right').sum()
Out[217]:
1999-12-31 23:55:00     0
2000-01-01 00:00:00    15
2000-01-01 00:05:00    40
```

---

1 closed와 label의 기본값에 대해 의아하게 생각할 독자도 있을 수 있다. 사용처마다 어떤 값을 더 선호하는지는 다르다. 어떤 빈도에서는 closed='left'가 선호되기도 하고 closed='right'가 선호되는 반대의 경우도 있을 수 있다. 데이터를 어떻게 구분할 것인지 정확하게 알고 있는 것이 매우 중요하다.

```
2000-01-01 00:10:00    11
Freq: 5T, dtype: int64
```

결과로 반환된 시계열은 각 그룹의 왼쪽 타임스탬프가 라벨로 지정되었다. `label='right'`를 넘겨서 각 그룹의 오른쪽 값을 라벨로 사용할 수 있다.

```
In [218]: ts.resample('5min', closed='right', label='right').sum()
Out[218]:
2000-01-01 00:00:00     0
2000-01-01 00:05:00    15
2000-01-01 00:10:00    40
2000-01-01 00:15:00    11
Freq: 5T, dtype: int64
```

[그림 11-3]에 5분 단위 리샘플링에서의 `closed`와 `label`을 나타냈다.

그림 11-3 5분 단위 리샘플링에서의 closed와 label

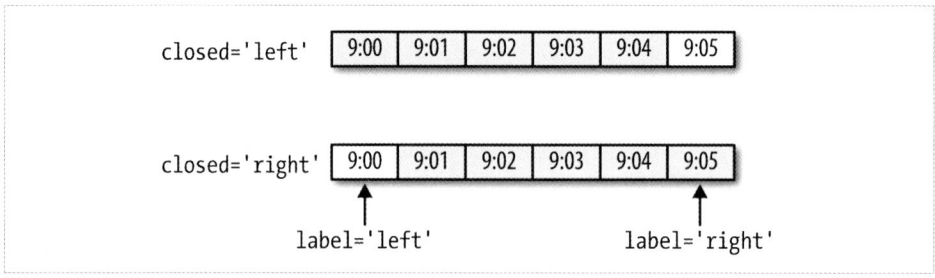

반환된 결과의 색인을 특정 크기만큼 이동시키고 싶은 경우, 즉 그룹의 오른쪽 끝에서 1초를 빼서 타임스탬프가 참조하는 간격을 좀 더 명확히 보여주고 싶은 경우에는 `loffset` 메서드에 문자열이나 날짜 오프셋을 넘기면 된다.

```
In [219]: ts.resample('5min', closed='right',
   .....:             label='right', loffset='-1s').sum()
Out[219]:
1999-12-31 23:59:59     0
2000-01-01 00:04:59    15
2000-01-01 00:09:59    40
```

```
2000-01-01 00:14:59    11
Freq: 5T, dtype: int64
```

loffset 대신 반환된 결과에 shift 메서드를 사용해도 같은 결과를 얻을 수 있다.

OHLC 리샘플링

금융 분야에서 시계열 데이터를 집계하는 아주 흔한 방식은 각 버킷에 대해 4가지 값을 계산하는 것이다. 이 4가지 값은 시가^{open}, 고가^{high}, 저가^{low}, 종가^{close}이며, 이를 OHLC$^{\text{Open-High-Low-Close}}$라고 한다. how='ohlc'를 넘겨서 한 번에 이 값을 담고 있는 컬럼을 가지는 DataFrame을 얻을 수 있다.

```
In [220]: ts.resample('5min').ohlc()
Out[220]:
                     open  high  low  close
2000-01-01 00:00:00     0     4    0      4
2000-01-01 00:05:00     5     9    5      9
2000-01-01 00:10:00    10    11   10     11
```

11.6.2 업샘플링과 보간

하위 빈도에서 상위 빈도로 변환할 때는 집계가 필요하지 않다. 주간 데이터를 담고 있는 DataFrame을 살펴보자.

```
In [221]: frame = pd.DataFrame(np.random.randn(2, 4),
   .....:                      index=pd.date_range('1/1/2000', periods=2,
   .....:                                          freq='W-WED'),
   .....:                      columns=['Colorado', 'Texas', 'New York', 'Ohio'])

In [222]: frame
Out[222]:
            Colorado     Texas  New York      Ohio
2000-01-05 -0.896431  0.677263  0.036503  0.087102
2000-01-12 -0.046662  0.927238  0.482284 -0.867130
```

이 데이터에 요약함수를 사용하면 그룹당 하나의 값이 들어가고 그 사이에 결측치가 들어간다. asfreq 메서드를 이용해서 어떤 요약함수도 사용하지 않고 상위 빈도로 리샘플링해보자.

```
In [223]: df_daily = frame.resample('D').asfreq()

In [224]: df_daily
Out[224]:
            Colorado     Texas  New York      Ohio
2000-01-05 -0.896431  0.677263  0.036503  0.087102
2000-01-06       NaN       NaN       NaN       NaN
2000-01-07       NaN       NaN       NaN       NaN
2000-01-08       NaN       NaN       NaN       NaN
2000-01-09       NaN       NaN       NaN       NaN
2000-01-10       NaN       NaN       NaN       NaN
2000-01-11       NaN       NaN       NaN       NaN
2000-01-12 -0.046662  0.927238  0.482284 -0.867130
```

수요일이 아닌 요일에는 이전 값을 채워서 보간을 수행한다고 가정하자. fillna와 reindex 메서드에서 사용했던 보간 메서드를 리샘플링에서도 사용할 수 있다.

```
In [225]: frame.resample('D').ffill()
Out[225]:
            Colorado     Texas  New York      Ohio
2000-01-05 -0.896431  0.677263  0.036503  0.087102
2000-01-06 -0.896431  0.677263  0.036503  0.087102
2000-01-07 -0.896431  0.677263  0.036503  0.087102
2000-01-08 -0.896431  0.677263  0.036503  0.087102
2000-01-09 -0.896431  0.677263  0.036503  0.087102
2000-01-10 -0.896431  0.677263  0.036503  0.087102
2000-01-11 -0.896431  0.677263  0.036503  0.087102
2000-01-12 -0.046662  0.927238  0.482284 -0.867130
```

limit 옵션을 사용해서 보간법을 적용할 범위를 지정하는 것도 가능하다.

```
In [226]: frame.resample('D').ffill(limit=2)
Out[226]:
            Colorado     Texas  New York      Ohio
2000-01-05 -0.896431  0.677263  0.036503  0.087102
2000-01-06 -0.896431  0.677263  0.036503  0.087102
```

```
2000-01-07  -0.896431   0.677263   0.036503   0.087102
2000-01-08        NaN        NaN        NaN        NaN
2000-01-09        NaN        NaN        NaN        NaN
2000-01-10        NaN        NaN        NaN        NaN
2000-01-11        NaN        NaN        NaN        NaN
2000-01-12  -0.046662   0.927238   0.482284  -0.867130
```

특히 새로운 날짜 색인은 이전 색인과 겹쳐질 필요가 전혀 없다.

```
In [227]: frame.resample('W-THU').ffill()
Out[227]:
            Colorado      Texas   New York       Ohio
2000-01-06 -0.896431   0.677263   0.036503   0.087102
2000-01-13 -0.046662   0.927238   0.482284  -0.867130
```

11.6.3 기간 리샘플링

기간으로 색인된 데이터를 리샘플링하는 것은 타임스탬프와 유사하다.

```
In [228]: frame = pd.DataFrame(np.random.randn(24, 4),
   .....:                      index=pd.period_range('1-2000', '12-2001',
   .....:                                            freq='M'),
   .....:                      columns=['Colorado', 'Texas', 'New York', 'Ohio'])

In [229]: frame[:5]
Out[229]:
         Colorado     Texas  New York      Ohio
2000-01  0.493841 -0.155434  1.397286  1.507055
2000-02 -1.179442  0.443171  1.395676 -0.529658
2000-03  0.787358  0.248845  0.743239  1.267746
2000-04  1.302395 -0.272154 -0.051532 -0.467740
2000-05 -1.040816  0.426419  0.312945 -1.115689

In [230]: annual_frame = frame.resample('A-DEC').mean()

In [231]: annual_frame
Out[231]:
```

```
        Colorado      Texas   New York      Ohio
2000    0.556703   0.016631   0.111873 -0.027445
2001    0.046303   0.163344   0.251503 -0.157276
```

업샘플링은 asfreq 메서드처럼 리샘플링하기 전에 새로운 빈도에서 구간의 끝을 어느 쪽에 두어야 할지 미리 결정해야 한다. convention 인자의 기본값은 'start'지만 'end'로 지정할 수도 있다.

```
# Q-DEC: 12월을 연도마감으로 하는 분기 주기
In [232]: annual_frame.resample('Q-DEC').ffill()
Out[232]:
        Colorado      Texas   New York      Ohio
2000Q1  0.556703   0.016631   0.111873 -0.027445
2000Q2  0.556703   0.016631   0.111873 -0.027445
2000Q3  0.556703   0.016631   0.111873 -0.027445
2000Q4  0.556703   0.016631   0.111873 -0.027445
2001Q1  0.046303   0.163344   0.251503 -0.157276
2001Q2  0.046303   0.163344   0.251503 -0.157276
2001Q3  0.046303   0.163344   0.251503 -0.157276
2001Q4  0.046303   0.163344   0.251503 -0.157276

In [233]: annual_frame.resample('Q-DEC', convention='end').ffill()
Out[233]:
        Colorado      Texas   New York      Ohio
2000Q4  0.556703   0.016631   0.111873 -0.027445
2001Q1  0.556703   0.016631   0.111873 -0.027445
2001Q2  0.556703   0.016631   0.111873 -0.027445
2001Q3  0.556703   0.016631   0.111873 -0.027445
2001Q4  0.046303   0.163344   0.251503 -0.157276
```

기간의 업샘플링과 다운샘플링은 좀 더 엄격하다.

- 다운샘플링의 경우 대상 빈도는 반드시 원본 빈도의 **하위 기간**이어야 한다.
- 업샘플링의 경우 대상 빈도는 반드시 원본 빈도의 **상위 기간**이어야 한다.

위 조건을 만족하지 않으면 예외가 발생한다. 이 예외는 주로 분기, 연간, 주간 빈도에서 발생하는데, 예를 들어 Q-MAR로 정의된 기간은 A-MAR, A-JUN, A-SEP, A-DEC로만 이루어져 있다.

```
In [234]: annual_frame.resample('Q-MAR').ffill()
Out[234]:
        Colorado     Texas  New York      Ohio
2000Q4  0.556703  0.016631  0.111873 -0.027445
2001Q1  0.556703  0.016631  0.111873 -0.027445
2001Q2  0.556703  0.016631  0.111873 -0.027445
2001Q3  0.556703  0.016631  0.111873 -0.027445
2001Q4  0.046303  0.163344  0.251503 -0.157276
2002Q1  0.046303  0.163344  0.251503 -0.157276
2002Q2  0.046303  0.163344  0.251503 -0.157276
2002Q3  0.046303  0.163344  0.251503 -0.157276
```

11.7 이동창 함수

시계열 연산에서 사용되는 배열 변형에서 중요한 요소는 움직이는 창 또는 지수 가중과 함께 수행되는 통계와 여타 함수들이다. 이런 함수를 이용해서 누락된 데이터로 인해 매끄럽지 않은 시계열 데이터를 매끄럽게 다듬을 수 있다. 나는 지수 가중 이동평균처럼 고정 크기의 창을 가지지 않는 함수도 포함해서 **이동창 함수**moving window function라고 부른다. 다른 통계 함수와 마찬가지로 이동창 함수도 누락된 데이터를 자동으로 배제한다.

우선 시계열 데이터를 불러와서 영업일 빈도로 리샘플링하자.

```
In [235]: close_px_all = pd.read_csv('examples/stock_px_2.csv',
   .....:                            parse_dates=True, index_col=0)

In [236]: close_px = close_px_all[['AAPL', 'MSFT', 'XOM']]

In [237]: close_px = close_px.resample('B').ffill()
```

이제 resample이나 groupby와 유사하게 작동하는 rolling 연산을 알아보자. 이는 Series나 DataFrame에 대해 원하는 기간을 나타내는 window 값과 함께 호출할 수 있다. [그림 11-4]는 이 데이터를 시각화한 것이다.

```
In [238]: close_px.AAPL.plot()
Out[238]: <matplotlib.axes._subplots.AxesSubplot at 0x7f2f2570cf98>

In [239]: close_px.AAPL.rolling(250).mean().plot()
```

그림 11-4 애플 주가의 250일 이동평균

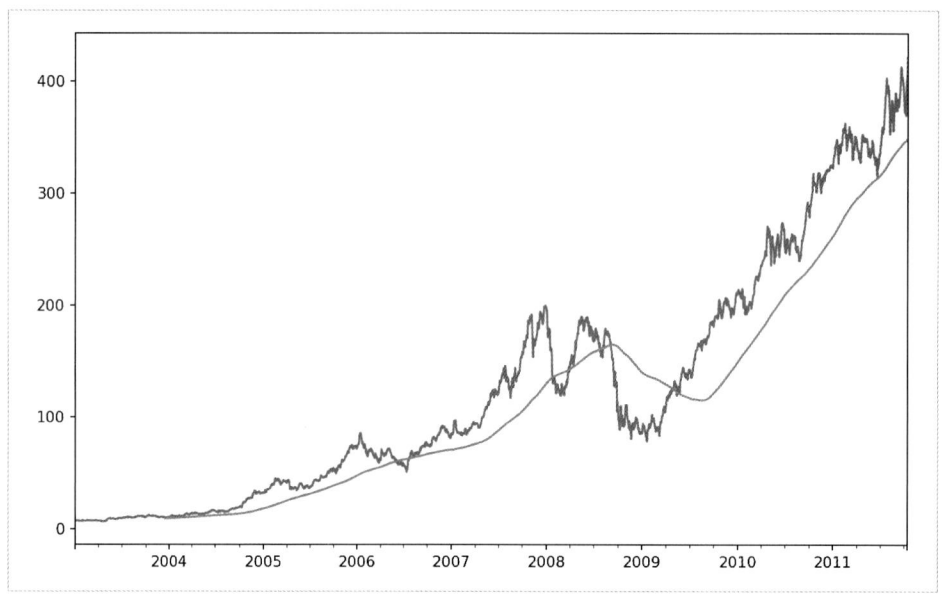

rolling(250)이라는 표현은 groupby와 비슷해 보이지만 그룹을 생성하는 대신 250일 크기의 움직이는 창을 통해 그룹핑할 수 있는 객체를 생성한다. [그림 11-5]는 250일 일별 수익 표준편차를 나타낸 그래프다.

rolling 함수는 기본적으로 해당 윈도우 내에는 결측치가 없기를 기대하지만 시계열의 시작 지점에서는 필연적으로 window보다 적은 기간의 데이터를 가지고 있으므로 이를 처리하기 위해 rolling 함수의 동작 방식은 변경될 수 있다.

```
In [241]: appl_std250 = close_px.AAPL.rolling(250, min_periods=10).std()

In [242]: appl_std250[5:12]
Out[242]:
2003-01-09          NaN
```

```
2003-01-10         NaN
2003-01-13         NaN
2003-01-14         NaN
2003-01-15     0.077496
2003-01-16     0.074760
2003-01-17     0.112368
Freq: B, Name: AAPL, dtype: float64

In [243]: appl_std250.plot()
```

그림 11-5 애플의 250일 일별 수익 표준편차

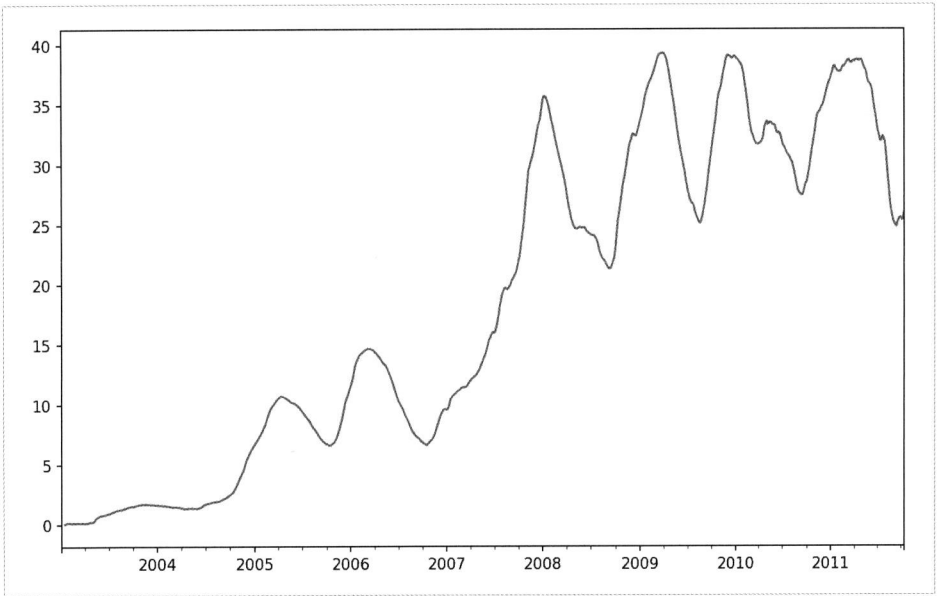

확장창 평균expanding window mean을 구하기 위해서는 rolling 대신 expanding을 사용한다. 확장창 평균은 시계열의 시작 지점에서부터 창의 크기가 시계열의 전체 크기가 될 때까지 점점 창의 크기를 늘린다. apple_std250 시계열의 확장창 평균은 아래처럼 구할 수 있다.

```
In [244]: expanding_mean = appl_std250.expanding().mean()
```

DataFrame에 대해 이동창 함수를 호출하면 각 컬럼에 적용된다(그림 11-6).

```
In [246]: close_px.rolling(60).mean().plot(logy=True)
```

그림 11-6 주가의 60일 이동평균(Y축 로그스케일)

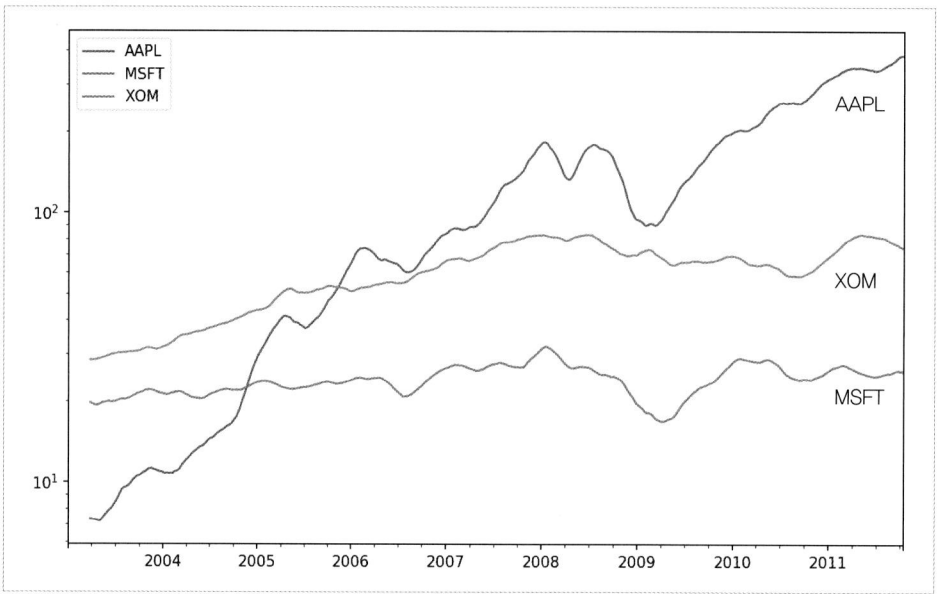

rolling 함수는 고정 크기의 기간 지정 문자열을 넘겨서 호출할 수도 있다. 빈도가 불규칙한 시계열일 경우 유용하게 사용할 수 있다. resample 함수에서 사용하던 것과 같은 형식이다. 예를 들어 20일 크기의 이동평균은 아래처럼 구할 수 있다.

```
In [247]: close_px.rolling('20D').mean()
Out[247]:
                AAPL       MSFT        XOM
2003-01-02   7.400000  21.110000  29.220000
2003-01-03   7.425000  21.125000  29.230000
2003-01-06   7.433333  21.256667  29.473333
2003-01-07   7.432500  21.425000  29.342500
2003-01-08   7.402000  21.402000  29.240000
2003-01-09   7.391667  21.490000  29.273333
2003-01-10   7.387143  21.558571  29.238571
2003-01-13   7.378750  21.633750  29.197500
2003-01-14   7.370000  21.717778  29.194444
```

```
2003-01-15     7.355000  21.757000  29.152000
...                 ...        ...        ...
2011-10-03   398.002143  25.890714  72.413571
2011-10-04   396.802143  25.807857  72.427143
2011-10-05   395.751429  25.729286  72.422857
2011-10-06   394.099286  25.673571  72.375714
2011-10-07   392.479333  25.712000  72.454667
2011-10-10   389.351429  25.602143  72.527857
2011-10-11   388.505000  25.674286  72.835000
2011-10-12   388.531429  25.810000  73.400714
2011-10-13   388.826429  25.961429  73.905000
2011-10-14   391.038000  26.048667  74.185333
[2292 rows x 3 columns]
```

11.7.1 지수 가중 함수

균등한 가중치를 가지는 관찰과 함께 고정 크기 창을 사용하는 다른 방법은 **감쇠인자**decay factor 상수에 좀 더 많은 가중치를 줘서 더 최근 값을 관찰하는 것이다. 감쇠인자 상수를 지정하는 방법은 몇 가지 있는데 널리 쓰는 방법은 기간을 이용하는 것이다. 이 방법은 결과를 같은 기간의 창을 가지는 단순 이동창 함수와 비교 가능하도록 해준다.

지수 가중 통계는 최근 값에 좀 더 많은 가중치를 두는 방법이므로 균등 가중 방식에 비해 좀 더 빠르게 변화를 수용한다.

pandas는 rolling이나 expanding과 함께 사용할 수 있는 ewm 연산을 제공한다. 아래 예제는 애플 주가 60일 이동평균을 span=60으로 구한 지수 가중 이동평균과 비교한 것이다(그림 11-7).

```
In [249]: aapl_px = close_px.AAPL['2006':'2007']

In [250]: ma60 = aapl_px.rolling(30, min_periods=20).mean()

In [251]: ewma60 = aapl_px.ewm(span=30).mean()

In [252]: ma60.plot(style='k--', label='Simple MA')
Out[252]: <matplotlib.axes._subplots.AxesSubplot at 0x7f2f252161d0>
```

```
In [253]: ewma60.plot(style='k-', label='EW MA')
Out[253]: <matplotlib.axes._subplots.AxesSubplot at 0x7f2f252161d0>

In [254]: plt.legend()
```

그림 11-7 간단한 이동평균과 지수 가중 이동평균

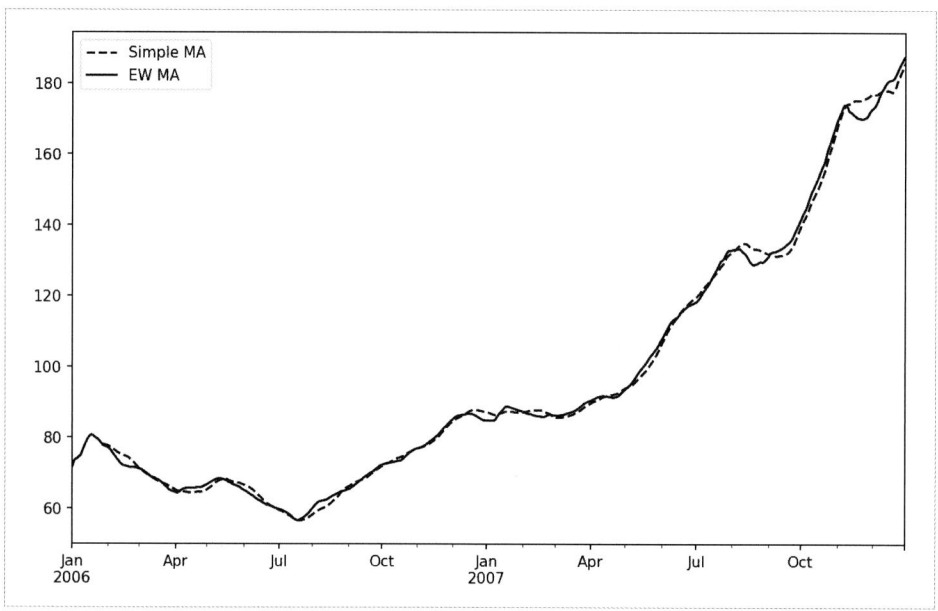

11.7.2 이진 이동창 함수

상관관계와 공분산 같은 몇몇 통계 연산은 두 개의 시계열을 필요로 한다. 예를 들어보자. 금융 분석가는 종종 S&P 500 같은 비교 대상이 되는 지수와 주식의 상관관계에 흥미를 가진다.

```
In [256]: spx_px = close_px_all['SPX']

In [257]: spx_rets = spx_px.pct_change()

In [258]: returns = close_px.pct_change()
```

rolling 함수에 이어 호출한 corr 요약함수는 spx_rets와의 상관관계를 계산한다(그림 11-8).

```
In [259]: corr = returns.AAPL.rolling(125, min_periods=100).corr(spx_rets)

In [260]: corr.plot()
```

그림 11-8 6개월간 S&P 500 지수와 APPL 수익 상관관계

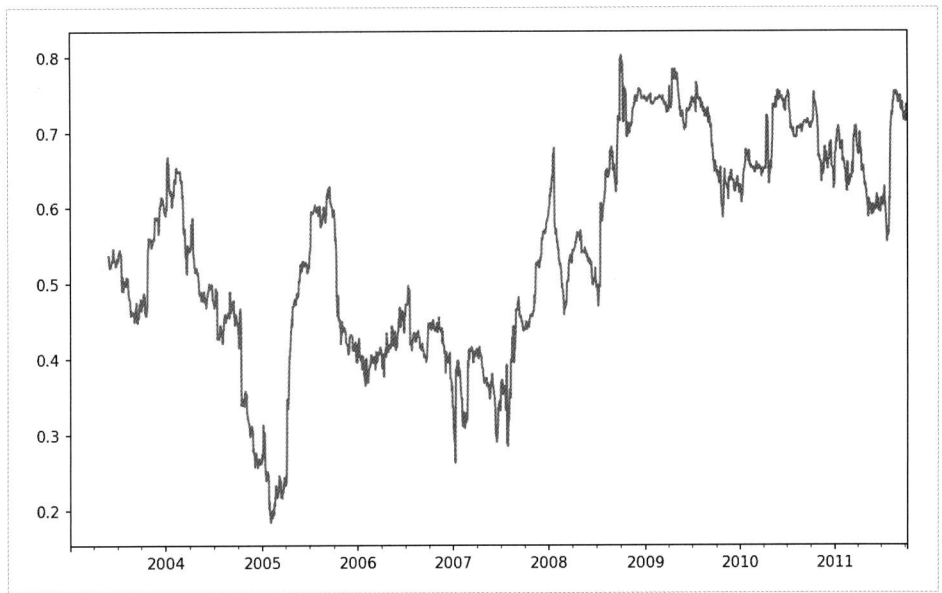

여러 주식과 S&P 500 지수와의 상관관계를 한번에 계산하고 싶다고 가정하자. 반복문을 작성해서 새로운 DataFrame을 생성하면 쉽겠지만 좋은 방법은 아니다. TimeSeries와 DataFrame 그리고 rolling_corr 같은 함수를 넘겨서 TimeSeries(이 경우에는 spx_rets)와 DataFrame의 각 컬럼 간의 상관관계를 계산하면 된다. 결과는 [그림 11-9]에서 확인할 수 있다.

```
In [262]: corr = returns.rolling(125, min_periods=100).corr(spx_rets)

In [263]: corr.plot()
```

그림 11-9 6개월 수익과 S&P 500 지수의 상관관계

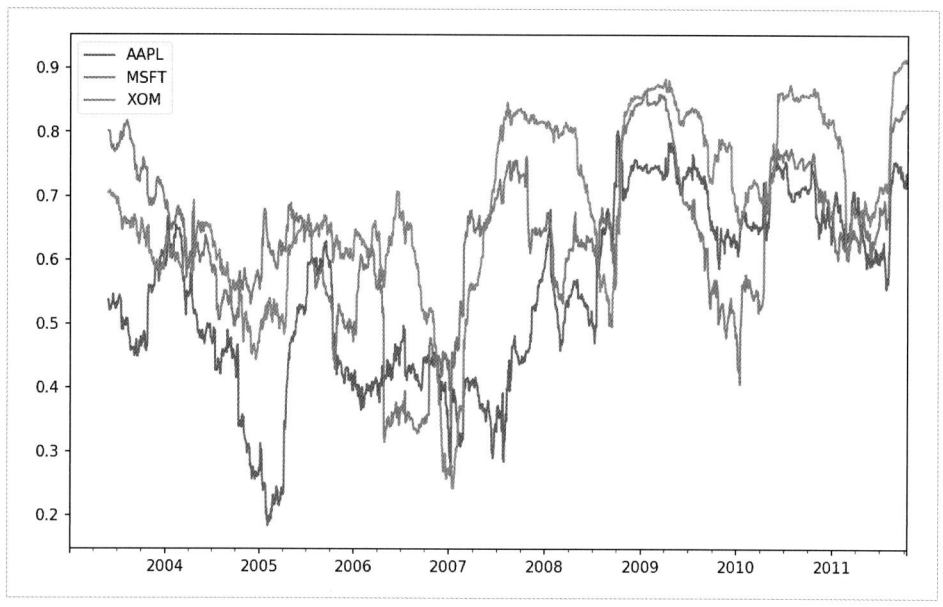

11.7.3 사용자 정의 이동창 함수

rolling이나 다른 관련 메서드에 apply를 호출해서 이동창에 대한 사용자 정의 연산을 수행할 수 있다. 유일한 요구 사항은 사용자 정의 함수가 배열의 각 조각으로부터 단일 값(감소)을 반환해야 한다는 것이다. 예를 들어 rolling(…).quantile(q)를 사용해서 표본 변위치를 계산할 수 있는 것처럼 전체 표본에서 특정 값이 차지하는 백분위 점수를 구하는 함수를 작성할 수도 있다. scipy.stats.percentileofscore 함수가 그런 기능을 한다(그림 11-10).

```
In [265]: from scipy.stats import percentileofscore

In [266]: score_at_2percent = lambda x: percentileofscore(x, 0.02)

In [267]: result = returns.AAPL.rolling(250).apply(score_at_2percent)

In [268]: result.plot()
```

그림 11-10 2%의 연간 APPL 수익률에 대한 백분위 점수

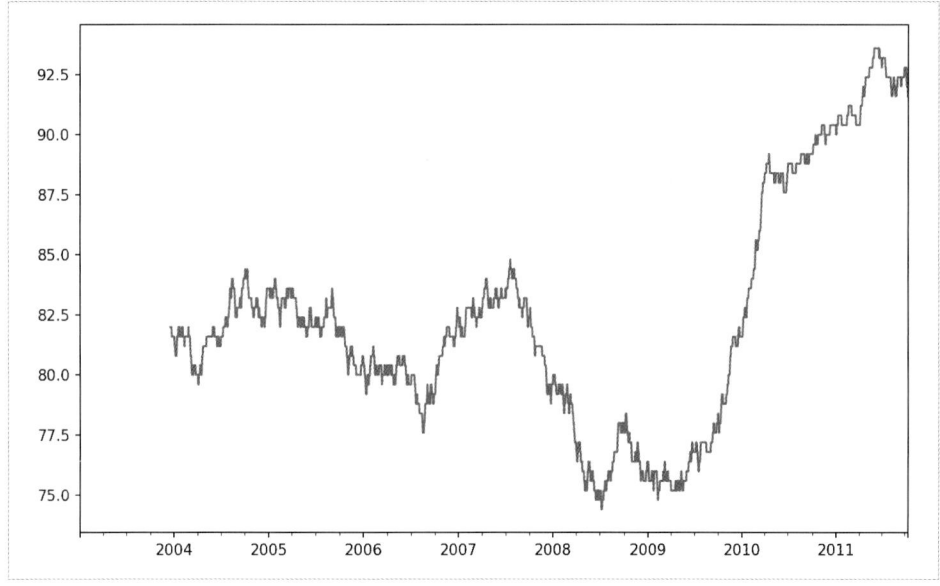

SciPy 패키지가 설치되어 있지 않다면 conda나 pip을 이용해서 설치하자.

11.8 마치며

시계열 데이터는 앞서 살펴본 다른 형태의 데이터와는 다른 종류의 분석과 데이터 변형을 요구한다.

다음 장에서는 고급 pandas 사용자가 되기 위한 몇 가지 기능을 살펴본다.

CHAPTER 12

고급 pandas

지금까지는 다양한 종류의 데이터를 다듬는 과정과 NumPy, pandas 그리고 다른 라이브러리의 기능을 소개했다. 시간이 갈수록 pandas에는 고급 사용자를 위한 깊이 있는 기능들이 추가되고 있다. 이 장에서는 고급 pandas 사용자가 되기 위한 몇 가지 고급 기능을 소개하겠다.

12.1 Categorical 데이터

이 절에서는 pandas의 Categorical형을 활용하여 pandas 메모리 사용량을 줄이고 성능을 개선할 수 있는 방법을 소개한다. 통계와 머신러닝에서 범주형 데이터를 활용하기 위한 도구들도 함께 소개하겠다.

12.1.1 개발 배경과 동기

하나의 컬럼 내에 특정 값이 반복되어 존재하는 경우는 흔하다. 우리는 이미 배열 내에서 유일한 값을 추출하거나 특정 값이 얼마나 많이 존재하는지 확인할 수 있는 `unique`와 `value_counts` 같은 메서드를 공부했다.

```
In [10]: import numpy as np; import pandas as pd
```

```
In [11]: values = pd.Series(['apple', 'orange', 'apple',
   ....:                     'apple'] * 2)

In [12]: values
Out[12]:
0     apple
1    orange
2     apple
3     apple
4     apple
5    orange
6     apple
7     apple
dtype: object

In [13]: pd.unique(values)
Out[13]: array(['apple', 'orange'], dtype=object)

In [14]: pd.value_counts(values)
Out[14]:
apple     6
orange    2
dtype: int64
```

데이터웨어하우스, 분석 컴퓨팅 외 여러 다양한 데이터 시스템은 중복되는 데이터를 얼마나 효율적으로 저장하고 계산할 수 있는가를 중점으로 개발되었다. 데이터웨어하우스의 경우 구별되는 값을 담고 있는 **차원 테이블**과 그 테이블을 참조하는 정수키를 사용하는 것이 일반적이다.

```
In [15]: values = pd.Series([0, 1, 0, 0] * 2)

In [16]: dim = pd.Series(['apple', 'orange'])

In [17]: values
Out[17]:
0    0
1    1
2    0
3    0
4    0
5    1
6    0
```

```
7    0
dtype: int64

In [18]: dim
Out[18]:
0    apple
1    orange
dtype: object
```

take 메서드를 사용하면 Series 내에 저장된 원래 문자열을 구할 수 있다.

```
In [19]: dim.take(values)
Out[19]:
0    apple
1    orange
0    apple
0    apple
0    apple
1    orange
0    apple
0    apple
dtype: object
```

여기서 정수로 표현된 값은 **범주형** 또는 **사전형 표기법**이라고 한다. 별개의 값을 담고 있는 배열은 **범주, 사전** 또는 **단계 데이터**라고 부른다. 이 책에서는 이런 종류의 데이터를 categorical 또는 범주형 데이터라고 부르겠다. 범주형 데이터를 가리키는 정숫값은 **범주 코드** 또는 그냥 단순히 **코드**라고 한다.

범주형 표기법을 사용하면 분석 작업에 있어서 엄청난 성능 향상을 얻을 수 있다. 범주 코드를 변경하지 않은 채로 범주형 데이터를 변형하는 것도 가능하다. 비교적 적은 연산으로 수행할 수 있는 변형의 예는 다음과 같다.

- 범주형 데이터의 이름 변경하기
- 기존 범주형 데이터의 순서를 바꾸지 않고 새로운 범주 추가하기

12.1.2 pandas의 Categorical

pandas에는 정수 기반의 범주형 데이터를 표현(또는 **인코딩**)할 수 있는 Categorical형이라고 하는 특수한 데이터형이 존재한다. 앞서 살펴본 Series를 다시 보자.

```
In [20]: fruits = ['apple', 'orange', 'apple', 'apple'] * 2

In [21]: N = len(fruits)

In [22]: df = pd.DataFrame({'fruit': fruits,
   ....:                    'basket_id': np.arange(N),
   ....:                    'count': np.random.randint(3, 15, size=N),
   ....:                    'weight': np.random.uniform(0, 4, size=N)},
   ....:                   columns=['basket_id', 'fruit', 'count', 'weight'])

In [23]: df
Out[23]:
   basket_id    fruit  count    weight
0          0    apple      5  3.858058
1          1   orange      8  2.612708
2          2    apple      4  2.995627
3          3    apple      7  2.614279
4          4    apple     12  2.990859
5          5   orange      8  3.845227
6          6    apple      5  0.033553
7          7    apple      4  0.425778
```

아래 예제에서 df['fruit']는 파이썬 문자열 객체의 배열로, 아래 방법으로 쉽게 범주형 데이터로 변경할 수 있다.

```
In [24]: fruit_cat = df['fruit'].astype('category')

In [25]: fruit_cat
Out[25]:
0     apple
1    orange
2     apple
3     apple
4     apple
5    orange
6     apple
```

```
7      apple
Name: fruit, dtype: category
Categories (2, object): [apple, orange]
```

fruit_cat의 값은 NumPy 배열이 아니라 pandas.Categorical의 인스턴스다.

```
In [26]: c = fruit_cat.values

In [27]: type(c)
Out[27]: pandas.core.categorical.Categorical
```

Categorical 객체는 categories와 codes 속성을 가진다.

```
In [28]: c.categories
Out[28]: Index(['apple', 'orange'], dtype='object')

In [29]: c.codes
Out[29]: array([0, 1, 0, 0, 0, 1, 0, 0], dtype=int8)
```

변경 완료된 값을 대입함으로써 DataFrame의 컬럼을 범주형으로 변경할 수 있다.

```
In [30]: df['fruit'] = df['fruit'].astype('category')

In [31]: df.fruit
Out[31]:
0      apple
1     orange
2      apple
3      apple
4      apple
5     orange
6      apple
7      apple
Name: fruit, dtype: category
Categories (2, object): [apple, orange]
```

파이썬 열거형에서 pandas.Categorical형을 직접 생성하는 것도 가능하다.

```
In [32]: my_categories = pd.Categorical(['foo', 'bar', 'baz', 'foo', 'bar'])

In [33]: my_categories
Out[33]:
[foo, bar, baz, foo, bar]
Categories (3, object): [bar, baz, foo]
```

기존에 정의된 범주와 범주 코드가 있다면 from_codes 함수를 이용해서 범주형 데이터를 생성하는 것도 가능하다.

```
In [34]: categories = ['foo', 'bar', 'baz']

In [35]: codes = [0, 1, 2, 0, 0, 1]

In [36]: my_cats_2 = pd.Categorical.from_codes(codes, categories)

In [37]: my_cats_2
Out[37]:
[foo, bar, baz, foo, foo, bar]
Categories (3, object): [foo, bar, baz]
```

범주형으로 변경하는 경우 명시적으로 지정하지 않는 한 특정 순서를 보장하지 않는다. 따라서 categories 배열은 입력 데이터의 순서에 따라 다른 순서로 나타날 수 있다. from_codes를 사용하거나 다른 범주형 데이터 생성자를 이용하는 경우 순서를 지정할 수 있다.

```
In [38]: ordered_cat = pd.Categorical.from_codes(codes, categories,
   ....:                                          ordered=True)

In [39]: ordered_cat
Out[39]:
[foo, bar, baz, foo, foo, bar]
Categories (3, object): [foo < bar < baz]
```

여기서 [foo < bar < baz]는 foo, bar, baz 순서를 가진다는 의미다. 순서가 없는 범주형 인스턴스는 as_ordered 메서드를 이용해 순서를 가지도록 만들 수 있다.

```
In [40]: my_cats_2.as_ordered()
```

```
Out[40]:
[foo, bar, baz, foo, foo, bar]
Categories (3, object): [foo < bar < baz]
```

여기서는 문자열만 예로 들었지만 범주형 데이터는 꼭 문자열일 필요는 없다. 범주형 배열은 변경이 불가능한 값이라면 어떤 자료형이라도 포함할 수 있다.

12.1.3 Categorical 연산

pandas에서 Categorical은 문자열 배열처럼 인코딩되지 않은 자료형을 사용하는 방식과 거의 유사하게 사용할 수 있다. groupby 같은 일부 pandas 함수는 범주형 데이터에 사용할 때 더 나은 성능을 보여준다. ordered 플래그를 활용하는 함수들도 마찬가지다.

임의의 숫자 데이터를 pandas.qcut 함수로 구분해보자. 그렇게 하면 pandas.Categorical 객체를 반환한다. 책 초반부에서 pandas.cut 함수를 살펴봤지만 어떻게 범주형 데이터를 다루는지는 제대로 설명하지 않았다.

```
In [41]: np.random.seed(12345)

In [42]: draws = np.random.randn(1000)

In [43]: draws[:5]
Out[43]: array([-0.2047, 0.4789, -0.5194, -0.5557, 1.9658])
```

이 데이터를 사분위로 나누고 통계를 내보자.

```
In [44]: bins = pd.qcut(draws, 4)

In [45]: bins
Out[45]:
[(-0.684, -0.0101], (-0.0101, 0.63], (-0.684, -0.0101], (-0.684, -0.0101], (0.63, 3.928], ..., (-0.0101, 0.63], (-0.684, -0.0101], (-2.95, -0.684], (-0.0101, 0.63
], (0.63, 3.928]]
Length: 1000
Categories (4, interval[float64]): [(-2.95, -0.684] < (-0.684, -0.0101] < (-0.0101, 0.63] <
                                    (0.63, 3.928]]
```

사분위 이름을 실제 데이터로 지정하는 것은 별로 유용하지 않아 보인다. qcut 함수의 labels 인자로 직접 이름을 지정하자.

```
In [46]: bins = pd.qcut(draws, 4, labels=['Q1', 'Q2', 'Q3', 'Q4'])

In [47]: bins
Out[47]:
[Q2, Q3, Q2, Q2, Q4, ..., Q3, Q2, Q1, Q3, Q4]
Length: 1000
Categories (4, object): [Q1 < Q2 < Q3 < Q4]

In [48]: bins.codes[:10]
Out[48]: array([1, 2, 1, 1, 3, 3, 2, 2, 3, 3], dtype=int8)
```

bins에 이름을 붙이고 나면 데이터의 시작값과 끝값에 대한 정보를 포함하지 않으므로 groupby를 이용해서 요약 통계를 내보자.

```
In [49]: bins = pd.Series(bins, name='quartile')

In [50]: results = (pd.Series(draws)
   ....:            .groupby(bins)
   ....:            .agg(['count', 'min', 'max'])
   ....:            .reset_index())

In [51]: results
Out[51]:
  quartile  count       min       max
0       Q1    250 -2.949343 -0.685484
1       Q2    250 -0.683066 -0.010115
2       Q3    250 -0.010032  0.628894
3       Q4    250  0.634238  3.927528
```

결과에서 quartile 컬럼은 bins의 순서를 포함한 원래 범주 정보를 유지하고 있다.

```
In [52]: results['quartile']
Out[52]:
0    Q1
1    Q2
2    Q3
```

```
3    Q4
Name: quartile, dtype: category
Categories (4, object): [Q1 < Q2 < Q3 < Q4]
```

categorical을 이용한 성능 개선

특정 데이터셋에 대해 다양한 분석을 하는 경우 범주형^{categorical}으로 변환하는 것만으로도 전체 성능을 개선할 수 있다. 범주형으로 변환한 DataFrame의 컬럼은 메모리도 훨씬 적게 사용한다. 소수의 독립적인 카테고리로 분류되는 천만 개의 값을 포함하는 Series를 살펴보자.

```
In [53]: N = 10000000

In [54]: draws = pd.Series(np.random.randn(N))

In [55]: labels = pd.Series(['foo', 'bar', 'baz', 'qux'] * (N // 4))
```

labels를 categorical로 변환하자.

```
In [56]: categories = labels.astype('category')
```

categories가 labels에 비해 훨씬 더 적은 메모리를 사용하는 것을 확인할 수 있다.

```
In [57]: labels.memory_usage()
Out[57]: 80000080

In [58]: categories.memory_usage()
Out[58]: 10000272
```

범주형으로 변환하는 과정이 그냥 이루어지는 것은 아니지만 이는 한 번만 변환하면 되는 일회성 비용이다.

```
In [59]: %time _ = labels.astype('category')
CPU times: user 490 ms, sys: 240 ms, total: 730 ms
Wall time: 726 ms
```

범주형에 대한 그룹 연산은 문자열 배열을 사용하는 대신 정수 기반의 코드 배열을 사용하는 알고리즘으로 동작하므로 훨씬 빠르게 동작한다.

12.1.4 Categorical 메서드

범주형 데이터를 담고 있는 Series는 특화된 문자열 메서드인 Series.str과 유사한 몇 가지 특수 메서드를 제공한다. 이를 통해 categories와 codes에 쉽게 접근할 수 있다. 다음 Series를 살펴보자.

```
In [60]: s = pd.Series(['a', 'b', 'c', 'd'] * 2)

In [61]: cat_s = s.astype('category')

In [62]: cat_s
Out[62]:
0    a
1    b
2    c
3    d
4    a
5    b
6    c
7    d
dtype: category
Categories (4, object): [a, b, c, d]
```

특별한 속성인 cat을 통해 categorical 메서드에 접근할 수 있다.

```
In [63]: cat_s.cat.codes
Out[63]:
0    0
1    1
2    2
3    3
4    0
5    1
6    2
7    3
dtype: int8
```

```
In [64]: cat_s.cat.categories
Out[64]: Index(['a', 'b', 'c', 'd'], dtype='object')
```

이 데이터의 실제 카테고리가 데이터에서 관측되는 4종류를 넘는 것을 이미 알고 있다고 가정하자. 이 경우 set_categories 메서드를 이용해서 변경하는 것이 가능하다.

```
In [65]: actual_categories = ['a', 'b', 'c', 'd', 'e']

In [66]: cat_s2 = cat_s.cat.set_categories(actual_categories)

In [67]: cat_s2
Out[67]:
0    a
1    b
2    c
3    d
4    a
5    b
6    c
7    d
dtype: category
Categories (5, object): [a, b, c, d, e]
```

데이터는 변함이 없지만 위에서 변경한 대로 새로운 카테고리가 추가되었다. 예를 들어 value_counts를 호출해보면 변경된 카테고리를 반영하고 있다.

```
In [68]: cat_s.value_counts()
Out[68]:
d    2
c    2
b    2
a    2
dtype: int64

In [69]: cat_s2.value_counts()
Out[69]:
d    2
c    2
b    2
a    2
```

```
e    0
dtype: int64
```

큰 데이터셋을 다룰 경우 categorical을 이용하면 메모리를 아끼고 성능도 개선할 수 있다. 분석 과정에서 큰 DataFrame이나 Series를 한 번 걸러내고 나면 실제로 데이터에는 존재하지 않는 카테고리가 남아 있을 수 있다. 이 경우 remove_unused_categories 메서드를 이용해서 관측되지 않는 카테고리를 제거할 수 있다.

```
In [70]: cat_s3 = cat_s[cat_s.isin(['a', 'b'])]

In [71]: cat_s3
Out[71]:
0    a
1    b
4    a
5    b
dtype: category
Categories (4, object): [a, b, c, d]

In [72]: cat_s3.cat.remove_unused_categories()
Out[72]:
0    a
1    b
4    a
5    b
dtype: category
Categories (2, object): [a, b]
```

[표 12-1]에 categorical 메서드의 종류를 나열해두었다.

표 12-1 categorical 메서드

메서드	설명
add_categories	기존 카테고리 끝에 새로운 카테고리를 추가한다.
as_ordered	카테고리가 순서를 가지도록 한다.
as_unordered	카테고리가 순서를 가지지 않도록 한다.
remove_categories	카테고리를 제거한다. 해당 카테고리에 속한 값들은 null로 설정한다.
remove_unused_categories	데이터에서 관측되지 않는 카테고리를 삭제한다.
rename_categories	카테고리 이름을 지정한 이름으로 변경한다. 카테고리 수는 변하지 않는다.

메서드	설명
reorder_categories	rename_categories와 유사하지만 새로운 카테고리가 순서를 가지도록 한다.
set_categories	카테고리를 지정한 새로운 카테고리로 변경한다. 카테고리 추가나 삭제가 가능하다.

모델링을 위한 더미값 생성하기

통계나 머신러닝 도구를 사용하다 보면 범주형 데이터를 **더미값**으로 변환(**원핫**one-hot 인코딩 이라고도 함)해야 하는 경우가 생긴다. 이를 위해 각각의 구별되는 카테고리를 컬럼으로 가지는 DataFrame을 생성하는데, 각 컬럼에는 해당 카테고리 여부에 따라 0과 1의 값을 가지게 된다.

앞서 살펴본 예제를 다시 살펴보자.

```
In [73]: cat_s = pd.Series(['a', 'b', 'c', 'd'] * 2, dtype='category')
```

7장에서 다루었듯이 pandas.get_dummies 함수는 이런 1차원 범주형 데이터를 더미값을 가지는 DataFrame으로 변환한다.

```
In [74]: pd.get_dummies(cat_s)
Out[74]:
   a  b  c  d
0  1  0  0  0
1  0  1  0  0
2  0  0  1  0
3  0  0  0  1
4  1  0  0  0
5  0  1  0  0
6  0  0  1  0
7  0  0  0  1
```

12.2 고급 GroupBy 사용

10장에서 Series와 DataFrame에 대해 groupby 메서드를 사용하는 방법을 이미 살펴봤지만 유용한 몇 가지 기법을 더 소개하겠다.

12.2.1 그룹 변환과 GroupBy 객체 풀어내기

10장에서는 그룹 연산에 apply 메서드를 이용해서 DataFrame을 변환하는 방법을 살펴봤다. transform이라는 내장 메서드를 이용하면 apply 메서드와 유사하게 동작하면서도 사용할 수 있는 함수의 종류에 대해 좀 더 많은 제한을 포함할 수 있다.

- 그룹 형태로 브로드캐스트할 수 있는 스칼라값을 생성해야 한다.
- 입력 그룹과 같은 형태의 객체를 반환해야 한다.
- 입력을 변경하지 않아야 한다.

설명을 위해 간단한 예제를 살펴보자.

```
In [75]: df = pd.DataFrame({'key': ['a', 'b', 'c'] * 4,
   ....:                    'value': np.arange(12.)})

In [76]: df
Out[76]:
   key  value
0    a    0.0
1    b    1.0
2    c    2.0
3    a    3.0
4    b    4.0
5    c    5.0
6    a    6.0
7    b    7.0
8    c    8.0
9    a    9.0
10   b   10.0
11   c   11.0
```

key에 따른 그룹의 평균을 구해보자.

```
In [77]: g = df.groupby('key').value

In [78]: g.mean()
Out[78]:
key
a    4.5
b    5.5
```

```
c    6.5
Name: value, dtype: float64
```

df['value']와 같은 형태의 Series를 원한 것이 아니라 'key'에 따른 그룹의 평균값으로 값을 변경하기 원했다고 가정한다면 transform에 람다 함수 lambda x: x.mean()을 넘기면 된다.

```
In [79]: g.transform(lambda x: x.mean())
Out[79]:
0     4.5
1     5.5
2     6.5
3     4.5
4     5.5
5     6.5
6     4.5
7     5.5
8     6.5
9     4.5
10    5.5
11    6.5
Name: value, dtype: float64
```

내장 요약함수에 대해서는 agg 메서드에서처럼 문자열 그룹 연산 이름을 넘기면 된다.

```
In [80]: g.transform('mean')
Out[80]:
0     4.5
1     5.5
2     6.5
3     4.5
4     5.5
5     6.5
6     4.5
7     5.5
8     6.5
9     4.5
10    5.5
11    6.5
Name: value, dtype: float64
```

apply와 마찬가지로 transform은 Series를 반환하는 함수만 사용할 수 있지만 결과는 입력과 똑같은 크기여야 한다. 예를 들어 람다 함수를 이용해서 각 그룹에 모두 2를 곱할 수 있다.

```
In [81]: g.transform(lambda x: x * 2)
Out[81]:
0      0.0
1      2.0
2      4.0
3      6.0
4      8.0
5     10.0
6     12.0
7     14.0
8     16.0
9     18.0
10    20.0
11    22.0
Name: value, dtype: float64
```

좀 더 복잡한 예제로, 각 그룹에 대해 내림차순으로 순위를 계산할 수도 있다.

```
In [82]: g.transform(lambda x: x.rank(ascending=False))
Out[82]:
0     4.0
1     4.0
2     4.0
3     3.0
4     3.0
5     3.0
6     2.0
7     2.0
8     2.0
9     1.0
10    1.0
11    1.0
Name: value, dtype: float64
```

간단한 요약을 통해 그룹 변환을 수행하는 함수를 살펴보자.

```
def normalize(x):
    return (x - x.mean()) / x.std()
```

이 경우에는 transform이나 apply를 이용해서 같은 결과를 얻을 수 있다.

```
In [84]: g.transform(normalize)
Out[84]:
0    -1.161895
1    -1.161895
2    -1.161895
3    -0.387298
4    -0.387298
5    -0.387298
6     0.387298
7     0.387298
8     0.387298
9     1.161895
10    1.161895
11    1.161895
Name: value, dtype: float64

In [85]: g.apply(normalize)
Out[85]:
0    -1.161895
1    -1.161895
2    -1.161895
3    -0.387298
4    -0.387298
5    -0.387298
6     0.387298
7     0.387298
8     0.387298
9     1.161895
10    1.161895
11    1.161895
Name: value, dtype: float64
```

mean이나 sum 같은 내장 요약함수는 일반적인 apply 함수보다 더 빠르게 동작한다. 또한 이 함수들을 transform과 함께 사용하면 뒤로 되돌릴 수 있는데 이를 통해 그룹 연산을 풀어낼 수 있다.

```
In [86]: g.transform('mean')
Out[86]:
0    4.5
```

```
1     5.5
2     6.5
3     4.5
4     5.5
5     6.5
6     4.5
7     5.5
8     6.5
9     4.5
10    5.5
11    6.5
Name: value, dtype: float64

In [87]: normalized = (df['value'] - g.transform('mean')) / g.transform('std')

In [88]: normalized
Out[88]:
0    -1.161895
1    -1.161895
2    -1.161895
3    -0.387298
4    -0.387298
5    -0.387298
6     0.387298
7     0.387298
8     0.387298
9     1.161895
10    1.161895
11    1.161895
Name: value, dtype: float64
```

그룹 연산을 풀어내면 수차례의 그룹 연산을 수행하게 되지만 전체 벡터 연산의 장점이 더 크다.

12.2.2 시계열 그룹 리샘플링

시계열 데이터에서 resample 메서드는 의미적으로 시간 간격에 기반한 그룹 연산이다. 다음 예제를 살펴보자.

```
In [89]: N = 15
```

```
In [90]: times = pd.date_range('2017-05-20 00:00', freq='1min', periods=N)

In [91]: df = pd.DataFrame({'time': times,
   ....:                    'value': np.arange(N)})

In [92]: df
Out[92]:
                  time  value
0  2017-05-20 00:00:00      0
1  2017-05-20 00:01:00      1
2  2017-05-20 00:02:00      2
3  2017-05-20 00:03:00      3
4  2017-05-20 00:04:00      4
5  2017-05-20 00:05:00      5
6  2017-05-20 00:06:00      6
7  2017-05-20 00:07:00      7
8  2017-05-20 00:08:00      8
9  2017-05-20 00:09:00      9
10 2017-05-20 00:10:00     10
11 2017-05-20 00:11:00     11
12 2017-05-20 00:12:00     12
13 2017-05-20 00:13:00     13
14 2017-05-20 00:14:00     14
```

여기서 time으로 색인한 후 리샘플해보자.

```
In [93]: df.set_index('time').resample('5min').count()
Out[93]:
                     value
time
2017-05-20 00:00:00      5
2017-05-20 00:05:00      5
2017-05-20 00:10:00      5
```

key 컬럼으로 구분되는 여러 시계열 데이터를 담고 있는 DataFrame을 생각해보자.

```
In [94]: df2 = pd.DataFrame({'time': times.repeat(3),
   ....:                     'key': np.tile(['a', 'b', 'c'], N),
   ....:                     'value': np.arange(N * 3.)})

In [95]: df2[:7]
```

```
Out[95]:
  key                time  value
0   a 2017-05-20 00:00:00    0.0
1   b 2017-05-20 00:00:00    1.0
2   c 2017-05-20 00:00:00    2.0
3   a 2017-05-20 00:01:00    3.0
4   b 2017-05-20 00:01:00    4.0
5   c 2017-05-20 00:01:00    5.0
6   a 2017-05-20 00:02:00    6.0
```

'key'의 각 값에 대해 같은 리샘플을 수행하기 위해서는 pandas.TimeGrouper 객체를 이용한다.

```
In [96]: time_key = pd.TimeGrouper('5min')
```

그리고 time을 색인으로 한 다음 'key'와 time_key로 그룹지어 합을 구해보자.

```
In [97]: resampled = (df2.set_index('time')
   ....:              .groupby(['key', time_key])
   ....:              .sum())

In [98]: resampled
Out[98]:
                          value
key time
a   2017-05-20 00:00:00    30.0
    2017-05-20 00:05:00   105.0
    2017-05-20 00:10:00   180.0
b   2017-05-20 00:00:00    35.0
    2017-05-20 00:05:00   110.0
    2017-05-20 00:10:00   185.0
c   2017-05-20 00:00:00    40.0
    2017-05-20 00:05:00   115.0
    2017-05-20 00:10:00   190.0

In [99]: resampled.reset_index()
Out[99]:
  key                time  value
0   a 2017-05-20 00:00:00   30.0
1   a 2017-05-20 00:05:00  105.0
2   a 2017-05-20 00:10:00  180.0
```

```
3  b 2017-05-20 00:00:00   35.0
4  b 2017-05-20 00:05:00  110.0
5  b 2017-05-20 00:10:00  185.0
6  c 2017-05-20 00:00:00   40.0
7  c 2017-05-20 00:05:00  115.0
8  c 2017-05-20 00:10:00  190.0
```

TimeGrouper를 사용할 때 주의해야 할 점은 시간값이 Series 혹은 DataFrame의 색인이어야 한다는 점이다.

12.3 메서드 연결 기법

데이터셋을 여러 차례 변형해야 하는 경우 분석에는 전혀 필요 없는 임시 변수를 계속 생성하는 상황이 발생한다. 다음 예제를 살펴보자.

```
df = load_data()
df2 = df[df['col2'] < 0]
df2['col1_demeaned'] = df2['col1'] - df2['col1'].mean()
result = df2.groupby('key').col1_demeaned.std()
```

여기서 실제 데이터를 사용하지는 않지만 새로운 메서드 몇 가지를 만나게 되는데 그중 하나는 df[k] = v처럼 컬럼에 값을 대입하는 함수형 DataFrame.assign 메서드다. 객체를 변경하는 대신 값 대입이 완료된 새로운 DataFrame을 반환한다. 아래 두 코드는 동일하다.

```
# 실용적이지 않은 방법
df2 = df.copy()
df2['k'] = v

# 실용적인 방법
df2 = df.assign(k=v)
```

값을 직접 대입하는 것이 assign을 사용하는 것보다 빠르게 수행되지만 assign을 이용하면 메서드를 연결해서 사용할 수 있다.

```
result = (df2.assign(col1_demeaned=df2.col1 - df2.col2.mean())
         .groupby('key')
         .col1_demeaned.std())
```

여기서는 줄바꿈을 편리하게 하기 위해 위 코드를 괄호로 둘러쌌다.

메서드를 연결해서 사용할 때 주의해야 할 점은 임시 객체를 참조해야 할 경우가 있을 수도 있다는 것이다. 앞선 예제에서 load_data의 반환값을 임시 변수인 df에 담기 전까지는 그 결과를 참조할 수 없었다. 이런 경우 assign이나 호출이 가능한 객체 또는 함수를 인자로 받는 pandas의 다른 함수를 이용해서 해결할 수 있다.

호출이 가능한 객체^{callable}의 예시를 보기 위해 위 예제의 일부 코드를 다시 살펴보자.

```
df = load_data()
df2 = df[df['col2'] < 0]
```

위 코드는 다음과 같이 고쳐 쓸 수 있다.

```
df = (load_data()
      [lambda x: x['col2'] < 0])
```

여기서 load_data의 결과를 변수에 저장하지 않았다. 그래서 []에 함수를 전달해서 메서드 연결이 이어지도록 했다.

계속해서 전체 코드를 하나의 메서드 연결 표현으로 작성할 수도 있다.

```
result = (load_data()
          [lambda x: x.col2 < 0]
          .assign(col1_demeaned=lambda x: x.col1 - x.col1.mean())
          .groupby('key')
          .col1_demeaned.std())
```

어떤 스타일을 선호하는지는 개인의 취향이지만 코드를 적당히 끊어서 사용하는 것은 가독성 향상에 도움이 된다.

12.3.1 pipe 메서드

pandas의 내장 함수와 방금 살펴본 메서드 연결을 통해 다양한 일을 할 수 있다. 하지만 직접 작성한 함수나 다른 서드파티 라이브러리의 함수를 사용해야 하는 경우도 생긴다. 이때 pipe 메서드를 사용할 수 있다.

다음과 같은 일련의 함수 호출을 생각해보자.

```
a = f(df, arg1=v1)
b = g(a, v2, arg3=v3)
c = h(b, arg4=v4)
```

Series나 DataFrame 객체를 인자로 취하고 반환하는 함수를 사용하는 경우 위 코드를 pipe를 이용해서 아래처럼 고쳐 쓸 수 있다.

```
result = (df.pipe(f, arg1=v1)
            .pipe(g, v2, arg3=v3)
            .pipe(h, arg4=v4))
```

f(df)와 df.pipe(f)는 동일하다. 하지만 pipe는 메서드 연결을 좀 더 쉽게 쓸 수 있도록 해준다.

pipe를 이용한 유용한 패턴 중 하나는 일련의 연산을 재사용 가능한 함수로 일반화하는 것이다. 컬럼에서 그룹 평균을 빼는 과정을 생각해보자.

```
g = df.groupby(['key1', 'key2'])
df['col1'] = df['col1'] - g.transform('mean')
```

한 컬럼이 아니라 여러 컬럼에 대해 그룹 평균을 뺄 수 있고 그룹의 키를 쉽게 변경할 수 있기 바란다면, 또 이 작업을 메서드 연결로도 수행할 수 있기 바란다면 아래 구현 예제를 살펴보자.

```
def group_demean(df, by, cols):
    result = df.copy()
    g = df.groupby(by)
    for c in cols:
        result[c] = df[c] - g[c].transform('mean')
    return result
```

이제 group_demean 함수를 사용해서 아래처럼 작성할 수 있다.

```
result = (df[df.col1 < 0]
          .pipe(group_demean, ['key1', 'key2'], ['col1']))
```

12.4 마치며

pandas는 다른 많은 오픈소스 프로젝트와 마찬가지로 여전히 새로운 기능과 개선점을 수용하며 변하고 있다. 이 책은 추후 몇 년간 큰 변화가 없을 만한 안정적인 기능 위주로 소개하고 있다.

pandas의 고급 사용자가 되고 싶다면 pandas 공식 문서와 개발팀에서 작성한 새로운 기능에 대한 내용이 담긴 릴리스 노트를 읽어보기 권장한다. 또한 직접 pandas의 버그를 수정하고 새로운 기능을 구현하고 문서를 개선하는 pandas 개발에도 직접 참여하기 고대하겠다.

CHAPTER 13

파이썬 모델링 라이브러리

이 책은 파이썬을 활용한 데이터 분석에 필요한 기본 프로그래밍 실력을 키우는 데 초점을 맞추었다. 데이터 분석가와 과학자들은 데이터를 정제하고 준비하는 데 너무 많은 시간을 쓰고 있으며 이 책에서도 관련 기법을 습득하는 데 많은 지면을 할애했다.

모델을 개발하는 데 어떤 라이브러리를 사용할지는 어떤 애플리케이션에 적용하느냐에 따라 달라진다. 많은 통계 문제는 최소제곱회귀 같은 단순한 기법으로 해결할 수 있으며 어떤 문제는 고급 머신러닝 방식으로 해결할 수 있다. 다행히도 파이썬은 이런 분석 기법들을 구현할 수 있는 언어 중 하나가 되었고 이 책을 다 읽은 후에도 더 공부할 많은 도구가 존재한다.

이 장에서는 모델 피팅 및 스코어링과 pandas를 이용한 데이터 정제 작업 사이를 오가는 와중에 도움이 될 만한 pandas의 기능을 살펴보겠다. 그리고 유명한 모델링 도구인 statsmodels와 scikit-learn을 간략히 소개한다. 이 두 프로젝트는 그 자체로도 책 한권이 필요할 정도의 방대한 프로젝트이므로 전체를 다루기보다는 두 프로젝트의 온라인 문서와 데이터 과학, 통계, 그리고 머신러닝을 다루는 다른 파이썬 서적을 소개하는 것으로 대신하려 한다.

13.1 pandas와 모델 코드의 인터페이스

모델 개발의 일반적인 흐름은 데이터를 불러오고 정제하는 과정은 pandas를 이용하고 그 후 모델 개발을 위해 모델링 라이브러리로 넘어가게 된다. 모델을 개발하는 과정에서 중요한 단계는 특징을 선택하고 추출하는 **피처 엔지니어링**인데 원시 데이터셋으로부터 모델링에서 유용할 수 있는 정보를 추출하는 변환이나 분석 과정을 일컫는다. 이 책에서 살펴본 데이터 요약이나 GroupBy 도구들이 피처 엔지니어링 과정에서 자주 사용된다.

'좋은' 피처 엔지니어링에 대한 자세한 내용은 이 책의 범위를 벗어나므로 pandas를 이용한 데이터 조작과 모델링 사이를 편리하게 오갈 수 있는 방법을 설명하겠다.

pandas와 다른 분석 라이브러리는 주로 NumPy 배열을 사용해서 연계할 수 있다. DataFrame을 NumPy 배열로 변환하려면 .values 속성을 이용한다.

```
In [10]: import pandas as pd

In [11]: import numpy as np

In [12]: data = pd.DataFrame({
   ....:     'x0': [1, 2, 3, 4, 5],
   ....:     'x1': [0.01, -0.01, 0.25, -4.1, 0.],
   ....:     'y': [-1.5, 0., 3.6, 1.3, -2.]})

In [13]: data
Out[13]:
   x0    x1    y
0   1  0.01 -1.5
1   2 -0.01  0.0
2   3  0.25  3.6
3   4 -4.10  1.3
4   5  0.00 -2.0

In [14]: data.columns
Out[14]: Index(['x0', 'x1', 'y'], dtype='object')

In [15]: data.values
Out[15]:
array([[ 1.  ,  0.01, -1.5 ],
       [ 2.  , -0.01,  0.  ],
       [ 3.  ,  0.25,  3.6 ],
       [ 4.  , -4.1 ,  1.3 ],
       [ 5.  ,  0.  , -2.  ]])
```

다시 DataFrame으로 되돌리려면 앞서 공부했던 것처럼 2차원 ndarray와 필요하다면 컬럼 이름 리스트를 넘겨서 생성할 수 있다.

```
In [16]: df2 = pd.DataFrame(data.values, columns=['one', 'two', 'three'])

In [17]: df2
Out[17]:
   one   two  three
0  1.0  0.01   -1.5
1  2.0 -0.01    0.0
2  3.0  0.25    3.6
3  4.0 -4.10    1.3
4  5.0  0.00   -2.0
```

NOTE_ .values 속성은 데이터가 한 가지 타입(예를 들면 모두 숫자형)으로 이루어져 있다는 가정 하에 사용된다. 만약 데이터 속성이 한 가지가 아니라면 파이썬 객체의 ndarrary가 반환될 것이다.

```
In [18]: df3 = data.copy()

In [19]: df3['strings'] = ['a', 'b', 'c', 'd', 'e']

In [20]: df3
Out[20]:
   x0    x1     y strings
0   1  0.01  -1.5       a
1   2 -0.01   0.0       b
2   3  0.25   3.6       c
3   4 -4.10   1.3       d
4   5  0.00  -2.0       e

In [21]: df3.values
Out[21]:
array([[1,  0.01, -1.5, 'a'],
       [2, -0.01,  0.0, 'b'],
       [3,  0.25,  3.6, 'c'],
       [4, -4.1 ,  1.3, 'd'],
       [5,  0.0 , -2.0, 'e']], dtype=object)
```

어떤 모델은 전체 컬럼 중 일부만 사용하고 싶은 경우도 있을 것이다. 이 경우 loc을 이용해서 values 속성에 접근하기 바란다.

```
In [22]: model_cols = ['x0', 'x1']
```

```
In [23]: data.loc[:, model_cols].values
Out[23]:
array([[ 1. ,  0.01],
       [ 2. , -0.01],
       [ 3. ,  0.25],
       [ 4. , -4.1 ],
       [ 5. ,  0.  ]])
```

어떤 라이브러리는 pandas를 직접 지원하기도 하는데 위에서 설명한 과정을 자동으로 처리해준다. DataFrame에서 NumPy 배열로 변환하고 모델 인자의 이름을 출력 테이블이나 Series의 컬럼으로 추가한다. 아니라면 이런 메타 데이터 관리를 수동으로 직접 해야 한다.

12장에서 pandas의 Categorical형과 pandas.get_dummies 함수를 살펴봤다. 예제 데이터셋에 숫자가 아닌 컬럼이 있다고 가정하자.

```
In [24]: data['category'] = pd.Categorical(['a', 'b', 'a', 'a', 'b'],
   ....:                                   categories=['a', 'b'])

In [25]: data
Out[25]:
   x0    x1    y category
0   1  0.01 -1.5        a
1   2 -0.01  0.0        b
2   3  0.25  3.6        a
3   4 -4.10  1.3        a
4   5  0.00 -2.0        b
```

만일 'category' 컬럼을 더미값으로 치환하고 싶다면 더미값을 생성하고 'category' 컬럼을 삭제한 다음 결과와 합쳐야 한다.

```
In [26]: dummies = pd.get_dummies(data.category, prefix='category')

In [27]: data_with_dummies = data.drop('category', axis=1).join(dummies)

In [28]: data_with_dummies
Out[28]:
   x0    x1    y  category_a  category_b
0   1  0.01 -1.5           1           0
1   2 -0.01  0.0           0           1
```

```
2   3  0.25   3.6           1        0
3   4 -4.10   1.3           1        0
4   5  0.00  -2.0           0        1
```

특정 통계 모델을 더미값으로 피팅하는 기법도 있다. 단순히 숫자형 컬럼만 가지고 있는 게 아니라면 다음 절에서 살펴볼 Patsy를 사용하는 편이 더 단순하고 에러를 일으킬 가능성도 줄여준다.

13.2 Patsy를 이용해서 모델 생성하기

Patsy(팻시)는 통계 모델(특히 선형 모델)을 위한 파이썬 라이브러리이며 R이나 S 통계 프로그래밍 언어에서 사용하는 수식 문법과 비슷한 형식의 문자열 기반 '수식 문법'을 제공한다.

Patsy는 통계 모델에서 선형 모델을 잘 지원하므로 이해를 돕기 위해 주요 기능 중 일부만 살펴보도록 하자. Patsy의 수식 문법은 다음과 같은 특수한 형태의 문자열이다.

```
y ~ x0 + x1
```

a + b 문법은 a와 b를 더하라는 의미가 아니라 모델을 위해 생성된 **배열을 설계**하는 용법이다. patsy.dmatrices 함수는 수식 문자열과 데이터셋(DataFrame 또는 배열의 사전)을 함께 받아 선형 모델을 위한 설계 배열을 만들어낸다.

```
In [29]: data = pd.DataFrame({
   ....:     'x0': [1, 2, 3, 4, 5],
   ....:     'x1': [0.01, -0.01, 0.25, -4.1, 0.],
   ....:     'y': [-1.5, 0., 3.6, 1.3, -2.]})

In [30]: data
Out[30]:
   x0    x1    y
0   1  0.01 -1.5
1   2 -0.01  0.0
2   3  0.25  3.6
3   4 -4.10  1.3
4   5  0.00 -2.0
```

```
In [31]: import patsy

In [32]: y, X = patsy.dmatrices('y ~ x0 + x1', data)
```

dmatrices 함수를 실행하면 다음과 같은 결과를 얻을 수 있다.

```
In [33]: y
Out[33]:
DesignMatrix with shape (5, 1)
     y
  -1.5
   0.0
   3.6
   1.3
  -2.0
  Terms:
    'y' (column 0)

In [34]: X
Out[34]:
DesignMatrix with shape (5, 3)
  Intercept  x0    x1
          1   1  0.01
          1   2 -0.01
          1   3  0.25
          1   4 -4.10
          1   5  0.00
  Terms:
    'Intercept' (column 0)
    'x0' (column 1)
    'x1' (column 2)
```

Patsy의 DesignMatrix 인스턴스는 몇 가지 추가 데이터가 포함된 NumPy ndarray로 볼 수 있다.

```
In [35]: np.asarray(y)
Out[35]:
array([[-1.5],
       [ 0. ],
       [ 3.6],
       [ 1.3],
       [-2. ]])
```

```
In [36]: np.asarray(X)
Out[36]:
array([[ 1.  , 1.  ,  0.01],
       [ 1.  , 2.  , -0.01],
       [ 1.  , 3.  ,  0.25],
       [ 1.  , 4.  , -4.1 ],
       [ 1.  , 5.  ,  0.  ]])
```

여기서 Intercept는 최소자승회귀와 같은 선형 모델을 위한 표현이다. 모델에 0을 더해서 intercept(절편)를 제거할 수 있다.

```
In [37]: patsy.dmatrices('y ~ x0 + x1 + 0', data)[1]
Out[37]:
DesignMatrix with shape (5, 2)
  x0   x1
  1    0.01
  2   -0.01
  3    0.25
  4   -4.10
  5    0.00
  Terms:
    'x0' (column 0)
    'x1' (column 1)
```

Pasty 객체는 최소자승회귀분석을 위해 numpy.linalg.lstsq 같은 알고리즘에 바로 넘길 수도 있다.

```
In [38]: coef, resid, _, _ = np.linalg.lstsq(X, y)
```

모델 메타데이터는 design_info 속성을 통해 얻을 수 있는데 예를 들면 모델의 컬럼명을 피팅된 항에 맞추어 Series를 만들어낼 수도 있다.

```
In [39]: coef
Out[39]:
array([[ 0.3129],
       [-0.0791],
       [-0.2655]])
```

```
In [40]: coef = pd.Series(coef.squeeze(), index=X.design_info.column_names)

In [41]: coef
Out[41]:
Intercept    0.312910
x0          -0.079106
x1          -0.265464
dtype: float64
```

13.2.1 Patsy 용법으로 데이터 변환하기

파이썬 코드를 Patsy 용법과 섞어서 사용할 수도 있는데, Patsy 문법을 해석하는 과정에서 해당 함수를 찾아 실행해준다.

```
In [42]: y, X = patsy.dmatrices('y ~ x0 + np.log(np.abs(x1) + 1)', data)

In [43]: X
Out[43]:
DesignMatrix with shape (5, 3)
  Intercept  x0  np.log(np.abs(x1) + 1)
          1   1                 0.00995
          1   2                 0.00995
          1   3                 0.22314
          1   4                 1.62924
          1   5                 0.00000
  Terms:
    'Intercept' (column 0)
    'x0' (column 1)
    'np.log(np.abs(x1) + 1)' (column 2)
```

자주 쓰이는 변수 변환으로는 표준화(평균 0, 분산 1)와 센터링(평균값을 뺌)이 있는데 Pasty 에는 이런 목적을 위한 내장 함수가 존재한다.

```
In [44]: y, X = patsy.dmatrices('y ~ standardize(x0) + center(x1)', data)

In [45]: X
Out[45]:
```

```
DesignMatrix with shape (5, 3)
  Intercept   standardize(x0)   center(x1)
          1          -1.41421         0.78
          1          -0.70711         0.76
          1           0.00000         1.02
          1           0.70711        -3.33
          1           1.41421         0.77
  Terms:
    'Intercept' (column 0)
    'standardize(x0)' (column 1)
    'center(x1)' (column 2)
```

모델링 과정에서 모델을 어떤 데이터셋에 피팅하고 그다음에 다른 모델에 기반하여 평가해야 하는 경우가 있다. 이는 홀드-아웃[1]hold-out이거나 신규 데이터가 나중에 관측되는 경우다. 센터링이나 표준화 같은 변환을 적용하는 경우 새로운 데이터에 기반하여 예측하기 위한 용도로 모델을 사용한다면 주의해야 한다. 이를 상태를 가지는 stateful 변환이라고 하는데 새로운 데이터셋을 변경하기 위해 원본 데이터의 표준편차나 평균 같은 통계를 사용해야 하기 때문이다.

patsy.build_design_matrices 함수는 입력으로 사용되는 원본 데이터셋에서 저장한 정보를 사용해서 출력 데이터를 만들어내는 변환에 적용할 수 있는 함수다.

```
In [46]: new_data = pd.DataFrame({
   ....:    'x0': [6, 7, 8, 9],
   ....:    'x1': [3.1, -0.5, 0, 2.3],
   ....:    'y': [1, 2, 3, 4]})

In [47]: new_X = patsy.build_design_matrices([X.design_info], new_data)

In [48]: new_X
Out[48]:
[DesignMatrix with shape (4, 3)
   Intercept   standardize(x0)   center(x1)
           1           2.12132         3.87
           1           2.82843         0.27
           1           3.53553         0.77
           1           4.24264         3.07
```

---

[1] 옮긴이_ 전체 데이터셋을 학습을 위한 데이터셋과 검증을 위한 데이터셋으로 나누어 모델을 검증하는 방법

```
Terms:
  'Intercept' (column 0)
  'standardize(x0)' (column 1)
  'center(x1)' (column 2)]
```

Patsy 문법에 더하기 기호(+)는 덧셈이 아니므로 데이터셋에서 이름으로 컬럼을 추가하고 싶다면 I라는 특수한 함수로 둘러싸야 한다.

```
In [49]: y, X = patsy.dmatrices('y ~ I(x0 + x1)', data)

In [50]: X
Out[50]:
DesignMatrix with shape (5, 2)
  Intercept   I(x0 + x1)
          1         1.01
          1         1.99
          1         3.25
          1        -0.10
          1         5.00
  Terms:
    'Intercept' (column 0)
    'I(x0 + x1)' (column 1)
```

Patsy는 `patsy.builtins` 모듈 내에 여러 가지 변환을 위한 내장 함수들을 제공한다. 자세한 내용은 온라인 문서를 참고하자.

범주형 데이터의 변환은 좀 특별하다. 다음 절에서 살펴보자.

13.2.2 범주형 데이터와 Patsy

비산술 데이터는 여러 가지 형태의 모델 설계 배열로 변환될 수 있다. 이 주제에 대한 본격적인 논의는 이 책의 영역을 벗어나므로 따로 통계와 관련한 내용과 함께 살펴보는 것이 좋은 듯하다.

Patsy에서 비산술 용법을 사용하면 기본적으로 더미 변수로 변환된다. 만약 intercept가 존재한다면 공선성을 피하기 위해 레벨 중 하나는 남겨두게 된다.

```
In [51]: data = pd.DataFrame({
   ....:     'key1': ['a', 'a', 'b', 'b', 'a', 'b', 'a', 'b'],
   ....:     'key2': [0, 1, 0, 1, 0, 1, 0, 0],
   ....:     'v1': [1, 2, 3, 4, 5, 6, 7, 8],
   ....:     'v2': [-1, 0, 2.5, -0.5, 4.0, -1.2, 0.2, -1.7]
   ....: })

In [52]: y, X = patsy.dmatrices('v2 ~ key1', data)

In [53]: X
Out[53]:
DesignMatrix with shape (8, 2)
  Intercept  key1[T.b]
          1          0
          1          0
          1          1
          1          1
          1          0
          1          1
          1          0
          1          1
  Terms:
    'Intercept' (column 0)
    'key1' (column 1)
```

모델에서 intercept를 생략하면 각 범주값의 컬럼은 모델 설계 배열에 포함된다.

```
In [54]: y, X = patsy.dmatrices('v2 ~ key1 + 0', data)

In [55]: X
Out[55]:
DesignMatrix with shape (8, 2)
  key1[a]  key1[b]
        1        0
        1        0
        0        1
        0        1
        1        0
        0        1
        1        0
        0        1
  Terms:
    'key1' (columns 0:2)
```

산술 컬럼은 C 함수를 이용해서 범주형으로 해석할 수 있다.

```
In [56]: y, X = patsy.dmatrices('v2 ~ C(key2)', data)

In [57]: X
Out[57]:
DesignMatrix with shape (8, 2)
  Intercept  C(key2)[T.1]
          1             0
          1             1
          1             0
          1             1
          1             0
          1             1
          1             0
          1             0
  Terms:
    'Intercept' (column 0)
    'C(key2)' (column 1)
```

모델에서 여러 범주형 항을 사용한다면 ANOVA[analysis of variance](분산분석) 모델에서처럼 key1:key2 같은 용법을 사용할 수 있게 되므로 더 복잡해진다.

```
In [58]: data['key2'] = data['key2'].map({0: 'zero', 1: 'one'})

In [59]: data
Out[59]:
  key1 key2  v1   v2
0    a zero   1 -1.0
1    a  one   2  0.0
2    b zero   3  2.5
3    b  one   4 -0.5
4    a zero   5  4.0
5    b  one   6 -1.2
6    a zero   7  0.2
7    b zero   8 -1.7

In [60]: y, X = patsy.dmatrices('v2 ~ key1 + key2', data)

In [61]: X
Out[61]:
```

```
DesignMatrix with shape (8, 3)
  Intercept  key1[T.b]  key2[T.zero]
      1          0           1
      1          0           0
      1          1           1
      1          1           0
      1          0           1
      1          1           0
      1          0           1
      1          1           1
  Terms:
    'Intercept' (column 0)
    'key1' (column 1)
    'key2' (column 2)
```

In [62]: y, X = patsy.dmatrices('v2 ~ key1 + key2 + key1:key2', data)

In [63]: X
Out[63]:
```
DesignMatrix with shape (8, 4)
  Intercept  key1[T.b]  key2[T.zero]  key1[T.b]:key2[T.zero]
      1          0           1                 0
      1          0           0                 0
      1          1           1                 1
      1          1           0                 0
      1          0           1                 0
      1          1           0                 0
      1          0           1                 0
      1          1           1                 1
  Terms:
    'Intercept' (column 0)
    'key1' (column 1)
    'key2' (column 2)
    'key1:key2' (column 3)
```

Patsy는 특정 순서에 따라 데이터를 변환하는 방법을 포함하여 범주형 데이터를 변환하는 여러 가지 방법을 제공한다. 자세한 내용은 온라인 문서를 참고하자.

13.3 statsmodels 소개

statsmodels는 다양한 종류의 통계 모델 피팅, 통계 테스트 수행 그리고 데이터 탐색과 시각화를 위한 파이썬 라이브러리다. statsmodels는 좀 더 '전통적인' 빈도주의적 통계 메서드를 포함하고 있다. 베이지안 메서드나 머신러닝 모델은 다른 라이브러리에서 찾을 수 있다.

statsmodels는 다음과 같은 모델을 포함한다.

- 선형 모델, 일반 선형 모델, 로버스트 선형 모델
- 선형 복합효과(Linear Mixed Effects, LME) 모델
- 아노바(ANOVA) 메서드
- 시계열 처리 및 상태 공간 모델
- 일반적률추정법(Generalized Method of Moments, GMM)

이제 statsmodels의 몇 가지 기본 도구를 사용해보고 Patsy와 pandas의 DataFrame 객체와 모델링 인터페이스를 어떻게 사용하는지 살펴보자.

13.3.1 선형 모델 예측하기

statsmodels에는 아주 기본적인 선형회귀 모델(예를 들면 최소제곱$^{\text{ordinary least squares, OLS}}$)부터 좀 더 복잡한 선형회귀 모델(예를 들면 반복재가중 최소제곱$^{\text{iteratively reweighted least squares, IRLS}}$)까지 존재한다.

statsmodels의 선형 모델은 두 가지 주요한 인터페이스를 가지는데, 배열 기반과 용법 기반이다. 이 인터페이스는 API 모듈을 임포트하여 사용할 수 있다.

```
import statsmodels.api as sm
import statsmodels.formula.api as smf
```

어떻게 사용하는지 알아보기 위해 랜덤 데이터에서 선형 모델을 생성해보자.

```
def dnorm(mean, variance, size=1):
    if isinstance(size, int):
        size = size,
    return mean + np.sqrt(variance) * np.random.randn(*size)
```

```
# 동일한 난수 발생을 위해 시드값 직접 지정
np.random.seed(12345)

N = 100
X = np.c_[dnorm(0, 0.4, size=N),
          dnorm(0, 0.6, size=N),
          dnorm(0, 0.2, size=N)]
eps = dnorm(0, 0.1, size=N)
beta = [0.1, 0.3, 0.5]

y = np.dot(X, beta) + eps
```

여기서는 알려진 인자인 beta를 이용해서 진짜 모델을 작성했다. dnorm은 특정 평균과 분산을 가지는 정규분포 데이터를 생성하기 위한 도움 함수다. 이제 다음과 같은 데이터셋을 가지게 되었다.

```
In [66]: X[:5]
Out[66]:
array([[-0.1295, -1.2128,  0.5042],
       [ 0.3029, -0.4357, -0.2542],
       [-0.3285, -0.0253,  0.1384],
       [-0.3515, -0.7196, -0.2582],
       [ 1.2433, -0.3738, -0.5226]])

In [67]: y[:5]
Out[67]: array([ 0.4279, -0.6735, -0.0909, -0.4895, -0.1289])
```

선형 모델은 이전에 Patsy에서 봤던 것처럼 일반적으로 intercept와 함께 피팅된다. sm.add_constant 함수는 intercept 컬럼을 기존 행렬에 더할 수 있다.

```
In [68]: X_model = sm.add_constant(X)

In [69]: X_model[:5]
Out[69]:
array([[ 1.    , -0.1295, -1.2128,  0.5042],
       [ 1.    ,  0.3029, -0.4357, -0.2542],
       [ 1.    , -0.3285, -0.0253,  0.1384],
       [ 1.    , -0.3515, -0.7196, -0.2582],
       [ 1.    ,  1.2433, -0.3738, -0.5226]])
```

sm.OLS 클래스는 최소자승 선형회귀에 피팅할 수 있다.

```
In [70]: model = sm.OLS(y, X)
```

모델의 fit 메서드는 예측 모델 인자와 다른 분석 정보를 포함하는 회귀 결과 객체를 반환한다.

```
In [71]: results = model.fit()

In [72]: results.params
Out[72]: array([ 0.1783, 0.223 , 0.501 ])
```

results의 summary 메서드를 호출하여 해당 모델의 자세한 분석 결과를 출력하도록 할 수 있다.

```
In [73]: print(results.summary())
                            OLS Regression Results
==============================================================================
Dep. Variable:                      y   R-squared:                       0.430
Model:                            OLS   Adj. R-squared:                  0.413
Method:                 Least Squares   F-statistic:                     24.42
Date:                Mon, 25 Sep 2017   Prob (F-statistic):           7.44e-12
Time:                        14:06:15   Log-Likelihood:                -34.305
No. Observations:                 100   AIC:                             74.61
Df Residuals:                      97   BIC:                             82.42
Df Model:                           3
Covariance Type:            nonrobust
==============================================================================
                 coef    std err          t      P>|t|      [0.025      0.975]
------------------------------------------------------------------------------
x1             0.1783      0.053      3.364      0.001       0.073       0.283
x2             0.2230      0.046      4.818      0.000       0.131       0.315
x3             0.5010      0.080      6.237      0.000       0.342       0.660
==============================================================================
Omnibus:                        4.662   Durbin-Watson:                   2.201
Prob(Omnibus):                  0.097   Jarque-Bera (JB):                4.098
Skew:                           0.481   Prob(JB):                        0.129
Kurtosis:                       3.243   Cond. No.                         1.74
==============================================================================

Warnings:
[1] Standard Errors assume that the covariance matrix of the errors is correctly
specified.
```

지금까지는 인자의 이름을 x1, x2 등으로 지었다. 그대신 모든 모델 인자가 하나의 DataFrame에 들어 있다고 가정해보자.

```
In [74]: data = pd.DataFrame(X, columns=['col0', 'col1', 'col2'])

In [75]: data['y'] = y

In [76]: data[:5]
Out[76]:
       col0      col1      col2         y
0  -0.129468 -1.212753  0.504225  0.427863
1   0.302910 -0.435742 -0.254180 -0.673480
2  -0.328522 -0.025302  0.138351 -0.090878
3  -0.351475 -0.719605 -0.258215 -0.489494
4   1.243269 -0.373799 -0.522629 -0.128941
```

이제 statsmodels의 API와 Patsy의 문자열 용법을 사용할 수 있다.

```
In [77]: results = smf.ols('y ~ col0 + col1 + col2', data=data).fit()

In [78]: results.params
Out[78]:
Intercept    0.033559
col0         0.176149
col1         0.224826
col2         0.514808
dtype: float64

In [79]: results.tvalues
Out[79]:
Intercept    0.952188
col0         3.319754
col1         4.850730
col2         6.303971
dtype: float64
```

statsmodels에서 반환하는 결과 Series가 DataFrame의 컬럼 이름을 사용하고 있는 것을 알 수 있다. 또한 pandas 객체를 이용해서 수식을 사용하는 경우에는 add_constant를 호출할 필요가 없다.

주어진 새로운 샘플 데이터를 통해 예측 모델 인자에 전달한 예측값을 계산할 수 있다.

```
In [80]: results.predict(data[:5])
Out[80]:
0   -0.002327
1   -0.141904
2    0.041226
3   -0.323070
4   -0.100535
dtype: float64
```

statsmodels에는 선형 모델 결과에 대한 분석, 진단 그리고 시각화를 위한 많은 추가적인 도구가 포함되어 있다. 최소제곱뿐만 아니라 다른 선형 모델에 대한 것들도 포함하고 있다.

13.3.2 시계열 처리 예측

statsmodels에 포함된 또 다른 모델 클래스로는 시계열분석을 위한 모델이 있다. 시계열분석을 위한 모델에는 자동회귀 처리, 칼만 필터링과 다른 상태 공간 모델 그리고 다변 자동회귀 모델 등이 있다.

자동회귀 구조와 노이즈를 이용해서 시계열 데이터를 시뮬레이션해보자.

```
init_x = 4

import random
values = [init_x, init_x]
N = 1000

b0 = 0.8
b1 = -0.4
noise = dnorm(0, 0.1, N)
for i in range(N):
    new_x = values[-1] * b0 + values[-2] * b1 + noise[i]
    values.append(new_x)
```

이 데이터는 인자가 0.8과 −0.4인 AR(2) 구조(두 개의 지연)다. AR 모델을 피팅할 때는 포함시켜야 할 지연 항을 얼마나 두어야 하는지 알지 못하므로 적당히 큰 값으로 모델을 피팅한다.

```
In [82]: MAXLAGS = 5

In [83]: model = sm.tsa.AR(values)

In [84]: results = model.fit(MAXLAGS)
```

결과에서 예측된 인자는 intercept를 가지고 그다음에 두 지연에 대한 예측치를 갖는다.

```
In [85]: results.params
Out[85]: array([-0.0062, 0.7845, -0.4085, -0.0136, 0.015 , 0.0143])
```

이런 모델에 대한 심도 있는 내용과 결과를 어떻게 해석해야 하는지는 이 책에서 다루려는 내용이 아니다. 자세한 내용은 statsmodels 공식 문서를 참고하자.

13.4 scikit-learn 소개

scikit-learn은 가장 널리 쓰이는 범용 파이썬 머신러닝 툴킷이다. scikit-learn은 표준적인 지도 학습과 비지도 학습 메서드를 포함하고 있으며 모델 선택, 평가, 데이터 변형, 데이터 적재, 모델 유지 및 기타 작업을 위한 도구들을 제공한다.

온라인에는 실제 문제를 해결하기 위해 scikit-learn과 텐서플로를 적용하는 방법, 머신러닝을 공부할 수 있는 다양한 자료가 존재한다. 이 절에서는 scikit-learn API 스타일을 간략하게 살펴보겠다.

이 책을 쓰는 시점에 scikit-learn은 pandas와 통합 기능을 제공하지 않으며 일부 서드파티 패키지는 아직 개발이 진행 중이다. 하지만 pandas는 모델 피팅 이전 단계에서 데이터셋을 전달하는 데 굉장히 유용하다.

예를 들어 이제는 대표적인 데이터셋이 된 캐글의 1912년 **타이타닉** 생존자 데이터셋을 사용할 때 pandas를 이용해서 학습 데이터셋을 불러오고 테스트할 수 있다.

```
In [86]: train = pd.read_csv('datasets/titanic/train.csv')

In [87]: test = pd.read_csv('datasets/titanic/test.csv')
```

```
In [88]: train[:4]
Out[88]:
   PassengerId  Survived  Pclass  \
0            1         0       3
1            2         1       1
2            3         1       3
3            4         1       1

                                                Name     Sex   Age  SibSp  \
0                            Braund, Mr. Owen Harris    male  22.0      1
1  Cumings, Mrs. John Bradley (Florence Briggs Th...  female  38.0      1
2                             Heikkinen, Miss. Laina  female  26.0      0
3       Futrelle, Mrs. Jacques Heath (Lily May Peel)  female  35.0      1

   Parch            Ticket     Fare Cabin Embarked
0      0         A/5 21171   7.2500   NaN        S
1      0          PC 17599  71.2833   C85        C
2      0  STON/O2. 3101282   7.9250   NaN        S
3      0            113803  53.1000  C123        S
```

statsmodels나 scikit-learn 라이브러리는 일반적으로 누락된 데이터를 처리하지 못하므로 데이터셋에 빠진 값이 있는지 살펴본다.

```
In [89]: train.isnull().sum()
Out[89]:
PassengerId      0
Survived         0
Pclass           0
Name             0
Sex              0
Age            177
SibSp            0
Parch            0
Ticket           0
Fare             0
Cabin          687
Embarked         2
dtype: int64

In [90]: test.isnull().sum()
Out[90]:
PassengerId      0
Pclass           0
```

```
Name         0
Sex          0
Age         86
SibSp        0
Parch        0
Ticket       0
Fare         1
Cabin      327
Embarked     0
dtype: int64
```

이와 같은 통계 및 머신러닝 예제에서는 데이터에 기술된 특징에 기반하여 특정 승객이 생존할 것인지 예측하는 것이 일반적인 과제인데, **학습** 데이터셋에 모델을 피팅하고 나서 **테스트** 데이터셋으로 검증하는 식이다.

나이를 기반으로 생존 여부를 예측하고자 하지만 누락 데이터가 존재한다. 결측치를 보완하기 위한 여러 가지 방법이 존재하지만 여기서는 간단히 학습 데이터셋의 중간값을 채워 넣는 것으로 처리하자.

```
In [91]: impute_value = train['Age'].median()

In [92]: train['Age'] = train['Age'].fillna(impute_value)

In [93]: test['Age'] = test['Age'].fillna(impute_value)
```

이제 모델을 명세해야 한다. IsFemale 컬럼을 추가해서 'Sex' 컬럼을 인코딩한다.

```
In [94]: train['IsFemale'] = (train['Sex'] == 'female').astype(int)
In [95]: test['IsFemale'] = (test['Sex'] == 'female').astype(int)
```

몇 가지 모델 변수를 선언하고 NumPy 배열을 생성한다.

```
In [96]: predictors = ['Pclass', 'IsFemale', 'Age']

In [97]: X_train = train[predictors].values

In [98]: X_test = test[predictors].values
```

```
In [99]: y_train = train['Survived'].values

In [100]: X_train[:5]
Out[100]:
array([[ 3., 0., 22.],
       [ 1., 1., 38.],
       [ 3., 1., 26.],
       [ 1., 1., 35.],
       [ 3., 0., 35.]])

In [101]: y_train[:5]
Out[101]: array([0, 1, 1, 1, 0])
```

지금 만든 모델이 좋은 모델이라거나 추출한 특징들이 공학적으로 제대로 선택된 것이라고 주장하지는 않겠다. scikit-learn의 LogisticRegression 모델을 이용해서 model 인스턴스를 생성하자.

```
In [102]: from sklearn.linear_model import LogisticRegression

In [103]: model = LogisticRegression()
```

statsmodels와 유사하게 model의 fit 메서드를 이용해서 이 모델을 학습 데이터에 피팅할 수 있다.

```
In [104]: model.fit(X_train, y_train)
Out[104]:
LogisticRegression(C=1.0, class_weight=None, dual=False, fit_intercept=True,
         intercept_scaling=1, max_iter=100, multi_class='ovr', n_jobs=1,
         penalty='l2', random_state=None, solver='liblinear', tol=0.0001,
         verbose=0, warm_start=False)
```

model.predict를 이용해서 테스트 데이터셋으로 예측을 해볼 수 있다.

```
In [105]: y_predict = model.predict(X_test)

In [106]: y_predict[:10]
Out[106]: array([0, 0, 0, 0, 1, 0, 1, 0, 1, 0])
```

테스트 데이터셋의 실제 생존 여부 값을 가지고 있다면 정확도나 기타 오류율을 계산해볼 수 있을 것이다.

```
(y_true == y_predict).mean()
```

실제로는 복잡하고 다양한 단계를 거쳐 모델 학습을 진행하게 된다. 많은 모델은 조절할 수 있는 인자를 가지고 학습 데이터에 오버피팅되는 것을 피할 수 있도록 **교차검증** 같은 기법을 활용하기도 한다. 이는 새로운 데이터에 대해 좀 더 견고하거나 예측 성능을 높여주기도 한다.

교차검증은 학습 데이터를 분할하여 예측을 위한 샘플로 활용하는 방식으로 작동한다. 평균 제곱오차 같은 모델 정확도 점수에 기반하여 모델 인자에 대한 그리드 검색을 수행한다. 로지스틱 회귀 같은 모델에서는 교차검증을 내장한 추정 클래스를 제공하기도 한다. 예를 들어 LogisticRegressionCV 클래스는 모델 정규화 인자 C에 대한 그리드 검색을 얼마나 정밀하게 수행할 것인지 나타내는 인자와 함께 사용할 수 있다.

```
In [107]: from sklearn.linear_model import LogisticRegressionCV

In [108]: model_cv = LogisticRegressionCV(10)

In [109]: model_cv.fit(X_train, y_train)
Out[109]:
LogisticRegressionCV(Cs=10, class_weight=None, cv=None, dual=False,
         fit_intercept=True, intercept_scaling=1.0, max_iter=100,
         multi_class='ovr', n_jobs=1, penalty='l2', random_state=None,
         refit=True, scoring=None, solver='lbfgs', tol=0.0001, verbose=0)
```

직접 교차검증을 수행하려면 데이터를 분할하는 과정을 도와주는 cross_val_score 함수를 이용하면 된다. 예를 들어 학습 데이터를 겹치지 않는 4개의 그룹으로 나누려면 아래와 같이 하면 된다.

```
In [110]: from sklearn.model_selection import cross_val_score

In [111]: model = LogisticRegression(C=10)

In [112]: scores = cross_val_score(model, X_train, y_train, cv=4)
```

```
In [113]: scores
Out[113]: array([ 0.7723, 0.8027, 0.7703, 0.7883])
```

기본 스코어링은 모델에 의존적이지만 명시적으로 스코어링 함수를 선택하는 것도 가능하다. 교차검증된 모델은 학습에 시간이 오래 걸리지만 더 나은 성능을 보여주기도 한다.

13.5 더 공부하기

여기서는 일부 파이썬 모델링 라이브러리의 겉만 훑어보았으나 파이썬으로 구현되었거나 파이썬 사용자 인터페이스를 제공하는 무수히 많은 머신러닝 라이브러리와 통계 모듈이 존재한다.

이 책은 데이터 처리에 초점을 맞추어 작성되었다. 하지만 모델링과 데이터 과학 도구에 초점을 맞춘 좋은 책이 많이 있다. 다음은 그중 일부다.

- 『파이썬 라이브러리를 활용한 머신러닝』(안드레아스 뮐러, 세라 가이도, 한빛미디어)
- 『파이썬 데이터 과학 핸드북』(제이크 반더플라스, 오라일리)
- 『밑바닥부터 시작하는 데이터 과학』(조엘 그루스, 인사이트)
- 『파이썬 머신러닝』(세바스찬 라슈카, 지앤선)
- 『핸즈온 머신러닝』(오렐리앙 제롱, 한빛미디어)

책을 통해 공부하는 것은 여전히 의미 있는 일이지만 오픈소스 소프트웨어는 빠르게 변화하므로 종종 책에 있는 내용이 변화를 따라잡지 못하는 경우도 있다. 최신 기능과 API 변화를 계속 따라가고 싶다면 통계나 머신러닝 프레임워크의 공식 문서를 살피는 것에 익숙해지는 것도 좋은 방법이다.

CHAPTER 14

데이터 분석 예제

드디어 마지막 장이다. 여기서는 실제 데이터셋을 살펴본다. 지금까지 책에서 배운 기술을 이용해서 데이터에서 의미 있는 정보를 추출해 보도록 하자. 여기서 설명하는 기술은 여러분의 데이터셋을 포함하여 모든 데이터셋에 적용할 수 있을 것이다. 이 장에는 이 책에서 배웠던 도구들을 실습해볼 수 있는 예제 데이터셋들을 모아두었다.

책에서 사용한 예제 데이터셋은 이 책의 깃허브 저장소에서 다운로드할 수 있다.

- **깃허브 저장소**
  http://github.com/wesm/pydata-book

14.1 Bit.ly의 1.USA.gov 데이터

2011년 URL 축약 서비스인 Bit.ly는 미국 정부 웹사이트인 USA.gov와 제휴하여 .gov나 .mil로 끝나는 URL을 축약한 사용자들에 대한 익명 정보를 제공했었다. 2011년에는 실시간 피드뿐 아니라 매 시간마다 스냅샷을 텍스트 파일로 내려받을 수 있었다. 이 책을 쓰는 현재 해당 서비스는 더 이상 존재하지 않지만 그 데이터 파일 중 하나를 살펴보자.

매 시간별 스냅샷 파일의 각 로우는 웹 데이터 형식으로 흔히 사용되는 JSON(JavaScript Object Notation)이다. 스냅샷 파일의 첫 줄을 열어보면 다음과 비슷한 내용을 확인할 수 있다.

```
In [5]: path = 'datasets/bitly_usagov/example.txt'

In [6]: open(path).readline()
Out[6]: '{ "a": "Mozilla\\/5.0 (Windows NT 6.1; WOW64) AppleWebKit\\/535.11
(KHTML, like Gecko) Chrome\\/17.0.963.78 Safari\\/535.11", "c": "US", "nk": 1,
"tz": "America\\/New_York", "gr": "MA", "g": "A6qOVH", "h": "wfLQtf", "l":
"orofrog", "al": "en-US,en;q=0.8", "hh": "1.usa.gov", "r":
"http:\\/\\/www.facebook.com\\/l\\/7AQEFzjSi\\/1.usa.gov\\/wfLQtf", "u":
"http:\\/\\/www.ncbi.nlm.nih.gov\\/pubmed\\/22415991", "t": 1331923247, "hc":
1331822918, "cy": "Danvers", "ll": [ 42.576698, -70.954903 ] }\n'
```

파이썬에는 JSON 문자열을 파이썬 사전 객체로 바꿔주는 다양한 내장 모듈과 서드파티 모듈이 있다. 여기서는 json 모듈의 loads 함수를 이용해서 내려받은 샘플 파일을 한 줄씩 읽는다.

```python
import json
path = 'datasets/bitly_usagov/example.txt'
records = [json.loads(line) for line in open(path)]
```

결과를 담고 있는 records 객체는 파이썬 사전의 리스트다.

```
In [18]: records[0]
Out[18]:
{'a': 'Mozilla/5.0 (Windows NT 6.1; WOW64) AppleWebKit/535.11 (KHTML, like Gecko)
Chrome/17.0.963.78 Safari/535.11',
 'al': 'en-US,en;q=0.8',
 'c': 'US',
 'cy': 'Danvers',
 'g': 'A6qOVH',
 'gr': 'MA',
 'h': 'wfLQtf',
 'hc': 1331822918,
 'hh': '1.usa.gov',
 'l': 'orofrog',
 'll': [42.576698, -70.954903],
 'nk': 1,
 'r': 'http://www.facebook.com/l/7AQEFzjSi/1.usa.gov/wfLQtf',
 't': 1331923247,
 'tz': 'America/New_York',
 'u': 'http://www.ncbi.nlm.nih.gov/pubmed/22415991'}
```

14.1.1 순수 파이썬으로 표준시간대 세어보기

이 데이터에서 가장 빈도가 높은 표준시간대(tz 필드)를 구한다고 가정하자. 다양한 방법이 있지만 먼저 리스트 표기법을 사용해서 표준시간대의 목록을 가져오자.

```
In [12]: time_zones = [rec['tz'] for rec in records]
---------------------------------------------------------------------------
KeyError                                  Traceback (most recent call last)
<ipython-input-12-db4fbd348da9> in <module>()
----> 1 time_zones = [rec['tz'] for rec in records]
<ipython-input-12-db4fbd348da9> in <listcomp>(.0)
----> 1 time_zones = [rec['tz'] for rec in records]
KeyError: 'tz'
```

하지만 records의 아이템이 모두 표준시간대 필드가 가지고 있는 건 아니라는 게 드러났다! 이 문제는 if 'tz' in rec을 리스트 표기법 뒤에 추가해서 tz 필드가 있는지 검사하면 쉽게 해결할 수 있다.

```
In [13]: time_zones = [rec['tz'] for rec in records if 'tz' in rec]

In [14]: time_zones[:10]
Out[14]:
['America/New_York',
 'America/Denver',
 'America/New_York',
 'America/Sao_Paulo',
 'America/New_York',
 'America/New_York',
 'Europe/Warsaw',
 '',
 '',
 '']
```

상위 10개의 표준시간대를 보면 그중 몇 개는 비어 있어서 뭔지 알 수 없다. 비어 있는 필드를 제거할 수도 있지만 일단은 그냥 두고 표준시간대를 세어보자.

```python
def get_counts(sequence):
    counts = {}
    for x in sequence:
        if x in counts:
            counts[x] += 1
        else:
            counts[x] = 1
    return counts
```

파이썬 표준 라이브러리에 익숙하다면 다음처럼 좀 더 간단하게 작성할 수도 있다.

```python
from collections import defaultdict

def get_counts2(sequence):
    counts = defaultdict(int) # 값이 0으로 초기화된다.
    for x in sequence:
        counts[x] += 1
    return counts
```

재사용이 쉽도록 이 로직을 함수로 만들고 이 함수에 time_zones 리스트를 넘겨서 사용하자.

```
In [17]: counts = get_counts(time_zones)

In [18]: counts['America/New_York']
Out[18]: 1251

In [19]: len(time_zones)
Out[19]: 3440
```

가장 많이 등장하는 상위 10개의 표준시간대를 알고 싶다면 좀 더 세련된 방법으로 사전을 사용하면 된다.

```python
def top_counts(count_dict, n=10):
    value_key_pairs = [(count, tz) for tz, count in count_dict.items()]
    value_key_pairs.sort()
    return value_key_pairs[-n:]
```

이제 상위 10개의 표준시간대를 구했다.

```
In [21]: top_counts(counts)
Out[21]:
[(33, 'America/Sao_Paulo'),
 (35, 'Europe/Madrid'),
 (36, 'Pacific/Honolulu'),
 (37, 'Asia/Tokyo'),
 (74, 'Europe/London'),
 (191, 'America/Denver'),
 (382, 'America/Los_Angeles'),
 (400, 'America/Chicago'),
 (521, ''),
 (1251, 'America/New_York')]
```

파이썬 표준 라이브러리의 collections.Counter 클래스를 이용하면 지금까지 했던 작업을 훨씬 쉽게 할 수 있다.

```
In [22]: from collections import Counter

In [23]: counts = Counter(time_zones)

In [24]: counts.most_common(10)
Out[24]:
[('America/New_York', 1251),
 ('', 521),
 ('America/Chicago', 400),
 ('America/Los_Angeles', 382),
 ('America/Denver', 191),
 ('Europe/London', 74),
 ('Asia/Tokyo', 37),
 ('Pacific/Honolulu', 36),
 ('Europe/Madrid', 35),
 ('America/Sao_Paulo', 33)]
```

14.1.2 pandas로 표준시간대 세어보기

records를 가지고 DataFrame을 만드는 방법은 아주 쉽다. 그냥 레코드가 담긴 리스트를 pnadas.DataFrame으로 넘기면 된다.

```
In [25]: import pandas as pd

In [26]: frame = pd.DataFrame(records)

In [27]: frame.info()
<class 'pandas.core.frame.DataFrame'>
RangeIndex: 3560 entries, 0 to 3559
Data columns (total 18 columns):
_heartbeat_    120 non-null float64
a              3440 non-null object
al             3094 non-null object
c              2919 non-null object
cy             2919 non-null object
g              3440 non-null object
gr             2919 non-null object
h              3440 non-null object
hc             3440 non-null float64
hh             3440 non-null object
kw             93 non-null object
l              3440 non-null object
ll             2919 non-null object
nk             3440 non-null float64
r              3440 non-null object
t              3440 non-null float64
tz             3440 non-null object
u              3440 non-null object
dtypes: float64(4), object(14)
memory usage: 500.7+ KB

In [28]: frame['tz'][:10]
Out[28]:
0     America/New_York
1       America/Denver
2     America/New_York
3    America/Sao_Paulo
4     America/New_York
5     America/New_York
6        Europe/Warsaw
7
8
9
Name: tz, dtype: object
```

frame의 출력 결과는 거대한 DataFrame 객체의 **요약 정보**다. frame['tz']에서 반환되는 Series 객체에는 value_counts 메서드를 이용해서 시간대를 세어볼 수 있다.

```
In [29]: tz_counts = frame['tz'].value_counts()

In [30]: tz_counts[:10]
Out[30]:
America/New_York       1251
                        521
America/Chicago         400
America/Los_Angeles     382
America/Denver          191
Europe/London            74
Asia/Tokyo               37
Pacific/Honolulu         36
Europe/Madrid            35
America/Sao_Paulo        33
Name: tz, dtype: int64
```

matplotlib 라이브러리로 이 데이터를 그래프로 그릴 수 있다. 그전에 records에서 비어 있는 표준시간대를 다른 이름으로 바꿔보자. fillna 함수로 빠진 값을 대체하고, 불리언 배열 색인을 이용해서 비어 있는 값을 대체할 수 있다.

```
In [31]: clean_tz = frame['tz'].fillna('Missing')

In [32]: clean_tz[clean_tz == ''] = 'Unknown'

In [33]: tz_counts = clean_tz.value_counts()

In [34]: tz_counts[:10]
Out[34]:
America/New_York       1251
Unknown                 521
America/Chicago         400
America/Los_Angeles     382
America/Denver          191
Missing                 120
Europe/London            74
Asia/Tokyo               37
```

```
Pacific/Honolulu        36
Europe/Madrid           35
Name: tz, dtype: int64
```

여기서는 seaborn 패키지를 이용해서 수평막대그래프를 그려보자(그림 14-1).

```
In [36]: import seaborn as sns

In [37]: subset = tz_counts[:10]

In [38]: sns.barplot(y=subset.index, x=subset.values)
```

그림 14-1 1.usa.gov 예제 데이터에서 가장 많이 나타난 시간대

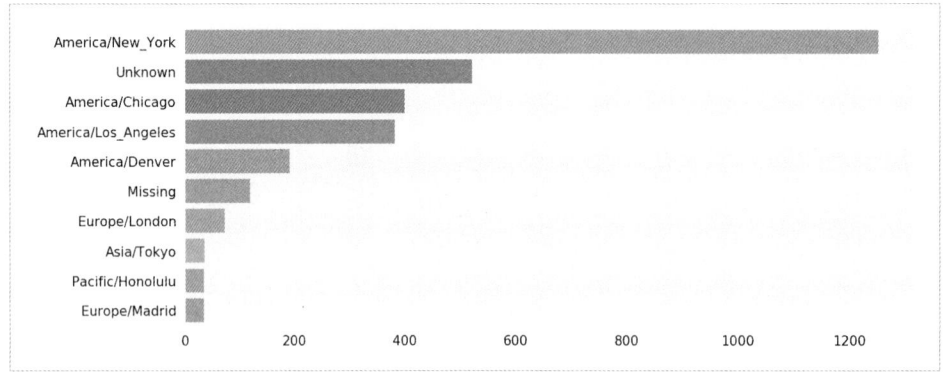

a 필드에는 URL 단축을 실행하는 브라우저, 단말기, 애플리케이션에 대한 정보(User Agent 문자열)가 들어 있다.

```
In [39]: frame['a'][1]
Out[39]: 'GoogleMaps/RochesterNY'

In [40]: frame['a'][50]
Out[40]: 'Mozilla/5.0 (Windows NT 5.1; rv:10.0.2) Gecko/20100101 Firefox/10.0.2'

In [41]: frame['a'][51][:50] # 긴 문자열
Out[41]: 'Mozilla/5.0 (Linux; U; Android 2.2.2; en-us; LG-P9'
```

'agent'라고 하는 흥미로운 문자열 정보를 분석하는 일이 어려워 보일 수도 있다. 한 가지 가능한 전략은 문자열에서 첫 번째 토큰(브라우저의 종류를 어느 정도 알 수 있을 만큼)을 잘라내서 사용자 행동에 대한 또 다른 개요를 만드는 것이다.

```
In [42]: results = pd.Series([x.split()[0] for x in frame.a.dropna()])

In [43]: results[:5]
Out[43]:
0               Mozilla/5.0
1       GoogleMaps/RochesterNY
2               Mozilla/4.0
3               Mozilla/5.0
4               Mozilla/5.0
dtype: object

In [44]: results.value_counts()[:8]
Out[44]:
Mozilla/5.0                 2594
Mozilla/4.0                  601
GoogleMaps/RochesterNY       121
Opera/9.80                    34
TEST_INTERNET_AGENT           24
GoogleProducer                21
Mozilla/6.0                    5
BlackBerry8520/5.0.0.681       4
dtype: int64
```

이제 표준시간대 순위표를 윈도우 사용자와 비윈도우 사용자 그룹으로 나눠보자. 문제를 단순화해서 agent 문자열이 'Windows'를 포함하면 윈도우 사용자라고 가정하고 agent 값이 없는 데이터는 다음과 같이 제외한다.

```
In [45]: cframe = frame[frame.a.notnull()]
```

그리고 이제 각 로우가 윈도우인지 아닌지 검사한다.

```
In [47]: cframe['os'] = np.where(cframe['a'].str.contains('Windows'),
   ....:                         'Windows', 'Not Windows')
```

```
In [48]: cframe['os'][:5]
Out[48]:
0        Windows
1    Not Windows
2        Windows
3    Not Windows
4        Windows
Name: os, dtype: object
```

그런 다음 표준시간대와 운영체제를 기준으로 데이터를 그룹으로 묶는다.

```
In [49]: by_tz_os = cframe.groupby(['tz', 'os'])
```

앞에서 살펴본 value_count 함수처럼 그룹별 합계는 size 함수로 계산할 수 있다. 결과는 unstack 함수를 이용해서 표로 재배치한다.

```
In [50]: agg_counts = by_tz_os.size().unstack().fillna(0)

In [51]: agg_counts[:10]
Out[51]:
os                              Not Windows    Windows
tz
                                      245.0      276.0
Africa/Cairo                            0.0        3.0
Africa/Casablanca                       0.0        1.0
Africa/Ceuta                            0.0        2.0
Africa/Johannesburg                     0.0        1.0
Africa/Lusaka                           0.0        1.0
America/Anchorage                       4.0        1.0
America/Argentina/Buenos_Aires          1.0        0.0
America/Argentina/Cordoba               0.0        1.0
America/Argentina/Mendoza               0.0        1.0
```

마지막으로 전체 표준시간대의 순위를 모아보자. 먼저 agg_counts를 보자.

```
# 오름차순으로 정렬
In [52]: indexer = agg_counts.sum(1).argsort()

In [53]: indexer[:10]
```

```
Out[53]:
tz
                                24
Africa/Cairo                    20
Africa/Casablanca               21
Africa/Ceuta                    92
Africa/Johannesburg             87
Africa/Lusaka                   53
America/Anchorage               54
America/Argentina/Buenos_Aires  57
America/Argentina/Cordoba       26
America/Argentina/Mendoza       55
dtype: int64
```

agg_counts에 take를 사용해서 로우를 정렬된 순서 그대로 선택하고 마지막 10개 로우(가장 큰 값)만 잘라낸다.

```
In [54]: count_subset = agg_counts.take(indexer[-10:])

In [55]: count_subset
Out[55]:
os                   Not Windows  Windows
tz
America/Sao_Paulo           13.0     20.0
Europe/Madrid               16.0     19.0
Pacific/Honolulu             0.0     36.0
Asia/Tokyo                   2.0     35.0
Europe/London               43.0     31.0
America/Denver             132.0     59.0
America/Los_Angeles        130.0    252.0
America/Chicago            115.0    285.0
                           245.0    276.0
America/New_York           339.0    912.0
```

pandas에는 이와 똑같은 동작을 하는 nlargest라는 편리한 메서드가 존재한다.

```
In [56]: agg_counts.sum(1).nlargest(10)
Out[56]:
tz
America/New_York     1251.0
                      521.0
```

```
America/Chicago          400.0
America/Los_Angeles      382.0
America/Denver           191.0
Europe/London             74.0
Asia/Tokyo                37.0
Pacific/Honolulu          36.0
Europe/Madrid             35.0
America/Sao_Paulo         33.0
dtype: float64
```

그런 다음 앞에서 해본 것처럼 plot 함수에 stacked=True를 넘겨주면 데이터를 중첩막대그래프로 만들 수 있다(그림 14-2).

```
# 시각화를 위해 데이터 재배치
In [58]: count_subset = count_subset.stack()

In [59]: count_subset.name = 'total'

In [60]: count_subset = count_subset.reset_index()

In [61]: count_subset[:10]
Out[61]:
                  tz           os  total
0    America/Sao_Paulo  Not Windows   13.0
1    America/Sao_Paulo      Windows   20.0
2        Europe/Madrid  Not Windows   16.0
3        Europe/Madrid      Windows   19.0
4     Pacific/Honolulu  Not Windows    0.0
5     Pacific/Honolulu      Windows   36.0
6           Asia/Tokyo  Not Windows    2.0
7           Asia/Tokyo      Windows   35.0
8        Europe/London  Not Windows   43.0
9        Europe/London      Windows   31.0

In [62]: sns.barplot(x='total', y='tz', hue='os', data=count_subset)
```

그림 14-2 윈도우 사용자와 비윈도우 사용자별 시간대

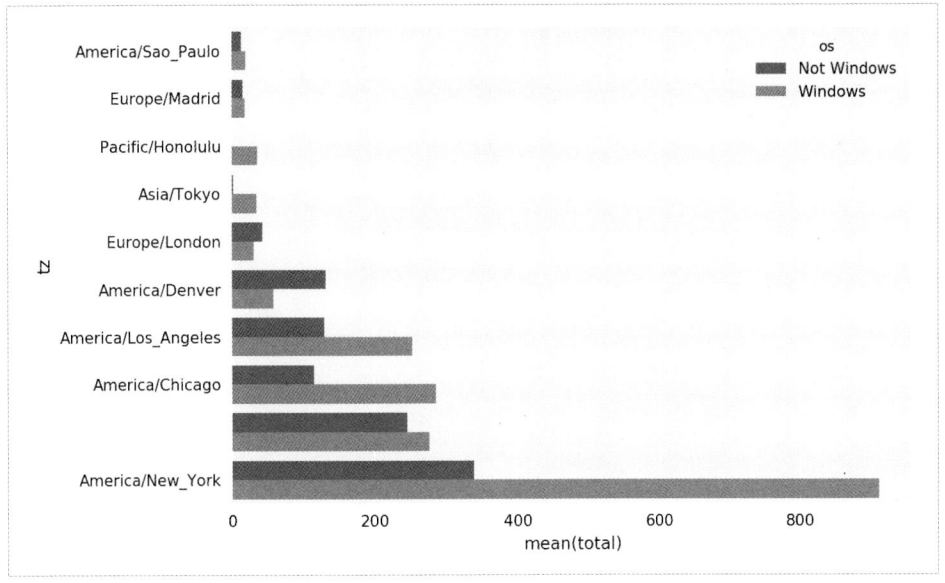

위 그래프로는 작은 그룹에서 윈도우 사용자의 상대 비율을 확인하기 어렵다. 하지만 각 로우에서 총합을 1로 정규화한 뒤 그래프를 그리면 쉽게 확인할 수 있다.

```
def norm_total(group):
    group['normed_total'] = group.total / group.total.sum()
    return group

results = count_subset.groupby('tz').apply(norm_total)
```

정규화한 데이터를 그래프로 그려보자(그림 14-3).

```
In [65]: sns.barplot(x='normed_total', y='tz', hue='os', data=results)
```

그림 14-3 윈도우 사용자와 비윈도우 사용자별 시간대 비율

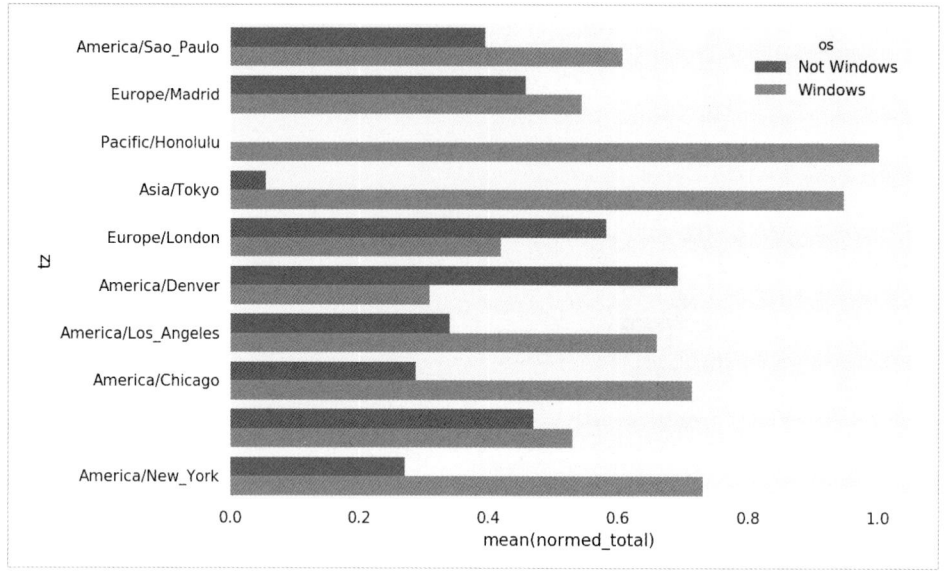

groupby와 transform 메서드를 이용해서 정규합 계산을 더 효율적으로 할 수도 있다.

```
In [66]: g = count_subset.groupby('tz')

In [67]: results2 = count_subset.total / g.total.transform('sum')
```

14.2 MovieLens의 영화 평점 데이터

GroupLens 연구소는 1990년대 말부터 2000년대 초까지 MovieLens 사용자로부터 수집한 방대한 영화 평점 데이터를 제공하고 있다. 이 데이터에는 영화 평점과 영화에 대한 정보(장르, 개봉 년도) 그리고 사용자에 대한 정보(나이, 우편번호, 성별, 직업)가 포함되어 있다. 이런 종류의 데이터는 머신러닝 알고리즘 기반의 추천 시스템을 개발하는 데 주로 활용한다. 머신러닝 기법을 여기서 소개하기는 어렵고 이런 종류의 데이터를 요구 사항에 맞도록 잘 쪼개는 방법만 소개하겠다.

MovieLens 1M(백만 개) 데이터셋은 약 6,000여 명의 사용자로부터 수집한 4,000여 편의

영화에 대한 백만 개의 영화 평점을 담고 있다. 이 데이터셋은 평점, 사용자 정보, 영화 정보의 3가지 테이블로 나뉘어 있는데, zip 파일의 압축을 풀고 각 테이블을 pandas.read_table 함수를 사용하여 DataFrame 객체로 불러오자.

```python
import pandas as pd

# 출력되는 내용을 줄인다.
pd.options.display.max_rows = 10

unames = ['user_id', 'gender', 'age', 'occupation', 'zip']
users = pd.read_table('datasets/movielens/users.dat', sep='::',
                     header=None, names=unames)

rnames = ['user_id', 'movie_id', 'rating', 'timestamp']
ratings = pd.read_table('datasets/movielens/ratings.dat', sep='::',
                       header=None, names=rnames)

mnames = ['movie_id', 'title', 'genres']
movies = pd.read_table('datasets/movielens/movies.dat', sep='::',
                      header=None, names=mnames)
```

DataFrame 객체에 데이터가 제대로 들어갔는지 확인하기 위해 파이썬의 리스트 분할 문법을 사용해서 첫 5개 로우를 출력해보자.

```
In [69]: users[:5]
Out[69]:
   user_id gender  age  occupation    zip
0        1      F    1          10  48067
1        2      M   56          16  70072
2        3      M   25          15  55117
3        4      M   45           7  02460
4        5      M   25          20  55455

In [70]: ratings[:5]
Out[70]:
   user_id  movie_id  rating  timestamp
0        1      1193       5  978300760
1        1       661       3  978302109
2        1       914       3  978301968
3        1      3408       4  978300275
4        1      2355       5  978824291
```

```
In [71]: movies[:5]
Out[71]:
   movie_id                               title                        genres
0         1                    Toy Story (1995)   Animation|Children's|Comedy
1         2                      Jumanji (1995)  Adventure|Children's|Fantasy
2         3             Grumpier Old Men (1995)                Comedy|Romance
3         4            Waiting to Exhale (1995)                  Comedy|Drama
4         5  Father of the Bride Part II (1995)                        Comedy

In [72]: ratings
Out[72]:
         user_id  movie_id  rating  timestamp
0              1      1193       5  978300760
1              1       661       3  978302109
2              1       914       3  978301968
3              1      3408       4  978300275
4              1      2355       5  978824291
...          ...       ...     ...        ...
1000204     6040      1091       1  956716541
1000205     6040      1094       5  956704887
1000206     6040       562       5  956704746
1000207     6040      1096       4  956715648
1000208     6040      1097       4  956715569
[1000209 rows x 4 columns]
```

나이와 직업은 실제 값이 아니라 그룹을 가리키는 코드 번호이며 데이터셋에 있는 README 파일에 해당 코드에 대한 설명이 들어 있다. 세 종류의 테이블에 걸쳐 있는 데이터를 분석하는 일은 단순한 작업이 아니다. 나이와 성별에 따른 어떤 영화의 평균 평점을 계산한다고 해보자. 아래에서 확인할 수 있지만, 모든 데이터를 하나의 테이블로 병합하여 계산하면 무척 쉽게 처리할 수 있다. pandas의 merge 함수를 이용해서 ratings 테이블과 users 테이블을 병합하고 그 결과를 다시 movies 테이블과 병합한다. pandas는 병합하려는 두 테이블에서 중복되는 컬럼의 이름을 키로 사용한다.

```
In [73]: data = pd.merge(pd.merge(ratings, users), movies)

In [74]: data
Out[74]:
   user_id  movie_id  rating  timestamp gender  age  occupation    zip  \
0        1      1193       5  978300760      F    1          10  48067
```

```
1               2     1193     5    978298413       M    56        16    70072
2              12     1193     4    978220179       M    25        12    32793
3              15     1193     4    978199279       M    25         7    22903
4              17     1193     5    978158471       M    50         1    95350
...           ...      ...   ...          ...     ...   ...       ...      ...
1000204      5949     2198     5    958846401       M    18        17    47901
1000205      5675     2703     3    976029116       M    35        14    30030
1000206      5780     2845     1    958153068       M    18        17    92886
1000207      5851     3607     5    957756608       F    18        20    55410
1000208      5938     2909     4    957273353       M    25         1    35401
                                           title                genres
0              One Flew Over the Cuckoo's Nest (1975)            Drama
1              One Flew Over the Cuckoo's Nest (1975)            Drama
2              One Flew Over the Cuckoo's Nest (1975)            Drama
3              One Flew Over the Cuckoo's Nest (1975)            Drama
4              One Flew Over the Cuckoo's Nest (1975)            Drama
...                                          ...                   ...
1000204                          Modulations (1998)          Documentary
1000205                        Broken Vessels (1998)               Drama
1000206                           White Boys (1999)                Drama
1000207                     One Little Indian (1973) Comedy|Drama|Western
1000208  Five Wives, Three Secretaries and Me (1998)          Documentary
[1000209 rows x 10 columns]

In [75]: data.iloc[0]
Out[75]:
user_id                                             1
movie_id                                         1193
rating                                              5
timestamp                                   978300760
gender                                              F
age                                                 1
occupation                                         10
zip                                             48067
title         One Flew Over the Cuckoo's Nest (1975)
genres                                          Drama
Name: 0, dtype: object
```

성별에 따른 각 영화의 평균 평점을 구하려면 pivot_table 메서드를 사용하면 된다.

```
In [76]: mean_ratings = data.pivot_table('rating', index='title',
   ....:                                 columns='gender', aggfunc='mean')
```

```
In [77]: mean_ratings[:5]
Out[77]:
gender                              F         M
title
$1,000,000 Duck (1971)              3.375000  2.761905
'Night Mother (1986)                3.388889  3.352941
'Til There Was You (1997)           2.675676  2.733333
'burbs, The (1989)                  2.793478  2.962085
...And Justice for All (1979)       3.828571  3.689024
```

이렇게 하면 매 로우마다 성별에 따른 평균 영화 평점 정보를 담고 있는 DataFrame 객체가 만들어진다. 먼저 250건 이상의 평점 정보가 있는 영화만 추려보자. 데이터를 영화 제목으로 그룹화하고 size( ) 함수를 사용해서 제목별 평점 정보 건수를 Series 객체로 얻어낸다.

```
In [78]: ratings_by_title = data.groupby('title').size()

In [79]: ratings_by_title[:10]
Out[79]:
title
$1,000,000 Duck (1971)                37
'Night Mother (1986)                  70
'Til There Was You (1997)             52
'burbs, The (1989)                   303
...And Justice for All (1979)        199
1-900 (1994)                           2
10 Things I Hate About You (1999)    700
101 Dalmatians (1961)                565
101 Dalmatians (1996)                364
12 Angry Men (1957)                  616
dtype: int64

In [80]: active_titles = ratings_by_title.index[ratings_by_title >= 250]

In [81]: active_titles
Out[81]:
Index([''burbs, The (1989)', '10 Things I Hate About You (1999)',
       '101 Dalmatians (1961)', '101 Dalmatians (1996)', '12 Angry Men (1957)',
       '13th Warrior, The (1999)', '2 Days in the Valley (1996)',
       '20,000 Leagues Under the Sea (1954)', '2001: A Space Odyssey (1968)',
       '2010 (1984)',
       ...
```

```
       'X-Men (2000)', 'Year of Living Dangerously (1982)',
       'Yellow Submarine (1968)', 'You've Got Mail (1998)',
       'Young Frankenstein (1974)', 'Young Guns (1988)',
       'Young Guns II (1990)', 'Young Sherlock Holmes (1985)',
       'Zero Effect (1998)', 'eXistenZ (1999)'],
      dtype='object', name='title', length=1216)
```

250건 이상의 평점 정보가 있는 영화에 대한 색인은 mean_ratings에서 항목을 선택하기 위해 사용할 수 있다.

```
# 영화 색인으로 로우 선택
In [82]: mean_ratings = mean_ratings.loc[active_titles]

In [83]: mean_ratings
Out[83]:
gender                               F         M
title
'burbs, The (1989)                2.793478  2.962085
10 Things I Hate About You (1999) 3.646552  3.311966
101 Dalmatians (1961)             3.791444  3.500000
101 Dalmatians (1996)             3.240000  2.911215
12 Angry Men (1957)               4.184397  4.328421
...                                    ...       ...
Young Guns (1988)                 3.371795  3.425620
Young Guns II (1990)              2.934783  2.904025
Young Sherlock Holmes (1985)      3.514706  3.363344
Zero Effect (1998)                3.864407  3.723140
eXistenZ (1999)                   3.098592  3.289086
[1216 rows x 2 columns]
```

여성에게 높은 평점을 받은 영화 목록을 확인하기 위해 F 컬럼을 내림차순으로 정렬한다.

```
In [85]: top_female_ratings = mean_ratings.sort_values(by='F', ascending=False)

In [86]: top_female_ratings[:10]
Out[86]:
gender                               F         M
title
Close Shave, A (1995)             4.644444  4.473795
Wrong Trousers, The (1993)        4.588235  4.478261
```

```
Sunset Blvd. (a.k.a. Sunset Boulevard) (1950)         4.572650  4.464589
Wallace & Gromit: The Best of Aardman Animation...    4.563107  4.385075
Schindler's List (1993)                               4.562602  4.491415
Shawshank Redemption, The (1994)                      4.539075  4.560625
Grand Day Out, A (1992)                               4.537879  4.293255
To Kill a Mockingbird (1962)                          4.536667  4.372611
Creature Comforts (1990)                              4.513889  4.272277
Usual Suspects, The (1995)                            4.513317  4.518248
```

14.2.1 평점 차이 구하기

이번엔 남녀 간의 호불호가 갈리는 영화를 찾아보자. mean_ratings에 평균 평점의 차이를 담을 수 있는 컬럼을 하나 추가하고, 그 컬럼을 기준으로 정렬하자.

```
In [87]: mean_ratings['diff'] = mean_ratings['M'] - mean_ratings['F']
```

이제 'diff'로 정렬하면 여성들이 더 선호하는 영화 순으로 나타난다.

```
In [88]: sorted_by_diff = mean_ratings.sort_values(by='diff')

In [89]: sorted_by_diff[:10]
Out[89]:
gender                                    F         M      diff
title
Dirty Dancing (1987)                   3.790378  2.959596 -0.830782
Jumpin' Jack Flash (1986)              3.254717  2.578358 -0.676359
Grease (1978)                          3.975265  3.367041 -0.608224
Little Women (1994)                    3.870588  3.321739 -0.548849
Steel Magnolias (1989)                 3.901734  3.365957 -0.535777
Anastasia (1997)                       3.800000  3.281609 -0.518391
Rocky Horror Picture Show, The (1975)  3.673016  3.160131 -0.512885
Color Purple, The (1985)               4.158192  3.659341 -0.498851
Age of Innocence, The (1993)           3.827068  3.339506 -0.487561
Free Willy (1993)                      2.921348  2.438776 -0.482573
```

역순으로 정렬한 다음 상위 10개 로우를 잘라내면 남성의 선호도 순으로 확인할 수 있다.

```
# 뒤에서 10개의 로우 선택
In [90]: sorted_by_diff[::-1][:10]
Out[90]:
gender                                      F         M       diff
title
Good, The Bad and The Ugly, The (1966)   3.494949  4.221300  0.726351
Kentucky Fried Movie, The (1977)         2.878788  3.555147  0.676359
Dumb & Dumber (1994)                     2.697987  3.336595  0.638608
Longest Day, The (1962)                  3.411765  4.031447  0.619682
Cable Guy, The (1996)                    2.250000  2.863787  0.613787
Evil Dead II (Dead By Dawn) (1987)       3.297297  3.909283  0.611985
Hidden, The (1987)                       3.137931  3.745098  0.607167
Rocky III (1982)                         2.361702  2.943503  0.581801
Caddyshack (1980)                        3.396135  3.969737  0.573602
For a Few Dollars More (1965)            3.409091  3.953795  0.544704
```

성별에 관계없이 영화에 대한 호불호가 극명하게 나뉘는 영화를 찾아보자. 호불호는 평점의 분산이나 표준편차로 측정할 수 있다.

```
# 영화별 평점 표준편차
In [91]: rating_std_by_title = data.groupby('title')['rating'].std()

# active_titles만 선택
In [92]: rating_std_by_title = rating_std_by_title.loc[active_titles]

# 평점 내림차순으로 Series 정렬
In [93]: rating_std_by_title.sort_values(ascending=False)[:10]
Out[93]:
title
Dumb & Dumber (1994)                    1.321333
Blair Witch Project, The (1999)         1.316368
Natural Born Killers (1994)             1.307198
Tank Girl (1995)                        1.277695
Rocky Horror Picture Show, The (1975)   1.260177
Eyes Wide Shut (1999)                   1.259624
Evita (1996)                            1.253631
Billy Madison (1995)                    1.249970
Fear and Loathing in Las Vegas (1998)   1.246408
Bicentennial Man (1999)                 1.245533
Name: rating, dtype: float64
```

데이터 파일을 열어본 독자라면 영화 장르가 파이프(|)로 구분되어 제공되고 있다는 사실을 알 수 있다. 만일 영화 장르에 기반한 분석을 하려면 영화 장르 정보를 좀 더 사용하기 편한 형식으로 변형할 필요가 있다.

14.3 신생아 이름

미국사회보장국(SSA)에서는 1880년부터 현재까지 가장 빈도가 높은 신생아 이름에 대한 정보를 제공하고 있다. 여러 가지 유명한 R 패키지 개발자인 해들리 위컴은 R에서 데이터를 다루는 방법을 설명할 때 종종 이 데이터셋을 활용한다.

이 데이터셋을 불러 오려면 데이터를 다듬는 과정이 필요한데 일단 정리하고 나면 다음과 같은 DataFrame을 얻을 수 있다.

```
In [4]: names.head(10)
Out[4]:
        name sex  births  year
0       Mary   F    7065  1880
1       Anna   F    2604  1880
2       Emma   F    2003  1880
3  Elizabeth   F    1939  1880
4     Minnie   F    1746  1880
5   Margaret   F    1578  1880
6        Ida   F    1472  1880
7      Alice   F    1414  1880
8     Bertha   F    1320  1880
9      Sarah   F    1288  1880
```

이 데이터를 이용해서 여러 가지 분석을 할 수 있다.

- 시대별로 특정 이름이 차지하는 비율을 구해 얼마나 흔한 이름인지 알아보기
- 이름의 상대 순위 알아보기
- 각 연도별로 가장 인기 있는 이름, 가장 많이 증가하거나 감소한 이름 알아보기
- 모음, 자음, 길이, 전체 다양성, 철자 변화, 첫 글자와 마지막 글자 등 이름 유행 분석하기
- 성서에 등장하는 이름, 유명인, 인구통계학적 변화 등 외부 자료를 통한 유행 분석

지금까지 살펴본 도구를 이용하면 이 정도의 분석은 아주 쉽게 해낼 수 있다. 여러분이 따라 할 수 있게 차근차근 설명하겠다.

이 책을 쓰는 현재 미국사회보장국은 매해 전체 출생에 대해 성별과 이름 정보를 제공하고 있다. 가공되지 않은 데이터 파일은 사회보장국 웹페이지[1]에서 구할 수 있다.

페이지 주소는 바뀔 수 있으니 인터넷 검색을 통해 찾아보자. '국가 정보'인 names.zip 파일을 받은 후 압축을 풀면 yob1880.txt 같은 이름의 파일들이 담겨 있는 디렉터리가 생성된다. 유닉스의 head 명령어를 사용하여 이 파일들 중 하나에서 처음 10줄을 먼저 살펴보자(윈도우에서는 more 명령어를 사용하거나 텍스트 에디터에서 열어본다).

```
In [94]: !head -n 10 datasets/babynames/yob1880.txt
Mary,F,7065
Anna,F,2604
Emma,F,2003
Elizabeth,F,1939
Minnie,F,1746
Margaret,F,1578
Ida,F,1472
Alice,F,1414
Bertha,F,1320
Sarah,F,1288
```

편리하게도 쉼표로 구분되어 있으니 pandas.read_csv 메서드를 사용해서 DataFrame 객체로 불러오자.

```
In [95]: import pandas as pd

In [96]: names1880 = pd.read_csv('datasets/babynames/yob1880.txt',
   ....:                         names=['name', 'sex', 'births'])

In [97]: names1880
Out[97]:
       name sex  births
0      Mary   F    7065
1      Anna   F    2604
2      Emma   F    2003
```

---
[1] http://www.ssa.gov/oact/babynames/limits.html

```
3      Elizabeth   F   1939
4         Minnie   F   1746
...          ...   ..   ...
1995      Woodie   M      5
1996      Worthy   M      5
1997      Wright   M      5
1998        York   M      5
1999   Zachariah   M      5
[2000 rows x 3 columns]
```

이 데이터는 각 연도별로 최소 5명 이상 중복되는 이름만 포함하고 있다. 따라서 편의상 성별 별 출생수를 모두 합한 값을 해당 연도의 전체 출생수라고 가정하자.

```
In [98]: names1880.groupby('sex').births.sum()
Out[98]:
sex
F     90993
M    110493
Name: births, dtype: int64
```

자료가 연도별 파일로 나뉘어져 있으니 먼저 모든 데이터를 DataFrame 하나로 모은 다음 year 항목을 추가한다. pandas.concat을 이용하면 이 작업을 쉽게 할 수 있다.

```python
years = range(1880, 2011)

pieces = []
columns = ['name', 'sex', 'births']

for year in years:
    path = 'datasets/babynames/yob%d.txt' % year
    frame = pd.read_csv(path, names=columns)

    frame['year'] = year
    pieces.append(frame)

# 모두 하나의 DataFrame으로 합치기
names = pd.concat(pieces, ignore_index=True)
```

여기서 두 가지 언급해야 할 내용이 있다. 첫째, concat 메서드는 DataFrame 객체를 합쳐준다. 둘째, read_csv로 읽어온 원래 로우 순서는 몰라도 되니 concat 메서드에 ignore_index=True를 인자로 전달해야 한다. 이렇게 해서 전체 이름 데이터를 담고 있는 거대한 DataFrame 객체를 만들었다.

```
In [100]: names
Out[100]:
              name sex  births  year
0             Mary   F    7065  1880
1             Anna   F    2604  1880
2             Emma   F    2003  1880
3        Elizabeth   F    1939  1880
4           Minnie   F    1746  1880
...            ...  ..     ...   ...
1690779    Zymaire   M       5  2010
1690780     Zyonne   M       5  2010
1690781   Zyquarius  M       5  2010
1690782      Zyran   M       5  2010
1690783      Zzyzx   M       5  2010
[1690784 rows x 4 columns]
```

이제 이 데이터에 groupby나 pivot_table을 이용해서 연도나 성별에 따른 데이터를 수집할 수 있다(그림 14-4).

```
In [101]: total_births = names.pivot_table('births', index='year',
   .....:                                   columns='sex', aggfunc=sum)

In [102]: total_births.tail()
Out[102]:
sex         F        M
year
2006   1896468  2050234
2007   1916888  2069242
2008   1883645  2032310
2009   1827643  1973359
2010   1759010  1898382

In [103]: total_births.plot(title='Total births by sex and year')
```

그림 14-4 연도와 성별 출산수

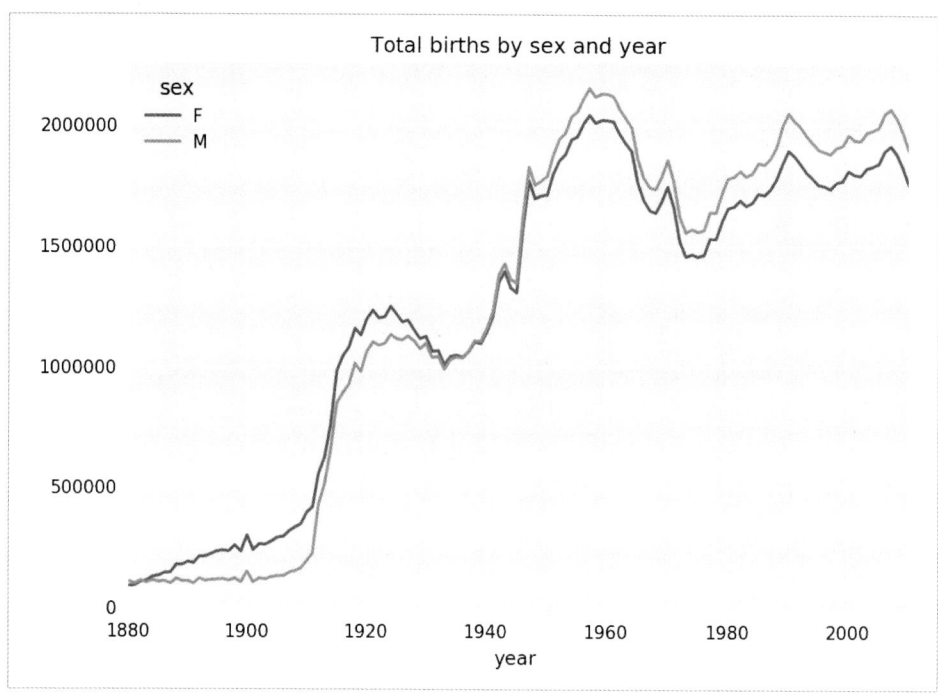

다음은 prop 컬럼을 추가해서 각 이름이 전체 출생수에서 차지하는 비율을 계산하자. prop 값이 0.02라면 100명의 아기 중 2명의 이름이 같다는 뜻이다. 데이터를 연도와 성별로 그룹화하고 각 그룹에 새 컬럼을 추가하자.

```
def add_prop(group):
    group['prop'] = group.births / group.births.sum()
    return group
names = names.groupby(['year', 'sex']).apply(add_prop)
```

이제 names에 새로운 prop 컬럼이 추가되었다.

```
In [105]: names
Out[105]:
           name sex  births  year      prop
0          Mary   F    7065  1880  0.077643
1          Anna   F    2604  1880  0.028618
2          Emma   F    2003  1880  0.022013
3     Elizabeth   F    1939  1880  0.021309
```

```
4            Minnie    F    1746   1880   0.019188
...             ...    ..     ...    ...        ...
1690779     Zymaire    M       5   2010   0.000003
1690780      Zyonne    M       5   2010   0.000003
1690781   Zyquarius    M       5   2010   0.000003
1690782       Zyran    M       5   2010   0.000003
1690783       Zzyzx    M       5   2010   0.000003
[1690784 rows x 5 columns]
```

그룹 관련 연산을 수행할 때는 모든 그룹에서 prop 컬럼의 합이 1이 맞는지 확인하는 새너티 테스트를 하는 게 좋다.

```
In [106]: names.groupby(['year', 'sex']).prop.sum()
Out[106]:
year  sex
1880  F      1.0
      M      1.0
1881  F      1.0
      M      1.0
1882  F      1.0
             ...
2008  M      1.0
2009  F      1.0
      M      1.0
2010  F      1.0
      M      1.0
Name: prop, Length: 262, dtype: float64
```

이제 모든 준비가 끝났고, 분석에 사용할 각 연도별/성별에 따른 선호하는 이름 1,000개를 추출하자. 이것 역시 그룹 연산이다.

```
def get_top1000(group):
    return group.sort_values(by='births', ascending=False)[:1000]
grouped = names.groupby(['year', 'sex'])
top1000 = grouped.apply(get_top1000)
# 그룹 색인은 필요없으므로 삭제
top1000.reset_index(inplace=True, drop=True)
```

함수를 정의하지 않고 직접 추출하고 싶다면 다음처럼 할 수도 있다.

```
pieces = []
for year, group in names.groupby(['year', 'sex']):
    pieces.append(group.sort_values(by='births', ascending=False)[:1000])
top1000 = pd.concat(pieces, ignore_index=True)
```

이제 데이터셋의 크기가 조금 줄었다.

```
In [108]: top1000
Out[108]:
            name sex  births  year      prop
0           Mary   F    7065  1880  0.077643
1           Anna   F    2604  1880  0.028618
2           Emma   F    2003  1880  0.022013
3      Elizabeth   F    1939  1880  0.021309
4         Minnie   F    1746  1880  0.019188
...          ...  ..     ...   ...       ...
261872     Camilo  M     194  2010  0.000102
261873     Destin  M     194  2010  0.000102
261874     Jaquan  M     194  2010  0.000102
261875     Jaydan  M     194  2010  0.000102
261876     Maxton  M     193  2010  0.000102
[261877 rows x 5 columns]
```

이렇게 추출한 상위 1,000개의 이름 데이터는 이어지는 분석에서 사용하도록 하자.

14.3.1 이름 유행 분석

전체 데이터셋과 상위 1,000개의 이름 데이터로 흥미로운 이름 유행을 분석해보자. 먼저 상위 1,000개의 데이터를 남자아이와 여자아이로 분리한다.

```
In [109]: boys = top1000[top1000.sex == 'M']

In [110]: girls = top1000[top1000.sex == 'F']
```

연도별로 John이나 Mary라는 이름의 추이를 간단하게 그래프로 그릴 수 있는데, 그전에 데이터를 살짝 변경할 필요가 있다. 연도와 이름에 대한 전체 출생수를 피벗테이블로 만들자.

```
In [111]: total_births = top1000.pivot_table('births', index='year',
   .....:                                    columns='name',
   .....:                                    aggfunc=sum)
```

DataFrame의 plot 메서드를 사용해서 몇몇 이름의 추이를 그래프로 그려보자(그림 14-5).

```
In [112]: total_births.info()
<class 'pandas.core.frame.DataFrame'>
Int64Index: 131 entries, 1880 to 2010
Columns: 6868 entries, Aaden to Zuri
dtypes: float64(6868)
memory usage: 6.9 MB

In [113]: subset = total_births[['John', 'Harry', 'Mary', 'Marilyn']]

In [114]: subset.plot(subplots=True, figsize=(12, 10), grid=False,
   .....:             title="Number of births per year")
```

그림 14-5 연도별 남아 및 여아 이름 추이

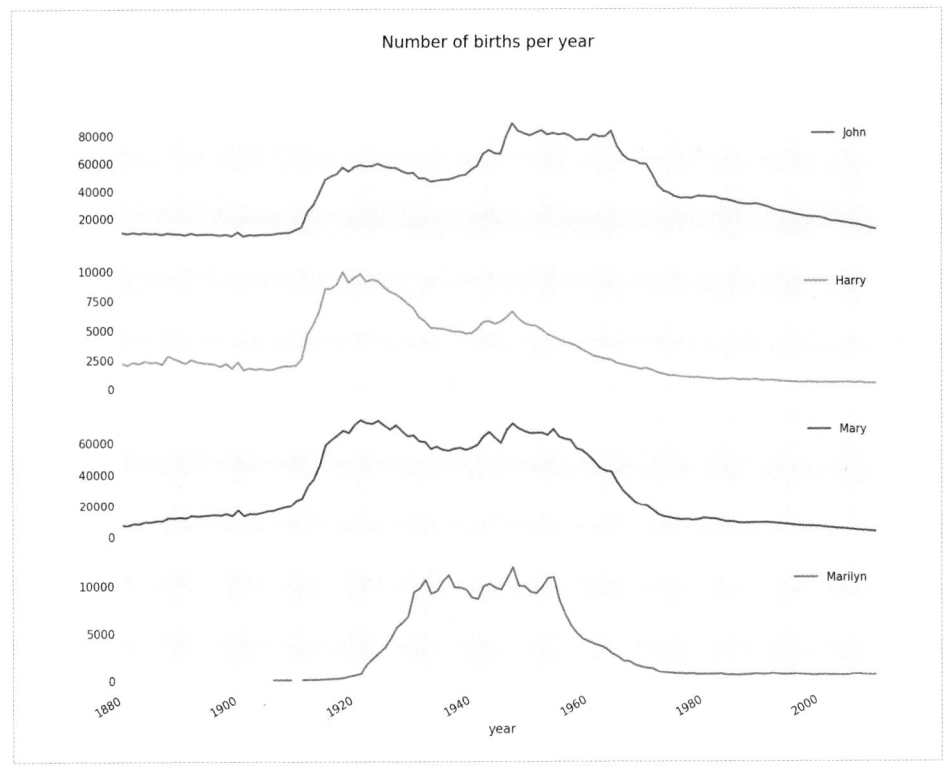

그래프를 보면 예로 든 이름들이 최근 미국에서 인기가 없다는 걸 알 수 있다. 하지만 단순히 이렇게 결론을 내기에는 조금 복잡한데 이 부분은 다음 절에서 살펴보겠다.

다양한 이름을 사용하는 경향 측정하기

위에서 확인한 그래프의 감소 추세는 부모가 아이의 이름을 지을 때 흔한 이름은 기피한다고 해석할 수 있다. 이 가설은 데이터에서 살펴볼 수 있으며 확인이 가능하다. 좀 더 자세히 알아보기 위해 인기 있는 이름 1,000개가 전체 출생수에서 차지하는 비율을 연도별/성별 그래프로 그려보자(그림 14-6).

```
In [116]: table = top1000.pivot_table('prop', index='year',
     .....:                            columns='sex', aggfunc=sum)

In [117]: table.plot(title='Sum of table1000.prop by year and sex',
     .....:          yticks=np.linspace(0, 1.2, 13), xticks=range(1880, 2020, 10)
)
```

그림 14-6 인기 있는 이름 1000개의 연도별/성별 비율

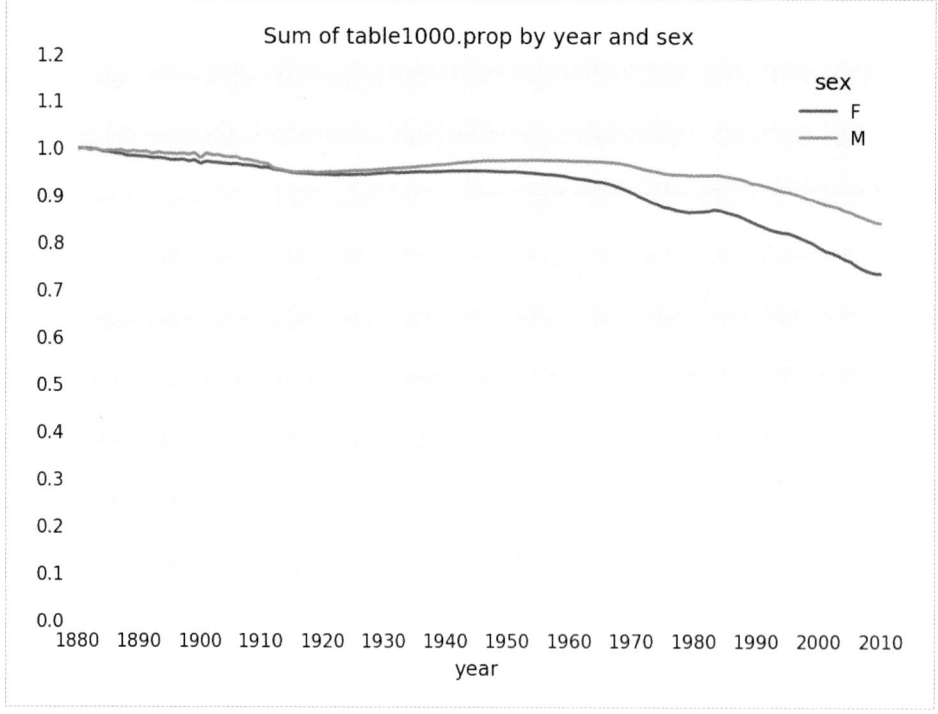

그림에서 확인할 수 있듯이 실제로 이름의 다양성이 증가하고 있음을 보여준다(상위 1,000개의 이름에서 비율의 총합이 감소하고 있다). 또한 인기 있는 이름순으로 정렬했을 때 전체 출생수의 50%를 차지하기까지 등장하는 이름수도 흥미롭다.

```
In [118]: df = boys[boys.year == 2010]

In [119]: df
Out[119]:
          name    sex  births  year    prop
260877    Jacob    M   21875   2010    0.011523
260878    Ethan    M   17866   2010    0.009411
260879    Michael  M   17133   2010    0.009025
260880    Jayden   M   17030   2010    0.008971
260881    William  M   16870   2010    0.008887
...       ...     ..   ...     ...     ...
261872    Camilo   M   194     2010    0.000102
261873    Destin   M   194     2010    0.000102
261874    Jaquan   M   194     2010    0.000102
261875    Jaydan   M   194     2010    0.000102
261876    Maxton   M   193     2010    0.000102
[1000 rows x 5 columns]
```

prop을 내림차순으로 정렬하고 나서 전체의 50%가 되기까지 얼마나 많은 이름이 등장하는지 알아보자. for 문을 사용해서 구현할 수도 있지만, 벡터화된 NumPy를 사용하는 편이 조금 더 편하다. prop의 누계를 cumsum에 저장하고 searchsorted 메서드를 호출해서 정렬된 상태에서 누계가 0.5가 되는 위치를 구한다.

```
In [120]: prop_cumsum = df.sort_values(by='prop', ascending=False).prop.cumsum()

In [121]: prop_cumsum[:10]
Out[121]:
260877    0.011523
260878    0.020934
260879    0.029959
260880    0.038930
260881    0.047817
260882    0.056579
260883    0.065155
260884    0.073414
```

```
260885    0.081528
260886    0.089621
Name: prop, dtype: float64

In [122]: prop_cumsum.values.searchsorted(0.5)
Out[122]: 116
```

배열의 색인은 0부터 시작하기 때문에 결과에 1을 더해주면 117이 나온다. 1900년에는 이보다 더 낮았다.

```
In [123]: df = boys[boys.year == 1900]

In [124]: in1900 = df.sort_values(by='prop', ascending=False).prop.cumsum()

In [125]: in1900.values.searchsorted(0.5) + 1
Out[125]: 25
```

이제 이 연산을 각 연도별/성별 조합에 적용할 수 있다. 연도와 성을 groupby로 묶고 각 그룹에 apply를 사용해서 이 연산을 적용하면 된다.

```
def get_quantile_count(group, q=0.5):
    group = group.sort_values(by='prop', ascending=False)
    return group.prop.cumsum().values.searchsorted(q) + 1

diversity = top1000.groupby(['year', 'sex']).apply(get_quantile_count)
diversity = diversity.unstack('sex')
```

연산 결과인 diversity DataFrame은 이제 각 성별에 따라 연도별로 색인된 두 개의 시계열 데이터를 담고 있다.

```
In [128]: diversity.head()
Out[128]:
sex    F   M
year
1880   38  14
1881   38  14
1882   38  15
```

```
1883  39  15
1884  39  16

In [129]: diversity.plot(title="Number of popular names in top 50%")
```

그림 14-7 연도별 이름 다양성 지수

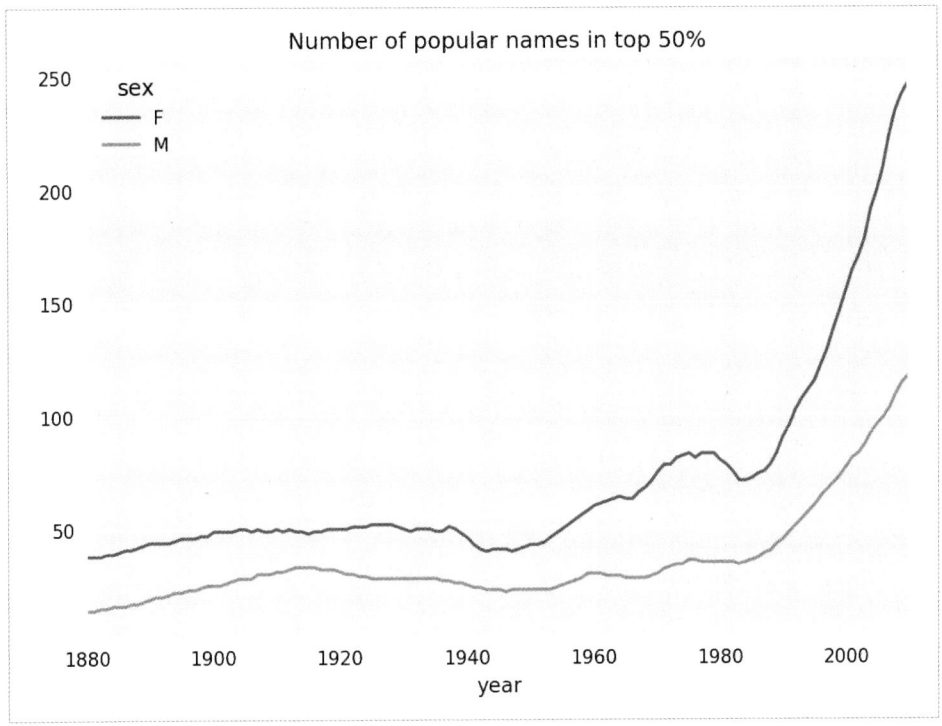

보다시피 여자아이의 이름은 항상 남자아이 이름보다 더 다양하며, 시간이 흐를수록 더욱 다양해지고 있다. 대체되는 철자의 증가 같은 다양성을 높이는 요인에 대한 자세한 분석은 여러분의 몫으로 남겨두겠다.

'마지막 글자'의 변화

2007년 아이 이름을 연구하는 로라 와튼버그는 지난 100년 동안 남자아이 이름의 마지막 글자의 분포에 중요한 변화가 있었다고 자신의 웹사이트[2]에 게재했다. 지금부터 전체 자료에서 연도, 성별, 이름의 마지막 글자를 수집해서 이를 확인해보자.

```
# name 컬럼에서 마지막 글자를 추출한다.
get_last_letter = lambda x: x[-1]
last_letters = names.name.map(get_last_letter)
last_letters.name = 'last_letter'

table = names.pivot_table('births', index=last_letters,
                          columns=['sex', 'year'], aggfunc=sum)
```

이제 전체 기간 중 세 지점을 골라 이름의 마지막 글자 몇 개를 출력해보자. 1910, 1960, 2010을 골랐다.

```
In [131]: subtable = table.reindex(columns=[1910, 1960, 2010], level='year')

In [132]: subtable.head()
Out[132]:
sex                  F                           M
year              1910      1960      2010     1910      1960      2010
last_letter
a             108376.0  691247.0  670605.0    977.0    5204.0   28438.0
b                  NaN     694.0     450.0    411.0    3912.0   38859.0
c                  5.0      49.0     946.0    482.0   15476.0   23125.0
d               6750.0    3729.0    2607.0  22111.0  262112.0   44398.0
e             133569.0  435013.0  313833.0  28655.0  178823.0  129012.0
```

그다음에는 전체 출생수에서 성별별로 각각의 마지막 글자가 차지하는 비율을 계산하기 위해 전체 출생수로 정규화하자.

```
In [133]: subtable.sum()
Out[133]:
```

---

[2] http://www.babynamewizard.com

```
sex  year
F    1910         396416.0
     1960        2022062.0
     2010        1759010.0
M    1910         194198.0
     1960        2132588.0
     2010        1898382.0
dtype: float64

In [134]: letter_prop = subtable / subtable.sum()

In [135]: letter_prop
Out[135]:
sex                F                              M
year            1910      1960      2010      1910      1960      2010
last_letter
a           0.273390  0.341853  0.381240  0.005031  0.002440  0.014980
b                NaN  0.000343  0.000256  0.002116  0.001834  0.020470
c           0.000013  0.000024  0.000538  0.002482  0.007257  0.012181
d           0.017028  0.001844  0.001482  0.113858  0.122908  0.023387
e           0.336941  0.215133  0.178415  0.147556  0.083853  0.067959
...              ...       ...       ...       ...       ...       ...
v                NaN  0.000060  0.000117  0.000113  0.000037  0.001434
w           0.000020  0.000031  0.001182  0.006329  0.007711  0.016148
x           0.000015  0.000037  0.000727  0.003965  0.001851  0.008614
y           0.110972  0.152569  0.116828  0.077349  0.160987  0.058168
z           0.002439  0.000659  0.000704  0.000170  0.000184  0.001831
[26 rows x 6 columns]
```

이렇게 구한 이름의 마지막 글자 비율로 성별과 출생 연도에 대한 막대그래프를 그려보자(그림 14-8).

```
import matplotlib.pyplot as plt

fig, axes = plt.subplots(2, 1, figsize=(10, 8))
letter_prop['M'].plot(kind='bar', rot=0, ax=axes[0], title='Male')
letter_prop['F'].plot(kind='bar', rot=0, ax=axes[1], title='Female',
                     legend=False)
```

그림 14-8 이름의 끝 글자 비율

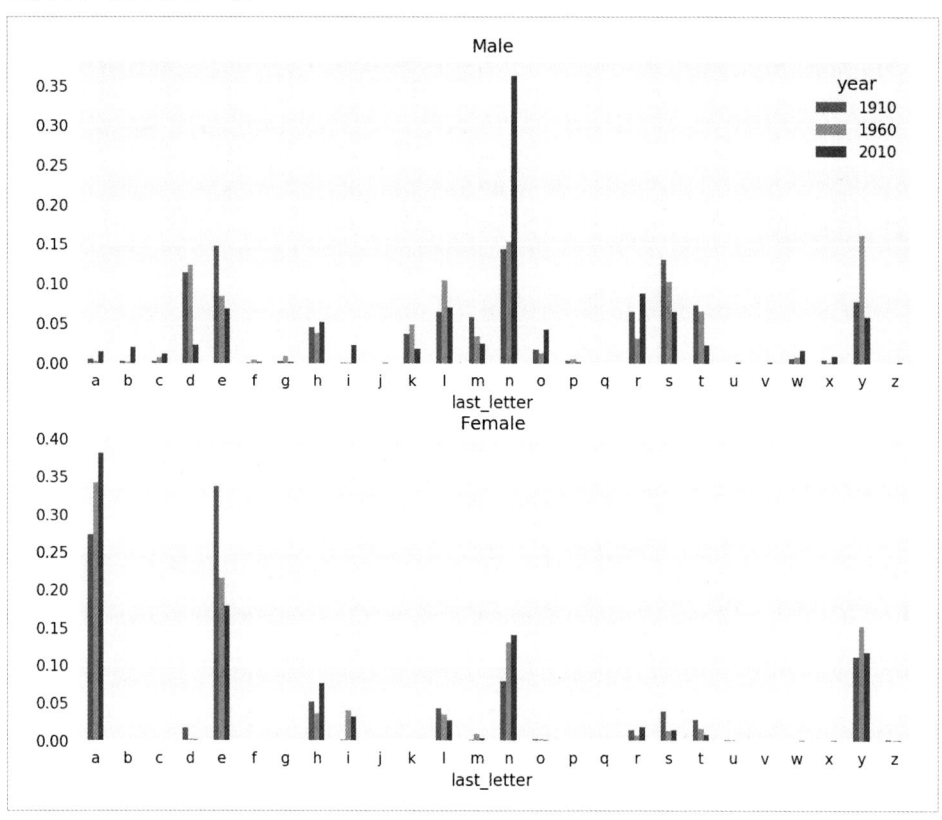

그래프에서 확인할 수 있듯이 'n'으로 끝나는 남자아이 이름의 빈도가 1960년도 이후에 급격하게 증가했다. 이제 세 지점이 아닌 전체 자료에 대해 출생연도와 성별, 남자아이 이름에서 몇 가지 글자로 정규화하고 시계열 데이터로 변환하자.

```
In [138]: letter_prop = table / table.sum()

In [139]: dny_ts = letter_prop.loc[['d', 'n', 'y'], 'M'].T

In [140]: dny_ts.head()
Out[140]:
last_letter         d         n         y
year
1880         0.083055  0.153213  0.075760
1881         0.083247  0.153214  0.077451
1882         0.085340  0.149560  0.077537
```

1883	0.084066	0.151646	0.079144
1884	0.086120	0.149915	0.080405

이 시계열 데이터를 plot 메서드를 이용해서 연도별 그래프로 만들어보자(그림 14-9).

```
In [143]: dny_ts.plot()
```

그림 14-9 d/n/y로 끝나는 이름을 가진 남아의 연도별 출생 비율

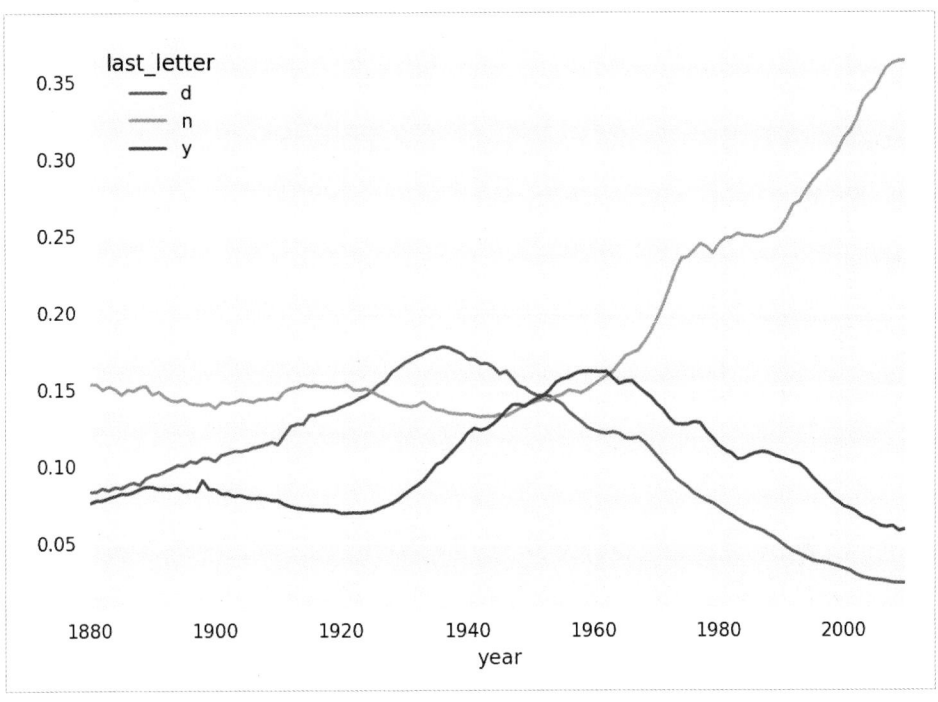

남자 이름과 여자 이름이 바뀐 경우

또 다른 재미있는 경향은 예전에는 남자 이름으로 선호되다가 현재는 여자 이름으로 선호되는 경우다. Lesley 또는 Leslie라는 이름이 그렇다. top1000 데이터를 이용해서 'lesl'로 시작하는 이름을 포함하는 목록을 만들어보자.

```
In [144]: all_names = pd.Series(top1000.name.unique())
```

```
In [145]: lesley_like = all_names[all_names.str.lower().str.contains('lesl')]

In [146]: lesley_like
Out[146]:
632      Leslie
2294     Lesley
4262     Leslee
4728      Lesli
6103      Lesly
dtype: object
```

이제 이 이름들만 걸러내서 이름별로 출생수를 구하고 상대도수를 확인해보자.

```
In [147]: filtered = top1000[top1000.name.isin(lesley_like)]

In [148]: filtered.groupby('name').births.sum()
Out[148]:
name
Leslee      1082
Lesley     35022
Lesli        929
Leslie    370429
Lesly      10067
Name: births, dtype: int64
```

그리고 성별과 연도별로 모은 다음 출생연도로 정규화한다.

```
In [149]: table = filtered.pivot_table('births', index='year',
   .....:                              columns='sex', aggfunc='sum')

In [150]: table = table.div(table.sum(1), axis=0)

In [151]: table.tail()
Out[151]:
sex     F    M
year
2006  1.0  NaN
2007  1.0  NaN
2008  1.0  NaN
2009  1.0  NaN
2010  1.0  NaN
```

마지막으로 시대별로 성별에 따른 명세를 그래프로 그려보자(그림 14-10).

```
In [153]: table.plot(style={'M': 'k-', 'F': 'k--'})
```

그림 14-10 Lesley와 비슷한 이름의 비율

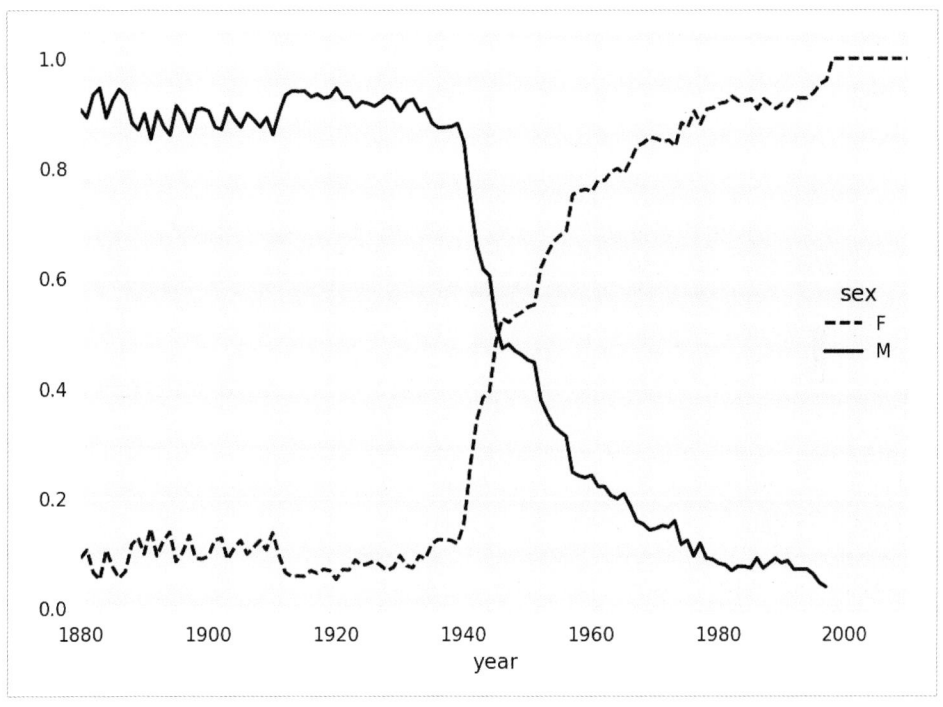

14.4 미국농무부 영양소 정보

미국농무부^{USDA}는 음식의 영양소 정보 데이터베이스를 제공하고 있다. 개발자인 애슐리 윌리엄스는 이 데이터베이스를 다음과 같은 JSON 형식으로 제공하고 있다.

```
{
  "id": 21441,
  "description": "KENTUCKY FRIED CHICKEN, Fried Chicken, EXTRA CRISPY,
Wing, meat and skin with breading",
  "tags": ["KFC"],
```

```
    "manufacturer": "Kentucky Fried Chicken",
    "group": "Fast Foods",
    "portions": [
      {
        "amount": 1,
        "unit": "wing, with skin",
        "grams": 68.0
      },
      ...
    ],
    "nutrients": [
      {
        "value": 20.8,
        "units": "g",
        "description": "Protein",
        "group": "Composition"
      },
      ...
    ]
  }
```

각 음식은 숫자로 된 고유 ID뿐만 아니라 영양소와 제공량 등 두 가지 리스트를 가지고 있다. 이러한 형식의 데이터는 분석하기 편하지 않으므로 데이터의 모양을 좀 더 나은 형태로 바꿔보자.

웹사이트에서 데이터를 내려받은 다음 압축을 풀고 선호하는 JSON 라이브러리를 사용해서 파이썬에서 읽어오자. 나는 파이썬에 내장된 json 모듈을 사용하겠다.

```
In [154]: import json

In [155]: db = json.load(open('datasets/usda_food/database.json'))

In [156]: len(db)
Out[156]: 6636
```

db에 있는 각 엔트리는 한 가지 음식에 대한 모든 정보를 담고 있는 사전형이다. 'nutrients' 필드는 사전의 리스트이며 각 항목은 한 가지 영양소에 대한 정보를 담고 있다.

```
In [157]: db[0].keys()
Out[157]: dict_keys(['id', 'description', 'tags', 'manufacturer', 'group', 'porti
ons', 'nutrients'])
```

```
In [158]: db[0]['nutrients'][0]
Out[158]:
{'description': 'Protein',
 'group': 'Composition',
 'units': 'g',
 'value': 25.18}

In [159]: nutrients = pd.DataFrame(db[0]['nutrients'])

In [160]: nutrients[:7]
Out[160]:
                 description        group units    value
0                    Protein  Composition     g    25.18
1         Total lipid (fat)   Composition     g    29.20
2   Carbohydrate, by difference  Composition    g     3.06
3                        Ash        Other     g     3.28
4                     Energy       Energy  kcal   376.00
5                      Water  Composition     g    39.28
6                     Energy       Energy    kJ  1573.00
```

사전의 리스트를 DataFrame으로 바꿀 때 추출할 필드 목록을 지정해줄 수 있다. 우리는 음식의 이름과 그룹, id 그리고 제조사를 추출하겠다.

```
In [161]: info_keys = ['description', 'group', 'id', 'manufacturer']

In [162]: info = pd.DataFrame(db, columns=info_keys)

In [163]: info[:5]
Out[163]:
description                                         group    id  \
0                   Cheese, caraway  Dairy and Egg Products  1008
1                   Cheese, cheddar  Dairy and Egg Products  1009
2                      Cheese, edam  Dairy and Egg Products  1018
3                      Cheese, feta  Dairy and Egg Products  1019
4   Cheese, mozzarella, part skim milk  Dairy and Egg Products  1028
  manufacturer
0
1
2
3
4
```

```
In [164]: info.info()
<class 'pandas.core.frame.DataFrame'>
RangeIndex: 6636 entries, 0 to 6635
Data columns (total 4 columns):
description     6636 non-null object
group           6636 non-null object
id              6636 non-null int64
manufacturer    5195 non-null object
dtypes: int64(1), object(3)
memory usage: 207.5+ KB
```

value_counts 메서드를 이용해서 음식 그룹의 분포를 확인할 수 있다.

```
In [165]: pd.value_counts(info.group)[:10]
Out[165]:
Vegetables and Vegetable Products    812
Beef Products                        618
Baked Products                       496
Breakfast Cereals                    403
Fast Foods                           365
Legumes and Legume Products          365
Lamb, Veal, and Game Products        345
Sweets                               341
Pork Products                        328
Fruits and Fruit Juices              328
Name: group, dtype: int64
```

모든 영양소 정보를 분석해보자. 좀 더 쉬운 분석을 위해 각 음식의 영양소 정보를 거대한 테이블 하나에 담아보자. 그러려면 사전에 몇 가지 과정을 거쳐야 하는데 먼저 음식의 영양소 리스트를 하나의 DataFrame으로 변환하고, 음식의 id를 위한 컬럼을 하나 추가한다. 또한 이 DataFrame을 리스트에 추가한다. 그리고 마지막으로 이 리스트를 concat 메서드를 사용해서 하나로 합친다.

문제가 없다면 nutrients는 다음과 같은 모습일 것이다.

```
In [167]: nutrients
Out[167]:
       description        group units   value    id
0          Protein  Composition     g  25.180  1008
```

```
1           Total lipid (fat)  Composition    g   29.200  1008
2      Carbohydrate, by difference  Composition    g    3.060  1008
3                         Ash        Other    g    3.280  1008
4                      Energy       Energy  kcal  376.000  1008
...                       ...          ...  ...      ...   ...
389350      Vitamin B-12, added     Vitamins  mcg    0.000  43546
389351              Cholesterol        Other   mg    0.000  43546
389352    Fatty acids, total saturated        Other    g    0.072  43546
389353  Fatty acids, total monounsaturated     Other    g    0.028  43546
389354  Fatty acids, total polyunsaturated     Other    g    0.041  43546
[389355 rows x 5 columns]
```

이유야 어쨌든 이 DataFrame에는 중복된 데이터가 있으므로 제거하도록 한다.

```
In [168]: nutrients.duplicated().sum() # 중복 확인
Out[168]: 14179

In [169]: nutrients = nutrients.drop_duplicates()
```

'group'과 'description'은 모두 DataFrame 객체이므로 뭐가 뭔지 쉽게 알아볼 수 있도록 이름을 바꿔주자.

```
In [170]: col_mapping = {'description' : 'food',
   .....:                'group' : 'fgroup'}

In [171]: info = info.rename(columns=col_mapping, copy=False)

In [172]: info.info()
<class 'pandas.core.frame.DataFrame'>
RangeIndex: 6636 entries, 0 to 6635
Data columns (total 4 columns):
food           6636 non-null object
fgroup         6636 non-null object
id             6636 non-null int64
manufacturer   5195 non-null object
dtypes: int64(1), object(3)
memory usage: 207.5+ KB

In [173]: col_mapping = {'description' : 'nutrient',
   .....:                'group' : 'nutgroup'}
```

```
In [174]: nutrients = nutrients.rename(columns=col_mapping, copy=False)

In [175]: nutrients
Out[175]:
                                nutrient   nutgroup  units    value     id
0                                Protein  Composition    g   25.180   1008
1                      Total lipid (fat)  Composition    g   29.200   1008
2             Carbohydrate, by difference Composition    g    3.060   1008
3                                    Ash       Other    g    3.280   1008
4                                 Energy      Energy kcal  376.000   1008
...                                  ...         ...  ...      ...    ...
389350              Vitamin B-12, added    Vitamins  mcg    0.000   43546
389351                       Cholesterol      Other   mg    0.000   43546
389352         Fatty acids, total saturated  Other    g    0.072   43546
389353    Fatty acids, total monounsaturated  Other    g    0.028   43546
389354    Fatty acids, total polyunsaturated  Other    g    0.041   43546
[375176 rows x 5 columns]
```

여기까지 했으면 info 객체를 nutrients 객체로 병합하자.

```
In [176]: ndata = pd.merge(nutrients, info, on='id', how='outer')

In [177]: ndata.info()
<class 'pandas.core.frame.DataFrame'>
Int64Index: 375176 entries, 0 to 375175
Data columns (total 8 columns):
nutrient        375176 non-null object
nutgroup        375176 non-null object
units           375176 non-null object
value           375176 non-null float64
id              375176 non-null int64
food            375176 non-null object
fgroup          375176 non-null object
manufacturer    293054 non-null object
dtypes: float64(1), int64(1), object(6)
memory usage: 25.8+ MB

In [178]: ndata.iloc[30000]
Out[178]:
nutrient                      Glycine
nutgroup                  Amino Acids
units                               g
```

```
value                                      0.04
id                                         6158
food            Soup, tomato bisque, canned, condensed
fgroup                      Soups, Sauces, and Gravies
manufacturer
Name: 30000, dtype: object
```

이제 음식 그룹과 영양소 종류별 중간값을 그래프로 만들 수 있다(그림 14-11).

```
In [180]: result = ndata.groupby(['nutrient', 'fgroup'])['value'].quantile(0.5)

In [181]: result['Zinc, Zn'].sort_values().plot(kind='barh')
```

그림 14-11 음식 그룹별 아연 함량의 중간값

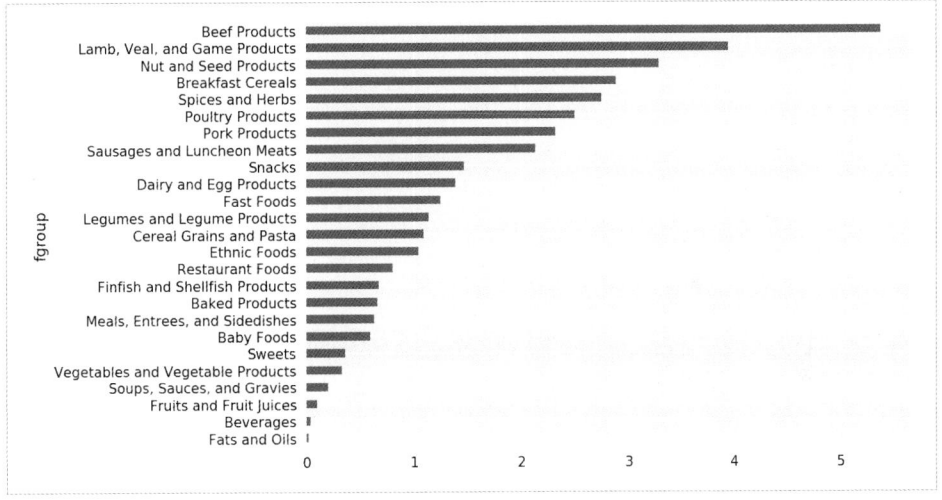

좀 더 응용하면 각 영양소가 어떤 음식에 가장 많이 들어 있는지 찾아볼 수도 있다.

```
by_nutrient = ndata.groupby(['nutgroup', 'nutrient'])

get_maximum = lambda x: x.loc[x.value.idxmax()]
get_minimum = lambda x: x.loc[x.value.idxmin()]

max_foods = by_nutrient.apply(get_maximum)[['value', 'food']]
```

```
# 음식의 종류를 제한하자.
max_foods.food = max_foods.food.str[:50]
```

위 코드의 결과 DataFrame을 이 책에 다 싣기에는 너무 방대하므로 아미노산^{Amino Acids}에 대한 내용만 싣겠다.

```
In [183]: max_foods.loc['Amino Acids']['food']
Out[183]:
nutrient
Alanine                    Gelatins, dry powder, unsweetened
Arginine                      Seeds, sesame flour, low-fat
Aspartic acid                           Soy protein isolate
Cystine               Seeds, cottonseed flour, low fat (glandless)
Glutamic acid                           Soy protein isolate
                                      ...
Serine          Soy protein isolate, PROTEIN TECHNOLOGIES INTE...
Threonine       Soy protein isolate, PROTEIN TECHNOLOGIES INTE...
Tryptophan         Sea lion, Steller, meat with fat (Alaska Native)
Tyrosine        Soy protein isolate, PROTEIN TECHNOLOGIES INTE...
Valine          Soy protein isolate, PROTEIN TECHNOLOGIES INTE...
Name: food, Length: 19, dtype: object
```

14.5 2012년 연방선거관리위원회 데이터베이스

미국연방선거관리위원회는 정치활동 후원금에 대한 데이터를 공개했다. 이 데이터에는 기부자의 이름, 직업, 고용형태, 주소, 기부금액이 포함되어 있다. 그중 재미있는 데이터는 2012년 미국 대통령 선거 데이터다. 2012년 6월에 내려받은 모든 주를 포함하는 전체 데이터는 150메가바이트의 CSV 파일로 파일 이름은 P00000001-ALL.csv이며(이 책의 깃허브 저장소에서 내려받을 수 있다) pandas.read_csv 함수로 불러올 수 있다.

```
In [184]: fec = pd.read_csv('datasets/fec/P00000001-ALL.csv')

In [185]: fec.info()
<class 'pandas.core.frame.DataFrame'>
RangeIndex: 1001731 entries, 0 to 1001730
```

```
Data columns (total 16 columns):
cmte_id              1001731 non-null object
cand_id              1001731 non-null object
cand_nm              1001731 non-null object
contbr_nm            1001731 non-null object
contbr_city          1001712 non-null object
contbr_st            1001727 non-null object
contbr_zip           1001620 non-null object
contbr_employer       988002 non-null object
contbr_occupation     993301 non-null object
contb_receipt_amt    1001731 non-null float64
contb_receipt_dt     1001731 non-null object
receipt_desc           14166 non-null object
memo_cd                92482 non-null object
memo_text              97770 non-null object
form_tp              1001731 non-null object
file_num             1001731 non-null int64
dtypes: float64(1), int64(1), object(14)
memory usage: 122.3+ MB
```

DataFrame에는 다음과 같은 형태로 저장되어 있다.

```
In [186]: fec.iloc[123456]
Out[186]:
cmte_id              C00431445
cand_id              P80003338
cand_nm          Obama, Barack
contbr_nm          ELLMAN, IRA
contbr_city              TEMPE
                      ...
receipt_desc               NaN
memo_cd                    NaN
memo_text                  NaN
form_tp                  SA17A
file_num                772372
Name: 123456, Length: 16, dtype: object
```

기부자와 선거 자금에서 찾을 수 있는 패턴에 대한 통계를 추출하기 위해 이 데이터를 적당한 크기로 쪼개서 나누는 다양한 방법을 떠올릴 수 있을 것이다. 지금까지 배운 내용을 적용한 여러 가지 분석 방법을 살펴보자.

여기에는 정당 가입 여부에 대한 데이터가 없으므로 추가해주는 것이 유용하다. unique 메서드를 이용해서 모든 정당의 후보 목록을 얻자.

```
In [187]: unique_cands = fec.cand_nm.unique()

In [188]: unique_cands
Out[188]:
array(['Bachmann, Michelle', 'Romney, Mitt', 'Obama, Barack',
       "Roemer, Charles E. 'Buddy' III", 'Pawlenty, Timothy',
       'Johnson, Gary Earl', 'Paul, Ron', 'Santorum, Rick', 'Cain, Herman',
       'Gingrich, Newt', 'McCotter, Thaddeus G', 'Huntsman, Jon',
       'Perry, Rick'], dtype=object)

In [189]: unique_cands[2]
Out[189]: 'Obama, Barack'
```

소속 정당은 dict[3]를 사용해서 표시할 수 있다.

```
parties = {'Bachmann, Michelle': 'Republican',
           'Cain, Herman': 'Republican',
           'Gingrich, Newt': 'Republican',
           'Huntsman, Jon': 'Republican',
           'Johnson, Gary Earl': 'Republican',
           'McCotter, Thaddeus G': 'Republican',
           'Obama, Barack': 'Democrat',
           'Paul, Ron': 'Republican',
           'Pawlenty, Timothy': 'Republican',
           'Perry, Rick': 'Republican',
           "Roemer, Charles E. 'Buddy' III": 'Republican',
           'Romney, Mitt': 'Republican',
           'Santorum, Rick': 'Republican'}
```

이제 이 사전 정보와 Series 객체의 map 메서드를 사용해 후보 이름으로부터 정당 배열을 계산해낼 수 있다.

```
In [191]: fec.cand_nm[123456:123461]
```

---

[3] 게리 존슨은 나중에 자유당 후보로 지명되긴 했지만 여기서는 공화당 후보로 간주한다.

```
Out[191]:
123456    Obama, Barack
123457    Obama, Barack
123458    Obama, Barack
123459    Obama, Barack
123460    Obama, Barack
Name: cand_nm, dtype: object

In [192]: fec.cand_nm[123456:123461].map(parties)
Out[192]:
123456    Democrat
123457    Democrat
123458    Democrat
123459    Democrat
123460    Democrat
Name: cand_nm, dtype: object

# party 컬럼으로 추가
In [193]: fec['party'] = fec.cand_nm.map(parties)

In [194]: fec['party'].value_counts()
Out[194]:
Democrat      593746
Republican    407985
Name: party, dtype: int64
```

분석을 하기 전에 데이터를 다듬어야 한다. 이 데이터에는 기부금액과 환급금액(기부금액이 마이너스인 경우)이 함께 포함되어 있다.

```
In [195]: (fec.contb_receipt_amt > 0).value_counts()
Out[195]:
True     991475
False     10256
Name: contb_receipt_amt, dtype: int64
```

분석을 단순화하기 위해 기부금액이 양수인 데이터만 골라내겠다.

```
In [196]: fec = fec[fec.contb_receipt_amt > 0]
```

버락 오바마와 미트 롬니가 양대 후보이므로 이 두 후보의 기부금액 정보만 따로 추려내겠다.

```
In [197]: fec_mrbo = fec[fec.cand_nm.isin(['Obama, Barack', 'Romney, Mitt'])]
```

14.5.1 직업 및 고용주에 따른 기부 통계

직업에 따른 기부 내역 통계는 흔한 조사 방법이다. 예를 들어 변호사는 민주당에 더 많은 돈을 기부하는 경향이 있으며 기업 임원은 공화당에 더 많은 돈을 기부하는 경향이 있지만, 그대로 받아들이기보다는 데이터를 통해 직접 확인해보자. 직업별 전체 기부 숫자는 쉽게 구할 수 있다.

```
In [198]: fec.contbr_occupation.value_counts()[:10]
Out[198]:
RETIRED                                   233990
INFORMATION REQUESTED                      35107
ATTORNEY                                   34286
HOMEMAKER                                  29931
PHYSICIAN                                  23432
INFORMATION REQUESTED PER BEST EFFORTS     21138
ENGINEER                                   14334
TEACHER                                    13990
CONSULTANT                                 13273
PROFESSOR                                  12555
Name: contbr_occupation, dtype: int64
```

내용을 보면 일반적인 직업 유형이거나 같은 유형이지만 다른 이름으로 많은 결과가 포함되어 있음을 알 수 있다. 아래 코드를 이용해서 하나의 직업을 다른 직업으로 매핑함으로써 이런 몇몇 문제를 제거하자. dict.get을 사용하는 '꼼수'를 써서 매핑 정보가 없는 직업은 그대로 사용한다.

```
occ_mapping = {
    'INFORMATION REQUESTED PER BEST EFFORTS' : 'NOT PROVIDED',
    'INFORMATION REQUESTED' : 'NOT PROVIDED',
    'INFORMATION REQUESTED (BEST EFFORTS)' : 'NOT PROVIDED',
    'C.E.O.': 'CEO'
}

# mapping이 없다면 x를 반환한다.
f = lambda x: occ_mapping.get(x, x)
fec.contbr_occupation = fec.contbr_occupation.map(f)
```

고용주에 대해서도 마찬가지로 처리하자.

```python
emp_mapping = {
    'INFORMATION REQUESTED PER BEST EFFORTS' : 'NOT PROVIDED',
    'INFORMATION REQUESTED' : 'NOT PROVIDED',
    'SELF' : 'SELF-EMPLOYED',
    'SELF EMPLOYED' : 'SELF-EMPLOYED',
}

# mapping이 없다면 x를 반환한다.
f = lambda x: emp_mapping.get(x, x)
fec.contbr_employer = fec.contbr_employer.map(f)
```

이제 pivot_table을 사용해서 정당과 직업별로 데이터를 집계한 다음 최소 2백만불 이상 기부한 직업만 골라내자.

```
In [201]: by_occupation = fec.pivot_table('contb_receipt_amt',
   .....:                                 index='contbr_occupation',
   .....:                                 columns='party', aggfunc='sum')

In [202]: over_2mm = by_occupation[by_occupation.sum(1) > 2000000]

In [203]: over_2mm
Out[203]:
party                Democrat     Republican
contbr_occupation
ATTORNEY          11141982.97   7.477194e+06
CEO                2074974.79   4.211041e+06
CONSULTANT         2459912.71   2.544725e+06
ENGINEER            951525.55   1.818374e+06
EXECUTIVE          1355161.05   4.138850e+06
...                       ...            ...
PRESIDENT          1878509.95   4.720924e+06
PROFESSOR          2165071.08   2.967027e+05
REAL ESTATE         528902.09   1.625902e+06
RETIRED           25305116.38   2.356124e+07
SELF-EMPLOYED       672393.40   1.640253e+06
[17 rows x 2 columns]
```

이런 종류의 데이터는 막대그래프('barh'는 수평막대그래프를 의미한다)로 시각화하는 편이 보기 좋다(그림 14-12)).

```
In [205]: over_2mm.plot(kind='barh')
```

그림 14-12 정당별 최다 기부자들의 직업

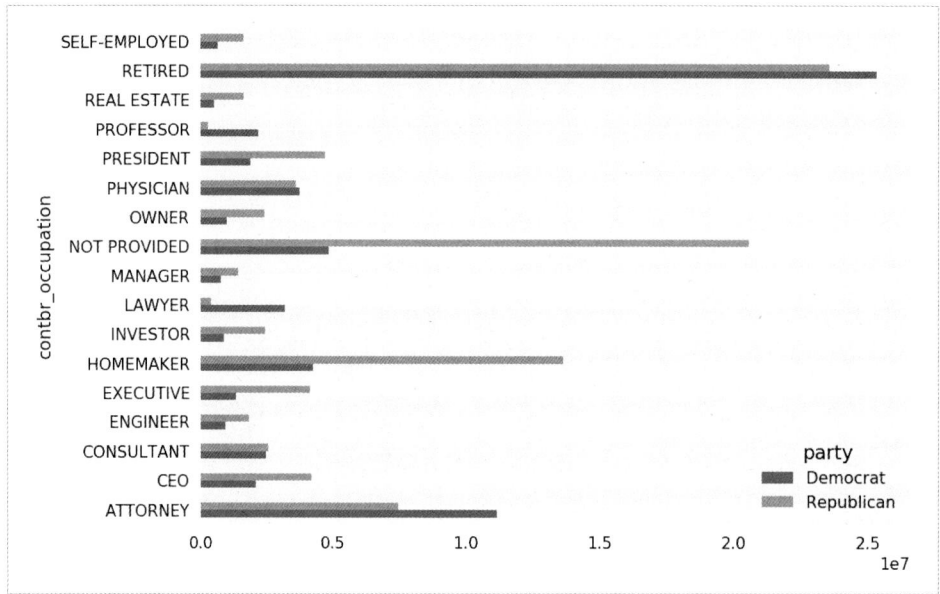

오바마 후보와 롬니 후보별로 가장 많은 금액을 기부한 직군을 알아보자. 이 통계를 구하려면 후보 이름으로 그룹을 묶고 이 장의 앞에서 사용했던 변형된 top 메서드를 사용하면 된다.

```
def get_top_amounts(group, key, n=5):
    totals = group.groupby(key)['contb_receipt_amt'].sum()
    return totals.nlargest(n)
```

그리고 직업과 고용주에 따라 집계하면 된다.

```
In [207]: grouped = fec_mrbo.groupby('cand_nm')

In [208]: grouped.apply(get_top_amounts, 'contbr_occupation', n=7)
```

```
Out[208]:
cand_nm        contbr_occupation
Obama, Barack  RETIRED                  25305116.38
               ATTORNEY                 11141982.97
               INFORMATION REQUESTED     4866973.96
               HOMEMAKER                 4248875.80
               PHYSICIAN                 3735124.94
                                           ...
Romney, Mitt   HOMEMAKER                 8147446.22
               ATTORNEY                  5364718.82
               PRESIDENT                 2491244.89
               EXECUTIVE                 2300947.03
               C.E.O.                    1968386.11
Name: contb_receipt_amt, Length: 14, dtype: float64

In [209]: grouped.apply(get_top_amounts, 'contbr_employer', n=10)
Out[209]:
cand_nm        contbr_employer
Obama, Barack  RETIRED                  22694358.85
               SELF-EMPLOYED            17080985.96
               NOT EMPLOYED              8586308.70
               INFORMATION REQUESTED     5053480.37
               HOMEMAKER                 2605408.54
                                           ...
Romney, Mitt   CREDIT SUISSE              281150.00
               MORGAN STANLEY             267266.00
               GOLDMAN SACH & CO.         238250.00
               BARCLAYS CAPITAL           162750.00
               H.I.G. CAPITAL             139500.00
Name: contb_receipt_amt, Length: 20, dtype: float64
```

14.5.2 기부금액

이 데이터를 효과적으로 분석하는 방법은 cut 함수를 사용해서 기부 규모별로 버킷을 만들어 기부자 수를 분할하는 것이다.

```
In [210]: bins = np.array([0, 1, 10, 100, 1000, 10000,
   .....:                  100000, 1000000, 10000000])

In [211]: labels = pd.cut(fec_mrbo.contb_receipt_amt, bins)
```

```
In [212]: labels
Out[212]:
411           (10, 100]
412          (100, 1000]
413          (100, 1000]
414           (10, 100]
415           (10, 100]
                ...
701381        (10, 100]
701382       (100, 1000]
701383         (1, 10]
701384        (10, 100]
701385       (100, 1000]
Name: contb_receipt_amt, Length: 694282, dtype: category
Categories (8, interval[int64]): [(0, 1] < (1, 10] < (10, 100] < (100, 1000] < (1
000, 10000] <
                                  (10000, 100000] < (100000, 1000000] < (1000000,
  10000000]]
```

이제 이 데이터를 이름과 버킷 이름으로 그룹지어 기부금액 규모에 따른 히스토그램 그릴 수 있다.

```
In [213]: grouped = fec_mrbo.groupby(['cand_nm', labels])

In [214]: grouped.size().unstack(0)
Out[214]:
cand_nm                  Obama, Barack    Romney, Mitt
contb_receipt_amt
(0, 1]                          493.0            77.0
(1, 10]                       40070.0          3681.0
(10, 100]                    372280.0         31853.0
(100, 1000]                  153991.0         43357.0
(1000, 10000]                 22284.0         26186.0
(10000, 100000]                   2.0             1.0
(100000, 1000000]                 3.0             NaN
(1000000, 10000000]               4.0             NaN
```

이 데이터를 보면 오바마는 롬니보다 적은 금액의 기부를 훨씬 많이 받았다. 기부금액을 모두 더한 후 버킷별로 정규화해서 후보별 전체 기부금액 대비 비율을 시각화할 수 있다(그림 14-13).

```
In [216]: bucket_sums = grouped.contb_receipt_amt.sum().unstack(0)

In [217]: normed_sums = bucket_sums.div(bucket_sums.sum(axis=1), axis=0)

In [218]: normed_sums
Out[218]:
cand_nm                 Obama, Barack    Romney, Mitt
contb_receipt_amt
(0, 1]                       0.805182        0.194818
(1, 10]                      0.918767        0.081233
(10, 100]                    0.910769        0.089231
(100, 1000]                  0.710176        0.289824
(1000, 10000]                0.447326        0.552674
(10000, 100000]              0.823120        0.176880
(100000, 1000000]            1.000000             NaN
(1000000, 10000000]          1.000000             NaN

In [219]: normed_sums[:-2].plot(kind='barh')
```

그림 14-13 후보별 전체 기부금액 대비 비율

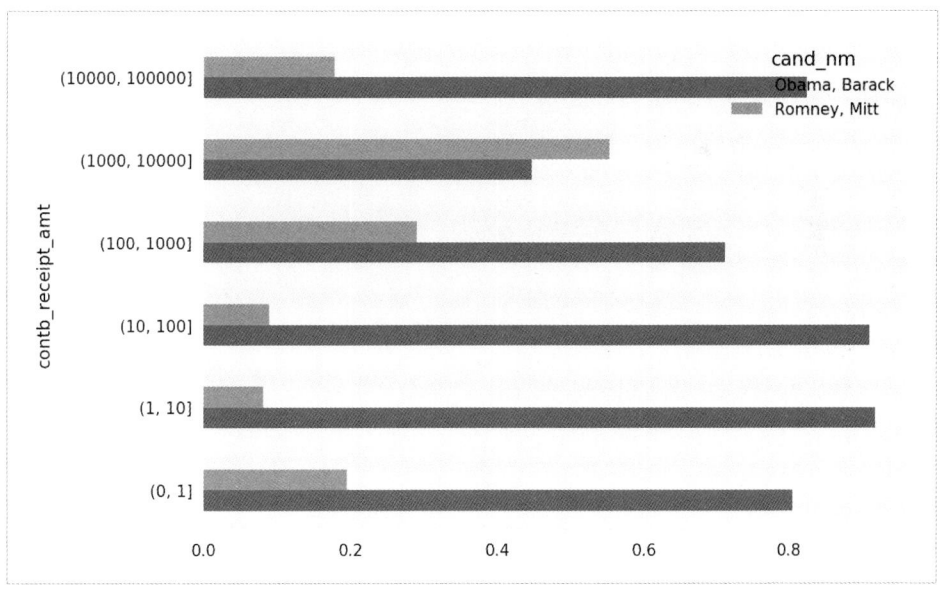

기부금액 순에서 가장 큰 2개의 버킷은 개인 후원이 아니므로 그래프에서 제외시켰다.

물론 지금 살펴본 분석은 좀 더 개량할 수 있다. 예를 들어 기부자의 이름과 우편번호를 이용해서 적은 금액을 자주 기부한 사람과 큰 금액을 기부한 사람별로 데이터를 집계할 수도 있을 것이다. 나는 독자들이 이 데이터를 내려받아 직접 살펴보기 강력하게 권장한다.

14.5.3 주별 기부 통계

데이터를 후보자와 주별로 집계하는 것은 흔한 일이다.

```
In [220]: grouped = fec_mrbo.groupby(['cand_nm', 'contbr_st'])

In [221]: totals = grouped.contb_receipt_amt.sum().unstack(0).fillna(0)

In [222]: totals = totals[totals.sum(1) > 100000]

In [223]: totals[:10]
Out[223]:
cand_nm      Obama, Barack  Romney, Mitt
contbr_st
AK               281840.15      86204.24
AL               543123.48     527303.51
AR               359247.28     105556.00
AZ              1506476.98    1888436.23
CA             23824984.24   11237636.60
CO              2132429.49    1506714.12
CT              2068291.26    3499475.45
DC              4373538.80    1025137.50
DE               336669.14      82712.00
FL              7318178.58    8338458.81
```

각 로우를 전체 기부금액으로 나누면 각 후보에 대한 주별 전체 기부금액의 상대적인 비율을 얻을 수 있다.

```
In [224]: percent = totals.div(totals.sum(1), axis=0)

In [225]: percent[:10]
Out[225]:
cand_nm      Obama, Barack  Romney, Mitt
contbr_st
```

```
AK    0.765778    0.234222
AL    0.507390    0.492610
AR    0.772902    0.227098
AZ    0.443745    0.556255
CA    0.679498    0.320502
CO    0.585970    0.414030
CT    0.371476    0.628524
DC    0.810113    0.189887
DE    0.802776    0.197224
FL    0.467417    0.532583
```

14.6 마치며

이제 책의 모든 내용이 끝났다. 몇몇 유용한 추가 내용은 부록에 실어두었다.

이 책의 초판이 출판되고 5년 동안 파이썬은 데이터 분석에서 가장 많이 쓰이는 최고의 인기 언어로 자리 잡았다. 이 책을 통해 익힌 프로그래밍 실력은 앞으로도 오랫동안 유효할 것이다. 아무쪼록 이 책에서 소개한 도구와 라이브러리가 업무에 도움이 되기를 바란다.

APPENDIX A
고급 NumPy

부록 A에서는 배열 계산을 위한 NumPy 라이브러리를 좀 더 자세히 살펴보도록 하자. ndarray 자료형의 내부 구조를 상세히 알아보고 고급 배열 조작 기법과 알고리즘을 살펴본다.

여기서는 여러 가지 주제를 다루고 있으며 꼭 순서대로 읽어야 할 필요는 없다.

A.1 ndarray 객체 구조

NumPy의 ndarray는 연속적이든 아니든 단일 형태의 데이터 블록을 다차원 배열 객체 형태로 해석할 수 있는 수단을 제공한다. dtype이라고 하는 자료형은 데이터가 실수, 정수, 불리언 혹은 다른 형인지 알려주는 역할을 한다.

ndarray가 유연한 까닭은 모든 배열 객체가 띄엄띄엄 떨어진 데이터 블록에 대한 뷰이기 때문이다. 예를 들어 arr[::2, ::-1] 배열은 어째서 데이터 복사가 일어나지 않는 것인지 의아할 수 있다. 그 이유는 ndarray는 단순한 메모리 덩어리와 dtype만을 가지는 것이 아니기 때문이다. ndarray에는 다양한 너비로 메모리 사이를 건너뛸 수 있는 보폭^{striding} 정보를 포함하고 있다. 좀 더 설명하자면, ndarray는 내부적으로 다음과 같이 구성되어 있으며 [그림 A-1]에 간략한 ndarray의 내부 구조도를 나타냈다.

- **데이터 포인터**: RAM이나 메모리 맵 파일에서 데이터의 블록
- **dtype**은 배열 내에서 값을 담는 고정된 크기를 나타낸다.

- 배열의 **모양**(shape)을 알려주는 튜플
- 하나의 차원을 따라 다음 원소로 몇 바이트 이동해야 하는지를 나타내는 **stride**를 담고 있는 튜플

그림 **A-1** NumPy ndarray 객체

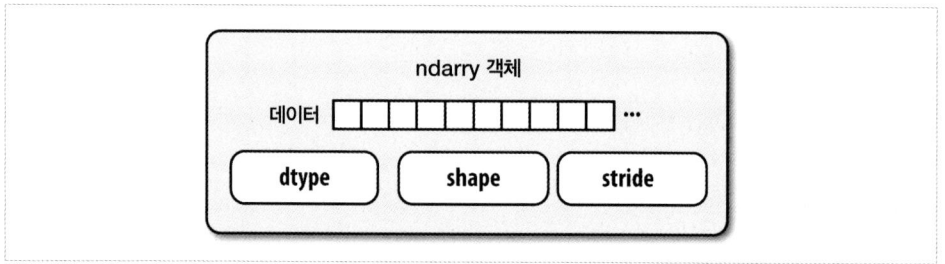

예를 들어 10×5 크기의 배열의 모양은 (10, 5)로 표현된다.

```
In [10]: np.ones((10, 5)).shape
Out[10]: (10, 5)
```

C언어 형식의 3×4×5 크기의 float64(8바이트) 배열은 (160, 40, 8)의 stride 값을 가진다. stride 정보를 알고 있으면 편리한데, 일반적으로 stride 값이 클수록 해당 축을 따라 연산을 수행하는 비용이 많이 들기 때문이다.

```
In [11]: np.ones((3, 4, 5), dtype=np.float64).strides
Out[11]: (160, 40, 8)
```

일반적인 NumPy 사용자들은 배열의 stride 값에 흥미를 가지는 경우가 드물지만, stride 값은 복사가 이루어지지 않는 배열의 뷰를 생성하는 데 중요한 역할을 한다. stride 값은 음수일 수도 있는데 이는 메모리상에서 뒤로 이동해야 한다는 의미다. 배열을 obj[::-1] 또는 obj[:, ::-1] 형태로 잘라내는 경우가 그렇다.

A.1.1 NumPy dtype 구조

종종 배열에 담긴 값이 정수, 실수, 문자열 혹은 파이썬 객체인지 확인하는 코드를 작성할 경우가 있다. 실수에도 다양한 형태(float16부터 float128까지)가 있고, 리스트를 따라 dtype을

확인하는 과정은 꽤나 번거롭기 때문이다. 다행히도 dtype은 np.issubdtype 함수와 결합하여 사용할 수 있는 np.integer나 np.floating 같은 부모 클래스를 가진다.

```
In [12]: ints = np.ones(10, dtype=np.uint16)

In [13]: floats = np.ones(10, dtype=np.float32)

In [14]: np.issubdtype(ints.dtype, np.integer)
Out[14]: True

In [15]: np.issubdtype(floats.dtype, np.floating)
Out[15]: True
```

특정 dtype의 모든 부모 클래스는 mro 메서드를 이용해서 확인할 수 있다.

```
In [16]: np.float64.mro()
Out[16]:
[numpy.float64,
 numpy.floating,
 numpy.inexact,
 numpy.number,
 numpy.generic,
 float,
 object]
```

따라서 아래와 같이 ints가 np.number 형임을 확인할 수 있다.

```
In [17]: np.issubdtype(ints.dtype, np.number)
Out[17]: True
```

대부분의 NumPy 사용자들은 이런 내용을 알 필요가 없겠지만 가끔 도움이 되는 경우도 있다. [그림 A-2]에 dtype의 부모와 자식클래스 관계를 나타냈다.[1]

---

[1] 몇몇 dtype은 이름이 _로 끝나기도 하는데 이는 NumPy에서 사용하는 자료형과 파이썬 내장 자료형 간의 충돌을 피하기 위해서다.

그림 A-2 NumPy dtype 클래스 계층

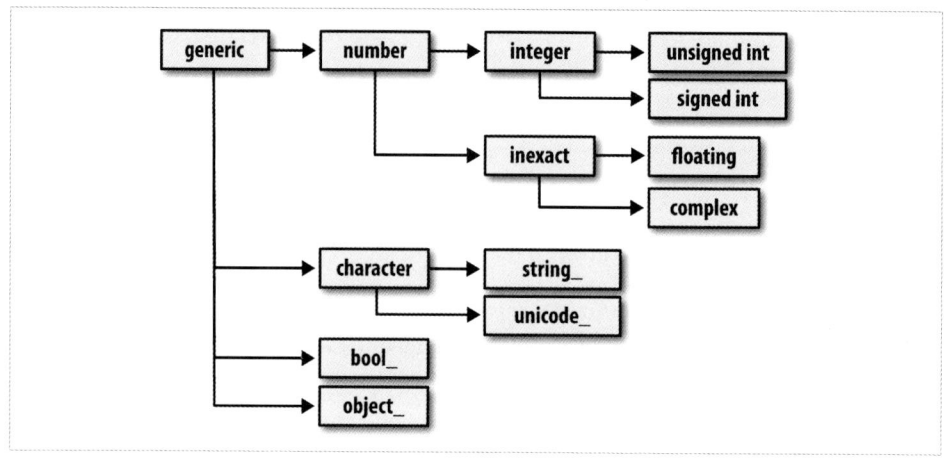

A.2 고급 배열 조작 기법

배열을 세련된 방법으로 색인하고, 나누고, 불리언으로 값의 일부를 취하는 다양한 방법이 존재한다. 데이터 분석 애플리케이션에서 까다로운 대부분의 작업은 pandas의 상위레벨 함수에서 처리하지만 라이브러리에 존재하지 않는 데이터 알고리즘을 직접 작성해야 하는 경우도 있다.

A.2.1 배열 재형성하기

NumPy 배열에 대해 지금까지 배운 내용으로 배열의 데이터를 복사하지 않고 다른 모양으로 변환할 수 있다는 것은 약간 놀라운 점이다. 배열의 모양을 변환하려면 배열의 인스턴스 메서드인 reshape 메서드에 새로운 모양을 나타내는 튜플을 넘기면 된다. 예를 들어 1차원 배열을 행렬로 바꾸려 한다고 가정해보자(결과는 [그림 A-3] 참조).

```
In [18]: arr = np.arange(8)

In [19]: arr
Out[19]: array([0, 1, 2, 3, 4, 5, 6, 7])

In [20]: arr.reshape((4, 2))
```

```
Out[20]:
array([[0, 1],
       [2, 3],
       [4, 5],
       [6, 7]])
```

그림 A-3 로우 우선, 컬럼 우선 재형성하기

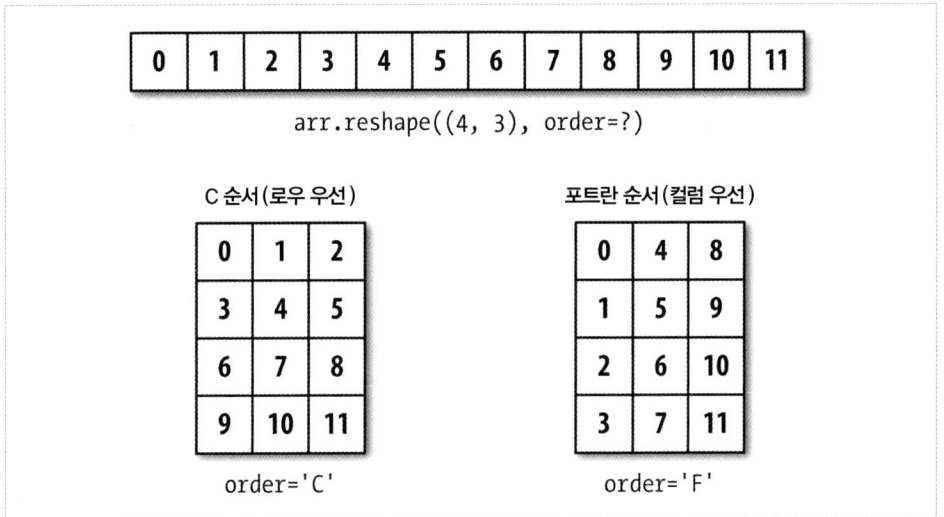

다차원 배열 또한 재형성이 가능하다.

```
In [21]: arr.reshape((4, 2)).reshape((2, 4))
Out[21]:array([[0, 1, 2, 3],
               [4, 5, 6, 7]])
```

reshape에 넘기는 값 중 하나가 -1이 될 수도 있는데 이 경우에는 원본 데이터를 참조해서 적절한 값을 추론하게 된다.

```
In [22]: arr = np.arange(15)

In [23]: arr.reshape((5, -1))
Out[23]:
```

```
array([[ 0,  1,  2],
       [ 3,  4,  5],
       [ 6,  7,  8],
       [ 9, 10, 11],
       [12, 13, 14]])
```

배열의 shape 속성은 튜플이기 때문에 reshape 메서드에 이를 직접 넘기는 것도 가능하다.

```
In [24]: other_arr = np.ones((3, 5))

In [25]: other_arr.shape
Out[25]: (3, 5)

In [26]: arr.reshape(other_arr.shape)
Out[26]:
array([[ 0,  1,  2,  3,  4],
       [ 5,  6,  7,  8,  9],
       [10, 11, 12, 13, 14]])
```

다차원 배열을 낮은 차원으로 변환하는 것은 **평탄화**flattening, raveling라고 한다.

```
In [27]: arr = np.arange(15).reshape((5, 3))

In [28]: arr
Out[28]:
array([[ 0,  1,  2],
       [ 3,  4,  5],
       [ 6,  7,  8],
       [ 9, 10, 11],
       [12, 13, 14]])

In [29]: arr.ravel()
Out[29]: array([ 0, 1, 2, 3, 4, 5, 6, 7, 8, 9, 10, 11, 12, 13, 14])
```

ravel 메서드는 필요하지 않다면 원본 데이터의 복사본을 생성하지 않는다. flatten 메서드는 ravel 메서드와 유사하게 동작하지만 항상 데이터의 복사본을 반환한다.

```
In [30]: arr.flatten()
Out[30]: array([ 0, 1, 2, 3, 4, 5, 6, 7, 8, 9, 10, 11, 12, 13, 14])
```

데이터는 다른 순서로 재형성되거나 평탄화될 수 있다. 이 주제는 초보 NumPy 사용자에게는 약간 설명하기 어려운 주제다. 다음 절에서 다루도록 하겠다.

A.2.2 C 순서와 포트란 순서

R과 매트랩 같은 다른 과학 계산 환경과는 다르게 NumPy는 메모리상의 데이터의 배치에 대한 유연하고 다양한 제어 기능을 제공한다. 기본적으로 NumPy 배열은 **로우 우선** 순서로 생성된다. 이 말은 만약 2차원 배열이 있다면 배열의 각 로우에 해당하는 데이터들은 공간적으로 인접한 메모리에 적재된다는 뜻이다. 로우 우선 순서가 아니면 **컬럼 우선** 순서를 가지게 되는데 이때는 각 컬럼에 담긴 데이터들이 인접한 메모리에 적재된다.

역사적으로 보면 로우와 컬럼 우선 순서는 각각 C 순서와 포트란 순서로 알려져 있다. 고전 프로그래밍 언어인 포트란 77의 경우 배열은 컬럼 우선 순서로 저장된다.

reshape나 ravel 같은 함수는 배열에서 데이터의 순서를 나타내는 인자를 받는다. 이 값은 대부분의 경우 'C' 아니면 'F'인데 아주 드물게 'A'나 'K'를 쓰기도 한다. 자세한 내용은 NumPy 문서를 참고하자. 앞의 [그림 A-3]에 이 내용을 그림으로 표현했다.

```
In [31]: arr = np.arange(12).reshape((3, 4))

In [32]: arr
Out[32]:
array([[ 0,  1,  2,  3],
       [ 4,  5,  6,  7],
       [ 8,  9, 10, 11]])

In [33]: arr.ravel()
Out[33]: array([ 0, 1, 2, 3, 4, 5, 6, 7, 8, 9, 10, 11])

In [34]: arr.ravel('F')
Out[34]: array([ 0, 4, 8, 1, 5, 9, 2, 6, 10, 3, 7, 11])
```

배열을 2차원 이상으로 재형성하면 뇌를 혹사시키게 된다. C와 포트란 순서의 핵심적인 차이는 어느 차원부터 처리하느냐다.

- **C : 로우 우선 순서**
  상위 차원을 우선 탐색한다(1번 축을 0번 축보다 우선 탐색한다).
- **포트란 : 컬럼 우선 순서**
  상위 차원을 나중에 탐색한다(0번 축을 1번 축보다 우선 탐색한다).

A.2.3 배열 이어붙이고 나누기

numpy.concatenate는 배열의 목록(튜플, 리스트 등)을 받아서 주어진 축^{axis}에 따라 하나의 배열로 합쳐준다.

```
In [35]: arr1 = np.array([[1, 2, 3], [4, 5, 6]])

In [36]: arr2 = np.array([[7, 8, 9], [10, 11, 12]])

In [37]: np.concatenate([arr1, arr2], axis=0)
Out[37]:
array([[ 1,  2,  3],
       [ 4,  5,  6],
       [ 7,  8,  9],
       [10, 11, 12]])

In [38]: np.concatenate([arr1, arr2], axis=1)
Out[38]:
array([[ 1,  2,  3,  7,  8,  9],
       [ 4,  5,  6, 10, 11, 12]])
```

vstack과 hstack 함수를 이용하면 이어붙이기 작업을 쉽게 처리할 수 있다. 위 연산은 vstack과 hstack 메서드를 사용해서 다음처럼 쉽게 표현할 수 있다.

```
In [39]: np.vstack((arr1, arr2))
Out[39]:
array([[ 1,  2,  3],
       [ 4,  5,  6],
       [ 7,  8,  9],
       [10, 11, 12]])

In [40]: np.hstack((arr1, arr2))
Out[40]:
```

```
array([[ 1,  2,  3,  7,  8,  9],
       [ 4,  5,  6, 10, 11, 12]])
```

반면 split 메서드를 사용하면 하나의 배열을 축을 따라 여러 개의 배열로 나눌 수 있다.

```
In [41]: arr = np.random.randn(5, 2)

In [42]: arr
Out[42]:
array([[-0.2047,  0.4789],
       [-0.5194, -0.5557],
       [ 1.9658,  1.3934],
       [ 0.0929,  0.2817],
       [ 0.769 ,  1.2464]])

In [43]: first, second, third = np.split(arr, [1, 3])

In [44]: first
Out[44]: array([[-0.2047,  0.4789]])

In [45]: second
Out[45]:
array([[-0.5194, -0.5557],
       [ 1.9658,  1.3934]])

In [46]: third
Out[46]:
array([[ 0.0929,  0.2817],
       [ 0.769 ,  1.2464]])
```

np.split에 전달된 값 [1, 3]은 배열을 나눌 때 기준이 되는 위치를 나타낸다.

[표 A-1]에 관련 함수의 목록을 정리해두었다. 그중 일부 함수는 아주 일반적인 목적의 이어붙이기 작업을 간단하게 처리하기 위해 제공되는 함수다.

표 **A-1** 배열 이어붙이기 함수

함수	설명
concatenate	가장 대표적인 함수로, 하나의 축을 따라 배열을 이어붙인다.
vstack, row_stack	로우(axis=0)를 따라 배열을 쌓는다.

함수	설명
hstack	컬럼(axis=1)을 따라 배열을 쌓는다.
column_stack	hstack과 같지만 1차원 배열을 2차원 컬럼 벡터로 먼저 변환한다.
dstack	깊이(axis=2)에 따라 배열을 쌓는다.
split	특정 축을 따라 지정된 위치를 기점으로 배열을 나눈다.
hsplit, vsplit	각각 axis=0과 axis=1을 따라 배열을 나누는 함수

배열 쌓기 도우미: r_과 c_

NumPy의 네임스페이스에는 r_과 c_라는 두 가지 특수한 객체가 있는데 배열 쌓기를 좀 더 편리하게 해준다.

```
In [47]: arr = np.arange(6)

In [48]: arr1 = arr.reshape((3, 2))

In [49]: arr2 = np.random.randn(3, 2)

In [50]: np.r_[arr1, arr2]
Out[50]:
array([[ 0.    ,  1.    ],
       [ 2.    ,  3.    ],
       [ 4.    ,  5.    ],
       [ 1.0072, -1.2962],
       [ 0.275 ,  0.2289],
       [ 1.3529,  0.8864]])

In [51]: np.c_[np.r_[arr1, arr2], arr]
Out[51]:
array([[ 0.    ,  1.    ,  0.    ],
       [ 2.    ,  3.    ,  1.    ],
       [ 4.    ,  5.    ,  2.    ],
       [ 1.0072, -1.2962,  3.    ],
       [ 0.275 ,  0.2289,  4.    ],
       [ 1.3529,  0.8864,  5.    ]])
```

또한 슬라이스를 배열로 변환해준다.

```
In [52]: np.c_[1:6, -10:-5]
```

```
Out[52]:
array([[ 1, -10],
       [ 2,  -9],
       [ 3,  -8],
       [ 4,  -7],
       [ 5,  -6]])
```

c_와 r_로 할 수 있는 자세한 내용은 NumPy 문서를 참고하자.

A.2.4 원소 반복하기: repeat와 tile

큰 배열을 만들기 위해 배열을 반복하거나 복제하는 함수로 repeat와 tile이 있다. repeat는 한 배열의 각 원소를 원하는 만큼 복제해서 큰 배열을 생성한다.

```
In [53]: arr = np.arange(3)

In [54]: arr
Out[54]: array([0, 1, 2])

In [55]: arr.repeat(3)
Out[55]: array([0, 0, 0, 1, 1, 1, 2, 2, 2])
```

NOTE_ NumPy를 사용하면서 배열을 반복하거나 같은 배열을 복사하는 일은 매트랩 같은 유명한 다른 배열 처리 언어에 비하면 흔치 않다. 주된 이유는 다음 절에서 다룰 **브로드캐스팅**이 훨씬 더 적합하기 때문이다.

기본적으로 정수를 넘기면 각 배열은 그 수만큼 반복된다. 만약 정수의 배열을 넘긴다면 각 원소는 배열에 담긴 정수만큼 다르게 반복될 것이다.

```
In [56]: arr.repeat([2, 3, 4])
Out[56]: array([0, 0, 1, 1, 1, 2, 2, 2, 2])
```

다차원 배열의 경우에는 특정 축을 따라 각 원소가 반복된다.

```
In [57]: arr = np.random.randn(2, 2)
```

```
In [58]: arr
Out[58]:
array([[-2.0016, -0.3718],
       [ 1.669 , -0.4386]])

In [59]: arr.repeat(2, axis=0)
Out[59]:
array([[-2.0016, -0.3718],
       [-2.0016, -0.3718],
       [ 1.669 , -0.4386],
       [ 1.669 , -0.4386]])
```

다차원 배열에서 만약 axis 인자를 넘기지 않으면 배열이 평탄화되므로 주의하자. repeat 메서드에 정수의 배열을 넘기면 축을 따라 배열에서 지정한 횟수만큼 원소가 반복된다.

```
In [60]: arr.repeat([2, 3], axis=0)
Out[60]:
array([[-2.0016, -0.3718],
       [-2.0016, -0.3718],
       [ 1.669 , -0.4386],
       [ 1.669 , -0.4386],
       [ 1.669 , -0.4386]])

In [61]: arr.repeat([2, 3], axis=1)
Out[61]:
array([[-2.0016, -2.0016, -0.3718, -0.3718, -0.3718],
       [ 1.669 ,  1.669 , -0.4386, -0.4386, -0.4386]])
```

tile 메서드는 축을 따라 배열을 복사해서 쌓는 함수다. 타일을 이어붙이듯이 같은 내용의 배열을 이어붙인다고 생각하면 된다.

```
In [62]: arr
Out[62]:
array([[-2.0016, -0.3718],
       [ 1.669 , -0.4386]])

In [63]: np.tile(arr, 2)
Out[63]:
array([[-2.0016, -0.3718, -2.0016, -0.3718],
       [ 1.669 , -0.4386,  1.669 , -0.4386]])
```

tile 메서드의 두 번째 인자는 타일의 개수로, 스칼라값이며 컬럼 대 컬럼이 아니라 로우 대 로우로 이어붙이게 된다. tile 메서드의 두 번째 인자는 타일을 이어붙일 모양을 나타내는 튜플이 될 수 있다.

```
In [64]: arr
Out[64]:
array([[-2.0016, -0.3718],
       [ 1.669 , -0.4386]])

In [65]: np.tile(arr, (2, 1))
Out[65]:
array([[-2.0016, -0.3718],
       [ 1.669 , -0.4386],
       [-2.0016, -0.3718],
       [ 1.669 , -0.4386]])

In [66]: np.tile(arr, (3, 2))
Out[66]:
array([[-2.0016, -0.3718, -2.0016, -0.3718],
       [ 1.669 , -0.4386,  1.669 , -0.4386],
       [-2.0016, -0.3718, -2.0016, -0.3718],
       [ 1.669 , -0.4386,  1.669 , -0.4386],
       [-2.0016, -0.3718, -2.0016, -0.3718],
       [ 1.669 , -0.4386,  1.669 , -0.4386]])
```

A.2.5 팬시 색인: take와 put

4장에서 배운 내용을 기억해보면 정수 배열을 사용한 **팬시** 색인 기능으로 배열의 일부 값을 지정하거나 가져올 수 있었다.

```
In [67]: arr = np.arange(10) * 100

In [68]: inds = [7, 1, 2, 6]

In [69]: arr[inds]
Out[69]: array([700, 100, 200, 600])
```

ndarray에는 단일 축에 대한 값을 선택할 때만 사용할 수 있는 유용한 메서드가 있다.

```
In [70]: arr.take(inds)
Out[70]: array([700, 100, 200, 600])

In [71]: arr.put(inds, 42)

In [72]: arr
Out[72]: array([ 0, 42, 42, 300, 400, 500, 42, 42, 800, 900])

In [73]: arr.put(inds, [40, 41, 42, 43])

In [74]: arr
Out[74]: array([ 0, 41, 42, 300, 400, 500, 43, 40, 800, 900])
```

다른 축에 take 메서드를 적용하려면 axis 인자를 넘기면 된다.

```
In [75]: inds = [2, 0, 2, 1]

In [76]: arr = np.random.randn(2, 4)

In [77]: arr
Out[77]:
array([[-0.5397,  0.477 ,  3.2489, -1.0212],
       [-0.5771,  0.1241,  0.3026,  0.5238]])

In [78]: arr.take(inds, axis=1)
Out[78]:
array([[ 3.2489, -0.5397,  3.2489,  0.477 ],
       [ 0.3026, -0.5771,  0.3026,  0.1241]])
```

put 메서드는 axis 인자를 받지 않고 평탄화된 배열(1차원, C 순서)에 대한 색인을 받는다(변경될 가능성이 있다). 따라서 다른 축에 대한 색인 배열을 사용해서 배열의 원소에 값을 넣으려면 팬시 색인을 이용하는 편이 쉬울 것이다.

A.3 브로드캐스팅

브로드캐스팅은 다른 모양의 배열 간의 산술 연산을 어떻게 수행해야 하는지 설명한다. 이는 매우 강력한 기능이지만 NumPy의 오랜 사용자들도 흔히 잘못 이해하고 있는 기능이다. 브로드캐스팅의 가장 단순한 예제는 하나의 배열에서 스칼라값을 합칠 때 발생한다.

```
In [79]: arr = np.arange(5)

In [80]: arr
Out[80]: array([0, 1, 2, 3, 4])

In [81]: arr * 4
Out[81]: array([ 0,  4,  8, 12, 16])
```

여기서 스칼라값 4는 곱셈 연산 과정에서 배열의 모든 원소로 **브로드캐스트**되었다.

예를 들어 배열의 각 컬럼에서 컬럼 평균값을 뺀다면 다음처럼 간단하게 처리할 수 있다.

```
In [82]: arr = np.random.randn(4, 3)

In [83]: arr.mean(0)
Out[83]: array([-0.3928, -0.3824, -0.8768])

In [84]: demeaned = arr - arr.mean(0)

In [85]: demeaned
Out[85]:
array([[ 0.3937,  1.7263,  0.1633],
       [-0.4384, -1.9878, -0.9839],
       [-0.468 ,  0.9426, -0.3891],
       [ 0.5126, -0.6811,  1.2097]])

In [86]: demeaned.mean(0)
Out[86]: array([-0.,  0., -0.])
```

[그림 A-4]는 이 과정을 묘사하고 있다. 위 브로드캐스팅 연산을 로우에 대해 수행한다면 좀 더 주의를 기울여야 한다. 다행히도 브로드캐스팅 규칙을 따르기만 한다면 잠재적으로 낮은 차원의 값을 배열의 다른 차원으로 브로드캐스팅하는 것도 가능하다.

> **브로드캐스팅 규칙**
>
> 만일 이어지는 각 차원(시작부터 끝까지)에 대해 축의 길이가 일치하거나 둘 중 하나의 길이가 1이라면 두 배열은 브로드캐스팅 호환이다. 브로드캐스팅은 누락된 혹은 길이가 1인 차원에 대해 수행된다.

그림 A-4 1차원 배열로 0번 축에 대해 브로드캐스팅하기

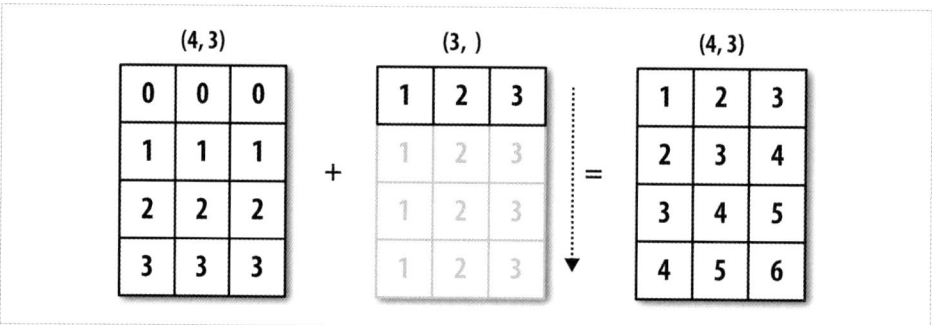

나처럼 NumPy에 익숙한 사용자일지라도 가끔 작업을 멈추고 브로드캐스팅 규칙에 대해 생각한 것을 그림으로 그려보곤 한다. 이전 예제에서 컬럼이 아니라 각 로우에서 평균값을 뺀다고 가정해보자. arr.mean(0)은 길이가 3이고 arr의 이어지는 크기 역시 3이므로 0번 축에 대해 브로드캐스팅이 가능하다. 브로드캐스팅 규칙에 따르면 1번 축에 대해 뺄셈을 하려면(각 로우에서 로우 평균값을 빼려면) 작은 크기의 배열은 (4, 1)의 크기를 가져야 한다.

```
In [87]: arr
Out[87]:
array([[ 0.0009,  1.3438, -0.7135],
       [-0.8312, -2.3702, -1.8608],
       [-0.8608,  0.5601, -1.2659],
       [ 0.1198, -1.0635,  0.3329]])

In [88]: row_means = arr.mean(1)

In [89]: row_means.shape
Out[89]: (4,)

In [90]: row_means.reshape((4, 1))
Out[90]:
```

```
array([[ 0.2104],
       [-1.6874],
       [-0.5222],
       [-0.2036]])

In [91]: demeaned = arr - row_means.reshape((4, 1))

In [92]: demeaned.mean(1)
Out[92]: array([ 0., -0.,  0.,  0.])
```

이 과정을 묘사한 [그림 A-5]를 참조하자.

그림 A-5 2차원 배열의 1번 축에 대한 브로드캐스팅

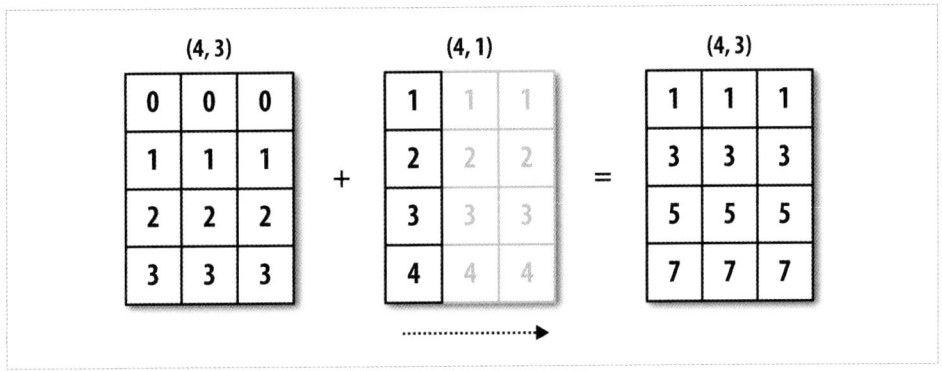

[그림 A-6]은 3차원 배열의 0번 축에 대해 2차원 배열의 값을 더하는 과정을 나타내고 있다.

그림 A-6 3차원 배열의 0번 축에 대한 브로드캐스팅

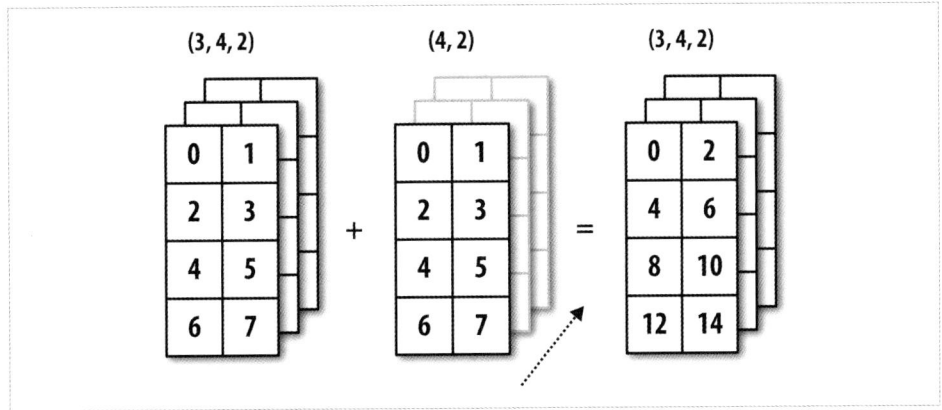

A.3.1 다른 축에 대해 브로드캐스팅하기

다차원 배열에서의 브로드캐스팅은 정말 머리에 쥐가 나는 작업이지만 규칙을 잘 따르기만 하면 된다. 그렇지 않으면 다음과 같은 에러를 만나게 될 것이다.

```
In [93]: arr - arr.mean(1)
---------------------------------------------------------------------------
ValueError                                Traceback (most recent call last)
<ipython-input-93-7b87b85a20b2> in <module>()
----> 1 arr - arr.mean(1)
ValueError: operands could not be broadcast together with shapes (4,3) (4,)
```

0번 축이 아닌 다른 축에 대해 낮은 차원의 배열로 산술 연산을 수행하는 일은 흔히 생길 수 있다. 브로드캐스팅 규칙을 따르자면 '브로드캐스트 차원'은 작은 배열에서는 반드시 1이어야 한다. 로우에서 평균값을 빼는 앞의 예제에서 로우 평균은 (4,)가 아니라 (4, 1)로 재형성한다는 의미다.

```
In [94]: arr - arr.mean(1).reshape((4, 1))
Out[94]:
array([[-0.2095,  1.1334, -0.9239],
       [ 0.8562, -0.6828, -0.1734],
       [-0.3386,  1.0823, -0.7438],
       [ 0.3234, -0.8599,  0.5365]])
```

3차원의 경우 세 가지 차원 중 어느 하나에 대한 브로드캐스팅은 데이터를 호환되는 모양으로 재형성하면 된다. [그림 A-7]에 3차원 배열의 각 축에 대해 브로드캐스팅하기 위해 필요한 2차원 배열의 모습을 잘 묘사해놓았다.

따라서 아주 일반적인 문제는 브로드캐스팅 전용 목적으로 길이가 1인 새로운 축을 추가하는 것이다. reshape를 사용하는 것도 한 방법이지만 축을 하나 새로 추가하는 것은 새로운 모양을 나타낼 튜플을 하나 생성해야 한다. 이는 꽤 지루한 작업이므로 NumPy 배열은 색인을 통해 새로운 축을 추가하는 특수한 문법을 제공한다. np.newaxis라는 이 특수한 속성을 배열의 전체 슬라이스와 함께 사용해서 새로운 축을 추가할 수 있다.

```
In [95]: arr = np.zeros((4, 4))
```

```
In [96]: arr_3d = arr[:, np.newaxis, :]

In [97]: arr_3d.shape
Out[97]: (4, 1, 4)

In [98]: arr_1d = np.random.normal(size=3)

In [99]: arr_1d[:, np.newaxis]
Out[99]:
array([[-2.3594],
       [-0.1995],
       [-1.542 ]])

In [100]: arr_1d[np.newaxis, :]
Out[100]: array([[-2.3594, -0.1995, -1.542 ]])
```

그림 A-7 3차원 배열에 대한 브로드캐스팅에 호환되는 2차원 배열의 모양

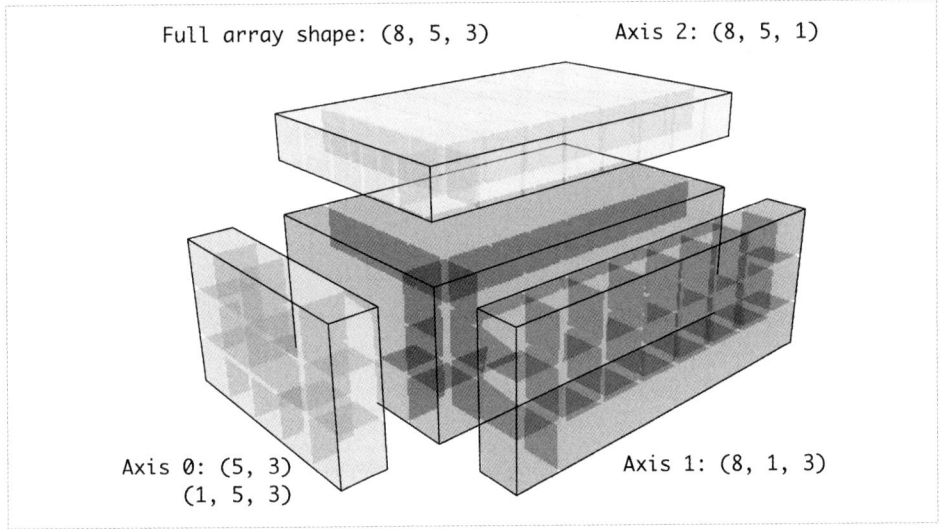

그러므로 만약 3차원 배열에서 2번 축에 대해 평균값을 빼고 싶다면 다음과 같이 작성하면 된다.

```
In [101]: arr = np.random.randn(3, 4, 5)

In [102]: depth_means = arr.mean(2)
```

```
In [103]: depth_means
Out[103]:
array([[-0.4735,  0.3971, -0.0228,  0.2001],
       [-0.3521, -0.281 , -0.071 , -0.1586],
       [ 0.6245,  0.6047,  0.4396, -0.2846]])

In [104]: depth_means.shape
Out[104]: (3, 4)

In [105]: demeaned = arr - depth_means[:, :, np.newaxis]

In [106]: demeaned.mean(2)
Out[106]:
array([[ 0.,  0., -0., -0.],
       [ 0.,  0., -0.,  0.],
       [ 0.,  0., -0., -0.]])
```

몇몇 독자는 성능을 희생하지 않으면서 한 축에 대해 평균값을 빼는 과정을 일반화할 수 없을 지 궁금할 것이다. 사실 방법이 존재하긴 하지만 색인을 이용한 약간의 서커스가 필요하다.

```
def demean_axis(arr, axis=0):
    means = arr.mean(axis)

    # 이렇게 n차원에 대해서 [:, :, np.newaxis]를 수행하는 과정을 일반화할 수 있다.
    indexer = [slice(None)] * arr.ndim
    indexer[axis] = np.newaxis
    return arr - means[indexer]
```

A.3.2 브로드캐스팅을 이용해서 배열에 값 대입하기

배열의 색인을 통해 값을 대입할 때도 산술 연산에서의 브로드캐스팅 규칙이 적용된다. 간단하게는 다음과 같이 할 수 있다.

```
In [107]: arr = np.zeros((4, 3))

In [108]: arr[:] = 5
```

```
In [109]: arr
Out[109]:
array([[ 5.,  5.,  5.],
       [ 5.,  5.,  5.],
       [ 5.,  5.,  5.],
       [ 5.,  5.,  5.]])
```

하지만 만약 값이 담긴 1차원 배열이 있고 그 배열의 컬럼에 값을 대입하고 싶다면 배열의 모양이 호환되는 한 그렇게 하는 것이 가능하다.

```
In [110]: col = np.array([1.28, -0.42, 0.44, 1.6])

In [111]: arr[:] = col[:, np.newaxis]

In [112]: arr
Out[112]:
array([[ 1.28,  1.28,  1.28],
       [-0.42, -0.42, -0.42],
       [ 0.44,  0.44,  0.44],
       [ 1.6 ,  1.6 ,  1.6 ]])

In [113]: arr[:2] = [[-1.37], [0.509]]

In [114]: arr
Out[114]:
array([[-1.37 , -1.37 , -1.37 ],
       [ 0.509,  0.509,  0.509],
       [ 0.44 ,  0.44 ,  0.44 ],
       [ 1.6  ,  1.6  ,  1.6  ]])
```

A.4 고급 ufunc 사용법

많은 NumPy 사용자는 유니버설 함수로 제공되는 빠른 원소별 연산만을 주로 사용하는데, 반복문을 작성하지 않고 좀 더 간결한 코드를 작성할 수 있는 다양한 부가적인 기능이 있다.

A.4.1 ufunc 인스턴스 메서드

NumPy의 이항 ufunc는 그런 특수한 벡터 연산을 수행하기 위한 특수한 메서드를 제공한다. 이 메서드를 [표 A-2]에 정리해두었지만, 어떻게 동작하는지 몇 가지 예제를 통해 익혀보자.

reduce는 하나의 배열을 받아서 순차적인 이항 연산을 통해 축에 따라 그 값을 집계해준다. 예를 들어 배열의 모든 원소를 더하는 방법으로 np.add.reduce를 사용할 수 있다.

```
In [115]: arr = np.arange(10)

In [116]: np.add.reduce(arr)
Out[116]: 45

In [117]: arr.sum()
Out[117]: 45
```

시작값(add에서는 0)은 ufunc에 의존적이다. 만약 axis 인자가 넘어오면 reduce는 그 축을 따라 수행된다. 이를 통해 축약된 방법으로 어떤 질문에 대한 답을 구할 수 있다. 약간 복잡한 예제로 np.logical_and를 사용해서 배열의 각 로우에 있는 값이 정렬된 상태인지 검사하는 것을 생각해볼 수 있다.

```
In [118]: np.random.seed(12346) # 동일한 난수 발생을 위해 시드값 직접 지정

In [119]: arr = np.random.randn(5, 5)

In [120]: arr[::2].sort(1) # 일부 로우를 정렬

In [121]: arr[:, :-1] < arr[:, 1:]
Out[121]:
array([[ True,  True,  True,  True],
       [False,  True, False, False],
       [ True,  True,  True,  True],
       [ True, False,  True,  True],
       [ True,  True,  True,  True]], dtype=bool)

In [122]: np.logical_and.reduce(arr[:, :-1] < arr[:, 1:], axis=1)
Out[122]: array([ True, False,  True, False,  True], dtype=bool)
```

logical_and.reduce는 all 메서드와 동일하다.

cumsum 메서드가 sum 메서드와 관련 있는 것처럼 accumulate는 reduce 메서드와 관련 있다. accumulate 메서드는 누계를 담고 있는 같은 크기의 배열을 생성한다.

```
In [123]: arr = np.arange(15).reshape((3, 5))

In [124]: np.add.accumulate(arr, axis=1)
Out[124]:
array([[ 0,  1,  3,  6, 10],
       [ 5, 11, 18, 26, 35],
       [10, 21, 33, 46, 60]])
```

outer 메서드는 두 배열 간의 벡터곱(외적)을 계산한다.

```
In [125]: arr = np.arange(3).repeat([1, 2, 2])

In [126]: arr
Out[126]: array([0, 1, 1, 2, 2])

In [127]: np.multiply.outer(arr, np.arange(5))
Out[127]:
array([[0, 0, 0, 0, 0],
       [0, 1, 2, 3, 4],
       [0, 1, 2, 3, 4],
       [0, 2, 4, 6, 8],
       [0, 2, 4, 6, 8]])
```

outer 메서드 결과의 차원은 입력한 차원의 합이 된다.

```
In [128]: x, y = np.random.randn(3, 4), np.random.randn(5)

In [129]: result = np.subtract.outer(x, y)

In [130]: result.shape
Out[130]: (3, 4, 5)
```

마지막으로 reduceat 메서드는 로컬 reduce를 수행하는데, 본질적으로 로컬 reduce는 배열의 groupby 연산으로 배열의 슬라이스를 모두 집계하는 것이다. pandas의 GroupBy 기능보다 유연하지 않지만 적절한 상황에서 사용한다면 매우 빠르고 강력한 메서드다. reduceat 메서드는 값을 어떻게 나누고 집계할지 나타내는 경계 목록을 인자로 받는다.

```
In [131]: arr = np.arange(10)

In [132]: np.add.reduceat(arr, [0, 5, 8])
Out[132]: array([10, 18, 17])
```

이 결과는 arr[0:5], arr[5:8], arr[8:]에 대한 수행 결과(여기서는 합)다. 다른 메서드와 마찬가지로 axis 인자를 넘겨줄 수 있다.

```
In [133]: arr = np.multiply.outer(np.arange(4), np.arange(5))

In [134]: arr
Out[134]:
array([[ 0,  0,  0,  0,  0],
       [ 0,  1,  2,  3,  4],
       [ 0,  2,  4,  6,  8],
       [ 0,  3,  6,  9, 12]])

In [135]: np.add.reduceat(arr, [0, 2, 4], axis=1)
Out[135]:
array([[ 0,  0,  0],
       [ 1,  5,  4],
       [ 2, 10,  8],
       [ 3, 15, 12]])
```

[표 A-2]에 일부 ufunc 메서드를 나열해두었다.

표 A-2 ufunc 메서드

메서드	설명
reduce(x)	연산의 연속된 적용으로 값을 집계한다.
accumulate(x)	모든 부분적 집계값을 유지한 채 값을 집계한다.
reduceat(x, bins)	로컬 reduce 또는 groupby. 연속된 데이터 슬라이스를 집계된 배열로 축소한다.
outer(x, y)	x와 y의 모든 원소 조합에 대해 연산을 적용한다. 결과 배열은 x.shape + y.shape의 모양을 가진다.

A.4.2 파이썬으로 사용자 정의 ufunc 작성하기

ufunc와 유사한 사용자 함수를 만들 수 있는 몇 가지 기능이 있다. 일반적인 방법은 NumPy

의 C API를 이용하는 것이지만 이 책에서 다룰 내용은 아니므로 여기서는 순수 파이썬 ufunc만 살펴보겠다.

numpy.frompyfunc는 입력과 출력에 대한 표준과 함께 파이썬 함수를 인자로 취한다. 예를 들어 원소별로 합을 구하는 함수는 다음과 같이 작성할 수 있다.

```
In [136]: def add_elements(x, y):
   .....:     return x + y

In [137]: add_them = np.frompyfunc(add_elements, 2, 1)

In [138]: add_them(np.arange(8), np.arange(8))
Out[138]: array([0, 2, 4, 6, 8, 10, 12, 14], dtype=object)
```

frompyfunc를 이용해서 생성한 함수는 항상 파이썬 객체가 담긴 배열을 반환하는데 이는 그다지 유용하지 못하다. 다행스럽게도 대안이 있는데 numpy.vectorize을 사용하면 반환 자료형을 지정할 수 있는 이점이 있다.

```
In [139]: add_them = np.vectorize(add_elements, otypes=[np.float64])

In [140]: add_them(np.arange(8), np.arange(8))
Out[140]: array([ 0., 2., 4., 6., 8., 10., 12., 14.])
```

이 두 함수는 ufunc 스타일의 함수를 만드는 방법을 제공한다. 하지만 각 원소를 계산하기 위해 파이썬 함수를 호출하게 되므로 NumPy의 C 기반 ufunc 반복문보다 많이 느리다.

```
In [141]: arr = np.random.randn(10000)

In [142]: %timeit add_them(arr, arr)
4.12 ms +- 182 us per loop (mean +- std. dev. of 7 runs, 100 loops each)

In [143]: %timeit np.add(arr, arr)
6.89 us +- 504 ns per loop (mean +- std. dev. of 7 runs, 100000 loops each)
```

A.7절에서는 Numba(눔바) 프로젝트를 이용하여 파이썬에서 빠르게 동작하는 ufunc를 작성하는 방법을 살펴보겠다.

A.5 구조화된 배열과 레코드 배열

이제 ndarray가 **단일** 데이터 저장소라는 사실을 눈치 챘을 것이다. 이 말은 각 원소가 dtype에 의해 결정된 같은 크기의 메모리를 차지하고 있다는 뜻이다. 표면적으로는 다중 데이터나 표 형식의 데이터를 표현할 수 없는 것처럼 보인다. **구조화된** 배열은 배열의 각 원소가 C의 **구조체** 혹은 다양한 이름의 필드를 갖는 SQL 테이블의 한 로우로 표현되는 것으로 생각할 수 있는 ndarray다(그래서 구조화된 배열이라고 한다).

```
In [144]: dtype = [('x', np.float64), ('y', np.int32)]

In [145]: sarr = np.array([(1.5, 6), (np.pi, -2)], dtype=dtype)

In [146]: sarr
Out[146]:
array([( 1.5 , 6), ( 3.1416, -2)],
      dtype=[('x', '<f8'), ('y', '<i4')])
```

구조화된 dtype을 지정하는 방법은 여러 가지다(NumPy 문서를 참고하자). 한 가지 일반적인 방법은 튜플(field_name, field_data_type)을 이용하는 것이다. 이제 배열의 원소는 사전처럼 접근할 수 있는 튜플 같은 객체다.

```
In [147]: sarr[0]
Out[147]: ( 1.5, 6)

In [148]: sarr[0]['y']
Out[148]: 6
```

필드 이름은 dtype.names 속성에 저장된다. 구조화된 배열의 필드에 접근하면 데이터의 뷰가 반환되며 그러므로 아무것도 복사되지 않는다.

```
In [149]: sarr['x']
Out[149]: array([ 1.5 , 3.1416])
```

A.5.1 중첩된 dtype과 다차원 필드

구조화된 dtype을 지정할 때 추가적으로 그 모양(정수나 튜플로)을 전달할 수 있다.

```
In [150]: dtype = [('x', np.int64, 3), ('y', np.int32)]

In [151]: arr = np.zeros(4, dtype=dtype)

In [152]: arr
Out[152]:
array([([0, 0, 0], 0), ([0, 0, 0], 0), ([0, 0, 0], 0), ([0, 0, 0], 0)],
      dtype=[('x', '<i8', (3,)), ('y', '<i4')])
```

이 경우 x 필드는 각 원소에 대해 길이가 3인 배열을 참조하게 된다.

```
In [153]: arr[0]['x']
Out[153]: array([0, 0, 0])
```

편리하게도 arr['x']로 접근하면 이전 예제에서처럼 1차원 배열 대신 2차원 배열이 반환된다.

```
In [154]: arr['x']
Out[154]:
array([[0, 0, 0],
       [0, 0, 0],
       [0, 0, 0],
       [0, 0, 0]])
```

이를 통해 좀 더 복잡한 중첩 구조를 하나의 배열 안에서 단일 메모리로 표현할 수 있게 된다. dtype을 무한히 복잡하게 만들 수 있는데 중첩된 dtype도 가능하다. 간단한 예제를 살펴보자.

```
In [155]: dtype = [('x', [('a', 'f8'), ('b', 'f4')]), ('y', np.int32)]

In [156]: data = np.array([((1, 2), 5), ((3, 4), 6)], dtype=dtype)

In [157]: data['x']
Out[157]:
array([( 1., 2.), ( 3., 4.)],
      dtype=[('a', '<f8'), ('b', '<f4')])
```

```
In [158]: data['y']
Out[158]: array([5, 6], dtype=int32)

In [159]: data['x']['a']
Out[159]: array([ 1., 3.])
```

pandas DataFrame의 계층적 색인은 이와 유사하긴 하지만 이런 기능을 직접 지원하지는 않는다.

A.5.2 구조화된 배열을 써야 하는 이유

pandas DataFrame과 비교해보면 NumPy의 구조화된 배열은 상대적으로 저수준의 도구다. 메모리 블록을 복잡하게 중첩된 컬럼이 있는 표 형식처럼 해석할 수 있는 방법을 제공한다. 배열의 각 원소는 메모리상에서 고정된 크기의 바이트로 표현되기 때문에 구조화된 배열은 데이터를 디스크에서 읽거나 쓰고(나중에 살펴볼 메모리 맵을 포함하여) 네트워크를 통해 전송할 때 매우 빠르고 효과적인 방법을 제공한다.

구조화된 배열의 또 다른 일반적인 사용 방법인 데이터 파일을 고정된 크기의 레코드 바이트 스트림으로 기록하는 것은 C나 C++ 코드에서 데이터를 직렬화하는 일반적인 방법이다. 파일의 포맷을 알고 있다면(즉, 각 레코드의 크기와 순서, 바이트 크기 그리고 각 원소의 자료형을 알고 있다면) np.fromfile을 사용해서 데이터를 메모리로 읽어 들일 수 있다. 이와 같은 특수한 사용법은 이 책에서 다루는 내용의 범주를 벗어나지만 그런 방법이 가능하다는 것을 알아두는 것은 가치 있는 일이다.

A.6 정렬에 관하여

파이썬의 내장 리스트와 마찬가지로 ndarray의 sort 인스턴스 메서드는 새로운 배열을 생성하지 않고 직접 해당 배열의 내용을 정렬한다.

```
In [160]: arr = np.random.randn(6)
```

```
In [161]: arr.sort()

In [162]: arr
Out[162]: array([-1.082 , 0.3759, 0.8014, 1.1397, 1.2888, 1.8413])
```

배열을 그대로 정렬할 때는 그 배열이 다른 ndarray의 뷰일 경우 원본 배열의 값이 변경된다는 점을 꼭 기억하자.

```
In [163]: arr = np.random.randn(3, 5)

In [164]: arr
Out[164]:
array([[-0.3318, -1.4711,  0.8705, -0.0847, -1.1329],
       [-1.0111, -0.3436,  2.1714,  0.1234, -0.0189],
       [ 0.1773,  0.7424,  0.8548,  1.038 , -0.329 ]])

In [165]: arr[:, 0].sort() # 첫 번째 컬럼의 값을 정렬

In [166]: arr
Out[166]:
array([[-1.0111, -1.4711,  0.8705, -0.0847, -1.1329],
       [-0.3318, -0.3436,  2.1714,  0.1234, -0.0189],
       [ 0.1773,  0.7424,  0.8548,  1.038 , -0.329 ]])
```

다른 한편으로는 numpy.sort를 사용해서 정렬된 배열의 복사본을 생성할 수 있다. 그 외에는 ndarray.sort와 똑같은 인자(kind 같은)를 받는다.

```
In [167]: arr = np.random.randn(5)

In [168]: arr
Out[168]: array([-1.1181, -0.2415, -2.0051,  0.7379, -1.0614])

In [169]: np.sort(arr)
Out[169]: array([-2.0051, -1.1181, -1.0614, -0.2415,  0.7379])

In [170]: arr
Out[170]: array([-1.1181, -0.2415, -2.0051,  0.7379, -1.0614])
```

여기서 소개한 모든 정렬 메서드는 전달된 축에 독립적으로 정렬을 수행하기 위해 axis 인자를 받는다.

```
In [171]: arr = np.random.randn(3, 5)

In [172]: arr
Out[172]:
array([[ 0.5955, -0.2682,  1.3389, -0.1872,  0.9111],
       [-0.3215,  1.0054, -0.5168,  1.1925, -0.1989],
       [ 0.3969, -1.7638,  0.6071, -0.2222, -0.2171]])

In [173]: arr.sort(axis=1)

In [174]: arr
Out[174]:
array([[-0.2682, -0.1872,  0.5955,  0.9111,  1.3389],
       [-0.5168, -0.3215, -0.1989,  1.0054,  1.1925],
       [-1.7638, -0.2222, -0.2171,  0.3969,  0.6071]])
```

어떤 정렬 메서드도 내림차순 정렬을 위한 옵션이 없음을 알 수 있다. 배열의 슬라이스는 복사본을 만들거나 어떠한 연산도 수행하지 않고 그저 뷰를 생성하기 때문에 이는 사실 큰 문제가 아니다. 많은 파이썬 사용자는 values[::-1]을 이용해서 순서가 뒤집어진 리스트를 얻어오는 트릭에 익숙하다. ndarray에서도 마찬가지로 사용할 수 있다.

```
In [175]: arr[:, ::-1]
Out[175]:
array([[ 1.3389,  0.9111,  0.5955, -0.1872, -0.2682],
       [ 1.1925,  1.0054, -0.1989, -0.3215, -0.5168],
       [ 0.6071,  0.3969, -0.2171, -0.2222, -1.7638]])
```

A.6.1 간접 정렬: argsort와 lexsort

데이터 분석에서 하나 이상의 키를 기준으로 데이터를 정렬하는 것은 아주 흔한 일이다. 예를 들어 학생 데이터는 성[first name]으로 정렬한 다음 다시 이름[last name]으로 정렬할 필요가 있다. 이는 **간접** 정렬의 한 예인데, pandas 관련 내용에서 이미 다양한 고수준의 예제를 많이 다뤘다. 주어진 단일 키 혹은 여러 개의 키(배열이나 여러 개의 값)로 데이터를 정렬하려면 어떤 순서로 나열해야 하는지 알려주는 정수 색인이 담긴 배열을 얻고자 할 경우가 있다(색인을 돌려 준다는 의미로 indexer라고 부르겠다). 이를 위한 두 가지 메서드가 있는데 바로 argsort와 numpy.lexsort다. 다음 예제를 살펴보자.

```
In [176]: values = np.array([5, 0, 1, 3, 2])

In [177]: indexer = values.argsort()

In [178]: indexer
Out[178]: array([1, 2, 4, 3, 0])

In [179]: values[indexer]
Out[179]: array([0, 1, 2, 3, 5])
```

다음은 좀 더 복잡한 예제로, 2차원 배열을 첫 번째 로우 순서대로 정렬하는 코드다.

```
In [180]: arr = np.random.randn(3, 5)

In [181]: arr[0] = values

In [182]: arr
Out[182]:
array([[ 5.    ,  0.    ,  1.    ,  3.    ,  2.    ],
       [-0.3636, -0.1378,  2.1777, -0.4728,  0.8356],
       [-0.2089,  0.2316,  0.728 , -1.3918,  1.9956]])

In [183]: arr[:, arr[0].argsort()]
Out[183]:
array([[ 0.    ,  1.    ,  2.    ,  3.    ,  5.    ],
       [-0.1378,  2.1777,  0.8356, -0.4728, -0.3636],
       [ 0.2316,  0.728 ,  1.9956, -1.3918, -0.2089]])
```

lexsort는 argsort와 유사하지만 다중 키 배열에 대해 간접 사전순 정렬을 수행한다. 성과 이름으로 구분되어 있는 아래 데이터를 정렬한다고 가정하자.

```
In [184]: first_name = np.array(['Bob', 'Jane', 'Steve', 'Bill', 'Barbara'])

In [185]: last_name = np.array(['Jones', 'Arnold', 'Arnold', 'Jones', 'Walters'])
```

```
In [186]: sorter = np.lexsort((first_name, last_name))

In [187]: sorter
Out[187]: array([1, 2, 3, 0, 4])

In [188]: zip(last_name[sorter], first_name[sorter])
Out[188]: <zip at 0x7fa203eda1c8>
```

lexsort를 처음 접하면 약간 혼란스러울 수 있는데, 왜냐하면 **나중에** 넘겨준 배열이 데이터를 정렬하는 데 먼저 사용되기 때문이다. 여기서도 last_name이 first_name보다 먼저 정렬되었다.

> **NOTE_** Series와 DataFrame의 sort_index와 같은 pandas 메서드는 이러한 함수들의 변종 함수(이 함수들은 또한 누락된 값을 고려해야 한다)를 사용해서 구현되었다.

A.6.2 대안 정렬 알고리즘

견고한stable 정렬 알고리즘은 동일한 원소의 상대적인 위치를 그대로 둔다. 이는 상대적인 순서가 의미를 가지는 간접 정렬의 경우 특히 중요한 기능이다.

```
In [189]: values = np.array(['2:first', '2:second', '1:first', '1:second',
   .....:                    '1:third'])

In [190]: key = np.array([2, 2, 1, 1, 1])

In [191]: indexer = key.argsort(kind='mergesort')

In [192]: indexer
Out[192]: array([2, 3, 4, 0, 1])

In [193]: values.take(indexer)
Out[193]:
array(['1:first', '1:second', '1:third', '2:first', '2:second'],
      dtype='<U8')
```

이런 경우 사용 가능한 정렬 알고리즘은 O(n log n)의 시간복잡도를 가지는 mergesort가 유일하다. 하지만 성능은 기본값인 quicksort보다 떨어진다. [표 A-3]에 상대적인 성능 순서와 견고한 정렬 유무 그리고 시간복잡도를 정리해두었다. 어떻게 보면 대부분의 독자는 이를 고려할 필요가 없을 수 있지만 이런 게 존재한다는 것을 알아두면 유용하다.

표 A-3 배열 정렬 메서드

종류	속도	견고함	공간복잡도	시간복잡도
'quicksort'	1	No	0	O(n^2)
'mergesort'	2	Yes	n/2	O(n log n)
'heapsort'	3	No	0	O(n log n)

A.6.3 배열 일부만 정렬하기

정렬의 목적 중 하나는 배열에서 가장 크거나 작은 값을 찾는 것이다. NumPy는 k번째 작은 원소를 기준으로 배열을 나누기 위해 최적화된 메서드인 numpy.partition과 np.argpartition을 제공한다.

```
In [194]: np.random.seed(12345)

In [195]: arr = np.random.randn(20)

In [196]: arr
Out[196]:
array([-0.2047,  0.4789, -0.5194, -0.5557,  1.9658,  1.3934,  0.0929,
        0.2817,  0.769 ,  1.2464,  1.0072, -1.2962,  0.275 ,  0.2289,
        1.3529,  0.8864, -2.0016, -0.3718,  1.669 , -0.4386])

In [197]: np.partition(arr, 3)
Out[197]:
array([-2.0016, -1.2962, -0.5557, -0.5194, -0.3718, -0.4386, -0.2047,
        0.2817,  0.769 ,  0.4789,  1.0072,  0.0929,  0.275 ,  0.2289,
        1.3529,  0.8864,  1.3934,  1.9658,  1.669 ,  1.2464])
```

partition(arr, 3)을 호출하면 반환된 결과 배열의 첫 세 원소는 해당 배열에서 가장 작은 값이 차지한다. numpy.argpartition은 numpy.argsort와 유사하게 해당 원소의 위치를 반환한다.

```
In [198]: indices = np.argpartition(arr, 3)

In [199]: indices
Out[199]:
array([16, 11,  3,  2, 17, 19,  0,  7,  8,  1, 10,  6, 12, 13, 14, 15,  5,
        4, 18,  9])

In [200]: arr.take(indices)
Out[200]:
array([-2.0016, -1.2962, -0.5557, -0.5194, -0.3718, -0.4386, -0.2047,
        0.2817,  0.769 ,  0.4789,  1.0072,  0.0929,  0.275 ,  0.2289,
        1.3529,  0.8864,  1.3934,  1.9658,  1.669 ,  1.2464])
```

A.6.4 numpy.searchsorted: 정렬된 배열에서 원소 찾기

searchsorted는 정렬된 배열에서 이진 탐색을 수행해 새로운 값을 삽입할 때 정렬된 상태를 계속 유지하기 위한 위치를 반환하는 메서드다.

```
In [201]: arr = np.array([0, 1, 7, 12, 15])

In [202]: arr.searchsorted(9)
Out[202]: 3
```

값이 담긴 배열을 넘기면 해당 원소별로 알맞은 위치를 담고 있는 배열을 반환한다.

```
In [203]: arr.searchsorted([0, 8, 11, 16])
Out[203]: array([0, 3, 3, 5])
```

searchsorted 메서드가 0번째 원소에 대해 0을 반환한 것을 확인할 수 있다. 이는 기본적으로 동일한 값의 그룹의 왼쪽에서부터 색인을 반환하기 때문이다.

```
In [204]: arr = np.array([0, 0, 0, 1, 1, 1, 1])

In [205]: arr.searchsorted([0, 1])
Out[205]: array([0, 3])
```

```
In [206]: arr.searchsorted([0, 1], side='right')
Out[206]: array([3, 7])
```

searchsorted의 다른 활용법으로, 0부터 10,000까지의 값을 특정 구간별로 나눈 배열을 살펴보자.

```
In [207]: data = np.floor(np.random.uniform(0, 10000, size=50))

In [208]: bins = np.array([0, 100, 1000, 5000, 10000])

In [209]: data
Out[209]:
array([ 9940.,  6768.,  7908.,  1709.,   268.,  8003.,  9037.,   246.,
        4917.,  5262.,  5963.,   519.,  8950.,  7282.,  8183.,  5002.,
        8101.,   959.,  2189.,  2587.,  4681.,  4593.,  7095.,  1780.,
        5314.,  1677.,  7688.,  9281.,  6094.,  1501.,  4896.,  3773.,
        8486.,  9110.,  3838.,  3154.,  5683.,  1878.,  1258.,  6875.,
        7996.,  5735.,  9732.,  6340.,  8884.,  4954.,  3516.,  7142.,
        5039.,  2256.])
```

그리고 각 데이터가 어떤 구간에 속해야 하는지 알아보기 위해 searchsorted 메서드를 사용하자(여기서 1은 [0, 100) 구간을 의미한다).

```
In [210]: labels = bins.searchsorted(data)

In [211]: labels
Out[211]:
array([4, 4, 4, 3, 2, 4, 4, 2, 3, 4, 4, 2, 4, 4, 4, 4, 2, 3, 3, 3, 3, 4,
       3, 4, 3, 4, 4, 4, 3, 3, 3, 4, 4, 3, 3, 4, 3, 3, 4, 4, 4, 4, 4, 3,
       3, 4, 4, 3])
```

이를 pandas의 groupby와 조합하면 해당 구간의 데이터를 쉽게 구할 수 있다.

```
In [212]: pd.Series(data).groupby(labels).mean()
Out[212]:
2     498.000000
3    3064.277778
4    7389.035714
dtype: float64
```

A.7 Numba를 이용하여 빠른 NumPy 함수 작성하기

Numba(눔바)는 CPU, GPU 또는 기타 하드웨어를 이용하여 NumPy와 유사한 데이터를 다루는 빠른 함수를 작성할 수 있도록 도와주는 오픈소스 프로젝트다. 파이썬 코드를 컴파일된 기계 코드로 변환하기 위해 LLVM 프로젝트를 사용하고 있다.

Numba를 소개하기 위해 for 문을 사용하여 (x - y).mean()을 계산하는 순수 파이썬 코드를 작성하자.

```
import numpy as np

def mean_distance(x, y):
    nx = len(x)
    result = 0.0
    count = 0
    for i in range(nx):
        result += x[i] - y[i]
        count += 1
    return result / count
```

이 함수는 무척 느리다.

```
In [209]: x = np.random.randn(10000000)

In [210]: y = np.random.randn(10000000)

In [211]: %timeit mean_distance(x, y)
1 loop, best of 3: 2 s per loop

In [212]: %timeit (x - y).mean()
100 loops, best of 3: 14.7 ms per loop
```

NumPy로 작성된 코드는 100배 넘게 빠르다. 이제 이 함수를 numba.jit 함수를 이용하여 컴파일된 Numba 함수로 바꿔보자.

```
In [213]: import numba as nb

In [214]: numba_mean_distance = nb.jit(mean_distance)
```

장식자를 사용할 수도 있다.

```
@nb.jit
def mean_distance(x, y):
    nx = len(x)
    result = 0.0
    count = 0
    for i in range(nx):
        result += x[i] - y[i]
        count += 1
    return result / count
```

이렇게 만들어진 함수는 NumPy 버전보다 조금 더 빠르게 동작한다.

```
In [215]: %timeit numba_mean_distance(x, y)
100 loops, best of 3: 10.3 ms per loop
```

Numba를 이용해서 모든 파이썬 코드를 컴파일할 수는 없지만 순수 파이썬 코드의 많은 부분을 지원하며 산술 알고리즘을 작성할 경우 특히 유용하다.

Numba는 심오한 라이브러리로, 다양한 하드웨어를 지원하며 컴파일 모드와 사용자 확장을 지원한다. 명시적인 for 문에 기대지 않고 상당수의 NumPy 파이썬 API를 컴파일할 수 있다. Numba는 컴파일할 수 없는 함수는 CPython API로 대체하는 동시에 기계코드로 컴파일이 가능한 함수를 구별할 수 있다. Numba의 jit 함수는 nopython=True 옵션으로 파이썬 C API를 호출하지 않음으로써 LLVM으로 컴파일될 파이썬 코드를 제한할 수 있다. jit(nopython=True)는 numba.njit으로 줄여 쓸 수 있다.

앞의 예제는 다음과 같이 쓸 수 있다.

```
from numba import float64, njit

@njit(float64(float64[:], float64[:]))
def mean_distance(x, y):
    return (x - y).mean()
```

Numba 공식 문서를 더 읽어보기 추천한다. 이어서 사용자 정의 NumPy ufunc를 작성하는 방법을 살펴보겠다.

A.7.1 Numba를 이용한 사용자 정의 numpy.ufunc 만들기

numba.vectorize 함수는 내장 ufunc처럼 작동하는 컴파일된 NumPy ufunc를 생성한다. numpy.add의 파이썬 구현을 살펴보자.

```python
from numba import vectorize

@vectorize
def nb_add(x, y):
    return x + y
```

이 함수는 아래처럼 사용할 수 있다.

```
In [13]: x = np.arange(10)

In [14]: nb_add(x, x)
Out[14]: array([ 0., 2., 4., 6., 8., 10., 12., 14., 16., 18.])

In [15]: nb_add.accumulate(x, 0)
Out[15]: array([ 0., 1., 3., 6., 10., 15., 21., 28., 36., 45.])
```

A.8 고급 배열 입출력

4장에서 np.save와 np.load를 사용해서 배열을 이진 형식으로 디스크에 저장하는 방법을 소개했다. 이를 좀 더 우아하게 사용할 수 있는 몇 가지 부가적인 옵션이 존재한다. 특히 메모리 맵은 RAM에 적재할 수 없는 데이터를 다룰 때 추가적인 이점을 얻을 수 있다.

A.8.1 메모리 맵 파일

메모리 맵 파일memory-mapped file은 디스크에 저장된 아주 큰 이진 데이터를 메모리에 적재된 배열처럼 취급할 수 있다. NumPy에는 ndarray와 유사한 memmap 객체가 있는데, 배열 전체를 메모리에 적재하지 않고 큰 파일의 작은 부분을 읽고 쓸 수 있도록 해준다. 게다가 memmap 객체는 메모리에 적재된 배열에서 제공하는 것과 동일한 메서드를 제공하기 때문에 ndarray를 사용해야 하는 많은 알고리즘에서 ndarray의 대체제로 사용할 수 있다.

새로운 memmap 객체를 생성하려면 np.memmap 함수에 파일 경로, dtype, 모양 그리고 파일 모드를 전달한다.

```
In [214]: mmap = np.memmap('mymmap', dtype='float64', mode='w+',
   .....:                  shape=(10000, 10000))

In [215]: mmap
Out[215]:
memmap([[ 0., 0., 0., ..., 0., 0., 0.],
        [ 0., 0., 0., ..., 0., 0., 0.],
        [ 0., 0., 0., ..., 0., 0., 0.],
        ...,
        [ 0., 0., 0., ..., 0., 0., 0.],
        [ 0., 0., 0., ..., 0., 0., 0.],
        [ 0., 0., 0., ..., 0., 0., 0.]])
```

memmap 객체의 슬라이스는 디스크에 있는 데이터에 대한 뷰를 반환한다.

```
In [216]: section = mmap[:5]
```

여기에 데이터를 대입하면 (파이썬의 파일 객체처럼) 메모리에 잠시 보관되어 있다가 flush를 호출하면 디스크에 기록한다.

```
In [217]: section[:] = np.random.randn(5, 10000)

In [218]: mmap.flush()

In [219]: mmap
Out[219]:
memmap([[ 0.7584, -0.6605,  0.8626, ...,  0.6046, -0.6212,  2.0542],
        [-1.2113, -1.0375,  0.7093, ..., -1.4117, -0.1719, -0.8957],
        [-0.1419, -0.3375,  0.4329, ...,  1.2914, -0.752 , -0.44  ],
        ...,
        [ 0.    ,  0.    ,  0.    , ...,  0.    ,  0.    ,  0.    ],
        [ 0.    ,  0.    ,  0.    , ...,  0.    ,  0.    ,  0.    ],
        [ 0.    ,  0.    ,  0.    , ...,  0.    ,  0.    ,  0.    ]])
```

```
In [220]: del mmap
```

메모리 맵은 스코프를 벗어나서 메모리가 회수되면 디스크에 변경 사항이 기록된다. **기존의 메모리 맵 파일을 열 때** 메타데이터 없이 디스크에 저장된 이진 데이터 파일처럼 dtype과 모양을 지정할 수 있다.

```
In [221]: mmap = np.memmap('mymmap', dtype='float64', shape=(10000, 10000))

In [222]: mmap
Out[222]:
memmap([[ 0.7584, -0.6605,  0.8626, ...,  0.6046, -0.6212,  2.0542],
        [-1.2113, -1.0375,  0.7093, ..., -1.4117, -0.1719, -0.8957],
        [-0.1419, -0.3375,  0.4329, ...,  1.2914, -0.752 , -0.44  ],
        ...,
        [ 0.    ,  0.    ,  0.    , ...,  0.    ,  0.    ,  0.    ],
        [ 0.    ,  0.    ,  0.    , ...,  0.    ,  0.    ,  0.    ],
        [ 0.    ,  0.    ,  0.    , ...,  0.    ,  0.    ,  0.    ]])
```

메모리 맵은 디스크상의 ndarray이므로 위에서 설명한 것처럼 구조화된 dtype을 사용하는 데도 아무런 문제가 없다.

A.8.2 HDF5 및 기타 배열 저장 옵션

PyTables와 h5py는 효율적이고 HDF5 형식(HDF는 Hierarchical Data Format의 약어로 계층적 데이터 포맷을 의미)으로 압축이 가능하도록 배열 데이터를 저장할 수 있게 하는 NumPy 친화적인 인터페이스의 파이썬 프로젝트다. 수백 기가 혹은 수 테라바이트의 데이터를 HDF5 형식으로 안전하게 저장할 수 있다. 파이썬을 이용한 HDF5 사용법은 pandas 공식 문서를 참고하기 바란다.

A.9 성능 팁

NumPy를 활용하는 코드에서 좋은 성능을 이끌어내는 방법은 꽤 직관적인데, 순수 파이썬 반복문은 상대적으로 매우 느리므로 일반적으로 배열 연산으로 대체한다. 다음은 염두에 두면 좋은 간략한 팁이다.

- 파이썬 반복문과 조건문을 배열 연산과 불리언 배열 연산으로 변환한다.
- 가능하면 브로드캐스팅을 사용한다.
- 배열의 뷰(슬라이스)를 사용해서 데이터를 복사하는 것을 피한다.
- ufunc 메서드를 활용한다.

NumPy만으로 원하는 성능을 이끌어내지 못한다면 코드를 C나 포트란으로 작성하거나 아니면 Cython을 사용해서 성능을 높일 수 있다. 나는 개인적으로 Cython을 자주 사용하는데 최소한의 개발 노력으로 쉽게 C 수준의 성능을 이끌어낼 수 있다.

A.9.1 인접 메모리의 중요성

이 주제에 대한 전체 내용은 이 책의 범위를 벗어나는데, 어떤 애플리케이션에서는 배열이 메모리상에 배치된 모양에 따라 연산 속도에 많은 영향을 끼친다. 이는 부분적으로 CPU의 캐시 구조에 의한 성능 차이에 기반하는데 연속된 메모리에 접근하는 연산(예를 들어 C 순서로 저장된 배열에서 로우를 합산하는)의 경우 메모리 서브시스템이 적절한 메모리 블록을 매우 빠른 CPU의 L1이나 L2에 저장하게 되므로 가장 빠르다. 또한 NumPy의 C 코드 기반 내부의 어떤 코드는 연속된 메모리일 경우 최적화되어 인접하지 않은 메모리를 읽는 문제를 회피할 수 있다.

배열이 메모리상에 연속적으로 존재한다는 의미는 배열의 원소가 실제 배열 상에서 나타나는 모습대로(포트란의 컬럼 우선 순서, C의 로우 우선 순서) 메모리에 저장되었다는 의미다. 기본적으로 NumPy 배열은 메모리에 C 순서 혹은 그냥 단순히 연속적으로 생성된다. C 순서로 저장된 배열의 전치 배열 같은 컬럼 우선 순서 배열은 포트란 순서 배열이라고 할 수 있다. 이 속성은 ndarray의 flags 속성을 통해 명시적으로 확인할 수 있다.

```
In [225]: arr_c = np.ones((1000, 1000), order='C')

In [226]: arr_f = np.ones((1000, 1000), order='F')

In [227]: arr_c.flags
Out[227]:
```

```
    C_CONTIGUOUS : True
    F_CONTIGUOUS : False
    OWNDATA : True
    WRITEABLE : True
    ALIGNED : True
    UPDATEIFCOPY : False

In [228]: arr_f.flags
Out[228]:
    C_CONTIGUOUS : False
    F_CONTIGUOUS : True
    OWNDATA : True
    WRITEABLE : True
    ALIGNED : True
    UPDATEIFCOPY : False

In [229]: arr_f.flags.f_contiguous
Out[229]: True
```

이 예제에서 배열의 로우의 합은 메모리에 로우가 연속적으로 존재하므로 이론적으로 arr_c가 arr_f보다 빠르게 계산된다. %timeit을 사용해서 성능차를 확인해볼 수 있다.

```
In [230]: %timeit arr_c.sum(1)
784 us +- 10.4 us per loop (mean +- std. dev. of 7 runs, 1000 loops each)

In [231]: %timeit arr_f.sum(1)
934 us +- 29 us per loop (mean +- std. dev. of 7 runs, 1000 loops each)
```

이는 NumPy에서 성능을 더 짜내야 할 때 더 많은 노력을 기울이게 되는 부분이다. 원하는 메모리 순서로 저장되지 않은 배열이 있다면 그 배열을 'C'나 'F' 순서로 복사해서 사용할 수 있다.

```
In [232]: arr_f.copy('C').flags
Out[232]:
    C_CONTIGUOUS : True
    F_CONTIGUOUS : False
    OWNDATA : True
    WRITEABLE : True
    ALIGNED : True
    UPDATEIFCOPY : False
```

한 배열에 대한 뷰를 생성할 때 그 결과가 항상 연속된 메모리에 할당되지 않을 수 있다는 점을 기억하자.

```
In [233]: arr_c[:50].flags.contiguous
Out[233]: True

In [234]: arr_c[:, :50].flags
Out[234]:
  C_CONTIGUOUS : False
  F_CONTIGUOUS : False
  OWNDATA : False
  WRITEABLE : True
  ALIGNED : True
  UPDATEIFCOPY : False
```

APPENDIX B

IPython 시스템 더 알아보기

2장에서는 IPython 셸과 주피터 노트북의 기본 사용법을 살펴봤다. 이 장에서는 주피터나 콘솔에서 사용할 수 있는 IPython 시스템의 상세 기능을 좀 더 살펴보도록 하겠다.

B.1 명령어 히스토리 사용하기

IPython은 이전에 실행했던 명령어를 디스크에 작은 데이터베이스 형식으로 보관하며, 다음 목적으로 사용한다.

- 검색, 자동완성, 최소한의 입력으로 이전에 실행했던 명령 재실행
- 세션 간의 명령어 히스토리 유지
- 입출력 히스토리를 파일에 기록

이 기능은 노트북보다는 셸에서 더 유용한데, 노트북은 각각의 코드 셸에서 입력과 출력을 기록하도록 설계되었기 때문이다.

B.1.1 명령어 검색과 재사용

IPython 셸에서는 이전에 실행했던 코드나 명령을 검색하고 실행할 수 있다. 이 기능은 예를 들어 %run 명령어나 코드를 반복 사용하는 경우가 잦을 경우 무척 유용하다. 다음과 같이 실행했다고 하자.

```
In[7]: %run first/second/third/data_script.py
```

그리고 스크립트의 실행 결과를 보니 틀린 계산이 있었다고 하자. 문제의 원인을 밝혀낸 다음 data_script.py를 수정하고 %run 명령어의 첫 일부를 입력한 다음 Ctrl-P를 누르거나 위 화살표 키를 누르면 방금 입력한 명령어와 맞아떨어지는 가장 최근에 입력한 명령어 히스토리를 검색한다. Ctrl-P나 위 화살표 키를 여러 번 누르면 계속해서 더 이전의 히스토리를 검색한다. 만일 실행하려는 명령어를 지나쳤다면 Ctrl-N이나 아래 화살표 키를 눌러 다시 돌아올 수 있다. 이 기능을 몇 번 사용해보면 어느 순간 의도하지 않고도 이 기능을 사용하는 자신을 발견하게 될 것이다!

Ctrl-R을 사용하면 bash 같은 유닉스 셸의 readline 명령어처럼 부분 순차 검색을 할 수 있다. 윈도우에서는 IPython이 readline 기능을 흉내 내도록 한다. Ctrl-R을 누르고 입력 줄에 검색하려는 몇 글자를 입력하면 이 기능을 사용할 수 있다.

```
In [1]: a_command = foo(x, y, z)

(reverse-i-search)`com': a_command = foo(x, y, z)
```

Ctrl-R을 누르면 방금 입력한 글자와 맞아떨어지는 줄을 계속해서 반복적으로 찾아준다.

B.1.2 입출력 변수

함수의 실행 결과를 변수에 저장하는 것을 잊으면 매우 귀찮아진다. 다행히 IPython은 입력한 명령과 출력된 결과물인 반환된 객체를 특수한 변수에 저장한다. 마지막 2개의 결과를 각각 _ 변수와 __ 변수에 저장한다.

```
In [24]: 2 ** 27
Out[24]: 134217728

In [25]: _
Out[25]: 134217728
```

입력 변수는 _iX 변수(X는 입력 줄 번호)에 저장된다. 이와 유사하게 출력 변수는 _X 변수에 저장된다. 그래서 27번 줄을 입력한 후에는 출력 결과를 저장하는 출력 변수 _27과 입력 변수 _i27이 생겨난다.

```
In [26]: foo = 'bar'

In [27]: foo
Out[27]: 'bar'

In [28]: _i27
Out[28]: u'foo'

In [29]: _27
Out[29]: 'bar'
```

입력 변수는 문자열이기 때문에 다음처럼 파이썬의 exec 예약어를 사용해서 실행한다.

```
In [30]: exec(_i27)
```

여기서 _i27은 In[27]에 입력한 코드를 나타낸다.

몇 가지 매직함수를 사용하면 입출력 히스토리를 사용한 작업을 할 수 있다. %hist는 전체 혹은 일부 입력 히스토리를 줄 번호와 함께 혹은 줄 번호 없이 출력한다. %reset은 인터랙티브 네임스페이스와 추가적으로 입출력 캐시를 비운다. %xdel은 IPython 내에서 **특정** 객체에 대한 참조를 삭제하여 그 객체가 사용한 메모리를 해제하는 함수다. 이 매직함수에 대한 자세한 내용은 문서를 참고하자.

> **CAUTION_** 매우 큰 데이터를 이용한 작업을 할 때는 del 예약어를 사용해서 인터랙티브 네임스페이스에서 어떤 변수를 지웠다고 해도 IPython의 입출력 히스토리가 가비지 컬렉트(메모리 정리)를 방해할 수 있다는 점을 기억하자. 그런 경우에는 %xdel과 %reset을 신중하게 사용해서 메모리 문제를 회피할 수 있다.

B.2 운영체제와 함께 사용하기

IPython의 또 다른 중요한 기능은 운영체제 셸과 강력하게 통합되어 있다는 것이다. 즉, IPython을 종료하지 않고도 윈도우나 유닉스(리눅스, macOS) 셸에서 일반적인 명령행에서 할 수 있는 작업이 가능하다는 뜻이다. 여기에는 셸 명령어를 실행하거나, 디렉터리를 옮기거나, 명령어의 결과를 파이썬 객체(리스트나 문자열)에 저장하는 기능이 포함된다. 또한 간단한 셸 명령어 앨리어싱과 디렉터리 북마크 기능도 제공한다.

[표 B-1]에 매직함수를 요약해두었다. 기능은 잠시 후에 간단히 살펴보겠다.

표 B-1 IPython의 시스템 관련 명령어

명령	설명
!cmd	시스템 셸에서 cmd 명령어를 실행한다.
output = !cmd args	cmd 명령어를 실행하고 표준 출력(stdout) 결과를 output에 저장한다.
%alias alias_name cmd	시스템(셸) 명령어의 별칭을 정의한다.
%bookmark	IPython의 디렉터리 북마크 시스템 활용한다.
%cd directory	시스템의 작업 디렉터리를 directory로 변경한다.
%pwd	현재 시스템의 작업 디렉터리를 반환한다.
%pushd directory	현재 디렉터리를 스택에 추가하고 새로운 디렉터리로 이동한다.
%popd	스택에 저장된 디렉터리를 꺼내서 그 디렉터리로 이동한다.
%dirs	현재 디렉터리 스택에 저장된 디렉터리 목록을 보여준다.
%dhist	접근했던 디렉터리 히스토리를 출력한다.
%env	시스템 환경 변수를 사전 타입으로 출력한다.
%matplotlib	matplotlib 통합 옵션을 설정한다.

B.2.1 셸 명령어와 별칭

IPython에서 !로 시작하는 줄은 느낌표 다음에 있는 내용을 시스템 셸에서 실행하라는 의미다. 이 말은 rm이나 del 명령어를 사용해서 파일을 지우거나, 디렉터리를 옮기거나, 다른 프로세스를 실행할 수 있다는 것이다.

셸 명령어의 콘솔 출력은 !를 이용해서 변수에 저장할 수 있다. 예를 들어 인터넷에 연결되어 있는 자신의 리눅스에서 IP 주소를 얻어서 파이썬 변수에 대입할 수도 있다

```
In [1]: ip_info = !ifconfig wlan0 | grep "inet "

In [2]: ip_info[0].strip()
Out[2]: 'inet addr:10.0.0.11  Bcast:10.0.0.255  Mask:255.255.255.0'
```

반환된 파이썬 객체 ip_info는 콘솔 출력의 다양한 버전을 포함하고 있는 사용자 정의 리스트 타입이다.

IPython은 !를 사용해서 현재 환경에 정의되어 있는 파이썬 값을 대체하기도 한다. 이렇게 하려면 변수 이름 앞에 달러 기호 $를 붙이면 된다.

```
In [3]: foo = 'test*'

In [4]: !ls $foo
test4.py  test.py  test.xml
```

%alias 매직함수는 셸 명령어에 대한 사용자 단축키(별칭)를 정의한다. 다음은 간단한 예제다.

```
In [1]: %alias ll ls -l

In [2]: ll /usr
total 332
drwxr-xr-x   2 root root  69632 2012-01-29 20:36 bin/
drwxr-xr-x   2 root root   4096 2010-08-23 12:05 games/
drwxr-xr-x 123 root root  20480 2011-12-26 18:08 include/
drwxr-xr-x 265 root root 126976 2012-01-29 20:36 lib/
drwxr-xr-x  44 root root  69632 2011-12-26 18:08 lib32/
lrwxrwxrwx   1 root root      3 2010-08-23 16:02 lib64 -> lib/
drwxr-xr-x  15 root root   4096 2011-10-13 19:03 local/
drwxr-xr-x   2 root root  12288 2012-01-12 09:32 sbin/
drwxr-xr-x 387 root root  12288 2011-11-04 22:53 share/
drwxrwsr-x  24 root src    4096 2011-07-17 18:38 src/
```

여러 개의 명령어도 세미콜론으로 구분하여 한 번에 실행할 수 있다.

```
In [558]: %alias test_alias (cd examples ls cd ..)

In [559]: test_alias
macrodata.csv  spx.csv  tips.csv
```

IPython은 세션이 종료되면 즉시 정의해놓은 별칭을 잊어버린다. 고정 별칭을 만들고 싶다면 설정 시스템을 사용해야 한다.

B.2.2 디렉터리 북마크 시스템

IPython은 간단한 디렉터리 북마크 시스템을 가지고 있어서 자주 사용하는 디렉터리에 대한 별칭을 저장해두고 쉽게 이동할 수 있도록 한다. 예를 들어 이 책의 코드 예제를 모아둔 디렉터리로 쉽게 이동하기 위해 북마크를 정의할 수 있다.

```
In [6]: %bookmark py4da /home/wesm/code/pydata-book
```

북마크를 해두면 %cd 매직을 이용할 때 사용할 수 있다.

```
In [7]: cd py4da
(bookmark:py4da) -> /home/wesm/code/pydata-book
/home/wesm/code/pydata-book
```

만약에 북마크 이름이 현재 작업 디렉터리에 있는 이름과 충돌한다면 -b 플래그를 사용해서 오버라이드하고 북마크 위치를 사용한다. %bookmak에 -l 옵션을 주면 모든 북마크를 보여준다.

```
In [8]: %bookmark -l
Current bookmarks:
py4da -> /home/wesm/code/pydata-book-source
```

별칭과 다르게 북마크는 IPython이 종료되어도 유지된다.

B.3 소프트웨어 개발 도구

지금까지 살펴본 데이터 조회와 계산에 편리한 대화형 환경에 덧붙여서 IPython은 소프트웨어 개발 환경으로도 손색이 없다. 데이터 분석 애플리케이션에서는 **올바른** 코드를 작성하는 일이 가장 중요하다. 다행히도 IPython은 향상된 파이썬 pdb 디버거를 내장하고 있다. 또한 코드 실행이 빨라야 하는데 IPython은 쉽게 사용할 수 있는 코드 타이밍과 프로파일링 도구를 포함하고 있다.

B.3.1 대화형 디버거

IPython의 디버거는 pdb에 탭 자동완성 기능, 문법 강조, 예외 트레이스백에서 각 줄에 해당하는 컨텍스트 등이 개선되었다. 코드를 디버깅하기 가장 최적인 시점은 에러가 발생한 직후다. 예외가 발생한 뒤 %debug 명령어를 사용하면 사후처리post-mortem 디버거가 실행되고 예외가 발생한 시점의 스택 프레임 정보를 보여준다.

```
In [2]: run examples/ipython_bug.py
---------------------------------------------------------------------------
AssertionError                            Traceback (most recent call last)
/home/wesm/code/pydata-book/examples/ipython_bug.py in <module>()
     13         throws_an_exception()
     14
---> 15 calling_things()

/home/wesm/code/pydata-book/examples/ipython_bug.py in calling_things()
     11 def calling_things():
     12     works_fine()
---> 13     throws_an_exception()
     14
     15 calling_things()

/home/wesm/code/pydata-book/examples/ipython_bug.py in throws_an_exception()
      7     a = 5
      8     b = 6
----> 9     assert(a + b == 10)
     10
     11 def calling_things():

AssertionError:

In [3]: %debug
> /home/wesm/code/pydata-book/examples/ipython_bug.py(9)throws_an_exception()
      8     b = 6
----> 9     assert(a + b == 10)
     10

ipdb>
```

디버거 안에서는 아무 파이썬 코드나 실행해볼 수 있고 각각의 스택 프레임에서 인터프리터 안에서 유지되고 있는 모든 객체와 데이터를 살펴볼 수 있다. 디폴트로 에러가 발생한 가장 아래 레벨에서부터 시작한다. u(up)와 d(down)를 눌러 스택 트레이스 사이를 이동할 수 있다.

```
ipdb> u
> /home/wesm/code/pydata-book/examples/ipython_bug.py(13)calling_things()
     12         works_fine()
---> 13         throws_an_exception()
     14
```

%pdb 명령어를 실행하면 예외가 발생했을 때 IPython이 자동적으로 디버거를 실행하는데 이 모드는 많은 사용자가 아주 유용하다고 생각할 것이다.

디버거는 개발하는 중에 스크립트나 함수를 실행하는 과정에서 각 단계를 하나씩 검증하거나 브레이크포인트를 설정하고 싶을 때 쉽게 사용할 수 있다. 디버거를 실행하는 몇 가지 방법이 있는데 %run 명령에 -d 옵션을 주면 스크립트를 실행하기 전에 디버거를 먼저 실행한다. 그리고 바로 s(step)를 누르면 스크립트로 진입한다.

```
In [5]: run -d examples/ipython_bug.py
Breakpoint 1 at /home/wesm/code/pydata-book/examples/ipython_bug.py:1
NOTE: Enter 'c' at the ipdb>  prompt to start your script.
> <string>(1)<module>()

ipdb> s
--Call--
> /home/wesm/code/pydata-book/examples/ipython_bug.py(1)<module>()
1---> 1 def works_fine():
      2     a = 5
      3     b = 6
```

이제부터 스크립트 파일을 어떤 식으로 동작하게 할지는 독자의 몫이다. 예를 들어 위 예제에서 works_fine 메서드를 호출하기 바로 직전에 브레이크포인트를 걸고 c(continue)를 눌러 브레이크포인트에서 멈출 때까지 스크립트를 실행할 수 있다.

```
ipdb> b 12
ipdb> c
```

```
> /home/wesm/code/pydata-book/examples/ipython_bug.py(12)calling_things()
     11 def calling_things():
2--> 12     works_fine()
     13     throws_an_exception()
```

이제 s를 눌러 works_fine() 안으로 진입하거나, n(next)을 눌러 works_fine()을 실행하고 다음 줄로 진행할 수 있다.

```
ipdb> n
> /home/wesm/code/pydata-book/examples/ipython_bug.py(13)calling_things()
2    12     works_fine()
---> 13     throws_an_exception()
     14
```

이제 throws_an_exception 안으로 진입하고 에러가 발생한 다음 줄로 진행한 후 해당 범위 내에 있는 변수를 살펴보자. 디버거 명령어는 변수 이름보다 우선되므로 디버거 명령과 같은 이름의 변수가 있다면 !를 변수 이름 앞에 붙여서 내용을 확인할 수 있다.

```
ipdb> s
--Call--
> /home/wesm/code/pydata-book/examples/ipython_bug.py(6)throws_an_exception()
       5
----> 6 def throws_an_exception():
       7     a = 5

ipdb> n
> /home/wesm/code/pydata-book/examples/ipython_bug.py(7)throws_an_exception()
       6 def throws_an_exception():
----> 7     a = 5
       8     b = 6

ipdb> n
> /home/wesm/code/pydata-book/examples/ipython_bug.py(8)throws_an_exception()
       7     a = 5
----> 8     b = 6
       9     assert(a + b == 10)

ipdb> n
> /home/wesm/code/pydata-book/examples/ipython_bug.py(9)throws_an_exception()
```

```
      8      b = 6
----> 9      assert(a + b == 10)
     10

ipdb> !a
5

ipdb> !b
6
```

대화형 디버거는 많은 연습과 경험을 통해서만 익숙해질 수 있다. [표 B-2]에 디버거에서 사용할 수 있는 명령어를 모두 나열해두었다. IDE를 사용 중이라면 처음엔 터미널 기반의 디버거가 익숙하지 않겠지만 차츰 익숙해질 것이다. 대부분의 파이썬 IDE는 훌륭한 GUI 디버거를 내장하고 있으므로 자신에게 맞는 도구를 찾을 수 있을 것이다.

표 B-2 (I)Python 디버거 명령

명령	실행
h(elp)	명령어 목록을 보여준다.
help *command*	*command*에 대한 문서를 보여준다.
c(ontinue)	프로그램의 실행을 재개한다.
q(uit)	더 이상 코드를 실행하지 않고 디버거를 종료한다.
b(reak) *number*	현재 파일의 *number*번째 줄에 브레이크포인트를 설정한다.
b *path/to/file.py:number*	지정한 파일의 *number*번째 줄에 브레이크포인트를 설정한다.
s(tep)	함수 호출 안으로 진입한다.
n(ext)	현재 줄을 실행하고 같은 레벨의 다음 줄로 진행한다.
u(p) / d(own)	함수 콜 스택(호출 정보)의 위아래로 이동한다.
a(rgs)	현재 함수의 인자를 보여준다.
debug *statement*	*statement* 문장을 새로운 (재귀적) 디버거에서 실행한다.
l(ist)	현재 위치와 스택의 현재 레벨에 대한 문맥을 보여준다.
w(here)	현재 위치에 대한 문맥과 함께 전체 스택 정보를 출력한다.

디버거를 사용하는 다른 방법

디버거를 실행하는 몇 가지 다른 유용한 방법이 있다. set_trace 함수(pdb.set_trace에서 유래한 이름)를 이용하는 것이 그중 하나인데, '가난뱅이의 브레이크포인트'라고 불리는 것이다. 아래에 짧은 예제가 있는데 이 코드를 범용적으로 사용하기 위해 나는 IPython 프로파일에 추가해서 사용하고 있다.

```
from IPython.core.debugger import Pdb

def set_trace():
    Pdb(color_scheme='Linux').set_trace(sys._getframe().f_back)

def debug(f, *args, **kwargs):
    pdb = Pdb(color_scheme='Linux')
    return pdb.runcall(f, *args, **kwargs)
```

첫 번째 함수인 set_trace는 매우 간단하다. set_trace를 코드의 아무 곳에나 넣으면 그곳에서 실행을 멈추고 살펴볼 수 있다(예외가 발생하기 바로 전 위치 같은 곳이면 적절하다!).

```
In [7]: run examples/ipython_bug.py
> /home/wesm/code/pydata-book/examples/ipython_bug.py(16)calling_things()
     15         set_trace()
---> 16         throws_an_exception()
     17
```

c(continue)를 누르면 아무런 부작용 없이 평범하게 코드 실행이 다시 재개된다.

debug 함수는 어떤 함수 호출에서라도 대화형 디버거를 쉽게 실행할 수 있도록 해주는데 다음과 같은 함수를 작성했다고 가정하고 내부 로직을 탐험해보자.

```
def f(x, y, z=1):
    tmp = x + y
    return tmp / z
```

보통 f 함수는 f(1, 2, z=3) 같은 식으로 호출하게 될 것이다. f 함수의 내부로 진입하기 위해 f를 debug 함수의 첫 번째 인자로 넘기고 그다음에 f 함수의 인자를 차례대로 써넣으면 된다.

```
In [6]: debug(f, 1, 2, z=3)
> <ipython-input>(2)f()
      1 def f(x, y, z):
----> 2     tmp = x + y
      3     return tmp / z

ipdb>
```

지금 소개한 이 두 가지 짧은 코드는 매일매일 나의 시간을 절약해주었다.

마지막으로 디버거를 %run 명령어와 결합하여 사용하는 방법을 알아보자. 스크립트를 %run -d를 이용해서 실행하면 바로 디버거가 실행되고 브레이크포인트를 설정하고 스크립트를 시작할 수 있다.

```
In [1]: %run -d examples/ipython_bug.py
Breakpoint 1 at /home/wesm/code/pydata-book/examples/ipython_bug.py:1
NOTE: Enter 'c' at the ipdb>  prompt to start your script.
> <string>(1)<module>()

ipdb>
```

-b에 로우 번호를 붙여서 넘기면 디버거가 시작하면서 브레이크포인트를 미리 설정해준다.

```
In [2]: %run -d -b2 examples/ipython_bug.py
Breakpoint 1 at /home/wesm/code/pydata-book/examples/ipython_bug.py:2
NOTE: Enter 'c' at the ipdb>  prompt to start your script.
> <string>(1)<module>()

ipdb> c
> /home/wesm/code/pydata-book/examples/ipython_bug.py(2)works_fine()
      1 def works_fine():
1---> 2     a = 5
      3     b = 6

ipdb>
```

B.3.2 실행 시간 측정: %time과 %timeit

대규모 분석 작업이나 오랜 시간이 소요되는 데이터 분석 애플리케이션에서는 컴포넌트나 함수 호출 혹은 단일 명령이 어느 정도의 실행 시간을 필요로 하는지 측정해야 하는 경우가 있다. 전체 처리 과정에서 어떤 함수가 가장 오랫동안 실행되었는지에 대한 보고서가 필요할 수도 있다. 운 좋게도 IPython에서는 코드를 개발하고 테스트하는 중간에 이런 정보를 매우 쉽게 얻을 수 있다.

내장 time 모듈을 이용해서 time.clock과 time.time 함수로 직접 시간 측정 코드를 작성하는 것은 재미없는 코드를 반복적으로 계속 써넣어야 하기 때문에 지루하고 유쾌하지 못한 일이다.

```python
import time
start = time.time()
for i in range(iterations):
    # 반복문 내에서 실행될 코드
elapsed_per = (time.time() - start) / iterations
```

이 코드는 시간을 측정하기 위한 아주 흔한 방법인데, IPython에는 %time과 %timeit이라는 매직함수가 있어서 간단히 쓸 수 있다.

%time은 한 문장을 실행하고 소요된 전체 실행 시간을 알려준다. 문자열을 담고 있는 큰 리스트가 있고 특정 글자로 시작하는 문자열을 비교하는 함수를 작성한다고 가정해보자. 아래 예제는 700,000개의 문자열을 담고 있는 리스트가 있고 'foo'로 시작하는 문자열을 선택하는 두 가지 메서드가 있다.

```python
# 문자열을 담고 있는 큰 배열 생성
strings = ['foo', 'foobar', 'baz', 'qux',
           'python', 'Guido Van Rossum'] * 100000

method1 = [x for x in strings if x.startswith('foo')]

method2 = [x for x in strings if x[:3] == 'foo']
```

이 둘은 비슷한 성능을 낼 것으로 예상되는데, %time을 이용해서 확인해보자.

```
In [561]: %time method1 = [x for x in strings if x.startswith('foo')]
CPU times: user 0.19 s, sys: 0.00 s, total: 0.19 s
Wall time: 0.19 s

In [562]: %time method2 = [x for x in strings if x[:3] == 'foo']
CPU times: user 0.09 s, sys: 0.00 s, total: 0.09 s
Wall time: 0.09 s
```

여기서 Wall time의 값을 눈여겨봐야 한다. 결과를 보면 첫 번째 메서드가 두 번째 메서드보다 두 배 가량 오래 걸렸지만, 여러 번 측정했을 때 결괏값이 약간 다르게 나오는 것을 보면 이 값은 정확한 값은 아니다. 좀 더 정확한 측정을 위해 이번에는 %timeit 매직함수를 사용해보자. %timeit은 임의의 한 문장을 여러 번 실행하여 좀 더 정확한 평균 실행 시간을 구한다.

```
In [563]: %timeit [x for x in strings if x.startswith('foo')]
10 loops, best of 3: 159 ms per loop

In [564]: %timeit [x for x in strings if x[:3] == 'foo']
10 loops, best of 3: 59.3 ms per loop
```

이 정도면 앞으로 이 책에서 사용할 파이썬 표준 라이브러리, NumPy, pandas, 그 외 다른 라이브러리의 성능상의 특징을 이해하기에 충분했으리라 생각한다. 앞선 예제에서는 밀리초 단위였지만 대규모의 데이터 분석 애플리케이션에서는 더 큰 단위가 등장하게 될 것이다.

%timeit은 마이크로초(100만분의 1초) 또는 나노초(10억분의 1초) 단위의 매우 짧은 실행 시간을 가지는 함수나 문장을 분석하는 데 매우 유용하다. 아주 짧은 시간처럼 보이겠지만 20 마이크로초가 걸리는 함수를 백만 번 수행하면 5마이크로초가 걸리는 함수보다 15초 더 걸린다. 위 예제에서 사용한 문자열 연산의 성능상 특징을 이해하기 위해 좀 더 자세히 비교해볼 수도 있다.

```
In [565]: x = 'foobar'

In [566]: y = 'foo'

In [567]: %timeit x.startswith(y)
1000000 loops, best of 3: 267 ns per loop

In [568]: %timeit x[:3] == y
10000000 loops, best of 3: 147 ns per loop
```

B.3.3 기본적인 프로파일링: %prun과 %run -p

코드 프로파일링은 코드의 **어떤 부분이** 시간을 얼마나 소요하는지를 측정한다. 주로 사용되는 파이썬 프로파일링 도구는 cProfile 모듈인데 IPython에 국한된 도구는 아니다. cProfile은 프로그램이나 임의의 코드 블록을 실행하면서 각 함수에서 소요된 시간을 계속 기록한다.

명령행에서 cProfile을 사용하는 일반적인 방법은 프로그램 전체를 실행하고 각 함수별로 수집된 시간 정보를 출력하는 것이다. 100×100 크기의 행렬에서 최대 고유치를 구하는 스크립트가 있다고 하자.

```python
import numpy as np
from numpy.linalg import eigvals

def run_experiment(niter=100):
    K = 100
    results = []
    for _ in xrange(niter):
        mat = np.random.randn(K, K)
        max_eigenvalue = np.abs(eigvals(mat)).max()
        results.append(max_eigenvalue)
    return results
some_results = run_experiment()
print 'Largest one we saw: %s' % np.max(some_results)
```

명령행에서 cProfile을 통해 이 스크립트를 실행해보자.

```
python -m cProfile cprof_example.py
```

실행해보면 함수 이름순으로 정렬된 결과가 출력된다. 이대로는 어디서 가장 많은 시간이 소요되었는지 알아보기 힘들기 때문에 -s 옵션으로 **정렬 순서**를 지정해주는 것이 보편적이다.

```
$ python -m cProfile -s cumulative cprof_example.py
Largest one we saw: 11.923204422
    15116 function calls (14927 primitive calls) in 0.720 seconds

Ordered by: cumulative time

ncalls  tottime  percall  cumtime  percall filename:lineno(function)
     1    0.001    0.001    0.721    0.721 cprof_example.py:1(<module>)
   100    0.003    0.000    0.586    0.006 linalg.py:702(eigvals)
   200    0.572    0.003    0.572    0.003 {numpy.linalg.lapack_lite.dgeev}
     1    0.002    0.002    0.075    0.075 __init__.py:106(<module>)
   100    0.059    0.001    0.059    0.001 {method 'randn'}
     1    0.000    0.000    0.044    0.044 add_newdocs.py:9(<module>)
     2    0.001    0.001    0.037    0.019 __init__.py:1(<module>)
```

```
     2    0.003    0.002    0.030    0.015 __init__.py:2(<module>)
     1    0.000    0.000    0.030    0.030 type_check.py:3(<module>)
     1    0.001    0.001    0.021    0.021 __init__.py:15(<module>)
     1    0.013    0.013    0.013    0.013 numeric.py:1(<module>)
     1    0.000    0.000    0.009    0.009 __init__.py:6(<module>)
     1    0.001    0.001    0.008    0.008 __init__.py:45(<module>)
   262    0.005    0.000    0.007    0.000 function_base.py:3178(add_newdoc)
   100    0.003    0.000    0.005    0.000 linalg.py:162(_assertFinite)
```

실제 결과에서 상위 15줄만 옮겨왔다. cumtime 컬럼을 훑어보면 각 함수 안에서 얼마나 많은 시간이 소요되었는지 확인할 수 있다. 만약 어떤 함수가 다른 함수를 호출한다고 해도 그 함수에 대한 **시간 측정이 멈추지 않는다**는 점을 기억하자. cProfile은 각 함수의 시작과 끝 시간을 기록하여 시간을 측정한다.

방금 살펴본 명령행 사용법에 덧붙여 cProfile은 프로그램을 따로 실행하지 않고도 임의의 코드 블록을 프로그램적으로 프로파일링하기 위해 사용할 수도 있다. IPython은 이 기능을 %prun 명령과 %run -p 옵션으로 제공해서 편리하다. %prun은 cProfile에 사용하는 명령행 옵션을 그대로 받아서 .py 파일 대신 임의의 파이썬 문장을 프로파일링해준다.

```
In [4]: %prun -l 7 -s cumulative run_experiment()
        4203 function calls in 0.643 seconds

Ordered by: cumulative time
List reduced from 32 to 7 due to restriction <7>

ncalls  tottime  percall  cumtime  percall filename:lineno(function)
     1    0.000    0.000    0.643    0.643 <string>:1(<module>)
     1    0.001    0.001    0.643    0.643 cprof_example.py:4(run_experiment)
   100    0.003    0.000    0.583    0.006 linalg.py:702(eigvals)
   200    0.569    0.003    0.569    0.003 {numpy.linalg.lapack_lite.dgeev}
   100    0.058    0.001    0.058    0.001 {method 'randn'}
   100    0.003    0.000    0.005    0.000 linalg.py:162(_assertFinite)
   200    0.002    0.000    0.002    0.000 {method 'all' of 'numpy.ndarray'}
```

이와 유사하게 %run -p -s cumulative cprof_example.py를 실행하면 IPython을 종료할 필요 없이 좀 전에 살펴본 명령행을 이용한 방법과 동일한 결과를 제공한다.

주피터 노트북에서는 %%prun 매직함수를 사용해서 전체 코드 블록을 프로파일링할 수 있다.

이 매직함수를 실행하면 새로운 창을 띄워 프로파일 결과를 보여준다. 실행이 왜 이렇게 오래 걸리는지 의문이 들 때 간단하게 실행해볼 수 있어서 유용하다.

IPython이나 주피터를 사용할 때 프로파일에 대해 쉽게 이해할 수 있도록 도와주는 도구들이 있는데 d3.js를 이용해서 프로파일 결과를 시각화해주는 SnakeViz가 대표적이다.

B.3.4 함수의 각 줄마다 프로파일링하기

어떤 경우에는 %prun이나 다른 cProfile 기반의 프로파일링 방법을 통해 얻은 정보로는 함수의 실행 시간에 대한 전체 상황을 알기 힘들거나 함수 이름을 기준으로 수집된 결과가 너무 복잡해서 분석하기 어려울 수 있다. 이때는 line_profiler(PyPI나 다른 패키지 관리 도구를 이용해서 얻을 수 있다)라는 작은 라이브러리를 사용하면 된다. 이 라이브러리는 하나 이상의 함수를 줄마다 프로파일링할 수 있는 %lprun 매직함수를 사용할 수 있게 해주는 IPython 확장을 포함하고 있다. 이 확장은 IPython 설정을 수정하여 켤 수 있다(IPython 공식 문서나 이 장의 뒤에서 소개할 설정 부분을 참조하자).

```
# 불러올 IPython 확장 모듈 이름
c.TerminalIPythonApp.extensions = ['line_profiler']
```

다음 명령으로 실행할 수도 있다.

```
%load_ext line_profiler
```

line_profiler는 프로그램적으로도 사용할 수 있는데(문서 참고) IPython을 통해 대화형으로 사용하면 매우 강력한 도구가 된다. prof_mod라는 모듈이 있고 다음 코드로 NumPy 배열 연산을 수행한다고 해보자.

```
from numpy.random import randn

def add_and_sum(x, y):
    added = x + y
    summed = added.sum(axis=1)
    return summed
```

```
def call_function():
    x = randn(1000, 1000)
    y = randn(1000, 1000)
    return add_and_sum(x, y)
```

이제 add_and_sum 함수의 성능을 %prun으로 확인해보자.

```
In [569]: %run prof_mod

In [570]: x = randn(3000, 3000)

In [571]: y = randn(3000, 3000)

In [572]: %prun add_and_sum(x, y)
         4 function calls in 0.049 seconds

Ordered by: internal time
ncalls  tottime  percall  cumtime  percall filename:lineno(function)
     1    0.036    0.036    0.046    0.046 prof_mod.py:3(add_and_sum)
     1    0.009    0.009    0.009    0.009 {method 'sum' of 'numpy.ndarray'}
     1    0.003    0.003    0.049    0.049 <string>:1(<module>)
```

썩 알아보기 쉬운 모양은 아니다. line_profiler의 IPython 확장을 활성화시키면 %lprun 명령어를 사용할 수 있다. 사용상의 차이는 프로파일링하려는 함수를 명시해줘야 한다는 점 하나다. 일반적인 문법은 다음과 같다.

```
%lprun -f func1 -f func2 statement_to_profile
```

우리는 add_and_sum 함수를 프로파일링하고 싶으니 다음과 같이 실행하자.

```
In [573]: %lprun -f add_and_sum add_and_sum(x, y)
Timer unit: 1e-06 s
File: prof_mod.py
Function: add_and_sum at line 3
Total time: 0.045936 s
Line #      Hits         Time  Per Hit   % Time  Line Contents
==============================================================
     3                                           def add_and_sum(x, y):
     4         1        36510  36510.0     79.5      added = x + y
```

```
      5        1      9425    9425.0    20.5    summed = added.sum(axis=1)
      6        1         1       1.0     0.0    return summed
```

이렇게 하면 훨씬 결과를 알아보기 쉽다. 여기서는 문장에서 사용했던 함수와 같은 함수를 프로파일링했는데, 앞서 작성한 모듈 코드에 있는 call_function을 호출하고 add_and_sum과 함께 프로파일링하면 코드 성능에 대한 전체 그림을 얻을 수 있다.

```
In [574]: %lprun -f add_and_sum -f call_function call_function()
Timer unit: 1e-06 s
File: prof_mod.py
Function: add_and_sum at line 3
Total time: 0.005526 s
Line #      Hits      Time  Per Hit   % Time  Line Contents
==============================================================
     3                                         def add_and_sum(x, y):
     4         1      4375   4375.0     79.2       added = x + y
     5         1      1149   1149.0     20.8       summed = added.sum(axis=1)
     6         1         2      2.0      0.0       return summed
File: prof_mod.py
Function: call_function at line 8
Total time: 0.121016 s
Line #      Hits      Time  Per Hit   % Time  Line Contents
==============================================================
     8                                         def call_function():
     9         1     57169  57169.0     47.2       x = randn(1000, 1000)
    10         1     58304  58304.0     48.2       y = randn(1000, 1000)
    11         1      5543   5543.0      4.6       return add_and_sum(x, y)
```

나는 경험적으로 전체를 프로파일링할 때는 %prun(cProfile)을 선호하고 세세하게 프로파일링할 때는 %lprun(line_profiler)를 선호하는데, 이런 접근은 두 가지 도구에 대한 이해에 도움이 된다.

> **NOTE_** %lprun으로 프로파일링하려는 함수의 이름을 명시적으로 지정해주면 각 줄에 대한 실행 시간을 추적하는 오버헤드를 줄일 수 있다. 프로파일링이 필요하지 않은 부분까지 실행 시간을 추적하게 되면 잠재적으로 프로파일 결과가 바뀔 수도 있다.

B.4 IPython을 이용한 생산적인 코드 개발에 관한 팁

개발과 디버깅이 쉽고, 궁극적으로 인터랙티브하게 사용 가능하도록 코드를 작성하는 것은 많은 사용자에게 패러다임 전환$^{paradigm\ shift}$이 될 것이다. 코딩 스타일과 더불어 약간의 수정을 필요로 하는 코드 리로딩 같은 절차적인 세부 사항이 있다.

지금 다루려는 내용 대부분은 과학보다는 기술에 가깝고 자신에게 맞는 효율적이면서도 생산적으로 파이썬 코드를 작성하는 방법을 고르기 위해서는 여러 시도가 필요하다. 재사용이 쉽고 가능한 한 노력을 들이지 않고 함수나 프로그램의 실행 결과를 확인할 수 있는 방식으로 코드를 구조화하고 싶을 것이다. 나는 독립적으로 실행되는 명령행 애플리케이션만을 위한 코드보다는 IPython에서 실행되는 것을 염두에 두고 개발된 소프트웨어가 훨씬 더 쉽게 작업할 수 있다는 것을 발견했다. 이는 여러분이 몇 달, 심지어는 몇 년 전에 작성한 코드에서 발생한 에러를 분석해야 할 때 특히 중요한 문제다.

B.4.1 모듈 의존성 리로딩하기

파이썬에서 import some_lib을 입력하면 some_lib에 있는 코드가 실행되고 모든 변수와 함수, 그 안에 있는 import는 새로 생성된 some_lib 모듈의 네임스페이스 안에 저장된다. 그 후 다시 import some_lib을 입력하면 이미 존재하는 모듈 네임스페이스에 대한 참조를 얻게 된다. 인터랙티브한 IPython 코드 개발에 있어 잠재적인 어려움은 여러분이 변경한 다른 모듈에 대한 의존성을 가지는 스크립트를 %run으로 실행했을 때 겪게 되는데 다음과 같은 test_script.py 파일이 있다고 하자.

```
import some_lib

x = 5
y = [1, 2, 3, 4]
result = some_lib.get_answer(x, y)
```

%run test_script.py를 실행하고 some_lib.py 파일을 변경한 다음 다시 %run test_script.py를 실행하면 변경되기 전의 some_lib.py를 참조하게 되는데 이는 파이썬이 모듈을 한 번만 로딩하기 때문이다. 이런 행태는 자동적으로 코드 변경을 전파해주는 매트랩 같은

다른 데이터 분석 환경과는 다르다.[1] 이런 문제에 대응하기 위한 몇 가지 옵션이 있다. 첫 번째 방법은 파이썬 표준 라이브러리의 importlib 모듈의 내장 reload 함수를 이용하도록 다음 예제처럼 test_script.py를 변경하는 것이다.

```
import some_lib
import importlib

importlib.reload(some_lib)
```

이렇게 하면 test_script.py를 실행할 때마다 항상 새롭게 some_lib.py의 복사본을 얻을 수 있다. 당연히 의존성이 깊어질수록 모든 곳에 reload를 사용하도록 추가해야 하는 번거로움이 있다. 이런 문제 때문에 IPython에는 dreload 함수가 있다. dreload는 매직함수는 아니며 깊은(재귀적으로) 모듈을 리로딩하게 해준다. 만일 import some_lib이라고 하지 않고 dreload(some_lib)이라고 입력하면 some_lib과 some_lib에 의존하는 다른 모든 모듈을 새로 읽어오려고 할 것이다. 아쉽지만 모든 경우에 이 방법을 적용할 수는 없다. 하지만 IPython을 재시작해야 하는 번거로움은 해결할 수 있다.

B.4.2 코드 설계 팁

코드 설계에 대한 간단한 방법은 없지만 일을 하면서 도움이 된 몇 가지 상위 수준의 원리를 소개한다.

관련 있는 객체와 데이터는 유지

다음의 간단한 예제와 비슷한 구조를 가지는 명령행 기반의 프로그램은 드물지 않게 볼 수 있다.

```
from my_functions import g

def f(x, y):
    return g(x + y)
```

---

[1] 모듈이나 패키지는 한 프로그램 안에서도 다양한 곳에서 임포트할 수 있기 때문에 파이썬은 모듈이 임포트될 때마다 코드를 실행하지 않고 최초에 모듈이 임포트되었을 때 모듈의 코드를 캐시에 담아둔다. 그렇지 않으면 모듈 방식과 훌륭한 코드 구성이 애플리케이션의 효율을 떨어뜨릴 수 있다.

```python
def main():
    x = 6
    y = 7.5
    result = x + y

if __name__ == '__main__':
    main()
```

이 프로그램을 IPython에서 실행하면 어떤 문제가 발생할까? 프로그램의 실행이 끝나면 IPython에서는 main 함수에 선언된 어떠한 결과나 객체에도 접근할 수 없다. 더 나은 방법은 main 함수 안에서 실행되는 코드를 모듈의 글로벌 네임스페이스에서 직접 실행되도록 고치는 것이다(혹은 모듈이 임포트가 가능하도록 만들고 싶다면 if __name__ == '__main__': 블록 안에서 실행되도록 한다). 이렇게 하면 %run으로 프로그램을 실행해도 main 함수에 정의된 모든 변수를 살펴볼 수 있게 된다. 이는 주피터 노트북에서 최상위 변수를 정의해두는 것과 동일하다.

중첩을 피하자

여러 단계로 중첩된 코드는 까도 까도 끝이 없는 양파를 떠올리게 한다. 함수를 테스트하거나 디버깅할 때 확인해야 할 코드를 보기 위해 몇 겹의 양파껍질을 벗겨야 할까? '중첩을 피하자'는 Zen of Python(파이썬의 선(禪), PEP20)에 나오는 구절인데, 대화형 방식을 위한 코드를 개발할 때도 마찬가지로 적용할 수 있다. 함수와 클래스를 작성할 때 가능한 한 결합도를 낮추고 모듈화하면 테스트(단위 테스트를 작성한다면)와 디버깅이 쉬워질 뿐 아니라 대화형 방식으로 사용하기도 쉬워진다.

긴 파일에 대한 두려움을 버리자

이전에 자바나 다른 비슷한 언어를 접해본 경험이 있다면 파일 크기를 작게 유지하라고 얘기를 들었을 것이다. 많은 언어에서 이 말은 백 번 지당한 충고다. 너무 긴 코드는 일반적으로 나쁜 코드의 냄새를 풍기며, 리팩토링의 대상이거나 재구성할 필요가 있다. 하지만 IPython에서 10개의 작고 서로 연관된 파일(각각 100여 줄 이하인)을 사용해서 개발을 진행한다면 한두 개의 긴 파일로 작업할 때보다 더 골치 아플 것이다. 파일 수가 적다는 말은 곧 리로드할 모듈이 적다는 의미고 이 파일 저 파일 편집하는 일이 줄어든다는 의미다. 나는 내부적으로 높은 결합도를 가지는 큰 모듈을 유지하는 것이 훨씬 유용하고 '파이썬스럽다'는 사실을 깨달았다. 해법을 위해 반복하다 보면 가끔은 큰 파일을 작은 파일로 쪼개는 것이 자연스러운 경우를 발견하기도 한다.

물론 이 주장을 지나치게 받아들여서 괴물처럼 하나의 파일에 모든 코드를 다 집어넣으라는 것은 아니다. 큰 코드 기반에 어울리는 합리적이고 직관적인 모듈과 패키지 구조를 찾는 일은 약간의 수고가 필요하지만 제대로 일하려면 특히 중요한 과정이다. 각각의 모듈은 내부적으로 응집해야 하고 각 기능을 위한 클래스와 함수를 찾는 일이 최대한 분명해야 한다.

B.5 IPython 고급 기능

IPython 시스템의 모든 기능을 사용하려면 코드를 작성하는 방식을 조금 바꾸거나 환경 설정을 깊이 파고들어야 한다.

B.5.1 IPython 친화적인 클래스 만들기

IPython은 살펴보려는 모든 객체의 문자열 표현을 콘솔 친화적인 모양으로 출력한다. 사전, 리스트, 튜플 같은 많은 객체에 대해 내장 pprint 모듈을 사용하면 멋진 모양으로 출력을 해준다. 하지만 사용자 정의 클래스의 경우에는 직접 원하는 형식의 문자열 출력을 생성해주어야 한다. 다음과 같은 간단한 클래스가 있다고 하자.

```
class Message:
    def __init__(self, msg):
        self.msg = msg
```

클래스를 이렇게 작성하면 이 클래스의 기본 문자열 표현이 썩 보기 좋지 않아서 실망하게 될 것이다.

```
In [576]: x = Message('I have a secret')

In [577]: x
Out[577]: <__main__.Message instance at 0x60ebbd8>
```

IPython은 __repr__ 매직 메서드에서 반환하는 문자열을 받아서(output = repr(obj)) 콘솔로 출력한다. 따라서 이 클래스에 __repr__ 메서드를 추가해서 출력을 좀 더 보기 좋게 할 수 있다.

```python
class Message:
    def __init__(self, msg):
        self.msg = msg

    def __repr__(self):
        return 'Message: %s' % self.msg
```

```
In [579]: x = Message('I have a secret')

In [580]: x
Out[580]: Message: I have a secret
```

B.5.2 프로파일과 설정

색상, 프롬프트, 줄 간격 등의 외형과 IPython 셸의 동작에 관한 대부분의 항목은 확장 설정 시스템을 통해 변경 가능하다. 다음은 설정을 통해 조작할 수 있는 항목이다.

- 색상 스키마 변경
- 입출력 프롬프트 모양 변경, Out 프롬프트와 그다음 In 프롬프트 사이의 빈 줄 제거
- 여러 개의 임의의 파이썬 코드 실행. 이 설정을 통해 항상 사용하는 모듈을 임포트하거나 IPython을 실행할 때마다 실행되기 원하는 코드를 추가할 수 있다.
- line_profiler의 %lprun 같은 IPython 확장 활성화
- 사용자 정의 매직함수와 시스템 별칭 정의

이 모든 설정 옵션은 사용자의 홈 디렉터리에 있는 ipython_config.py 파일에 저장된다. 설정은 특정 프로파일에 기반해서 수행하는데, 일반적으로 IPython을 실행하면 기본적으로 profile_default 디렉터리에 저장된 default 프로파일을 불러온다. 내 Linux 환경에서 기본 IPython 설정 파일은 다음 경로에 위치하고 있다.

```
/home/wesm/.ipython/profile_default/ipython_config.py
```

이 파일을 초기화하려면 터미널에서 다음 명령을 입력한다.

```
ipython profile create
```

이 설정 파일에 어떤 내용이 있는지 자세히 설명하지는 않겠다. 다행스럽게도 각 설정 항목마다 어떤 내용인지 설명해주는 주석이 달려 있기 때문에 독자가 직접 고쳐보도록 남겨두겠다. **여러 개의 프로파일**을 만들 수 있는 유용한 기능이 있는데 어떤 애플리케이션이나 프로젝트를 위한 IPython 설정이 필요하다면 새로운 프로파일을 다음처럼 생성할 수 있다.

```
ipython profile create secret_project
```

이렇게 새로운 프로파일을 생성하면 profile_secret_project 디렉터리가 만들어지는데, 그 안에 있는 설정 파일을 고친 후 IPython을 다음처럼 실행한다.

```
$ ipython --profile=secret_project
Python 3.5.1 | packaged by conda-forge | (default, May 20 2016, 05:22:56)
Type "copyright", "credits" or "license" for more information.

IPython 5.1.0 -- An enhanced Interactive Python.
?         -> Introduction and overview of IPython's features.
%quickref -> Quick reference.
help      -> Python's own help system.
object?   -> Details about 'object', use 'object??' for extra details.

IPython profile: secret_project
```

항상 그러하듯이 프로파일과 설정에 대해 자세히 알아볼 수 있는 최고의 문서는 IPython 온라인 문서다.

주피터에서는 파이썬이 아닌 다른 언어도 지원하는 관계로 설정 방법이 조금 다르다. 주피터 설정 파일을 생성하려면 다음과 같이 입력한다.

```
jupyter notebook --generate-config
```

이렇게 하면 홈 디렉터리에 .jupyter/jupyter_notebook_config.py 파일이 생성된다. 입맛에 맞게 설정 파일을 고치고 다음처럼 다른 이름으로 저장하자.

```
$ mv ~/.jupyter/jupyter_notebook_config.py ~/.jupyter/my_custom_config.py
```

주피터를 실행할 때 -config 인자와 함께 실행하면 해당 설정을 사용할 수 있다.

```
jupyter notebook --config=~/.jupyter/my_custom_config.py
```

B.6 마치며

이 책에서 소개한 코드 예제를 따라하다 보면 어느새 파이썬에 익숙해지게 될 것이다. 계속해서 IPython과 주피터 생태계를 공부하기 추천한다. 이 도구들은 사용자의 생산성을 높이기 위해 설계되었으며 익숙해질수록 파이썬 언어와 계산 라이브러리를 직접 사용하는 것보다 더 쉽게 필요한 작업을 수행할 수 있다는 사실을 발견하게 될 것이다.

nbviewer 웹사이트에서 다양한 주피터 노트북 예제를 찾아볼 수 있다.

INDEX

기호

%automagic 57
%cpaste 54, 58
%debug? 57
%hist 58
%magic 58
%matplotlib 58
%paste 54, 58
%pdb 58
%quickref 58
%run 52, 58
%time 58
%timeit 56, 58

A

accumulate 609, 610
add 107, 160
add_subplot 349
agg 397, 495
aggregate 397, 399
all 168, 608
any 168, 179, 288
append 92, 94
apply 218, 234, 403, 410, 478, 494, 496, 560
applymap 219
arange 139
argmax 178
argsort 222, 616
asarray 139
asfreq 453, 468
astype 141, 142, 484
AxesSubplot 351, 357

B

beta 176
bfill 200, 271

binomial 176

C

Categorical 285, 408, 481, 484, 508
chisquare 176
collections 105
collections.Counter 533
combinations 122
combine_first 333
concat 315, 325, 401, 552, 570
concatenate 326, 594
corr 230, 477
corrwith 231
count 72, 91, 419
cov 230
cProfile 58, 644
crosstab 421
cumprod 166, 229
cumsum 166, 229, 609
cut 284, 286, 407, 487

D

DataFrame 29, 181, 198, 215, 237
datetime 70, 78, 424, 443
DatetimeIndex 429, 436, 449
dateutil 426, 428
date_range 248, 434, 436
describe 228, 398, 406
divmod 159
docstring 51
dot 172, 174
dreload 651
dropna 271, 409
drop_duplicates 278, 571
dtype 136, 142, 194, 391, 587
duplicated 277, 571

INDEX

empty 138, 139, 153
enumerate 98, 100, 294
ExcelFile 261
extend 94, 293, 412

F
ffill 199, 200, 271
Figure 349
fillna 271, 274, 281, 409, 410, 468, 535
findall 299
float 71, 122, 142
frompyfunc 611
full 139
functools 119

G
gamma 176
getattr 65, 66
get_chunk 246
get_dummies 291, 493, 508
groupby 121, 313, 385, 435, 462, 471, 487, 542, 609
GroupBy 390, 400, 493

H
hstack 594

I
idxmax 227
idxmin 227
index 182, 194
int 71
IPython 30, 44
isin 197, 233, 578
isinstance 64, 518
isnull 185, 271

is_unique 197, 224, 435
itertools 121

JSON 251, 529
json 252
json.dumps 252
json.loads 252

K
KDE 375
keys 103

L
labels 286, 488
lambda 117, 495
level 312
levels 332
lexsort 616
line_profiler 649
lxml 253

M
map 110, 117, 219, 279, 281, 576
match 300
matplotlib 30, 348
mean 165, 219, 399
memmap 624
merge 315, 544
mro 589
MultiIndex 201, 308

N
NaN 160, 185
NaT 428
ndarray 135, 139, 612
None 68, 77

normal　174, 176, 376
normalize　439
notnull　185, 271
np.arange　139
np.dot　156, 172
np.load　171
np.logical_and　608
np.memmap　625
np.random　177
np.save　171
np.savez　171
np.sign　289
np.sort　169, 615
np.unique　169
np.where　164, 333
NumPy　28
Numpy 자료형　140

O

OHLC　467
ones　139
openpyxl　262
outlier　288

P

pad　305
pandas　29
pandas 파일 파싱 함수　237
partial　119
pdb　636
PEP20　652
PeriodIndex　452
period_range　452
permutation　175
permutations　122
pickle　258
pivot　340

pivot_table　418, 421, 545
plot　366
pop　93
pprint　653
put　599
pytz　445

Q

qcut　286, 407, 487
QR 분해　174
quantile　397, 478

R

rand　175
randint　176
randn　176
rank　222
ravel　592
read_clipboard　237
read_csv　237, 371, 398, 551, 574
read_excel　238, 261
read_feather　238
read_fwf　237
read_hdf　238
read_html　238
read_json　238
read_msgpack　238
read_pickle　238
read_sas　238
read_sql　238
read_stata　238
read_table　237
reduce　609
regex　298
regplot　378
reindex　198
remove　93, 94

INDEX

repeat 305, 597
replace 281
requests 263
resample 436, 462, 498
reset_index 314, 343, 403
reshape 590
reversed 101
rollback 444
rollforward 444
rolling 471, 477, 478

S

savefig 364
scikit-learn 32
SciPy 31
seaborn 365
search 300
searchsorted 559
seed 175
Series 29, 181, 198, 215
set_index 313
set_xlabel 357
set_xlim 357
set_xticklabels 357
set_xticks 357
shape 136, 588
shift 441, 467
shuffle 175
skipna 227
skiprows 242
stack 309, 335
statsmodels 32
std 165, 399
strftime 78
strip 296
subplots_adjust 353
sum 165, 219, 609

swapaxes 157
swaplevel 311

T

T 155
take 599
tile 597
timedelta 79, 424
TimeSeries 429
to_csv 247
to_pickle 258
transform 494, 496, 542
transpose 155
truncate 433

U

ufunc 158, 607
uniform 176
unique 232
unstack 309

V

values 103, 182, 194
value_counts 232
vstack 594

X

xlim 357
xlrd 262
xticklabels 357
xticks 357

Y

yield 120

Z

zeros 139
zip 250

ㄱ

감마분포 176
감쇠인자 475
값 치환 281
강한 타입 63, 64
객체 61
객체 참조 63
계층적 색인 188, 307
고정 빈도 423
공분산 229, 476
교차검증 527
교차일람표 385, 418, 421
구조화된 데이터 25
국제표준시 445
균등 분포 176
그룹 가중 평균 414
그룹 간 순회 390
글루 코드 27
기본 빈도 439
기본 시계열 빈도 438
기술 통계 226, 312

ㄴ

난수 생성 174
난수 생성기 133, 175
날짜 오프셋 439
날짜와 시간 78
넘파이 28
네임스페이스 113
누락된 데이터 처리 269
눈금 357

ㄷ

다대다 318
다대일 316
다운샘플링 462, 464, 470
다차원 배열 25
다차원 배열 객체 135
덕 타이핑 66
데이터 시프트 441
데이터 집계 396
데이터프레임 29
동적 참조 63
들여쓰기 60

ㄹ

라벨 357
람다 함수 117
랜덤 표본 412
리샘플링 462
리스트 92
리스트 이어붙이기 94
리스트 표기법 109

ㅁ

마진 418
막대그래프 369
매직 명령어 56
맷플롯립 30
머지 315
메모리 맵 파일 624
메서드 61, 65
메타데이터 139
모델 선택 32
모듈 임포트 67
문자열 71
뮤터블 69
미분방정식 31
밀도 그래프 375

ㅂ

바이트 74, 130
바인딩 63
바인딩 코드 27

INDEX

배열 전치 155
배열지향 프로그래밍 161
버킷 분석 407
범례 357, 359
범주 코드 483
범주형 표기법 483
베타분포 176
벡터화 142
변수와 인자 전달 62
변위치 286, 478
변위치 분석 385, 407
병합 315
보간 199, 271, 467
부분적 색인 308
부작용 70
분류 32
분산분석 33
불리언 76
불역성 70
뷰 144
브레이크포인트 638, 640, 642
브로드캐스팅 143, 144, 161, 601
비교문 68
비모수 기법 33
빈도 추론 436

사이킷런 32
사이파이 31, 38
사전 101
사전 내포 104
사전 표기법 110
산술 연산 메서드 214
산술 집합 연산 106
산포도 377, 378
삼항 표현식 84
상관관계 229, 476

색인 144, 182
색인 객체 195
색인 병합 321
서브플롯 349
선그래프 366
선형대수 31, 172
선형회귀 417
선형회귀곡선 378
성가신 컬럼 389
속성 65
수치적분 31
순서별 인자 62
순열 412
순위 222
순차 자료형 87
숫자 자료형 71
스칼라형 70
스코프 113
스크립트 언어 26
스파이더 37
슬라이싱 73, 96, 144, 147
시각화 347
시간대 다루기 445
시계열 423, 428, 498, 522
시계열분석 33
시드값 175
시리즈 29
시맨틱 60
신택틱 슈거 40
실행 중인 코드 중지 54

아나콘다 33
앵커드 오프셋 441
업샘플링 462, 467, 470
역슬래시 73
연관 배열 101

예외 처리 122
오토매직 57
요약 통계 226, 312
요약 통계 관련 메서드 228
유니버설 함수 158
유니코드 74, 130
유로사이파이 38
유로파이썬 38
유사 난수 175
의사코드 40
이동창 471
이뮤터블 69
이스케이프 299
이스케이프 문자 73
이진 모드 130
이진 탐색 96
이터레이터 66, 103, 119
이항 연산자 68
이항분포 176
익명 함수 117
인트로스펙션 51

자기관찰 50
자동완성 48, 631
재색인 198
재색인 함수 인자 200
재형성 334, 418
전처리 32
정규 표현식 298
정규분포 176
정규화 385, 439
정렬 95, 168, 210, 311, 614
정렬과 순위 220
정수 색인 209
제너레이터 119
제너레이터 표현식 121

조인 315
주석 61
주피터 노트북 45
주피터 프로젝트 30
중복 색인 224
중복 제거 277
중첩된 리스트 표기법 111
지수 가중 함수 475
집합 106
집합 관련 함수 169
집합 표기법 110

차원 축소 32
차원 테이블 482
축소 226
축소 메서드의 옵션 227

ㅋ
카이제곱분포 176
캐스팅 64, 141
커널 30
커링 118
커뮤니티 37
컨퍼런스 37
코모도 37
클래스 64
클러스터링 32
클립보드 54
키보드 단축키 55
키워드 인자 62

타임스탬프 423
텍스트 편집기 37
통합 개발 환경 37
튜플 87

찾아보기 **663**

INDEX

튜플 메서드 91
튜플에서 값 분리 89
특잇값 288

파이데브 37
파이데이터 38
파이썬 3 36
파이썬 객체 61
파이썬 인터프리터 42
파이썬 파일 모드 129
파이참 37
파이콘 38
팬더스 29
패싯 그리드 380
팬시 색인 153, 599
평탄화 592

표준 배정밀도 부동소수점 값 140
프로파일링 644
프롬프트 42
피벗 334
피벗테이블 385, 418
피처 엔지니어링 506

해시맵 101
행렬 25
형변환 76
확장창 평균 473
회귀 모델 33
흐름 제어 80
희소 선형 시스템 31
희소 행렬 31
히스토그램 375